POSSE E USUCAPIÃO

DO AUTOR:

– *O problema da inoponibilidade da nulidade do negócio jurídico a terceiros. A relevância da distinção entre Nulidades relativas e absolutas* – Rev. Scientia Juridica, T. XII (1963)
– *Após a execução do despejo provisório, decretado ao abrigo do artigo 974.° do Código de Processo Civil, não há lugar ao despejo definitivo com base na falta de pagamento de rendas vencidas na pendência da acção* – Rev. Scientia Juridica, T. XVI (1967).
– *Do Mandato Civil e Comercial*. Edição do Autor (1968).
– *Concorrência Desleal*. Edição do Autor (1970).
– *A Detenção por Dívidas às Caixas de Previdência. Ilegalidades e inconstitucionalidade da exigência de pagamento conjunto – em processo de transgressão – da multa, imposto de justiça (convertido em prisão) e contribuição à Caixa?*
– *O art. 118.° do Código das Custas Judiciais de Trabalho (Redacção do Decreto n.° 562/71, de 17-12-1971)*.
– *Jurisprudência e análise interpretativa* (1972). Temas Jurídicos. Edição do Autor (1973).
– *Acções. Defesa da justa indemnização aos pequenos e médios accionistas.* Edição do Autor (1977).
– *Cisão de Sociedades*. Edição do Autor (1985).
– *O Interesse em Agir. Revista, Sociedades Comerciais* (1991).
– *Da Legitimidade Passiva por Dívidas da Herança. Revista, Sociedades Comerciais* (1992).
– *Erro Negocial e Alteração de Circunstancias* (1995).
– *Negócio Jurídico Condicional* (1998).
– Águas-Subterrâneas e de Nascentes – Almedina (2006)

DURVAL FERREIRA
ADVOGADO

POSSE E USUCAPIÃO

3.ª edição

ALMEDINA

POSSE E USUCAPIÃO

AUTOR
DURVAL FERREIRA

EDITOR
EDIÇÕES ALMEDINA, SA
Av. Fernão de Magalhães, n.º 584, 5.º Andar
3000-174 Coimbra
Tel.: 239 851 904
Fax: 239 851 901
www.almedina.net
editora@almedina.net

PRÉ-IMPRESSÃO | IMPRESSÃO | ACABAMENTO
G.C. – GRÁFICA DE COIMBRA, LDA.
Palheira – Assafarge
3001-453 Coimbra
producao@graficadecoimbra.pt

Março, 2008

DEPÓSITO LEGAL
272464/08

Os dados e as opiniões inseridos na presente publicação
são da exclusiva responsabilidade do(s) seu(s) autor(es).

Toda a reprodução desta obra, por fotocópia ou outro qualquer
processo, sem prévia autorização escrita do Editor, é ilícita
e passível de procedimento judicial contra o infractor.

Biblioteca Nacional de Portugal – Catalogação na Publicação

FERREIRA, Durval

Posse e usucapião. - 3ª ed. - (Legislação anotada)
ISBN 978-972-40-3412-6

CDU   347

TÍTULO I
Posse

CAPÍTULO I
Introdução e evolução histórica

1. Segundo o art. 1251.º do Código Civil Português, de 1966, posse é o poder que se manifesta quando alguém actua por forma correspondente ao exercício do direito de propriedade ou de outro direito real.

O artigo 854.º do Código Civil alemão (de 1900) determina que a posse duma coisa se adquire pela obtenção do senhorio de facto (Tatsaecliche Gewalt) sobre a mesma. Todavia, se alguém exercita por outro o senhorio de facto sobre uma coisa, em casa ou no negócio daquele outro, ou numa relação semelhante, em virtude da qual deve obedecer ás suas instruções referentes á coisa, só aquele outro é o possuidor (art. 855). E, o detentor é mero servidor na posse (Besitzdiener).

O legislador brasileiro, no Código Civil (de 1916), acolhe, nos seus arts. 485.º e 486.º, as noções dos referidos parágrafos do Código Civil alemão. Assim, pelo art. 485.º considera-se possuidor todo aquele que tem de facto o exercício, pleno ou não, de alguns dos poderes increntes ao domínio, ou propriedade.

Todavia, acresce a inclusão do termo "propriedade", o que resultou duma proposta de emenda de Ruy Barbosa, e teria o sentido de, para além do domínio, referir a "propriedade no sentido lato". E, com o sentido, segundo Orione Neto (Posse e Usucapião, 2ª ed., p. 61), de que "propriedade, no sentido lato, diz-se tudo o que faz parte da nossa fortuna, ou património: tudo o que nos pertence seja corpóreo, ou incorpóreo". (Coelho da Rocha, Dir.Civil, tomo 2.º, 401, ed. de 1867)". No Estudo de Luis Pinto Coelho, publicado no Boletim do Ministério da Justiça (N.º 88, julho de 1959), "diz-se posse a situação em que alguém se encontra investido e se manifesta pela actuação correspondente ao exercício de um direito no próprio interesse" (art. 1.º). "Salvo disposição expressa de lei, só é abrangida nas disposições do presente código a posse referida ao exercício de direitos privados de natureza patrimonial susceptíveis de exercício duradouro" (art. 3.°). E, segundo o Código Civil português de 1867, diz-se posse a retenção ou fruição de qualquer coisa ou direito.

2. Nas noções de posse antes referidas acolhem-se **três distintas configurações da categoria possessória.**

Na primeira, do **Código Civil português de 1966,** o senhorio de facto, o apoderamento que se manifesta, é á imagem do exercício sobre uma coisa corpórea, móvel ou imóvel, do direito de propriedade ou de outro direito real (art. 1302). A categoria possessória, de per si, sem mais, pois, não se estende á manifestação do exercício dum direito de crédito sobre uma coisa, ainda que duradoura (como o arrendamento, p. ex). Nem ao exercício de outros direitos, ainda que á imagem dum direito de propriedade, se tem por objecto coisas imateriais.

E ainda que a categoria possessória se venha a estender para além daquele núcleo originário, tal acontecerá por vontade singular da Lei, como excepção e dentro do âmbito específico dessa excepcional vontade legislativa. Como, p. ex., quando o art. 1037.°, n.° 2, do Código Civil determina que o locatário que for privado da coisa ou perturbado no exercício dos seus direitos pode usar, mesmo contra o locador, dos meios facultados ao possuidor nos artigos 1276 e seguintes.

Ou, quando o art. 670.° estabelece que o credor pignoratício adquire o direito de usar, em relação á coisa empenhada, das acções destinadas à defesa da posse, ainda que seja contra o próprio dono.

Extensão essa que também poderá ocorrer no domínio de direitos atípicos ou híbridos, por integração supletiva do seu respectivo regime jurídico (vide, infra n.° 197).

Também o que se declara no cit. art. 1251.° é uma mera "noção" de posse; conforme expressamente o refere a epígrafe do mesmo artigo. Noção essa que as disposições legais subsequentes melhor densificam, alargando-a ou restringindo-a. Assim, p. ex., quando o art. 1257.° determina que a posse se mantém enquanto durar a actuação correspondente ao exercício do direito "ou a possibilidade de a continuar". E, quando o art. 1253.° declara que são havidos como detentores ou possuidores precários quer os que exercem o poder de facto sem intenção de agir como beneficiários do direito, quer os que simplesmente se aproveitam da tolerância do titular do direito e quer os representantes ou mandatários do possuidor e, de um modo geral, todos os que possuem em nome de outrem.

Ou, quando legalmente se presume a posse naquele que exercer o poder de facto (art. 1252.°, n.° 2).

Já quanto á noção de posse dada pelos referidos parágrafos 854.° e 855.° do **Código Civil alemão**, o senhorio de facto sobre a coisa que se manifesta é igualmente possessório quer o seja á imagem objectiva, segundo a consciência social, dum direito real sobre a coisa; quer o seja á imagem dum direito de crédito duradouro (p. ex. do locatário ou do agente comercial). Excluindo-se, tão só, as relações efémeras (como, p. ex., o uso pelo cliente do restaurante das respectivas cadeiras, mesas ou talheres). Ou, as chamadas relações do "servidor na posse", em que o servidor e o possuidor a favor de quem se exerce o poder de facto estão unidos por uma "relação social de autoridade e subordinação" (Ennecerus-Kipp – Wolff, T. III, Derecho de Cosas, I. Trad-Espanhola, Ed. Bosch, 1951, p. 33). Como o soldado, relativamente ás suas armas, cama e uniforme; o preso, relativamente ao vestuário ou instrumentos de trabalho; o empregado de empresa agrícola, industrial ou comercial e ainda que director; a empregada doméstica.

Ainda que seja lícito ao "servidor na posse" exercer os direitos de auto protecção (legítima defesa) do possuidor (cit. Wolff, p. 32).

Esta noção do referido código civil alemão (BGB), foi seguida pelos legisladores austríaco e suíço, e quanto a este alargando-se a posse mesmo aos referidos "servidores na posse".

Por sua vez, a referida noção do **Código Civil brasileiro**, alarga o conceito de posse quer ao exercício dum poder de facto sobre coisas corpóreas á imagem do direito de propriedade ou de outro direito real; quer ao exercício doutros direitos privados patrimoniais (p. ex., arrendatário), mesmo que sobre coisas incorpóreas ou imateriais (quae tangi non possunt), como sócio duma colectividade desportiva. E, por força da referida expressão "ou propriedade", incluida no citado artigo 485.°.

3. **No direito romano**, a princípio, e segundo Manuel Rodrigues (A Posse, 2ª ed., 1940, págs 108 e sgts) a posse era a exterioridade do direito de propriedade, era a realização de facto deste direito e eram considerados como possuidores, aqueles que tendo o poder físico sobre uma coisa não reconheciam sobre ela um poder superior.

Em rigor só eram possuidores o proprietário, o ladrão, o usurpador, aquele que detinha por título susceptível de transferir a propriedade, mas nulo, etc.

Mais tarde sentiu-se a necessidade de proteger com os meios possessórios o penhor e a enfiteuse, direitos que se exerciam sobre as coisas. Posse esta considerada como derivada, e apenas ad interdita.

Por último, sentiu-se a necessidade que a outros titulares de direitos sobre as coisas, ao precarista, ao superficiário e ao depositário de coisa litigiosa deviam ser igualmente concedidos os remédios possessórios.

Não se consideraram, porém, como possuidores derivados, mas como a noção de posse continuava a ser a mesma, criou-se uma instituição paralela à posse que foi designada com a expressão *quasi possessio*.

E a posse acabou por se estender genéricamente aos demais jura in re alinea (como o usufruto e a servidão). E, como realça Orlando de Carvalho (Rev. L. Jur., n.° 3780, p. 67), o alargamento da posse á referida *quasi possessio* não alterou a concepção inicial da *possessio rei,* visto que esses direitos é que se reificaram.

A posse continuava, pois, a ter como objecto coisa simples e corpórea – a *res unita corporalis*.

Todo e qualquer outro poder sobre as coisas constituia apenas detenção, e, assim, eram detentores os comodatários, os mandatários, os colonos, os investidos nos *bona debitoris.*

A grande maioria dos romanistas aceita a tese de Savigny, segundo a qual já no direito romano a posse era constituida por dois elementos estruturais: o poder físico, a relação material com a coisa (corpus) e a intenção de deter a coisa como própria, como se fora seu proprietário (animus).

Paulus, analisando a situação do representante e do locatário considera que não são possuidores; aquele, por que *non habet animum possidentis*, e este porque *(conducenti) non sit animus possessionem apiscendi.*

E, pela mão dos glosadores, ganham relevo as utilizações dos termos *animus dominandi, animus domini, animus sibi habendi ou sibi possidendi, opinio domini, uti dominus, animus alieno nomine tenendi*, e semelhantes.

Na época imperial, segundo Luis Orione Neto (o. cit. p. 66), já se manifestam sintomas de uma ampliação da posse aos direitos. O édito de Cláudio, do ano 41, fala em posse da qualidade de cidadão e a Const. 7. 22, trata da posse da liberdade, que prolongada por 20 anos, tornava o homem livre.

Com o direito canónico e o direito comum, na época medieval, o instituto da posse vai, todavia, alargar-se aos direitos em geral.

E quer alargando o conceito da posse à *possessio juris*; quer no atinente á defesa possessória, com a criação da *exceptio spolii* e da *condictio ex canone redintegranda.*

Na verdade, em tais tempos conturbados, de precários equilíbrios de forças, e sem um eficaz aparelho estadual, com independente e eficaz máquina da Justiça, os bispos, p. ex., eram, por vezes, de facto depostos das suas dioceses. Ora, em vez de se partir da situação de facto, da detenção pelo bispo dos bens materiais e singulares da Igreja e das alfaias religiosas, para se repor a paz, e segundo os preexistentes instrumentos das acções possessórias, sobre a coisa corporal singular – congeminou-se, porque não partir "do cargo e da função" do bispo, para se defender essa situação como de posse e considerar derivado "da posse desse cargo e da sua protecção", como direito consequente, o direito de deter os bens da Igreja e as alfaias relegiosas!

Como refere Bourcart (apud J.C. Moreira Alves, Posse, Evolução Histórica, referido por Luis Orione Neto, o. cit., pág. 36 e 37) – Ela (a Igreja) não imaginou uma posse de direitos para prestar homenagem a uma distinção teórica, a uma verdade abstrata, mas para dar um meio seguro de proteger esses direitos: ela não ampliou a teoria da posse senão para chegar ao resultado práctico, à acção possessória. Nessa época, que nos transporta à idade das civilizações primitivas, a propriedade, exposta aos golpes violentos, se reconduz quase ao nivel da posse: o direito não é mais nada, o facto é tudo; e, para manter ao menos um pouco de paz e de estabilidade, tudo o que pode fazer um poder regular, temporal ou espiritual, é exigir a conservação, o facto consumado, o respeito da posse. E, assim (cit. Moreira Alves) – aplica-se (a posse) aos direitos espirituais ou temporais sobre as comunas, sobre os conventos, sobre as igrejas, aos cargos e dignidades eclesiásticas, ao episcopado, aos benefícios ligados a esses cargos, aos ônus reais, aos censos, ao dízimo, ao direito de patronato sobre uma igreja, ao direito de apresentação dos clérigos, ao direito de eleição (de um abade), enfim ao casamento, numa palavra a todas as matérias sobre as quais a Igreja havia conseguido estender sua jurisdição.

Daí, segundo o referido autor, citando Azo: "do rigor dos Cânones pode estender-se o possessório em favor de qualquer direito".

Pelo que, é natural que Pothier estendesse o conceito de *quasi possessio* a todo e qualquer direito, inclusivé a um mero direito de crédito.

Esta ampliação da posse determinada pelo direito canónico foi **considerada por Pugliese como "a degeneração gorda da posse"** (Cunha Gonçalves, Tra. Dir. Civil, III, T. II, 2ª ed., p. 530). Considerando, todavia, Cunha Gonçalves, que tal atitude foi determinada pela pressão das necessidades práticas da vida social, à época, existentes.

A essa desmesurada ampliação também se lhe refere Orlando de Carvalho (cit. Rev.L.Jur., 3780, p. 67) como "descaracterizando gravemente o fenómeno possessório".

"Le danger est de trop étendre la notion de posse" (Planiol-Ripert-Maurice Picard, o. cit. 165).

Ora, segundo o mesmo autor, a obra de cientificação do direito romano, devido à Pandectística alemã, procura fazer uma nova e autêntica leitura dos textos clássicos, retomando o *res unita corporalis* no conceito de *Sache* (coisa) e regressando á pureza da *possessio rei*.

E, assim, e na doutrina portuguesa, já encontramos esse retorno em Coelho da Rocha e Correia Teles.

Para aquele (Instituições, n.° 434), "posse no sentido gramatical (*detentio*, custódia) é o facto de ter uma pessoa em seu poder uma coisa corpórea, de maneira que pode dispor dela á sua vontade. Um tal possuidor diz-se simples detentor. Porém, para se dar posse, no sentido jurídico, é necessário, além da detenção, o ânimo de ter, ou dispor da coisa como própria; ou ao menos de dispor dela em seu próprio nome, ainda que a propriedade seja de outrem. O que possui com ânimo de ter a coisa como própria, diz-se possuidor verdadeiro ou perfeito: o que possui com ânimo de usar por si da coisa de outrem, como o usufrutuário, o locatário, diz-se possuidor imperfeito...". E, (n.° 447), "o possuidor imperfeito tem direito a conservar e defender a sua posse, enquanto dura o titulo especial que lha deferiu, v.g., o usufruto, a locação: isto não só contra terceiros, mas também contra o proprietário, o possuidor perfeito... Deve, porém, ceder áquele que o convencer de melhor direito de que o outro de quem a houve, ou da extinção do direito deste". E, no mesmo sentido, Correia Teles (Doutrina das acções, 187): "o colono esbulhado pelo senhorio, pode requerer a restituição da nova detenção que tinha...; mas acabado o arrendamento pode o senhorio expulsá-lo...".

E, *o Código Civil português de 1867* já refere no seu art. 474.°, á semelhança aliás do art. 2228.° do Código Civil francês, de 1803, que: "Diz-se posse a retenção ou fruição de qualquer coisa ou direito". Bem como, o referido Código Civil alemão, de 1900, no seu artigo 854 determina que a posse duma coisa se adquire pela obtenção do senhorio de facto sobre a mesma.

E, ainda que o cit.°. art. 474.° se refira à retenção ou fruição de um "direito", todavia a Doutrina qualificada entendia que a posse seria tão só a retenção ou fruição do direito de propriedade, dos direitos reais que implicam retenção ou fruição, e dos direitos pessoais que recaiem sobre as coisas e se exercem no interesse do seu titular (Manuel Rodrigues, o. cit., p. 111).

E, no ciclo evolutivo do instituto possessório, o art. 1251.° do **Código Civil Português, de 1966,** á semelhança do art. 1140.° do Código Civil Italiano, de 1942, estabelece que "posse é o poder que se manifesta quando alguém actua por forma correspondente ao exercício do direito de propriedade ou de outro direito real". E, o art. 1302.° do dito código expressamente refere que "só as coisas corpóreas, móveis ou imóveis, podem ser objecto do direito de propriedade regulado neste Código".

É o retorno, pensado e ponderado, ao habitat natural e adequado da posse, como nasceu e se densificou no clássico direito romano. A posse, como categoria e com os plenos efeitos, do Titulo I, do Livro III, do Código Civil tem por objecto uma coisa corpórea e singular e existe quando essa coisa se encontre na esfera do poder de facto de alguém e em modo que se manifeste pela actuação, ou possibilidade de a continuar, por forma correspondente ao exercício do direito de propriedade ou de outro direito real.

CAPÍTULO II
Concepções objectiva e subjectiva da Posse

SECÇÃO I
Teorias

4. Quando se fala em concepções objectiva ou subjectiva da posse, deve ter-se em análise duas vertentes.

Para Ihering, e para os jurisconsultos que intervieram na elaboração do Código Civil alemão de 1900, a posse é o senhorio de facto sobre uma coisa, quer o seja pela actuação correspondente ao exercício das faculdades do direito de propriedade, ou doutro direito real, quer o seja pela actuação correspondente ao exercício dum qualquer outro direito de crédito duradouro sobre a coisa, apenas se excluindo o mero serviço dependente e sob as ordens e instruções doutrem.

Neste aspecto, estamos a ter em análise apenas a amplítude da extensão da posse ao exercicio das faculdades dum direito sobre uma coisa, quer o seja do direito real, quer dum direito de crédito.

Nesta perspectiva, a referida concepção do Código civil alemão, é uma concepção objectivista.

Contrapondo-se-lhe a concepção subjectivista que restringe a posse ao poder de facto que se manifesta mas tão só quando alguém actua por forma correspondente ao exercício do direito de propriedade ou de outro direito real: excluindo, de princípio, a actuação correspondente ao exercício doutros direitos sobre a coisa (art. 1251.º do Código civil português, de 1966, e 1.140.º do Código civil italiano, de 1942).

Numa outra vertente, as concepções objectivas ou subjectivas diferenciam-se pelo relevo que dão (ou não) ao *animus possidendi;* como juízo volitivo, concreto e subjectivo, que determina a actuação de senhorio de facto do respectivo agente sobre a coisa.

É óbvio que só existe posse se o senhorio de facto é um resultado determinado por um acto de vontade do detentor.

Não existe posse da pessoa que estando a dormir e enquanto dorme alguém lhe coloca um objecto na mão; nem é possuidor o passageiro dum autocarro, em cujo bolso, imperceptivelmente, o ladrão que acaba de furtar uma carteira, esconde o objecto furtado (Lacruz Berdecho, o cit. p. 38).

Mas se o senhorio de facto necessariamente deve ser determinado por um acto de vontade, então necessariamente a esta também preside um juízo volitivo, subjectivo e concreto, que, anímica e subjectivamente, explica e diferencia a razão e função de ser da correspondente actuação de facto do agente sobre a coisa.

Ora, *Federico Carlos de Savigny*, ao interpretar o direito romano, numa monografia escrita em 1803, quando tinha 24 anos de idade, entendeu que as fontes permitiam "autonomizar" dois elementos, como elementos estruturais da posse: *o corpus*, como sendo o poder de facto, objectivo, exteriorizado pela própria actuação sobre a coisa, ou pela possibilidade de a continuar; e o *animus,* como elemento intencional, subjectivo, do agente: *animus* de "comportar-se", concreta e subjectivamente, "como dono", como proprietário (ainda que não, "convicção" de o ser).

5. Ora, a tal autonomização de Savigny, de corpus e animus, opôs-se vivamente *Ihering*.

Para ele, que denominou a sua tese de objectiva, "a posse não é a simples reunião de corpus e animus, o que implicaria para cada uma dessas duas condições uma existência prévia; se não que o corpus é o facto da vontade; não existe no passado, como a palavra não existe antes de pronunciada". Não há dois requisitos da posse, senão um fenómeno externo que implica e denuncia, por si, uma vontade subjacente. A vontade está implícita e exorna da própria actuação, segundo a valoração exterior que a "consciência social", como "questão da vida ordinária" (segundo as ideias ambientais, os costumes e as relações sociais) fazem ver um senhorio de facto sobre a coisa: o que, também depende da natureza da própria coisa.

Há que atender a uma valoração sob "o ponto de vista dominante no tráfego" (Verkehrsanschaung) (Lent-Schwab-Direito das Coisas, 11ª ed., 4).

Diz Ihering (cit. apud Manuel Rodrigues, p. 85):

"A posse é uma relação de facto da pessoa com a coisa tal como a impõe o fim de utilização desta sob o ponto de vista económico.

Esta relação varia segundo as coisas. Tem a forma de um poder físico nas coisas mobiliárias que a gente costuma trazer consigo ou guardar em casa... Não toma porém esta forma nas coisas mobiliárias que se deixam no campo; para os animais domésticos, que entram e saiem livremente, que se apascentam no campo;... para os (imóveis) fechados mas que se deixam periodicamente sem vigilância, tais como os chalets nas montanhas,

Concepções objectiva e subjectiva da Posse

os hoteis nos Alpes... é no terreno onde se edificar que devem ser colocados os materiais de construção. Ao contrário não se deixam no campo, mas na casa, os objectos preciosos. Aquele que os vê no campo dirá que foram perdidos ... não se pratica portanto nenhum acto contra a posse quando se levam para os entregar ao proprietário; pelo contrário tem-se a intenção de restabelecer a relação económica normal, isto é, a posse do proprietário. Mas ninguém levanta para entregar ao proprietário as armadilhas que se encontram na floresta, porque se sabe que o seu destino económico se realiza precisamente expondo-se em tais lugares e que levantando-as se atacaria o seu destino económico, isto é a posse do proprietário".

Ihering, admite, todavia, as relações de facto de detenção não protegidas: as relações de mero serviço, e sob autoridade doutrem. Segundo ele, a lei deve designá-las, como causas exclusivas da posse e por virtude das quais a situação será de mera detenção. E, assim aconteceu no artigo 855 do Código Civil alemão de 1900.

ASSIM, para Ihering, perante uma situação de facto, e em que não preexistam as referidas causas exclusivas – o Tribunal deve considerar, ou não, a existência de posse avaliando a situação de facto, como acto voluntário, mas objectivamente ou seja a partir dela e valorando-a, e tão só, segundo a referida consciência social. Não carecendo de indagar ainda qual o animus subjectivo do agente, ou seja qual o juízo volitivo, concreto e subjectivo do agente que determinou a referida relação de facto objectiva.

6. As diferenças, quanto ao *animus*, da teoria objectiva e subjectivista não são, ou não têm que ser, tão abissais como, primo conspectu, se puderia deduzir.

Ainda que, e relevantemente, existam.

Desde logo, a teoria subjectivista não prescinde do elemento corpus. E a densificação deste elemento, do corpus, na sua essência, pode ser coincidente com a teoria objectivista. O próprio art. 1251 do nosso código civil determina que a posse é o poder que se "manifesta" quando alguém actua por forma correspondente ao exercício do direito. Assim, a relação de senhorio, enquanto situação de facto do agente com a coisa, objectivamente e como corpus, deve ser valorada como exercício do direito (á imagem do qual possa existir posse). E, a partir da própria situação de facto, "a se", "manifestada", naquele "exercício" espelhada. E, como tal, valorada segundo a consciência social, as ideias ambientais, os costumes e as relações sociais e como questão da vida ordinária. Tem, pois, que haver sempre uma relação de facto do sujeito com a coisa, em que se manifeste, se espelhe, que seja á imagem dum juízo volitivo objectivo determinante dum tal senhorio (corpus).

Como se expressa Orlando de Carvalho (Rev.L.J., 3780, p. 68): *"corpus é o exercício de poderes de facto que intende uma vontade de domínio, de poder jurídico real. Animus é a intenção jurídico-real, a vontade de agir como titular de um direito real, que se exprime (e hoc senso emerge ou é inferível) em (de) certa actuação de facto"*. E entre corpus e animus, segundo o mesmo autor, "há uma relação biunívoca": "não existe *corpus* sem *animus* nem *animus* sem *corpus*".

Por sua vez, a questão em apreço, da necessidade (ou não) da biunivocidade de corpus ou animus, é questão que se levanta quer a posse se restringa a actuações de facto correspondentes ao exercício do direito de propriedade ou doutros direitos reais, quer se alargue a actuações correspondentes ao exercício doutros direitos de crédito sobre as coisas.

P. ex., no Código Civil português de 1867 a posse tinha o sentido extensivo, e, todavia, Manuel Rodrigues, no tema em apreço, criticou a teoria objectivista e defendeu a concepção subjectivista da biunivocidade do corpus e do animus (o. cit., págs. 90 e 222 e sgts).

Assim, a teoria subjectivista não prescinde do corpus, mesmo num entendimento objectivista deste – Apenas exige mais, e em biunivocidade, o animus (juízo volitivo,de senhorio, subjectivo e concreto, como determinante daquele factual senhorio objectivo).

P. exemplo, o sujeito pode ter construído uma mansão no seu terreno, sito na escarpa dum monte, dando sobre o mar, porque o local era propício a disfrutar de amplas vistas naturais do monte e do mar; e no seu estado natural, livre de edificações nos terrenos circundantes, de propriedade ou posse de terceiros. E esse sujeito poderia estar convencido de que sendo o primeiro a construir, e por essa sua actuação, disfrutaria de facto da servidão non aedificandi a favor da sua mansão e onerando os terrenos dos vizinhos.

De acordo com o seu juízo volitivo subjectivo, no seu animus, ele construiu a mansão e actuava por forma correspondente ao exercício do referido direito de servidão.

Todavia, essa actuação, esse efectivo senhorio de facto, que objectivamente existia, de disfrutar de tal ambiente – "a se", segundo a consciência social, a valoração social, as ideias ambientais, os costumes e as relações sociais, e como questão da vida ordinária, é tão só valorada como uma situação de disfrute enquanto que os vizinhos não resolvam edificar. É uma situação de mera tolerância passiva, de acto facultativo dos vizinhos, que apenas conduz a "simples detenção" e não á "posse". Ainda que subjectivamente o agente possa (pelo seu lado) agir com a intenção de beneficiário do direito (art. 1253.° do código civil).

E, no entanto, essa valoração social, em termos de corpus, já existirá se o proprietário sobre o seu edifício colocou portas e janelas, sem respeitar o intervalo de metro e meio face ao prédio vizinho (arts. 1360.° e 1362.° do Código Civil).

Como terá animus, mas não terá corpus, em termos de posse á imagem do direito de propriedade sobre um prédio vizinho, o dono dum prédio encravado que "simplesmente passa", ainda que deixando sinais visiveis e permanentes, por um prédio intermédio, para atingir a via pública. Ainda que essa passagem (actuação) seja determinada pelo seu juízo volitivo subjectivo e concreto de assim fazer como se dono fosse do prédio intermédio, e como tal como se da faculdade de uso como proprietário estivesse a usar. Nesse caso, todavia, a "posse" tão só o pode ser á imagem do direito de servidão de passagem.

Por sua vez, na concepção subjectivista ainda que se autonomize o *animus*, tal não quer dizer que seja, como necessariamente relevante, o efectivo animus psíquico do agente e, muito menos, o animus psíquico interior e não exteriorizado do agente. Também na "vontade negocial", a "vontade" relevante para efeitos jurídicos pode não coincidir com a efectiva vontade psíquica (arts., 236.°, n.° 1 e 239 do C.Civil).

Ora, desde logo, se a existente situação de senhorio de facto sobre uma coisa é "derivada", isto é, se tem como causa uma "cedência" dum anterior possuidor e uma "tradição" para o actual possuidor, é natural que o animus relevante o seja, mas normativamente considerado á luz dessa causa da posse actual (teoria da causa).

Na verdade, se A. proprietário e possuidor dum apartamento, onde habita, e que assim também se encontra numa relação objectiva de senhorio de facto (corpus), vende tal prédio a B, mas, simultâneamente, celebra com ele um contrato de arrendamento, e se mantem na mesma relação objectiva de senhorio de facto (corpus) – todavia, não pode deixar de entender-se, juridicamente, que a sua vontade "relevante" (o juízo volitivo que determina que continue de facto em senhorio da coisa) o é de arrendatário. E que, do lado do comprador-locador, a vontade "relevante", o juízo volitivo determinante da existência e manutenção dessa concreta relação de facto de senhorio por A., o é por concessão ao primeiro do exercício dos poderes de uso e fruição correspondentes ao direito de propriedade de B. Como sendo B (em seu animus) proprietário.

Assim, nesse exemplo, em termos de corpus, a situação de facto manteve-se como era. Mas, em termos de juízos volitivos determinantes da relação de facto objectiva, que se exterioriza pelo uso e fruição do apartamento por A., todavia, com relevância jurídica, não pode deixar de se assumir, para o Direito, que quanto a A., dadas as intenções que exteriorizou nos contratos de venda e de arrendamento, a sua vontade (o seu animus) que preside e determina a sua relação objectiva de facto com a coisa, é a "vontade de apoderamento, mas á imagem subjectiva do exercício de direitos de arrendatário". Bem como, no reverso, o animus de B, o é a imagem subjectiva do exercício das faculdades do direito de propriedade sobre o apartamento.

E, assim relevantemente o será, ainda que A., na sua real e efectiva vontade interior, use e frua o apartamento, "como se dono fosse". Esta sua efectiva e actual vontade, esse eventual efectivo animus, ainda que realmente existente não terá qualquer relevância jurídica.

É, aliás, o juízo de valor que está na raiz do disposto nos arts. 1263.º, c), e 1264.º do Código Civil (constituto possessório).

A referida eventual vontade interior, só puderá vir a ter relevância se, além de existir, vir a exteriorizar-se e a preencher os necessários requisitos da inversão do titulo da posse (art. 1265.º do Código Civil). E, mesmo nesse caso, então, dará apenas lugar, a partir da inversão, a uma "nova posse".

Por sua vez, também, nada impede que a concepção subjectivista do animus se aperfeiçoe e se beneficie com a instituição de presunções. Assim, quando o legislador português determina que em "caso de dúvida, presume-se a posse naquele que exerce o poder de facto" (art. 1252.º, n.º 2, primeira parte).

Assim, a teoria subjectivista não se confunde com a relevância pura e simples da vontade concreta do agente. Igualmente, pelo seu lado, a teoria objectivista não pode fugir a, sempre e sem mais, não assumir relevância ao animus subjectivo do agente.

Pois, doutro modo como se puderá distinguir na teoria objectivista a posse em nome próprio (Eigenbesitz), da posse em nome alheio (Fremdbesitz) e, nomeadamente, quando só aquela pode conduzir a usucapião.

Ou, como se puderá distinguir o possuidor mediato (ou indirecto) (mitelbarer Besitzer) do possuidor imediato (ou directo) (unmitelbarer Besitzer).

Bem como, a posse é uma relação de senhorio de facto com a coisa, mas á imagem dum direito.

Isto é, o possuidor, como tal, senhor de facto, não deverá ter mais faculdades de senhorio sobre a coisa do que teria se do direito á imagem da qual possui, e face ao seu estatuto, fosse titular. Assim, p. ex., se A. entra num prédio rústico possuido por B, para inspeccionar o seu estado de

Concepções objectiva e subjectiva da Posse   19

utilização, ou deterioração, entende-se que se considere "perturbada a posse", se o detentor possui á imagem dum direito de propriedade e em que, pois, aquela intrusão poderá pôr em causa o direito á plenitude e exclusividade do uso da coisa (art. 1305.º do Código Civil). Mas já não será assim, se o detentor possui á imagem do direito de arrendamento e se A., senhorio, pretende apenas o exame da coisa locada (art. 1038.º, b) do Código Civil).

Por outro lado, é sabido o princípio de "tanto possuido, quanto prescrito". Isto é, não se pode adquirir por usucapião mais do que o direito a cuja imagem se possuiu. Então, como se assumir que se adquiriu por usucapião, por exemplo, o direito de propriedade, ou se tão só o usufruto ou se apenas até só o uso e habitação – se não através do juízo volitivo subjectivo do agente que determinava a sua relação de facto com a coisa.

7. Assim, em tema do acto de vontade como elemento estruturante da posse, a referida concepção objectivista é imperfeita e insuficiente não abrangendo a globalidade da problemática da posse. É, desde logo, insuficiente para a caracterização do conteúdo da posse exercida. Visto tal depender também (em univocidade) do conteúdo do juízo volitivo subjectivo concreto do agente que preside (e á imagem de cujo direito) á relação de facto que tem com a coisa. E, é ainda insuficiente no tema da determinação do titular da posse, nomeadamente quanto ao dito titular mediato, ou indirecto, quando a posse é exercida por intermédio doutrem.

É certo que existe "posse" sempre que se prefigure uma relação de senhorio dentro da referida noção objectivista: como a haverá na noção subjectivista que exija a univocidade quer de tal corpus, quer dum concreto e subjectivo animus.

Perante tal situação, temos uma relação possessória.

Mas se sabemos, pelo critério da noção objectivista, que verificada ela, no caso, então a coisa é objecto duma relação possessória, está possuida (apoderada) – o que já não sabemos, é qual é o conteúdo de tal posse; ou quem sejam os titulares legítimos da mesma.

Vamos supor que numa propriedade rústica é dado observar que A. no mês de Maio, lavra com o tractor os campos, aduba, semeia milho. Depois, nos meses seguintes, vai adubando, rega e monda. E lá para Setembro corta o milho. E, pelo mês de Novembro novamente lavra, semeia erva, aduba. E pelo inverno dentro, vai-a cortando e com ela alimenta as suas vacas. E, chegando um novo ano, repete essa actuação.

É, óbvio que podemos dizer que aquela coisa imóvel, pelo referido corpus é objecto de posse e existe uma relação possessória.

Mas, "a se", tão só pelo corpus – poderemos afirmar que A. é possuidor? Ou, se só ele é possuidor? Ou, se haverá outro, ou outros possuidores? E, quem? Ou, qual o conteúdo de tal posse?

Se A., p. ex., apenas assim actua como gestor de negócios do senhor B, que tendo ido ao Brazil, aí adoeceu e se mantem hospitalizado – tal relação não é possessória, nem A. é possuidor: é mero detentor.

Se A. assim actua como feitor agrícola do senhor B., seu patrão e proprietário, então existe posse, mas o possuidor (mediato ou indirecto) é B. e A. é simples detentor.

Se A. assim actua como sendo arrendatário do senhor B., e este como sendo seu senhorio e proprietário – então A. é possuidor imediato ou directo, mas quanto á posse á imagem do direito de arrendamento: e sendo possuidor em nome alheio, quanto á posse á imagem do direito de propriedade. E, sendo o B. quanto a essa posse, (á imagem do direito de propriedade) o possuidor mediato.

E A. pode até ser subarrendatário de C.. E C. ser arrendatário daquele mesmo A.. E, então A. é possuidor imediato da posse á imagem de arrendatário. Mas, simultâneamente, é possuidor mediato á imagem do direito de propriedade (como senhorio de C. e como subarrendatário deste).

Num segundo exemplo, perspectivemos uma faixa de terreno, com características dum caminho, e até demarcado com paredes, que duma via pública, atravessa por um terreno rústico circundante e atinge os limites de três prédios urbanos. Os três proprietários dos prédios a., b. e c. servem-se desse caminho reiteradamente e com sinais visiveis e permanentes de tal utilização, para das suas habitações atingirem a via pública.

É óbvio que, objectivamente, existe uma relação de senhorio da coisa (leito do caminho) por parte de cada um dos três referidos proprietários.

Todavia, o proprietário A. pode passar, como sendo dono do leito do caminho. E, B. pode passar como sendo titular da servidão de passagem e como sendo o leito de propriedade de A. E, C. pode passar como lhe sendo tal facultado, mas a titulo de autorização precária de D., e como sendo este o dono quer do terreno rústico circundante quer do caminho e do leito deste.

Assim, A. seria possuidor, á imagem do direito de propriedade e possuidor imediato (directo) e em nome próprio. E, pela posse de B, A. também seria possuidor á imagem do direito de propriedade, e como possuidor mediato. Já B. só seria possuidor, e imediato, mas á imagem do direito de servidão; e seria possuidor em nome alheio (á imagem do direito de propriedade) em favor de A. C. não seria possuidor, mas mero detentor. Mas

D. seria possuidor á imagem do direito de propriedade; mediata ou indirectamente, por intermédio de C..

8. Por sua vez, para Ihering, para existir corpus suficiente, v.g., da posse á imagem do direito de propriedade – será necessário que a relação de facto de senhorio da coisa se traduza na actuação e desenvolvimento das faculdades plenas do direito de propriedade que um proprietário diligente da mesma devesse retirar; tendo embora em conta a natureza da concreta coisa e a consciência ou opinião gerais.

Bem como, não haverá mais posse logo que cessa tal utilização "efectiva". Contráriamente ao que expressamente dispõe o art. 1257.º do nosso código civil ou defendia Savigny.

As referidas injunções de Ihering são naturais efeitos irradiantes ou reflexos do conceito-base da sua concepção objectivista (em tema de animus).

Para a teoria subjectivista, uma vez que tem dois pilares estruturantes da posse (corpus e animus), tal rigidez do corpus, defendida por Ihering, naturalmente não é exigivel e torna-se mais maleável, porque existe ainda o suporte do animus.

E, em termos pragmáticos, da satisfação dos interesses da vida em sociedade, aquela rigidez também não é adequada, nem razoavelmente postulada pela consideração daqueles interesses ou pela colação dos fundamentos da posse ou do usucapião.

Aliás, se, a priori, poderia parecer que a concepção objectivista contribuiria para a certeza e a segurança, bem como para a justiça (real) das decisões dos Tribunais, e para a sua celeridade, todavia, a conclusão parece ser, bem pelo contrário.

Precisamente, uma das críticas, nesta perspectiva, é a "do poder e liberdade que concede aos juizes na apreciação da existência da posse" (Manuel Rodrigues, o. cit., p. 89, referindo Schwab). E, afinal, como já se tem dito, o "animus" sempre existirá. Mas desviado da sua sede própria, que é o possuidor, para, incompletamente, passar a estar na colectividade. (Manuel Rodrigues, o. cit., nota 1, p. 89).

Na verdade, a teoria objectiva utilizando apenas o elemento corpus, tenderá a exigir uma sua maior intensidade.

Para Ihering, a posse, p. ex., á imagem do direito de propriedade, necessitará dum corpus que consubstancie a plenitude de uso das faculdades do proprietário, e na perspectiva da consciência social dum agente, a essa luz, diligente e que se mantenha efectivo.

E, assim, vejamos, p. ex., quando é que Lacruz Berdejo (o. cit., p. 40) entende que uma situação de facto é possessória: "possuidor, no sentido do art. 446, é aquela pessoa que domina inequívocamente a coisa com exclusividade; se encontra em situação objectiva de influir permanentemente sobre ela e servir-se dela com relação ao destino assinalado pela sua natureza; e mantém uma atitude subjectiva que não exclue, "de facto", esse senhorio: e tudo isso, segundo a apreciação comum, ou seja, a valoração daquele tipo de comportamento e aquele objectivo pela gente".

Convenhamos que para se provar que "tal relação possessória" se "manteve", p. ex., durante 20 anos, como fundamento da aquisição por usucapião – tal será obra, quer para a parte, quer para o Tribunal ...

E, com acrescida possibilidade de a justiça processual não vir a coincidir com a verdade material. E, daí, também, sair enfraquecida a segurança e a confiança. E, com um acrescer da conflitualidade judicial e a sua morosidade: o impugnar, por impugnar; quanto mais não seja para vêr se colhe e sempre se ganhará tempo.

Ora, na teoria subjectiva, a situação é bem mais simples, mais fácil de apreender e provar, e por conseguinte menos propícia á conflituosidade impugnativa e ao desvio da verdade processual face á verdade material.

Na verdade, na teoria subjectiva bastará para que exista corpus que relativamente a uma coisa alguém actue desenvolvendo as faculdades (algumas e ainda que sem o critério da diligência dum bom gestor) do direito de propriedade ou doutro direito real, por forma suficiente a manifestar, exteriorizar que a coisa está apoderada, ou seja debaixo da esfera de influência empirica do agente.

E se tal se verifica, apoderamento existe, apesar de não se continuar a efectividade da actuação e desde que não se forme nova posse de terceiro e por mais de 1 ano (arts. 1257.º e 1267.º 1, d)). E, se se possui actualmente e se possuiu em tempo mais remoto, presumindo-se a posse no tempo intermédio (art. 1254.º). E, se a posse é derivada, assumindo-se o animus consubstancial á causa do acto jurídico voluntário da cedência; ou, se tal não se apura ou se a posse é unilateral e originária, presumindo-se o animus correspondente ao referido corpus (art. 1252.º, 2).

E, por sua vez, também este menor rigor nos requisitos do corpus é suficiente, e proporcionalmente bastante, á essência e á função do instituto possessório. Quanto á função, quer o seja garantir a paz pública (Friedenstheorie), quer o valor da continuidade (Kontinuitaetstheorie), quer o valor da inércia (Oliveira Ascensão).

Quanto á essência, porque a relação possessória – na sua faculdade de reter, deter e continuar detendo – apenas é relevante em modo provisório e genéricamente cautelar. Pois, a procedência dos meios possessórios não converte a situação de facto numa situação definitiva. Nem tal situação é, afinal, prevalecente se não contra o terceiro que actua antijuridicamente (sempre que a lei não autorize a privação ou a perturbação): isto é, dum modo geral, a relação possessória não prevalece contra o terceiro que actue em correspondência a um direito em virtude do qual pode exigir a constituição dum estado possessório adequado ao seu procedimento, ainda que com tal perturbe ou prive a relação possessória do (mero) possuidor.

SECÇÃO II
No Código Civil de 1966

SUBSECÇÃO I
Extensão da Posse, na vertente dos
Direitos, a cuja imagem se pode possuir

9. *Relativamente á vertente da extensão da posse*, ou seja duma relação de facto de senhorio sobre uma coisa á imagem dum direito duradouro sobre a mesma, o Código Civil de 1966 restringe a "categoria da posse" e os "efeitos" que densifica no Livro III, Direito das Coisas, Titulo I, arts. 1251.° e seguintes, "a se" e de per si, ao poder que se manifesta quando alguém actua "por forma correspondente ao exercício do direito de propriedade ou de outro direito real". E, segundo o art. 1302.°, do Título II, do mesmo Livro III, "só as coisas corpóreas, móveis ou imóveis, podem ser objecto do direito de propriedade regulado neste código".

E, tais juízos de valor legais, tais *normas,* são intencionais e razoavelmente ponderados.

Não se trata de mero exercício de estilismo jurídico, de revivalismo do clássico direito romano. Antes é fruto, consciente, do percurso histórico – como já antes referido – da evolução do instituto da posse. E, se há que falar em anacronismos ou modernismos, então poderá dizer-se que, quanto ao espírito do legislador português de 1966 (á semelhença do legislador italiano de 1942), é uma postura post-moderna.

As referidas *normas,* exornantes dos cits. arts. 1251.° e 1302.° do código civil, todavia não excluem que a categoria da posse e os seus efeitos não possam estender-se a outros domínios. Mas, apenas, significam que tal só acontecerá ou quando a própria Lei o determine ou, por via de extensão integrativa do regime de direitos híbridos ou atípicos (infra, n.º 197). E, nesses casos, *limitada* ao respectivo âmbito, bem como aos respectivos efeitos concedidos.

10. Assim, *pode existir posse á imagem dos direitos reais de gozo* (direito de propriedade, usufruto, uso e habitação, e servidões prediais). *Já não, nos direitos reais de aquisição* (v.g., direito real de preferência, direito de constituir coercivamente uma servidão, direito de proprietário confinante com parede ou muro alheio de adquirir nele comunhão, direito de execução específica á promessa de alienação, se com eficácia real). Porque se trata de direitos que se esgotam, que se extinguem logo que sejam exercidos e, por consequência, não podem dar origem às situações de exercício duradouro que a posse pressupõe (Henrique Mesquita, Direitos Reais, 1967, p. 67).

Também *pode existir posse, mas tão só na medida em que a lei a conceda (posse limitada), quanto aos direitos reais de garantia, em que a coisa possa estar no poder de facto do credor.* Assim quanto ao penhor ou quanto ao direito de retenção (arts. 670.º a); 758.º e 759.º, n.º 3). (Orlando de Carvalho, Rev. L. e Jur. 3781, p. 106).

Aliás, a lei fala na composse, no credor pignoratício (art. 669.º, 2).

Não, pois, na hipoteca e nos privilégios.

Quanto á consignação de rendimentos, é possivel estipular que os bens passem para o credor, ficando equiparado ao locatário (arts. 661, n.º 1).

Daí que na remissão do art. 665.º, não se aluda ao art. 670.º. Todavia, pode o credor usar dos meios possessórios do locatário (art. 1037.º, 2) (cit. Orlando Carvalho).

Sem embargo, não se presume o pacto anticrético (arts. 671.º, a) e 758.º e 759.º, n.º 3, cit. Orlando Carvalho).

11. Por extensão legislativa, pode existir posse (plena) quanto às coisas objecto da *propriedade intelectual,* como direitos de autor e da propriedade intelectual (art. 1303.º do código civil).

Bem como, quanto a coisas de originário dominio privado mas possuidas, todavia, á imagem volitiva do dominio público; e no sentido do ingresso de facto nesse dominio (art. 1304.º do Código Civil). Não, no entanto, ao invés, quanto a coisas do *dominio público,* para ingresso no dominio privado (art. 202.º do Código Civil). Pode existir, todavia, *posse, limitada* ao uso das acções possessórias, relativamente a coisas objecto de *concessão pública.* E, por extensão integrativa da atribuição dessas acções ao locatário e ao comodatário, dado que, em parte, a concessão pública pode consubstanciar a essência da locação ou do comodato (infra, n.º

Concepções objectiva e subjectiva da Posse 25

197). E quer nas situações de ameaça, perturbação ou esbulho entre particulares. Quer, face á entidade pública concedente. Mas, nesta vertente, já não, se, por o litígio no eventual caso se reportar a uma relação jurídico administrativa, a defesa dos direitos ou interesses lesados, ou ameaçados, se deva efectivar através dos meios previstos na lei de processo administrativo contencioso (juízo de valor legal do art. 414.° do código de processo civil).

12. Também por extensão legislativa, no respectivo âmbito e dentro dos efeitos possessórios legalmente concedidos, pode existir *posse limitada* nos casos do *locatário* (art. 1037.°, n.° 2), do *parceiro pensador* (art. 1125.°, n.° 2), do *comodatário*. (art. 1133.°, n.° 2) e do *depositário* (art. 1188, n.° 2).

Já não, quanto ao mandatário, ao representante, ao administrador, ao gestor de negócios, nem quanto aos detentores por actos facultativos ou de tolerância (art. 1253.°; Orlando de Carvalho, Rev.L.Jur., 3780, p. 69). E, óbviamente, também não quanto aos meros "servidores da posse", com relação de subordinação e sujeitos á autoridade e instruções doutrem (o empregado, o serviçal, o transportador, o feitor ou o gestor).

Todavia, aos referidos detentores (e possuidores em nome alheio), ou aos referidos "servidores da posse", ser-lhes-á licito recorrer á acção directa do art. 1277.° do código civil, no interesse do respectivo possuidor mediato (Ennecerus, o. cit., p. 32), bem como á legítima defesa (art. 337.° do mesmo código).

Também pode existir posse quanto *a quotas, ou partes do capital, de sociedades* comerciais, ou civis sob forma comercial; mas se já, prévia e legalmente, constituidas (art. 79.° do Cód. de Reg. Comercial e art. 94.° do Cód. do Notariado (redacção do D.L. 207/95); inclusivé para efeitos de usucapião e divisão ou unificação de quotas.

Por extensão integrativa do respectivo regime, pode existir posse em certos *direitos híbridos ou atípicos* (infra, n.° 197).

13. A consideração de que a categoria possessória e seus efeitos, densificados nos referidos artigos 1251.° e sgts do código civil, "a se" e de per si, se circunscreve ao poder de facto que se manifesta quando alguém actua por forma correspondente ao exercício do direito de propriedade ou de outros direitos reais – é, face ao *direito português constituido*, juízo de valor que, desde logo, se expressa no próprio art. 1251.° do Código Civil. Bem como, como já antes referido, corresponde a um ciclo evolutivo da extensão da posse que, consciente, ponderada e razoávelmente se quiz cir-

cunscrever á referida matriz: e não por mero exercício de revivalismo do pensamento clássico romano. Como também sucedeu com o legislador italiano do Código Civil de 1942.

Aliás, em tema de interpretação do cit. art. 1251.°, acresceria que não se entenderia bem como melhor expressão do seu pensamento (art. 9.°), que o legislador viesse, p. ex., face ao locatário expressar que este "pode" usar dos meios "facultados ao possuidor nos artigos 1276.° e seguintes" – se se devesse entender que ele (locatário) já, de per si, e por disposições legais genéricas e anteriores do mesmo legislador, pudesse ser considerado "possuidor". Pois, se o fosse, então, óbviamente, poderia já usar, por faculdade própria, como reconhecido possuidor, das acções possessórias.

O mesmo, mutatis mutandis, se dizendo da repetição de idênticas faculdades concedidas pelo código civil ao parceiro pensador, ao comodatário e ao depositário (art. 1125.°, n.° 2; 1133.°, n.° 2 e 1.188, n.° 2).

Aliás, quanto ao penhor e ao direito de retenção (que cabem na formulação do art. 1251.°, como "outro direito real"), o legislador até já não refere a acção possessória como, naqueles casos, especialmente concedida ("pode usar"). Antes se refere "o direito ...de usar... das acções destinadas à defesa da posse, ainda que seja contra o próprio dono". (Orlando de Carvalho, Rev.L.J. 3781, p. 107).

Por sua vez, o legislador de 1966 óbviamente conhecia a norma do art. 474.° do código civil de Seabra, onde se estipulava que "diz-se posse a retenção ou fruição de qualquer coisa ou direito". Como, óbviamente, conhecia a teoria objectivista de Ihering e do Código Civil alemão de 1900. E, também não podia deixar de ter presente o articulado do Prof. José pinto Coelho, artigos 1.° e 3.°, sobre o aí proposto alargado âmbito da posse (B.M.J. 88.°, p. 139). Assim, nesse contexto (art. 9.°, n.° 1), o âmbito expressamente restrictivo do art. 1251.° só pode ser entendido como tal. E, não (como, por vezes, ao contrário), se parta do argumento da existência daqueles outros extensivos normativismos, para se defender tal conceito de posse alargada para o actual direito constituido.

E, nem se diga que o Código Civil, como matriz do direito civil, é subsidiário: e, portanto, para outros ramos do direito valerão as categorias jurídicas assumidas e reguladas genéricamente no Código Civil. Primeiro porque se é subsidiário, é no respeito pelas "categorias", mas como ele mesmo, genéricamente e "a se", as densifica. E, segundo, quando o legislador quiz alargar aquelas categorias precisas que densificou no Código Civil, "expressamente" o fez (e noutra interpretação não teria necessidade). Como, no tema, precisamente o fez, quanto ao alargamento á propriedade intelectual (art. 1303.°) e ao dominio das coisas do Estado e de outras pessoas colectivas públicas (art. 1304).

14. Assim, no sistema constituido do Código civil português de 1966, quanto á extensão da posse, nesta vertente, (do direito que se exerce) a teoria vigente é a subjectivista.

Posse, como categoria e com os efeitos dos artigos 1251.° e seguintes, é o senhorio de facto que se manifesta na actuação volitiva do sujeito de apoderamento empírico duma coisa, corpórea e singular, ao desenvolver sobre ela as faculdades correspondentes ao exercício do direito de propriedade ou de outro direito real, á imagem volitiva objectiva (corpus) e subjectiva (animus), "como sendo" titular do direito correspondente a tal exercício.

Ainda que o não seja e, até, de tal sendo consciente.

"É o exercício de poderes de facto sobre uma coisa, em termos de um direito real (rectius: do direito real correspondente a esse exercício)" (Orlando de Carvalho, Rev. L. Jur. 3781, p. 104. Idem, Ac. S.T.J., de 13-3-99, BMJ, 485.°, p. 409).

Por extensão legislativa, no direito constituido, pode existir posse também quanto ás coisas objecto dos direitos de autor e de propriedade industrial; bem como do dominio público; e quanto a quotas, ou partes sociais, de sociedades comerciais, ou civis sob forma comercial. E, na extensão já referida supra (n.° 11, 12 e 13).

Igualmente, por extensão legislativa e excepcional (Orlando de Carvalho, Rev.L.Jur., 3780.°, p. 69 e Pires de Lima e A. Varela, anot. art. 1251.°) pode existir posse limitada quanto ao locatário, parceiro pensador, comodatário e depositário (supra, n.° 13). Também, por extensão integrativa pode existir posse quanto a certos direitos híbridos ou atípicos (infra, n.° 197). Todavia, tal extensão da posse é limitada aos efeitos possessórios que o legislador expressamente concede.

Assim, quanto á atribuição de acções possessórias (arts. 1037.°, 2; 1125, n.° 2; 1133.°, n.° 2 e 1.188.°, n.° 2). Ou, quanto ao regime de benfeitorias na locação e no comodato (arts. 1046.° e 1138.°).

Também, atribuindo a Lei, em tais casos, os meios de defesa do possuidor, nessa abrangência se inclui a indemnização dos prejuízos causados com a turbação ou o esbulho (art. 1284).

Todavia já *não se aplica a presunção da titularidade do direito* (art. 1268.°).

Na verdade, p. ex., quanto á locação o que estabelece o cit. art. 1037.°, n.° 2, é que "o locatário" que for privado da coisa ou perturbado "no exercício dos seus direitos", pode usar dos meios facultados ao possuidor nos artigos 1276.º e seguintes. Isto é, pressuposto do exercício dos referidos meios é que o sujeito seja "locatário" e seja privado ou perturbado no exercício "dos seus direitos". Porque é locatário, como consequência e por concessão legal, fará parte do conteúdo do seu estatuto poder usar dos meios consignados nos artigos 1276.º e seguintes ao possuidor.

No próprio sistema objectivista do Código Civil alemão, de 1900, também se entende que não se estabelece tal presunção a favor dos que possuem no exercício dum direito de crédito como o arrendatário, o comodatário (cit. Ennecerus, Kipp e Wolff, 22, p. 105).

E, compreende-se. Pois que os referidos direitos (do locatário, comodatário, etc), são direitos de crédito; não direitos reais de gozo. Não são, assim, também objecto de usucapião (artigo 1287.º).

Ou seja, não são susceptíveis duma aquisição originária. Só podem adquirir-se por via negocial, ou seja, dentro da autonomia da vontade das partes.

Então, não se compreenderia, por não existirem razões bastantes para afastar a regra geral do ónus da prova em tema de autonomia negocial, que quem alega direito dela emergente, não lhe coubesse provar a sua existência e conteúdo. E não, ao contrário, que deva ser o proprietário a ter que provar que não realizou contratos de cedência obrigacional do seu uso, ou sem certo objecto ou extensão.

Mas, como os meios facultados a tais detentores, e para protecção de ameaças, turbações ou esbulho dos seus direitos, são os facultados ao possuidor nos artigos 1276 e seguintes, então também essa protecção é genericamente cautelar e provisória e cedendo perante a invocação e prova da actuação legítima do terceiro. Nomeadamente, ao abrigo do art. 1278.º, se o terceiro invoca e prova ser titular dum direito real de gozo incompativel com aqueles direitos ou duma posse melhor do que, p. ex., a do senhorio (a favor da qual reverterão actos objectivamente possessórios do inquilino, art. 1252.º).

Na doutrina portuguesa, e já antes do código civil de 1867, pressuposto do uso das acções facultadas a tais possuidores era o "titulo". Assim, Coelho da Rocha (cit. in Manuel Rodrigues, p. 192), escreveu, que "o possuidor imperfeito tem direito a conservar e defender a sua posse, enquanto dura o título especial que lha deferiu, v.g.,... a locação".

E, Seabra frisou: "o colono, o arrendatário não têm sem dúvida a posse da cousa em si mesma; mas têm certamente a posse do direito, que adquiriram pelo seu arrendamento".

E, o decreto de 30-08-1907, dispunha no seu art. 27.º, que "o arren-

Concepções objectiva e subjectiva da Posse   29

datário ou sublocatário que pelo respectivo senhorio for ilegalmente perturbado ou esbulhado ... poderá usar ... acções possessórias a fim de ser mantido ou restituido ao uso de fruição do mesmo prédio durante o prazo do arrendamento".

E, como escreve Manuel Rodrigues (o. cit., p. 194): "Todavia é preciso notar que a posse lhe foi reconhecida como meio de defesa do arrendamento e que, por isso, tem os mesmos limites que este, tanto em relação ao tempo como em relação ao objecto do arrendamento. Por isso a sua situação se diferencia do possuidor puro e simples. Os poderes deste são medidos pelos actos que praticou, pela sua atitude em facto do objecto; os poderes do arrendatário ... são medidos pelo titulo de aquisição do direito... Deste modo, para se saber até onde vai a posse do arrendatário é necessário consultar o respectivo título".

15. Não se pode dizer, sem mais, que o sistema legislativo que circunscreve a categoria da posse às coisas apoderadas á imagem dum direito de propriedade ou de outro direito real é fruto duma concepção individualista que sobrevaloriza os interesses do capitalismo, o "dominio", e desvaloriza a efectiva utilização das coisas (Orlando de Carvalho, Rev.L. Jur., 3780, p. 69).

Desde logo, o capitalismo moderno até vem valorizando modos de utilização das coisas que o não são em regime de dominio (direito de propriedade).

E, por outro lado, tal crítica só faria sentido se a Lei não protegesse os titulares de tais direitos de crédito. Ora até protege, concedendo-lhe (caso a caso, e reflectidamente) os mesmos meios processuais, que se revelem adequados.

Do que se trata é tão só do uso dum critério de racionalidade, ponderabilidade e razoabilidade. Ou seja, circunscrever a categoria da "posse e seus efeitos", como um instituto, que, nessa sua globalidade, é naturalmente adequado mas, na generalidade, aos direitos reais. Mas que, nessa globalidade, já não o será, por princípio, genéricamente extensível aos outros direitos relativos ás coisas. E, então, quanto a estes, se devendo, cada a caso, segundo a sua especial natureza, refletir e pronunciar-se a Lei.

Aliás que existe uma essência diversa resulta até de, quanto a esses outros direitos relativos a uma coisa, não se estender o princípio de que a sua detenção por certo tempo prolongado conduza á aquisição do direito (usucapião).

16. Oliveira Ascensão (Direitos Reais, 4ª. ed., pág. 73/75), entende

que a categoria da posse é extensível a todos os casos em que o sujeito tenha a coisa para si e que não haja exclusão legal para que se presuma titular e tenha á sua disposição os meios de defesa da posse dos arts. 1276.° e sgts. E, nomeadamente, haverá posse nos casos em que se deu a outorga de acções possessórias. Por analogia, nos termos gerais, o regime dos arts. 1251 e sgts (elaborado tendo em conta os direitos reais de gozo) poderá, segundo tal autor, ser chamado a integrar as lacunas que se verificarem a propósito dos outros casos. E, nomeadamente, são, (entende o referido Professor), "claramente generalizáveis" a presunção de titularidade e o direito de indemnização em consequência de turbação ou esbulho.

No direito espanhol os arts. 430.° a 432.° do (seu) C. Civil (24-07-1889) expressamente referem a posse como a "tenencia de una cosa o el disfrute de un derecho" e quer em conceito de dono quer para conservá-los e disfrutá-los, pertencendo o domínio a outra pessoa.

Naturalmente, pois, a jurisprudência e a doutrina espanhola, perante tais disposições legais, defendem o (referido) conceito amplo da posse (Acciones de Proteccion de la Posesión, 2006, J. Busto Lago, N. Alvarez Lata e F. Pena López).

SUBSECÇÃO II
Extensão da posse, na vertente
do Juízo volitivo do detentor (corpus e animus)

17. Para assumirmos se o *código civil português de 1966* adoptou a teoria objectiva ou subjectiva, quanto *a uma especial relevância do animus do detentor (do seu juízo volitivo concreto face á relação de senhorio com a coisa), só haverá que interpretar os arts. 1251 e seguintes, nomeadamenter á luz do art. 9.° do mesmo código.*

18. Relativamente ao *Código de Seabra*, a Doutrina maioritária defendia que ele adoptara a teoria subjectivista (Guilherme Moreira, Cunha Gonçalves, Jaime de Gouveia, Dias Marques e Pires de Lima. Citação, in Menezes Cordeiro, Direitos Reais, 1993, p. 395).

Quanto ao *Código actual*, igualmente defendem a teoria subjectivista Henrique Mesquita (Direitos Reais, 1967), Pires de Lima e Antunes Varela (Código Civil anotado), Mota Pinto (Direitos Reais, 1971) e Orlando de Carvalho (Rev.L.Jur., 3780).

Igualmente, o defende a grande maioria da Jurisprudência. Acordãos, citados por Menezes Cordeiro, A Posse, 2ª ed., 1999, p. 55, nota 95. Po-

Concepções objectiva e subjectiva da Posse   31

dendo acrescentar-se os recentes Acordãos do Supremo Tribunal de Justiça, de 10-12-97, in B:M.J., 472, p. 483; de 20/01/99, in C.Jur. (A.S.T.J.), Ano VII, II, p. 57; de 11-3-99, in BMJ, 485, p. 409. E o Assento de 14-05--96, in cit. Bol. 457, p. 557.

Oliveira Ascensão (em Direitos Reais, 4ª ed., 1983, p. 91), defende que o art. 1253, a), do C.Civil é compatível com uma teoria objectivista – "se o preceito tiver o sentido de declaração do agente sobre a própria posse. Então é também exteriorização e vale como elemento objectivo". E dá os exemplos do vizinho dum emigrante que na sua aldeia deixa os bens ao abandono, e dos quais aquele cuida, mas declara categoricamente que o faz apenas em nome daquele; ou daquele que cultiva terra alheia, mas declara que trabalha para o dono da obra.

Mas – dir-se-á – se essa intenção assim vale, porque foi nesses modos "declarada": porque não valerá também, quando é "apreensivel" de qualquer outro comportamento factual, o qual "com toda a probabilidade a revele" (art. 217.º do código Civil). E, inclusivé, quando, em geral, a detenção assente, originàriamente, numa cedência (e numa traditio) consubstanciada num negócio juridico: e a vontade deste integra a intenção de não agir como se fosse titular do direito sobre a coisa; e vontade (ou intenção essa) assumível á luz dos artigos 236.º, n.º 1, e maxime n.º 2, 239.º e 295.º do código civil ?

Menezes Cordeiro, defende, acerrimamente, que o código consagra a teoria objectivista de Ihering e do código civil alemão de 1900 (in, cits. Direitos Reais, 1993, págs 397 e 460; e a Posse, 2ª ed., 1999).

A doutrina estrangeira dos países latinos, é maioritariamente defensora da tese subjectivista.

Assim, em Itália, Ugo Natoli (Il Possesso, 1992, págs, 28/30 e 60); Francesco Galgano (Diritto Privato, 1999, p. 136).

Em França, Planiol/Ripert/Picard (Dr. Civ. Français, T-III, 2ª ed., 1952 – n.ºs 146 e 147, págs 161/166).

Para o direito Espanhol, todavia e segundo Lacruz Berdejo, (Der. Reales, 1990, p. 39), a doutrina mais recente segue a teoria objectiva de Ihering e do Código civil alemão. E, tendo em vista a definição de posse do art. 430.º do código civil espanhol (tenencia de una cosa o disfrute de um derecho), e quando os arts. 431.º e 432.º do mesmo código falam em "tener o disfrutar" e o art. 438.º em "ocupacion material de la cosa", ou de "quedar esta sujeta a la acción de nuestra voluntad" – sem tais preceitos referirem o elemento psíquico autónomo.

Antes de prosseguir, convirá analisar alguns dos argumentos críticos contra a teoria subjectivista.

32 *Posse e Usucapião*

Assim, escreve Menezes Cordeiro (in Direitos Reais, págs. 404 e 405):
"Razões de ordem lógica são as que derivam do pensamento do próprio Ihering. De facto, não compreendemos *como possa o direito, realidade social, trabalhar com estados de espírito, com intenções; isso seria apanágio da moral.* Mas ainda que o direito a isso se abalançasse, só seria possivel avançar através de ficções, pois o animus do detentor poderá ser igual ao do possuidor, sem que por isso o detentor deixe de ser detentor e o possuidor, possuidor".

E, pág. 401, existem manifestações de posse sem vontade – por exemplo, a posse por incapazes – e até aquisições de posse sem qualquer animus (artigo 1255.°).

Bem como, p. 405, "para concluir a consagração da orientação objectivista no direito português, chamamos a atenção para o facto de a teoria subjectiva não ter aplicabilidade prática. Como provar o animus?".

Bem como, escreve o citado e ilustre Professor (in a Posse, 2ª ed., págs 62/63) – quem voluntáriamente exerça o poder de facto, não pode evitar ser possuidor apenas por exteriorizar uma vontade em contrário. E, por duas razões fundamentais. Primeiro, dada a irrelevância da protestatio facta contraria: de acordo com regras gerais, não é por o agente fazer (meras) afirmações em contrário que o seu comportamento concludente será prejudicado por declarações de sinal contrário.

Segundo, a posse também provoca o aparecimento de deveres (arts. 1269.° e 1271.°). Ou seja, no limite "o ladrão é possuidor, por muito que declare não querer sê-lo".

A posse (directa) do incapaz tende a ser admitida (in, cit. Posse, p. 53).

Também se pudertia argumentar, contra a teoria subjectivista, que poderá haver posse dissociada da situação de facto – e, portanto, sem animus: "seria", assim, p. ex. quanto aos herdeiros. Os quais, para Ascensão Oliveira (Dir. Reais, o. cit., p. 84), "têm posse independentemente do conhecimento da morte do de cujus, ou do facto designativo, ou até da existência do bem. Quer dizer que aqui, mesmo sem corpus nem animus, a lei atribui aos herdeiros a protecção possessória".

19. Todavia, começando por este último contra argumento, dir-se-á que provaria demais ... porque, então, nem sequer haveria corpus (o fundamento da teoria objectivista).

Ora, o que se passa na sucessão por morte, é que o herdeiro só é considerado "titular" da posse, se ela existia e na titularidade do de cujus (art. 1255): assim, a questão do animus e do corpus põe-se, mas, antes de mais quanto á posse (ou não) em que estava investido o de cujus. Depois, a posse só continua no herdeiro, se ele (ou seu representante) aceita a herança, expressa ou tácitamente (art. 2050.°). E, a referida aceitação é um acto de vontade – que tem, para o direito, o sentido de expressão dum juizo volitivo concreto normativo (animus).

Por sua vez, quanto ao incapaz, o que se prescinde é duma vontade psíquica, com a relevância para uma normal capacidade de gozo ou de exercício: basta o uso de razão, num minimo de querer e entender (art. 1266.°). E a excepção estabelecida para as coisas susceptiveis de ocupação – como excepção, só confirma a regra. Pois, os requisitos duma categoria não se definem pela excepção, mas pela regra.

Quanto ao valor do estado de espírito ou das intenções no direito ou quanto á dificuldade prática de o determinar – trata-se duma questão geral do Direito e não questão específica da posse.

E, como observa Orlando de Carvalho (cit. Rev. L.Jur., 3780, p. 68), "só que apenas pensará assim quem detenha do *animus* a ideia errónea dos glosadores e que ainda se detecta em Savigny: *animus* como pura *intentio*, como puro *logos* avulso...".

Ora, para a teoria subjectiva a posse pressupõe animus e corpus, e numa relação biunívoca.

Mas, o animus não é o mero estado de espírito, interior, do agente. Se alguém tem uma relação de utilização duma coisa, e detem a razão, a sua actuação não pode deixar de ser determinada por um objectivo; ou seja, por um concreto juízo volitivo que determina a actuação singular (como seu objectivo, fim, meio, causa ou função).

Aliás, o próprio Ihering não suprime o elemento intencional na posse: sem vontade, não há relação possessória. Apenas, o considera, por um lado, implícito, no poder de facto, como acto de vontade, exercido sobre a coisa. E, por sua vez, esse elemento acidental, para Ihering, também cumpre uma função negativa, como causa destrutiva da posse própriamente dita e transformando a relação numa *causa detentionis*. Só que, onde essa causa destrutiva da posse não seja reconhecida, o Juiz deve admitir a existência da posse, baseando-se sobre o facto exteriormente visivel da relação possessória. Daí o nome de teoria objectiva. Razão porque já se tem realçado (segundo Manuel Rodrigues, o. cit.) – que no fundo Ihering apenas transpõe a problemática do animus para a consciência social, para a opinião geral, segundo o senso comum (e face á visibilidade, do quadro geral e comum, da relação de facto do sujeito com a coisa).

Por outro lado, é óbvio que a pura intenção, ou estado de espírito interior do sujeito, em si e por si, não é, e com pragmatismo, atingível (no estado actual da ciência). Não é pois esse animus a que se referem os subjectivistas; nem, só por si, ele será relevante.

Por um lado, o animus sempre terá que se exteriorizar (por palavras, escrito ou qualquer outro meio directo de manifestação ou através dum comportamento factual que, com toda a probabilidade, o revele: arts. 217.º e 295.º do código civil). Sem exteriorização, é irrelevante. E, por outro lado, o animus juridicamente relevante pode ser, como pode não ser, coincidente com o puro estado de espírito; e ainda que paralelamente apreensível por meio directo de manifestação ou através dum comportamento. Como resulta dos artigos 218.º, 236.º, 239.º, 240.º 241.º, 246 e 295.º do código civil.

Ora, se para a teoria do negócio jurídico se pode atender ao referido animus, e com o referido significado – porque é que não se puderá também atender para efeitos da posse?

E não só no direito civil tal acontece. Também para o direito criminal, como é que se pode distinguir, em cada caso, p. ex., "o furto com intenção de apropriação" (art. 203.º do C.Penal), do "furto de uso" (art. 208.º)?

ORA, se para esses segmentos da ciência do Direito, se pode apelar ao juízo volitivo concreto do agente, subjectivo e singular, porque é que a tal não se pode apelar no segmento da ciência do Direito relativo á posse? E, se naqueles casos não é impraticável, do ponto de vista da sua captação pelo Juiz – porque o será no caso da posse?

E, é óbvio, que se, em geral, não é relevante que o agente faça (meras) afirmações em contrário, no âmbito dum seu outro comportamento concludente (protestatio facta contraria) – também assim o será no caso da posse.

Vamos supor que A. formula uma declaração negocial de venda a B. dum prédio rústico e, com tradição da coisa, este passa a regularmente agricultá-lo. Tal pode estar de acordo com a vontade real. Como todavia, por acordo entre ambos, e no intuito de enganar terceiros, puderá haver divergência entre tal declaração negocial e "a vontade real" do declarante (art. 240.º). E, neste caso, a "vontade real", poderia ter sido de se fugir com esse bem á penhora de credores e, realmente, poderia tratar-se de celebrar um arrendamento. Ou, tratar-se dum comodato. Ou, tratar-se tão só duma entrega precária (para melhor iludir os credores), devendo, realmente, B. devolver o bem detido logo que, por mera vontade de A., este lho solicite.

Ora bem, segundo o Direito, para efeitos negociais, e segundo a vontade real das partes – relevantes e praticamente apreensíveis – a situação dos direitos das partes quanto a tal bem, determinará quatro situações. Na

Concepções objectiva e subjectiva da Posse

primeira hipótese, duma compra e venda verídica, B. adquiriu sobre o bem o direito de propriedade que A. lhe transmitiu. Na segunda, B. apenas adquiriu os direitos de arrendamento. Na terceira, os direitos de comodatário. E, na última, apenas detem a coisa, precariamente, por acto facultativo ou de tolerância.

Ora, então, porque é que essa real vontade já não puderá ser atendivel, e práticamente apreensível, para efeitos de qualificar a relação de facto do sujeito B. com a coisa, na problemática da posse?! Ou seja, por que não se puderá dizer que, na primeira hipótese, B. possui o bem á imagem subjectiva volitiva (com animus) de proprietário (posse plena) (arts. 1251.º e 1263.º, b) do Código Civil). E, por que não, que na segunda e terceira hipóteses, detem posse limitada, mas apenas á imagem volitiva subjectiva, respectivamente de locatário e de comodatário? E, por que não, que na quarta hipótese é *mero detentor*, porque detem a coisa á imagem volitiva subjectiva dum acto meramente facultativo, ou de mera tolerância; e sem intenção de agir como beneficiário do direito (de propriedade): como "aparentemente", na sua exteriorização dum quadro geral apreensivel pela consciência social, aparentava?

E, se o ladrão tem que ser objecto de indagação pelo Tribunal se teve "a intenção de apropriação" do automóvel que furtou, e de que vai disfrutando, para efeitos penais, e tal é juridicamente (para o Direito) relevante – porquê não poder tal intenção ser relevante e praticamente apreensível, e dever sê-lo ... para efeitos do instituto da posse? É que se tal agente teve a referida intenção de apropriação, então a sua relação de facto com a coisa é á imagem subjectiva volitiva (animus) de propriedade. E ele, será possuidor (pleno), á imagem subjectiva e objectiva do direito de propriedade. Mas, todavia, se apenas teve intenção do mero uso do bem furtado, penalmente tal é assumivel, praticamente indagável e deve sê-lo: e, então, para o Direito, cometeu o crime de "furto de uso". Mas – então, como, contraditoriamente, será possuidor (á imagem do direito de propriedade), para efeitos de posse: e, não, tão só, possuidor á imagem volitiva subjectiva dum comodatário ou detentor?

Afinal, o *ladrão* só é possuidor ... *conforme o quer.*

Só possui, á imagem do direito de propriedade, se e enquanto quiz, apoderar-se, apropriar-se da coisa (como se fosse, em seu animus, titular do correspondente direito de propriedade). Não o é, á imagem desse direito – se tão só quiz, e enquanto quiz, meramente "usar" do automóvel: p. ex., porque só quiz usar do automóvel para meramente se deslocar duma cidade a outra, e logo aí, lá chegando, abandoná-lo.

E, nem será indiferente, para o Direito, indagar qual o juízo volitivo, subjectivo e concreto, que determina a relação de facto do sujeito com a coisa.

Pois que a posse deve ser á imagem dum direito, e o possuidor não pode, mesmo como tal, ter mais faculdades em relação á coisa, do que teria se (juridicamente) fosse verdadeiro titular do direito. Assim, Ugo Natoli, o. cit., n.º 28, p. 59; Ennecerus-Kipp-Wolff, o. cit., págs. 81/82 e Oliveira Ascensão, o. cit., p. 70.

"A posse é a exteriorização dum direito. É uma situação que surge por referência a um direito cujo exercício reproduz ou assimila ... é sempre a exteriorização do exercício de um outro direito, e que tem o mesmo significado ainda que desacompanhada da titularidade substancial desse direito" (Oliveira Ascensão, o. cit., págs. 69/70).

E, na relação biunívoca entre corpus e animus, aquele de per si já exige "o exercício de poderes de facto que intende uma vontade ... de poder jurídico-real" (Orlando de Carvalho, Rev.L. Jur., 3780, p. 68). Ou seja, posse é o exercício de facto sobre uma coisa em termos de um direito real (rectius: do direito real correspondente a esse exercício) (cit. Autor, 3781, p. 105).

"Quem se limita, p. ex., a passar por um prédio, ou transportar ou usar águas, não pode senão obter a constituição de uma servidão, e não um direito de propriedade ... É preciso que os actos materiais *correspondam* ao *exercicio do direito*" (Pires Lima e A. Varela, Cód. Civil Anot., anot. 6, art. 1263).

Aí, só se manifesta o exercicio dum *jus in re alinea* e, também para efeitos de usucapião, esta só tráz a aquisição do direito a cuja imagem se coloca (se espelha) a posse (Hugo Natoli, o. cit., págs 60 e 313).

Pois que do próprio corpus – qucr na teoria objectiva, quer na subjectiva (univocidade) – importa, quanto á intenção de dominio, "que se infira do próprio modo de actuação ou de utilização da coisa" (Orlando de Carvalho, Rev.L.J. 3781, 105).

Assim, no exemplo antes referido da venda de A. a B., se o negócio não é simulado, B. é possuidor á imagem do direito de propriedade. E, por exemplo, pode instaurar acção possessória contra A., se este entra no seu prédio e por lá anda a inspecioná-lo: já que o direito de propriedade, a cuja imagem possui, confere a A. um direito de uso exclusivo e erga omnes. Mas assim já não será, se B. possui á imagem de comodatário, de locatário ou de mero detentor precário. Pois nestes casos A., como proprietário, pode examinar o estado do bem, ou a utilização que B. lhe esteja a dar.

Por sua vez, se a posse é á imagem dum direito – então, se o juízo volitivo, subjectivo e concreto, do sujeito o é, por hipótese, á imagem dum direito real de gozo sobre coisa alheia, p. ex., o usufruto: assim como tal direito se extingue pelo não uso, também se extinguirá a posse (Luis Pinto Coelho, articulado 12.°, B.M.J. 88.°, 142).

Bem como, se para efeitos de usucapião só os direitos reais de gozo se podem adquirir, então como valorar a detenção de B. no exemplo antes referido da venda de A. de um prédio rústico – se não valorando nesse negócio a real vontade das partes quanto á relação com tal prédio rústico?! Pois que só se a vontade negocial declarada coincidir com a vontade real – é que B. será possuidor, á imagem do direito de propriedade, e puderá vir a adquirir, com tal posse, a propriedade rústica por usucapião. Mas, nunca adquirirá tal propriedade rústica por sua detenção (nem puderá juntá-la á anterior detenção de A.), ainda que pela consciência social (iludida) seja entendido como proprietário ... se, realmente, apreciando e valorando tal negócio juridico, em concreto, ele era simulado: e o dissimulado, era a referida locação, ou o referido comodato, ou o referido depósito, ou a referida detenção meramente precária. Etiam per mille anos ..., então, nunca beneficiará de usucapião.

E, igualmente se C. detem uma propriedade rústica, que agriculta normalmente, e há 3, 4 anos, ou mais, – tal relação de facto com a coisa, bem pode ser entendida pela consciência social, pela opinião pública, como de possuidor da coisa "como sendo dono" (á imagem correspondente do exercício dos poderes de propriedade). Tal situação de facto, nesse quadro geral exteriorizado, bem pode intender o corpus da posse (á imagem da propriedade) ... Todavia, se, realmente, C. detem a coisa porque a arrendou a D., que vive a centenas de quilómetros de distância, e a quem C. anualmente envia a renda, ... Então, C. não será possuidor, á imagem do direito de propriedade. E etiam per mile anos – sem inversão de tal posse – não adquirirá a propriedade rústica por usucapião! Nem as faculdades de uso da mesma, maxime contra o proprietário, com base "nessa relação de facto com a coisa", serão as mesmas se possuisse á imagem do direito de propriedade.

Mas, só a indagação específica e concreta desse título (arrendamento), que pode passar perfeitamente desconhecido para a opinião pública (corpus), permitirá, com Justiça e com Ciência do Direito, (como categoria que existe para a vida e para a sociedade), uma resposta razoável, perfeita e acabada.

Ou seja, só juntando o corpus e (o dito) animus, em biunivocidade – se permitirá concluir: que tal relação de facto de senhorio de C. com a coisa, não conduz a aquisição, por usucapião, do direito de propriedade; que a extensão das faculdades sobre a coisa, relativamente a C., o são tão só como as dum locatário; que D. é que, mesmo através da dita relação de facto de C. com a coisa, é possuidor como sendo dono, e pode adquirir a seu favor o direito de propriedade. Bem como que, quanto a D., a extensão das faculdades relativamente á coisa o são (através da detenção de C) as faculdades dum possuidor á imagem do direito de propriedade.

Por sua vez, se "tanto prescrito, quanto possuido" – então, também para esse efeito, sempre se tem que se definir a extensão e o sentido da posse. P. ex., se se possui como usufrutuário, ou num apoderamento á imagem dum direito resolúvel (p. ex., sujeito a condição resolutiva), então só esse direito (usufruto ou propriedade resolúvel) se pode adquirir por usucapião.

20. *Ora, á face do direito constituido do código civil português de 1966, os artigos 1251.° e 1253.°, a), e 1252.°, 2 e 1257.°, 1, consubstanciam a teoria subjectiva, indubitávelmente, (nomeadamente á luz dos parâmetros de interpretação do art. 9.°).*

Desde logo, o legislador óbviamente que conhecia a teoria de Ihering e a sua formulação no código civil alemão. Nela, e nele (artigos 854.° e 855.°), a posse define-se por uma afirmação positiva (a posse de uma coisa adquire-se pela obtenção do senhorio de facto sobre a mesma) e por uma afirmação negativa (se alguém exerce por outro o senhorio de facto sobre a coisa em casa, no negócio ou numa relação semelhante, e por virtude do que deve obedecer ás instruções do outro referentes á coisa, só o outro é possuidor).

Ora, é manifesto que não é esse o modo de formular a noção de posse que se consubstancia, desde logo, nos artigos 1251.° (afirmação positiva) e 1253.° (afirmação negativa). Não só, é mais restritiva a formulação do art. 1251.°; como, é mais alargada a formulação negativa do art. 1252.°.

Por sua vez, o legislador conhecia, seguramente, o artigo 1140 do código civil italiano de 1942.

O art. 1251.° do nosso código é a sua reprodução. E, naturalmente que se conhecia o projecto preliminar da reforma do II livro do código italiano de 1936, em que a definição proposta era a seguinte: "Posse é o poder de facto que alguém tem sobre uma coisa, com a vontade de haver para si tal poder, em modo correspondente ao direito de propriedade ou doutro direito real" (art. 528, I). E tal definição pretendia "pôr em evidência a indispensabilidade do elemento espiritual (animus), adequando-se ao ensinamento da teoria subjectiva" (Hugo Natoli, o. cit., p. 28).

Segundo este autor, a Relazione entendia que no Código de 1942 se procedeu a uma disciplina unitária e harmónica do instituto da posse; e se fixou uma definição legal da posse inspirada no sistema subjectivo da vontade em que seria decisiva, em cada caso, a "intenção de exercer sobre a coisa o direito de propriedade ou outro direito real"; e que "a nova formula (em relação ao projecto) põe o necessário relevo no elemento subjectivo e no elemento objectivo da posse. O primeiro é constituido pela intenção de exercer um direito real sobre a coisa; o segundo do modo com que, actuando--se o poder sobre a coisa, a intenção se torna externamente palpável".

Todavia, e segundo o referido autor Hugo Natoli (p. 29), na Doutrina a opinião prevalecente foi a de que, para os ditos fins que se pretendia alcançar, a "nova formula" (em relação ao projecto) não será feliz (Messineo) e própriamente "porque deixa na sombra o elemento subjectivo...".

ORA, o legislador português se reproduziu, embora com termos similares, no art. 1251.º o referido artigo 1140, I, do código italiano – todavia vei-o a expressamente referenciar no art. 1253.º a "intenção de agir como beneficiário do direito" (sem o que não haverá posse). Precisamente equivalente á formulação do projecto preliminar da reforma italiana (com a vontade de haver para si tal poder) que não se reproduziu expressamente na versão final do art. 1140. Embora a Relazione entendesse que na formulação desse artigo exornava a teoria subjectiva e que, "em cada caso", "seria decisiva", "a intenção de exercer sobre a coisa o direito de propriedade ou outro direito real".

É manifesto pois, que ao reproduzir o legislador português positivamente no art. 1251.º o citado art. 1140,I, do código italiano e ao expressamente formular negativamente no art. 1253.º, a), "a intenção de agir como beneficiário do direito": pretendeu acolher a referida teoria subjectiva, consciente e deliberadamente pretendida pelo legislador italiano. E, para que não resultassem as dúvidas da formulação final do art. 1140, I, então no art. 1253, a), expressamente formulou, negativamente, a referida "intenção de agir como beneficiário do direito". E, do "direito" (óbviamente) "de propriedade" "ou de outro direito real"; como poder que se manifesta quando alguém actua por forma correspondente ao seu exercício – como (positivamente) já defenira (antes) no artigo 1251.º, como elemento estrutural da posse.

Por sua vez, a expressão de que "são havidos como detentores ou possuidores precários" – que não são, pois, havidos, como possuidores – "os que exercem o poder de facto" "sem intenção de agir como beneficiários do direito": em língua oficial portuguesa e segundo as regras do raciocínio analítico, e no contexto das disposições do código civil em que tal expressão vem inserida, tem e só tem, um sentido comunicativo.

Ou seja, se alguém "exerce o poder de facto" sobre uma coisa, se "obtem o senhorio de facto sobre a mesma" (e por qualquer dos modos referidos no art. 1263.°) e ainda que tal se manifeste – porque, aparentemente, actua por forma correspondente ao exercício dum direito de propriedade ou de outro direito real (art. 1251.°) – todavia, será mero detentor ou possuidor precário da coisa, se, no caso, pelo seu juízo volitivo subjectivo, o objectivo, o motivo, a causa ou a função da sua actuação concreta sobre a coisa não é ser "auto-suficientemente" beneficiário, de per si, daquele *direito aparente* (de propriedade ou de outro direito real, art. 1251.°), a cuja imagem objectiva, embora, corresponde aquela actuação.

E, assim, no caso que antes se prefigurou da venda de A. a B. dum prédio rústico, com tradição material do mesmo, e cujo prédio B. passa a agricultar, regularmente e dele a colher os frutos – embora obtendo B., assim, o senhorio de facto sobre o prédio, (embora, pois, assim, agricultando o mesmo e colhendo os frutos, B. detenha sobre o bem o poder que por esse amanho se manifesta por forma correspondente ao exercício do direito de propriedade), **todavia**, no caso, o juízo volitivo subjectivo que determina especificamente o objectivo, o motivo, a causa ou função desse poder de facto sobre a coisa, ou seja, a concreta relação de B. e A. com a coisa, pode ser diversa. Na realidade da vida, e dos seus razoáveis interesses e na sua assunção pela ciência do Direito, **se existir** convergência entre tal declaração negocial e a "vontade real do declarante", que se presume, então B. terá adquirido o direito de propriedade de A. (se este o tinha) (art. 879.°, a), do código civil); bem como será possuidor, á imagem de tal direito de propriedade (arts. 1251.° e 1263.°).

Mas, **se** existir divergência, por acordo entre ambos e no intuito de enganar terceiros, e o que realmente "as partes quiseram realizar" foi outro negócio, p. ex. de arrendamento, comodato, ou depósito, **então** B. não será proprietário, nem possuidor á imagem do direito de propriedade: tal proprietário e possuidor continuará a ser A. (art. 1252.°). E, B. será, apenas, detentor á imagem da correspondente, e querida, situação de locatário, comodatário ou depositário. E, no âmbito que a Lei, e no caso português limitadamente, a tais detentores conceda a categoria da posse e seus efeitos. E, o mesmo, mutatis mutandis, se B, apenas, realmente, na vontade das partes, tem a posição dum comodatário precário: nesta hipótese B. será tão só mero detentor ou possuidor precário (art. 1253.°, a)).

Igualmente, Manuel Rodrigues (o. cit., n.° 47, III, págs. 263/266), assim, similarmente, valora o negócio jurídico simulado.

Também o art. 1252.°, 2, só faz sentido, rigorosamente, numa assunção subjectivista da posse.

Concepções objectiva e subjectiva da Posse 41

Pois, na concepção objectiva de Ihering, a posse é o senhorio de facto sobre a coisa, quando a relação de facto "intende" esse senhorio, segundo o critério (exterior) da valoração da situação, segundo a consciência social. Em que o animus está implícito, exorna, "a se", da própria relação factual.

Mas, então, aquele que exerce o poder de facto, de duas, uma: ou é, possuidor se, assim, perante aquela exteriorizada relação de facto, a consciência social a valora como posse ... e sem mais, pura e simplesmente. Ou, no caso de assim não valorar, não será possuidor.

Não há, pois, espaço para a presunção do art. 1252.°, 2, do C.Civil.

Dir-se-á que o artigo 1252, n.° 2, apenas pretende resolver a questão de a posse ser directa, imediata e em nome próprio ou indirecta, mediata e em nome alheio: e, estabelecendo essa disposição a presunção de que a posse é directa, imediata, em nome próprio (Menezes Cordeiro, Direitos Reais., p. 405).

E, efectivamente, a epígrafe do artigo refere-se ao exercício da posse por intermediário; bem como, o artigo 481 do código civil de Seabra estabelecia que a posse pode ser adquirida e exercida, tanto em próprio nome, como em nome de outrem: em caso de dúvida, presume-se, que o possuidor possui em nome próprio.

Só que, substantivamente, em que se traduz tal presunção? Traduz-se na assunção de que quem detem a aquisição e o exercício do corpus possessório, se presume que o detem directa e imediatamente, e em nome próprio: e que não é intermediário, alieno nomine e sendo este o possuidor (mediato ou indirecto).

Mas então, tal presunção é, pura e simplesmente, equivalente (anverso e reverso) a estabelecer que quem adquire e detem o corpus possessório, detem, (directa e imediatamente), determinado pelo juízo volitivo subjectivo, pelo animus, "como sendo", (em nome próprio), titular do correspondente direito nele manifestado.

Ou seja, a presunção do n.° 2, do citado artigo 1252, a final, substantivamente, o que estabelece a partir de certo corpus possessório (que, em si, já intende uma relação de senhorio, como certa relação-de-espaço da coisa e que espelha uma relação jurídica correspondente, segundo a consciência social) – é que o detentor actua, ainda, directa e imediatamente (e não como intermediário de ninguém), "como sendo" titular do direito manifestado: Ou seja, que actua, determinado, concretamente quanto a tal exercício, por um juizo volitivo subjectivo "como sendo" (ainda que o não seja licitamente) titular do direito espelhado nessa relação-de-espaço com a coisa.

O que é, precisamente, o "animus" da teoria subjectivista.

Ou seja, como se expressa o artigo 2230 do código civil francês, presume-se possuir por si, e a título de proprietário, se não se prova que começou a possuir para um outro.

Ora, se "em caso de dúvida", se sente o interesse (ou a necessidade) de, a partir de um certo pressuposto (exercer o poder de facto; o corpus, objectivamente considerado) – se presumir "uma realidade", que se diz ser "a posse" (artigo 1252, n.° 2), – então, é porque essa presumida realidade ("a posse"), não se basta com aquele pressuposto (exercer o poder de facto, o corpus). Mas, antes se exige "mais". E, lógicamente, exige-se o "mais" que está consubstanciado na presunção: que, substantivamente, não é, se não, a final, "o animus". Ou seja, ser titular do referido corpus, mas encontrando-se o sujeito na relação-de-espaço com a coisa, directa e imediatamente, determinado por um juizo volitivo subjectivo, "como sendo", e em próprio nome, titular do correspondente direito. *Mas então, "a posse", é integrada por dois elementos estruturais.* Um, o corpus (que intende uma relação-de-espaço com a coisa e á imagem objectiva duma relação jurídica; segundo a consciência social). Outro, que nesse corpus o respectivo detentor se encontre determinado pelo juízo volitivo subjectivo de aí estar "como sendo", em nome próprio, (" de facto e na relação de facto", auto-suficientemente e de per si), titular do direito espelhado naquele corpus.

E, presunção essa que, curialmente, se justifica pela dificuldade concreta da prova do elemento que se presume (o animus) (Mota Pinto, Dir. Reais, 1972, p. 191; Henrique Mesquita, Rev.L.Jur., 132; Planiol Ripert-Picard, o. cit., 163; Francesco Galgano, o. cit. p. 137).

Por sua vez, o artigo 1257.° determina que a posse mantém-se enquanto durar a actuação correspondente ao exercício do direito *ou a possibilidade de a continuar.* ORA, precisamente, na teoria de Ihering – dado o valor que atribui ao corpus – a posse tem que ser efectiva. Assim, o art. 1257.° vem corroborar a assunção pelo código da teoria subjectiva. Certo que essa norma seria inadequada á tese objectiva ; mas já é perfeitamente adequada na teoria subjectiva. Em que, existindo dois elementos estruturais da posse (corpus e animus), se pode ser menos exigente quanto aos requisitos do primeiro.

Menezes Cordeiro (Direitos Reais, p. 460), analisando a aquisição da posse, e especificamente o art. 1263.°, alinea a), refere que não se levanta qualquer problema de animus subjectivo. E, em nota, refere que é evidente o paralelo com o BGB, artigo 854, disposição universalmente considerada como objectivista (a posse de uma coisa adquire-se através da obtenção do poder de facto sobre a coisa).

Concepções objectiva e subjectiva da Posse   43

Mas, o paralelo do citado artigo 1263.°, alínea a), não é com essa disposição do código alemão, mas sim com o art. 1251.° do nosso código civil: dado que além da referência à prática de actos materiais, se acrescenta "correspondentes ao exercício do direito". E, em tema de direito comparado, o paralelo é com o citado artigo 1140 do código civil italiano.

Pelo que, por esse acrescento, (e como no art. 1251.°), o que se reflete é a necessidade da correspondência biunívoca de corpus e de animus. E, de qualquer modo, no art. 1263.° o legislador não está "a defenir a posse"; mas, a pôr as notas de "uma sua forma de aquisição" (Orlando de Carvalho, Rev.L.Jur., 3810.°, 261).

Na verdade, as diferentes alíneas do citado artigo estão subordinadas à introdução: "A posse", adquire-se. Isto é, a "posse", como categoria, como realidade substantiva, lógicamente, já conceitualizada; e juridicamente já predefinida (arts. 1251.°, 1252.° e 1253.°).

Aliás, e ainda que o referido acrescento (correspondentes ao exercício do direito) não refletisse já de per si a necessidade do animus, todavia, um (eventual) juízo conclusivo, do teor: "A posse adquire-se pela prática dos actos materiais ..., logo quem pratica os actos materiais ... é possuidor" – seria um raciocínio ilógico (com sofisma). Pois, tal postula uma questão prévia e sua resolução autónoma (petição de princípio). A da qualificação de tal "meio" de aquisição como absoluto ou relativo. Se, tal meio é absoluto (nomeadamente, necessário e suficiente) o juízo conclusivo estaria certo; mas não, se tal meio se dever qualificar como relativo. Que não é meio necessário, logo resulta, p. ex., da alinea d) (inversão do titulo). E, que não é suficiente, resultará da "definição" que, lógica e juridicamente, é autónoma e prévia. Ora, se no tema autónomo da "defenição" da posse, "se" assumir que o legislador exige para haver "posse" que, em univocidade, se preencha o corpus e o animus, então a mera práctica de actos materiais (sem animus), será tão só um "meio relativo" de aquisição da posse. Isto é, não deixa de ser "meio de aquisição", de por ele se poder chegar á posse. Só que é uma causa "relativa" (não, absoluta). Pelo que só cumulada com outra (animus) é que "ambas" preencherão, em concausa, a estrutura, então "necessária e suficiente" (corpus e animus), para existir a categoria-substantiva definida (em sede própria) como "posse".

Ou seja, no direito português, para se adquirir a "posse" sobre uma coisa, não bastará a obtenção do poder de facto sobre a coisa (artigo 854, do código civil alemão), ainda que pela prática reiterada e com publicidade de actos materiais (corpus). *Exige-se, ainda,* que esse poder de facto, desenvolvido por esses actos materiais, *se manifeste como actuação do sujeito correspondente ao exercício do direito de propriedade ou de outro direito real (animus).* Embora com a presunção do art. 1252.°, 2.

21. Assim, não só a *teoria subjectiva é dominante, em Portugal,* na Jurisprudência e na Doutrina, desde há dois séculos, – e na maioria dos países de influência latina – como se deve ter por assumida pelo código civil de 1966. E, pela exornância dos juízos de valor legais dos cits. artigos 1251.° e 1253.°, a) e 1252.°, n.° 2 e 1257.°.

E, também, é, jure condendo, a mais acabada e aperfeiçoada para a globalidade do instituto da posse. E pragmáticamente, é a que melhor satisfaz os interesses correntes.

É, pois, perfeitamente correcta a análise de Orlando de Carvalho (Rev.L.Jur., 3780, págs 68 e 9): "Não existe corpus sem animus nem animus sem corpus. *Há uma relação biunívoca.* Corpus é o exercício de poder de facto que intende uma vontade de domínio, de poder jurídico-real. Animus é a intenção jurídico-real, a vontade de agir como titular de um direito real que se exprime (e hoc senso emerge ou é inferível) em (de) certa actuação de facto.

É essa inferência ou correspondência que se acentua no art. 1251.°. De resto, o artigo 1253.°, contrapondo posse e detenção, não deixa lugar á dúvida".

Idem, Acs. do S. T. Justiça de 10-12-97, BMJ 472.°,492 e de 11-3-99, cit. B., 485.°, 409. E, Planiol-Ripert-Picard (o. cit., n.° 148, p. 166).

Por sua vez, o mesmo é corroborado, – como referido, pelos artigos 1252.°, n.° 2 e 1257.°, n.° 1.

A possibilidade e a practicabilidade da relevância e da assunção de tal "vontade" do agente, em tema de posse, não é mais ncm menos, mutatis mutandis, do que a possibilidade e praticabilidade da relevância de tal vontade em tema de negócio jurídico, ou em tema de direito criminal.

E, *se a posse é derivada,* ou seja, se tem por base uma "cedência" de anterior possuidor-o animus será aquele mesmo que, juridicamente, é relevante face á causa (objectivo, motivo, função) do respectivo negócio jurídico que absorva, consubstancialmente, aquela cedência (*teoria da causa*). Assim, Manuel Rodrigues, o. cit., págs. 222,226 e 258 a 262; Ugo Natoli, 0. cit., págs 30 e 60; Francesco Galgano, 0. cit., p. 137. Ac do Sup. Trib. Justiça de 13-03-99, BMJ, 485.°, 410 e Ac. R. Ev., de 1-6-99, C.J., Ano XXIV, T 111, 277. V. infra, teoria da causa, n.° 90.

Pode, todavia, acontecer que se assuma que houve uma "cedência", do anterior possuidor, e uma "tradictio" consequente para o novo possuidor: mas, sem se conseguir apreender qual a causa concreta. Ou seja,

Concepções objectiva e subjectiva da Posse · 45

qual o específico motivo, objectivo: fim ou função. Ora, como para a cedência (e consequente traditio) "basta", tão só, que se apure haver um acto voluntário – então, mesmo tratando-se de aquisição derivada da posse, todavia, nesse caso, não será possível apurar o juízo volitivo subjectivo concreto de tal cedência. Naturalmente, a cedência, como acto voluntário e porque estes não existem sem "sentido" – enquadrar-se-á, normativamente, na generalidade dos casos, num negócio jurídico que a absorve e consubstancia. Mas, como para o tema da posse basta que se apure a voluntaridade (minima) da cedência (ainda que não se apure o referido "sentido") – então, nesse caso, (se não se apurar), já não poderá funcionar a assunção dum concreto animus através da referida teoria da causa.

Então, e se existir tradição, o novo possuidor (e com posse derivada) "porque exerce o poder de facto", beneficia da presunção geral do n.º 2 do art. 1252.º – e que a "causa", por que não apurada in casu, já não pode anular (arts. 344.º e 350.º do código civil) (Assento do S.T.J., de 14-5-96, BMJ, 457.º, 55).

E, *se a posse é originária e unilateral*, quem detem o corpus – presume-se, salvo prova em contrário, que detem o animus (art. 1252.º, n.º 2).

Aliás, também quanto ao corpus, existem presunções (art. 1254.º e 1257.º).

Por sua vez, a posse pode exercer-se tanto pessoalmente, como por intermédio de outrem (art. 1252). Mas, o corpus e o animus têm que encontrar-se numa relação biunivoca. Pelo que se são de extensão diferente, só há posse na convergência. Se, p. ex., A. apenas passa através dum prédio para a partir doutro atingir a via pública, só tem corpus da servidão de passagem (Pires de Lima e Antunes Varela e Hugo Natoli). Ainda que o sujeito passe, todavia, determinado por um juízo volitivo subjectivo e concreto, de usar da coisa como se dono fosse e no consequente desenvolvimento do jus possidendi, inerente á propriedade. Assim, também, noutro exemplo, se A. vende um prédio rústico a B., por escritura pública, não pode deixar de assumir-se que, juridicamente, a vontade que nesse negócio exterioriza, consubstanciará "perda de animus": Ou seja, de que, ainda que se mantenha a usar o bem e ele continue na sua esfera de influência empírica, todavia, este uso não é concretamente determinado por um juízo volitivo subjectivo (exteriorizado e relevante para o Direito) de o ser com o fim, objectivo, motivo ou função como sendo proprietário e no desenvolvimento dum seu direito de propriedade. Mas, antes, curial será, então, admitir que titular da posse (á imagem do direito de propriedade) é o adquirente B. Pois que, quanto ao animus, B. o exteriorizou na compra e quanto ao corpus o detem "por intermédio" da posterior actuação de A. (artigo 1264).

E, por sua vez, se A. assim de facto continua a actuar, por perda do referido animus (consubstanciado na escritura de venda), continuará a actuar, mas em nome de B. (Ac.S.T.J., de 10-12-97, BMJ, 472.°, 483).

E, identicamente, *se o possuidor morre*. Pois, por que é que se haverá de considerar extinta a posse, se não houver uma posse doutrem, por mais de um ano (art. 1267.°,1, d)), e se os herdeiros a poderão continuar? E, se pela aceitação da herança, exteriorizam a vontade, o animus, nos termos em que pela "aceitação", e suas consequências judiciais, tal vontade de aceitação é juridicamente relevante, (arts. 1255.°, 2050.°, 1890.°, n.° 3 e 218.°). Poderão, é certo, estar os herdeiros a aceitar tomarem-se titulares duma relação possessória que, em pura vontade subjectiva, até desconhecem. Mas em termos normativos, em modo juridicamente relevante, é aquela a vontade relevante para o Direito (aceitarem colocar-se in locus et jus defunti). Aliás, igualmente o é para a aquisição da titularidade do "dominio". Ora, se não é um "desvio perverso", assumir-se que o herdeiro passe a ser titular dum "domínio" que (cognitivamente) desconhece – por que já o será se, em tema de posse, se assumir a mesma conclusão?!

Assim, dum modo geral, *para se provar o contrário da presunção de animus no que exerce o poder de facto (art. 1252.°, 2) – só haverá que provar uma concreta vontade contrária*. Naturalmente, exteriorizada por palavras, escrito ou qualquer outro meio directo de manifestação de vontade ou quando se deduza de factos que, com toda a probabilidade, a revelam (arts. 217.° e 295.° do código civil). E, óbviamente, neste tema, como em geral, será irrelevante a mera *protestatio facta contraria*. E será suficiente o animus do título (teoria da causa).

CAPÍTULO III
Categoria possessória e Efeitos possessórios

SECÇÃO I
Princípios gerais

22. A posse, é a categoria jurídica consubstanciada no corpus e no animus, em relação biunívoca, correspondentes ao exercício do direito de propriedade ou de outro direito real. E, determinados aqueles elementos ao abrigo dos artigos 1251 a 1257 do Código civil. E, que se adquire e perde, nomeadamente, nos modos definidos nos artigos 1263 a 1267.

Categoria essa que o legislador estende, também, a outras situações de facto – mas, nos pressupostos limitados da própria extensão e com os efeitos nessa extensão, expressa ou implicitamente, determinados (posse limitada) (Supra, nos 11 a 14).

A tal posse, como categoria jurídica autónoma correspondem a relevância ou os efeitos jurídicos estabelecidos nos artigos 1268 a 1275; e, nomeadamente, as acções para sua defesa (artigos 1276 a 1286).

Na posse existe uma relação de facto, dum sujeito com a coisa, em que esta se encontra na esfera de influência do poder empirico daquele. Existe uma relação factual (empírica) de senhorio. Daí, o termo posse, de *potis sedere:* sentar-se com poder.

Equivalente ao termo "apoderamento"; ou, em relação ao domínio, "apropriação". E que do domínio (da propriedade) se estendeu aos outros direitos reais de gozo (*quasi possessio*).

Como poder de facto, pressupõe um acto de vontade. Ainda que baste o simples uso da razão – e mesmo sem este quanto ás coisas susceptíveis de ocupação – (artigo 1266). Assim, não consubstancia uma relação de posse se, na mão de alguém que dorme, se coloca um objecto. Mas já existirá posse se o carteiro coloca dentro da caixa do correio (a tal, objectiva e subjectivamente, predestinada) a mercadoria encomendada e remetida pelo fornecedor respectivo . Não é, pois, necessária uma vontade consciente e especial, bastando uma vontade geral (Planiol-Ripert-Picard, o. cit., p. 163).

Por sua vez, a referida relação mesmo a assumir-se como possessória, é uma relação de facto; embora á imagem (que se manifesta) correspondente ao modo de exercício (empírico) do direito real. Isto é, não depende de existir ou não o correspondente direito.

Neste sentido, a posse é agnóstica (Oliveira Ascensão, o. cit., 827). Para efeitos rigorosamente possessórios não cabe a preocupação de se saber se existe ou não o direito. Não é por ao agente caber o correspondente direito, e o seu jus possidendi, que á situação caberão mais efeitos juridicos (jus possessionis), e vice-versa. A posse, pois, não tem que ser causal.

Salvo nos casos de "posse limitada", por exemplo no arrendamento, em que a relevância da detenção como possessória tenha como pressuposto a preexistência do "direito". (Supra n.º 4).

Nem do "direito" a que corresponde a actuação, tem o agente que ter – ou, a opinião geral, quanto ao corpus – uma consciência jurídica precisa. Bastará uma consciência do senso comum.

Por outro lado, o agente também não tem que actuar, no apoderamento da coisa, convencido que assim procede porque é titular do direito a que corresponde o apoderamento.

O agente pode, até, estar perfeitamente ciente que não tem tal direito e que a sua actuação é contra o direito doutrem. Como acontece com o ladrão.

Tal poderá ter relevância, mas apenas para a qualidade da sua posse; ser posse de boa- ou má fé (artigo 1260).

Assim, a posse é uma categoria autónoma em relação á efectiva situação jurídica da coisa, analisada na perspectiva do direito a que corresponde o exercício. E se é autonoma, ela existe se preenche os seus requisitos – e, como tal, terá a relevância jurídica que a lei lhe atribui. E, precisa e coerentemente, esta relevância jurídica é dimanada, de per si, da situação de senhorio de facto: como *jus possessionis* (infra n.ºs 24, 151 e 152).

Independentemente da titullaridade do direito (*jus possidenti*). E ainda, até, que se saiba que este não lhe assiste.

Assim, a posse é uma categoria jurídica, por si, autónoma. Nela, de per si, assentam os seus efeitos. E basta ter mais de um ano para ser plena/mente madura e, até, aniquilar uma posse anterior (artigos 1267.º, n.º 1, d) e 1278, nos 2 e 3).

Aos efeitos possessórios basta que exista posse e só esta tem que alegar o possuidor, sem mais: possideo **quia** *possideo.* Salvo quanto á referida "posse limitada" (supra n.º 14).

Nomeadamente, as acções de manutenção e restituição da posse têm

Categoria possessória e Efeitos possessórios 49

por objecto manter e restituir ao agente a situação de facto; ainda que também indemnizá-lo, (se for mantido ou restituido), dos danos dessa turbação ou esbulho. Mas não, já, reconhecer ou investir o possuidor na situação de titularidade do direito, da situação jurídica, a que corresponda a relação factual de senhorio. Daí que essa relevância e protecção sejam (genéricamente) cautelares e provisórias.

O perturbador ou o esbulhador é que terão, pelo seu lado, que alegar e convencer da existência dum direito que legitime as (suas) respectivas condutas ofensivas da posse. E, na dúvida, decidindo-se contra eles (arts. 342.º e 1278.º do C. Civil e 510.º, 5, do C. Pr. Civil).

Assim, a circunstância de alguém unilateralmente se constituir possuidor, ou de a alguém ser cedida a posse (derivada), apenas constitui o agente numa relação de facto de senhorio e que, em relevância jurídica, apenas tem o alcance dos precisos efeitos jurídicos (possessórios) dos artigos 1268 a 1287 do código civil. Embora, através doutro instituto, do usucapião, com o tempo, também, se tornando relevante para a aquisição do direito a cuja imagem se possui (artigo 1287). Consequentemente, a posse investe o agente numa categoria juridica autónoma. Mas, nomeadamente, que não é a situação jurídica do direito (a que empiricamente corresponde a situação de facto). Nem nessa situação jurídica (do direito) é o "possuidor" (apesar de tal) investido.

Assim, as duas situações jurídicas são, entre si, autónomas e compatíveis. E, nem existe qualquer impossibilidade de os respectivos sujeitos estarem delas conscientes ou conscientemente criarem ou manterem tais situações.

Precisamente, em consequência, *o ladrão será possuidor* se a sua relação de facto com a coisa preenche os requisitos da posse. E o titular do direito de propriedade sobre a coisa furtada perderá a posse, se o ladrão, com seu conhecimento, possuir, e sem violência, por mais de um ano (artigo 1267,1, d) e 2).

A coisa furtada estará, então, em dois regimes: na situação jurídica de propriedade, face aquele a quem foi furtada; na situação jurídica de possuida, face ao ladrão: Que é quem detém *o "pouvoir de fait", o "potissedere" (posse).*

A consciência de ambos os titulares das referidas situações jurídicas, em nada altera a dupla situação da relação de cada um deles com a coisa. E, óbviamente, sendo a relação do possuidor com a coisa – como situação de facto – compatível com a existência da relação jurídica da coisa com o proprietário. Embora não tendo o mesmo alcance e consistência o jus possessionis daquele, face ao jus possidendi deste.

Assim, não é pertinente o argumento, que por vezes se aduz, de que *o promitente comprador duma coisa* "não pode" ser considerado seu possuidor – porque, melhor do que ninguém, sabe que o promitente vendedor, antes de realizada a venda definitiva, é e continua a ser proprietário da coisa. Isso, também sabe o ladrão!

E, nada impede que A. *venda* a B. *por mero escrito particular* um prédio urbano, e que A. ceda a posse que tinha a B. E, que B por tradição material, ganhe a posse do prédio. Apesar de ambos saberem que a transmissão do direito carece de escritura pública – e que, assim, A. continua proprietário.

Também nada pode impedir que, no âmbito dum contrato promessa de compra e venda, mesmo antes de se realizar a escritura definitiva, as partes acordem, dentro da autonomia da vontade, em um ceder e outro adquirir "a posse" do bem – dada a referida compatibilidade de categorias autónomas e sua relevância.

Pode, p. ex., a não realização da escritura pública dever-se a meros entraves acidentais, como indisponibilidade física de nesses dias uma das partes estar presente, ou haver falta de documentação exigível (certidões do registo predial), etc. Mas, então, por que é que a relação de senhorio, de facto e empírica, não pode estabelecer-se já com o promitente comprador e o bem passar, de facto e empiricamente, para a sua esfera de influência, "como se", nessa relação de senhorio de facto, fosse dono: apesar de as partes saberem que o não é. Mas, também, essa investidura na posse não representa, nem surte, os mesmos e plenos efeitos, da situação que corresponderia, se tal possuidor investido realmente fosse titular do direito.

Mas mesmo que o promitente vendedor se reserve a transferência da propriedade para um momento ulterior, e antes não abdique de permanecer proprietário e por razões substantivas de tal determinação, (p. ex., porque ainda não recebeu a totalidade do preço), daí também não decorre necessariamente que não possa estar de acordo em ceder a posse, como mera relação de senhorio, de facto, para o promitente comprador. E, precisamente, porque a categoria possessória é autónoma e não tem os mesmos efeitos ou relevância da situação jurídica correspondente á titularidade do direito.

Assim, quando se diz que a posse, p. ex., á imagem do direito de propriedade, é a relação de senhorio do sujeito com a coisa que se manifesta quando se age "como sendo dono" – tal está a referir-se, mas quanto á relação de facto de senhorio. E, como relação empírica de senhorio (posse), cuja relevância e efeitos jurídicos (jus possessionis) são limitados (artigos 1268 a 1286 e 1287). E, que poderá sossobrar face á reivindicação do legitimo titular do direito (artigos 1311 a 1313).

Por sua vez, sendo a posse o poder que se manifesta quando alguém actua por forma correspondente ao exercício do direito de propriedade ou de outro direito real – então, também só se compreende que a situação de facto seja relevante, como posse, *se o direito a cuja imagem se possui estiver previsto na ordem jurídica*. Manuel Rodrigues (o. cit. pág. 262), realçava que não prevendo o código civil de 1867, o "direito de superfície", não se podia assumir uma posse que á imagem deste direito se manifestasse. E, Luis Pinto Coelho, no articulado 5.°, n.° 2 (BMJ 88, 140), propunha que se a tradição assenta num acto jurídico pelo qual se pretende constituir um direito não reconhecido por lei, tal tradição é inoperante para efeitos de aquisição de posse.

E, também *não se compreenderá* que á relação de senhorio de facto, correspondente ao exercício empírico de um direito, correspondam, *em jus possessionis, mais faculdades, que á situação do direito* se ele existisse (jus possidendis). Assim, p. ex., se o proprietário que no seu prédio levantar edifício não pode abrir janelas que deitem directamente sobre o prédio vizinho sem deixar intervalo de metro e meio (artigo 1360, n.° 1), também o que possui um terreno estará sujeito a tal restrição. Bem como, não poderá, como o proprietário, emitir fumo, fuligem, vapores, cheiros, calor ou ruído, ou produzir trepidações ou factos semelhantes que atinjam, no modo previsto no artigo 1346, o prédio vizinho.

E, inversamente, o possuidor também terá que aceitar tais emissões, se elas não são ilegais (Ennecerus-Kipp-Wolff, o. cit, p. 981/82).

E, se na propriedade de uma coisa se contêm determinadas *faculdades auxiliares sobre outra*, o direito possessório sobre aquela abarcará também esses direitos acessórios. P. ex. se existe direito de servidão a favor dum prédio rústico, então a posse do prédio rústico implica sem mais a posse daquela servidão (cits. Autores, ps. 81/82).

SECÇÃO II
Posse de Direitos Resolúveis (usufruto-condição)

23. E, assim, dado o desenvolvido no número antecedente, se alguém possui à imagem dum direito resolúvel, p. ex. de usufruto, a posse igualmente terá que se considerar caduca por morte do usufrutuário (artigo 1476, n.° 1, a); ou, pelo seu não exercício durante vinte anos (alínea b), do

n.º 1, do cit. artigo). Daí, o articulado 12, de Luís Pinto Coelho (B.M. . 88, p. 142), propor que a posse mantém-se enquanto durar a actuação correspondente ao exercício do direito a que se refere ou enquanto durar a possibilidade de a continuar sem oposição, "salvo" se se tratar de direitos que... se extingam por não uso e tenha decorrido sem actuação do possuidor o lapso de tempo estabelecido para essa extinção.

Igualmente, se alguém possui, ou seja está numa relação de senhorio de facto com uma coisa, tendo por título um negócio translativo da propriedade, mas sujeito a condição resolutiva – então o seu animus, de acordo com o titulo (teoria da causa), e quanto á posse, é o do possuidor á imagem do direito de propriedade resolúvel (e resolúvel, pela verificação da condição) (artigos 270 e 1307, nos 1 e 3). Pelo que, se mesmo tendo em conta o direito, e nessa consideração da situação jurídica respectiva, tem o titular do direito a obrigação, na pendência da condição, de não "comprometer a integridade do direito da outra parte" – também o possuidor, quanto á relação possessória, a tal está sujeito. E se possui, pelo título, á imagem subjectiva do direito resolúvel – então a situação possessória não pode ser mais extensa do que seria se aquele direito existisse: pelo que se a situação jurídica, se o direito existisse, se resolve pela verificação da condição, então igualmente se resolve a situação possessória. Salvo, óbviamente, tendo havido inversão da posse; de uma posse á, imagem daquele direito resolúvel, para a posse á imagem do direito de propriedade (plena).

E, como a aquisição do direito por usucapião, é a "do direito a cujo exercício corresponde a actuação" do possuidor (artigo 1287) – então se a posse (pelo animus) é á imagem do direito (condicional) resolúvel, também o direito que correspondentemente se pode adquirir por usucapição é tão só esse direito resolúvel (que se resolve, pois, pela verificação da condição). É o princípio de tantum praescriptum quantum possessum. Salvo se houve a referida inversão.

Aliás, o usucapião não assenta tão só na valoração duma posse por certo tempo, mas, cumulativamente, na inércia do titular do direito: dormientibus non sucurrit jus. Mas, sendo assim, não se compreenderia a extinção por usucapião do direito (do alienante sob condição resolutiva) se o titular desse direito não estava em condições de reivindicar a coisa do detentor ou possuidor. E, não o está se não quando a condição se verifica; e a partir desse momento. Ou seja, segundo a velha, máxima, actioni non natae non praescribitur. Daí, também, que se a posse tiver sido constituída com violência ou tomada ocultamente, os prazos do usucapião só começarem a contar-se desde que cesse a violência ou a posse se torne pública (artigo 1297): pois que, antes, não se pode falar em inércia do titular do direito.

E, assim, o artigo 1166 do código civil italiano, referir que a condição não é impedimento, na usucapião de vinte anos, "mas" que o não é tão só relativamente a um "terceiro possuidor". Donde se concluirá que o é, relativamente ao que adquiriu primáriamente a posse com base num título de transferência do direito sob condição (Hugo Natoli, o. cit., págs. 50, 149, 248, 258 e 302).

O que se compreende. Pois que se o segundo possuidor (o que adquiriu com base num título condicional), por sua vez, aliena a coisa a terceiro possuidor, mas em propriedade plena, então há inversão da posse (Orlando de Carvalho, R. L. Jur., 3810, p. 161). E, assim, o terceiro possuidor passa, segundo o título, e a partir daí, a possuir á imagem do direito de propriedade plena. E posse essa que já será oponivel (como propriedade plena) ao primeiro possuidor, se não for posse oculta. Mas sem possibilidade de acessão na posse do transmitente (artigo 1256, n.° 2).

O parágrafo 868 do Código civil alemão realça que se alguém possui uma coisa como usufrutuário ou numa relação semelhante por virtude da qual está frente a outro autorizado ou obrigado temporáriamente á posse, também o outro é possuidor (posse mediata). Ora, na transferência do direito de propriedade sob condição, a aquisição do direito não é definitiva, é resolúvel – e, se a condição se verifica, retroactivamente desfaz-se o negócio (artigos 270, 276 e 1307). E, entretanto, o alienante é titular do direito sob condição suspensiva, pois que verificada a condição renasce o seu direito plenamente.

Assim, como no usufruto o nu-proprietário de raiz é possuidor mediato, também o é o alienante do direito de propriedade sob condição resolutiva. E, assim como no usufruto, o nu-proprietário não pode reivindicar a coisa, se não findo o usufruto e recuperada a plena propriedade – também o alienante sob condição resolutiva só puderá reivindicar a coisa verificada a condição.

Aliás, por usucapião adquire-se "o direito", a cuja imagem se possui (artigo 1287). Mas, o conteúdo" do direito que se adquire, é aquele que normativamente lhe corresponder no sistema jurídico.

No caso da aquisição sob condição resolutiva e de posse consequente, será o "direito" de propriedade resolúvel, que se poderá adquirir. Mas "direito" este que, no seu estatuto, nomeadamente se resolverá por verificação da condição (artigo 1307).

Consequentemente, não pode correr a usucapião "do direito de propriedade plena" com base na posse do adquirente sob condição resolu-

tiva, enquanto se mantiver o estado de pendência. O que se pode adquirir é o "direito de propriedade resolúvel" (condicional): *mas sujeito ao respectivo regime; nomeadamente da sua resolubilidade, ipso jure, por verificação da condição (artigo 1307).*

Aliás, além de todas as referidas razões que são juízos de valor que presidem ao instituto possessório, "a se", se o adquirente sob condição resolutiva fosse investido na posse, práticamente á imagem do direito de propriedade plena – e contra tais juízos de valor – então aconteceria também que o negócio jurídico não alcançaria, pragmáticamente, as verdadeiras vontades e justos interesses das partes, consubstanciados no negócio: e que, em sua autonomia, "assim quizeram". Pois, então, o adquirente condicional, obtida a posse, por tradição ... bastar-lhe-ia invocar a acessão na posse (juntar a sua á do transmitente) e, por essa via, desde logo, as mais das vezes, já no minuto seguinte, poderia invocar a aquisição plena do direito por usucapião?! O que frustaria a verdadeira vontade das partes: e o regime, afinal, de tal negócio!

Ora, o instituto possessório não pode deixar de se considerar inserido na globalidade da ordem jurídica, em, pois, harmonia intrínseca com a mesma. Doutro modo, arruinaria, tornando sem eficácia práctica, a autonomia da vontade das partes e o regime do negócio condicional e da propriedade resolúvel (citados artigos 270 e sgts. e 1307). Seria um instituto fratricida!

Por isso, para Planiol-Ripert-Picard (o. cit., págs. 704 a 706 e 714), (e igualmente, dizem, segundo a jurisprudência), a usucapião não se verifica na pendência da condição. E na condição resolutiva "se a condição se vem a verificar, então o título é retroactivamente aniquilado e arrasta na sua ruina a usucapião que o pudesse ter acompanhado". Pois que a usucapião só poderia ter conduzido á aquisição, mas "desse direito resolúvel".

E, também, nunca o adquirente sob condição resolutiva e face ao animus consubstanciado no titulo, de adquirir um direito resolúvel, se poderia considerar de boa-fé quanto a uma posse á imagem dum direito de propriedade plena: porque, segundo a boa-fé, tal comprometia a integridade do direito da outra parte (art. 272.°). Isto é, segundo o título – a boa-fé dele exornante, e que, como tal se poderá presumir (artigo 1260.°) – é a de possuir á imagem do direito resolúvel. Para adquirir á imagem do direito pleno – nem tem titulo, nem, pois, se pode presumir a boa-fé. Como, se tal é essa a intenção, compromete a integridade do direito da outra parte (artigo 272.°) e, será, pois, (á imagem do direito pleno) mera detenção e de má-fé (biunivocidade de corpus e animus).

Aliás, se segundo o titulo, a aquisição, e cumulativamente a "cedência" da posse, o são num animus de "aquisição" (do direito) e "tradição" (da posse) mas duma situação resolúvel – então, verificada a condição, também a "cedência" (como acto jurídico, artigo 295) é resolúvel, retroactivamente. E, sendo-o, não só o cedente tem o direito de restituição da coisa ao seu senhorio de facto (artigo 289), como a cedência foi retroactivamente aniquilada. Ora, seria um estranho absurdo que tendo a usucapião como pressuposto "a posse" (artigo 1287), todavia, se verificasse o efeito (usucapião) quando a causa (posse) não existe, ou retroactivamente se resolveu.

Aliás, se o possuidor exerce o poder de facto á imagem, objectiva e subjectiva, em biunivocidade, dum juízo volitivo dum direito resolúvel – como sucede se, segundo o título, adquire o usufruto ou a propriedade condicional – então a sua posse não tem mais virtualidades do que teria a situação jurídica correspondente se dela fosse (ou se for) titular. Nomeadamente, se possui "assim", também por usucapião só pode adquirir o direito a cuja imagem possui: o usufruto, ou a propriedade resolúvel.

Porque ali, onde termina o domínio a cuja imagem se possui – termina a posse; a posse que recai sobre uma coisa, alcança a coisa nas mesmas circunstâncias em que alcança a propriedade – o objecto da posse e da propriedade são idênticos, enquanto á sua extensão (Ennecerus-Kipp- -Wolff, o. cit., p. 81/82). É o que postula a *teoria da causa* (supra, 21).

E, só assim não será se ocorrer inversão de tal posse, e a partir daí e com tal nova posse. O que pode acontecer, p. ex., se o adquirente sob condição resolutiva aliena o bem a um terceiro possuidor, mas em propriedade plena. E, tendo em conta que a nova posse se desenvolva de modo a poder ser conhecida do primeiro possuidor, para não ser oculta (artigos 1262, 1267, n.º 2, 1282, 1297 e 1300).

SECÇÃO III
Síntese

24. *A posse* é, assim, *uma categoria jurídica, autónoma*. A relevância e os efeitos jurídicos que a lei lhe atribui, baseiam-se, de per si, na situação possessória e esta é de assumir se preenche os requisitos consubstanciais de corpus e animus.

O possuidor, possui porque possui (possideo quia possideo). A posse é agnóstica, não tem que ser causal, é autónoma da existência e títularidade "do direito" a cuja imagem se possui.

Salvo nos casos de "posse limitada", em que a atribuição de efeitos possessórios á detenção pressuponha a preexistência do direito (posse causal) v. supra, n.º 14.

E, como efeitos imediatos de tal situação de facto empírica, o possuidor, nomeadamente, beneficia da presunção da títularidade do direito (artigo 1268) e pode, directa ou judicialmente, defender essa situação contra turbações ou esbulhos, ou suas ameaças, provindas de terceiros (artigos 1276 e seguintes). É o *jus possessionis*, independente dum *jus possidendi*. E, inclusivé, com o decurso do tempo, por usucapião, pode adquirir mesmo a titularidade do direito: transformando-se a situação de facto, em jurídica. Embora este efeito não seja própriamente possessório, e a tal instituto seja defectível. E, usucapião que até é relevante independentemente de registo predial e que, em limites ulteriormente a desenvolver, se poderá sobrepor á boa – fé de terceiro adquirente com base em direito registado (artigo 5, n.º 2, a) do Código de Registo Predial).

Assim, se diz que in pari causa melior est conditio possidentis (Ulpiano). E que, qualiscunque possessor hoc ipso, quod possessor est, plus juris habet quam ile non possidet (Paulus – D.43, 17,2).

Por isso, não faz sentido a afirmação, por vezes feita, que determinada posse não beneficia das acções possessórias, se pelo próprio tempo de duração da mesma se verifica que não conduziu á usucapião. Desde logo, a presunção de titulariedade do direito (artigo 1268) nem sequer se refere á aquisição por usucapião, como a propósito desse artigo se desenvolverá (Ennecerus-Kipp- Wolff, o. cit., 106).

Conforme se realça no Ac. S.T.J., de 4-4-2002, Miranda Gusmão, (C.J. – STJ – X, 2002, T I – pág. 157), "a posse que determina a presunção da titularidade do direito não será a que já produziu a usucapião, pois que esta é uma forma concreta de aquisição originária.

Assim a posse a que se reporta o art. 1268.º, 1, só pode ser a que ainda lhe falta capacidade aquisitiva por carência do decurso de tempo necessário". V. infra, 146.

Por sua vez, a posse consubstancia-se em *corpus e animus, em biunivocidade*. O **corpus** é a prática de actos por forma correspondente ao exercício do direito de propriedade ou de outros direitos reais (vide infra, n.º 77). Não sendo necessário contacto físico, nem a plenitude do exercício do direito, e tanto pode ser exercido pelo próprio, como por outrem (em nome daquele). E que, no caso concreto, "deva, razoalvelmente, ser entendível" segundo o consenso público, (o ponto de vista dominante no tráfego, a consciência social), como "o exercício de poderes empíricos sobre a coisa, correspondente ao exercício de poderes duma dada situação

Categoria possessória e Efeitos possessórios

jurídica" – e, "se bem que não a relação jurídica verdadeira, mas aquela que apareça e se estima como situação de direito" (Ennecerus – Kipp--Wolf). E numa "representação global prática ou de leigos" (Orlando de Carvalho). E, sem cuidar, ainda, de se saber se é ou não licitamente a relação jurídica verdadeira; nem "se exigindo nenhum *consensus populi* da titularidade do direito" (Orlando de Carvalho). *O ladrão* será perfeito possuidor, "se" actua "como sendo dono", ainda que ele saiba que não é titular do direito e ainda que também o saiba toda a comunidade.

Por sua vez, o **animus** é "o propósito volitivo que determinou aquele detentor à prática daqueles actos (corpus)", e actos esses de que, razoavelmente, se infere ser seu propósito actuar "como sendo dono", "como sendo titular do direito" (vide infra, 86).

E, em seu nome ou em nome doutrem. E ainda que o não sendo, no plano jurídico – e ainda que quem actua saiba que o não é. Ou, o mesmo saiba o consenso público.

Por sua vez, quer quanto ao *corpus,* quer quanto ao *animus,* estabelece a lei diversas *presunções.*

Assim, a presunção de posse intermédia e a do inicio da posse reportada á data do título (art. 1254). A presunção de que a posse continua em nome de quem a começou e que se mantem enquanto durar a possibilidade de a continuar (art. 1257; vide infra, n.°s 89, 139 e 140). A presunção do animus no possuidor actual (art. 1252, n.° 2; Vide infra n.° 88). E as presunções de que a "posse vale título" e "da titularidade, do direito" (arts. 1300, n.° 2, 1301, 2076, n.° 2, e 1268); bem como, a prioridade da presunção da posse face á presunção do registo predial, se a posse é mais antiga (art. 1268). V. infra, n.°s 145 e 146).

Mas mesmo que se ilida a presunção de que ao adquirir-se a posse, se adquiriu o direito, e, pois, provando-se, que ao possuidor não assiste o direito a cuja imagem possui – todavia, mantem-se a faculdade de uso (procedente) das acções possessórias (directa ou judicial), contra turbações, esbulhos ou ameaças de terceiros. Tal procedência só será paralizada se o terceiro invoca um direito, ou uma faculdade legal, que genericamente lhe legitime a respectiva actuação. Essa actuação do terceiro será, todavia, antijurídica sempre que não se baseie na vontade do possuidor, ou a lei não lhe autorize a privação ou esbulho (força própria proibida, *verbotene Eigenmacht,* parágrafo 858, do código civil alemão). Assim, não chega, mesmo quanto ao direito a cuja imagem se possui, que o terceiro alegue e prove que o possuidor não é dele titular: carecerá o terceiro ainda de provar que essa títularidade (ou outro direito legitimador) lhe cabe a ele (artigo 1278 do código civil): v/ infra n.°s 151 e 152.

Ou seja, a posse é (como referido) agnóstica. Assim, trata-se da "defesa do *status quo* da posse", "os processos sumários interditais têm como objecto a protecção da posse como facto". (Acciones de Protección de la Possessión, J. Busto Lago, N. Alvarez Lata e F. Pena López, 2006, p. 91). O possuidor, segundo tais autores, não tem que provar um seu "derecho a poseer", se não que basta provar o facto da posse e o acto lesivo da mesma: não se trata, de o possuidor exigir medida de tutela e respeito dum direito subjectivo a possuir – o possuidor, como tal, não tem um "*jus possidendi*", mas apenas um "jus possessionis".

Como decidiu o Tribunal de Granada, SPA 12-12-1995 citado pelos referidos autores, "esta classe de litígios não se pode converter em discussão sobre direitos (qual é, ou não é, o melhor), já que do que se trata de neles resolver são problemas acerca do "*jus possessionis*", e não um direito a possuir (*jus possidendi*)."No mesmo sentido, o autor italiano Sacco realça que o objecto da tutela das acções possessórias está constituído "dalla relazione di fatto che passa tra la persona e la cosa" (II Possesso, in Trat. Dir. Civ., Milão, 1988)

E, pois, a "posse", como "senhorio de facto", como a lei a define como categoria factual e relevante que é a causa de pedir da acção. (V. supra, 22 e 24).

A única questão dum direito que, no sistema português, pode ser levantada – é a dum direito do próprio esbulhador ou perturbador que legitime, in casu, a sua concreta actuação. V. infra, 152.

Isto é, como realçam os cits. Busto Lago, Alvarez Lata e Peña López (p. 186), ao demandante na acção possessória cabe provar a situação de facto integradora quer da posse, quer do esbulho ou perturbação, quer a data destes. Já ao demandado caberá impugnar aquelas alegações ou invocar causa jurídica que o habilite a realizar, por sua própria autoridade, a lesão possessória.

Ou seja, "a posse tutelada sumariamente não é uma posse a respeito da qual o seu autor tenha que creditar-se por uma aquisição legítima ou que se trate de uma posse justa" (p. 88).

Mesmo o possuidor violento ou clandestino goza do "*jus possessioni*", salvo quanto ao possuidor anterior enquanto se mantenha a violência ou a clandestinidade (arts. 1267, 2 e 1282) ou para efeitos de usucapião (arts. 1297 e 1300, 1).

Não era assim no direito romano, em que quanto á posse violenta ou oculta, se podia opor a excepção de posse viciosa – *exceptio vitiosae possessionis, nec vi, nec clam nec precario*.

Todavia, no Direito justinianeu já não se admite tal excepção, o

Categoria possessória e Efeitos possessórios 59

mesmo ocorrendo no direito intermédio e no Direito Comum, como consequência especialmente do Direito Canónico, e com o objectivo de reprimir a auto-tutela, (a defesa privada) e garantir a paz pública.

A posse violenta ou oculta, apenas é uma posse débil face ao anterior possuidor, na medida em que este a pode recuperar até um ano após a cessação da violência ou do seu conhecimento da mesma, (cits, arts. 1267, 2, e 1282) e, enquanto que oculta ou violenta, não conta para efeitos de usucapião (cits. arts. 1297 e 1300,1).

Assim "a posse tutelada sumariamente não é uma posse a respeito da qual o seu autor tenha que creditar-se por uma aquisição legítima ou que se trate de uma posse justa" (cits. Busto Lago, N. Alvarez Lata e F. Pena López, p. 88).

Ao possuidor cabe, tão só, o ónus da prova da situação de facto da posse (*status quo* da posse) e da perturbação ou esbulho (cits. autores, p. 186). E só cedendo, face á alegação e assunção de que ao terceiro lhe cabe, a ele, um direito a possuir (*jus possidendi*).

Poderá parecer estranho que se atribua a uma mera relação de facto uma relevância jurídica com tal extensão. Todavia, tal extensão também não é a que, á primeira vista, pode parecer e, na sua exacta extensão, justifica-se pela razão de ser da posse (função social, de paz pública ou de contínuidade). V. infra, n.º 28.

É que a protecção da situação de facto, é cautelar e provisória. Isto é, apenas se mantem ou se restitue, ou se defende da ameaça, a situação de facto enquanto tal. Ou seja, o possuidor não é investido na situação jurídica correspondente. E mesmo essa manutenção ou restituição já não terá lugar contra um direito (lato senso) que autorize, juridicamente, ao terceiro a sua actuação (ainda que perturbe ou esbulhe a situação empírica do possuidor).

Mas, dentro dos referidos limites, o possuidor, e só porque o é, tem, juridicamente reconhecida e tutelada, tal faculdade de reter e seguir detendo (derecho a seguir teniendo, Lacruz, Berdecho, o. cit., p. 33).

É, pois, uma entidade com significado económico próprio (Oliveira Ascensão, o. cit., p. 133).

E, representa um valor patrimonial para o possuidor. E que, em vida, a lei lhe permite que "ceda" (artigos 1267.º, n.º 1, C), e 1263, b) e que, por morte, será encabeçado pelos herdeiros (artigos 1255).

Daí, todavia, não se poderá concluir – sem petição de princípio – que tal faculdade, o jus possessionis, seja transmissivel nos termos gerais de direito. Pois que, a lei disciplina específicamente a transmissibilidade. Nomeadamente, em vida, pela "cedência", o possuidor "perde a posse".

E, aquele a quem é cedida, adquire, pelo seu lado, por "tradição", "a sua" posse. Ainda que, em determinados limites, possa juntar "á sua", a posse "do antecessor" (artigo 1256). E, ainda que por morte do possuidor, a posse "continue" nos seus sucessores (artigos 1255). O que, tudo encontrará justificação na essência de a posse, como relação de um sujeito com uma *coisa, radicar* numa relação de facto, de senhorio empírico, do sujeito com a coisa.

E porque a posse radica numa relação de facto de senhorio, consubstanciada num corpus e num animus, como poder de facto que se "manifesta", é natural que nos casos de aquisição originária da posse deva haver um mínimo de reiteração e publicidade (artigos 1251 e 1263, a)).

25. Daí, dizer-se que "a posse vê-se" (Menezes Cordeiro, A Posse, 2ª ed., p. 115) "Não vejo o proprietário – diz Hernández Gil – ou bem, daquilo que percebo não cabe inferir que o seja efectivamente. Mas, pelo contrário, vejo o possuidor" (cit. Lacruz Berdejo, p. 31). Ainda que só pelo animus, a final é que se virá determinar se possui em nome próprio, ou em nome de outrem.

E, dum modo geral, pode dizer-se que se se manifesta uma relação empirica de facto de relação dum sujeito com uma coisa, e de senhorio da mesma, existe posse e permanece enquanto exista a possibilidade de a continuar. Outra questão, será a de determinar-se se quem exerce o poder é "o possuidor"; ou se é outrem por intermédio dele, ou se são ambos; ou a que juízo volitivo é determinada a actuação de cada um.

Podendo até, no nosso direito, existirem, simultaneamente, duas relações possessórias (artigo 1267,1, d)): v/ supra, n.º 19.

CAPÍTULO IV
Função social da posse

26. Qual seja a razão de ser do instituto possessório, é uma vexata questio, em que nem sequer se pode dizer que haja uma teoria predominante.

De qualquer modo, a solução preferível não pode deixar de ser a que melhor justifique o instituto, em si, e melhor tenha em conta a sua essência e extensão, os seus limites ou fronteiras e o que de típico e peculiar nessa exacta abrangência exista.

Assim, desde logo, justificar a posse, como categoria autónoma, não é confundível com justificar a usucapião. Esta é uma categoria defectível em (rigoroso) tema de posse. Pode haver posse, e seus efeitos (nomeadamente, acções possessórias) e não haver lugar a usucapião. P. ex., quanto ás servidões não aparentes ou ao direito de uso e habitação (artigos 1280 e 1293).

A posse pode ser violenta e oculta, e nem por isso deixa de existir posse, e a possibilidade de a defender com acções possessórias contra actos de turbação ou esbulho de terceiros – mas tal possuidor não adquirirá por usucapião (artigos 1297 e 1300).

Por sua vez, dos efeitos da posse alguns são defectíveis e não peculiares da sua essência. P. ex., a presunção da titularidade do direito, de que goza o possuidor (artigo 1268). Pois que mesmo que se prove o contrário, ou seja de que o possuidor não é titular do direito – nem por isso deixa ele de ser possuidor, e inclusivé com acções possessórias que procederão contra turbação ou esbulho de terceiro que não prove ser ele o titular do correspondente direito ou duma sua actuação legitimada pela lei. E, por sua vez, a presunção do direito tem uma justificação singular, muito simples. Se formos pesquisar largamente as situações em que alguém se encontra numa relação de facto de senhorio com uma coisa, na imensa maioria, a tal situação de facto corresponde a situação jurídica exornante.

Assim, tal presunção nada tem de peculiar, tendo por base, como em muitos outros institutos: id quod plerumque accidit (Hugo Natoli, o. cit., p. 8).

Igualmente, pouco tem de peculiar o regime de benfeitorias ou de encabeçamento dos frutos.

27. *O que é peculiar e típico do instituto possessório*, é que alguém que se encontra numa relação de facto de senhorio com uma coisa, á imagem dum direito de propriedade ou doutro direito real e, só por essa relação de facto, e ainda que não seja efectiva, mas haja a possibilidade de a continuar:

– Por um lado, tenha garantido pelo Estado essa situação, com recurso a acções judiciais contra quem a perturbe ou esbulhe;
– E, por outro, com a dupla extensão de que, antes de mais, antes mesmo de que se decida da jurisdicidade da actuação do terceiro, aquele veja garantida a sua manutenção e restituição;
– E, que veja garantida tal manutenção e restituição, mesmo que se venha a provar que não a detem juridicamente legitimada, se o terceiro que perturba ou esbulha, não prove, pelo seu lado, a jurídica legitimação da sua actuação.

Ora, é nesta relevância da posse, dentro desse exacto território de relevância jurídica – e conforme cada ordenamento jurídico o delimite – que existe a peculiaridade, a tipicidade do instituto possessório (como categoria jurídica autónoma e efeitos jurídicos específicos).

Na verdade, é esse o núcleo essencial, típico e irredutivel da posse; como resulta dos artigos 1278 do Cód. Civil e 510, n.º 5, do Código de processo civil.

E, quanto á sua razão de ser – a solução preferível será a que melhor, nessa sua essência e globabilidade, a densifique.

Nessa perspectiva, devemos valorar, então, as diversas soluções que vão sendo dadas para tal vexata questio.

28. A **teoria da paz pública** (Friedenstheorie), explica a posse pelo interesse público da manutenção da paz social prevenindo que, no ordenamento existente do apoderamento de facto das coisas, os cidadãos façam justiça por suas próprias mãos: *nec cives ad arma veniant.*

Se qualquer um, pudesse, de facto, apoderar-se, por sua vez e por suas próprias mãos, das coisas que outro possui, também qualquer outro, em cadeia, de novo podia fazê-lo. Assim, a lei estabelece um critério do ordenamento factico: pelo "qual a posse antecedente (do possuidor que é perturbado ou esbulhado) prevalece sobre a posse sucessiva (do autor da

Função social da posse

perturbação ou esbulho), salvo que esta se mantenha, sem reação, por mais de um ano" (Francesco Galgano, o. cit., 144).

Não é, no fundo, o interesse singular do possuidor que é protegido – este só reflexamente ganha, por defesa do dito interesse público.

Na verdade, pode tratar-se de dois ladrões – e não se vê, no confronto entre ambos, a razão pela qual individualmente, o primeiro deva considerar-se digno de mais protecção do que o segundo (citado autor).

Por sua vez, o terceiro esbulhador pode até ter um direito, inclusivé pode ser o verdadeiro proprietário da coisa. Mas, fora dos casos de acção directa ou legitima defesa, não deve fazer justiça por suas próprias mãos, "deve" recorrer ao Estado a quem compete fazê-la. E se assim não procede, e para quem assim não proceda, antes de mais, sancionando a sua atitude e enquanto se determina a existência desse (alegado) direito, procede-se á imediata manutenção ou restituição da posse. (artigo 510, n.º 5, do Código de processo civil).

E esse sancionamento é ainda mais forte, e nítido, naqueles ordenamentos jurídicos em que o terceiro expoliador nem sequer pode levantar na acção possessória a questão da sua títularidade do direito e é remetido para uma acção declarativa autónoma para tal se decidir (Direito italiano, art. 705 do Código de processo civil; salvo se actuou para evitar prejuízo irreparável, como excepção introduzida pelo Tribunal Constitucional).

Também em Espanha, de acordo com a LECiv/2000, nos processos sumários especiais de manutenção e recuperação da posse, o demandado não pode opor excepções de natureza petitória, fundadas num direito de possuir o bem; salvo nos casos em que está permitida a legitima defesa ou acção directa (cit. Busto Lago, Acciones de Protección de la Posesión, pags. 185 e sgts.).

Pode dizer-se que tal justificação será intrinsecamente discutível, porque perguntar-se-á: a paz pública, num conflito de domínio, estará na prevalência do direito ou na prevalência do facto? (Assim, Orlando de Carvalho, Rev. L. Jur. 3780, 66). Todavia, a dita justificação apenas o é na exacta extensão da relevância da posse. Ou seja, apenas justifica, então, porque é que num ataque de terceiro á posse: antes de mais, "imediatamente", se protege a situação de facto – ainda que o terceiro alegue ter o direito ao apoderamento da coisa (citado artigo 510, n.º 5, do código de processo civil). 'E que não aconteça, como nas restantes acções judiciais, que a decisão seja proferida tão só a final, e consoante o direito aplicável. Ou seja, a paz pública – e segundo a sua própria essência – apenas, no tema, justifica proporcionalmente o efeito imediato, "mas provisório", de tal relevância peculiar da posse.

Mas, óbviamente, e em harmonia, já proporcionalmente dará prevalência á situação de direito, mas tão só quando e a partir de que ela esteja – como deve ser – acertada pelo Estado.

A referida justificação da paz pública, de evitar que o cidadão faça justiça por suas mãos, é a sustentada, entre nós, por Vaz Serra (O Caso do Tamariz). Bem como, é atribuida a Savigny e Rudorf (Manuel Rodrigues, o cit., 24 e Lacruz Berdejo, o. cit., 34).

Ainda que também pese a consideração de que, na maioria dos casos, quem é possuidor á imagem do direito real de gozo, é titular do direito. Segundo Lacruz Berdejo (o. cit., p. 34), a protecção interdital obedeceria em Roma a ambos os motivos, se bem que seria mais relevante aquele primeiro (paz pública), que também hoje o continua sendo, dado, de uma parte, a ulterior ampliação do amparo interdital a todo o possuidor, e de outra, o crescente reconhecimento da missão do Estado de salvaguardar a ordem pública.

Em Itália, igualmente, diversos autores aduzem, na essência, essa justificação última (Francesco Galgano, o. cit., 143; Hugo Natoli, o. ci. 9, dizendo ser a doutrina prevalente – Barassi, Trabuchi, Branca, Torrente).

Aliás, foi essa função da prevenção da paz pública, imediata, cautelar e provisória (peculiar e típica do instituto da posse) que levou os canonistas á sua extensão, primeiro á manutenção ou restituição da função de bispo; e daí, amplamente, a funções, títulos, direitos. E, curiosamente, no Brazil, foi a mesma consideração que, em sentido inverso, levou a arrepiar e a retirar do objecto da posse os direitos pessoais. Argumentando-se que na medida em que o Código de Processo Civil de 1973 possibilitou a impetração de medidas cautelares inonimadas ou atípicas, nas hipóteses mais diversas, então a extensão aos mesmos do instituto possessório já não se justificaria. E, no mesmo sentido, quanto ao arrepio da consideração dos direitos de autor como possivel objecto da posse, com o mesmo argumento de que a legislação especial lhes deu outras prerrogativas e meios para prevenir violações (apud, Luis Orione Neto, o. cit., 339).

29 Para Ihering, a posse protege-se como exterioridade da propriedade, como obra avançada da propriedade. Estatisticamente, na grande maioria das situações, quem possui – á imagem do direito de propriedade – é proprietário: presume-se o direito.

Só que poderá ser dificil e moroso conseguir os meios e a prova do direito – pelo que ao proprietário/possuidor, defender a sua situação pela via da alegação do direito contra perturbações ou esbulhos, seria muitas vezes dificil.

Pois bem, a posse permite-lhe tal defesa: "é um complemento necessário da protecção da propriedade, que aproveita necessariamente também aquele que não o é". "Na posse o proprietário defende-se contra os primeiros ataques ao seu direito. Neste terreno não se dá uma batalha decisiva para a propriedade – mas uma simples escaramuça, um combate de guardas avançadas, na qual para continuar a comparação, não é precisa artilharia, basta a arma branca" (Ihering, Interdits, p. 50).

Todavia, a teoria de Ihering deixa sem justificação que a acção seja procedente mesmo quando o terceiro alegue e prove que o autor não é legitimo titular do direito.

Ihering, responde, consciente do elo fraco – que tal é um efeito reflexo e excepcional. "É uma desvantagem, mas a solução tem de apreciar-se em globo, pela comparação de vantagens e desvantagens, e não pela consideração simples de que estas existem. E, diz – estas, são na vida o preço daquelas ...Também a chuva rega tanto as plantas que precisam de água, como as que dela não necessitam".

É certo, mas relativamente. Isto é, só temos que argumentar com desvantagens... se não existir outra solução, que as não tenha e que, com vantagem, também justifique essa excepção.

30. **Uma terceira solução, é a da consideração da publicidade, confiança e valor económico atinente á situação de facto da posse** (Manuel Rodrigues, o. cit., p. 31.

Todavia, tais valores o que podem é vir a justificar o usucapião.

Ou, ainda, os casos particulares em que a posse, nas relações de tráfego com terceiros, vale titulo (mais ou menos extenso: artigos 1300, 1301 e 2076, n.° 3).

31. Um quarto tipo de soluções, parte da fundamentação que em caso de conflito entre quem se encontra numa situação e quem pretenda modificá-la – então, "*antes de modificar-se o factum possessionis, deve provar-se contra ele a titularidade do direito*" (Barbero). E, seria essa a razão ou função da posse. Todavia, essa fundamentação relega o tema da posse para uma questão processual: o ónus de alegação e prova.

Todavia, a questão é anterior. Antes de se entrar e ser-se recebido no Tribunal, deverá existir um interesse social, substantivo e prévio, que justifique o "direito de acção".

Nesta perspectiva, também será insuficientemente justificante, a teoria da *força da "inércia"* (Oliveira Ascenção, o. cit., 80).

E, igualmente, o não será a teoria da continuidade (kontinuitaets-theorie), de Felipe Heck.

É certo que tal teoria agrega o valor da organização (Organisation-swert). E, nesse duplo aspecto, a defende Orlando de Carvalho (Rev. L. J., 3780, p. 66).

Quem, diz-se, detem o senhorio de facto sobre uma coisa, exerça sobre ela os poderes correspondentes ao seu uso, fruição e desenvolvimento, aí congrega a sua vida, tal é um bem para ele e para a sociedade. Pelo que o ataque a essa organização e sua continuidade é anti-social e deve ser sustado, pelo menos enquanto não se decida da titularidade do direito (Diez Picazo, apud Lacruz Berdejo, o. cit., 34).

Todavia, no nosso direito, tal fundamento dificilmente justificará que o possuidor que não exerce quaisquer poderes sobre a coisa, mas não perde a posse (artigo 1257) – possa, ainda assim, defender-se com acções possessórias.

E, rigorosamente, a continuidade e a organização o que poderão justificar, aliados á exornante publicidade e valor de conhecimento (Erkenntiswert), é que, se tal se mantém por largo espaço de tempo, conduza, então á usucapião.

Mas, o que, de modo globalmente abrangente, **acaba por justificar**, como motivo sempre presente, a essência peculiar do instituto possessório: **é o referido motivo de paz pública**. Ainda que, reflexamente, com isso tenha vantagem, singular e pessoalmente, o possuidor e a sua posição, daí, também adquira (certo) valor patrimonial.

32. Um outro tipo de soluções situa-se a nível filosófico.

Assim, a tutela da posse não é tanto a protecção dessa relação, mas antes da personalidade humana que se desenvolve nela (Fenini). Ou, seja, dentro do pensamento hegeliano, a posse representa o primeiro degrau da liberdade, enquanto ponte de passagem para a propriedade, determinando, assim, a esfera da própria liberdade (apud, Hugo Natoli).

Esse fundamento, em termos substantivos, explicaria, é certo, prima facie, a posse e o "direito de acção" (acções possessórias).

Todavia, o Homem vive em sociedade – da qual pretende até a referida protecção. E, como tal, também teria a priori que aceitar que igualmente o terceiro desenvolve a sua personalidade, ao esbulhar ou perturbar as coisas. E, por ventura, até, num antecedente de melhor harmonia e conformidade com os valores essenciais da vida em comum.

Assim, então, só no final o conflito se deveria decidir a favor de um ou outro como é próprio do direito de acção. E não, imediatamente a favor do primeiro e contra o segundo: ainda que provisóriamente. Como acontece na "posse",

E, também, não se veria como, no limite, entre dois refinados ladrões... se haveria de decidir a favor de um, apenas porque foi o primeiro a, assim, desenvolver a sua personalidade...

CAPÍTULO V
Facto ou Direito

33. Discute-se a natureza da categoria jurídica posse, se é facto ou direito. O discutir-se já é revelador do carácter específico do instituto.

Mas, não se diz mais que o óbvio e sem qualquer pecularidade, se meramente se afirma que como facto só tem interesse na medida em que tenha relevância jurídica: e, como direito, sempre haverá também um *substractum de f*acto (ex facto oritur jus).

Já no direito romano, para Paulo, possessio est res facti, non juris. Mas, para Papiniano, non est corporis, sed juris.

Daí, Mario Rotondi (o. cit., p. 302) solucionar simplesmente a questão, dizendo: a posse é um estado de facto protegido pelo direito, e, assim, dado que aquela afirmação não é discutível, resolvemos também tal antiga e infecunda disputa.

Para Francesco Galgano (o. cit. 135), mais debruçado sobre o direito constituido, a propriedade e a posse são, jurídicamente, situações diversas.

A primeira é uma situação "de direito": é o direito sobre a coisa defenido no artigo 832.A segunda é uma situação "de facto": o artigo 1140 define-a como o poder sobre a coisa que se manifesta numa actividade correspondente ao exercício do direito de propriedade. É a diferença entre titularidade e exercício; entre "ser-se" proprietário de uma coisa e "comportar-se" como proprietário da mesma.

E, *no código civil português*, nos artigos 1251 a 1267 (nos capítulos I a III, do respectivo titulo I) *trata-se da posse como situação de facto*. E, subsequentemente, nos artigos 1268 a 1286 (nos capitulos IV a V), é que se trata dos seus efeitos e da sua defesa – disciplinando-se a sua relevância jurídica. Distinguindo-se, pois, entre posse, como categoria jurídica; e(originando esta)os seus efeitos e acções judiciais para sua defesa. E, como categoria jurídica, prima facie, assim, a posse será, uma situação de facto, jurídicamente protegida.

E, quanto ao aspecto típico da posse – a faculdade de reter e continuar retendo – basta a situação de facto (possideo quia possideo) para a sua defesa judicial. Mas em que, também, apenas e tão só, se mantem ou restitue "tal situação"(artigo 1278); ainda que na sua "integridade", se tal situação foi danficada (artigo 1284.°).

Todavia, se quizermos mais desenvolver, a definição a obter deverá conseguir a mais adequada satisfação a três ordens de valor. Primeiro, deverá, do modo mais preciso, sintetizar os elementos essenciais do núcleo e fronteiras da categoria. Depois, em modo que induza, impressionisticamente, esse núcleo e fronteiras. E, por último que seja uma definição que não se preste a extrapolações, perversas e deturpadoras.

34. Para Savigny, "não se contestará que a posse em si e segundo a sua natureza primitiva seja um facto mas é igualmente verdadeiro que ela produz certos efeitos legais. Ela é então ao mesmo tempo facto e direito... Sendo a posse primitivamente apenas um facto... A posse é um direito, no sentido em que há direitos combinados simplesmente com a existência daquela relação de facto..." (apud, Manuel Rodrigues).

Todavia, como realçam Ennecerus-Kipp-Wolf (o. cit., p. 17), na propriedade, entre os factos constitutivos do direito e as faculdades singulares do proprietário interpõe-se "a propriedade", como consequência daqueles e fonte destas faculdades – assim, também entre o facto da posse e os diferentes direitos do possuidor se interpõe "a posse mesma", como sua matriz. Isto é, "a posse não se nos apresenta aqui como a soma dos efeitos jurídicos do facto da posse, se não como sua fonte".

Ou seja, enquanto que nos "direitos" eles se criam a partir de factos (ex facto oritur jus) e, uma vez criados, têm autonomia como tal, "como direitos", e "eles" são a fonte das faculdades do titular, e essas faculdades consubstanciam o seu direito – já na posse, "como situação de facto", é esta "a fonte" das faculdades do possuidor e a titularidade, é a titularidade da situação de facto, e o que se mantem ou restitue é essa situação mesma e a "sua" titularidade.

E, quando se alega que pode haver "posse" sem situações de facto, tudo depende da perspectivação que se está a defender.

P.ex., quando se diz que apesar do esbulho da situação de facto, se mantem a posse por um ano; ou que a posse dos herdeiros é independente do conhecimento da morte do de cujus, do facto designativo ou até da existência dos bens (Oliveira Ascensão, o. cit., 84). Ou, que a posse se transmite por tradição simbólica (p. ex., constituto possessorio).

Na verdade, em todos esses casos só existe posse, porque existe uma situação de facto, ou a possibilidade de a continuar; ou seja, porque existe uma relação empírica de senhorio dum sujeito sobre uma coisa. A coisa está numa situação que "intende" o senhorio de alguém: existe "de facto" a posse.

Mas, para a sua existência já será indiferente que o seu "titular" seja, p. ex., o comprador e não o vendedor (artigo 1264). Ou que, se o titular morreu, seja agora "titular", naturalmente, aquele que lhe suceda. Ou que no caso do esbulho continue a ser "titular" o esbulhado enquanto, durante um ano, pode recorrer aos Tribunais para que seja restituido á situação de facto.

O que é essencial é que em nenhum desses casos o comprador ou o herdeiro poderão ser considerados possuidores – "se" não preexistir a situação de facto de senhorio da coisa, e de cuja situação, pois, possam ser considerados titulares. E só se existir, e dessa situação sendo titulares, é que "essa situação", de per si, será "fonte", matriz, das "faculdades possessórias".

E, daí que se se pode "ceder" a faculdade de continuar retendo, faculdade que a posse traz ao seu titular – todavia, o que isso determina é a "perda" da posse (como situação de facto) (artigo 1267, n.º 1, c). E, se há tradição, da coisa, o que surge é uma nova posse, tal posse "adquire-se" (artigo 1263, b)). E, se esse possuidor quer beneficiar da posse anterior – essencialmente para efeitos de antiguidade – o que se realça é que junta "á sua" "a posse do antecessor" (artigo 1256). E no caso de morte do possuidor, os seus sucessores apenas "continuam" a posse: o que pressupõe que a situação de facto exista, ou a possibilidade de a continuar, e eles apenas dela "continuarão" a ser titulares. Ou seja, as "faculdades" do possuidor, este só as terá se existe situação de facto, como sua fonte ou matriz, ou a possibilidade de a continuar.

Dir-se-á que os meios de tutela judicial da posse, e a indemnização consequente á manutenção ou restituição, "pressupõem a posse, necessariamente, como situação jurídica. E é quanto basta para que a visão da posse como facto se revele incorrecta" (Oliveira Ascensão), o. cit., p. 86).

Salvo o devido respeito, o próprio artigo 20 da Constituição expressa que a todos é assegurado o acessso aos Tribunais para defesa dos seus interesses legalmente protegidos. Ora, é óbvio que ao defender-se que a posse, como categoria, é uma situação de facto – não se está a dizer que não é um interesse (situação de facto) legalmente protegido.

O que é, é protegido – máxime por razões de paz pública, continuidade, inércia, presunção de legalidade, etc. – mas, como situação de facto, de per si, como fonte e matriz, que tão só ela (certa situação de facto) se interpõe entre o titular e tais faculdades: possideo, quia possideo.

E tal possuidor, nessa situação de facto, tem "o direito de acção" para que, precisamente possua e continue a possuir: isto é, para que se mantenha e restitua certa "situação de facto".

"É, sim, uma situação de facto juridicamente relevante, como ocorre a muitas outras no mundo jurídico ...Assim o casamento putativo, a união de facto, a ausência, etc". (Orlando Carvalho, Rev. L. Jur. 3781, 105).

E, como acentua, relevantemente, Orlando Carvalho, "o grave, porém, é quando se confundem as ideias a partir de um laxismo terminológico que é fruto... de uma total desfiguração do fenómeno da posse, isto é, da sua desvinculação da disponibilidade empírica, que não é um acidente mas a substância do seu relevo no Direito. Ao dizer-se que a posse é um direito subjectivo, confunde-se... a posse com o direito á sua restituição ou á sua não turbação em consequência da tutela que à mesma posse é conferida... E o pior é que a confusão terminológica se repercute em persistente inversão metodológica e, em último termo, em absurdas soluções... E fundamentalmente porque se não vê com os olhos que se devem ver os factos, porque se insiste em vê-los com a perspectiva e os modismos com que usamos ver os direitos...".

E, sem dúvida que a tradição, sobretudo por obra dos glosadores e comentadores, tem divulgado uma terminologia que favorece a confusão de nomenclatura: *jus possessionis,* por exemplo (citado Autor). E o mesmo se diga de p*osse formal* e p*osse causal,* ou p*osse natural e civil.*

Na verdade, existe posse sempre que exista uma relação de apoderamento dum sujeito com a coisa ou a possibilidade de a continuar, á imagem objectiva e subjectiva dum direito real de gozo: e não existe posse, se tal relação não existe. E a posse é posse, (possideo, quia possideo) sendo indiferente se lhe corresponde ou não o direito espelhado ou aparentemente manifestado (Planiol, Ripert e Picard, o. cit. 161; a posse é agnóstica, Oliveira Ascensão).

O que não quer dizer é que o "titular" da relação de apoderamento da coisa seja aquele mesmo sujeito que directa e imediatamente detem a coisa, ou tem a possibilidade de continuar a deter. Mas o ponto de partida da posse é sempre "o senhorio de facto sobre uma coisa", é esse "facto normal da coisa" (Ennecerus-Kipp-Wolf, o. cit., p. 27).

Nem a transmissão da posse implica "disposição sobre a coisa": mas sim disposição "sobre a posse" (Von Thur, apud cits autores).

Daí que o cedente "perca" a posse, e o terceiro adquira "a sua posse" por tradição (artigos 1267, n.° 1, *c*) e 1263, b)).

E, quer nas transmissões inter-vivos, quer nas mortis causa, o que verdadeiramente releva são "emanações dum direito actual de posse" (cits.

autores, p. 17), duma actual relação de senhorio. E, entendida esta como "poder de facto", mas que é "menos um contacto com a coisa do que uma imissão desta na zona de disponibilidade empírica do sujeito" (Orlando Carvalho, cit. Rev. 3781, 105).

Isto é, na tradição inter vivos, consequente á cedência, a coisa passa a estar na disponibilidade empírica actual do terceiro – e daí, com base nessa "sua posse" lhe seja facultado – para efeitos de antiguidade – juntar à "sua" a do "antecessor" (artigo 1256).

E, na sucessão mortis causa, o sucessor "aceitando" a herança, aceitou, como acto jurídico de sua vontade, alargar a sua esfera de influência de disponibilidade empírica ás coisas que nessa relação estavam na disponibilidade empírica do de cujus, ou na possibilidade de a continuar. Como exactamente o mesmo sucede quanto á titularidade dos "direitos" do de cujus.

E, passando, pois, a coisa a estar nessa disponibilidade empírica "actual" do herdeiro – é nessa disponibilidade – menos do que no contacto com a coisa – que, por sua vontade, e "como emanação dum direito actual de posse" (cit. Von Thur), o herdeiro "continua" – como "sua" e "como junção" da do seu de cujus – na situação de facto, de ser o titular (actual) da relação factual de senhorio em que a coisa se encontrava e se encontra. Mas essa posse, agora, é "sua". E, como tal, com a sua actual conduta empírica lhe imprimirá, a partir de agora, a sua impressão digital.

E, igualmente na "posse mediata", se trata de uma pura relação de senhorio, não uma posse "fingida": em todo o caso a posse mediata é um "facto de posse" (cits. Ennecerus – Kipp-Wolf, p. 46).

Como já realçava o visconde de Seabra, "*a distinção de posse natural e civil é inútil*, e até certo ponto inexacta (Vej. Troplong)". Na verdade,a posse natural – só é posse, se a relação de senhorio preenche os requisitos empíricos legalmente postulados: se os preenche é posse; se os não preenche não é. E os chamados casos de posse civil – só são posse, se preexistir a relação de facto de senhorio, com os mesmos requesitos empíricos legalmente estipulados.

Por último, quando se diz que a posse é um direito, já a especificidade do mesmo varia: desde direito real, a direito subjectivo, ou a direito enfraquecido.

Ora, se atendermos aos efeitos da posse, quanto "á presunção" da titularidade do direito não tem sentido falar-se de direito que é presunção de um direito (cit. Orlando de Carvalho). Quanto ao direito aos frutos, nem existe na posse de má fé (artigo 1271); e esta, todavia, é posse. Quanto ás benfeitorias, ao fim e ao cabo, trata-se de afloramento dum princípio geral de não locupletamento. E, quanto á "defesa da posse" – o direito é, pura e simplesmente, o "direito de acção": isto é, o direito de recorrer aos Tribunais. Mas, por fonte, matriz ou causa da criada relação de facto e para a função de, judicialmente, "a" manter ou restituir! Isto é, tal direito de acção é por causa e função duma "certa relação de facto". E, esta é que é a "posse".

Ou seja, a posse, na sua essência e fronteiras, é, pois, *uma situação de facto jurídicamente relevante.*

Segundo Planiol-Ripert-Picard (o. cit., p. 158) – "Diz-se por vezes que a posse é uma instituição jurídica. É um erro. A posse é um facto; de jurídico e de instituição não há mais do que os meios empregues por lei para proteger este facto ou para o destruir.

O facto da posse é geralmente protegido pela lei, mas nem sempre: a lei o condena por vezes em nome da reinvindicação".

Igualmente defendem a definição de posse, como situação de facto juridicamente relevante, p. ex., Barassi, Trabuchi, Torrente e Barbero (Apud Hugo Natoli, o. cit., p. 145).

35. **Para outros autores** a posse, dado que é um valor patrimonial na esfera do possuidor, negociável e transmissivel por via hereditária, susceptivel de inscrição no registo e protegida com acções judiciais, face a esbulhos ou turbações: Daí, não poder negar-se ao possuidor um **verdadeiro direito subjectivo,** e de natureza real (Manuel Rodrigues, o. cit., p. 37 e Henrique Mesquita, 0. cit. págs. 74/75).

Lacruz Berdejo (o. cit., p. 45) diz que, "como apresentei a posse a uma vez como fonte do "derecho a seguir teniendo" Y como "el proprio derecho a la tenencia", considero indubitável a sua condição de direito subjectivo".

Ora, como já referido, nenhuma das referidas relevâncias juridicas postula, só por si, que a fonte, matriz e função da mesma não seja, a situação de facto, como tal – e que, então, a "posse" seja mas essa mesma situação de facto. E, tanto assim, que os citados autores acabam por realçar que "na posse o facto gerador do direito e o próprio direito confundem-se, nascem, e extinguem-se simultâneamente" e, que "...a posse estado de facto, seja uma condição permanente da posse, categoria jurídica" (Manuel Rodrigues). E, "sem que contudo o contacto físico e a intencionalidade denunciada por ele, em que consiste a "tenencia", percam a sua condição de facto (relevante para o Direito)" (Lacruz Berdejo).

Mas, assim, o que é característico, peculiar, essencial e delimitador das fronteiras da posse – é certa situação de facto, é essa situação de facto, juridicamente reconhecida.

E, como realça Orlando de Carvalho, tratar-se-á, tão só, de se ver " com os olhos com que se devem ver os factos", e não se insistir "em vê-los com a perspectiva e os modismo com que usamos ver os direitos". E, nessa perspectiva, a situação não postula a sua caracterização como um direito.

E, na posição de Lacruz Berdejo há uma manifesta petição de princípio. Pois, cabe perguntar, porque é que se assume, a priori, já e sem mais, que o possuidor é titular dum direito (a deter e continuar detendo)?

Pois que, essa é que é, precisamente, a questão. E, partir-se já, a priori, da premissa que ele tem um direito, conduzirá necessariamente, e sem fundamentação, a que ele tem um direito!

Para Menezes Cordeiro, a posse foi considerada direito real de gozo (Direitos Reais, p. 616) – posição que na obra A Posse (23 ed., p. 164) foi reformulada para "quando muito, um direito de gozo diferenciado".

Para Oliveira Ascensão (o. cit., p. 86), "a posse é uma realidade jurídica, que tem como pressuposto uma realidade, ou situação de facto, mas que surge por vezes com autonomia em relação a ela".

Todavia, como já antes defendido, "a posse" pressupõe, e é indissimulável, da respectiva situação de facto. O que ocorre é que o seu "titular" não tem que ser, necessariamente, um detentor imediato da atinente relação de senhorio empírico.

CAPÍTULO VI
Objecto da Posse

SECÇÃO I
Evolução histórica

36. A princípio, os **romanos** consideravam a posse como um poder físico sobre as coisas, á imagem do direito de propriedade, e tendo objecto coisas corpóreas. Assim, segundo Paulo, *possideri possunt quae sunt corporalia, quia nec possidere intelligitur jus incorporale.*

Os glosadores seguem tal doutrina.

Com os **canonistas** alargou-se o objecto da posse. (Supra, n.º 3).

Perante a instabilidade e a imperfeição do sistema juridico eram frequentes as turbações e os esbulhos e tornava-se imperativo obter um meio de defesa.

Segundo Manuel Rodrigues (o. cit. p. 119 e sgts), pareceu-lhes que o processo, nenhuma acção melhor lhes facultava do que a possessória e tentaram generalizá-la aos direitos cujo gozo estava inerente á posse de coisas – as igrejas, as alfaias respectivas, etc.

Esbulhava-se um clérigo de um cargo ?

Se esse cargo se exercia em uma igreja, havia o esbulho da igreja, das alfaias e objectos de culto. Defendê-lo com as acções possessórias ... era defender a posse da igreja, etc.

Esta generalização vem do século V, mas é com com as decretais de Falso Isidoro que se organiza.

Nas decretais com efeito, diz-se que o bispo expulso da sua Sé e esbulhado dos seus bens não pode ser sujeito a procedimento algum criminal, enquanto não for restituido a ela.

É a *exceptio spoli.*

A *exceptio* ... em última análise traduzia-se em uma acção contra os autores do esbulho...

Este último carácter da *exceptio* foi dela destacado pelo decreto Graciano (século XII)) e constituido em acção própria, *a actio spolii*, pelo célebre canone *Redintegranta sunt omnia* ... que formulou o seguinte princípio, fundamental da posse: *Spoliatus ante omnia restituendus*.

A defesa possessória foi depois pelos canonistas generalizada aos direitos de familia ...

O direito comum intermédio não conseguiu subtrair-se a esta influência e já no século XIV os Jurisconsultos afirmavam que a tutela possessória ... se devia aplicar a todos os direitos susceptíveis de um exercício duradouro e continuado, quer fossem públicos, quer privados e destes, quer fossem direitos reais, de família ou de crédito.

Admite-se então a posse do estado de liberdade, dos direitos de soberania, de jurisdição, de eleição, de títulos nobiliárquico, dos direitos fiscais como as regalias e os dízimos, dos direitos de propriedade, das rendas prediais, do estado das pessoas, dos direitos de crédito, dos direitos de sepultura.

37. E, segundo o referido Manuel Rodrigues, **"pelos fins do século XVIII** começa a desenhar-se nos juristas uma reacção contra a generalização da posse para além da propriedade, dos direitos reais e dos direitos sobre as coisas, voltando-se assim ao direito romano ...

Os códigos consagraram, em regra, esta orientação, embora nem sempre a soubessem exprimir correctamente...

Mas o Código Civil francês e o código de processo civil e os códigos que naquele se inspiraram dizem claramente que a posse não exorbita do quadro dos direitos reais, ou quando muito dos poderes que sobre as coisas se podem exercer.

Mais claros ainda são os Códigos alemão ... suiço ... que admitindo aliás várias espécies de posse, supoêm todavia que qualquer que seja o poder que ela traduz se exerce sempre sobre uma coisa".

38. Assim, segundo Ennecerus-Kipp-Wolff (o. cit. p. 28), "a posse não é possível sobre conjuntos de coisas ou de direitos, energias da natureza, criações da inteligência e pessoas".

E, embora o **Código Civil português de 1867** referisse, no seu artigo 474, que diz-se posse a retenção ou fruição de qualquer coisa ou direito – a interpretação doutrinal dominante é a de que a referência ao "direito," o é à posse das coisas á imagem dum direito duradouro sobre elas. Assim, para Manuel Rodrigues (o. cit. p. 190), "Dissemos: a posse no direito português, define-se a fruição de um direito sobre as coisas, exercido no próprio interesse" – como na locação, parceria, comodato. Mas, segundo o mesmo autor (págs. 158 a 160), quanto ao direito de propriedade "incide sobre coisas certas e determinadas (cód. civ. art. 479.°)". Mas já, quanto ás universalidades de coisas (universitates rerum) – e quanto ás universalidades de direito considera que não existem – entende que "a universalidade não suprime a individualidade das coisas que a constituem e que sobre cada uma delas continua a incidir um direito de propriedade.

E, é assim que, se em um rebanho se introduziu uma coisa de outrem, o dono daquele não adquire direito de propriedade sobre esta ...

Na universalidade são ainda as coisas isoladamente que constituem o objecto das relações jurídicas, e que portanto constituem o objecto da posse".

39. Assim, objecto da posse, **no século XIX**, segundo a expressão comum, seriam **as coisas,** não os direitos.

Embora coisas na esfera de influência do titular quer á imagem dum direito real, quer dum direito de crédito duradouro sobre elas (p. ex. arrendamento).

E as coisas, eram as **corpóreas.** Não as incorpóreas, *quae tangit non possunt, quae in juri consistunt, jus incorporale, nec cerni vel tangi esse potest.*

E, por sua vez, só as coisas **corpóreas e simples** (res unitae corporales). Não as universalidades de facto (p. ex. rebanho).

SECÇÃO II
Código Civil Português

SUBSECÇÃO I
Coisas. E não, direitos

40. A posse, é o poder de facto que se manifesta por forma correspondente ao exercício do direito e adquire-se, por uma das suas fontes, pela prática reiterada, com publicidade, dos actos materiais correspondentes ao exercício do direito (artigos 1251 e 1263, a)).

Se apenas esse aspecto integrasse o conceito de posse – então, também, cum grano salis, se poderia dizer que quem recebe juros de remuneração de certo capital e pagamentos por conta, está na situação de um poder, de facto e que se manifesta por forma correspondente ao seu exercício; de se ser credor de tal importância (Pothier, num alargamento do conceito de quase posse).

Todavia, o artigo 1251 na noção de posse que dá, limita-a á actuação correspondente ao exercício do "direito de propriedade" ou de "outro direito real".

E, os demais casos em que a Lei atribui efeitos possessórios, são de direitos duradouros sobre coisas (p. ex., arrendatário, artigo 1037, n.º 2).

Os direitos de autor (dec.L. 63/85, de 14 de Março) e a propriedade industrial, (Dec.L. 16/95, de 24 de Janeiro) a que subsidiáriamente puderão ser aplicáveis as disposições do código civil, também têm por objecto coisas (corpóreas ou incorpóreas).

As quotas ou partes do capital social de sociedades comerciais, ou civis sob forma comercial, em que a lei também reconhece a posse (artigo 94 do Cód. do Notariado, D.L. 207/95), também são coisas.

E, "a posse", como instituto regulada na sua categoria, nos seus efeitos e na sua defesa – aparece na sistemática do Código Civil no titulo I, do Livro III, cuja epígrafe é "Direito das Coisas".

Ora, tendo em conta as referidas expressões legislativas, em consonância com a referida evolução histórica – objecto da posse, como instituto jurídico autónomo, são, hoje, apenas as "coisas".

E como referido antes, a referência do artigo 474 do Código civil de 1867 á posse do "direito," era havida, em infeliz redacção, como referindo-se ás coisas, objecto de direitos duradouros sobre elas (p. ex. arrendamento).

E, nesta primeira abordagem, independentemente de se especificar se serão só as coisas corpóreas; ou ainda as coisas incorpóreas; e se singulares ou universalidades.

"Toda a posse representa a exteriorização dum direito, existente ou suposto, relativo a coisas.

Por isso dissemos que a posse se exercia sobre coisas, nos termos dum – direito.

Ficam pois de fora as meras funções públicas ou privadas, que não outorgam nenhum direito: o tutor ou o guarda-florestal, por exemplo, não têm posse" (Oliveira Ascensão, o. cit., p. 72).

"Passíveis de posse são todos os bens possíveis de domínio, ou seja, e genéricamente todas as coisas" (Orlando de Carvalho, Rev. L.J., 3781, 107).

Assim, não existe "posse" do estado de casado, de arcipreste, de nobre, de médico, de advogado, de credor de certa importância, ou de certo fornecimento, de trabalhador, de mandatário, de gerente, de agente, de mutuante, de depositante de coisas fungíveis (artigos 1205 e 1206), de associado (salvo de quotas ou partes sociais de sociedades comerciais, ou civis sob a forma comercial – cit. art. 94 do Código do Notariado), etc.

Objecto da Posse 81

Aliás os representantes ou mandatários mesmo quanto ás coisas, na sua (e nessa qualidade) esfera de influência, – não são possuidores; mas simples detentores imediatos. Cuja actuação releva, em termos de posse, mas a favor, mediatamente, do representado ou do mandante (artigo 1253, c)).

SUBSECÇÃO II
Coisas corpóreas e Coisas incorpóreas
Coisas objecto de Direitos de autor e Propriedade industrial
Quotas ou partes de capital social, de sociedades comerciais
ou civis sob a forma comercial

41. As coisas corpóreas, e simples, são manifestamente passíveis de posse (artigo 1302 do Código civil) e sempre tal foi admitido.

A questão é posta quanto ás coisas incorpóreas: jus incorporale, quae in juri consistunt, quae tangit non possunt, nec cerni vel tangi esse potest.

Segundo Paulo, como referido na secção I, possideri possunt quae sunt corporalia, quia nec possidere intelligitur jus incorporale. Os glosadores seguem tal doutrina.

E, depois do extenso alargamento, como referido, pelos canonistas, todavia, regressa-se no séc XIX, em tema de posse, ás coisas corpóreas como seu único objecto (Manuel Rodrigues, o. cit., p. 190).

Para Ennecerus -Kipp-Wolff (o. cit.p. 28), "a posse não é possível sobre conjunto de coisas ou de direitos, energias da natureza, criações da inteligência e pessoas".

E, na verdade, o parágrafo 850 do código civil alemão, de 1900, expressa que "a posse de uma coisa adquire-se pela obtenção do senhorio de facto (Thatsaeliche Gewalt) sobre a mesma".

E, idênticamente Planiol-Ripert-Picard (o. cit. 160).

É claro que não existem, á partida, argumentos da área intelectual, decisivos, só por si, de que as coisas incorpóreas sejam incompatíveis, só por serem incorpóreas, de constituirem objecto de posse.

Primeiro, porque a noção de domínio evoluiu, e, genéricamente, todas as coisas são passíveis de domínio (Orlando de carvalho, Rev.L. Jur. 3781, 107).

Segundo, porque embora a posse seja uma situação de facto, tal não postula necessário contacto físico, poder físico – mas tão só que se manifeste que o bem se encontra na esfera de influência do poder, ainda que não formal-jurídico, de determinado agente (cit. autor).

Bem como, e em terceiro lugar, a posse também não tem que conduzir á usucapião, sendo esta defectível naquele instituto.

Todavia, a "questão" põe-se a outro nível:

Será razoável e adequado alargar, genéricamente e de per si, o instituto da posse (categoria, efeitos e defesa) ás coisas incorpóreas?

Ou seja, será razoável e adequado transpor o instituto da posse, desenvolvido e genuíno do exercício á imagem do "direito de propriedade", estricto senso, sobre "as coisas corpóreas" (artigo 1302) – ao exercício das faculdades doutros direitos de "domínio" e, lógicamente, "ao objecto" destes?

Ora, desde logo, como o demonstra a evolução histórica do instituto, quando se alargou "a posse" a outros direitos, e ao respectivo objecto, soube-se onde se começou ... mas não se previu onde se acabaria por chegar; desvirtuando absolutamente o instituto. O alargamento evidenciou-se como um labirinto; entra-se bem ... mas sai-se mal.

Com boas intenções, as decretais de Falso Isidoro, no século V, para defender o estatuto do Bispo congeminaram que para tal bastava alargar a defesa possessória (exceptio spolii) do direito de domínio (lato senso) do Bispo sobre a Sé e as alfaias religiosas. Por aí se começou ... mas vei-o a acabar-se em absurda descaracterização da genuidade do instituto.

É certo que, então, houve justificação social – derivada da conflitualidade civil, da falta de autoridade do Estado e da inadequação do sistema judiciário e dos "procedimentos judiciais" previstos. Todavia, presentemente, o sistema judiciário e os seus procedimentos já dão satisfação suficiente e com autoridade, á salvaguarda da manutenção e restituição da paz cívica ou da continuidade organizativa – sem necessidade de alargamento do instituto da posse para além do campo em que nasceu e perfeita e genuinamente se adequada.

Assim, maxime, os artigos 2, n.º 2, e 381 do código de processo civil, já genericamente preceituam o recurso a uma providência cautelar. Pois, sempre que alguém mostre fundado receio de que outrem cause lesão grave e dificilmente reparável ao seu "direito", pode requerer providência conservatória ou antecipatória concretamente adequada a assegurar a efectividade do direito ameaçado. E, bastando para tal prova sumária do direito ameaçado (fumus juris) e justificado "o receio" (artigo 384).

O mesmo se passando quanto aos embargos de terceiro (art. 351) ou de obra nova (art.412).

A função cautelar e provisória, típica e peculiar da posse, encontra, pois, já satisfação adequada, genéricamente, nesses referidos meios processuais.

Objecto da Posse 83

P. ex., na Doutrina e na Jurisprudência brasileira, e apesar da (já antes referida) noção ampliada de posse do seu código civil de 1916 (que abrange não só o direito de "propriedade", mas qualquer "domínio" patrimonial, e, pois, os seus objectos) a tendência recente vem sendo de restringir e não considerar objecto de posse as coisas objecto dos direitos de autor, ou meros direitos pessoais (patrimoniais). Precisamente e na medida em que foram instituidas medidas cautelares gerais e quanto aos direitos de autor medidas cautelares especiais; não havendo, pois, motivos para alargar a posse ás coisas quae tangit non possunt. (Orione Neto, o. cit.).

Assim, a questão não é de incompatibilidade de "inteligência". Nem a defesa de que só as coisas corpóreas são objecto da posse, por parte de quem o defenda, é um estigma de arcaísmo ou menoridade cognoscitiva.

A questão é tão só de razoabilidade e oportunidade doutrinal e legislativa, conscientemente ponderadas.

Tanto assim, que sendo o Código Civil alemão comumente considerado de monumento de ciência jurídica – face ao seu referido parágrafo 850, autores de craveira científica dos citados Ennecerus – Kipp-Wolff defendem que não são objecto passível da posse, "conjunto de coisas ou de direitos, energias da natureza, criações da inteligência e pessoas" (o. cit. p. 28).

Ou seja, **a posse é instituto genuíno "das coisas corpóreas, e singulares", objecto do direito de propriedade (estrito senso).** E não, de coisas incorpóreas, objecto de outros direitos de domínio. E, muito menos de universalidades de facto, que não são objecto, como tais, de direito de propriedade ou de direito de domínio.

42. Assim, e no plano do direito constituido, só há que, face ao Código Civil e demais legislação pertinente, interpretar – e segundo os parámetros do artigo 9 e sgts – qual "o conceito normativo" "vigente" quanto ás coisas passíveis do objecto do instituto da "posse", que o código civil autonomiza nos artigos 1251 e seguintes (como categoria, efeitos e defesa).

O que, noutra perspectiva da mesma realidade, é tão só determinar se "a posse" é instituto genuíno do "direito de propriedade" (estrito senso) e das coisas seu objecto (art. 1302) – ou se o é, também, doutros "direitos de domínio", e quais, e seus respectivos objectos.

E, sendo certo, que o interprete, ou aplicador da lei, até pode ter uma opção sua – mas o dever de obediência á lei – como "norma" – não pode ser afastado, sequer sob pretexto de ser injusto ou imoral o conteúdo normativo legislado, quanto mais sob pretexto de doutrinalmente, ou jure

84 *Posse e Usucapião*

constituendo, se defender como preferível outro conteúdo (artigo 8, n.º 2, do código civil).

Ora, desde logo, o legislador não podia ser mais claro ao expressar, por um lado, que a posse é o poder que se manifesta quando alguém actua por forma correspondente ao exercício do "direito de propriedade ou de outro direito real" (artigo 1251), e, por outro, que "só as coisas corpóreas" podem ser objecto do direito de propriedade regulado neste código (artigo 1302).

Por sua vez, tendo em conta as condições específicas do tempo em que é aplicada – dada a institucionalização bastante do poder judicial e a amplitude suficiente dos meios processuais cautelares (citados artigos 2, n.º 2, 381 e 384, 351 e 412, do código do processo civil) – não haverá interesse relevante, hoje, em caminhar pela vereda, que se veio a revelar perversa no passado, no sentido de alargar o instituto da posse para além do objecto (coisas corpóreas e singulares) e á imagem do exercício do direito de propriedade, estricto senso, em que, aí, bem, adequada e genuinamente, nasceu e se desenvolveu.

E, quanto ás circunstâncias em que a lei foi elaborada, o legislador não desconheceria a referida evolução histórica de alargamento do instituto, e a perversão que daí resultou e maxime o freio que no século XIX lhe foi sendo posto.

E, tal solução restrictiva, também não pode qualificar-se de não ser a mais acertada.

Por outro lado, o legislador não desconhecia o articulado de Luis Pinto Coelho (BMJ-88, 1959) – onde a posse era alargada á actuação correspondente ao exercício, no próprio interesse, de qualquer direito privado de natureza patrimonial susceptivel de exercício duradouro (artigos 1 e 3) – e, expressamente, incluindo universalidades de facto e de direito (artigos 48, 50, 55), formas de participação em sociedade (civil ou comercial) (artigo 54) e estabelecimento comercial (artigo 56). E, quanto á usucapião se lhes referindo nos artigos 14, 19, 22 e 24.

Ora, ao contrário, o código civil "expressamente" circunscreve a posse, por um lado, ao exercício correspondente das faculdades do "direito de propriedade" ou de outro direito real (artigo 1251); como, por outro, expressamente refere que objecto do direito de propriedade são as coisas corpóreas (art. 1302).

E, se o legislador de 1966 entendesse que objecto da posse, o poderia ser o objecto doutros direitos de domínio e o exercício á imagem desses outros direitos de domínio (para além das coisas corpóreas, e singulares, e á imagem do direito de propriedade, estricto senso), então, naturalmente, que na disciplina da posse, e da usucapião, se lhes haveria de referir em aspectos específicos que tal extensão postularia: exactamente como acontecia com o dito articulado de Luis Pinto Coelho.

Dir-se-á, argumentativamente, que o Código Civil é Lei geral, e, como tal, subsidiária de outros especiais segmentos do direito; e, portanto, de especiais "direitos de domínio". Só que, primeiro, "subsidiário" quer dizer que se pode aplicar mas respeitando a lei geral e nos seus precisos conceitos normativos.

E, tanto assim, porque se assim não fosse, não faria sentido o expresso no artigo 1303, n.º 2.

Pois, então, não haveria necessidade, seria supérfluo, que o legislador expressamente viesse declarar que são subsidiáriamente aplicáveis aos direitos de autor e á propriedade industrial as disposições do código civil, quando se harmonizem com a natureza daqueles direitos e não contrariem o regime para eles especialmente estabelecido.

E, por outro lado, deveria tal preceito ter acrescentado que são subsidiariamente aplicáveis aos direitos de autor e á propriedade indústrial, "ou a qualquer outro direito de domínio", de direito privado de natureza patrimonial, as disposições deste código ... Como, aliás, se expressava o citado articulado de Luis Pinto Coelho.

43. Assim, parece curial, de acordo com os parámetros de interpretação do artigo 9 do código civil, que, para o direito português constituido, objecto da "posse", primacialmente e por si, são **coisas corpóreas.**

E, que sejam objecto de senhorio, de facto, **á imagem do direito de propriedade ou de outro direito real.**

E puderão ainda ser objecto da posse, coisas incorpóreas e objecto de senhorio á imagem de outros "direitos de domínio", mas tão só quando a própria lei faça essa extensão e no âmbito em que a faça. **

E, assim, pelo artigo 1303, n.º 2, são também passiveis de posse **as coisas corpóreas ou incorpóreas, objecto dos direitos de autor e de propriedade industrial.**

Como, as obras de engenho, invenções, modelos e desenhos industriais, marcas, nome e insígnia do estabelecimento, logotipos, recompensas (condecorações, medalhas).

E, por força dos artigos 94 e 89, n.º 2, do Código do Notariado (dec.L. 207/95), também **as quotas ou partes do capital social de sociedades comerciais, ou civis sob forma comercial,** são passíveis de posse (e usucapião), inclusivé quanto á sua divisão e unificação (idem, João Carlos Gralheiro, Rev. Ord. Advogados, Ano 59, Dez/99, págs. 1138 e sgts).

No entanto, a referida extensão acontece por força expressa de tais normas especiais. E quer, quanto ao "objecto", quer quanto aos direitos á imagem dos quais se exerce o senhorio.

E não, metodológicamente, como por vezes se aduz, porque já o código civil de Seabra admitia a posse de "direitos" (o que é incorrecto); ou, porque tal o permite o rectius conceito de poder de facto (para além do mero poder físico); ou porque o código civil seja subsidiário,e, como tal, sem mais a posse se aplicaria a todos os segmentos de "direitos de domínio" (mesmo sobre coisas incorpóreas).

Por sua vez, dada a metodologia referida, devem tais extensões legislativas ser havidas como excepcionais e dentro, pois, das suas fronteiras.

Assim, quanto ás referidas quotas ou partes do capital social – as mesmas têm que ter prévia existência legal (por outorga da respectiva escritura pública). Não pode, pois, numa sociedade constituida com, p. ex., duas quotas de 1.000.000 de escudos cada uma, passar um terceiro a "possuir" uma outra quota de outro milhão e a adquiri-la por usucapião: passando a sociedade a ter três quotas, de 1.000.000 de escudos cada uma.

Nem pode o que possui uma quota legalmente preconstituida, com base em tal posse – pretender, p. ex., alargá-la á posse da situação de gerente. (como posse do estado de gerente).

Á possse da quota, naturalmente, e quanto aos lucros recebidos, aplicar-se-ão as disposições dos artigos 1270 e 1271.

Já não quanto ás remunerações como gerente (cit. L. Pinto Coelho, artigo 854). Todavia, o gerente de facto puderá chamar á colação, a seu favor, o instituto do locupletamento injusto.

Assim, as coisas (ainda que incorpóreas) objecto dos direitos de autor (Dec.L. 63/85, de 14 de Março) ou de propriedade industrial (dec.L. 16/95, de 24 de Janeiro) são passiveis de posse, e á imagem do exercício daqueles direitos. Embora "o direito de autor não possa adquirir-*se por usucapião" (art. 55). Bem* como, "quanto aos *sinais distintivos do comércio*, há que ter em conta, além da ligação com a personalidade (se incluem um patronímico), a qual pode obstar á usucapião, a dependência da sua aquisição da aquisição do estabelecimento, o que *também pode impedir esse efeito*" (Orlando Carvalho, Rev.L.J. 3781, 108).

Este referido autor, admite amplamente a posse das coisas incorpóreas, objecto dos direitos de autor e da propriedade industrial (lugar citado).

Todavia, Pires de Lima e Antunes Varela, Cód. Civ. Anotado, 1972, em anot. ao artigo 1251, defendem, com vasta argumentação, que os direitos reais referidos em tal artigo "são apenas os que incidem sobre coisas corpóreas, e que têm, por esse facto, directa regulamentação no código".

Excluindo-se as coisas imateriais, objecto da propriedade intelectual (direitos de autor e propriedade industrial) e o estabelecimento comercial. Também no Brasil quanto aos direitos de autor se defende posição idêntica (cit. L. Orione Neto). Menezes Cordeiro (A Posse, 2ª ed., p. 81), defende que a posse, num sistema latino, designadamente no tocante á tutela interdictal não é excepção. Logo, as inerentes normas podem ser aplicadas fora do estricto campo das coisas corpóreas, caso a caso, quando a analogia de situações o justifique. E, diz, "parece admissível a tutela possessória do estabelecimento comercial ou de participações sociais.

Já a usucapião: por defenição ela só poderia funcionar perante os elementos corpóreos do estabelecimento comercial".

Quanto ás **acções de sociedades anónimas**, tem sido admitida a posse, para efeitos de embargos de terceiro (Ac. S.T.J. 22-02-84, BMJ 334.°, 430/436; apud. cit. Menezes Cordeiro).

Todavia, quanto ás acções ao portador, dada a materialização do direito no titulo e o princípio normativo especifico da sua titularidade pelo detentor portador – é esse instituto que por si, e como especial, justifica o direito de acção (pela ofensa de tal direito encorporado e de que é titular o portador) (artigos 351 e 381 do código de processo civil).

O mesmo se passando com os *titulos cambiários, moeda, etc.*

Salvo que estejam a valer como coisas corpóreas; p. ex., como "coisas", em si, fora de circulação, e como valor histórico ou de colecção.

SUBSECÇÃO III
Coisas singulares. Universalidades (de facto e de direito)

– A herança
– O estabelecimento comercial

DIVISÃO I
Universalidades de facto

44. **As universalidades de facto**, ainda que de coisas corpóreas, não são passíveis (como tais) de posse ou de usucapião. Só o são, as coisas corpóreas simples (*res unitae corporales*) integradas na universalidade.

A "universalidade não suprime a individualidade das coisas que a constituem e que sobre cada uma delas continua a incidir um direito de propriedade. E é assim que, se em um rebanho se introduzir uma coisa de outrem, o dono daquele não adquire a propriedade sobre esta ... Na universalidade são ainda as coisas isoladamente que constituem o objecto das relações jurídicas, e que portanto constituem o objecto da posse" (Manuel Rodrigues, o. cit., págs. 159/160).

Isto é, ainda que a universalidade de facto possa ser considerada uma unidade relevante para efeitos adequados – o que não surgirá é um "direito de domínio" que tenha por objecto a unidade, em si: e, pelo contrário, tais direitos terão sempre e só por objecto cada uma das coisas singulares.

E se a posse é o exercício, manifestado, das correspondentes faculdades dum direito – á imagem do qual, objectiva e subjectivamente, se exterioriza o poder volitivo – então não se pode "possuir" á imagem dum direito que não existe, nem este por tal conduta pode ser presumido ... nem pelo prolongamento no tempo se puderá vir, por usucapião, a adquirir um "direito" que não existe na unidade do sistema jurídico (artigo 9 do código civil).

Aliás, se a posse se perspectivasse quanto á universalidade enquanto tal – qual seriam as suas características quanto á antiguidade, ou ser ou não titulada, ou pública ou oculta, violenta ou pacífica ou de boa ou má fé? Na verdade, se A., p. ex., detem um rebanho de ovelhas desde há 20 anos – todavia desse rebanho podem, hoje, fazer parte 2 ovelhas que furtou há 3 anos; ter 2 que há um ano herdou do pai; ter 1 que roubou, com violência; ter 5 que comprou há 10; ter 3 que um terceiro lhe entregou há 4 anos para o pastor delas cuidar; ter outras 3 que são crias de ovelhas que há 20 anos são suas: etc.

Não se vê, pois, que o instituto da posse, na sua genuidade, possa adequadamente estender-se, tendo como objecto, universalidades de facto, enquanto tais. Nem se vê, também, que no plano dos interesses estes justifiquem tal inadequada colação.

É certo que o Código Civil Italiano expressamnente admitiu a posse e a usucapião sobre universalidades de facto de móveis (artigos 1170 e 1160); bem como, o admitiam os articulados de Luis Pinto Coelho, nos artigos 48 (posse) e 19 (usucapião), com regulamentação específica (com prazo duplo para efeitos de usucapião).

Todavia, a não expressa assunção no nosso código civil – e conhecendo o legislador aqueles precedentes – é mais um elemento de confirmação de que, neste, tal extensão não tem cabimento.

DIVISÃO II
Herança

45. Também a *herança*, enquanto tal, não é passível de posse (Planiol-Ripert-Picard, o. cit., p. 161).

A posse incidirá exclusivamente sobre os bens herdados, considerados autónomamente (arts. 1255, 2050, 2075 e 2076) (Pires de Lima e Antunes Varela, o. cit., p. 3).

E, nem a figura do "herdeiro aparente" (art. 2076 do C.Civil), consubstancia a assunção da herança como objecto da posse. Trata-se, tão só, doutra figura. A de que, por vezes, a detenção aparente dum direito "vale título", para legitimar a aquisição por terceiro, a título oneroso e de boa-fé.

DIVISÃO III
Estabelecimento Comercial

46. A questão do *estabelecimento comercial* como passível de posse, não pode deixar de ter solução negativa. E, com os argumentos já aduzidos, mutatis mutandis, na subsecção II, anterior, sobre as coisas incorpóreas e nesta subsecção, no parágrafo precedente, sobre as universalidades de facto.

E, com razões acrescidas.

Desde logo, se o estabelecimento é considerado uma universalidade de direito, um bem incorpóreo próprio, e, como tal, objecto dum especial "direito de domínio" (Remédio Marques, Direito Comercial, p. 455 e doutrina e jurisprudência aí citadas) – então, a posse (tendo por objecto essa coisa incorpórea), só a pode ser á imagem, como exercício, desse mesmo (próprio e autónomo) "direito de domínio". Bem como, dado o princípio "tanto prescrito, quanto possuido", também só tal direito pode ser objecto de usucapião.

Mas, então, "possuir" o estabelecimento, enquanto bem incorpóreo, "a se", é tão só possuir esse bem incorpóreo, á imagem desse autónomo "direito de domínio" (que esse bem incorpóreo tem por objecto). E, igualmente, seria, tão só esse o direito a adquirir por usucapião. Isto é, não era nem possuir, nem adquirir por usucapião as coisas singulares...

Daí que, mesmo autores que admitem que o estabelecimento, como universalidade de direito, seja possível de posse – todavia, realçam – mas não de usucapião; pois, "por defenição ela só poderia funcionar perante os elementos corpóreos do estabelecimento comercial" (Menezes Cordeiro, A Posse, 2ª ed. p. 81).

E, para Luis Pinto Coelho (o. cit., artigos 14 e 24), a usucapião do estabelecimento comercial fica sujeita ás condições e prazos da usucapião de direitos reais sobre imóveis, "não sendo admissível o usucapião dos componentes separadamente".

Orlando de Carvalho, como referido supra, (Rev. L.J. 3781, 107), admite a posse do estabelecimento, atendendo ao alargamento do conceito de "domínio" e á exacta concepção do poder de facto. Argumentos, todavia, (como já antes aduzido em 41), que se entende que, por si, não postulam o alargamento do objecto da posse, nem dos direitos a cuja imagem se pode possuir.

Como também antes citado, não admitem a posse do estabelecimento, enquanto tal (e só das coisas singulares que o integram) Manuel Rodrigues, Pires de Lima e Antunes Varela, Ennecerus-Kipp-Wolf e Planiol-Ripert-Picard.

E em Itália, apezar de o código civil admitir a posse e usucapião de universalidades de facto, integradas por móveis – grande parte da Doutrina já a não admite se a universalidade integra imóveis ou quanto ao "estabelecimento comercial", como tal (Hugo Natoli, o. cit., págs. 84/85).

A universalidade de direito, seria um modo-de-ser considerado pelo ordenamento jurídico "para certos efeitos" (Barbero).

Na verdade, o estabelecimento será considerado como "unidade" para certos efeitos, em que tal consideração satisfaz interesses práticos, e sem perverter as situações. P. ex. é perfeitamente adequado, considerá-lo como unidade, para efeitos de cedência, herança, penhora.

Na Jurisprudência as soluções não são uniformes (vide, Menezes Cordeiro, A Posse, 2ª ed., p. 80; Remédio Marques, o. cit., p. 456).

O Ac. S.T.J. de 31-10-86, BMJ, 360, p. 505 – considera que o estabelecimento não é possível de posse, porque não é "coisa corpórea".

Já o Ac. da R.L., de 9-6-94, considera que sendo o estabelecimento, por regra, constituido mais por coisas corpóreas do que imateriais, pelo critério da predominância, ele deve ser submetido ao regime das coisas corpóreas: e, assim, é possivel de posse (C.Jur. XIX, III, p. 117).

E, o Ac.R.L., de 30-10-90, expressa que qualquer que seja a concepção teórica, "há nele um complexo de bens materiais que no seu conjunto podem ser objecto de posse" (C.J. XV, T IV, 163).

O Ac. R. Ev., de 21-3-85, considera que embora o estabelecimento, em si, não seja susceptivel de posse, podem sê-lo a loja e as coisas que lá se encontram (C.J. X (1985), 2, 281).

Objecto da Posse

Todavia, se atendermos ao caminho seguido pelos referidos doutos Acordãos da Relação de Lisboa de 30-10-90 e 9-6-94 – do que se trata é de, ao fim e ao cabo, deslocar a posse para o complexo de bens materiais, como universalidade de facto. Ora esta não é, como tal, também possível de posse. (Supra n.° 44).

Assim, resta-nos as duas orientações dos outros dois referidos Acordãos, com os quais se está plenamente de acordo. **Ou seja, o estabelecimento como tal**, como universalidade, **não é passível de a ele se chamar á colação a posse** (cit. Acordão do S.T.J., de, 31-10-86).

Quanto ás coisas que lá se encontram, inclusivé a loja, são susceptiveis de posse (Relação de Évora, 21-3-85). Mas, então, há que alegar a posse (e seus requisitos) "sobre" tais coisas. E, é essa posse, pois a que se considerará.

47. É certo que o "direito não organiza quadros para dentro deles meter a Vida; esta é que oferece os dados para as construções jurídicas" (Clóvis Beviláquia).

Vamos então apalpar a realidade e os seus interesses, para além das meras palavras.

A., por exemplo, pode deter um estabelecimento comercial, de pronto a vestir, em loja de certa rua, há mais de 20 ou 30 anos.

A loja pode ser arrendada. As vitrinas pode-as ter comprado, de boa-fé, há 15 anos. A caixa registadora pode ter sido precariamente cedida há dois dias. Um lote de camisolas podem estar á consignação e outro ter sido comprado há 30 dias. Um outro lote, pode ter sido roubado, com violência, que se mantem há 6 anos. Doutro, pode ser receptador.

Pergunta-se, chamando á colação a posse: que tipo de posse, e á imagem do exercício de que direito, terá tal detentor desse estabelecimento comercial?

Se tivesse a posse do estabelecimento como coisa incorpórea, e á imagem do direito de domínio sobre esse bem imaterial, e se o adquirisse por usucapião – concerteza que não é possuidor, nem adquiriu por usucapião, a caixa registadora (precáriamente cedida) e o lote de camisolas (que tem á consignação)!

E se tem a posse, á imagem do direito de propriedade, e adquiriu por usucapião as vitrinas (que comprou de boa-fé, há 15 anos) – todavia, não tem posse relevante, nem adquiriu por usucapião o lote de camisolas (roubado com violência).

E se tem a posse, á imagem do direito de propriedade e pode ter adquirido por usucapião as camisolas adquiridas, todavia já não tem a

92 *Posse e Usucapião*

posse á imagem do direito de propriedade – nem adquiriu por usucapião, a referida loja (que é arrendada).

Ou seja, considerar o estabelecimento, em si, como universalidade de facto ou de direito, possível de "posse" é, em substância – e para além das meras palavras e não testadas –, **não só uma inadequação com a genuinidade do instituto** (pelos argumentos antes expendidos), **como é, afinal, cair num absoluto absurdo.**

A "unidade" do estabelecimento concebe-se que seja um modo-de--ser considerado pelo ordenamento jurídico, "mas para certos efeitos" (Barbero): tendo em conta uma satisfação, adequada e relativa, dos interesses da vida. Assim, para efeitos de cedência, herança, penhora, etc.

E, também esses interesses, mas até onde é adequado e satisfatório, podem ter relevância na colação do instituto da posse; e, sem desvirtuar o seu objecto genuíno que são coisas corpóreas e singulares.

Na verdade, a relação de senhorio, o poder de facto, á imagem dum direito duradouro sobre as coisas, que é o corpus da posse – é uma situação em que a coisa está objectivamente sob a esfera de influência volitiva do sujeito e que "intende", de per si, para a consciência social, essa relação de senhorio.

Assim, se A. alega que detem o estabelecimento, em certa rua, há 20 ou 30 anos – então, estão na sua objectiva esfera de influência as coisas que lá se encontrem. E, presumindo-se a título de dono e com o animus volitivo subjectivo correspondente, em nome próprio, (artigos 1251 e 1252, n.º 2, do código civil). E, se tal for relevante, alegando-se que sem animus de prejudicar ninguém e sem violência. E, ainda, se relevante fôr, autonomizando-se, grosso-modo, as coisas singulares e corpóreas e as datas de duração das respectivas posses. Ou das coisas incorpóreas, susceptíveis de posse nos termos gerais.

E, tanto bastará para o dito sujeito A se presumir, até, proprietário "das ditas coisas" (que compõem o estabelecimento) e que assim estão na sua esfera de influência (posse). E, tanto bastará, também, para agir judicialmente, em acção possessória, contra, turbações, esbulhos ou providências judiciais que afectem essa relação de senhorio "dessas coisas" (que compõem o estabelecimento).

E, se for relevante, p. ex., para efeitos de restituição – se descriminando suficientemente (em função do fim a atingir e do âmbito do concreto esbulho) os concretos bens esbulhados; e, se apreendidos judicialmente, já, aí, (pela apreensão) suficientemente determinados.

E, se porventura na petição da respectiva acção a formulação expressiva aponta na colação da posse para a universalidade – é só questão de a

Objecto da Posse 93

compreender no sentido de que se dirige às diversas coisas corpóreas e singulares (ou incorpóreas que sejam passíveis de posse) e que compôem o estabelecimento. Ou, de judicialmente se ordenar que se descriminem (se for relevante), de modo suficientemente bastante, as coisas em si e os requisitos das respectivas posses.

E se tal perspectiva já satisfaz plenamente os "interesses da vida", do titular do estabelecimento – e sem se por em causa a genuinidade do instituto da posse – também só caberá ao demandado, pelo seu lado, impugnar o referido corpus, ou as presunções dele emergentes, na medida em que, para ele demandado, tal seja relevante. P. ex., contestando o demandado – no exemplo antes referido – que, apesar do corpus possessório do autor, ele demandado é que é o proprietário das camisolas, porque lhe foram roubadas. Ou, é o proprietário da caixa registadora, porque apenas, em mero-comodato precário, a cedera ao autor.

Ou seja, quanto ao estabelecimento, as coisas corpóreas-singulares, como também as coisas imateriais objecto dos direitos de autor e de propriedade industrial, a ele afectas, estarão – na referida perspectiva do corpus – protegidas, suficientemente pela posse: mas consideradas "em si" e sem desvirtuar o instituto.

Por sua vez, também a posse não é uma categoria estática e amorfa. As "coisas" objecto da relação de senhorio, "valem" o que de facto valem, nessa mesma relação volitiva de senhorio, e conforme volitivamente (objectiva e subjectivamente) aí estão ordenadas e funcionam.

Assim, se por turbação ou esbulho de coisas, mas ordenadas e funcionalmente possuidas, p. ex., o "rendimento", ou "proventos", originado por tal situação de facto, é afectado, então, em caso de manutenção ou restituição do possuidor, também lhe cabe a indemnização desse prejuízo (artigo 1284).

E, o possuidor, com boa-fé, porque, p. ex., adquiriu por cessão as coisas do estabelecimento mas ignorando ser tal aquisição a non domino, (dum mero titular aparente), não deixará de beneficiar da protecção legal quanto aos proventos obtidos (artigo 1270) ou quanto às benfeitorias realizadas (artigos 1273 e 1274).

E, se porventura o titular do estabelecimento quiser considerá-lo como uma universalidade de direito, e fôr de assumir sobre ele um correspondente "direito de domínio" – também nessa perspectiva dele se puderá valer, "como direito", e dentro dos respectivos condicionalismos processuais, para deduzir embargos de terceiro (artigo 351 do código de processo civil), ou de obra nova (artigo 412) ou lançar mão de providência cautelar não especificada (artigo 381). Mas, então, dogmáticamente, com base "nesse direito", e não na "posse".

SUBSECÇÃO IV
Bens do domínio público

– Bens concessionados (Cemitérios)
– Baldios
– Caminhos, Largos e Praças públicas

DIVISÃO I
Parte geral

48. Segundo o artigo 84, n.º 2, da Constituição a lei define o regime, condições de utilização e limites do **domínio público**.

E, o art. 14 do DL 280/07, de 7 de Agosto, determina que "os imóveis do domínio público são os classificados pela Constituição ou por lei, individualmente ou mediante a identificação por tipos".

Assim, para além dos bens do domínio público *por natureza* (segundo a Constituição ou a lei), um bem ingressa no domínio público se, correspondendo a um tipo legal, "estiver afectado de forma directa e imediata ao fim de utilidade pública que lhe está inerente" (Assento de 19-04-89, DR. 02-06-89), e por acto de afectação da Administração (expresso ou tácito) ou, ainda, por *posse imemorial* (cit. Assento; vide infra, n.º 59).

E, realçando-se que se o ingresso alegado radica num acto (expresso ou tácito) da Administração (incluindo um apoderamento possessório ou *dicatio ad patriam*) tal afectação é um *poder discricionário* da Administração. E, como tal, não cabe aos Tribunais sindicar "a conveniência ou a oportunidade", ou seja aquilatar da maior ou menor relevância dos interesses que satisfaz, na óptica de ser mais ou menos, (ou escassa até), a relevância, *in casu*, do interesse colectivo ou público a ser satisfeito.

Na verdade, de acordo com o princípio (constitucional) da separação e interdependência dos poderes tal acto não é sindicável (art. 3, 1, do C. Pr. Trib. Ad. e Fiscais).

Salvo que o respectivo acto da administração sofra de violação da lei, relevante para tais tipos de actos, e a ser reconhecida por impugnação do acto na justiça administrativa (Acs. S.T.Ad., de 18-03-99, in BMJ, 485, p. 466; idem de 29-09-99, cit. B. 489, p. 380 e Ac. S.T.A. (Pleno), de 30-06-2000, in Acs. Dout. 475, p. 73).

Todavia – e segundo Gomes Canotilho e Vital Moreira, Constituição, 3ª ed., p. 413 – a lei não é livre para estabelecer um qualquer regime, pois o conceito de domínio público recebido na Constituição pressupõe um regime material decantado no espaço jurídico administrativo e constitucional. Entre essas dimensões típicas avulta a inalienabilidade, a imprescritibilidade, a insusceptibilidade de servidões reais, a exclusão de posse privatística e a impossibilidade de serem objecto de execução forçada ou de expropriação por utilidade pública. Ao referido regime não deixarão de pertencer dimensões de *polícia*, cujo fim é a protecção da integridade material e o respeito da afectação dos bens.

Assim, coerentemente, o art. 202 do código civil exclui o domínio público de objecto de direitos privados, considerando-o fora do comércio. (Ac.S.T.J., 10-02-99, BMJ, 484,138).

Não podem pois, as coisas que integrem o dominio público ser objecto de posse, titulada por particulares, á imagem do direito de propriedade ou de outros direitos reais.

No entanto, os bens do domínio público podem, do mesmo, ser desafectados e, então, entram no domínio privado da pessoa jurídica de direito público sua proprietária (Marcelo Caetano, Princípios Fundamentais do Dir. Adm., Rio de Janeiro, 1977, 446 e Man. de Dir. Ad., 9ª ed., 958).

E segundo o mesmo autor, "a desafectação tácita das coisas públicas tem de ser aceite em todos os casos em que exista uma mudança de situações ou de circunstâncias que haja modificado o condicionalismo de facto necessariamente pressuposto pela qualificação jurídica ... O simples desinteresse ou abandono administrativo de uma coisa dominial que haja conservado a utilidade pública não vale por desafectação tácita. A desafectação há-se ser consequência da cessação da função que estava na base do carácter dominial" (cf., também, cit. Ac. S.T.J., 10-02-99).

Assim, a apropriação ou apoderamento de um bem – do domínio público, ou de uma sua parte, pode vir a traduzir-se, a final, numa posse relevante – se, simultâneamente, tal consubstanciar, também, uma desafectação tácita; ou seja, uma vez preenchidos os pressupostos antes referidos de tal desafectação.

Nestes termos, **o Ac.R.Coi., de 18-02-2003**, proc. n.° 4184/02, 1ª Secção (www. tre.pt/tre o 1917. html) decidiu que – "deixando um caminho de se encontrar no uso directo e imediato do público desde há cerca de 20 anos, *tal implica*, mesmo a admitir-se ter estado adstricto á utilidade pública, *a sua desafectação tácita, resultante da cessação da sua utilidade púbica anterior*".

E, aliás, pode também ocorrer desafectação apenas face a parte do percurso do caminho e face a determinado círculo específico da população, e continuar a existir interesse colectivo noutra parte ou face a outro círculo.

96 *Posse e Usucapião*

Nesse tipo de casos a desafectação seria parcial, relativa àquela parte do percurso.

Vide, A. Pereira da Costa, O novo regime de domínio público ferroviário.

Os bens, sua desafectação e servidões (Scientia Jurídica, Separata, Set./Dez. 2003, p. 478).

49. Se as coisas que fazem parte do domínio público não podem ser objecto de posse, ou seja de apoderamento, por particulares e correspondentemente ao exercício do direito de propriedade privada ou de outros direitos reais privados – todavia, questão autónoma será considerar se o instituto da posse se aplica ao apoderamento de coisas á imagem do domínio público (quer para o efeito, nomeadamente, da sua defesa por acções possessórias, quer para a aquisição da dominiabilidade pública por usucapião); ou, se o instituto se aplica ás concessões de coisas públicas, a favor do concessionário, no âmbito da concessão e para defesa da correspondente situação de facto.

O artigo 1304 do código civil determina que o domínio das coisas pertencentes ao Estado ou a quaisquer outras pessoas colectivas públicas está igualmente sujeito ás disposições deste código em tudo o que não for especialmente regulado e não contrarie a natureza própria daquele domínio. Pires de Lima e Antunes Varela (Código Civil anotado, 1972), entendem que o legislador, com a dita referência indiscriminada, quis abranger toda a espécie de domínio, seja ele público ou privado. E que, só, na verdade, o domínio público tem uma "natureza própria"; o domínio privado pode ter, quando muito, um regime especial.

A inclusão do domínio público é posta em dúvida por Oliveira Ascensão (o. cit. n.º 1291 e parece negada por Erhardt Soares (rev. Dir. Est. Soc., XIV, p. 259).

E, os citados Pires de Lima e Antunes Varela, todavia, se admitem quanto aos bens dominiais os meios de defesa referidos nos artigos 1311 e seguintes, já não admitem o uso das acções possessórias (anotação ao artigo 1251). Posição que igualmente é sustentada pela Rev. de Legislação e Jurisprudência (92.º, 222) e por Marcelo Caetano (Man. Dir. Ad., T. II, 8ª ed., n.º 353).

O argumento do não recurso ás acções possessórias é o de que, quanto ás coisas públicas, a elas corresponderiam os "poderes de polícia" das entidades públicas (idem, Manuel Rodrigues, o. cit., n.º 25).

E, na verdade, o art. 21 do cit. D.L. 280/07, de 7 de Agosto, determina que a Administração tem a obrigação de ordenar aos particulares que

Objecto da Posse   97

cessem a adopção de comportamentos abusivos, não titulados, ou, em geral, que lesem o interesse público a satisfazer pelo imóvel e reponham a situação no estado anterior, devendo impor coercivamente a sua decisão, nos termos do Código do Procedimento Administrativo e demais legislação aplicável.

Todavia, desde logo, não se vê, então, porque é que aos particulares não lhes seja permitido usar da *acção popular* – visto que não têm poderes de polícia – nos termos gerais (artigo 52, n.º 3, b) da cconstituição e Lei 83/95), para defender com acções possessórias os bens dominiais públicos e contra particulares.

Bem como, mesmo a titulo pessoal (ou seja, sem ser em "acção popular"), e quanto ás acções possessórias, para defesa da situação de facto, de beneficiários imediatos da função pública da coisa, de que sejam privados ou ameaçados e contra terceiros particulares (artigo 20, n.º 1, da Constituição e artigo 2, n.º 2, do Código de processo civil). Tese esta expressamente sufragada no artigo 1145 do Código civil italiano. E, também pela jurisprudência francesa (apud, Manuel Rodrigues, o. cit., p. 141).

Já contra a própria Administração, igualmente, salvo se por o litígio se reportar a uma relação jurídico-administrativa, a defesa dos direitos ou interesses lesados se deva efectivar através dos meios previstos na lei de processo administrativo contencioso (artigo 414, do código de processo civil).

Por sua vez, quanto ao uso de acções possessórias por parte da entidade pública, a tal não se opõe o artigo 202 do código civil. Certo que este artigo o que exclue é um apoderamento por particulares, á imagem dum direito privado de propriedade ou de outro direito real.

E, quanto á existência de poderes de policia, ou de outros meios especiais administrativos, o que tal poderá relevar é em tema de falta de "interesse de agir", por parte da Administração, para instaurar as acções possessórias. O que sucederá se, no caso, para pôr termo á turbação ou ao esbulho for manifestamente suficiente lançar mão dos ditos meios. Mas pode, no caso, tal não ser um meio suficiente ou adequado. Por exemplo, o terceiro pode pôr em causa que o bem concreto, ou a parte de que se apodera, seja do domínio público.

Ora, então, se a Administração tem poderes de polícia – o que já não tem é o poder jurisdicional, que só cabe aos Tribunais (artigo 202 da Constituição).

A Administração só puderá ter, aí, uma posição meramente "opinativa".

Nas 1ª e 2ª edições desta obra, defendeu-se que – " então, já terá a

Administração interesse em agir perante os Tribunais. E, até, porque – coerentemente com o alegado – a competência sobre qualificação de bens como pertencentes ao domínio público e actos de delimitação destes com bens de outra natureza, cabia aos Tribunais Comuns, na anterior redacção do ETAF (artigo 4, 1, e), do Estatuto dos T.A. e F.).

E, nessa linha, o artigo 823 do código civil italiano expressamente estabelece que a autoridade administrativa tem a faculdade de valer-se, para defesa do domínio público, quer da via administrativa, quer dos meios ordinários de defesa da propriedade e da posse, regulados no código civil.

Todavia, o actual Estatuto dos Trib. Ad. e Fiscais (Lei 13/2002, de 19 de Fev.) não contem a referida limitação da ali. e), do n.° 1, do art. 4.°, do anterior estatuto, bem como o respectivo art. 1.° determina que tais Tribunais são os competentes para administrar justiça nos "litígios emergentes das relações jurídico-administrativas e fiscais".

E, no campo dos procedimentos cautelares, dispõe o **Cód. Proc. dos Trib. Ad.** (L. 15/2002, de 22 de Fevereiro) no seu art. 112, n.° 2, que "além das providências especificadas no Código de Processo Civil, com as adaptações que se justifiquem, nos casos em que se revelem adequadas, as providências cautelares a adoptar podem consistir na ... "intimação para a adopção ou abstenção de uma conduta por parte da Administração ou de um particular, designadamente um concessionário, por alegada violação ou fundado receio de violação de normas de direito administrativo".

Por sua vez, também o **cit.°. art. 21 do D.L. 280/07**, de 7 de Agosto, vem determinar que "a administração tem a obrigação de ordenar aos particulares que cessem a adopção de comportamentos abusivos, não titulados, ou, em geral, que lesem o interesse público a satisfazer pelo imóvel e reponham a situação no estado anterior, devendo impor coercivamente a sua decisão, nos termos do Código de Procedimento Administrativo e demais legislação aplicável".

Isto é, *face aos novos ETAF e CPTA, e perante o cit. art. 21 do D.L. 280/07 (auto-tutela)* – se o imóvel do domínio público é perturbado ou esbulhado, cabe á Administração usar dos seus poderes de auto-tutela, ou recorrer aos Tribunais Administrativos. E, igualmente, caberá ao particular recorrer aos Tribunais se pretende reagir contra a Administração no seu relacionamento com o uso do imóvel público.

Todavia, há que distinguir situações. *Se o particular entende que o bem é do domínio privado* e a posse que alega é posse como sendo o bem do domínio privado, se é essa, pois, a causa de pedir – então a questão concreta, *in casu*, é do domínio privado, será posta nos Tribunais Comuns e usar-se-ão os meios processuais adequados, incluindo as acções posses-

Objecto da Posse

sórias e os procedimentos cautelares respectivos. E sendo indiferente que a Administração demandada contraponha que o imóvel é público ou que já antes a Administração tivesse actuado invocando tal dominialidade. É que, por um lado, o que define o pedido, a causa de pedir e, correspondentemente, o Tribunal competente, é a petição inicial. E, por outro a (eventual) afirmação da Administração pública que o imóvel é do domínio público, é "mero acto opinativo": com valor igual ao da outra parte (Ac. STJ, 02-12-92, BMJ, 422, 363).

Por sua vez, é óbvio que se o particular convencer o Tribunal da dominialidade privada e das demais causas da procedência da acção, ou da providência, os pedidos serão deferidos. Já se a Administração convencer o Tribunal da dominiabilidade pública do bem, então aqueles pedidos serão improcedentes. Certo que os bens do domínio público não são passíveis de posse (art. 202 C. Civil).

Em Espanha, actualmente, a Jurisprudência uniforme rejeita possibilidade de uso acções possessórias (do direito Civil) contra uma "conduta da administração pública" quando esta "actua sujeita ao direito administrativo" (Acciones de Proteccion da Posesión Busto Lago, N. Alvarez Lata e F. Pena López, págs. 199 e sgts). Isto é, quando a questão se enraíza e circunscreve a uma relação jurídica do direito administrativo. E, ainda que se tenha em mira actos de seus " vicarios": empreiteiro, concessionários (p. 217). Pois que se trata, também, de actos de administração pública, com "sujeição ao direito administrativo".

E, mesmo que se possa estar perante actos da administração (ou seus vícios) que se possam considerar *vias de facto* (p. 223), defende-se hoje que a reacção tem que ser pelos meios administrativos. Esta figura foi elaborada na doutrina francesa para referenciar os casos em que a Administração usa de poderes de que legalmente carece (falta de direito) ou os exercita sem observar o procedimento estabelecido (falta de procedimento). Compreende-se, no entanto, a referida solução. Certo que, na sua essência, a questão vai sempre enraizar-se e circunscrever-se a uma relação jurídica do direito administrativo.

Também, para defesa do domínio público a reacção da Administração se entende em Espanha que não cabe através dos meios possessórios do direito civil. E pela consideração de que a Administração tem a seu favor o privilégio da execução prévia e se o recurso é á justiça deve ser aos Tribunais Administrativos, que aliás têm procedimentos específicos sumários.

Tese que em Portugal está em conformidade com o art. 212, n.º 3 da C.R..

100 *Posse e Usucapião*

E como, também é acolhido nos arts. 413 e 444 do C. Pr. Civil.

Assim, se o litígio emerge duma relação jurídico-administrativa, a competência é dos Tribunais administrativos. Se não se reporta, a competência residual é dos Tribunais Comuns (arts. 66 do C. Pr. Civil e 211.1. da C.R.).

Neste sentido, o Tribunal comum é o competente para a ratificação de embargo extrajudicial em que os requerentes se arrogam comproprietários da água represada numa poça e que o município, com obras que está a realizar, lesou, **(Ac. R. G., de 18-01-2006, Mª. Rosa Tching, Espinheira Baltar e Silva Rato**, in C. J., 188, Ano XXXI, T 1, Jan/Fev/2006 p. 278).

E, sendo "em função dos termos em que o autor fundamenta ou estrutura a pretensão que quer ver reconhecida" que se afere a competência do Tribunal (cit. Acórdão, e diversa jurisprudência e doutrina nele mencionada).

E, certo que questões incidentais, meios de defesa, ou prejudiciais podem ser decididas nesse processo (art. 96 e 97 do C. Pr.C.). O que será o caso se o Município demandado se defende invocando a dominialidade pública do bem em causa.

V. infra. 169.

DIVISÃO II
Bens concessionados (Cemitérios)

50. O uso de bens do domínio público pode ser objecto quer de cessões meramente precárias, quer de cessões ao abrigo de contratos de concessão ou de exploração (arts. 27 a 30 do DL 280/07,7 de Ag.).

Quanto àquelas concessões precárias, p. ex., a construção de canalizações, de quiosques nas ruas, etc. Quanto ás segundas, p. ex., os jazigos ou campas no cemitério. Uma tese, parte do argumento que os direitos dos concessionários, se dão origem a direitos públicos, sobre coisas públicas, não constituem objecto de posse; bem como, esses contratos são de direito público, e aí, e com as suas especialidades, se disciplinam as faculdades de defesa do utente (Manuel Rodrigues, o. cit., 142/145; Rev.L.Jur. 49, p. 423; 58, p. 392 e 70, p. 267).

Todavia, como realça Menezes Cordeiro (A Posse, 2ª ed., p. 82) não se tem reconhecido a posse nos termos de direitos híbridos ou atípicos, por puras dificuldades dogmáticas de construção; estas podem ser superadas: o direito atípico gratuito, que faculte o controle de uma coisa, tem elementos de comodato, incluindo a posse, enquanto o direito atípico oneroso tem

Objecto da Posse 101

elementos de locação, incluindo igualmente a posse. Vide infra, n.° 197.

Assim, contra terceiros, e na base das disposições do comodato e da locação, não se vê por que não possa o utente usar de acções possessórias (cits. artigos 20 da Constituição e 2, n.° 2, do código de processo civil); nem que aquela disciplina não seja chamada á colação integrativa de tais concessões.

Quanto á própria Administração, igualmente. Salvo que a defesa esteja especialmente coberta por meios administrativos da própria disciplina do contrato de concessão (falta de interesse em agir). Ou, por o litígio concreto, reportando-se mais a uma relação jurídico-administrativa, então, a defesa dos direitos ou intereses lesados se deva efectivar através dos meios previstos na lei de processo administrativo contencioso (artigo 414 do código de processo civil). Nos termos referidos supra (n.° 49).

E, assim, o Assento de 14-12-1937 (D.G., de 28-12-937) julgou que os túmulos são susceptiveis de posse e de defesa pelos concessionários, e sucessores, por acções possessórias.

Acções que, segundo Manuel Rodrigues (o. cit.), a jurisprudência francesa admitia.

E que, contra terceiros, igualmente defendem Planiol-Ripert-Picard (o. cit. págs. 165 e 177).

E, conforme referido, igualmente o admite o artigo 1145 do código civil italiano, quanto ás acções de esbulho contra particulares e de manutenção contra a Administração.

Note-se que podem existir cemitérios privados, como os locais especiais ou reservados a pessoas de determinadas categorias, nomeadamente de certa nacionalidade, confissão ou regra religiosa, para tal autorizados pela Câmara municipal respectiva (art. 11,2, b), do DL 411/98, de 30 de Dezembro). Bem como são privadas as capelas privativas, situadas fora dos aglomerados populacionais e tradicionalmente afectas ao depósito de cadáver ou ossadas dos familiares dos proprietários, para tal autorizadas pela Câmara municipal respectiva (ali. c), do cit. art. 11, n.° 2).

Fora desses casos, os cemitérios são bens dominiais públicos do município ou freguesia, afectos a um fim de utilidade pública, a inumação em condições sanitárias suficientes dos cadáveres dos falecidos (cit. DL 411/98, art. 11).

E a utilização do terreno no cemitério para jazigo ou sepultura familiar ou perpétua constitui uma forma de uso privativo do domínio público. (Marcelo Caetano, Man. Dr. Ad., II, 10ª ed., p. 919. Ac. STA de 10-03-1992, in Ap. DR de 29-12-95, p. 1728; Ac. S.T.A. de 24-9-98, BMJ, 479, 276).

Segundo o assento de 19-04-89 /DR. de 02-6-89), são públicas as coisas enquanto estiverem afectadas de forma directa e imediata ao fim de utilidade pública que lhes está inerente.

Quanto á respectiva titularidade e administração, pelas Câmaras e freguesias, rege a Lei 5-A/2002, de 11 de Janeiro (competências das autarquias) e o referido DL 280/07, de 7 de Agosto.

DIVISÃO III
Baldios

51. São baldios os terrenos possuidos e geridos por comunidades locais (artigo 1, Lei 68/93, de 4 de Setembro). Constituindo, o segundo componente do sector cooperativo e social (artigo 82, n.º 4, b), da Constituição).

E são, tais terrenos, coisas fora do comércio (art. 202 do código civil) O mesmo já o defendendo Manuel Rodrigues, (o. cot. p. 148). Pois, são nulos os "actos" ou negócios jurídicos de apropriação ou apossamento tendo por objecto terrenos baldios, bem como da sua posterior transmissão (artigos 4, 31 e 39 da citada Lei).

Assim, não são os baldios passíveis de posse por terceiros. Contra, o Acordão da R. Coi., de 1996, admitiu usucapião de gleba, separada de baldio (C.J. XXI, 4, 31).

Todavia, pode a posse de terrenos, á imagem do direito sobre baldios, ser defendida possessóriamente contra actos de ocupação, demarcação e aproveitamento ilegais ou contrários aos usos e costumes por que o baldio se rege e defendida a favor da respectiva comunidade ou da cntidade que legitimamente o explore; e, até, por qualquer comparte, como pelo Ministério Público, ou Administração central, regional ou local (artigos 4 e 15, al. o), da cit. Lei).

E, se são baldios "os terrenos possuidos e geridos por comunidades locais", também o senhorio de facto a tal imagem (posse), pode conduzir a usucapião a favor da respectiva comunidade. (artigo 2, n.º 1, d), da citada Lei). Certo que a usucapião, é modo lícito de adquirir.

Sobre baldios, veja-se o Acordão do Supremo Tribunal de Justiça, de 20-01-99 (C.Jur., VII, T. I, p. 55) e Erhardt Soares, Rev. Dir. e Est. Sociais, XIV.

Todavia, tal tipo de propriedade pode extinguir-se (artigos 26 e seguintes, da dita Lei 68/93), e passarem os bens a domínio privado.

Objecto da Posse 103

DIVISÃO IV
Caminhos, Largos e Praças Públicas

SUBDIVISÃO I
Introdução

52. O artigo 84 da Constituição refere-se ao domínio público, perspectivando diversos vectores.

E referindo as "estradas", cujo significado é abrangente de "todas as vias públicas" (infra n.º 53).

Por sua vez, o art. 14 do DL 280/07, de 7 de Agosto (regime do património público imobiliário), determina que "os imóveis do domínio público são os classificados pela Constituição ou por lei, individualmente ou mediante a identificação por tipos".

E, segundo o art. 15 do referido decreto-lei, o domínio público, em tema de titularidade, pertence necessariamente a entidades públicas (Estado, Regiões autónomas e Autarquias locais) (Gomes Canotilho e Vital Moreira, Const., 3ª ed., 411).

Depois, uma coisa é a definição da "categoria", abstracta, do domínio público, bem como a definição do seu regime e outra a integração concreta de certo bem nessa categoria (Marcelo Caetano, Man. Dir. Ad., II, 1990, p. 921).

E, por último, quanto á definição da categoria, umas categorias são expressamente referidas nesse artigo 84, outras, a sua defenição fica reservada á lei.

E quanto á definição da categoria, por lei – tanto pode ser expressa, como implícita. Ou seja, "a dominialidade resulta da lei ou do indíce evidente de utilidade pública estabelecido por lei" (cit. Marcelo Caetano, p. 920). V. supra, n.º 48.

Por sua vez, as categorias definidas expressamente na Constituição, só quer dizer que são bens do domínio público "ex constitutione".

E não que se excluam outros.

E, a atribuição do caracter dominial depende de um, ou vários, dos seguintes requesitos: existência de preceito legal; declaração de que certa e determinada coisa pertence a essa classe; ou "afectação dessa coisa á utilidade pública". Não é forçoso que concorram esses três requisitos: um só, pode bastar (Marcelo Caetano, o. cit., 921).

E utilidade pública é uma categoria substantiva. Isto é, existe – quer seja mais ou menos relevante. O grau do interessse determinante do acto administrativo da "afectação" entra na esfera da "discricionaridade" administrativa. V. infra, n.ºs 63 a 64.

104 *Posse e Usucapião*

Já os romanos defendiam que são públicas as coisas afectas ao uso do público (quae publico usui destinatae sunt) e que, como tal, se consideravam extra commercium, extra nostrum patrimonium (quae in patrimonio populi romani sunt) (apud, Martins Moreira, Domínio Público, p. 58).

Concepção essa aceite pelos Juristas portugueses do séc. XVIII (Melo Freire, Lobão, Coelho da Rocha).

Por sua vez, a "afectação" (como a desafectação) não carece, sempre de um acto formal e solene (publicatio). Basta a afectação tácita (ou implícita) por simples destinação de facto. Como é comumente defendido (Garcia de Enterria, Dos estudios s/ la usucapion en Derecho Administrativo, 3ª ed., 111).

E tal afectação verifica-se *quer* nos casos que nos números seguintes se referem de integração (na categoria de caminhos públicos) por *um específico apoderamento* da Pessoa Colectiva pública, quer na integração por *dicatio ad patriam*.

E tal acto de afectação integra o poder discricionário da Administração Pública (supra, n.º 48).

SUBDIVISÃO II
Os caminhos públicos, como categoria de bens do domínio público

53. O Dec.L. 34.593, de 11-5-45, expressamente classificava as comunicações públicas viárias, em estradas nacionais, estradas municipais e caminhos públicos. E, quanto a estes, em caminhos municipais e vicinais.

E nele se definiam os *caminhos vicinais como ligações de interesse secundário e local*, normalmente destinados ao trânsito rural, e a cargo das juntas de freguesia.

Todavia, o referido diploma foi revogado pelo art. 14 do Dec.L. 380/85, de 26 de Setembro.

No entanto, os artigos 46, n.º 1 e 253, n.º 10, do Código Administrativo mantêm que pertence ás Câmaras deliberar sob as construções, reparações e conservações das estradas e caminhos a seu cargo e é atribuição das Juntas de freguesia deliberar, igualmente, sobre os caminhos que não estejam a cargo das Câmaras.

Ora, tal referida competência dos ditos orgãos autárquicos, na medida em que é atribuição das autarquias o que diz respeito aos interesses próprios, comuns e específicos das populações respectivas só se entende pela evidência da utilidade pública dos referidos caminhos, como comunicação viária respeitante àqueles interesses.

Objecto da Posse   105

Assim, por lei, implicitamente, é reconhecida a "categoria", como bem do domínio público de caminhos vicinais. Neste sentido, Ac. Sup. Trib. Administrativo, 30-5-1989, 1ª Secção, Proc. 2688. (in Servidões Administrativas, A. Pereira da Costa, 1992).

Por sua vez, como antes referido, o art. 84, n.º 1, b), da Constituição refere a categoria das "estradas", cujo significado é abrangente de "todas as vias públicas".

Bem como, o cit. art. 14 do DL 280/07, de 7 de Agosto, refere a classificação pela Constituição ou por lei, "individualmente ou mediante a identificação por tipos".

E o DL. 177/2001, nos arts. 43 e 44, também refere que integram o domínio público municipal os espaços verdes públicos, os equipamentos de utilização colectiva e as infra-estruturas viárias referidas na licença e no alvará de loteamento. Bem como também a Lei 64/2003, de 23 de Agosto sobre as Augi (áreas urbanas de génese ilegal), determina que "nos prédios submetidos a operação de loteamento ilegal presume-se que o loteador ilegal pretendeu integrar no domínio público municipal as áreas que afectou a espaços verdes e de utilização colectiva, infra-estruturas viárias e equipamentos de utilização colectiva" (art. 45.º, 2).

Assim, é óbvio, que "as vias públicas" que "estiverem afectadas de forma directa e imediata ao fim de utilidade pública que lhe está inerente" (Assento de 19-04-89, DR 02-06-89), e que tenham ingressado nessa categoria por acto de afectação (expresso ou tácito) do Estado, duma Região Autónoma ou duma Autarquia e quer nos modos dum *específico apoderamento* da Pessoa Colectiva quer duma *dicatio ad patriam* (infra, n.ºs 54 a 58), são vias do domínio público e por virtude do respectivo poder discricionário dessas entidades públicas.

Acrescendo que o ingresso pode também resultar duma *posse imemorial* dos cidadãos, nos termos que se desenvolvem infra (n.ºs 59 a 66).

Assim, mesmo os "caminhos vicinais", que se originem por qualquer dos referidos modos serão bens do domínio público (cit. Assento de 19-04-89, e, entre muitos outros, Acs. S.T.J. de 19-02-1998 (Revista 1010/97), de 10-04-2003 (Proc. 4714/02-2.º), de 18-05-2006 (Proc. 06-BT,468) e de 11-05-2007 (Proc. 981/97-1).

Por sua vez, quando se fala em *estradas ou caminhos públicos*, o que quanto a estes se diz é *abrangente* de **ruas, praças, largos, adro, terreiros, e jardins de povoações, vilas ou cidades, com as respectivas obras de arte**, desde que por esses espaços exista circulação viária, peatonal ou automóvel, e se tenham originado nos modos referidos de integração na respectiva categoria de estruturas viárias públicas.

106 Posse e Usucapião

Sentido abrangente esse que é comum na Doutrina e na Jurisprudência.

Assim, nesta, nos cits. Acs. S.T.J., de 19-02-98 e de 11-05-2007.

E, na doutrina, Gomes Canotilho e Vital Moreira (anot. VII, ao art. 84, CRP, 3ª Ed., pág. 41); Marcelo Caetano (Man. Dir. Ad., II, 10ª ed., 1990, Almedina, pág. 918) e Ana R.G. Moniz (Domínio Público, Almedina, 2005, pág. 231).

Por sua vez, as referidas vias públicas "são *compreendidas como universalidades* ... de forma a englobar também passeios, plantações, muros de sustentação, sinais de trânsito, postes de iluminação, obras de arte, túneis, e todas as coisas singulares imprescindíveis (ou, pelo menos, úteis) ao desempenho da função pública determinante da dominialidade", assim como as praças e os espaços verdes associados. (Cit. Ana R.G. Moniz, p. 221. E, Domínio Público Local (CEJUR), Junho, 2006 p. 21).

Trata-se, pois, duma "universalidade pública" (cit. Marcelo Caetano, n.° 330, pág. 889).

É discutível se um caminho público (na designação abrangente antes referida) pode integrar o domínio público duma freguesia, ou se, em sua substituição, integra o domínio público municipal (como está previsto para as que se originam em loteamentos). Ana R.G. Moniz (cit. Domínio Público) atendendo a que o DL 34.593 foi revogado pelo DL 380/85 e a que a Lei n.° 159/99 (que prevê o quadro das atribuições autárquicas) não contempla atribuições das freguesias em matéria de transportes e comunicações, defende que titular do caminho público vicinal é, sempre, o Municipio.

Todavia, entendo que nada impedirá que o titular da via pública seja a Freguesia, se a integração se verificou por acto administrativo desta (*apoderamento* ou *dicatio ad patriam*) e atento os referidos preceitos do Cód. Administrativo (arts. 46.°, 1 e 233.°, 10).

E, também a jurisprudência corrente, nenhuma objecção vem fazendo á (possível) titularidade das Freguesias *versus* Município.

SUBDIVISÃO III
Integração (na categoria de caminhos públicos) pelo específico apoderamento da Pessoa Colectica

54. Definida a dita "categoria" de "caminhos vicinais", abstractamente, como bem do dominio público, por sua vez, certo bem entrará, concretamente, nessa categoria, se, primeiro, o leito é adquirido para o

Objecto da Posse 107

património da autarquia por qualquer dos modos legais de aquisição (nomeadamente, contrato, sucessão por morte, usucapião, ocupação e acessão – arts. 1304 e 1316 do código civil). E, se, depois, tal bem está concomitantemente afecto á sua específica função de servir os interesses próprios, comuns e específicos das populações respectivas, na vertente em causa da comunicação viária (pedonal ou com veículos). P. ex., o que sucederá com a abertura ao público do uso de uma estrada ou de uma linha telegráfica (Marcelo Caetano, o. cit. p. 921).

Na verdade, em tema de caminhos públicos não se trata de *domínio público natural* (bens cuja existência e estado resultam de fenómenos naturais); mas de *domínio público artificial* (bens cuja existência e estado são uma consequência da intervenção do homem).

E, assim sendo, é óbvio que nada impede também o acto de apoderamento, o acto possessório, a situação dum senhorio de facto, por parte duma autarquia e a sua aquisição por usucapião, face a certo terreno, cuja afectação concreta o foi também ao dito uso específico de comunicação viária das populações. E, então, ingressando esse terreno, "por tal situação de senhorio de facto e afectação fáctica ao uso público", na categoria de bem do domínio público da autarquia.

E, assim sendo, só há que chamar á colação os princípios gerais da posse e usucapião. Nomeadamente, tendo em conta que a posse se adquire quer unilateralmente, alineas a) e d) do artigo 1263; quer por cedência e tradição; quer por constituto possessório (alineas, b) e c)).

Ou seja, desde que exista uma situação de facto que revele um apoderamento do terreno, por parte da autarquia, em modo de extensão ao mesmo do seu senhorio de facto, empiricamente entendido, consubstanciando o correspondente corpus e animus da posse (artigo 1251, n.° 2) – esta, então, será meio de aquisição do direito correspondente, se decorrem os prazos legais (artigo 1287).

Como refere Marcelo Caetano (o. cit. p. 924) – " a aquisição da propriedade por usucapião, ligada a actos administrativos que manifestem a intenção de destinar a coisa a uso público, é que poderão suprir a falta de afectação expressa e conferir carácter dominial a tais caminhos".

Idem, Garcia de Enterria (o. cit., 109).

E quais são os factos, os actos que revelam essa intenção ou animus? São, p. ex., actos "de conservação, reparação, regulamentação de trânsito, etc", (cit. autor).

Na verdade, se uma autarquia, p. ex., repara o caminho (tapando buracos); ou, conserva-o (limpa-o, corta a vegetação); ou, dota-o de iluminação pública; ou, aí coloca sinais de trânsito, etc, – tudo isso "intende", pelo seu lado, a partir desse corpus, o poder que se manifesta em actuação por forma correspondente ao exercício do direito de propriedade (domínio público) (artigos 1251 e 1304). Ou seja, é "intendível" como agindo dentro das suas atribuições de corresponder a interesses próprios, comuns e específicos das populações, e, portanto, desenvolvendo as correspondentes faculdades de exercício, "como sendo", conformes ao domínio público (afecto ao uso público) sobre esses bens. E, não, no sentido, então, perverso e corrupto, de estar a beneficiar (eventuais) proprietários privados desse caminho.

"A posse existe logo que a coisa entra na nossa órbita de disponibilidade fáctica, que sobre ela podemos exercer, querendo, poderes empíricos. Heck, tem, pois, razão quando define a posse como a "entrada factual de uma coisa em certa órbita de senhorio ou de interesses ... Corpus é o exercício de poderes de facto que intende ... um poder jurídico-real" (Orlando Carvalho, Rev. L.Jur. 3780, págs. 66 e 68). Este "intendimento" está, para os objectivistas, implicitamente, em si, contido nesse próprio poder de facto (Ihering). E, tanto basta para a univocidade de corpus e animus. Para os subjectivistas, também o animus nele se presume (artigo 1252, n.º 2). Na verdade, segundo o artigo 1252, n.º 2, presume-se a posse naquele que exerce o poder de facto. E, se a posse é derivada, mas tão só se sabe que foi "cedida", mas não se apura o sentido substancial da cedência, então – por inaplicabilidade da teoria da causa – mantem-se a referida presunção (Assento, de 14-2-96, BMJ, 457, pág. 55). V. supra, n.º 21.

Por sua vez, a posse é essa relação de facto, no seu corpus entendida pela "opinião geral", a haver por esta opinião, como exercício (como sendo, em termos empíricos) correspondente ao desenvolvimento dum direito (Ihering; Pires de Lima e Antunes Varela, o. cit., anot. 6, art. 1263; Manuel Rodrigues, o. cit. 89/90).

E a posse, também não é, mais nem menos, do que essa relação de senhorio: *possideo quia possideo. Qualiscumque enim possessor hoc ipso, quod possessor est, plus juris habet quam ile quia non possidet (Paulus).*

Isto é a posse é agnóstica (Oliveira Ascensão). Não interessa cuidar se corresponde a uma situação jurídica: não é mais posse, por corresponder; ou menos posse, por não corresponder. A presunção do direito, é "efeito" defectível; bem como a boa-fé, é uma qualidade defectivel. Mesmo sabendo-se da má-fé, e da ilicitude da situação – nem por isso o reconhecido, e que se proclame, "ladrão", deixa de ser pleno possuidor ... e adquirirá, o direito por posse prolongada (usucapião). V. supra, n.º 22 e 24.

Assim, naturalmente, todos estão de acordo em reconhecer a dominialidade pública a um caminho, "se" se provar que foi produzido, ou legi-

Objecto da Posse 109

timamente apoderado, por pessoa colectiva de direito público, ou que por ela é administrado e caminho que esteja na utilização colectiva, aberto ao público (cit. Marcelo Caetano, p. 924; Assento, de 19-04-89, D.Rep. 2-6-89, 2164; Acs. S.T.J. de 24-10-50 (BMJ, 21, 323) e de 21-12-62 (cit. B. 122, 573).

Era, aliás, a definição já do artigo 350 do código Civil de 1867, de que são públicas as coisas apropriadas ou produzidas pelo estado e corporações públicas e mantidas debaixo da sua administração, das quais é lícito a todos individualmente ou colectivamente utilizar-se.

55. Todavia, há que precisar as referidas "noções", e enquadra-las dentro da teoria da posse.

Assim, quando se fala em **"apropriação"**, esta deverá ter o significado que tem, comumemente, dentro da teoria da posse. P. ex., se a autarquia "ilumina", o caminho, colocando os respectivos postes, substituindo as lâmpadas, fornecendo reiteradamente a luz; ou, se reparou o piso num ano; limpou noutro. E, será preciso não esquecer também que a posse se mantém, enquanto durar a possibilidade de a continuar (artigo 1257, n.° 1); que se presume a posse intermédia (artigo 1254); e que se presume a posse naquele que exerce o poder de facto (artigo 1252, n.° 2).

Assim, v. Acs. S.T.J., de 19-02-98 (Revista 1010/97); de 27-04-2006, Custódio Montes www. dgsi. Pt – Proc. 06B915); de 11-05-2007 (Proc. 981/07.1).

O Ac. R.P. de 05-31-2007, Teles de Menezes (in www.dgsi.pt), considerou, todavia, insuficiente para integrar uma posse por parte da autarquia, os actos de colocação de iluminação pública, paga pela autarquia, há pelo menos 30 anos, bem como a colocação de sinais de trânsito e denominação toponímica – "não acompanhados de outros reveladores de uma actuação evidente, exclusiva, continuada e com *animus possidendi"*.

Todavia, há que realçar que, como se expressa o art. 1251 do C. Civil, "posse" – é o "poder que se manifesta quando alguém actua por forma correspondente ao exercício do direito", no caso, pois, correspondente ao exercício do domínio público. Ora, os referidos actos da administração, bem como o uso, indiscriminado e livre, pelo público, correspondem a esse exercício e manifestam suficientemente, como corpus bastante, o correspondente poder (supra, n.° 54 e infra n.°s 77 a 85). E suficientemente, como *corpus* bastante, quanto, ao público, como terceiros por intermédio de quem beneficia a pessoa colectiva pública (art. 1252, 2). E, também, na concepção da posse como biunivocidade de *corpus e animus*, o exercício concreto do direito – *o corpus* – não postula a plenitude do uso dos seus poderes, nem uma administração diligente do objecto do direito. Se assim não fosse, o possuidor duma vivenda, não seria possuidor se o edifício estivesse degradado ou se alguns dos cómodos não fossem usados. Nem o possuidor do prédio rústico seria possuidor, se os campos estivessem mal cultivados, ou alguns ou partes estivessem incultos. Sobre o corpus, vide infra, 77 a 85.

E quanto ao subjectivismo dos referidos actos de apropriação da autarquia eles são "entendíveis", natural e adequadamente, como *animus possessionis, sibi habendi*, (art. 1252, 2). Sobre o *animus*, v. infra n.ºs 88 a 90.

Mas para o acto de apoderamento, mais do que contactos físicos, o que releva é a esfera de influência empírica manifestada, "entendida" por actos correspondentes ao exercício do domínio público.

E que, nesta vertente, o alargamento da esfera de influência da autarquia – nomeadamente, importando despesas – não se pode "entender", para a "opinião geral", se não como satisfação dos interesses próprios, específicos e comuns das populações e, portanto, como exercício, á imagem do direito de propriedade (da autarquia) na satisfação de interesses colectivos das populações (domínio público). Vide supra, n.º 54.

Por sua vez, nas referidas definições, é redundante a acrescida referência e **"mantida debaixo da administração"** da autarquia. Pois que, em tema de posse, do *corpus*, do *potis sedere*, ou seja, do apoderamento, (através dos actos de produção, reparação, conservação, assistência, iluminação, etc) já exorna que o bem está debaixo da sua esfera de influência empírica. Então, concomitantemente, pois da respectiva "administração". E, vice-versa.

Ou seja, *a administração*, é exornante da prática de tais actos. E, deles também exorna o apoderamento. Como realça o Ac. S.T.J., de 24-10-50 (BMJ 21, 323), se a Câmara construiu e conserta um caminho, ele acha-se, "assim", sob a sua "jurisdição e administração".

56. Por sua vez, se existe tal apoderamento e o caminho está afecto ao uso directo e comum do público – existe posse, á imagem do domínio público.

Sendo indiferente se o circulo da população, mais directa e especificamente beneficiado, é mais ou menos alargado. Bem como, não podem deixar de considerar-se, até, incluidos nesse círculo os proprietários vizinhos do caminho e que dela se sirvam: pois que tal resulta de ser aberto ao público.

E, como o caminho se faz caminhando, o dito apoderamento tanto

Objecto da Posse 111

pode ser inicial – e quer por actos unilaterais de posse (artigo 1263, a)), quer por actos de aquisição derivada (cedência e tradição, material ou simbólica; ou constituto possessório). Como o pode ser face a um caminho (particular) já antes existente.

Aliás, até, dando assim corpo ao princípio da "administração concertada", ou seja apoiando e estimulando as iniciativas dos particulares tendentes á realização de interesses públicos dos cidadãos (art. 7.°, do Cód. de Proc. Administrativo).

E, caso a caso, o dito apoderamento, no seu valor significativo, *pode ser* mais ou menos *corroborado por outros sinais indirectos*. P. Ex., se os confrontantes, ou alguns, vedam com um muro os seus terrenos, na confluência do caminho. Pois, com esse acto exteriorizam que a sua propriedade, na sua característica de exclusividade (artigo 1305), é o terreno dentro do muro e que a feitura deste é a demarcação da sua propriedade (artigo 1353). E, essa demarcação, nesse contexto, revela (tácitamente), com toda a probabilidade, que o animus do vizinho é o de que a sua propriedade se confina intra-muro (artigos 217, n.° 1 e 295 do C.Civil). É esse o significado, naturalmente, "intendível" como poder empírico, jurídico-real: como mero senhorio de facto (*possideo, quia possideo*).

Por sua vez, *o desinterese ou abandono administrativo não chega para pôr fim á dominialidade*.

Primeiro, porque em termos de posse esta não se perde, enquanto exista a possibilidade de a continuar.

E, depois, porque dado o regime do domínio público, "o simples desinteresse ou abandono administrativo de uma coisa dominial que haja conservado a utilidade pública não vale por desafectação tácita. A desafectação há-de ser consequência da cessação da função que estava na base do carácter dominial" (Marcelo Caetano, o. cit., 959). V. supra, 48.

E, aliás, pode haver desafectação face a parte do percurso do caminho e face a determinado circulo específico da população mas continuar a existir interesse noutra parte, ou face a outro círculo – seja qual seja – da população: como interesse comum e colectivo.

E, devendo ter-se em conta que a desafectação põe fim á dominialidade pública – mas o bem, então, remanesce (apesar da desafectação) no domínio privado da autarquia. (infra, n.° 64). E, para desse domínio, por sua vez, poder passar, posteriormente, ao património privado dum particular, deverá ocorrer uma outra causa (autónoma) dessa posterior aquisição (artigo 1316).

SUBDIVISÃO IV
Integração por Dicatio ad Patriam

57. A doutrina e Jurisprudência italianas consideram, como instituto de direito público, a *dicatio ad patriam*, a qual consiste no facto, realizado por qualquer sujeito, de admitir o uso público no confronto dos bens da sua propriedade. E para a eficácia de tal acto se retem que não tem relevância o elemento intencional (Aldo Sandulli, Dir. Adm., XV ed., 1989, p. 824, citando, Grisolia, La Tutela, 295; Cantucci, La Tutela, 283; e a sentença do Trib. Cass., de 16-3-1981).

E, assim, segundo tal autor (p. 813), entram nos direitos de uso da parte do público as strade vicinali e outros espaços privados abertos ao trânsito público (geralmente por efeito de usucapião e de dicatio ad patriam).

E, também, sendo suficiente para a usucapião, a favor do ente territorial, o uso por parte da colectividade; ainda que faltando uma vontade da administração (citando, sentença de Cass. 18-4-1980).

E, o Conselho do Estado Italiano, no seu acórdão de 07-02-2003, decidiu que, realizado um loteamento clandestino, é legítima a aquisição gratuita das áreas das infra-estruturas destinadas à utilização pública a favor da comuna (http.//www.diritto.it).

E, na verdade, o possuidor perde a posse pela cedência (art. 1267,1, c) do código civil português). E, o terceiro adquire a posse, derivadamente, pela correspondente tradição material ou simbólica (artigo 1263, b)). E á cedência, para efeitos de posse, basta um mero acto de vontade, não receptício. E, independentemente de consubstanciar, ou não, um negócio jurídico. E cujo significado ou entendimento, pela opinião pública, pode ser expresso ou tácito. Ou seja basta que se deduza de factos que, com toda a probabilidade o revelem (artigo 217). E, reforçada pela presunção de que quem exerce "o poder de facto", age com animus (ou, em nome próprio) e correspondentemente ao direito mais amplo. (Manuel Rodrigues, o. cit. e Orlando de Carvalho, Rev. L.Jur. 3781, 105) No caso, do domínio público. E, á prova do contrário, não bastará apenas pôr em dúvida (artigos 346 e 350 do Código Civil).

Ora, se um vizinho confrontante com caminho, largo ou praça que estão no uso directo e imediato do público, como vias de comunicação, p. ex., constroi um muro recuado e deixando livre a parte de fora, naturalmente que, com esse acto, exterioriza, em termos de senhorio de facto, que a sua propriedade, na sua característica de exclusividade (artigo 1305) é o terreno dentro do muro e que a feitura deste é a demarcação da sua pro-

Objecto da Posse 113

priedade (artigo 1353). E que da faculdade de reter e continuar retendo, em termos de senhorio de facto e á imagem do direito de propriedade, a detem intra-muros. Mas, concomitantamente, no reverso, dela se abstem de facto para além do muro. E, assim, de facto, a permite ao público em geral. E, mais ainda, se até deixa, no muro uma "entrada", e maxime, se a dota de porta, portão ou cancela.

E, se o público em geral passa a usar desse espaço mais alargado, no interesse colectivo e específico da comunicação viária – realiza-se a tradição.

E, o entendimento de tal situação será, naturalmente, da cedência e tradição de tal faculdade de deter em vista da satisfação daquele interesse colectivo das populações.

E, sendo a população elemento da autarquia – como ente jurídico da população e território – e não sendo entendível, tal cedência e tradição, como a favor de A. ou B, personalizados, mas antes a favor indiscriminado do interesse colectivo das populações – então, possuidora é a autarquia, através da sua população (artigo 1252), que actua por forma correspondente ao direito público de passar. Ou seja, por forma correspondente ao domínio público, "necessariamente" da entidade pública (de população e território) de que os cidadãos são elemento (artigo 84, n.º 2, da Constituição).

Neste sentido, se entende em França a posse pelos munícipes, a favor da Autarquia (Planiol-Ripert-Picard, o. cit., p. 167; citando inúmera jurisprudência).

E a posse é, tão só, esse senhorio de facto, a situação factual, agnosticamente considerada; ou seja, independentemente de existir, ou não, no plano jurídico o respectivo direito. Vide supra, n.ºs 21 e 24.

E, assim, a dita dicatio ad patriam, é de per si, por um lado, um meio de aquisição (a favor da colectividade) de posse, á imagem do domínio público; e, por outro, um meio da sua perda para o tradens (cits. arts. 1263, b) e 1267,1, c).

Mas, é, **também**, um meio de **aquisição do "domínio público"** correspondente a tal posse. Desde logo, se essa posse, como pública, durou o tempo necessário para **usucapião** (art. 1278). E, igualmente, mesmo que para completar o prazo prescricional se tenha que recorrer á junção, por acessão, da posse anterior do tradens, autor da dicatio (artigo 1256). Pois que, então, tal dicatio (cedência) constitui o vínculo jurídico de tal acessão. E, suficiente, mesmo formalmente. Pois que se deve entender que as regras excepcionais, de exigência de escritura pública, do artigo 80.º do Cód. do Notariado, se circunscrevem ás coisas no comércio jurídico privado e não,

114 *Posse e Usucapião*

já necessariamente, ás vontades manifestadas para o seu ingresso no domínio público (arts. 202 do C.Civil e 81.° do cit.Cód. do Notariado). E, daí, a citada Doutrina e Jurisprudência italianas de considerarem a dicatio ad patriam, como meio específico e autónomo de ingresso da coisa no domínio público, de per si, "como instituto de direito público".

E, em última análise, sempre também, seria de valorar que a (eventual) e posterior conduta do cedente de pretender regredir na cessão consubstanciaria *um venire contra factum proprium* que, por atentar, flagrantemente, contra "uma boa-fé pública" de forte e ponderosa mais valia da comunidade, e pelo próprio tradens voluntáriamente criada, integraria um abuso de direito, impeditivo de tal pretendido retrocesso (art. 334). Pelo que, também por esta via residual, se corroboraria a dicatio ad patriam como meio autónomo, bastante e suficiente, de, a final, a coisa, por via dela, ingressar, sem mais, no domínio público.

58. Ou seja, um caminho pode ingressar na posse e no domínio público – quer por posse e usucapião, com base em actuação de facto do executivo da Autarquia que o constrói ou dela se apodera (conserva, limpa, ilumina, etc). Quer por posse e usucapião das populações, como intermediária, e com posse derivada, assente na cedência e tradição (expressa ou implícita) que consubstancia a dicatio ad patriam (artigos 1251, n.° 1, 1263, b) e 1267, n.° 1, c).

E se a dicatio ad patriam tem tal relevância, mesmo exornante tácitamente, é óbvio que igual relevância terá se for expressa. P. ex., fruto de negociações com o executivo da autarquia. Ou, fruto de solicitação de elementos da população. Ainda que seja um só elemento. Porque, alargando-se o uso ao público em geral, ele é intermediário de todos e, como tal, do ente público (de população e território).

E, como também se presume a posse naquele que exerce "o poder de facto" (artigo 1252, n.° 2) – então a excepção (eventual) de que, p. ex., se tratou de um acto de mera tolerância, caberá a quem a invoque. E, sendo certo, que *protestatio facta contraria* (meras afirmações em contrário do comportamento concludente) é irrelevante (Menezes Cordeiro, A posse, 2ª ed., 62).

E, realçando-se que a dita presunção é não só do animus (ou, em nome próprio); como, ainda, da correspondência ao direito de dominio, no caso, de domínio público (o direito mais amplo) (Manuel Rodrigues, o. cit.; Orlando Carvalho, Rev.L.Jur. 3781, 105). E devendo ter-se, também, em conta que á prova do contrário, não basta apenas pôr em dúvida (artigos 346 e 350 do Código Civil).

Objecto da Posse 115

A assunção da aquisição do domínio público pela referida figura da *dicatio ad patriam*, maxime quando há uma negociação prévia da autarquia ou uma sua apropriação subsequente e correspondente á *cedência* ou *traditio*, não representa nada de peculiar ou de exorbitante.

E, também não, quando é o "público" que tem a referida apropriação; na medida em que, então, beneficia a entidade pública, se esta, expressa ou tacitamente, acaba por ratificar a situação (art. 1252, 1).

Na verdade, a relevância da dita figura não é mais do que a valência, no caso, dos princípios da *posse,* nomeadamente a sua cedência e aquisição, a possibilidade da acessão de posses e a aquisição do direito por usucapião.

Nem se diga que se põe em causa o direito constitucional da propriedade privada (art. 62).

Certo que o que garante tal preceito é o direito á propriedade privada e à sua transmissão em vida ou por morte, nos termos da constituição.

E certo também que, não só a cedência da posse assenta na vontade do anterior titular, como a aquisição dum direito por usucapião não é atentório do núcleo constitucional daquele direito. Nem tal preceito postula que a transmissão da propriedade se tenha necessariamente que realizar por escritura pública.

E, também, na hipótese, não existe qualquer actuação unilateral da Autarquia, ou qualquer esbulho.

Por sua vez, a questão de "forma", escritura pública, (presente no art. 947 do C. Civil, doação de imóvel, ou no art. 80.º do C. do Notariado) há que realçar, desde logo, que estamos a tratar e dar relevância aos temas quer duma *"cedência"* e *"aquisição" de posse*, (arts. 1263 e 1267), quer da *"acessão da posse"* (art. 1256) – onde a referida forma é detectível.

Por sua vez, os referidos preceitos sobre exigência duma forma, e aliás excepcionais, respeitam á disciplina de relações do direito civil privado, ou seja a relações do comércio jurídico privado, (entre privados, ou entidades públicas agindo no caso como privados, e tendo como objecto coisas no comércio jurídico privado).

Ora, quando estamos a tratar do ingresso dum bem no domínio público, estamos a tratar duma outra questão, substantivamente diferente, e duma questão que já é, até, duma relação jurídico-administrativa (dominialidade pública).

Assim, sendo a referida exigência de escritura pública formulada para relações do direito civil privado, num Código Civil e num Código do Notariado que se dirige a tais relações – e sendo até excepcionais – está justificada, *de per si*, a sua não exigibilidade quando se trata de analisar as referidas "cedência", "aquisição" e "acessão na posse", e para efeitos de ingresso do bem no "domínio público".

Aliás, rigorosamente, sob pena de *petição de princípio,* o que há que justificar não é um "afastamento de tais regras". Rigorosamente, o que haverá de se justificar é "como e porquê" preceitos sobre exigência duma forma, respeitantes á disciplina de relações do direito civil privado (entre privados ou entidades públicas, no caso, agindo como privados, e tendo como objecto coisas no comércio jurídico privado), se possam e devam aplicar fora desse âmbito e, nomeadamente, ao ingresso dum bem no domínio público, que é uma questão substantivamente diferente e uma questão até já duma relação jurídica administrativa (dominialidade pública).

Ora, nem essa extensão se justificaria, como, até, dado o carácter excepcional da exigência duma "forma", tanto basta para a impossibilitar.

Realce-se que no ingresso dum bem no domínio público, *nos referidos casos,* há por um lado *a intervenção pró-activa duma entidade pública, e,* depois, na afectação do bem a uma utilidade pública, também ocorrerá a *criação duma fé-pública* na existência dessa dominialidade.

Pense-se , então, num caso, p. ex., duma Autarquia negociar com um particular a abertura duma via pública por um terreno daquele, ou negociar o alargamento duma via preexistente. E que tudo, em consenso, se vem a concretizar, com o subsequente "apoderamento" da autarquia e a abertura ao público da respectiva via. Entretanto, os anos vão passando, e vários cidadãos compram terrenos a jusante da via pública, com esta confrontante, outros constroem edifícios, para habitação e comércio, outros cidadãos mudam para aí as suas residências, outros abrem lojas, ao longo de tal via, que até tem iluminação pública e tem uma denominação toponímica.

Ponha-se, então, a hipótese do referido particular, passados uma meia dúzia de anos recorrer á justiça, para que esta decida que a dita cedência do terreno para o leito da via, é nula por falta de escritura pública, e, como tal, deve ser declarada nula a cedência e deve a autarquia ser condenada a restituir o dito terreno.

<u>Será que</u> se tal pedido procedesse *os referidos cidadãos, o Senso Comum, seriam capazes de entender a decisão e que os seus terrenos, as suas vivendas, os seus negócios ...ficavam sem via de acesso?! E que essa solução seria uma solução razoável ou justa?*

Não! O que diria o cidadão, cuja fé pública assim foi violentada, é que com tal solução a Justiça não teve nem engenho, nem empenho suficientes para encontrar a solução justa ...

Objecto da Posse

Aliás que a *aquisição da dominialidade pública*, ou seja a transferência dum bem do domínio privado para o domínio público, *não obedece ás regras formais do direito civil privado*, é princípio que aflora no **regime jurídico dos loteamentos urbanos**. Em que se dispõe que as parcelas de terreno cedidas ás Câmaras para o domínio público (incluindo as infra-estruturas viárias) integram automaticamente o domínio público com a emissão do alvará (Lei 60/2007, de 4 de Setembro, art. 44.°, 3, e art. 16.°, 3, do anterior DL 448/91).

E também **nos loteamentos clandestinos**, a Lei 64/2003, de 23 de Agosto, sobre as AUGI (áreas urbanas de génese ilegal) determina que "nos prédios submetidos a operação de loteamento ilegal, presume-se que o loteador ilegal pretendeu integrar no domínio público municipal as áreas que afectou a espaços verdes e de utilização colectiva, infra-estruturas viárias e equipamentos de utilização colectiva" (art. 45, 2); presunção essa que só pode ser ilidida em acção judicial instaurada pelo loteador ou seus sucessores (n.° 3, do cit. art. 45.°). Assim, os terrenos em causa integram, *ex legis*, o domínio público municipal. No mesmo sentido **A. Pereira da Costa**, in Domínio Público (CEJUR), Junho 2006, p. 65. Que cita que o **Conselho de Estado italiano, por sentença de 7 de Fevereiro de 2003**, sustentou que, realizado um loteamento abusivo, é legitima a aquisição gratuita das (ditas) áreas a favor da comuna (http.//www.diritto.it).

Ora, o juízo de valor legal de tal norma é que tais estruturas, se realizadas e afectas á utilização pública, são do domínio público – salvo que o loteador ilida a presunção de que não pretendeu integrá-los no domínio público municipal.

Ou seja, temos também no caso dos "loteamentos clandestinos" uma afloração do referido princípio da dicatio ad patriam – pois que bastou a cedência de facto da posse, para uma afectação do bem a uma utilidade pública e a sua utilização pelo público para que o ingresso no domínio público surja.

Também na nova Lei **da titularidade dos recursos hídricos** (L. 54/2005, de 15 de Nov.), no art. 7.°, e), se dispõe que o domínio público hídrico compreende – "águas de fontes públicas e dos poços e reservatórios, públicos, <u>incluindo</u> todos os que vêm sendo continuadamente usados pelo público ou administrados por entidades públicas".

Isto é, também aqui uma água de fonte ou de poços e reservatórios, ingressará no domínio público por um "uso contínuo do público" ou por serem as fontes, poços ou reservatórios "administrados por entidades públicas".

Todavia, há que estabelecer um de dois pressupostos para a validade constitucional de tal preceito, face ao dito art. 62 da Const. da República. Ou que o dito uso ou administração configure uma "posse" que perdura o tempo necessário para se adquirir o domínio público por usucapião. Ou que a dita posse do público ou da administração, seja uma posse derivada, isto é que assente numa "cedência" do dono, em termos similares aos referidos na figura da dicatio ad patriam.

Doutro modo, não seria razoável que uma posse unilateral e que constituísse um esbulho – quer do público, quer da Administração – pudesse dar lugar ao ingresso automático de tais águas no domínio público.

Curiosamente, Ana Raquel Gonçalves Moniz, in Domínio Público Local (CEJUR – Centro de Estudos Jurídicos do Minho – Junho 2006, p. 331) ajuíza esta disposição legal sobre a titularidade dos recursos hídricos como uma consagração do legislador português dum exemplo retirado do direito francês, da figura do *"aménagement spécial"*. Referindo que "de acordo com esta posição, o inicio da aplicação do regime do domínio público pode ser determinado pela realização das adaptações imprescindíveis, ao exercício da destinação do bem, tornando-o adequado à função que deve cumprir".

Assim, *o ingresso dum bem no domínio público não se vê porque deva estar necessariamente sujeito ás regras de forma* que são ditadas especificamente para as *alienações de bens privados e entre privados* (ou entidades públicas actuando como tais).

E, *as referidas disposições legais* sobre ingresso de bens no domínio público no caso de loteamentos ou nos ditos casos das fontes, poços e reservatórios públicos – *são dessa postura afloramento.*

Na verdade, nesses casos, há uma situação de facto como sendo o bem do domínio público; há uma sua *afectação* concreta a esse domínio; há uma *utilidade pú*blica que está a ser efectivamente satisfeita; há, em muitos casos ainda uma *intervenção proactiva da Entidade Pública*, um seu "apoderamento": há uma *fé pública* quanto a tal dominialidade; e, tudo *assenta num acto da autonomia de vontade* do anterior titular que cedeu a sua posse, para essa nova posse do bem como sendo, em senhorio de facto, do domínio público.

Ou seja, a constatação (dessas) evidências da situação e a constatação das normas que afloram nos referidos preceitos do ingresso dum bem no domínio público – tudo, nos leva a entender e a assumir que as regras pensadas e gizadas para o direito civil privado, para regular as relações do comércio jurídico privado, mormente sendo excepcionais, não é razoável nem é legitimo (necessariamente) estendê-las ao ingresso dum bem na dominialidade pública, na medida em que a razoabilidade, a ponderação relativa de interesses e os valores da justiça são diferentes.

Nessa linha de pensamento se entende o Ac. S.T.J. de 15-12-2005, (Rev. 4071/05, 7ª, in Vida Judiciária, Nov. 2006, p. 48) que afastou o **direito de preferência do arrendatário rural**, na alienação do bem arrendado, quando o comprador é um Município que adquire o bem, por compra e venda substitutiva da expropriação, e em que o bem se destina á implantação de equipamentos de interesse colectivo.

Ora, e bem, o referido Acórdão considerou o direito de preferência como figura jurídica de carácter excepcional. E, por sua vez, considera que a referida compra e venda é uma "compra e venda atípica" (dado ser o comprador Entidade Pública e o bem se destinar a satisfazer interesses colectivos). E, daí, que, ao caso não seja extensível o referido direito de preferência.

ISTO É, no fundo do que se trata é de constatar que o dito direito de preferência é uma norma (excepcional) do "direito civil" que regula transacções de bens privados e entre privados (ou entidades públicas, mas actuando como privados). E que, portanto, a ponderação e composição de interesse que se estabeleceu, no âmbito das ditas relações privadas – não tem que se aplicar necessariamente, e até já nem é razoável, no âmbito da dita aquisição do bem para o domínio público. Em que, pois, o interesse da satisfação dum interesse público das populações na referida aquisição pela Entidade Pública do dito bem, não é um mero interesse privado do particular adquirente, mas um interesse mais poderoso, de carácter público, que bem se compreende que neutralize ou se se sobreponha ao interesse do agricultor privado em se substituir ao adquirente privado na aquisição do bem.

Ou seja, é mais um campo em que se constata que as regras do direito civil sobre transmissões de imóveis privados e entre privados – e mormente quando são regras excepcionais – não se enquadram e não se devem aplicar, sem mais e necessariamente, a uma relação jurídica do domínio público (aquisição dum bem por uma entidade pública e para ingresso no domínio público, em satisfação de interesses colectivos, e no uso das atribuições e competências duma entidade pública).

Aqui nesta relação jurídica de domínio público já valerão, e há que encontrar, com empenho e engenho, regras adequadas e específicas. Como é o caso da dita figura da *dicatio ad patriam*, perfeitamente razoável e enquadrável na unidade do sistema jurídico.

Assim, o **Ac.T.R.Gui., de 2-11-2005, Recurso 1500/05**, Manso Rainho, M. Rosa Tchin e Joaquim Espinheiro (in Sc. Jurídica, TLIV, n.°

304, Dez/2003 p. 744) – decidiu que:" I – se a parcela de terreno que o A. cedeu e a autorização que deu para que o muro fosse demolido tiveram em vista o alargamento dum caminho vicinal, estamos perante a afectação de um bem aos fins do domínio público da Ré (Freguesia de Gonça) – II – A atribuição (formação) do carácter dominial (ou seja, a aquisição ou submissão dum bem aos fins do domínio público de uma coisa) não está sujeita á disciplina fixada no Código Civil para a transmissão de bens imóveis, designadamente a nível de forma; a lei civil rege unicamente para as relações jurídico-privadas, sem prejuízo de ao domínio público poderem sobrevir bens adquiridos pelos modos previstos no comércio jurídico-privado (usucapião) ou com as formalidades próprias do comércio jurídico privado (forma escrita ou escritura pública)."

E, o **Ac. T. R. Gui., de 01-02-2006**, Rec. 65/05, 1ª, António Ribeiro, Vieira e Cunha e João Proença Costa – decidiu que: I – O possuidor perde a posse pela cedência – alin. c) do n.º 1 do art. 1267.º – adquirindo-se aquela, designadamente, pela tradição material ou simbólica da coisa, efectuada pelo anterior possuidor e por constituto possessório; II – Ao ceder a parcela de terreno ao domínio público, o A. perdeu a posse sobre a mesma; III – Se o A. (para além de ter declarado doar a parcela ao domínio público a quando do pedido de licenciamento da construção da sua casa de habitação) construiu o muro do logradouro dessa casa de forma a deixar de fora o trato do seu terreno onde corria a passagem, exteriorizou com esse acto, em termos de senhorio de facto, que a sua propriedade, na sua característica de exclusividade, é o terreno dentro do muro, e que este corporiza a demarcação daquele, IV – *Protestatio facta contraria*, é irrelevante; IV – A *dicatio ad patriam*, ou cedência ao domínio público, constitui não só um meio de aquisição da posse a favor da colectividade; mas também o vínculo jurídico da acessão dessa posse, por junção com a anterior do *tradens*, autor da *dicatio*. Suficiente mesmo formalmente, pois que a exigência de escritura pública, prevista no art. 80.º do Código do Notariado, não se aplica ás coisas fora do comércio jurídico privado, como são as do domínio público, nem ás vontades manifestadas no sentido do ingresso no domínio público (art. 202, 2, do CC); V – Consumada a cedência, a tradição, ainda que simbólica, a pretensão do cedente de fazer regredir a mesma á sua titularidade traduzir-se-ia numa conduta subsumível a um *venire contra factum proprium*, atentória da boa-fé. O instituto do abuso de direito (art. 334.º), sempre obstaria, em última análise, a tal retrocesso."

Igualmente, o **Ac. T.R.Gui., de 31-05-2007**, Recurso 927/07, António Ribeiro, João Proença e Costa e Conceição Bucho (in. Sc. Jurídica, T.

LVI, n.º 310, Abril – Junho/2007, pág. 353) – decidiu que:" I – Ao cederem os Autores, por doação verbal, as parcelas de terreno de sua propriedade entretanto utilizadas, pela Autarquia, no alargamento do caminho municipal e assim integradas no domínio público, perderam os autores a posse sobre tais tratos de terra. II – A cedência ao domínio público (*dicatio ad patriam*) constitui não só um meio de aquisição de posse a favor da colectividade, mas também o vínculo jurídico da acessão dessa posse, por junção com a anterior do *tradens,* autor da *dicatio.* Suficiente, mesmo formalmente, pois que a exigência de escritura pública, prevista no art. 80.º do Cód. do Not. não se aplica às coisas fora do comércio jurídico, como são as do domínio público, nem às vontades manifestadas no sentido de ingresso no domínio público (art. 200.º, 2, do C. Civil). III – Consumada a cedência e a integração no domínio público, a pretensão dos cedentes, de se fazerem indemnizar pelo valor de mercado do terreno, traduzir-se-ia numa conduta subsumível ao *venire contra factum proprium,* atentória da boa fé."

Podemos sintetizar realçando, do antes exposto, que se verificam **três modos** da dita *dicatio ad patriam.* Um, em que o particular "cede" a posse do seu terreno, em favor da sua utilização na circulação viária do público em geral e essa afectação pública efectiva realiza-se no terreno. Num segundo modo, o particular é um loteador clandestino, e, quanto a certas áreas do seu terreno, cede a posse e realiza a sua abertura á circulação viária do público em geral.

Num terceiro modo, há um acordo entre o particular e uma Autarquia, no sentido da cedência da posse daquele sobre certas áreas do seu terreno para sua abertura á circulação viária do público em geral e, de facto, a Autarquia "apodera-se" dessa área, com efectiva afectação a tal formalidade.

Nas três hipóteses, a integração no domínio público **origina-se** na subsunção do caso às figuras jurídicas do direito positivo de **cedência e aquisição da posse**, da **acessão** de posses e da **usucapião**. Acrescendo que, no caso do loteamento clandestino, essa integração é, ainda, fruto da lei, *ope legis* (cit. Lei 64/2003).

E á referida integração no domínio público basta a verificação dos referidos pressupostos que a originam. Nomeadamente, não há que aquilatar se, *in casu*, o interesse público viário respectivo é mais ou menos relevante. Como infra, n.ºs 62 a 64 se desenvolve.

SUBDIVISÃO V
Ingresso no domínio público tão só por posse imemorial

59. Todos estão de acordo, na doutrina e jurisprudência, como antes referido, que por apoderamento do caminho pelo executivo das autarquias, em modo de senhorio de facto – e com afectação do caminho ao trânsito colectivo das populações (ainda que em benefício específico, só quanto a parte da comunidade), o caminho (e seu leito) ingressará por usucapião, decorridos os respectivos prazos de posse prescricional, no dominio público. E no domínio público, "necessariamente" da autarquia (art. 84, n.º 2, da Constituição).

E, o mesmo pode ocorrer, ainda, pela antes referida figura da "dicatio ad patriam"; e, mesmo antes de decorridos os prazos do usucapião.

Mas, há uma outra questão que se põe. Se é também, modo desse ingresso, a mera posse imemorial dum caminho, por mero trânsito das populações, e aberto a qualquer um, na sua comunicação viária dum lugar para outro.

E quanto a essa questão deparam-se três soluções.

Para uma, tal não é modo (autónomo) de ingresso.

Para outra solução, essa actuação é apenas presunção (ilidível) do apoderamento pelos orgãos da autarquia.

E, para a terceira, tal é modo (específico) de ingresso no domínio público.

O Assento, do Supremo Tribunal de Justiça, de 19 de Abril de 1989 (D.Rep. 126, de 2-6-89), firmou que "são públicos os caminhos que, desde tempos imemoriais, estão no uso directo e imediato do público".

Antes desse Assento, encontravam-se Acordãos, e Doutrina, com abundância, para qualquer das ditas três soluções. Vide, Correia das Neves, Caminhos Públicos, 1964.

60. Defendem a *teoria da referida presunção*, p. ex., Marcelo Caetano (cit. Manual Dir. Ad., II, 1990, p. 924) e o Ac. S.T.J., de 21-10-955, BMJ, 51, 433.

Assim, escreve o referido autor: "é indispensável, para o reconhecimento da dominialidade pública dum caminho, provar-se que foi produzido ou legitimamente apropriado por pessoa colectiva de direito público e que por ela é administrado, constituindo o uso público directo e imediato, quando imemorial, mera presunção dessa dominialidade, ilidível, por prova em contrário".

Todavia, esta teoria da presunção, realmente não tem autonomia –

Objecto da Posse

nem pragmática, nem substantiva – relativamente á solução do Assento de 19-4-89 que admite que são caminhos públicos os caminhos que, desde tempos imemoriais, estão no uso directo e imediato do público.

Na verdade, se da "posse imemorial" se "presume" a dominialidade – então, ao interessado basta provar aquele facto concludente (artigos 344 e 350 do Código Civil).

E, nessa teoria, por sua vez, se se "presume" a dominialidade, presume-se, pois, que, em tempos imemoriais – o caminho foi construido, reparado, administrado pela autarquia; ou seja, em última análise, presume-se, pois, que houve um imemorial apoderamento lícito.

Ora, tal presunção só pode ilidir-se por prova do contrário (e para tal não basta pôr em dúvida) (artigos 346 e 350, n.º 2 do Código Civil). Então, como será possível fazer contra prova, remontando-se a uma época que excede a memória dos vivos ? Em termos práticos tal prova só se faria se existisse antiquíssimo documento, no qual os orgãos da autarquia (ou a parte directamente interessada das populações) declarassem que tal detenção era por mera tolerância (artigo 1253). Mas, então, também já pelo instituto normal da posse – não consubstanciaria tal situação "uma posse" (etiam per mille anos).

E, por último, o que significa, esse "entendimento", que tal posse imemorial deva fazer presumir, ao observador atento – e a tais autores – que tal detenção do uso do caminho o é, valorando tal realidade imemorial (corpus), como de "senhorio de facto" (presumido)?

Essa valoração significa precisamente que tal actuação de facto, imemorial, "intende" "a entrada factual de uma coisa em certa órbita de senhorio ou de interesses" (Heck).

Isto é, tal situação específica, dada a sua permanência desde tempos imemoriais, "intende", naturalmente, para a "consciência geral" uma actuação correspondente ao exercício dum direito. Mas tal não é, nem mais nem menos, do que o "corpus" e o seu animus implícito (para os objectivistas) ou o corpus e o seu animus presumido (para os subjectivistas) (artigo 1252, n.º 2).

Por isso, é que Savigny (Sistema, IV, n.º 199) realça que se um estado de facto existe desde um dia que a memória dos homens não pode fixar, o seu "entendimento" pela consciência social é o de que ele deve ter surgido em virtude de um título válido no momento em que se constituiu: porque não é de conceber que o meio social não tivesse contra ele reagido se não fosse doutra sorte.

A existência de tal situação durante esse tempo sem que ninguém o haja impugnado, constitui motivo "para crer que a seu devido tempo foi criado dum modo conforme ao direito" (Von Thur, Parte G. Dir. Civil, III, 2, 187).

E, igualmente, Fadda e Bensa (Notas em Windscheid, Pandette, I, p. 1164), atribuem a tal imemorialidade os efeitos da prescrição, porque, dizem, não se trata de um facto qualquer que justifique uma simples presunção: mas de uma presunção sobre a qual, dada o seu carácter imemorial, o possuidor confiara e tinha razão para se confiar, não se preocupando, por isso, com um melhor meio de assegurar a sua posse.

É, a posse imemorial, já reconhecida desde o direito romano *(vetusta)*.

E, assim, bem se compreende a solução de Ulpiano: Viae Vicinales, quae ex agris privatorum facta sunt, quarum memoriam non exat, publicarum viarum numero sunt C. Digesto, 43, 7, 3).

Igualmente os juristas portugueses do séc. XVIII, consideravam públicas as coisas que estão afectas ao uso directo e imediato do público em satisfação de interesses colectivos – em conformidade com "a boa razão" (Melo Freire, Lobão, Coelho da Rocha – in Martins Moreira, Domínio Público, 151).

Isto é, o facto da situação ser imemorial, esbate ou apaga, no entendimento da consciência social, uma mera tolerância dos proprietários confrontantes. Pois que, sendo desde tempos imemoriais, todavia, todos eles, sucessivamente, mortos uns e vindo outros, sempre deixaram de exclusivamente deter e continuar detendo; e sempre, pelo contrário, deixaram deter e continuar detendo todos e qualquer um.

Ou seja, a imemorialidade releva como significação valorativa máxima, de "entendimento", pela consciência social, do senhorio de facto. Não é, pois, "em tema de posse", um modo autónomo ou específico. É, tão só, a rectius apreensão da teoria da posse e da usucapião, dentro dos seus valores e dos seus conceitos. É, pois, indiferente se a lei expressamente se lhe refere ou não. Nem, com rigor, autonomamente, se lhe deve referir (entia non sunt multiplicanda).

Resulta, pois, da noção geral de posse, devidamente compreendida, dos artigos 1251 e 1252, n.º 2, do Código Civil. E dos seus princípios da continuidade (artigos 1257, n.º 1 e 1267, n.º 1 d)) e sua aquisição, pela prática reiterada e com publicidade dos actos correspondentes ao exercício do direito ou por (presumida) cedência e tradição (artigo 1263).

E, uma vez mais, se realçando que a posse é, tão só, a mera situação empírica de senhorio – agnóstica, e independente da conformidade com o direito. Possideo, quia possideo: possessor hoc ipso, quod possessor est (Paulus). Pois, mesmo que se saiba que se está de má fé, mesmo que se ilida a "presunção do direito"; e se saiba que se é ladrão, sempre tal situa-

Objecto da Posse 125

ção, é de posse. E, sempre, decorrido o prazo legal, mesmo tal posse, é fonte de aquisição do direito, a cuja imagem corresponde a situação de facto (por usucapião). V. supra, n.º 24 e infra, n.ºs 151 e 152.

A "posse imemorial" (vetusta) apenas constituiu uma categoria especial, desde os romanos, porque para efeitos de usucapião a mesma era modo específico de adquirir o direito mesmo que a coisa possuida fosse pública (vide, Garcia de Enterria, o. cit.).

Assim, ao fim e ao cabo só remanescerão duas teses em confronto.

61. Ora, e já pelo antes explanado, a tese correcta é a do Assento, de 19-4-89: são públicos os caminhos que, desde tempos imemoriais, estão no uso directo e imediato do público.

Tanto bastando para, em termos de posse e usucapião, e por mera aplicação dos valores próprios desses institutos, haver então, "a actuação" – e que sendo voluntária, consubstancia um acto volitivo (poder de facto) – "correspondente ao exercício do direito", com corpus e animus (artigos 1251 e 1252, n.º 2; e, quanto a este, tendo-se em conta, ainda, o referido Assento de 14-5-96), (supra, n.º 21).

A tese do Assento é igualmente a seguida, no Ac.R.P. de 17-2-93, in Col. Jur., XVIII, T I, p. 254; Ac. R.Coi., de 26-07-99, in C.Jur.; Acs. do S.T.J., de 19-11-93 e de 19-2-98, in B.M.J. 431, p. 300 e 474, págs. 491 e de 11-05-2007, Rev. 981/07.1.

E, nem se pode, pois, dizer que tal tese não tem base legal – pois, assenta nos institutos da posse e da usucapião, como no número antecedente se desenvolveu.

Também não se pode dizer que tal tese atenta contra as relações de boa-vizinhança. Bem pelo contrário. Desde logo, se o caminho está no uso directo e imediato do "público", em geral, tal transcende as relações de boa-vizinhança.

Pois, mesmos aos longínguos desconhecidos, por aí, lhes está disponível a passagem! Depois, a passagem tem que ter a especificidade de ser imemorial. Isto é, é desde sempre, excedendo a memória dos vivos, que os sucessivos proprietários, "todos", e imemorialmente, conhecidos e desconhecidos, aceitam a situação – bem como, todos, desde sempre, passam livremente, em satisfação dum interesse colectivo e comum de comunicação viária. O que faz presumir a origem lícita de tal ocupação (supra, n.º 60) e, no reverso, um acto contra a boa-fé e a boa-vizinhança, mas de quem, agora individualmente, in venire contra factum proprium, queira alterar a imemorial situação.

Aliás, a Constituição de 1933 e o D.L. 23-5-65, de 12-2-1934, artigo 1.º, al. g) (embora já revogado por sua vez, pelo D.L. 477/80) vei-o a definir como incluidos no domínio público todos os demais bens que estivessem no uso directo e imedito do público.

Por outro lado, o artigo 380 do Código Civil de Seabra,não se pode deixar de considerar revogado pelo artigo 3.º do D.L. 47.344, de 25 de Novembro, que aprovou o novo código civil.

Pois, com a entrada em vigor do novo código ficava, segundo tal artigo, revogada toda a legislação civil relativa ás matérias que esse diploma abrange. Ora, na sistemática do Código de Seabra o dito art. 380 era legislação civil. E, por outro lado, o que entende o novo código – como sua "norma" – é que a definição do dominio público não caberá á legislação civil (artigos 202 e 1304).

E, a "obediência a Lei", é á "norma", não á lei, nem sequer ao Direito (Antunes Varela). Assim, obedecendo a tal "norma" (citado art. 3.º do D.L. 47.344), não se pode deixar de considerar revogada a dita disposição do código de Seabra (como legislação civil).

E, de qualquer modo, nem sequer se pode interpretar o citado artigo 380 "taxativamente" e, como tal, excluindo o ingresso no domínio público de uma coisa se, por posse imemorial (vetusta) está no uso público e de satisfação dum interesse público das populações.

Aliás, já desde os romanos, com a sua reputada consciência jurídica, que são considerados públicos tais caminhos vicinais. *"Viae vicinales, quae ex agris privatorum factae sunt, quarum memoria non extat, publicarum viarum numero sunt"* (Digesto, 43,7,3 – Ulpiano). Bem como, igualmente, pelos juristas portugueses do sec. XVIII, quanto ás coisas que estão afectas ao uso directo e imediato do público em satisfação de interesses colectivos – em conformidade com "a boa razão" (Melo Freire, Lobão, Coelho da Rocha – in Martins Moreira, Domínio Público, 151).

É que, a circunstância da posse imemorial, que excede a memória dos vivos – como já referido no número antecedente – não é um facto qualquer, que justifique uma simples presunção (Fadda e Bensa).

Pois, não é de conceber que durante tanto tempo o meio social (os sucessivos proprietários) não tivessem reagido contra tal situação, se ela não tivesse surgido em virtude de um titulo válido e fosse de outra sorte (Savigny e Von Thur).

Conforme referido, *a "posse imemorial"* é reconhecida e aceite desde os romanos (vetusta), e como modo irrefutável de adquirir o direito a cuja imagem se possui (usucapião). E, quer esse direito seja privado e sobre coisas privadas; quer seja um domínio público. E, a sua relevância

Objecto da Posse

exorbitante estava em, por a posse ser imemorial, se adquirirem sempre os respectivos direitos nela manifestados: ainda que em matéria pública. Ainda, pois que a coisa fosse pública e sem que interessassem, pois, considerações contrárias dessa raiz (Garcia de Enterria, o. cit., p. 49).

E, **posse imemorial será aquela** em que, por um lado, a memória dos vivos não atinge (cujus memoria non exat),cuja origem tal memória excede (cujus origo memoria excessit), e, em que, por outro lado, não existe memória do contrário, de situação contrária (cujus contraria memoria non existat), directa ou indirecta (por tradição oral dos antepassados).

Em conformidade, o antigo direito concretizava a prova da imemoralidade na seguinte fórmula: as testemunhas debem 1), ser ao menos "quinquaginta quatuor annorum"; 2) dicant se ita audivisse a suis maioribus; 3) sit antica et communis opinio; 4) maiores nec viderunt nec audiverunt contrarium".

Isto é, como se exprime o **Ac. S.T.J., de 11-05-2007 (Proc. 981/07,1.°)** – tempo imemorial é um período tão antigo que já não está na memória dos homens, directa ou indirecta – por tradição oral dos seus antecessores – e que, por isso, não podem situar a sua origem.

No direito comum, e fundamentalmente com base em influências canónicas, vem-se a defender a partir da figura da posse imemorial, e através duma subtil utilização de considerações sobre a prova testemunhal – que, todavia, bastaria uma *"posse centenária"* (*de 100 anos*), para se adquirir por usucapião um direito do particular sobre matéria pública, ordináriamente atributo da "soberania" (como sobre coisas públicas, regalias, senhorios, privilégios).

Com efeito, a racionalização escolástica, partindo do princípio de que a prova da posse imemorial se deve fazer por testemunhas, mas que a memória humana sobre a terra não se conserva por testemunho directo mais além do que três gerações (tria genicula) – então, bastava uma posse por três gerações. E, como a média duma geração serão 33 anos (numa influência escolástica da idade de Cristo, e talvez, das ideias cabalísticas da época do número 3) – então, uma posse de três gerações, uma posse de 100 anos (posse centenária), vei-o a ser acolhida com a mesma dimensão de posse "prescricional" irrefutável, como o era a da posse imemorial. E, com a finalidade de a consequente usucapião valer em matéria pública (cit. Garcia de Enterria, o. cit., págs. 30 e 49). E, como bastava a posse centenária, não se impediria a usucapião, por exemplo, pela prova testemunhal contrária, se essa prova, todavia, fosse anterior aos referidos 100 anos de posse.

A dita "posse centenária", só terá interesse considerá-la, e autonomizá-la, na perspectiva da aquisição de direitos privados, por usucapião, sobre coisas públicas (apezar do artigo 202 do C.Civil): Como, aliás, foi a finalidade da construção de tal figura. Nessa perspectiva, se desenvolverá o tema, infra, no capítulo sobre (eventual) usucapião de direitos privados mesmo sobre coisas públicas.

Pois, se a posse é sobre coisas privadas, então bastará que exista "posse" e pelo período de tempo (menor do que 100 anos) fixado na lei ordinária.

SUBDIVISÃO VI
Utilidade pública relevante (Indiferente)

62. O Acordão do Supremo Tribunal de Justiça de 10-11-93 (B.M.J. 431, págs. 305/306) restringe a amplitude do referido Assento de 19-4-89. Dele excluindo os caminhos que, embora no uso directo e imediato do público e desde tempos imemoriais, todavia, visam apenas (como no caso, nesse Acordão em litígio) um mero encurtamento, não significativo, de distância entre dois caminhos, que circundam o prédio que o caminho atravessa, e encurtamento esse em, apenas, algumas dezenas de metros.

Nesse caso, segundo o referido Acordão, não existiriam "relevantes interesses colectivos", não se visaria a satisfação de "apreciáveis interesses colectivos" – e, assim, não haveria "afectação á utilidade pública" (pressuposto da dominialidade pública).

63. Desde logo, a doutrina do referido acordão apenas está a considerar a hipótese do ingresso do caminho na dominialidade pública através do meio específico da mera afectação ao uso directo e imediato do público desde tempos imemoriais.

Isto é, não está a considerar – e não se extrapole, para além das próprias premissas – um ingresso na dominialidade pública: nem, através do meio do apoderamento pelos orgãos executivos duma autarquia (construindo, ou reparando, limpando, iluminando, etc); nem, por uma "cedência" (dicatio ad patriam) do possuidor a favor, e com tradição, do público em geral.

Pois, nestes casos, prefigurando-se um ingresso na dominiabilidade através, manifestamente, dos institutos da posse e da usucapião, estes valem por si. E, tais institutos, também são, por si, de valor e relevância públicas.

Doutro modo, então, também se poderia dizer que não se reconheceria nem a posse, nem a usucapião, p. ex., se A. se apodera – unilateralmente ou por "cedência" – duma pequena faixa do quintal dum vizinho: Porque, dir-se-á, então, tal não tem apreciável ou relevante interesse colectivo.

Por outro lado, se o apoderamento é dos orgãos executivos da autarquia, tal só se entende na medida em que consideram estar a satisfazer interesses específicos, comuns e colectivos das populações.

E, se esses interesses de utilidade pública são revelantes e significativos, ou não, para os satisfazer – tal é da atribuição e competências da autarquia, e do foro do seu poder discricionário. E, os Tribunais, nesse âmbito, não podem substituir-se á Administração, nem passarem a ser administração; bem como, tal, até, ofenderia a separação de poderes, constitucionalmente consagrada (artigos 235 e 202 da Constituição).

64. Mas, mesmo quanto á hipótese a que se refere, o douto Acordão, salvo o devido respeito, parte duma filosofia errada.

Primeiro, se a posse é imemorial, porque excede a memória dos homens, então não se saberá quando nem como começou o caminho, nem qual a topografia de então, nem qual o grau da utilidade pública que visou inicialmente, ou durante algum tempo, satisfazer. Usando-se o leito do caminho desde tempos imemoriais, pode até ter acontecido, p. ex., que nesses tempos todo o terreno fosse abandonado e do Estado (art. 1345) e só os terrenos confrontantes tivessem posteriormente ingressado no domínio privado. Ou, p. ex., pode ter acontecido que há séculos o proprietário legitimamente o tivesse alienado á autarquia, e só os terrenos marginais viessem a ser, sucessivamente, adquiridos pelos particulares.

Ora, se só posteriormente, e hoje, se entende que a utilidade pública não é relevante – então da dominialidade pública que agora não existiria apenas se podia passar à dominialidade privada, mas cujo titular seria sempre a autarquia (Marcelo Caetano, o. cit., p. 958; Ac. S.T.J., de 10-2-99, BMJ, 484, p. 138): Idem, Ac. S.T.J., de 13-01-04, in C. Jur. – STJ – XII, T. I, p. 19 e Ac. Tr. R. Gui., de 12-05-2004, António Ribeiro, in Scientia Jurídica, Maio-Agosto/2004, TL III, n.° 199, págs. 422.

E, para desse domínio, por sua vez, poder passar, depois, ao património privado dum particular, deverá ocorrer uma outra causa (autónoma) dessa posterior aquisição (artigo 1316).

Por outro lado, o requisito de dominialidade pública, de afectação da coisa á utilidade pública, apenas exige o fim de "utilidade pública". Mas, já não que, quanto á dita substância, ela tenha, ou não, ainda a qualidade acrescida de apreciável ou relevante (utilidade pública).

Aliás, se aos Tribunais cumprisse decidir se a utilidade pública a cuja satisfação está afecta uma coisa, e no uso directo e imediato do público, é ou não apreciável ou relevante para manterem a respectiva afectação ou dominialidade – manifestamente os Tribunais estavam a ser administração e a substituirem-se a ela, e a infringir a norma constitucional da separação de poderes (citados artigos 235 e 202 da Constituição).

Assim, num caso em que estando um caminho, imemorialmente, a satisfazer a utilidade pública, da comunicação viária das populações, e no uso directo e imediato do público, mas em que eventualmente, se possa entender que tal utilidade não é, hoje, apreciável ou relevante – só caberá á hipótese: que os eventuais interessados ponham tal questão aos respectivos orgãos autarquicos. E a estes caberá a decisão.

Se entenderem que sim, caber-lhes-á, nos termos legais, proceder ás deliberações da desafectação. E ingressando o bem no património privado da autarquia, inclusivé, poderão proceder, ou não, á respectiva alienação aos confrontantes: como regra de boa gestão.

Salvo que ocorra uma posse (unilateral e usurpadora) dum particular, e, pelo decurso do tempo, este adquira o direito por usucapião (artigo 1287).

Aliás, doutro modo, naquela filosofia sabe-se onde se começa (nos caminhos); mas não se saberá bem onde se acaba. Ou seja, hoje, "por via jurisdicional", extinguem-se caminhos. Amanhã, eventualmente, largos ou praças públicas. Ou, "travessas" das aldeias, vilas ou cidades ...

E, a dita interpretação restritiva consubstancia, numa mera óptica de direito civil, ao fim e ao cabo, uma desaplicação do instituto da posse e do usucapião que, também são, de interesse público.

Pois, a posse e a usucapião, segundo as suas normas, verificam-se no caso. E, a final, não se reconhecerão, tão só, porque não haverá interesse relevante ou significativo quanto ao direito a cuja imagem se detem o senhorio de facto. Pondo-se em causa, pois, todos os fundamentos da posse e da usucapião. Quando as mesmas se baseiam no mero senhorio de facto (Thatsaechliche Gewalt): possideo, quia possideo. Sendo, manifestamente, indiferente o grau de interesse relevante ou significativo na economia do possuidor do direito manifestado e adquirido.

De acordo com a dita tese restrictiva da dominialidade pública dos caminhos por posse imemorial, o **Ac. T.R.P., de 12-17-99, Mário Cruz**, decidiu que "não se vendo uma *especial ou considerável relevância de certo caminho para a realização de interesses colectivos*, não deve ser qualificada a utilidade proporcionada pelo dito caminho como de verdadeira utilidade pública". (http://www.dgsi).

E, o Ac. S.T.J., de 15-06-2000, Miranda Gusmão, A. Souza Inês e Nascimento Costa (Rev. L. Jur. Ano 134, Abril 2002, n.º 3933, p. 366 e

Ano 135.°, Set. Outubro 2005, n.° 3934, p. 62), decidiu que o caminho imemorial será público se estiver afecto á utilidade pública, ou seja, visar a satisfação de interesses colectivos de certo grau ou relevância; de contrário e, em especial, quando se destinem a fazer a *ligação entre caminhos públicos, por prédio particular, com vista ao encurtamento não significativa de distância*, devem classificar-se como *atravessadouros*.

Na mesma esteira, os **Acs. S.T.J. de 21-01-03, Afonso Correia (http://www.dgsi) e de 10-04-03** (P. 4714/02, 2ª).

O Ac. S. T. J., de 12-07-94, Sousa Macedo (http://www.dgsi), *considerou público*, por posse imemorial, o caminho que sempre foi *usado por alguns habitantes de duas populações para se deslocarem de e para os campos que o circundam*; bem como era usado por mulheres que se dirigiam *a um tanque*; e caminho esse que tem início em caminho público, atravessando vários prédios, até atingir outro caminho público.

No **Ac. S.T.J., de 18-05-2006, (Proc. 06B1468), in Vida Judiciária, 102, Junho/2006, p. 62**, *entende-se existir utilidade pública relevante*, e considerou-se público "o caminho, com três metros de largura por onde, desde tempos que os vivos não sabem quando começou, passavam *todas as pessoas em geral, designadamente com animais, veículos de tracção animal, máquinas e alfaias agrícolas para aceder aos prédios rústicos envolventes"*.

De qualquer modo há aspectos **óbvios na temática da relevância** da utilidade pública, que há que realçar.

Desde logo, o **requisito da relevância**, tem que ser **relativo**. Ou seja, "é de apreciar **casuisticamente** no cotejo com as circunstâncias e o *"modus vivendi local"* (**cit. Ac. S.T.J., 11-05-2007**, Proc. 981/07.1 e Ac., 08-05-2007, Sebastião Póvoas (WWW.STJ.PT).

Depois, a **referida interpretação restritiva** existe e **só tem razão de ser** relativamente ao modo de aquisição por *posse imemorial* dum *caminho*, por necessidade de destinação da figura de "atravessadouro", abolida pelo art. 1383 do C. Civil (Pires de Lima e A. Varela Cód. Civ. Anot., Vol. III, 2ª ed., p. 281/282. Henrique Mesquita, Rev. L. Jur. Ano 135.°, 2005, 933, p. 371 e 3934, pág. 62).

Assim, a doutrina restritiva **não tem razão de ser**, por não se verificarem os requisitos da analogia, relativamente à aquisição da dominialidade pública de **largos públicos**, praças, terreiros, adros e similares (Ac. S.T.J. de 27-04-2006, (http:www.dgsi).

Também pela mesma razão, a referida tese restritiva **não tem cabimento se o ingresso** na dominialidade pública que se está a apreciar **não é pelo modo da posse imemorial** – mas o modo de ingresso é "através de algum (outro) dos títulos porque pode ser adquirida a dominialidade" (cit. Pires de Lima e A. Varela).

Assim, tal ocorre se o ingresso na dominialidade pública resulta dum "*apoderamento*" da pessoa colectiva ou duma "*dicatio ad patriam*" com intervenção pró-activa da administração pública. Ou se o caminho se originou num *alvará de loteamento* (art. 44.°, 3, L. 60/2007, de 4 de Set.), ou num *loteamento clandestino* (art. 45.°, 2, Lei 64/2003, de 23 de Agosto). Ou, se se originou num *negócio jurídico* (intervivos ou mortis causa) com a Autarquia, e com consequente afectação.

Pois, nestes casos, há um acto administrativo de afectação pública (expresso ou tácito) – e quem define a utilidade pública é a administração pública, como *poder discricionário*, que cabe nas suas atribuições e competências. E, como tal, não cabe aos Tribunais sindicar "a conveniência ou oportunidade", ou seja aquilatar da maior ou menor relevância dos interesses que satisfaz, na óptica de ser mais ou menos (ou escassa, até) a relevância, *in casu,* do interesse colectivo ou público a ser satisfeito.

Na verdade, de acordo com o princípio (constitucional) da separação e interdependência de poderes tal acto não é sindicável (art. 3.°, 1, do C. Proc. Trib. Ad. e F.). Salvo que o respectivo acto da administração sofra de violação da lei, relevante para tais tipos de actos e a ser reconhecida por impugnação (específica) do acto na justiça administrativa **(Acs. S. T. Ad., de 18-03-99, in BMJ, 485.°, p. 466; idem, de 29-09-99, cit. B. 489, p. 380 e Ac. S.T. Ad. (Pleno), de 30-06-2000, in Acs. Dout. 475.°, p. 73). (Scientia Jurídica, 309, TLVI, Jan/Março, 2007).**

Assim, **o Trib. Ad. E Fis. De Braga, por sentença de 15-02-2007, Proc. 13/05**, decide, com clareza que " a opção pelo alargamento do caminho situa-se no plano da discricionariedade técnica em que aos tribunais não é licito imiscuir-se, a não ser em caso de violação grosseira de qualquer dos princípios que norteiam a actividade da Administração – art. 4.° do C.P.A. – nos termos do que compete aos órgãos administrativos prosseguir o interesse público".

Também não faz qualquer sentido a dita doutrina restritiva aplicável aos casos do ingresso no domínio público através duma *dicatio ad patriam*.

Primeiro porque, não estamos a ter que distinguir caminhos públicos (imemoriais) de atravessadouros (cit. Ac.S.T.J., de 11-05-2007, *mutatis mutandis* sobre "largos públicos"). Segundo, porque a fonte da referida dominialidade são especificamente as figuras da posse, acessão de posse e usucapião – como modos legais de aquisição do domíneo (arts. 1304 e 1316 do C. Civil).

ASSIM, a falta dum interesse relevante de utilidade pública, **dum**

Objecto da Posse 133

modo geral, e sempre dependente duma apreciação casuística, só relevará nos casos dum **curto atalhar distâncias – não significativo** – entre dois caminhos, e quando o caminho é **originado** tão só, numa **detenção imemorial** (*atravessadouro*).

SUBDIVISÃO VII
Síntese

65. Os caminhos públicos vicinais (municipais ou de freguesia) como ligações de interesse secundário e local, são, abstractamente, consideráveis como bens do domínio público, do património da autarquia, na afectação do uso directo e imediato do público, para satisfação do dito interesse comum e colectivo de comunicação viária entre dois, ou mais pontos das localidades.

Concretamente, o ingresso de bens nesse dito domínio pode acontecer nos termos gerais de aquisição da propriedade (contrato, sucessão por morte, usucapião, ocupação, acessão, expropriação, etc – artigos 1316, 1345 e 1304).

Nomeadamente, através da posse e usucapião, e em três modos.

Assim, desde logo, por *apoderamento* com intervenção dos próprios orgãos autarquicos (construção, reparação, conservação, benfeitorização, iluminação, sinalização pública, etc).

Igualmente, por cedência (expressa ou implícita) do senhorio de facto pelos ante-possuidores e por tradição consequente para o uso directo e imediato do público (*dicatio ad patriam*).

Ou, por último, *por posse imemorial* no uso directo e imediato pelo público, em comunicação viária entre dois, ou mais pontos, das localidades.

O caminho faz-se caminhando. E, segundo o princípio de "administração concertada", até em colaboração das autarquias com as iniciativas dos particulares.

Cada um dos modos referidos é, de per si, bastante. Mas podem aglutinar-se. E, neste caso só se reforça – o "entendimento" da situação de facto, como de senhorio de facto, á imagem (subjectiva e objectiva) do domínio público.

E, este mantem-se enquanto existir a possibilidade de o continuar – se uma nova posse, de mais de um ano, não se forma. E, consolida-se, em direito adquirido, se decorreram os prazos normais da usucapião. E, pela dita *dicatio ad patriam*, mesmo sem o decurso do prazo da posse prescricional.

Como bem do dominio público, o caminho público não é considerado desafectado tão só pelo abandono ou desinteresse no seu cuidar administrativo – se o interesse colectivo do seu uso pelas populações, ou parte, dela, se mantem.

E, desafectado do domínio público ingressará no domínio privado da autarquia.

E, só sairá deste domínio e puderá ingressar no património dum particular, se ocorrer uma posterior causa (autónoma) dessa aquisição (artigo 1316).

Ao interesse comum e colectivo da comunicação viária das populações, ou parte dela, não é exigivel que seja interesse relevante ou significativo. Salvo em casos dum curto atalhar distâncias entre dois caminhos, e apenas originado numa detenção imemorial (atravessadouro).

Estando o caminho no uso directo e imediato do público, "está na posse" de todos, nomeadamente dos proprietários confinantes: pois que basta para que o bem entre na órbita de disponibilidade fáctica do sujeito "que sobre ela possamos exercer, (querendo), poderes empíricos" (Orlando Carvalho, o. cit., p. 66.

Os caminhos, sendo vias de comunicação entre dois pontos – e entre os pontos intermédios – é natural que entre eles se logre o melhor encurtamento, é curial que se procure encurtar distâncias. Como, ao invés, pode acontecer que por outras vias também se possam interligar os respectivos locais: como diz o ditado, todos os caminhos vão dar a Roma. Nem uma, nem outra das circunstâncias, será pois inibitória. E, é, até, natural e curial que a primeira seja característica típica da categoria caminhos públicos, como ligação de interesse secundário e local (cits. Dec. L. 34.593).

Em suma, o poder de facto ("pouvoir de fait", "Tatsaechliche Gewalt"), o "senhorio de facto" (o *potis sedere*), em relação a uma coisa, é o que "aparece como tal" perante a consciência comum – face á conexão local, objectiva, com corpus, entre uma coisa e um sujeito (relação local de espaço). E, que, quer espelha (é imagem objectiva) ou seja, "entende" aquele juízo volitivo; quer aparece e se estima, ou seja, assim se "intende", como (correspondente) situação de direito. E, numa mera "representação global prática ou de leigos" (Orlando de Carvalho, Rev.L.Jur. 3786, p. 262 e 3810, p. 260). E, sem cuidar, e ainda que seja ou não seja, se é lícitamente a relação jurídica verdadeira (Ennecerus-Kipp-Wolf, o. cit. 28/29 e Orlando Carvalho, o. cit. 68/69/260; Hugo Natoli, Il Possesso, 60).

Ora, é esse senhorio de facto (posse) que se manifesta em todas as antes referidas hipóteses de apoderamento do caminho, "como" dominio

Objecto da Posse   135

público (no uso directo e imediato do público e no interesse colectivo e comum das populações). **E tanto basta: possideo, quia possideo.**

E, quanto á posse imemorial, pelo uso público das populações, sempre assim se entendeu desde o direito romano (posse vetusta).

66. Numa acção de reinvindicação dum leito dum caminho, alegando-se, por exemplo, que o mesmo é mero atravessadouro, e não caminho público, todavia, é aos autores que incumbe a prova específica dos factos originantes da aquisição do direito de propriedade do respectivo leito (artigos 342 e 1316 do C.Civil).

Não basta, tão só, que não se prove, ou se conclua, que o caminho não é público, ou que, por desafectação, deixou de o ser (Ac. S.T.J., de 4-3-49, B.M.J., 12.°, 333 e Ac.R.P., de 11-1-2001, 3ª S., Ap. 1097). Terão, ainda, que se alegar factos causais (autónomos) da aquisição desse direito. Mesmo que tenha ocorrido desafectação: pois que, desta, de per si, só resultará que o leito do caminho tenha saído do domínio público da Pessoa Colectiva, mas ingressa no "seu" domínio privado (supra, n.°s 48 e 64).

Também, em caso de litígio, nomeadamente entre um particular e a Administração Pública, quanto á dominialidade pública dum caminho, a (eventual) qualificação que faça a Administração não é um acto administrativo, definitivo e executório. Tratar-se-á, tão só, dum "acto opinativo". Pois, não cabe tal "definição", e muito menos impositiva e com valor de "caso julgado", nas atribuições e competências da Administração. E, trata-se, antes, dum acto jurisdicional, em que, segundo a (constitucional) separação de poderes, tal "definição" cabe, em caso de litígio, aos Tribunais. (V. supra, n.° 49).

SUBSECÇÃO V
Contratos de Fornecimento
– Água, gás, electricidade, energia térmica, telefones –

67. Quanto aos contratos de fornecimento que têm por objecto ministrar água, gás, electricidade, energia térmica, ligações telefónicas põe-se a questão de definir se esses elementos constituem coisas, objecto de posse, bem como qual a situação, nesse tema, das instalações funcionais respectivas (como tubos de canalização, contadores, aparelho telefónico).

Quanto ás instalações funcionais, em si, são naturalmente coisas, passiveis de posse. Podendo estar debaixo da esfera de senhorio de facto do possuidor do edificio, caso a caso, quer a título dum direito real, quer a título de comodato ou locação. Como podem, não o estar.

Quanto aos referidos elementos a fornecer, também se puderão considerar como coisas, e debaixo da esfera de influência empírica de senhorio do possuidor do edificio – a partir da sua entrada no sistema de "contagem".

Na doutrina e jurisprudência italiana discute-se se a energia eléctrica deva ser considerada como uma "unidade", e, então a referida repartição não seria possível. Todavia, não o sendo – então, para uns, a sua detenção caberia ao fornecedor; mas, para outros a detenção do consumidor estendia-se para lá do contador (Hugo Natoli, o. cit., 81).

Assim, quanto às instalações ou aparelhagens as mesmas podem ser objecto de posse – caso a caso, consoante a detenção se exerça á imagem do direito real, ou do direito de comodato ou locação (e no âmbito respectivo desses pressupostos).

E, como tal, com defesa de acções possessórias quer contra terceiros, quer contra o próprio fornecedor (L. Orione Neto, o. cit.). E, devendo ter--se em conta o carácter funcional de tais instalações ou aparelhagens, e que, como tal, valem no património do possuidor.

Quanto aos elementos fornecidos que já tenham entrado na esfera de influência do senhorio de facto do possuidor do edificio – após passagem do "contador" – a solução é a mesma (Hugo Natoli, o. cit., p. 80 e L. Orione Neto, o. cit.).

Já se o "fornecedor" corta, interrompe ou suspende o fornecimento – então, a questão é de mero cumprimento ou não dum (eventual e correspondente) direito de crédito do utente. (Cits. L.Orione Neto, Hugo Natoli e Planiol, Ripert e Picard, o. cit., p. 206). O que, então, se colocará ao Tribunal é uma questão declarativa, da existência ou não duma obrigação e dum correspondente direito e uma prestação, e da sua violação. E não, uma questão de senhorio de facto sobre uma coisa.

68. Havendo, todavia, que considerar que *a perspectiva já é diferente se o fornecimento se insere no âmbito, p. ex., dum contrato de locação ou de comodato.*

Pois que, então, o locador deve assegurar o gozo da coisa locada, com as qualidades necessárias ou asseguradas pelo locador para o fim a que se destina (artigos 1031, b), e 1032 do Código Civil).

E, o locador não pode praticar actos que impeçam ou diminuam o gozo da coisa e o locatário que for privado da coisa ou perturbado no exercício dos seus direitos pode usar, mesmo contra o locador, das acções possessórias (artigo 1037).

Objecto da Posse

Ora, então, se nesse âmbito – e pressuposto que tal se deva assumir – o locador corta, interrompe ou suspende, p. ex., o fornecimento de água ou luz – o locatário, reagindo, o que está é a assegurar a sua relação de senhorio com a coisa locada, o que está é a defender a sua faculdade de deter e continuar detendo "a coisa locada", na valia que ela tem nessa relação de senhorio, nas qualidades necessárias, ou asseguradas, da "coisa" de que tem tal posse: e que, como tal, vê, a "posse de tal coisa", em parte, esbulhada ou perturbada.

CAPÍTULO VII
Classificações da Posse

69. Por vezes, fala-se em *posse efectiva (possessio naturalis, possessio corpore) e posse jurídica (possessio civilis, possessio animo)*.

Ora, já o Visconde de Seabra realçava que "a distinção de posse natural e civil é inútil, e até certo ponto inexacta (Vej. Troplong, Prescrip. n.º 239)".

E, Orlando de Carvalho (Rev. L.J., n.º 3780, p. 69), também realça que "só fictamente haverá uma *possessio civilis* ou *possessio animo*" e que também "não é legitimo falar de possessio naturalis ou possessio corpore acerca da mera detenção".

Com efeito, se há mera detenção (p. ex. do mandatário), não há qualquer posse (seja natural ou civil). E, se a relação de facto de senhorio preenche os pressupostos da "posse", haverá pura e simplesmente posse. E, se não preenche, pura e simplesmente, não haverá.

E, em todos os casos em que a situação é de posse (como tal, relevante para o direito; isto é, posse jurídica, civil, com animo) – preexistirá um corpus (possessio naturalis, possessio corpore, posse efectiva).

A questão está tão só na determinação de quem seja o legitimo titular da relação-possessória, segundo o animus respectivo. É o que sucede no constituto possessório, que exige a posse do transmitente; ou na tradição, que pressupõe a posse do cedente. Ou na inversão, que prefigura a posse directa (imediata) por intermediário, mas em nome doutrem. É o que acontece na sucessão por morte, que pressupõe quer a posse do defunto, quer o juízo volitivo do herdeiro de "aceitar" a herança.

Ainda que possam existir duas posses simultâneas sobre a mesma coisa; mas como valias diferentes (artigos 1267, n.º 1, d) e 1278, n.ºs 2 e 3).

70. Também é irrelevante a classificação de *posse causal e posse formal*.

Posse causal, seria aquela em que o titular da relação de senhorio de facto também é legitimo titular do direito a cuja imagem objectiva possui.

Posse formal, seria aquela em que o possuidor não é titular legitimo desse direito.

Ora a posse – em sentido técnico, como previsão legal – é tão só a relação de senhorio: sendo agnóstica, no cuidar de se saber se o possuidor também é o legitimo titular do direito (Orlando de Carvalho, Rev.L.J. 3781, 105; Oliveira Ascensão, o. cit., p. 82). V. supra, n.° 24.

O possuidor – como tal – não tem menos faculdades, nem a sua posse é menos relevante – por não ser titular do direito, tal é indiferente (Planiol-Ripert-Picard, o. cit., p. 161). O titular do direito, que seja também possuidor – não terá, em tema de posse, mais faculdades por isso.

Assim, já os romanos realçavam que sou possuidor, porque o sou (possideo, quia possideo).

O ladrão, ainda que, pois, esteja ilidida a presunção do artigo 1268 do código civil e ainda que sendo possuidor de má-fé, e saiba que prejudica os direitos doutrem (artigo 1260): É possuidor, e tal posse conduz, até, a usucapião.

Daí, também, que não faça qualquer sentido dizer-se – como se tem dito – que o sujeito A não pode ser considerado "possuidor", porque, v.g., "sabe melhor do que ninguém" que não é titular do direito (p. ex., a propósito do promitente-comprador, eventualmente, na posse do bem prometido transmitir).

E, nem sequer a posse pode ser autonomizada, utilmente, em *posse justa e posse injusta,* consoante exista, ou não, *justa causa possessionis* (Hugo Natoli, o. cit., 128). A falta de título, a má-fé ou a violência apenas são "qualidades" negativas de posse, relativas e para certos efeitos.

A títularidade do direito a que se refere o art. 1278, é a do direito do terceiro. Como, aliás, aflora nos arts. 357, n.° 2 e 510, n.° 5, do C.Pr.Civil. Vide, infra, 153.

Todavia, o antes afirmado refere-se á posse (genuína). Já nos casos de "posse limitada", esta terá que ser causal (infra, n.° 72).

71. A posse pode ser *directa ou imediata* (unmittelbar), ou *indirecta ou mediata* (mittelbar).

É directa ou imediata quanto é o próprio titular da relação possessória (o possuidor) que detem, como tal, a coisa (per nosmet ipsos, Paulo). É indirecta ou mediata na relação inversa.

Assim, se A. detem a coisa, exercendo sobre ela a sua influência empírica á imágem do direito de propriedade – a posse é directa ou imeditata. Mas, já se A. arrendou a coisa a B, quem a detem é o arrendatário,

Classificação da Posse

e A., a titulo de proprietário, é possuidor indirecto ou mediato – por intermédio da detenção de B, "como" arrendatário.

Assim, também se qualifica a posse, em posse *em nome próprio (proprio nomine)* e posse em *nome alheio (alieno nomine)*. Quando a posse é directa e imediata, o titular exerce a posse em nome próprio. E exerce-a, com animus dominandi, animus domini, animus sibi habendi, animus possidendi, affectio possidendi. Como expressões que têm em conta a posse á imagem do direito de propriedade, como posse que historicamente aí tem a sua origem e, hoje, está subconsciente como paradigmática.

Quando a posse é indirecta ou mediata, o detentor – como intermediário, daquele que é possuidor indirecto ou imediato, será possuidor em nome alheio.

Nessa relevância o parágrafo 868 do código civil alemão expressamente determina que se alguém possui uma coisa como usufrutuário, credor penhoratício, arrendatário, comodatário, depositário ou relação semelhante por virtude da qual está frente a outro autorizado ou obrigado temporalmente à posse, também o outro é possuidor (possuidor mediato).

Assim, o nu-proprietário é possuidor indirecto ou mediato por intermédio do usufrutuário: sendo este, relativamente á nua-propriedade, possuidor nomine alieno; embora relativamente ao usufruto seja possuidor directo, imediato e em nome próprio (Orlando de Carvalho, Rev.L. Jur. 3811, 293). A solução, todavia, não é pacífica, sendo contrária a ela, p. ex., Hugo Natoli (o. cit., p. 49).

No entanto, quando o detentor (p. ex., o usufrutuário) se encontra nessa situação derivadamente, ou seja por cedência do possuidor anterior (o proprietário, ou que actua como sendo), então essa detenção (faculdade de deter e continuar detendo) é, também, um modo de o anterior possuidor usar a sua faculdade de deter e continuar detendo, que assim se mantem (como ele quer) e de que não liminarmente se excluiu (no modo que quis). Nada impede, pois, que se considere que a coisa continua debaixo da sua esfera de influência empírica – e que, continuando possuidor, o seja – nesse âmbito – indirecta ou mediatamente por intermédio do detentor; e este, por sua vez, nesse âmbito, detenha em nome daquele (alieno nomine).

Assim, p. ex., no caso de arrendamento, a entrega do bem ao arrendatário pelo senhorio, é uma limitação, mas não é renúncia ao senhorio de facto.

Bem como, a devolução do bem ao primeiro, findo o arrendamento, não significa a constituição de um novo senhorio, mas tão só confirmação de um já existente (Ennecerus-Kipp-Wolf o. cit., p. 41).

Se o detentor, todavia, adquiriu a posse unilateralmente e sem a vontade do anterior possuidor, mas tal posse concreta o é á imagem objectiva e de juízo volitivo subjectivo de um jus in re aliena (p. ex. usufruto), então, não só por um lado não põe em causa (não se "apodera") da nua propriedade, como, por outro lado, a manutenção dessa detenção corre paralela a uma não reação do nu-proprietário. E, esta não reacção, ou complacência, do nu-proprietário pode entender-se, na sua normatividade (id quod plerumque accidit) como manifestação tácita duma vontade complacente, facultativa ou tolerante. Isto é, não será ousadia assumir-se que tal posse, a titulo de usufruto, ainda o é porque assim, na sua vontade, o aceita o nu-proprietário. E, consequentemente, que a detenção do possuidor-usufrutuário o é, ainda, como modo de o anterior possuidor (o proprietário) usar a sua faculdade de deter e continuar detendo, no modo que assim aceita e que, nesse modo, se mantem a sua esfera de influência empírica sobre a coisa. Ou seja, que possui como nu-proprietário, mediata e indirectamente, através do intermediário detentor; e nesse âmbito, detendo o possuidor-usufrutuário alieno nonime (em nome daquele).

Combinando as referidas classificações de posse, teremos, p. ex., no arrendamento, que o arrendatário detentor é intermediário e possuidor em nome alheio face à posse do senhorio; e este, possuidor indirecto e mediato, á imagem de proprietário e nesse âmbito, face à posse exercida, em seu nome, pelo detentor inquilino. Mas o detentor inquilino, por sua vez, também é possuidor (limitado) directo, imediato e em nome próprio, á imagem do direito de arrendatário, e nesse âmbito.

E as combinações podem até levar-nos, p. ex., a uma situação em que existe o subarrendatário A. – arrendatário de B –, mas em que o proprietário seja ele mesmo, o subarrendatário A.. E, então, A. será possuidor á imagem de sub-arrendatário, directo, imediato e em nome próprio. Mas será, também, possuidor á imagem do direito de arrendatário, em nome de B; e este, por intermédio dele, á imagem desse direito, possuidor indirecto e mediato. E, por fim, A. que é possuidor, á imagem do direito de sub-arrendatário, directo, imediato e em nome próprio; é, ainda, possuidor á imagem do direito de arrendatário, em nome de B; e, por sua vez, possuidor, á imagem do direito de propriedade, indirecto e mediato, sucessivamente, por seu intermédio (como intermédiário) de B..

Assim, a posse é directa, imediata e em nome próprio – se não há mediador ou intermediário na detenção da coisa.

A posse mediata, indirecta ou em nome alheio – pressupõe uma intermediação da actuação dum terceiro. E é uma espiritualização, ou seja é a consideração da "natureza do direito" em cujo exercício detem o intermediário-detentor que permite a possibilidade da imputação da titularidade da relação, ou seja da posse mediata, indirecta ou em nome alheio (Ennecerus-Kipp-Wolff – o. cit. p. 41).

72. No instituto da posse, é relevante a distinção de *posse, mera detenção* e *posse limitada*.

A posse, antes de mais, consubstancia uma relação-de-espaço duma coisa com um sujeito (uma "relação estancial", Orlando de carvalho), que "intende", segundo o consenso público, uma relação de senhorio, á imagem objectiva, "como sendo", uma relação-jurídica (ainda que não-verdadeira) (Ennecerus-Kipp-Wolf).

E, se, no caso, se consubstancia essa situação de facto, existe "posse". Todavia, tão só por essa situação, sem mais, não estará, geralmente, determinado quem seja o titular de tal posse.

Por exemplo, se o sujeito A. vem lavrando e semeando o campo, e vem colhendo os frutos, reiterada e públicamente, esse campo está "apoderado"; é objecto de posse. Todavia o "detentor" dessa relação material pode não ser "o possuidor": e, várias situações, em concreto, podem ocorrer.

Tudo dependerá do juízo volitivo subjectivo, específico, que determina, no caso, a conduta (em que se manifesta o senhorio) do agente detentor dessa relação de facto.

O que é uma (segunda) questão, e, questão já de intelectualização ou espiritualização daquela conduta. (cit. Ennecerus-Kipp-Wolp, p. 41).

Se, p. ex., o referido A. actua determinado por um juízo volitivo subjectivo (animus) "como sendo" (ainda que não seja) dono, há posse: e A., detentor, é, também, o possuidor. Igualmente se passando, se A. actua, p. ex., determinado por um juízo volitivo "como sendo" usufrutuário; ou, como sendo titular do "direito de uso" (artigo 1484 do Código Civil).

Mas já, se A. actua como "feitor agrícola" de B., determinado por um juízo volitivo subjectivo de cumprimento dessa função, haverá, ainda, posse. No entanto, A., detentor embora da relação de facto de senhorio – será, todavia *"mero detentor"*: e, B. é que será o "possuidor" (mediato ou indirecto; e á imagem do direito real de gozo).

E, se A. actua como arrendatário-rural de B, determinado por um juízo volitivo subjectivo de desenvolvimento das faculdades de uso e fruição do bem, no âmbito do existente arrendamento, haverá posse (limitada).

No entanto A., só é possuidor (directo, imediato e em nome próprio) à imagem do direito de arrendamento-rural. Mas, já será mero detentor (possuidor em nome alheio) á imagem do direito de propriedade. E, quanto a este, "possuidor" (mediato ou indirecto, e em nome próprio) será o senhorio B.

73. Assim, haverá *"posse"* (directa, imediata e em nome próprio) – se o detentor do referido senhorio de facto é determinado por um juízo volitivo subjectivo, "como sendo" titular do direito de propriedade ou de outro direito real de gozo; ou de outro direito a que o legislador estendeu o instituto da posse (propriedade intelectual; domínio do Estado e de outras pessoas colectivas; quotas, legalmente constituidas, de sociedades comerciais ou civis sob a forma comercial) (supra, n.°s 10 a 12).

Como igualmente haverá "posse", (exercida por intermédio), se o detentor do referido senhorio de facto é determinado por um juízo volitivo subjectivo "como sendo", intermediário, em termos amplos, doutrem e, como sendo esse outrem o titular daqueles direitos. E, nestes casos, sendo esse outrem o possuidor (indirecto ou mediato).

Haverá já, *"mera detenção"* – na perspectiva da relação de senhorio quanto ao detentor dessa relação, se ele é determinado por um juízo volitivo subjectivo da prestação dum mero serviço, ou função, a favor de outrem; ou a coberto duma mera tolerância ou mero acto facultativo precário desse outrem; ou numa sua (do detentor) actuação meramente precária; ou á imagem subjectiva dum direito a que o legislador não estendeu o instituto da posse (p. ex., o mandato). Ou, determinado por um juízo volitivo--subjectivo de exercício dum direito a que o legislador, excepcionalmente, estendeu o instituto da posse, mas que, no caso, juridicamente não exista (p. ex., locatário, parceiro pensador, comodatário, depositário, credor pignonatício, direito de retenção, consignação de rendimentos, quotas não legalmente constituidas de sociedade comercial ou civil sob a forma comercial).

E, haverá *"posse-limitada"* na perspectiva do detentor da coisa, – e directa, imediata e em nome próprio – e, nesse âmbito, se ele é determinado por um juízo volitivo subjectivo de exercício dum direito (juridicamente no caso existente) a que o legislador, excepcionalmente, estendeu o instituto da posse (credor pignoratício, credor com direito de retenção e credor de consignação de rendimentos; locatário, parceiro pensador, comodatário e depositário).

E, diz-se "posse-limitada", por ser limitada a três níveis. Primeiro, porque só existe, e á imagem e no âmbito dos referidos direitos, a que, excepcionalmente, o legislador estendeu o instituto possessório. Segundo, porque pressupõe que esses direitos, no caso,legalmente existam: não bastando que se actue "como sendo" titular dos mesmos. E, terceiro, porque dos efeitos possessórios, tal posse só beneficia das acções possessórias (no seu âmbito se incluindo a indemnização pela perseguida turbação ou esbulho).

Nomeadamente, não beneficiando da presunção do direito; nem de usucapião (artigo 1287).

Conforme, supra, n.°s 9 a 16, se desenvolveu.

São, também, casos de posse limitada aqueles de direitos híbridos ou atípicos a que por extensão integrativa se apliquem os preceitos possessórios dos ditos casos de posse limitada (infra, n.° 197).

CAPÍTULO VIII
Aquisição da Posse

SECÇÃO I
Capacidade de gozo e de exercício

74. A posse, como relação estancial duma coisa face a um sujeito, tem que o ser á imagem dum direito (duma relação jurídica) (artigo 1251 do código civil).

Assim, se o direito a cuja imagem se exerce a concreta relação de senhorio de facto não tem existência legal no ordenamento jurídico, não se conceberá, então, como tal relação de senhorio possa ter relevância jurídica, mesmo tão só como situação possessória. Por exemplo, se o direito de superfície não fosse jurídicamente reconhecido, então uma relação de senhorio á imagem desse direito não poderia ter relevância como posse (Manuel Rodrigues, o. cit., p. 262).

Pela mesma lógica, o titular possessório duma concreta relação de senhorio terá que ter a *capacidade de gozo*, legalmente exigível para a correspondente relação jurídica, á imagem da qual se desenvolve a respectiva relação de facto.

Em tema de usucapião, o artigo 1289, precisamente autonomiza a capacidade de gozo, no seu n.º 1 e a capacidade de exercício, no seu n.º 2.

O que, mutatis mutandis, vale para a posse.

E, sendo certo que a capacidade do gozo é a regra (artigos 67 e 160 do código civil).

75. Já quanto á *capacidade de exercício*, basta que quem detem a relação de senhorio de facto tenha "uso da razão"; e mesmo que o não tenha, relativamente ás coisas susceptíveis de ocupação (artigo 1266 do código civil). Embora os que não tenham o uso da razão, possam beneficiar de posse, exercida em nome deles, por intermédio de quem tenha o uso da razão (artigo 1252, n.º 1).

Como a posse é uma relação voluntária de senhorio, mas de facto, não é exígivel a capacidade de exercício postulada, legalmente, mas para o exercício do direito (a cuja imagem se possui).

Todavia, como o senhorio de facto pressupõe uma relação *voluntária* com a coisa, á imagem dum direito, compreeende-se que se exija uma vontade suficientemente madura para, minimamente, se puder dirigir á criação duma relação (voluntária) de senhorio, como se fosse á imagem dum direito (ainda que com uma mera representação global prática ou de leigos).

Daí a afirmação romana, furiosus et pupillus non possunt incipiere possidere, quia affectionem tenendi non habent, licet maxime corpore suo rem contingant (1, 3 D. 41,2).

De acordo com um "topos" comum, expresso na lei civil no n.° 2 do art. 488 do código civil, presume-se que não têm uso de razão os menores de 7 anos e os interditos por anomalia psíquica (Orlando de Carvalho, Rev.L.Jur. 3786, 262). Presunção que é ilidível (art. 350, n.° 2).

Quanto ás coisas susceptíveis de ocupação, a lei dispensa o uso da razão porque se basta, quanto a elas, pela simples apreensão. Ainda que, haja quem defenda que se para adquirir a posse sobre coisas susceptíveis de ocupação não é necessário o uso da razão, todavia, já o é para sobre tais coisas se adquirir a propriedade. Na medida em que para adquirir a propriedade (por ocupação) se exigirá, ainda, a intenção de adquirir; o que, naturalmente, pressupõe o uso da razão (Pires de Lima e Antunes Varela, anot. artigos 1266 e 1318). Todavia, se para adquirir a posse sobre coisas susceptíveis de ocupação, não é necessário o uso da razão, e basta a simples apreeensão, não se vê porque é que mais se deva exigir (do que a apreensão) para (nesse âmbito) também adquirir o direito (de propriedade).

76. Conforme referido, a posse pode adquirir-se pessoalmente, por uma relação de senhorio de facto pelo próprio (*per nosmet ipsos*, Paulo), ou por intermédio de outrem (artigo 1252). No último caso, este outro é que, como capacidade de exercício, deverá ter o uso da razão. E para ele ser intermediário, basta que seja detentor ou possuidor em nome alheio; no modo em que, em tema de posse, de *corpus e animus*, se define tal situação. Como acontecerá, p. ex., com o mandatário, o arrendatário, o usufrutuário, o gestor de negócios; relativa e respectivamente, ao mandante, ao senhorio, ao nu proprietário ou áquele a favor do qual se exerce a gestão. Isto é, o terceiro (com capacidade de exercício) não tem que ser representante legal, estricto senso, daquele em nome do qual, lato senso, e sem capacidade de exercício, possui.

E, como, em tema estrictamente possessório, quer á capacidade de exercício basta o uso da razão, quer a posse pode exercer-se por intermediário (no sentido possessório), também na aquisição da posse por

Aquisição da Posse 149

constituto possessório, bastará que as partes, do negócio de transmissão do direito, detenham o mero uso da razão (defende opinião contrária Hugo Natoli, o. cit., 105).

A falta de capacidade de exercício quanto ao negócio, apenas postula a anulabilidade, mas do negócio e com a consequência do dever recíproco de restituição do que cada um recebeu (artigo 289).

Todavia, em termos de senhorio de facto, de relação estancial da coisa (de biunivocidade, de corpos e animus) o alienante perdeu a posse e o adquirente ganhou-a.

76.1. Ainda que o titular da relação de senhorio tenha capacidade de gozo ou de exercício, todavia, **sempre a relação concreta de senhorio terá que consubstanciar um acto de vontade.**

Assim, não existirá posse se alguém, dormindo, agarra na mão um objecto (si quis dormienti aliquid in manu ponat).

Ou, quanto ao proprietário dum automóvel no qual um ladrão, e sem aquele o descobrir, introduziu, escondendo, uma coisa furtada.

O acto de vontade não tem que ser especialmente determinado. Assim, p. ex., o que coloca um recipiente (caixa do correio, ou aparato automático) para que nele se depositem coisas de determinada classe, converte-se em possuidor tão só pela introdução nele de tais coisas (Ennecerus-Kipp-Wolf-o.cit., p. 53).

Ou, o proprietário duma vacaria, ao lado da qual o fornecedor de sacos de rações deposita as encomendas feitas.

O acto de vontade, ínsito na relação de senhorio, não é um negócio jurídico, uma declaração-de-vontade negocial, ou equiparada. (Manuel Rodrigues, o. cit., pág. 224 e cits. Autores, p. 54).

Assim, não lhe são aplicáveis as normas sobre os vícios da vontade: o que, voluntáriamente, constitui uma relação possessória, não pode impugná-la por erro (cits. Ennecerus-Kipp-Wolf). Se quiser pôr termo á posse, só abandonando-a ou cedendo-a.

Também á cedência, no âmbito da posse e para por ela o detentor perder a posse e o beneficiário a adquirir pela consequente tradição, bastará o mero acto de vontade. Mas sem que esse acto de vontade configure, em estricto tema possessório, uma declaração de vontade negocial. É certo que, por norma, tal cedência da posse se integrará numa declaração de vontade negocial. Mas, por um lado, para efeitos de posse (perda e aquisição), basta a "voluntariedade" (intencional e no uso da razão). E, por outro, ainda que consubstanciada numa declaração de vontade, e como tal, esteja sujeita ás normas sobre vícios da vontade, todavia, a sua anulação

150 *Posse e Usucapião*

não importa, de per si, recuperação da posse. Apenas, importará um "direito á restituição" da coisa. Direito esse, todavia que o cedente puderá fazer valer contra o terceiro (mero) possuidor (em senhorio de facto) (artigos 289 e 294 do código civil).

SECÇÃO II
Corpus

77. A posse, segundo a noção do artigo 1251 do código civil, é o poder que se manifesta quando alguém actua por forma correspondente ao exercício do direito de propriedade ou de outro direito real.

Existem, pois, na posse *três vectores*.

O primeiro, é *uma coisa*.

O segundo, uma conexão local entre a coisa e um sujeito, em modo de *relação estancial ou de espaço, como de voluntário senhorio de facto sobre a mesma. E, em terceiro lugar, senhorio, voluntário e de facto, esse, á imagem, por sua vez, do exercício sobre a coisa das faculdades empíricas correspondentes ao exercício do direito de domínio* (de direito de propriedade ou de outro direito real).

E, elementos esses que, assim, são entendidos pela consciência social: á luz de quantos participam no círculo social em que o domínio se exerce.

Com efeito, *é segundo o consenso público (ou o ponto de vista dominante no tráfico – Verkehrsanschauung) aí estabelecido que se há-de afirmar e creditar o exercício de poderes empíricos sobre a coisa* (Orlando de Carvalho, Rev.L.Jur. 3810, p. 260; Manuel Rodrigues, o. cit., p. 215).

Todavia, o dito entendimento da consciência social não é (tanto) o entendimento efectivo, mas (sim) o que, (face aos concretos poderes empíricos exercidos de facto na relação estancial de senhorio do sujeito com a coisa), **deva, razoavelmente, ser o "entendivel"**. Como, pois, questão de direito (infra, n.° 83).

E, entendível na perspectiva dum senhorio empírico de facto.

Ou seja, de se olhar a situação sobre o ponto de vista factual e empírico, como "entrada factual duma coisa em certa órbita de senhorio ou de interesses" (Heck), *in* Orlando de Carvalho (Rev. L. Jur. Ano 122.°, 3780, Julho de 1989, p. 66). *Isto é, numa manifestação de correspondência ao exercício de poderes duma dada situação jurídica –* "se bem que não a relação jurídica verdadeira, mas aquela que apareça e se estima como

Aquisição da Posse 151

situação de direito" (Ennecerus – Kipp-Wolf), e numa "representação global práctica ou de leigos" (Orlando de Carvalho, cit. Rev. L. Jur., 122.°, 3786, p. 262 e 123.°, 3810, p. 260). *E, sem cuidar, ainda, de se saber se é ou não licitamente a relação jurídica verdadeira* (Ennecerus – Kipp – Wolf, o. cit., 28, 29; Orlando de Carvalho, cit. Rev. L. Jur., 3810, p. 260).

E não, se exigindo entendimento ou consciência da existência, ou não, do correspectivo direito e do seu consequente exercício

"Não se exige nenhum *consensus populi* de titularidade do direito", não se exige " que se crie a convicção de que o exercente é o titular do direito que os poderes empíricos inculcam" (Cit. Orlando de Carvalho). Basta o "poder de facto" (*"pouvoir de fait"*, "– *Saechlichegewalt*"), basta o "senhorio de facto" (o *"potis sedere"*, o "sentar-se como dono"). Ou seja, "o exercício de poderes de facto que *intende* uma vontade de domínio, de poder jurídico-real" (cit. Orlando de Carvalho, Rev. L. Jur., 122.°, 3780, p. 68).

<u>Assim, a consciência social dominante, face á concreta situação de senhorio de facto (*potis sedere*), razoavelmente "entenderá" (deverá entender):</u> – *Se* aquele sujeito que assim actua é ou não titular dum direito, não sei; ou até sei que o não é. *Mas* os actos que desenvolve sobre a coisa manifestam, razoavelmente, a prática de poderes empíricos, dum dado direito. Ou seja, ele *"actua por forma correspondente ao exercício do direito"*: actua, no modo como actuam os titulares do direito.

E modo este de actuar que, obviamente, *não pressupõe contacto físico* com a coisa, *nem o exercício pleno do direito*; *nem uma actuação diligente de uso*, conservação, melhoria ou defesa do bem.

Preexistindo esses três vectores, existe posse. Ainda, todavia, que sendo visível esse senhorio, muitas vezes, só por ele, já não se saiba a quem corresponde (Ennecerus-Kipp-Wolf, o. cit., p. 29). Tal, já dependerá do animus do detentor (supra, n.° 72).

Dos próprios actos e das condições que forem praticados, em regra, porém, só pode concluir-se que o direito possuido ou é de propriedade ou de servidão: Para que a posse adquirida se limite a qualquer dos outros direitos possessórios, é necessário que um acto jurídico defina e limite o *animus* (Manuel Rodrigues, o. cit., 216).

Por exemplo, se A. cultiva um campo, ou seja se o lavra, semeia, colhe os produtos, e, assim, o vem fazendo há anos – existe posse sobre tal campo. Mas, daí não se segue, sem mais, que A. seja possuidor. Se esses actos que pratica, os faz com a intenção, com o propósito, subjectivo e volitivo, de usar e fruir o campo "como sendo dono", A. é possuidor: directo, imediato e em nome próprio; e á imagem, objectiva e subjectiva do direito de propriedade. Mas já não, se A., p. ex., o move, subjectiva e volitivamente, a intenção, ou o propósito, de apenas prestar um serviço, de cumprir as suas obrigações, como feitor de B. Neste caso, A. é mero detentor. E B. é que é o possuidor.

E, igualmente sucederá, se o que determina a conduta de A. é o objectivo, a causa ou função, subjectiva e volitiva, de usar e fruir o campo como arrendatário de tal campo, e em que o senhorio é B. Neste caso, B. é que é o possuidor, indirecto e mediato, á imagem do direito de propriedade. E A., na perspectiva do direito de propriedade, é possuidor em nome alheio. Embora seja possuidor (limitado), directo e imediato, no âmbito, ou á imagem, do direito de arrendamento.

Todavia, em todos esses casos a relação estancial é, em si, uma relação de senhorio de facto á imagem (objectiva) do direito de propriedade; ou seja, do exercício das faculdades de uso e fruição contidas nesse direito. O que interessa é que de facto se desenvolvam faculdades que correspondam ao exercício empírico do conteúdo dum direito; ou seja, que corresponda ao modo como empíricamente se pode exercer de facto o conteúdo das faculdades contidas num direito. O que se passa, é que nos dois últimos exemplos, essas faculdades são exercidas pelos detentores (A), com apego (nos respectivos animus) á vontade de B, como sendo o proprietário. O mesmo se passando, mutatis mutandis, p. ex., se A. assim agisse, subjectiva e volitivamente, mas a coberto duma mera tolerância ou faculdade por ele imputada a B., e como sendo este o dono, e com o simples objectivo de, nesse âmbito, se ir aproveitando da fruição do campo.

78. Se na posse existem os referidos três vectores (coisa; relação estancial de espaço com um sujeito; e á imagem dum senhorio de facto, correspondente ao desenvolvimento factual do exercício empírico do direito de domínio), então, **são elementos do seu corpus, todos os elementos materiais integrantes quer da coisa, quer da sua referida relação estancial ou de espaço que, á luz do consenso público (ou consciência social) permitam, relevantemente, a valoração, o entendimento, de entre o sujeito e a coisa existir uma relação de senhorio de facto, á imagem duma relação empírica de domínio.**

Assim, desde logo, para se assumir tal entendimento, *não existe necessidade* (nem teórica, nem práctica) *dum contacto físico*, ou duma vontade especialmente determinada ou do exercício das faculdades do direito de propriedade "directamente" *sobre a coisa, ou sobre toda a coisa. Basta que a coisa entre na nossa órbita de disponibilidade fáctica, que sobre ela podemos exercer, (querendo), poderes empíricos; basta a en-*

trada factual de uma coisa em certa órbita de senhorio ou de interesses (Heck) (Orlando de Carvalho, Rev. L. Jur. 3780, 66).

Assim, se A. dispõe dum receptáculo, cujo significado comum é o de receber, por introdução no mesmo, certas coisas (como a caixa do correio ou o cofre bancário), A. tem a posse dessas coisas introduzidas, tão só pela entrada factual da coisa nessa órbita de senhorio. (cits. Ennecerus-Kipp--Wolf e Lacruz Berdecho). O mesmo acontecendo, se no logradouro da vacaria aí são colocados sacos de rações para o gado; ou, um conjunto de telhas, que os fornecedores aí descarregaram.

Por sua vez, entende-se por prédio rústico uma parte delimitada do solo e as construções nele existentes que não tenham autonomia económica; e, por prédio urbano, qualquer edifício incorporado no solo, com os terrenos que lhe sirvam de logradouro (artigo 204, n.° 2, do código Civil). Então, se A. habita num edifício, com r/c e 1.° andar e quintal (coisa), "basta" o corpus possessório de usar e fruir, p. ex., do r/c, para a coisa (prédio urbano), no seu todo, estar possuida na totalidade. Bem como, para possuir os móveis que se encontrem no prédio; e quer, aí estejam ordenada e funcionalmente; quer, em algum lado, estejam armazenados, encaixotados ou, simplesmente, espalhados.

Assim, mesmo quanto aos móveis, não se poderá exigir que haja um necessário contacto material com eles. Bastará "a apreensão indirecta por meio de qualquer processo que segundo o consenso geral, dá um poder de facto sobre as coisas" (Manuel Rodrigues, o. cit., p. 213).

Igualmente, se quanto a um prédio rústico o possuidor apenas usa e frui uma parte do terreno.

Já os romanos diziam que não é necessário *qui fundum possidere velit, omnes glebas circumambulet.*

E bastará para possuir o terreno tão só demarcá-lo, ou vedá-lo (cit. M.Rodrigues, p. 214).

Assim, entrando o prédio rústico na esfera de influência empírica dum sujeito, igualmente estarão sujeitas a tal posse as coisas móveis que aí se encontrem; bem como as partes não directamente objecto duma actividade material, mas que, querendo, estão nessa disponibilidade empírica (Hugo Natoli, o. cit., 99).

Salvo que da natureza das proprias coisas, e segundo a consciência social, a relação do senhorio de facto seja equívoca. Entender-se-á, naturalmente, existente a relação de senhorio, p. ex., relativamente a um tractor--velho, usado e desmantelado, junto á vacaria; como relativamente a um carro-sucata, no quintal. Mas tal já não se entenderá, p. ex., perante um anel valioso, caído na borda dum campo, junto a uma via pública.

"É no terreno onde se edifica que devem ser colocados os materiais de construção. Ao contrário, não se deixam no campo, mas na casa, os objectos preciosos. Aquele que os vê no campo dirá que foram perdidos... Não se pratica portanto nenhum acto contra a posse quando se levantam para os entregar ao proprietário ... Mas, ninguém levanta para entregar ao proprietário as armadilhas que se encontram na floresta porque se sabe que o seu destino económico se realiza precisamente expondo-as em tais lugares e que levantando-as se atacaria o seu destino económico, isto é a posse do proprietário" (Ihering).

Bem como, se porventura o detentor apenas possui uma parte do terreno rústico, e essa parte a veda ou a demarca (com muros, sebes, redes, etc). Pois que, nesse caso, em termos de facto, o prédio passou a ser autónomo, nessa delimitação (artigo 204, n.° 2, do C.Civil): e, como tal,a ser esse o entendimento de consenso público; ou seja que só possui a parte que fica dentro da vedação ou da demarcação.

E, também, em hipóteses extremas, um mero aproveitamento (uso, fruição e administração) de uma mera parte dum terreno pode tornar equívoco que o detentor se esteja a apoderar do mesmo ou se, tão só, a imiscuir-se num uso parcial, á imagem duma tolerância. P. ex., se A. proprietário dum prédio urbano, patentemente delimitado, apenas usa uma pequena parte, dum extenso campo contíguo, quer aí estacionando o veículo, depositando materiais ou, até, cultivando, p. ex., produtos hortícolas. Pois, essa relação estancial pode tornar-se equívoca, no sentido de que a intenção do detentor seja a de possuir todo o terreno, até aos seus limites (*hac mente et cogitatione sit, uti totum fundum usque ad terminum velit possidere*).

79. Também para que a consciência social, ou o consenso público, possa entender uma relação como de senhorio, á imagem dum direito de propriedade ou de outro direito real, é naturalmente exigível *uma certa relação estancial "potencialmente" duradoura e com estabilidade.*

Concerteza que não existirá esse entendimento, quanto ao uso, pelos clientes dum restaurante, das respectivas mesas, talheres ou toalhas.

E, se a relação estancial, de conexão da coisa com o sujeito, deve ser *entendida á imagem do direito de propriedade* – não existirá corpus quando os elementos materiais da relação de espaço, sejam equívocos, no sentido de entendimento público de eventual tolerância ou dum mero aproveitamento temporal; sem correspondência, por parte de quem detem, ao exercício do direito de propriedade ou de outro direito real de gozo (Planiol, Ripert. Picard – o. cit. 174).

Aquisição da Posse 155

P. ex., se face a um prédio devoluto, e em mau estado, dele se aproveitam (aparentes) sem-abrigo ou toxidependentes. Ou, se num terreno inculto se instalam tendas, roulotes ou incipientes construções abarracadas.

"De um modo geral, pode dizer-se que é preciso atender á energia do acto de apreensão, e á natureza do direito que se pretende adquirir" (Manuel Rodrigues, o. cit. p. 214). Ninguém dirá – cit. autor – que adquiriu a posse de um prédio aquele que por ele passou um dia, ou que num dia nele apascentou os seus gados, ou nele colheu uma flor ou um fruto.

Não será, todavia, rigorosamente correcto afirmar-se que se exige mais para a constituição unilateral e originária da posse, do que para a aquisição derivada. Pois que, no último caso, se não existir posse anterior, também não se vê como ela se possa derivadamente adquirir ou nela suceder.

O senhorio de facto, como referido, tem que o ser á imagem dum direito de propriedade ou de outro direito real e que a relação estancial assim o "intenda", segundo o consenso público.

P. ex., não tem esse entendimento, a relação estancial do proprietário dum prédio (rústico ou urbano), só porque disfruta das vistas largas sobre o horizonte, através do espaço aéreo dum prédio vizinho.

O direito de construir, é uma "faculdade" do direito de propriedade do vizinho, que pode ser usada, ou não, como e quando queira (respeitando as condicionantes gerais do urbanismo e da edificação).

Assim, o prédio que disfruta de tais vistas, apenas disfruta, precariamente, enquanto que o vizinho tal "faculta". Ou seja enquanto que o vizinho não quizer construir; o que é uma res facultatis (De Luca, sec. XVI, in Manuel Rodrigues, o. cit., 230). Isto é, tal situação não é, pois, segundo o consenso público, uma relação estancial, havida como á imagem "dum direito", no caso dum "direito de servidão": tão só será entendida como mero acto facultativo, precário, enquanto que o vizinho não decidir construir. (H. Mesquita, o. cit., p. 60).

Para que a coisa entre na disponibilidade fáctica, na esfera empírica da relação de senhorio do sujeito, como já referido, dum modo geral pode dizer-se que é preciso atender á energia do acto de apreensão, á sua perdurabilidade e á natureza do direito que se pretende adquirir.

Basta, se o acto ou série de actos têm, segundo o consenso público, a energia suficiente para significar que, entre uma coisa e determinado indivíduo, se estabeleceu uma relação duradoura (M.Rodrigues, o. cit., 214).

Assim, um só acto pode evidenciar a posse.

P.ex., se A. lavra ou semeia um terreno, se o veda ou demarca, se nele constroi uma casa (M.Rodrigues, o. cit., 214 e H.Mesquita, o. cit.). Ou, se nele se faz uma plantação de eucaliptos.

156   *Posse e Usucapião*

80. *O corpus, ou seja os elementos materiais da relação estancial,* da relação de espaço, de conexão local da coisa com um sujeito, *têm que manifestar o exercício empírico dum direito real: têm que ser à sua imagem, o seu espelho* (Hugo Natoli); *a sua impressão digital,* o equivalente empírico dum licere jurídico (Orlando de Carvalho): ainda que, no caso, ele não exista e independentemente de se cuidar de saber se existe. Deve *corresponder a uma situação jurídica, se bem que não a relação jurídica verdadeira, mas aquela que aparece e se estima como situação de direito* (Ennecerus-Kipp-Wolf). E, numa "representação global práctica ou de leigos" (Orlando de Carvalho). V. supra, n.º 77.

Assim, quem se limita, p. ex., a passar por um prédio, ou a transportar ou usar águas, não pode senão obter a constituição de uma servidão e não um direito de propriedade (Pires de Lima e A. Varela, anot. 6, artigo 1263; Manuel Rodrigues, o. cit., 216; Hugo Natoli, o. cit., 58). E dado o princípio da biunivocidade, será indiferente que, em termos de animus, o titular actue com a intenção de dono (infra, n.º 92, in fine).

E, como valorar a situação, por exemplo, dum campo que é agricultado por A., mas que, no período de pousio, do Verão, nele se realiza há anos e anos a feira do gado da povoação (Cruz Berdejo, o. cit., 43); ou serve de recinto á festa da aldeia; ou a competições desportivas, etc,? Que A. tenha uma relação de senhorio, á imagem do direito de propriedade, é naturalmente "entendivel" pela consciência social. Quanto ao senhorio de facto dos organizadores da feira, da festa ou das competições já não o pode ser á imagem dum direito real de servidão, porque esse direito real só tem existência em proveito de prédios (artigo 1543 do código civil). E, aparentarem A. e os organizadores, simultâneamente, o exercício de direitos de propriedade, também não é jurídicamente assumível; porque não podem existir vários direitos de propriedade, in totum, sobre a mesma coisa (plures eandem rem in solidum possidere non possunt – Paulo; e art. 445 do código civil espanhol).

Também, constituir a situação, no exemplo referido, uma repartição concreta do mero uso, á imagem de direito de compropriedade, (entre A e os organizadores), será uma apreensão equívoca, porque não corresponde ao id quod plerumque accidit. A situação, "entenderá", antes, normativamente, uma relação de senhorio de facto, á imagem do direito de propriedade, quanto á conexão de A. com a coisa. E, uma situação de aproveitamento, por parte dos organizadores, da tolerância daquele.

E, se num prédio urbano existe uma janela aberta a menos de metro e meio do prédio vizinho; ou, se existe uma porta ou cancela sobre o vizinho?

Em termos de corpus, o que existe é a manifestação (corpus) duma relação de senhorio de servidão. Servidão de vistas, ar e luz, no primeiro caso. E, de passagem no segundo. E corpus que se forma com a conclusão da obra, não com o seu começo.

E, será necessário provar-se, ainda, que alguma vez o proprietário efectivamente disfrutou da janela, olhando através dela; ou, que foi aberta (para passar ar e luz)? Dado que a relação de senhorio não pressupõe contacto físico, mas tão só que a coisa entre na esfera empírica de influência ou de interesses, tal não é necessário. Bem como, também não é necessária a posse efectiva (Ihering), porque no nosso sistema legal constituido basta a possibilidade, querendo, de exercício (artigo 1257).

Vide, Pires de Lima e Antunes Varela, anot. 2, artigo 1362 e Ac.S.T.J., de 15-1-71, BMJ, 203.°, 173.

Todavia, como as servidões se extinguem pelo não uso, durante 20 anos, (e o que é já outra questão), se a parte interessada provar esse não uso, então a posse, sendo relação á imagem dum direito, também se extinguiu: ainda que a janela e a porta se mantenham (artigo 1570, n.° 1). Contra, estão, todavia, os referidos autores e acordão.

Também se deverá entender extinta a dita posse de tal servidão, se , por exemplo, a porta ou a janela são "fechadas", em modo significativo dum abandono (artigo 1267, n.° 1, alinea a): p. exemplo, se a janela é tapada com blocos, ou pedra e cal. Salvo que, se indicie uma tapagem passageira; p. ex., por motivo de obras que se estejam a levar a cabo.

Se, todavia, *os actos praticados correspondem a um conteúdo típico comum a diversos direitos* (p. ex. propriedade ou usufruto) já se deve *presumir*, todavia, que a posse corresponde ao *direito mais amplo* (o de propriedade) (Manuel Rodrigues, o. cit. 110/113 e 216; Orlando de Carvalho, Rev. L. Jur. 3780, 105). Não já quanto a *jus in re aliena*, p. ex. servidão. (Infra, 88).

Aliás, também há que *atender á natureza concreta das próprias coisas*. Assim, é natural que uma *casa de praia*, apenas seja utilizada em epoca de férias, de verão. Como, os *pastos na serra*, que têm neve no inverno, só sejam utilizados na Primavera e Verão.

Como, *a água de rega* só seja utilizada nos períodos adequados. E que, numa época de escassa mão de obra, os campos estejam menos aproveitados. Ou que, um terreno que se destina a construção, aguarde a melhor conjuntura económica.

Como é natural que os direitos sobre coisas que, por sua natureza, se exerçam raramente, também baste que se usem quando for necessário para esse gozo normal, conforme a sua natureza ou índole (artigo 531, do có-

158 *Posse e Usucapião*

digo civil de Seabra). Por exemplo, uma joia valiosa. Ou, o logradouro duma Capela, Ermida ou Santuário que só se usa na festa ou romaria anual.

81. Por sua *vez, não se exige*, como na teoria de Ihering, para se dever assumir uma relação de senhorio, *que a coisa seja usada com desenvolvimento completo dos poderes de uso, fruição e administração e como o deveria fazer um proprietário diligente.*

"O proprietário não é obrigado a usar, fruir e transformar continua e simultâneamente ... basta, por isso, praticar actos materiais que correspondam a alguns daqueles poderes, até mesmo porque presumindo-se a propriedade perfeita, se deve supor que se trata dos actos correspondentes ao direito de propriedade" (M.Rodrigues, o. cit., 216). A lei não exige, nem pode exigir, a práctica de todos os actos materiais qualificativos do direito (Pires de Lima e A.Varela, anot. 6, artigo 1263).

Aliás, dificilmente se compreenderia a exigência da teoria de Ihering, num sistema jurídico em que a posse se mantem enquanto existe a "possibilidade", querendo, de a continuar, sem se exigir, pois, a actuação efectiva correspondente ao exercício do direito (artigo 1257).

Assim, como já referido, para que se verifique o apoderamento dum prédio urbano que, como coisa, por exemplo se componha de casa e quintal, basta que se habite na casa. Não é preciso que efectivamente, se use, ou se agriculte, o quintal. E, muito menos toda a área, metro a metro. Relevante será que, nos seus elementos componentes, materiais e figurativos, o prédio (a coisa) se apresente, se manifeste, "em termos empíricos expressivos da sua unidade", e nos seus limites e fronteiras.

Assim sucederá, p. ex., se na sua composição topográfica o prédio é murado, ou tem vedações (como sebes, esteios, arames), em vários lados, e o confronto com um prédio vizinho, se faz com a própria parede duma casa aí erigida, ou com muro ou outro tipo de vedação que nela "apareça".

E, ainda que nessa parede exista uma porta, ou nesse muro ou vedação exista uma cancela. Pois, nessa imagem o que se entende é que o prédio, como coisa, vai até á parede, muro ou vedação do vizinho. Pelo que é suficiente ao seu apoderamento (ou seja para que ele ingresse na esfera de senhorio de facto, dos poderes empíricos, querendo, do sujeito), que o respectivo detentor habite na casa; ou, em parte do quintal o agriculte (plante novidades, videiras, flores; construa ramadas; o limpe); ou, em parte dele passeie, em lazer. Não sendo necessário que prove que o faz em toda a área, nomeadamente junto ao prédio do vizinho.

E, realçando-se, ainda, as presunções legais pertinentes. Nomeadamente, a de que se presume a posse em quem exerce o poder de facto (no

Aquisição da Posse 159

modo antes exposto); e que se o possuidor actual possuiu em tempo mais remoto, presume-se que possui igualmente no tempo intermédio; e que a posse se mantem, enquanto durar a possibilidade, querendo, de a continuar (artigos 1252, n.° 2, 1254, n.° 1 e 1257).

E, por sua vez, em tal exemplo, a existência duma porta, ou cancela, na parede ou na vedação do prédio vizinho apenas poderão significar, no seu corpus, uma relação de senhorio de facto, mas á imagem duma servidão de passagem (pelas ditas porta ou cancela), a favor desse prédio vizinho e onerando o prédio possuido. E, se outros sinais tal evidenciarem.

82. Os actos *"jurídicos" de disposição ou de administração* (como vender, arrendar, alugar, emprestar) não integram *o corpus* possessório.

Pois que, não são elementos componentes da relação de espaço, de conexão local da coisa, da sua relação estancial.

Aliás, o exercício de tais actos jurídicos, "não está necessariamente ligado ao facto da posse, porque o proprietário de uma coisa pode vendê- -la ou alugá-la, ainda mesmo que ela seja detida ou possuida por um ter- ceiro" (Manuel Rodrigues, o. cit., p. 212, referindo Aubry e Rau; Pires de Lima e Antunes Varela, anot. 5, artigo 1263; Henrique Mesquita, o. cit. p. 84; Planiol-Ripert-Picard, o. cit., págs. 161 e 168).

É certo que, p. ex., a outorga de uma escritura pública de arrenda- mento, ou a inscrição dum prédio na matriz ou no registo, ou promessas ou anúncios, ou o recebimento de rendas, etc, são, em si, actos, de facto. Todavia, "não constituem manifestações de autoridade empírica sobre a coisa ou apenas a implicam intencionalmente (não efectiva e actual- mente)" (Orlando de Carvalho, Rev. L. Jur., 3801, 355).

Assim, se, p. ex., é arrendado o prédio, o contrato de arrendamento em si – que pode até celebrar-se a centenas de quilometros de distância da localização do prédio – não constitui elemento do corpus. Já, todavia a ocupação subsequente do mesmo pelo arrendatário é um elemento de apoderamento, da relação estancial, e, pelo animus do detentor, o pos- suidor (á imagem do direito de propriedade) será, indirecta e mediata- mente, o senhorio.

Por outro lado, se os referidos actos jurídicos não integram o corpus, todavia serão já relevantes, em tema de posse, mas em sede de manifes- tação do animus do detentor. P. ex., se o detentor regista o prédio, paga impostos, etc, tal é revelação implícita (artigo 217, do código civil) do seu animus dominium. Ou, se o detentor A. ocupa o prédio, mas paga rendas a B. porque celebrou arrendamento com ele, como sendo este o senhorio, e este recebe as rendas, ou participa o arrendamento ás Finanças – então

160 *Posse e Usucapião*

A. manifesta o animo de arrendatário, de possuidor, (através do corpus da vivência habitacional), em nome alheio (de B) e B. manifesta o animo de domínio, e possui, a tal imagem, por intermédio do dito corpus daquele.

"A posse a título de dono exige, junto á pretensão de sê-lo, que por outros actos não se desvirtue tal pretensão: sobretudo frente ao titular do direito.

Por exemplo, no caso da Sentença, de 3 de Maio de 1974, em que, pese embora ter por mais de 30 anos inscrita no registo a propriedade a seu favor a entidade detentora duns terrenos (concessionária), estava pagando rendas pelos mesmos" (Lacruz Berdejo, o. cit., p. 92).

83. Saber se determinada e concreta relação de senhorio de facto, pelos seus elementos integrativos, é, ou não, "entendível" pela consciência social, pelo consenso público, como uma relação de senhorio, e á imagem dum direito real (e qual), *é uma "proposição duma questão jurídica"*. Questão de facto, é a determinação dos elementos materiais corpóreos, da relação de conexão do sujeito com a coisa.

Mas, a dita questão, já é uma questão de qualificação, um juízo qualificativo; um juizo de valor e com uma carga de normativismo jurídico. Como, por exemplo, saber se a assunção de certa dívida o foi, ou não, em "proveito comum do casal" (cf. Antunes Varela, Os Juízos de valor e o apuramento dos factos, C.J., XX, 1995, T. V; Manuel de Andrade, Noções El. Proc. Civil, 1979, n.° 97, p. 194).

Consequentemente, tal questão não deve ser objecto de "quesitos". E, eventuais respostas a quesitos (formulados), devem ter-se por não escritas (art. 646, n.° 4, do C.Pr.Civil). E, a respectiva qualificação poderá ser, como questão de direito, sucessivamente sindicável, (na sentença, no acordão da Relação ou no Supremo).

84. No artigo 1263, do código civil, alinea a), dispõe-se que a posse se adquire pela *"práctica reiterada, com publicidade,* dos actos materiais correspondentes ao exercício do direito".

Põe-se a questão do significado de tais expressões, usadas nessa alínea.

Ora, prática reiterada, é a repetição, a renovação, da mesma ou de outras faculdades correspondentes ao direito.

E, com publicidade, é a prática que se desenvolve em modo cognoscível, á luz de quantos participam (efectiva ou potencialmente) no circulo social (local) em que o senhorio de facto se conexiona. Ou seja, não é a qualidade da posse pública, em contraposição a oculta, de "poder ser conhecida pelos interessados" (artigo 1262).

Aquisição da Posse 161

Todavia defendeu-se, antes, que um só acto pode bastar para, com energia suficiente, ser aparência, manifestação ou imagem dum senhorio de facto. P. ex., construir-se uma edificação; ou murar-se um terreno.

Mas, tornar-se-á necessário, para essa assunção (de que um só acto pode bastar), enveredar-se pela violentação do significado etimológico (e não só) das expressões usadas na dita alinea a) do artigo 1263? E, assumir-se, concomitantemente, que o legislador não se exprimiu com precisão?

De modo algum. O significado das expressões usadas na dita alinea a), é o antes referido: e, no âmbito dessa alínea, deve manter-se.

Mas, o que o artigo 1263 já não significa é que "apenas" são modos de adquirir a posse, tão só os modos expressamente descriminados, autonomizados, nas suas quatro alíneas. Isto é, tal artigo não é taxativo (infra, n.º 93).

Ou seja, a prática reiterada, com publicidade, dos actos materiais correspondentes ao exercício do direito, é, óbviamente, "um modo" de adquirir a posse. Mas a pratica dos referidos actos, mesmo sem reiteração e publicidade, também pode ser modo de aquisição da posse. A reiteração e a publicidade (no referido sentido), não são, pois, elementos necessariamente imprescindíveis á existência duma relação possessória.

Nâo o serão, por ex. quanto, aos actos que, embora não reiterados, todavia tenham energia suficiente para "intenderem" uma relação de senhorio (p. ex., construção do edifício; ou, do muro).

E, já não será assim entendível, por falta de tal energia, por ex., face a quem "passe" por um terreno vizinho, mas tão só uma ou duas vezes.

Mas já o será se, p. ex., se constroi o caminho, com paralelos ou asfalto. Ainda que, quanto ao direito de servidão, haja que se atender a que se extingue pelo não uso, por 20 anos (artigo 1569, n.º 1, b). Como, quanto á referida publicidade, ela não será necessária quanto ás coisas cuja relação de senhorio concreto, mesmo sem tal publicidade, corresponde, todavia, a uma sua normal e natural utilização e apoderamento: e, na intimidade da vida privada ou numa relativa relação de privacidade. Como sucede, por exemplo, quanto ao mobiliário que temos na habitação; ou, quanto aos adornos, quadros da parede, pratas, antiguidades, colecções, livros de biblioteca, roupas caseiras, etc.

Ou, quanto aos livros de escritório profissional, ou biblots, adornos e similares.

Ainda que se deva entender que, se nessas situações não se exige, necessariamente, o requesito da dita publicidade (á luz de quantos participam no círculo social local) "para se adquirir a posse" (artigo 1263), todavia, continuará a exigir-se a sua cognóscibilidade "pelos interessados": mas para efeitos da sua qualificação de posse, como pública, ou oculta, á luz do artigo 1262.

E, para os seus pertinentes e específicos efeitos: por exemplo, do prazo de instauração de acções possessórias; ou, da relevância da posse para efeitos de usucapião (artigos 1282 e 1297).

Ou seja, o que há que concluir, na interpretação do artigo 1263, é que o seu "elenco não é, óbviamente, taxativo nem se vislumbra qualquer razão para que fosse. Que o não é resulta da própria lei, visto não incluir formas de aquisição que esta expressamente reconhece: o caso da sucessão por morte, reconhecido no art. 1255.° ... Nada obsta assim a que se admitam outras formas de aquisição de poder empírico sobre uma coisa em termos de um direito real ... porque practicamente possíveis e compatíveis com o nosso sistema possessório.

Um *numerus clausus* das formas de aquisição não teria qualquer razão de ser ... nem seria coerente com o intuito da lei de valorizar e regular todas as situações de posse autónoma" (Orlando de Carvalho, Rev.L.Jur., 3801, 354). V. supra, n.°s 93 e 94.

Aliás, a generalidade das legislações (inclusivé, o Código Civil de Seabra) não autonomizam, expressando-os, os diversos modos de aquisição da posse.

No entanto, sempre haverá que realçar, que a práctica "reiterada, com publicidade", é um modo típico e impressivo dum entendimento do apossamento.

E que, a falta de "reiteração", naturalmente exigirá uma maior energia, ou intensidade ao acto para dele se entender o estabelecimento duma relação de senhorio. Bem como, a falta da referida publicidade, mormente quanto aos imóveis, puderá tornar a relação de conexão equivoca quanto ao entendimento dum seu senhorio de facto, á imagem dum direito real. Como, quanto aos móveis que não se enquadram na antes referida conexão normal e natural dum senhorio íntimo e com privacidade.

85. *A posse, como relação de senhorio*, não deve ser apreendida e focada numa perspectiva estática, mas antes *dinámica*.

Assim, se A., num ano, limpa um campo das ervas daninhas. Um ano depois, lavra o campo. E, dois anos depois, lavra-o de novo, semeia o milho, e colhe as espigas e, nos anos seguintes, de novo, reiteradamente, vai lavrando, semeando e colhendo – então, a relação de senhorio, a posse, iniciou-se no primeiro ano em que limpou o campo das ervas daninhas.

Há, pois, a possibilidade duma aquisição embrionária, duma pré--posse, duma experiência pré-.possessória (Orlando de Carvalho, o. cit.,

Aquisição da Posse 163

3810, 261) que pode, estáticamente, de per si, não significar, ainda, um apoderamento, á imagem dum direito real.

Mas, consolidada, por conexões posteriores, a relação de senhorio de facto absorve a sua fase embrionária, e a posse existirá no seu conjunto, nessa perspectiva dinámica, e desde o seu primeiro acto embrionário.

Coerentemente, pois, o artigo 1288 expressa que, invocada a usucapião, os seus efeitos retrotraem-se à data do "início" da posse. E o artigo 1257, n.º 2, refere "o começo" da posse.

Assim, se A. prova que à 25 anos plantou eucaliptos na leira e que este ano cortou eucaliptos, tem o corpus (e a presunção do animus, directa, imediatamente e em nome próprio, e á imagem do direito de propriedade, pelo artigo 1252, n.º 2) de que é possuidor há 25 anos.

Aliás beneficiando até da "presunção legal", com todo o seu valor, de que possui nesse tempo intermédio (artigo 1254, n.º 1). E, redobradamente, até, se á 25 anos comprou a leira, por escritura (n.º 2, do artigo 1254). E, mesmo que se prove o contrário, ou seja de que nesses 25 anos, "efectivamente", não teve qualquer acto efectivo de conexão com a leira (p. ex., não passou por lá, não a vigiou, não mondou os eucaliptos, não limpou), todavia, nem por isso deixou de existir posse de 25 anos: porque a posse se mantem não só enquanto durar a actuação correspondente exercício do direito, como enquanto durar a possibilidade (querendo) de a continuar (artigo 1257).

Assim, se A. à 25 anos, por acto unilateral e originário, (ou, por cedência do anterior possuidor), face a uma leira com pinheiros, cortou alguns. Três anos depois, esmotou uma parte do terreno. Uns dois anos a seguir, aí começou, em parte da área, a fazer depósito de materiais (cargas de areia, vigas, de construção, etc). Mais tarde, terraplanou. Á 5 anos vedou a leira com um muro. Depois, construiu a habitação. E, actualmente, aí habita. Então, é possuidor, à imagem do direito de propriedade e desde há 25 anos (artigos 1252, n.º 2, 1254, n.º 1 e 1257). E, se houve "cedência", podendo invocar, inclusivé, a junção, a tal sua posse, da posse do possuidor anterior: pelo menos, para efeitos possessórios e de antiguidade; e dentro do âmbito do artigo 1256.

E, sendo a posse uma realidade estancial dinâmica, também, na sua vivência, podem mudar as suas qualidades. Assim, estando o possuidor, em determinado momento, de *boa-fé* quanto á aquisição dos frutos, nada impede que, depois, passe a má-fé; ou, vice versa.

Como pode a posse não ser *titulada*, e passar, depois, a sê-lo e, a partir daí, dessa qualidade beneficiar. Por exemplo, se A., por contrato verbal, "vende" um imóvel a B., lhe cede a posse e este por tradição material a

164 *Posse e Usucapião*

adquire. Nesse caso a posse não é titulada. Todavia, passará a sê-lo, se, e quando, posteriormente, A. e B. formalizarem a venda por escritura pública. Ou, se a posse se iniciou oculta ou com violência, e depois passou a pública ou pacífica (artigos 1261, 1262, 1267, n.° 2, 1282 e 1297).

E, também, até certo momento os actos possessórios podem não ser "reiterados", ou com "publicidade" (artigo 1263, a)), e, depois, passar a relação de senhorio a integrar, já, actos reiterados e públicos.

A mutação da relação de senhorio só será indiferente, se os requesitos em causa apenas forem relevantes, mas como existentes à data da aquisição da posse: como o qualificativo da posse de boa ou má fé (artigo 1260, n.° 1).

SECÇÃO III
Animus

86. A posse é uma relação de senhorio de facto dum sujeito com uma coisa, mas de senhorio "voluntário". Como conexão voluntária, preside-lhe, necessariamente, um juízo volitivo. E a vontade é teleológica; ou seja, é dela indissociável, como seu atómo substantivo, uma intenção, um propósito. Se sou volitivamente determinado a uma conduta, necessariamente tenho um objectivo, que, como motivo, me faz mover; sendo ele causa do meu acto e que eu pratico em função de alcançar aquele fim. *Esta intenção, este propósito, o porquê volitivo da conduta*, é, todavia, um elemento subjectivo, da órbita da espiritualidade anímica daquele sujeito: *é o seu animus*. Que, como tal, pelo menos teóricamente, é autonomizável face á realidade empírica que foi criada: esta, como elemento material, corporal (corpus), do mundo exterior. E criada, como função e em vista de dar corpo à referida razão anímica (intenção, propósito volitivo, subjectivo e concreto do sujeito).

É óbvio que tal intenção, ou propósito volitivo, tal animus seria irrelevante se permanecesse como realidade meramente subjectiva, interior e anímica do sujeito. Tal animus só ganha relevo jurídico, na medida em que se "exteriorize". Nos termos gerais. Ou, por palavras, escrito ou qualquer outro meio directo de manifestação de vontade; ou, quando se deduz de factos que, com toda a probabilidade, o revelem (artigos 217 e 295 do código civil). Ou, ainda, se o legislador sobre ele estabelece uma presunção (artigo 349).

Assim, se a posse é uma relação de senhorio, mas voluntária, necessariamente, como acto de vontade é dela indissociável, como átomo, uma intenção, um propósito volitivo: um animus, subjectivo e concreto.

O que existem é duas teorias jurídicas, para a apreensão e relevância desse animus. Como, já supra (n.ºs 6 a 8 e 17 a 21) se desenvolveu e, para onde, para mais desenvolvimentos se remete.

Para uma, a *teoria objectivista* (de Ihering) tal animus é o que se exterioriza, objectivamente, do próprio corpus da relação estancial do sujeito sobre a coisa, á luz da sua valoração pela consciência social, pelo consenso público, do círculo de pessoas (real ou potencial) da respectiva comunidade de conexão local (Verkehrsanschauung). E, segundo a valoração empírica dessa consciência social, como representação práctica ou de leigos (quanto á imagem do direito manifestado, espelhado no corpus): sem necessidade, dum refinamento, de correcta valoração jurídica dum jurista.

Para a *teoria subjectivista* (Savigny), o animus é autonomizável e autonomizado daquele corpus. E, será a intenção ou o propósito volitivo, concreto e subjectivo que, real e especificamente, "aquele" sujeito efectivamente tem, no seu juízo volitivo singular que o determina áquele "seu" senhorio de facto com a coisa.

Ou seja, o animus é o propósito volitivo, subjectivo e concreto que determina aquele detentor á práctica daqueles actos (corpus) que manifestam "a sua" singular relação de senhorio com a coisa e a explicam.

É, *a afectio possidendi.* Ou, perspectivando a matriz histórica da posse (á imágem do direito de propriedade), é o *animus domini, animus dominandi, animus sibi habendi.*

E, conforme já supra desenvolvido (17 a 21), entendo que a teoria subjectivista é, não só doutrinalmente a mais defensável, como é a acolhida pelo nosso código civil.

Aliás, pelos elementos objectivos (materiais), exteriorizados e integrantes da relação estancial da coisa com o sujeito (corpus), nós apreendemos e ficamos a saber que existe posse (uma relação de senhorio e á imagem dum direito real). Mas, só por si, pelo corpus, o que já não apreendemos, ou ficamos a saber, necessariamente, é se o detentor é possuidor; ou quem é, juridicamente, o possuidor.

Na maioria dos casos é visivel a existência de um senhorio sobre a coisa, mas não a quem corresponde (Ennecerus-Kipp-Wolf, o. cit., p. 29).

Bem como, também quanto ao direito a cuja imagem se possui. "Em regra, porém, dos próprios actos e das condições em que foram praticados, só pode concluir-se que o direito possuido ou é de servidão ou de propriedade.

Para que a posse adquirida se limite a qualquer dos outros direitos possessórios, é necessário que um acto jurídico defina e limite o animus" (Manuel Rodrigues, o. cit., 216).

Por exemplo, se A. desde há três, quatro anos, vem, reiterada e publicamente, a agricultar o campo, lavrando-o, semeando-o, colhendo os frutos, "como sendo" dono (exteriorizadamente) – existe posse.

Todavia, qual é a vontade de A. quanto subjectiva e anímicamente se determina volitivamente a tais actividades? O que pretende volitivamente A.? Qual o seu objectivo, o seu motivo, qual a causa desses actos; qual a sua função, qual o seu fim de, assim, agricultar o campo?

Se A., por exemplo, concreta e subjectivamente, é mero empregado de B, então o seu espírito, o seu ânimo, o seu propósito ou intenção volitiva é, tão só, cumprir os seus deveres do respectivo contrato de trabalho e beneficiar B. no uso e fruição do campo, como seu dono.

Então, nesse caso, A., embora sendo ele o detentor e o autor da referida relação de senhorio (corpus), e, como tal, seja ou possa ser, entendido pela consciência social como sendo, de facto, dono "nessa relação estancial com a coisa" – todavia, para efeitos do instituto da posse (e quer na teoria objectivista, quer na subjectivista), A. é, pelo seu animus, tão só um mero detentor, ou servidor: não é "possuidor". E, "possuidor", e á imagem do direito de propriedade, é B.: como posssuidor, indirecto ou mediato, por intermédio daquele e em nome deste (arts. 1252, n.° 1 e 1253, a) e c)).

Mas já se A. tem um contrato de arrendamento, ou de comodato, com B, então A. desenvolve o propósito de usar e fruir do campo, mas no âmbito desse propósito de arrendamento ou comodato.

E, relativamente, e á imagem desses direitos, é possuidor (limitado). Mas, á imagem do direito de propriedade, o possuidor (mediato ou indirecto) é B. e, nessa perspectiva, A. é possuidor em nome alheio.

E, pode A., também, hipotéticamente, usar e fruir do campo, subjectivamente determinado, mas á imagem dum direito de usufruto, cujo proprietário da raiz seja B. E, então, A. é possuidor (directo, imediato e em nome próprio), mas á imagem do direito real de usufruto. E, B, será possuidor (mediato ou indirecto), á imagem do direito de propriedade.

Como pode, noutra hipótese, A. usar e fruir o campo, praticando os respectivos actos, com o propósito subjectivo de se aproveitar duma autorização, duma tolerância do proprietário B.. Então, A. é mero detentor (artigo 1253, b)). E, por intermédio dele, possuidor (mediato ou indirecto), á imagem do direito de propriedade, é B.

Como pode A. praticar os referidos actos de uso e fruição, "como sendo dono". E, então, A. é possuidor (directo, imediato e em nome próprio), á imagem do direito de propriedade.

E, por exemplo, se C, conduz, durante vários dias, um veículo automóvel, tem o corpus duma relação de senhorio de facto. Todavia, pode tê-lo furtado.

Então, se teve o propósito de se apropriar do veículo, de, empiricamente, dele se apoderar, como volitivamente, de facto, sendo dono, é possuidor (directo, imediato e em nome próprio).

Todavia, já será mero detentor, se o seu propósito volitivo foi tão só de, esporádicamente (por pouco tempo), o usar. Nesse caso, o seu propósito é, tão só, a da imposição unilateral dos efeitos dum (forçado) comodato (artigo 1253, a)). O seu propósito volitivo, é tão só o de agir, de facto, como sendo comodatário (ainda que, jurídicamente, o não seja).

87. Assim, é perfeitamente natural e curial que sendo a relação possessória uma relação de "senhorio de facto voluntário", então a vontade do agente tenha relevância no seu elemento volitivo (indissociável) da intenção da conduta. Como o é, igualmente, para o Direito, face a outras condutas voluntárias. Assim, no negócio jurídico, ou na conduta criminosa.

O contrário, é que poderia ser motivo de perplexidade.

E, a apreensão e valoração de tal animus não se vê que seja menos curial, ou tenha mais dificuldades, em tema de posse, do que naqueles outros referidos segmentos do direito.

Aliás, a própria teoria objectivista não prescinde, e a vários níveis, da consideração do animus, como supra já se realçou (n.°s 6 a 8 e 17 a 21).

Desde logo, de certo modo, o que faz é trasladar o animus para a consciência social, segundo o entendimento, a essa luz, dos elementos objectivos da relação de senhorio (corpus). E, em que o animus é o manifestado e ínsito no corpus; como o pensamento na palavra. Mas, também atende ao animus concreto e subjectivo do próprio agente, quando, como causa exclusiva, qualifica de mera detenção aquelas situações em que o propósito ou intenção do agente é a de prestar um mero serviço a outrem (p. ex., empregado, representante, tutor). Bem como, só atendendo ao animus pode qualificar, p. ex., a posse como á imagem dum arrendatário, e não atender a tal posse para efeitos de usucapião. E, também, para o âmbito das faculdades de deter e continuar detendo, da relação concreta de senhorio de facto, e no mero âmbito do instituto da posse, terá que atender ao animus. Dado o princípio de que não se concebe que o detentor de certo senhorio de facto possa deter e continuar detendo com mais faculdades do que aquelas que disporia na base da relação jurídica á imagem da qual possui.

Por sua vez, a teoria subjectivista, atendendo á intenção volitiva concreta e subjectiva do agente, daí não se segue que esteja a dar relevo ao mero propósito interior do agente. Essa intenção, desde logo, terá que se exteriorizar, materialmente, nos termos gerais de direito (por meios directos de comunicação ou por comportamento concludente, artigo 217 do código civil). Bem como, também na posse, será, naturalmente, irrelevante uma *protestatio facta contraria* (vide supra, n.° 18).

E, também um mero subjectivismo é colmatado quer com o estabelecimento da presunção de que quem detem o corpus (á imagém objectiva dum direito real) detem o correspondente animus (age em nome próprio), artigo 1252, n.° 2. Quer com o princípio (doutrinal) de que na posse derivada, o animus é o correspondente ao das declarações-negociais (ao negócio jurídico) em que se inserem a correspondente "cedência" e "tradição" (material ou simbólica) da coisa que se passa a possuir.

Bem como, por último, estabelecendo-se na teoria subjectivista o princípio da biunivocidade. Ou seja, a relação só releva como posse no âmbito da confluência, conforme, do *corpus* e do *animus*.

88. No artigo 1252, n.° 2, estabelece-se que em caso de dúvida, presume-se a posse naquele que exerce o poder de facto, sem prejuizo do disposto no n.° 2 do artigo 1257.

A primeira presunção que, neste âmbito, se deve considerar é a de que, consubstanciando o senhorio de facto, o seu corpus, por hipótese, o desenvolvimento de faculdades que, típicamente, manifestarão mais do que um direito (p. ex., de propriedade, de usufruto, de arrendamento), *se presumirá que corresponde ao direito mais amplo, o de propriedade*. Conforme supra, em n.° 80, já se desenvolveu. Mas, já quem se limita, p. ex., a passar por um prédio, ou a transportar ou usar águas, não pode senão obter a constituição de uma servidão e não um direito de propriedade (Pires de Lima e A. varela, anot. 6, artigo, 1263; Manuel Rodrigues, o. cit., 216; Hugo Natoli, o. cit., 58). E, ainda que actue convencido que o faz por ser dono do prédio por onde passa. Ou seja, ainda que tenha o animus domini. Porque, devendo existir biunivocidade de corpus e animus, tal animus não é acompanhado dum corpus correspondente.

A segunda presunção que decorre do citado n.° 2, do artigo 1252, é a de que o agente duma certa relação de senhorio de facto se presume ter o animus (actua em nome próprio) correspondente a tal corpus, que, dada a anteriormente referida presunção, é, em princípio, o animus dominium: possui, á imagem (objectiva e subjectiva) do direito de propriedade.

Como dizia o artigo 481, parágrafo 1, do código Civil de Seabra, em

Aquisição da Posse 169

caso de dúvida presume-se que o possuidor possui em próprio nome. E, a epígrafe do actual artigo 1252 também se refere à posse exercida por intermediário.

Só que, presumir que se exerce a posse em nome próprio, ou presumir que se exerce com animus (dominium) são duas (meras) perspectivas da mesma realidade: é o verso e o anverso; são duas faces da mesma moeda.

Como supra, sob o n.º 20, já se desenvolveu.

Por sua vez, tal presunção tem o valor geral das presunções legais: quem a tem a seu favor, escusa de provar o facto que a ela conduz e só são ilididas mediante prova em contrário (artigo 350 do código civil).

Daí o artigo 2230 do código civil francês: "presume-se sempre possuir para si, e a título de proprietário, se não se prova que começou a possuir para outro". E, o artigo 1141 do código civil italiano, que determina que "se presume a posse naquele que exercita o poder de facto, quando não se começou a exercê-lo simplesmente como detenção".

A referida presunção tem lugar, desde logo, quando a relação de senhorio de facto foi "iniciada" pelo titular dessa relação ou seja através da prática, unilateral e originária dos referidos actos do respectivo corpus (artigo 1263, alinea a)); ou, por inversão do título da posse (alínea d), do citado artigo). Mas, também, em princípio, quando a posse é derivada; ou seja por cedência de anterior possuidor (alíneas b) e c) do citado artigo), ou por sucessão (artigo 1255). E, salvo, nestes casos, se outro animus (juridicamente) resulta (positivamente) do acto da cedência (teoria da causa) (infra, n.º 90).

Justifica-se a presunção, por um lado pela dificuldade de fazer a prova da "intenção" (elemento anímico), se não coincide com a aparência do corpus (Pires de Lima e Antunes Varela, anot. 2, artigo 1252; Mota Pinto, Dir. Reais, 1972, p. 191; Henrique Mesquita, Rev.L.Jur. 132; Planiol – Rippert-Picard, o. cit., 163 e Francesco Galgano, o. cit., p. 137). E, por outro, porque é natural assumir-se o animus correspondente ao direito mais elevado, se, igualmente, assim se procede quanto ao corpus. Aliás, mesmo os objectivistas assim procedem – considerando um animus contrário, tão só como causa excludente, a provar, então, por quem ponha em causa a relação possessória, invocando relação de mera detenção.

E, como se ilide a presunção?

Se a actual relação de senhorio de facto, (ou a do de cujus, se houve sucessão), "deriva" duma cedência/tradição, ilidir-se-á tal presunção, provando que a vontade consubstanciada no respectivo acto jurídico voluntário (cedência/tradição), exornante, juridicamente, das respectivas declarações (ou, no mínimo, do acto jurídico voluntário, artigo 295), é uma vontade diversa.

Por exemplo, ao senhorio, bastará provar que na origem da relação de facto que detem o inquilino está um contrato de arrendamento.

E, então, a intenção, o propósito volitivo daquele singular detentor, ao usar e fruir a coisa, e que resulta e está (jurídicamente) consubstanciado naquela origem, nessa conexão (arrendamento) não pode deixar de ser a dum arrendatário. E, se porventura, posteriormente, mudou tal detentor de intenção volitiva, ou seja se passou a deter volitivamente como sendo dono – então, tal mudança só será relevante, mas no quadro dos pressupostos da "inversão do título da posse" (artigo 1263, alinea d)).

Todavia, pode o recurso a tal origem, á inicial cedência-tradição, revelar-se infrutífera. Isto é, pode constatar-se e assumir-se que a posse actual resultou duma cedência dum anterior possuidor, é certo; mas, no entanto, sem se conseguir determinar qual o conteúdo preciso dessa vontade, no aspecto teleológico. Ou seja, se se "cedeu" a coisa a titulo de transferência definitiva (por venda, troca, doação); ou, se a título de concessão temporária do uso (por arrendamento, comodato, usufruto, uso e habitação, tolerância).

Nessa hipótese, de resultado infrutifero, então mantem-se a presunção do citado artigo 1252, n.º 2. E, sem que a simples circunstância de se assumir que existiu uma "cedência" ilida tal presunção. Como, expressamente, aludem os referidos artigos 2230 e 1141, respectivamente, dos códigos civis espanhol e italiano.

Entendimento este igualmente assumido no Assento, de 14-5-1996, do Supremo Tribunal de Justiça (BMJ, 457, 1996, p. 55).

Na verdade, nesse caso, o recurso á origem da posse derivada não é frutífero, no sentido de se estabelecer um concreto e positivo animus contrário. E, por outro lado, mantêm-se as referidas razões que justificam o estabelecimento da referida presunção. E, a presunção só se ilide por prova do contrário (artigo, 350). V. Ac.R.G., de 20-09-2007, infra n.º 92.

Bem como, o n.º 2 do artigo 1252, não distingue – ou circunscreve – a referida presunção apenas á posse que seja uma posse unilateral, ou originária (alinea a), do artigo 1263): nem há razões para a circunscrever.

Como, aliás, a não circunscrevem os referidos preceitos dos códigos civis italiano, espanhol e do código de Seabra.

Assim, dois votos de vencido do referido Assento, de que a presunção só é válida em relação àquelas situações em que inteiramente se desconheça como se iniciou o poder de facto sobre a coisa, não se vê como justificá-los. Aliás, em termos prácticos, tal restrição, reportando-nos na generalidade dos casos a uma imemorialidade, tornaria a presunção de pouco ou nenhum valor prático.

Por sua vez, se a posse actual tem uma génese unilateral e originária (alínea a), do artigo 1263), a presunção do artigo 1262, n.° 2, ilidir-se-á se se provar, positivamente e pelo contrário (artigo 350), que o propósito volitivo, concreto e singular do sujeito da relação de facto não é agir "como sendo dono". Por exemplo, provando-se que existe o condicionalismo de facto próprio da gestão de negócios (Pires de Lima e Antunes Varela, anot. 2, artigo 1252). Ou, provando-se que o titular da relação de facto, alargou a sua esfera de poder empírico á coisa tão só para se aproveitar dum seu uso temporário, passageiro, durante algum tempo: como, p. ex., no furto do uso dum veículo. Ou, típicamente, como será o animus dos (aparente) sem abrigo ou toxico-dependentes que se aproveitam duma casa em ruinas ou dum terreno inculto.

Ou, como sucederá se, caduco um arrendamento, todavia, o ex-inquilino teima em entregar o prédio, argumentando que está á espera de ocupar um outro; ou que não sai, sem ter para onde ir. Ou, sem lhe pagarem determinadas benfeitorias. Sem exteriorizar que o faz com o propósito de ir continuando a ocupar o prédio, "como sendo dono". Antes, exteriorizando, primo conspecto, uma mera mora; ou, um como que comodato unilateralmente imposto.

Ou, se se prova que a intenção volitiva do titular da relação, é tão só a de aproveitar-se duma tolerância (activa ou passiva) do anterior possuidor. Ou que a inversão do título da posse, não foi com a intenção, posterior, como sendo dono.

Há que realçar que a presunção do animus do citado n.° 2 do artigo 1252, presssupõe que já se tenha assumido (ainda que também por presunção) a existência dum corpus, á imagem do direito de propriedade ou de outro direito real.

89. *É certo que o n.° 2 do artigo 1252, estabelece* a referida presunção de animus, *"sem prejuizo do disposto no n.° 2 do artigo 1257.°"*, E, este estabelece que "presume-se que a posse continua em nome de quem a começou". Como já o presumia o artigo 481, parágrafo 2, do Código Civil de Seabra.

E, é com apego a essa ressalva que Pires de Lima e Antunes Varela referem que o n.° 2 do artigo 1252 estabelece a referida presunção a favor daquele que exerce o poder de facto, "salvo se não foi o iniciador da posse" (idem, Ac.Sup.Trib.Justiça, de 28-05-86, B.M.J., 57.°, 443). Isto é, a presunção valeria, mas quando o possuidor actual, unilateral e originariamente estabeleceu tal relação de senhorio (alinea a), do artigo 1263). Todavia, os próprios e antes citados autores não serão muito incisivos, na medida em que, logo a seguir, até dão como exemplos de modo de ilidir a dita presunção estabelecida no artigo 1252... provarem os senhorios ou os depositantes que o título da detenção é, respectivamente, o contrato de arrendamento ou de depósito. Ora, nestes casos, a posse actual não é unilateral e originária!

E, na verdade, *a ressalva da parte final do n.° 2 do artigo 1252*, (da presunção estabelecida no n.° 2 do artigo 1.257), *não determina*, necessariamente, *que a presunção* do corpo do n.° 2 desse artigo 1252 *não se aplique a uma posse actual derivada*.

Porque, *as duas referidas presunções podem ter, e têm, campos de aplicação compatíveis*.

Além de, nos dois casos, de posse originária ou posse derivada, se verificarem as mesmas razões de fundo da dita presunção.

Na verdade, se A., em determinado momento histórico, iniciou uma posse, pelo modo da alinea a) do artigo 1263, não só se presume que é titular dessa relação em nome próprio, e com o animus de proprietário; como se presume, também, que tal relação de senhorio de facto nele continua (artigo 1257, n.° 2). Só que, esta presunção ilide-se, provando o contrário. E, prova-se o contrário, se se prova por exemplo, que ele "cedeu" posteriormente a relação de senhorio de facto sobre a coisa a B.(como mero acto jurídico "voluntário", sem mais, de facultar a outrem a sua detenção) e se esse outrem a recebeu, por "tradição" (material ou simbólica); segundo o disposto nos artigos 1267, n.° 1 c) e 1263, b).

Assim, se, actualmente, B. está como titular duma relação de senhorio, presume-se que o está em nome próprio (com animus dominium): e ilidiu também a presunção do artigo 1257, n.° 2, a favor de A., com a prova duma (mera) cedência/tradição por parte deste. E se A., anterior possuidor, se lhe quer opor, não o fará relevantemente:

Salvo que alegue e prove que pelo titulo de tal cedência (teoria da causa), todavia o animus, a intenção manifestada, o era tão só o correspondente a um *jus in re alieno* (p. ex. usufruto, servidão); ou, a um direito de crédito (p. ex. arrendamento); ou, a um direito de garantia (p. ex. penhor); ou, por mera tolerância.

Assim, as duas presunções têm valia e campos de aplicação autónomos e não são incompatíveis, mesmo na aplicação da presunção do artigo 1252, n.° 2, quer á posse original e unilateral, quer á derivada.

Consequentemente, a presunção do artigo 1252, n.° 2, apenas se afasta "quando se trata de uma situação defendida que exclui o animus da titularidade do direito invocado," nomeadamente pela prova dum concreto e positivo animus contrário do título da cedência (antes citado Assento de 14-05-96 e Ac. S.T. Justiça, 22-3-74, B.M.J., 235;285). E, realçando-se, que a titularidade é a titularidade "aparente", "factica" ou "empírica", que se manifesta "como sendo" (em corpus e animus) (ainda que na realidade jurídica o não seja): porque a posse, enquanto posse, é "agnóstica" (possideo, quia possideo). O ladrão, também é possuidor (infra, n.° 91).

EM SUMA, *a presunção do n.° 2 do art. 1252 e a do n.° 2 do art. 1257 são presunções autónomas e compatíveis.*

A primeira, elide-se se a posse é derivada, provando-se que o título da posse não é de *animus sibi habendi.* Pois se o é, ou se não se provar qual, no caso, o seu sentido, específico, mantem-se a presunção (supra 21 e infra, n.° 90, teoria da causa). Se a posse é originária e unilateral, elide-se a presunção provando-se que se trata duma situação de facto definida que exclui o animus da titularidade do direito aparentemente exercido.

A segunda presunção (do n.° 2 do art. 1257) elide-se provando-se que o anterior possuidor "cedeu" a posse (ainda que não se saiba, especificamente, a que título) ou a "abandonou" (art. 1267, 1, a) e c) (Infra, n.°s 124 e 127.

Pode acontecer que não se elida nenhuma das duas das referidas presunções. Então, existirão simultaneamente as duas posses: a do possuidor actual e do possuidor anterior. Mas certo, então, que o possuidor actual, se a posse tem menos dum ano, só beneficiará de acções possessórias nos termos do art. 1278, n.°s 2 e 3. E, certo também, que passado mais dum ano, a posse anterior se extinguirá (art. 1267, 1, d)) (Infra, 128).

ASSIM, *a presunção do art. 1252, 2, aplica-se ao posssuidor actual, quer seja ele o iniciador originário da posse, quer se trate de posse derivada.* E, enquanto o dito animus presumido (*sibi habendi*) não for elidido nos termos antes referidos, e certo que se tal posse actual tem menos dum ano ela valerá com as limitações do art. 1278, n.°s 2 e 3. A presunção *do n.° 2 do art. 1257,* vale para a posse anterior, mesmo face a uma posse posterior e actual, enquanto que não for elidida pela prova duma "cedência" ou dum "abandono", e enquanto que tal posse não for "perdida" pela duração de mais de um ano da posse actual.

Ou seja, como conclui o **Ac. S.T.J., de 15-02-2007, Oliveira Rocha, Duarte Soares e Ferreira Girão** (C.J. – Ano XV, T. I, Ján/Março/2007, p. 80) – "divergências de interpretação destas normas (arts. 1252.°, 2 e 1257.°, 2) levaram a Ac. Un. de Jur., no DR, de 24-06-96, segundo o qual podem adquirir por usucapião, se a presunção de posse não for ilidida, os que exercem o poder de facto sobre a coisa".

174 *Posse e Usucapião*

90. *Se a posse é derivada*, ou seja, se tem por base uma "cedência" do anterior possuidor, e a consequente "tradição" (material ou simbólica), *o animus será aquele mesmo que, jurídicamente, é relevante face á causa (objectivo, motivo ou função) do respectivo negócio jurídico que absorva, consubstancialmente, aquela cedência (teoria da causa)*. Assim, Manuel Rodrigues, o. cit., págs. 222, 226 e 258 a 262; Hugo Natoli, o. cit., págs. 30 e 60; Francesco Galgano, o. cit., p. 137. E, Ac. do Sup. Trib. de Justiça de 13-3-99, in B.M.J. 485, 410 e Ac. da R. Ev., de 1-6-99, in C.J., XXIV, T. III, 277.

Assim, se A. cede a B. a relação de senhorio de facto dum prédio a titulo dum contrato de arrendamento, se é certo que B. é titular do corpus, todavia, em termos de animus, B. é intermediário de A., quanto á posse do prédio, á imagem do direito de propriedade; e A. é, a tal imagem, o possuidor (indirecto ou mediato). E, B. só detem o animus de possuidor (limitado), á imagem de arrendatário.

E, tal relação possessória, com tal animus, por parte de B., só se alterará por inversão de tal titulo da posse.

E, que assim se assuma é perfeitamente razoável e curial.

É certo que para haver "cedência", em tema de posse, bastará um mero acto jurídico voluntário; sem necessidade de integrar um negócio jurídico ou uma declaração-negocial receptícia. Todavia, tal cedência pode integrar-se num negócio jurídico. E, normalmente assim sucederá.

Mas, se o integra, desde logo, tal significa que foi em "autonomia", ou seja por vontade das próprias partes (auto) que elas regularam o regime jurídico (nomos) da respectiva relação; dentro do respeito das normas vinculativas e com achega das supletivas. E, sendo a posse, embora, uma situação de facto, todavia, é uma "relação de senhorio voluntário". Pelo que é razoável, que se a posse se "origina" genéticamente numa conduta de autonomia negocial, **então** a "vontade" que, jurídicamente, é relevante para o regime jurídico estabelecido (para a relação jurídica e que genéticamente origina a posse), o seja, mutatis mutandis, para a própria relação de senhorio de facto ("voluntária e consequentemente" gerada).

Bem como, sendo uma relação voluntáriamente criada, é natural que essa relação de senhorio (embora de facto), mas porque "voluntária" – a ela presidam os valores gerais do Direito, como os da boa-fé, confiança e justiça comutativa: e, portanto, tenha relevância o animus, subjectivo e concreto, que presidiu em vontade das partes, também á criação dessa relação e respeitando, também aí, aqueles valores.

E, ainda, porque o Direito é um todo, "não é redutível a regras isoladas, representa necessariamente um sistema, travejado por princípios ge-

Aquisição da Posse 175

rais ... O todo repercute-se sobre as partes" (Oliveira Ascensão). Havendo que atender a um "princípio de harmonização do sistema jurídico, como unidade equilibrada do pensamento e vontade normativas" (Ac. S.T. Ad., Pleno, 26-11-97, Acs. Dout., 37, n.° 440, p. 1121).

Aliás, é essa postura (teoria da causa) que aflora e, ao fim e ao cabo, explica a aquisição da posse pelo *constituto possessório* (artigos 1263, c) e 1264), (Planiol-Ripert-Picard, o. cit. págs. 166 e 168).

Na verdade se A., por exemplo, vende a B., em escritura pública, um prédio rústico não se pode deixar de assumir que A. "perdeu a intenção" volitiva(subjectiva) de continuar a usar e fruir a coisa, (ainda que na sua detenção se mantenha), "a título de dono e como se (volitivamente) fosse dono". Tal vontade, se efectivamente a tem, seria uma contraditio in adjecto; uma protestatio facta contraria; uma reserva mental. E, que atentaria contra os valores fundamentais do Direito, da boa-fé, confiança e justiça comutativa. E, se A. perdeu o animus, então, dada a necessária biunivocidade entre corpus e animus, ainda que mantendo aquele, perdeu a posse.

Assim, a eventual asssunção probatória de que – sem inversão do título da posse – A. agia "como se fosse dono" e "convicto de que não lesava direitos de outrem", como matéria de facto dada como provada por um Tribunal Colectivo, seria de ter como matéria não escrita (art. 646, n.° 4, do C.Pr.Civil). (Ac. Sup. Trib. Justiça, de 10-12-97, Fernandes Magalhães, BMJ, 472.°, 483). Pois, para além de ofender o valor probatório da escritura, tal assunção seria jurídicamente incorrecta; e, como matéria de direito, seria ofensiva dos referidos princípios normativos, exornantes do sistema jurídico global.

Na verdade, A. poderia agir "como se fosse dono", em termos de corpus: mas não, perante o Direito, em termos de animus. Salvo, posterior inversão do título da posse.

Por sua vez, o animus relevante, (como propósito ou intenção volitiva que determina a relação estancial com a coisa), será aquele que é "relevante" para o Direito, na interconexão da vontade dos sujeitos em relação com a coisa.

Assim, no *negócio simulado*, o propósito ou intenção volitiva relevante não é a (aparentemente) manifestada, mas a real e subjacente (artigos 240 e 241 do C.Civil). E, o mesmo sucede na reserva mental conhecida. Pelo menos, na eventual litigiosidade entre as partes. Assim, o comprador simulado, p. ex., para iludir os credores do vendedor, ainda que haja tradição da coisa para ele (como fiel depositário), será um simples detentor (artigo 1253) e, por intermédio dele, possuidor será o vendedor.

Igualmente, o mandatário que, embora em seu nome, adquira bens no interesse do mandante. Pois, então, no seu subjectivo e real propósito, na sua intenção ou juízo volitivo, tal aquisição não é mais do que um "instrumento" para dar satisfação á sua função de mandatário. E, o mandatário, mesmo sem poderes de representação, não é se não um mero detentor (artigo 1253, c)).

Nesses casos, não se põe o problema do título: porque o animus (relevante, para o Direito) exclue a posse (Orlando de Carvalho, Rev. L.Jur. 3786, págs. 264 e 265; Manuel Rodrigues, o. cit., págs. 265 e 266).

As soluções referidas, para a simulação e para o mandato, não contrariam a teoria da causa. O que atendem é á causa efectiva que jurídicamente é a relevante para, em termos da vontade das partes, disciplinar, no modo consequente, a final, a inter relação dos sujeitos com a coisa.

Se a posse é derivada, isto é assenta numa cedência-*tradicio*, mas todavia não se apura o seu especifico sentido em termos de *animus* – o possuidor actual, *accipiens*, presume-se possuidor *animus sibi habendi*, por força do art. 1252,2. E o *tradens-cedente* só perde a posse ao fim de 1 ano (art. 1267, 1, d)). V. Supra 21 e 89.

91. *O animus não se confunde com a boa ou má fé (artigo 1260).*

O ladrão que furtou a coisa para se apropriar dela (para a usar e fruir como sendo dono), está de má fé, pois que age consciente de que lesa o direito doutrem. Mas, todavia, tem animus sibi habendi, animus dominium.

O conhecimento, ou a consciência, do titular da relação de senhorio de facto de que, todavia, não é titular da correspondente relação jurídica, não impede, pois, a existência da posse; nem no seu corpus, nem no seu animus.

A boa-fé, é um conceito de raiz intelectiva: o animus, é um conceito de raiz volitiva, de juízo volitivo (Hugo Natoli, o. cit., págs. 30, 40 e 149),

Igualmente, *o ilidir-se a presunção de que goza o possuidor, quanto á titularidade do direito (artigo 1268), não interfere na existência da posse.* O ladrão, mesmo conhecido, continua a ser possuidor. E a sua posse, é posse e com os efeitos possessórios respectivos; inclusivé, o da usucapião.

Pelo que também não faz sentido, por exemplo, não se reconhecer a posse, porque não tendo antiguidade suficiente para se adquirir por usucapião o possuidor não deterá o direito. Aliás, a dita presunção legal nem se refere a tal título aquisitivo, mas a títulos de aquisição derivada.

A posse, conforme já antes explanado, é agnóstica (supra, n.º 22).

Daí que, só por si, não seja argumento contra a possibilidade de, p. ex., o promitente comprador estar na posse da coisa que lhe foi prometida vender, dizer-se que ele, melhor do que ninguém, sabe que o titular do direito é o promitente vendedor.

O possuidor não deixa de o ser, ou de ter o animus dominium, como sendo dono, só porque sabe, conhece ou, até, reconhece que o titular do direito é outro.

O que não pode é, reconhecer e, cumulativamente, conduzir-se com submissão, respeito e subserviência ás faculdades de exercício do direito doutrem. Porque, então, não terá o espirito (ânimo) de dono: de gozar a coisa auto-suficientemente e de modo pleno e exclusivo (artigo 1305). Todavia, para efeitos de usucapião, já o mero reconhecimento do direito do outro "se for efectuado perante o respectivo titular" (e expressa ou tácitamente) interromperá o prazo prescricional (artigos 325 e 1292).

Assim, o arrendatário que caduco o arrendamento, todavia, não entrega o arrendado, mas enquanto, p. ex., não encontrar outro local para onde se mude, nesse caso não se assume "como sendo dono". Mas, tão só, viola o direito do senhorio, como que impondo um comodato unilateralmente forçado (e, portanto, ilícito).

Mas já, por exemplo, o possuidor que reconhece que outrem é o proprietário da coisa e se propõe pagar-lhe o justo preço para legalizar a situação, e, entretanto, enquanto decorrem as negociações, se mantem na detenção da coisa, já não terá "nessa situação" animus dominium; ou seja, ser titular dessa relação de senhorio de facto, "como sendo dono". Pois, quem tem, "numa relação actual," o espírito de dono não se propõe, actual e concomitantemente, pagar o justo preço. Nesse caso, o animus dominium é um mero "projecto de intenção", ou seja, um propósito futuro de dono, e a obter com a futura vontade do actual dono, através da compra e do pagamento do preço. E, nesse âmbito, a relaçao actual de senhorio de facto, enquanto decorrem as negociações, configura-se como uma tolerância do verdadeiro dono.

Já não será assim, p. ex., se preexiste uma compra verbal, de facto, de um prédio que, como verbal, não transfere, todavia, o direito, por falta de formalidade legal ad substanciam. Pois, nesse caso, poderá existir na vontade das partes uma "cedência" e uma "tradição", suficientes (como meras vontades) à perda da posse por parte do vendedor e á aquisição por parte do comprador. Bem como, sendo, então, perfeitamente curial que o comprador, verbal, actue em relação á coisa como, nessa relação de senhorio de facto, sendo dono. Apezar de, no plano jurídico, estar consciente de que a compra,meramente verbal, não lhe transferiu o direito.

Como mutatis mutandis, o mesmo puderá suceder se, por vontade das partes, por exemplo, num contrato promessa de compra e venda o promitente comprador transfere a posse (á imagem, subjectiva e objectiva, do domínio) e o promitente a adquire. Como infra, se desenvolverá.

Há que realçar, que sendo a posse um senhorio de facto á imagem dum direito real, as faculdades de deter e continuar detendo se deverão entender á imagem da relação jurídico que nela se manifesta.

Ora, o proprietário pode, em vista de prevenir ou terminar um litígio com um terceiro, ter um propósito de transigir, mediante recíprocas concessões (artigo 1248 do código civil). Assim, por exemplo, se A. que se considera proprietário do prédio x, tem um litígio com B. que igualmente se considera proprietário do mesmo prédio, e se, então, A. propõe a B. com espírito transaccional, uma solução conciliatória (p. ex., pagar um montante em dinheiro), A. não deixou de ter animo de dono: tão só, como dono, tem um animo transaccional. Ora, similarmente, um possuidor não deixará de ter o animus dominium se, com espírito transaccional (de recíprocas concessões) propõe uma solução para prevenir ou terminar um litigio. P. ex., se o comprador de facto, ou o promitente comprador, na "posse" da coisa, se propõem pagar "um acréscimo", um extra, relativamente ao "preço justo" (ou uma antecipação, relativamente ao acordado, do preço acordado) para que o proprietário-de-direito outorgue a escritura pública. Ou se "o possuidor", noutra situação, se propõe pagar algo, inferior ao preço justo, para que o proprietário-de-direito não reivindique o direito de propriedade e lho transfira.

92. A assunção do animus é, por vezes, fruto dum juízo conclusivo, qualificativo, como *questão de direito*.

Como também sucede com o corpus (supra, 83).

Assim, se preexiste uma relação de senhorio de facto, á imagem objectiva (á luz da consciência social) dum direito real (corpus), presume- -se que o titular de facto da relação a exerce em nome próprio, directa e imediatamente; ou seja, com o correspondente animus, subjectivo e concreto, (artigo 1252, n.° 2). Pelo que, o titular, mesmo tal específicamente não provando, se deve haver como tendo animus (artigo 350). E, incumbindo á parte contrária o ónus da prova do contrário, não bastando pô-lo em dúvida (artigos 250, n.° 2 e 346). E, tal presunção (e tais regras probatórias), são questão de direito.

Igualmente, se a posse é derivada, o animus será aquele que corresponde á vontade normativa negocial positivamente exornante, e apreensível do negócio ou acto jurídico em que se integra a cedência e salvo posterior inversão do título (artigos 1267, n.° 1, c), 1263, c) e d)): teoria da causa (supra, n.° 90).

Aquisição da Posse 179

E, como questão de direito, sendo indiferente que a dita vontade (teleológica) não se prove; ou que se prove (salvo simulação ou reserva mental conhecida) vontade contrária (cit. A. Sup. Trib. Justiça, de 10-12-97, Fernandes Magalhães, B.M.J. 472.°, 483.°).

E, tendo-se em conta que a fixação da vontade negocial é, também, de per si, questão de direito se está em causa a colação das regras normativas de interpretação dos negócios jurídicos. Ou, o valor legal dos meios de prova.

E, dado o princípio da biunivocidade, será também indiferente, se se prova que o titular duma relação de senhorio actua "como sendo dono", se todavia os elementos materiais da relação, no seu corpus, apenas integram, p. ex., uma relação, á imagem, mas duma servidão (supra, n.° 80).

Assim, como decidiu o Ac.R.G., de 20-09-2007, Rec. 1439/07, Gouveia Barros, (Sci. Jur., TLVI, n.° 31, Julho/Set., 2007, p. 559) – I – "Não tendo a autora feito prova de que os actos materiais de posse sobre o prédio houvessem sido praticados com *animus sibi habendi*, mas também não se tendo provado que tenha agido por mera tolerância do proprietário, visto o disposto no n.° 2 do art. 1252 do C. Civil e o Acórdão Uniformizador 14/5/1996 sempre estaria ela dispensada de fazer a prova desse *animus*. II – O funcionamento desta presunção não se insere em matéria de facto, pois constitui questão de direito, não estando por conseguinte vedada ao Tribunal a sua consideração, ainda que (sem que carecesse de ser submetida a demonstração) tivesse obtido resposta negativa a factualidade que a tal *animus* respeitava."

Na verdade, há que ter em conta que da resposta negativa a um quesito – não resulta provado o seu contrário.

E, por sua vez, quem tem a seu favor a presunçao legal escusa de provar o facto que a ela conduz – e só se desfaz por "prova do contrário", não bastando "por em dúvida" (art.°s. 344, 346 e 350). E, como realçam **Pires de Lima e A. Varela** – "o significado essencial do ónus da prova não está tanto a quem incumbe fazer a prova de facto como em determinar o sentido em que deve o Tribunal decidir no caso de não se fazer essa prova" (Cód. Civ. Anot., art. 342).

E, rigorosamente, o *animus,* como questão de direito, nem deve ser objecto da base instrutória, da quesitação (art. 646.°, 4, do C. Pr. Civil). Objecto da instrução será, tão só, a factualidade a partir da qual se alicerçarão *presunções hominis ou júris.*

SECÇÃO IV
Modos de aquisição da posse do artigo 1263.º do Código Civil

SUBSECÇÃO I
Carácter exemplificativo do artigo 1263

93. Os modos de aquisição da posse, autonomizados no artigo 1263 não são taxativos, não se trata dum numerus clausus.

Conforme já supra (n.º 84) se desenvolveu.

Assim, por exemplo, pode adquirir-se a posse, unilateral e originária, e por um acto único (não reiterado). Bem como, a relação possessória pode não ser cognoscível pela comunidade (publicidade); por exemplo, quanto aos livros que temos na biblioteca da nossa casa.

Por outro lado, no artigo 1263, ao autonomizarem-se os modos de aquisição aí referidos, não se está a prescindir dos requisitos genéricos e essenciais da posse, quer quanto ao corpus, quer quanto ao animus, quer quanto á sua biunivocidade. Pode, por exemplo, praticar-se, com reiteração e publicidade os actos materiais correspondentes ao exercício do direito de propriedade dum prédio rústico (lavrando-o, semeando-o, colhendo os frutos) – e, todavia, não se adquire a posse: porque, por exemplo, se actua como feitor (sem animus).

Bem como, de nada valerá a prática reiterada e com publicidade, se a relação estabelecida de senhorio não é, no seu corpus, entendível pela consciência social como duma relação de domínio (á imagem dum direito real): por exemplo, disfrutar das vistas sobre um prédio vizinho, porque, entretanto, este não constrói.

Bem como, mais do que contactos físicos, o que se exige é que a coisa esteja na relação empírica da esfera de influência ou de interesses do sujeito, que a pode usar, querendo.

SUBSECÇÃO II
Prática reiterada, com publicidade

94. Uma vez que o artigo 1263 não estabelece um numerus clausus dos modos de aquisição da posse, não haverá a necessidade de forçar o sentido etimológico da linguagem usada na sua alinea a).

Assim, a *prática* é *"reiterada"*, se é repetida, renovada: não bastará um só acto, ainda que intenso (Pires de Lima e Antunes Varela, anot. 3, artigo 1263).

Contra, são Ascensão Oliveira, o. cit., p. 87, e Menezes Cordeiro, Dir. Reais. p. 461. Todavia, se o acto intenso, manifestar o entendimento duma relação de domínio (p. ex., construir o muro á volta do prédio rústico), será modo de aquisição da posse: mas não, específicamente, á luz e pela alínea a), do artigo 1263(e, então, forçando o sentido dos termos nele usados) (Supra, n.ºs 78 e 79).

A repetição, ou renovação, não tem que ser dos mesmos actos (cits. Pires de Lima e Antunes Varela e Orlando de carvalho, Rev. L.Jur., 3810, 260).

Assim, lavra-se; semeia-se; rega-se; monda-se e, por fim, colhe-se.

E, repetição "não significa actuação ininterrupta ou contínua ou sequer uma periocidade determinada" (cit. Orlando de Carvalho, p. 259).

A alinea em causa, também pressupõe *a prática* dos actos materiais correspondentes ao modo factual (empírico) do exercício do direito. Assim, para tal modo de aquisição, ao abrigo de tal alínea, exige-se a pratica *efectiva* dos referidos actos; e não basta a mera possibilidade física de agir directamente sobre a coisa (cits. Pires de Lima e Antunes Varela). Todavia, realce-se, uma vez mais, que só assim é se se invoca o modo de aquisição referido na alínea a), do artigo em causa.

Todavia, como tal artigo não é taxativo, pode haver casos de aquisição da posse sem contacto físico; e bastando encontrar-se a coisa na esfera de influência empírica ou de interesses do sujeito e dela, querendo, podendo efectivamente usar. (Supra, n.º 78). E, de qualquer modo, tal práctica referida no artigo é focada para a "aquisição" da posse; já não, para a sua manutenção (artigo 1257).

95. Além da reiteração, refere a alínea a), do artigo 1263 *a publicidade* da prática dos actos materiais.

A doutrina, dum modo geral, entende essa característica da prática dos actos para a aquisição da posse, no sentido duma das qualidades da posse: a posse pública, tal como a define o artigo 1262.

E, assim, a práctica dos actos materiais correspondentes ao exercício do direito é realizada com publicidade, se a práctica se exerce de modo a poder ser conhecida pelos interessados. Neste sentido, Pires de Lima e Antunes Varela, anot. 4, artigo 1263 e anot. 3, artigo 1262; Menezes Cordeiro, Direitos Reais, p. 461; Henrique Mesquita, o. cit., p. 85; Luis Pinto Coelho, Anteprojecto, art. 5.º; Manuel Rodrigues, o. cit., p. 217 e Planiol-Ripert-Picard, o. cit., p. 173.

Também era essa a noção do direito romano (cit. Manuel Rodrigues).

E, nessa postura, ou seja, sendo o significado do termo publicidade, da alinea a), do artigo 1263, o mesmo da posse pública, do artigo 1262 – então existe publicidade se a prática dos referidos actos se exerce de modo a poder ser conhecida pelos interessados. E, estes são aqueles cujo direito, com tal prática, se pretende destruir (Manuel Rodrigues, o. cit., p. 217). Ou seja, o antepossuidor ou o titular do direito.

E, por sua vez, nessa vertente, o pressuposto de tal prática poder ser conhecida pelos interessados – mede-se pelos padrões de cognoscibilidade, não pelo efectivo conhecimento; embora, óbviamente, existindo o pressuposto se esses interessados têm efectivo conhecimento. E, a posse é cognoscível se um interessado (medianamente diligente e sagaz), colocado na posição do real interessado, dela tivesse percepção (Orlando Carvalho), Rev.L.J. 3792, 73).

E, *o registo predial* do titulo constitutivo do direito (a cuja imagem o titular também está a possuir), ou registo da posse (artigo 1295.°, n.° 2) – preencherão só por si, o requesito da publicidade?

Era nesse sentido o artigo 17.°, n.° 1, do Anteprojecto de Luis Pinto Coelho. E, assim o defendem Pires de Lima e Antunes Varela (anot. 2, artigo 1262).

Todavia, a posse é uma relação de senhorio e o efeito da publicidade do registo não pode estender-se sem mais á situação empírica: o thema probandi é a cognoscibilidade da aquisição da posse em si mesma, não constituindo o registo nenhuma presunção nesse sentido (Orlando de Carvalho, Rev.L.Jur., 3782, p. 73).

Na verdade, é, até, contra-natura que os respectivos interessados em causa (o titular do direito ou o possuidor) perante a valência duma realidade, a posse, que o deve ser de facto (o senhorio de facto, de terceiro), para não verem prejudicados os seus direitos (de não perder a posse ou não perder o direito por usucapião, artigos 1282, 1297 e 1300), se devam preocupar não com a situação material e estancial do bem ... mas exigir-se-lhes, ainda, que devam passar pela Repartição do Registo, regularmente, para inspeccionarem e "deverem" ter conhecimento de que um terceiro se arroga possuidor; apesar de, no terreno, a posição possessória daquele ser oculta (não se exercer "a posse", de modo a poder ser reconhecida por tais interessados). E, aliás, "posse" "que se exerce" (cit. artigo 1262), é a que tem corpus. Ora, os "actos jurídicos", como supra se desenvolveu, não são actos de posse (Supra, n.° 82).

Sem dúvida que o "registo" predial tem efeitos: mas, só contra-natura, terá esse (de se dever admitir, ou se quer se presumir, que, por

Aquisição da Posse 183

ele, da "posse" (situaçãode facto) dela tiveram conhecimento os interessados).

A admitir-se que o registo predial é suficiente para se inferir a publicidade da possse, ou para a posse poder ser qualificada como pública, chegar-se-ia a soluções absurdas.

Por exemplo, suponha-se que A., residente no norte de Portugal, é proprietário e possuidor duma casa de praia no Algarve onde, pelo Verão, passa férias de trinta dias. E que, por razões de saúde, deixou de lá ir passar férias. E, suponha-se que um terceiro, B. obtem um registo duma compra ou um registo de mera posse e, com animus celandi, subreptíciamente, encobrindo-o aos vizinhos, pela calada da noite, vai dormindo na casa; e, desfazendo os vestígios, deixa-a vaga no verão, porque até vai passar férias, para fora.

Teriamos, então, a prática, com publicidade, por B. dos actos correspondentes ao domínio e teriamos uma posse pública porque "registada". E, como tal, fazendo perder a posse de A. e, com o tempo, por usucapião, o seu próprio direito de propriedade. Quando A. de facto, nunca se apercebeu do factual, "mas" oculto esbulho!

Como realça Manuel Rodrigues (o. cit.), 219), frequente nos móveis, a clandestinidade que não seja provocada por artifícios, com animus celandi, é rara nos imóveis, e tão rara que são clássicos os exemplos de clandestinidade natural nos imóveis: a construção de aquedutos subterrâneos, de lojas que se prolongam debaixo dos prédios alheios, a exploração subterrânea de pedreiras, de minas, etc.

Mas, segundo o referido autor, já não são actos clandestinos os actos de usucapião gradual feitos no prédio vizinho (embora, por vezes, simplesmente manifestem tolerância).

Também (cit. autor), não pode dizer-se clandestina a posse daquele que compra o prédio ao rendeiro ou usufrutuário que o fica usufruindo em nome do novo comprador. Todavia, aqui, verificar-se-á a inversão do título da posse: e, só será oponivel ao anterior possuidor (anterior senhorio) se houver oposição ao seu direito (nomeadamente, recusando-se-lhe o pagamento das rendas) (artigo 1265). Aliás, se não houver tal oposição, também tal posse não será (face a ele) pública (artigo 1262).

96. Entendemos, todavia, que o conceito de *publicidade,* da alínea a), do artigo 1263, *não é o mesmo do conceito de posse "pública", do artigo 1262.*

E, a assimilação referida da doutrina dominante resultará de não se considerar que as alíneas do artigo 1263 são, apenas, exemplificativas. Ou seja, para admitir casos de posse sem publicidade (no sentido de posse que se exerce á luz de quantos participam no círculo social em que o domínio se exerce), não é necessário dar ao termo usado pela dita alinea a), do artigo 1263, um sentido coincidente com o próprio do artigo 1262, quando refere a qualidade da posse, como pública (ou oculta).

Basta considerar que o requesito da publicidade não é requesito essencial do corpus; como supra (n.°s 84 e 93), já se referiu.

Por outro lado, a solução da dita assimilação não pode deixar de considerar-se, dogmáticamente, ínvia.

É que, segundo a propria epígrafe dos artigos 1258 a 1262, posse "pública" é, tão só, uma "espécie" de posse. Mas, a posse "oculta" também o é. *Assim, a "posse oculta": é posse*. Mas, então, se para se "adquirir a posse" ela tivesse que ser "pública", no sentido defenido pelo artigo 1262, então a relação de senhorio que não se exercesse de modo a poder ser conhecida pelos interessados, nunca seria "posse": pois, por esse modo (oculto), não se podia "adquirir"!

Ora a posse oculta (segundo a definição do artigo 1262) é posse; é uma sua espécie (artigo 1258). Apenas é uma espécie de posse, como a posse violenta, em que não se produzem os efeitos (normais) de sua defesa com acções possessórias contra os interessados (possuidor anterior ou titular do direito), ou de condução á usucapião contra os mesmos (artigos 1282, 1297 e 1300, n.° 1); ou de perda da posse anterior (artigo 1267, n.° 2); ou da possibilidade de registo de mera posse (artigo 1295, n.° 2).

Mas é posse, e produzem-se os outros efeitos. Por exemplo, pode o possuidor defender essa posse contra terceiros que não sejam aqueles interessados. E, aliás, quanto á usucapião a mesma é um efeito defectível da posse.

E, mesmo uma posse sob ocultação pode conduzir, com prazos mais longos, á usucapião (artigo 1300, n.° 2).

Assim, o requesito de "pública" do artigo 1262 refere-se a uma "qualidade" da posse, que determina uma sua espécie. Ao passo que o requesito da "publicidade", do artigo 1263, alinea a), se refere a um modo (expresso) de aquisição da "posse", como realidade substantiva.

Consequentemente, segundo Orlando de Carvalho, "na referência no artigo 1263, alinea a), á "publicidade", não se trata do conceito do artigo 1262.°, ou seja, de uma das características da posse (pública ou oculta). Do que se trata aqui é de que a prática de poderes empíricos sobre a coisa se processe publicamente, á luz de quantos participam no círculo social em que o domínio e exerce. Com efeito, é segundo o consenso público (ou o ponto de vista dominante no tráfico-Verkehrsanchauung) aí estabelecido

Aquisição da Posse 185

que se há-de afirmar e creditar o exercício dos poderes empíricos sobre a coisa" (Rev.L.Jur. 3810, 260). V. supra, n.º 77.

No velho costume de Melun dizia-se que a publicidade existe, quando o facto foi praticado de modo que por todos poderia ser conhecido.

Na verdade no artigo 1263 do que se está a tratar é da defenição do "corpus", para efeitos de "aquisição" da posse. E, é natural que "um" dos modos típicos seja a prática, reiterada e com publicidade. E que esses termos, nesse contexto, tenham (e devam ter) o seu significado etimológico comum. E que, quanto á publicidade, é o estado daquilo que é público; ou seja, manifesto, conhecido de todos, notório. E, significado esse, correcto etimologicamente, que também na sua substância é adequado á significação do corpus, na teoria possessória.

Mas, autonomamente, e para outros fins, também é natural que se "qualifique a posse", as suas espécies – em vista da força da sua relevância, quanto aos seus efeitos. Nomeadamente, se não se exerce de modo a ser conhecida pelos interessados, ou se se adquiriu com violência, que, então "tal posse" quanto a eles, os não prejudique (artigo 1258 e 1262).

E a distinção conceitual referida tem, também, plena aplicação prática; ou seja, é **relevante em termos de realidade. Como exemplifica Orlando de Carvalho, no lugar citado**, pense-se num proprietário emigrante, há muito deslocado daquela zona geográfica: um prédio seu pode estar a ser fruido como próprio, ou atravessado como se houvesse um direito próprio, por outra pessoa, essa fruição ou atravessadouro processar-se com pleno conhecimento das pessoas que ali habitam, e, todavia, o dono ausente nunca vir a conhecer ou a dever conhecer o que ocorre com o prédio.

Ora, nessa situação, porquê não se considerar que existirá posse (do terceiro); se a relação estancial tiver, no seu corpus, os elementos genérica e dogmaticamente bastantes, bem como se fôr acompanhada dum respectivo animus?

Dogmática, e etimológicamente (alinea a), do artigo 1263, em causa), temos que admitir que pode existir posse.

Todavia, depois, "qualificando-a", então, podemos e devemos considerá-la de posse, da "espécie" "oculta": e, como tal, com a respectiva e proporcional redução de valência e efeitos.

Mutatis mutandis, se avaliando, por exemplo, a relação estancial dum veículo automóvel furtado no norte do País, de que o ladrão se apropria e passa a, á luz de todos, a usar no sul, onde vive.

Assim, a publicidade, com o significado defendido para a referida alinea a), do artigo 1263, apenas leva á aquisição da posse. Mas, uma vez adquirida, na sua espécie, não significa que seja posse pública

(ou oculta), para efeitos (limitados) do artigo 1262. Aqui, o significado já é o aí defenido.

Também o conceito de publicidade, para efeitos do artigo 1263, não pressupõe que o público crie a convicção de que o detentor é titular do direito. Basta que o corpus exteriorize o senhorio de facto, "como sendo" conforme ao modo factual (empírico) do exercicio do dominio (ainda que, verdadeiramente, o não seja e o titular seja, e como tal conhecido, um simples ladrão).

Quanto á posse pública, como "espécie de posse", e defenida no artigo 1262 como sendo a que se exerce de modo a poder ser conhecida pelos interessados, uma vez autonomizando esse sentido do termo "pública," em relação ao termo da prática reiterada, com publicidade do artigo 1263 – também se permite uma sua melhor delimitação.

Assim, quando se diz que quem possui um livro, não precisa de transformar a sua biblioteca, da sua habitação, numa biblioteca pública "para que se dê publicidade á posse" – está correcto (Pires de Lima e Antunes Varela, anot. 3, artigo 1262 e Orlando de Carvalho, Rev.L.Jur., 3792, p. 73). Pois que, essa relação de senhorio de facto é daquelas que não exigirá, para o seu corpus, o requesito do modo da alinea a), do artigo 1263, (não taxativo), para se adquirir a posse (supra, n.° 84).

Mas, todavia, já tal situação não consubstanciará a espécie de "posse pública", para efeitos do artigo 1262 – se, como defendem os citados autores, "basta que possua o livro, como o possuiria um proprietário: sem o ocultar, em princípio, de quem o pretenda ver".

Na verdade, se A. que vive em Braga, furtar um livro numa biblioteca municipal de Lisboa, como é que se pode considerar essa posse se não "posse-oculta", "face à Câmara Municipal de Lisboa", ainda que, e só porque, A. tem o livro na sua habitação, numa estante, embora acessivel aos seus familiares ou amigos!

E como é que a Câmara vai dever saber que quem lhe furtou o livro... foi A. e que habita em Braga?

Se, a justificação deste requisito (exercer-se de modo a poder ser conhecida pelos interessados) é fácil de intuir: "uma vez que os interessados em contrariar a posse não têm dela conhecimento" (Henrique Mesquita, o. cit., 85) – então, como considerar a dita posse "pública", no dito exemplo, "quanto" á Câmara Municipal de Lisboa?

O mesmo se dizendo, mutatis mutandis, quanto ás pratas, aparelhagens, antiguidades, quadros, ou similares, com que, todavia, "o ladrão" ornamenta a sua residência. O que podem fazer os donos, se só sabem que foram espoliados ... mas não sabem por que ladrão, quem é, ou onde mora!

Aquisição da Posse 187

97. **O requesito da "publicidade", para efeitos da alinea a) do artigo 1263, pela natureza das coisas, é um requesito inicial, da origem da posse.** Ou seja, enquanto que ele não existir, não existe posse. Mas, uma vez que a detenção passe a exercer-se com publicidade (à luz, potencial, de quantos participam no círculo social em que o domínio se exerce), originar-se-á a relação possessória, ainda que posteriormente tal publicidade desapareça. Pois, tal não é causa de perda da posse (artigo 1267); bem como, a manutenção da posse nem sequer (argumento de maioria de razão) pressupõe que dure a actuação correspondente ao exercício do direito, bastando a possibilidade de o continuar (artigo 1257).

O requesito de pública, para efeitos da espécie de posse (artigo 1262), e para a sua relativa irrelevância como oculta (cits. artigos 1282, 1297, 1300, n.º 1, 1267, n.º 2, e 1295, n.º 2) é, duplamente, relativo (Orlando de Carvalho, Rev.L.Jur., 3792, p. 72).

Se a posse é pública, no momento da aquisição, mantem-se como tal ainda que posteriormente passe a oculta (Manuel Rodrigues, o. cit., nota 1, p. 220; Orlando de Carvalho, Rev. cit., 3792, p. 74). E para efeitos do artigo 1295, n.º 2, (registo de mera posse), se, pelo menos, se manteve pública durante 5 anos.

Se a posse se adquiriu ocultamente, passará a posse pública, quando o respectivo pressuposto se verifique (Orlando de Carvalho, lugar citado).

"A posse torna-se portanto pública e com todos os efeitos jurídicos e no direito moderno em geral, a públicidade e a clandestinidade iniciais, não narram, não qualificam para sempre o acto" (Manuel Rodrigues, o. cit., p 220).

Para efeitos de usucapião de móveis, todavia, se uma coisa sob uma posse oculta, passar a terceiro de boa-fé, pode, no entanto, o interessado adquirir direitos sobre ela passados quatro anos desde a constituição "da sua posse", se esta for titulada, ou sete, na falta de título (artigo 1300, n.º 2). Quanto a esta disposição, levanta-se a seguinte questão: tal só se verifica se a nova posse for pública? Não. Pois se tal se exigisse, então, a disposição não faria sentido. Pois, a referida disposição "alarga" os prazos da posse, mas a contar da constituição da nova posse (da "sua posse): mas se a nova posse devesse ser pública, então, a partir da sua constituição, e como tal (posse pública), a usucapião pelos prazos normais completar-se-ia antes. Tal disposição, não teria campo de aplicação.

Assim, a disposição do artigo 1300, n.º 2, aplica-se mesmo que – e a essa situação se dirige – a nova posse continue a ser oculta. Ou seja, trata-se de valorar a boa-fé e a confiança, no tráfego jurídico, na admissão (no caso) do princípio de que posse (do anterior transmitente) vale título possessório (ainda que oculta).

Por sua vez, o conceito de posse pública (artigo 1262), é relativo, ainda, porque a cognoscibilidade é apenas em confronto dos interessados; e não das pessoas do círculo social onde a posse se realiza (como, para efeitos da publicidade, da alinea a), do artigo 1263), (Orlando de Carvalho, Rev.cit., 3792, p. 73).

E se, quanto á posse pública basta a cognoscibilidade (segundo padrões de cognoscibilidade, face a um interessado razoável, medianamente inteligente e sagaz), a mesma absorve o conhecimento efectivo: basta que se prove, que por qualquer meio, comum ou incomum (teleobjectivas, detectives privados, etc.) se chegou efectivamente ao seu conhecimento (cit.autor).

98. É claro que a decisão de se houve, ou não, conhecimento efectivo é, em princípio, *uma questão de facto*.

Todavia, ainda que não se prove específicamente que houve conhecimento efectivo, daí não se segue que não se possa assumir um juizo conclusivo, qualificativo, de que existia a referida cognoscibilidade.

E, tal juízo, á semelhança da "doutrina" da impressão do destinatário," que a lei acolhe em sede de declaração negocial, artigo 236, (cit. autor Orlando de Carvalho), já será um juizo duma *proposição de direito* (questão de direito).

(Sobre tais juizos, vide Antunes Varela, C.J. XX, 1995, T. IV e Manuel de Andrade, Noc. Elem. Processo Civil (1979, n.º 97).

Só perante cada caso concreto, e os seus elementos específicos, se poderá aquilatar da assunção, ou não, dessa proposição da razoabilidade, da cognoscibilidade.

Assim, por exemplo, se A. arrendatário dum prédio urbano de B., todavia o vende a C. mas continuando A. a habitar o prédio e a pagar a renda a B. não será, razoávelmente, de assumir a cognoscibilidade de B. da posse de C. E, quer A. se mantenha no prédio, como comodatário, quer como arrendatário de C.. Sendo, no entanto, já relevante a posse de C., se se prova o efectivo conhecimento por B. da inversão da posse: ou seja, da nova posse de C., á imagem de proprietário, conseguida através do corpus, e do animus, de A..

E, mesmo que A. deixe de pagar a renda a B., só por si, e continuando a morar no prédio, não é razoávelmente de assumir a referida cognoscibilidade: pois que, pode tratar-se, para B., de assunção duma mera mora de A., no cumprimento da renda.

Já poderá ser diferente, se A. abandona o prédio e o novo possuidor (ou outrem, com sua vontade ou tolerância) para lá vão morar. Mas, continuará a ser equívoca, se A. tão só abandona o prédio: mas, o terceiro comprador, C., para lá não vai morar (ou ninguém, com sua autorização).

E, mesmo que C. (ou, outrem a seu mando) para lá vá morar, também a cognoscibilidade da posse de C pode ser equívoca face a B. se, por exemplo, B., é um proprietário-emigrante, deslocado da zona geográfica e de tal não tem conhecimento (cit. Orlando Carvalho, 3810,p. 260) e A. continua a pagar a renda: pois A. pode assumir a situação, como dum subarrendamento, ou duma mera cedência do uso por parte de B.

SUBSECÇÃO III
Tradição da coisa

99. Pela alínea b), do artigo 1263 do código civil, a posse adquire-se pela tradição, material ou simbólica, efectuada pelo anterior possuidor.

Tradição, genericamente, significa transferência, transmissão da coisa. Se fosse necessariamente perspectivada a partir da coisa, e a transferência devesse ser fisica, importaria um *loco movere*: só possivel nos móveis. Por outro lado, se a tradição, referida na dita alinea b), fosse a mera transferência, ou *loco movere*, da coisa, também tal tradição se pode dar no modo de adquirir a posse, autonomizado na alinea a), do citado artigo. Por exemplo, no furto duma joia do interior duma ourivesaria, que o ladrão mete no seu bolso, e leva consigo, também ocorreria tal tradição.

Tradição da coisa, material ou simbólica, para efeitos de aquisição da posse, ao abrigo da alinea a), do artigo 1263, é a transferência duma coisa *sujeita a uma relação de senhorio de facto, com animus possessionis e com um determinado titular, para outra relação de senhorio de facto, com animus possessionis e outro titular,* e por cedência daquele ao segundo, e aceite por este, da faculdade de possuir e continuar possuindo, *como aquele possuia (ou dentre o âmbito em que possuia).*

Daí, a citada alinea expressar que a posse se adquire por tradição da coisa "efectuada pelo anterior possuidor".

Se não houvesse essa vontade do anterior possuidor, ainda que houvesse tradição da coisa, a posse só a adquiriria o ulterior possuidor porque a apreendesse, mas ao abrigo do disposto na alinea a), por sua conduta posterior; e, então, unilateral e originariamente.

Assim, bastam ao modo aquisitivo da tradição referida na alinea a), três requesitos: que, preexista uma relação de senhorio de facto, com um titular e com animus possessionis, que haja nessa relação substituição do sujeito (tradens) por um outro (accipiens), com animus possessionis deste (Hugo Natoli, o. cit., p. 102); e que essa substituição, o seja por vontade de ambos (parte final da citada alinea a), do artigo 1263).

Há assim, na tradição, dois elementos: um elemento negativo, o abandono (lato senso) pelo anterior possuidor; e, um elemento positivo (a apprehensio), o acto que denuncia que o novo posssuidor adquiriu poder sobre a coisa objecto da posse (Manuel Rodrigues, o. cit., pág. 236).

Ou seja, a aquisição da posse pela tradição, no seu anverso, tem a cedência, como perda da posse, no seu reverso. Mas não o abandono em sentido estrito, do artigo 1267. Havendo este abandono a apprehensio funciona como ocupação (art. 1318 do código civil).

E, como se exige a "cedência", exige-se um acto voluntário, um juízo volitivo do tradens, de querer que da relação de senhorio passe o cessionário (accipiens) a dispor da faculdade de deter, com animus possessionis e continuar detendo: e, concomitantamente, dessa faculdade, e com animus, abdicando o tradens. E, naturalmente, exigindo-se do accipiens a recíproca vontade, expressa ou tácitamente apreensível, de, por sua parte, em apprehensio, adquirir o poder empírico sobre a coisa.

Dentro desses parámetros não é necessário que a tradição seja fisicamente efectuada pelo tradens, basta que a cubra a sua vontade. Por exemplo, se A. compra um veículo que está num stand (e prescincindo da relevância do constituto possessório), haverá tradição física se, ficando o veículo no stand, passados uns dias A. vai buscá-lo, e, por si, o conduz para a sua residência.

E, devendo o acto ser voluntário, embora no âmbito do instituto possessório, exige-se capacidade de exercício quer do tradens, quer do accipiens. (artigo 1266). Bem como se exige, que não haja coação física, ou moral, absoluta; nem que se trata de declarações jocosas ou não sérias; ou de dissenso total ou patente; ou absoluta falta de vontade de acção (simulação) ou de consciência; ou sob nome de outrem (fazendo-se passar por outra pessoa).

Se uma criança de dois anos entrega a outra, da mesma idade, um brinquedo; ou se a vítima dum roubo, sob coação absoluta de ameaça de pistola, entrega o anel ao ladrão; ou se o vendedor, em simulação absoluta, entrega o bem ao comprador simulado. No primeiro e último casos, surgirá uma mera detenção: e não uma aquisição de posse; apezar da tradição material da coisa. No segundo caso, apenas puderá surgir aquisição duma posse, unilateral e orginária no modo da alinea a), do artigo 1263.

Aquisição da Posse

Assim, e dados até os referidos exemplos, não se pode subscrever, totalmente, a afirmação de que "a validade do acordo que presida ou acompanhe a traditio é irrelevante: em termos possessórios, esta opera através dos simples actos materiais de entregar e receber" (Menezes Cordeiro, A. Posse, 2ª ed., p. 107).

A dita tradição, na verdade, "supõe duas vontades dirigidas ao mesmo fim ... Se a entrega é nula por falta de uma vontade eficaz para a transmissão (por exemplo, entrega manual da coisa por um idiota), sempre existirá, em lugar duma transmissão possessória, ... uma aquisição originária da posse por outra" (Ennecerus-Kipp-Wolpf, o. cit., p. 57).

Ora, para existirem duas vontades, postula-se o seu minimo, mas essencial: que haja uso da razão (artigo 1266) e vontade real (como acima referido).

Todavia, para existir o dito acordo de vontades, basta tão só que existam as ditas vontades concordantes e, por quem tenha o uso da razão (artigo 1266). Já não é necessário apreender, ainda, a sua razão de ser substantiva: *basta saber que se cedeu, ainda que não se saiba a que título.* (Assento, 14-5-1996, BMJ, 457; 55).

Esse acordo de vontades também não é (ou carece de ser) um negócio jurídico; nem se trata de declarações negociais, em sentido técnico: é tão só, um acordo de vontades, um acto real (V. Thur, Tathandlung) (cits. autores). Ainda que, normalmente, tal acordo surja integrado num negócio jurídico.

Assim, tal acordo, para efeitos possessórios de tradição do senhorio de facto da coisa, não carece da validade formal que eventualmente careceria a transmissão do direito. Igualmente, **Ac. Trib. R. Gui. de 17-11-2006, António Ribeiro, João Proença Costa e Conceição Bucho**, Proc. 69/06.

No mesmo sentido, o **Ac. S. T. J., de 23-05-2006, Azevedo Ramos, Silva Salazar e Afonso Correia** (J.R. – STJ – Ano XIV, T. II. Abril/Julho/ /2006, p. 100). Pois, mesmo em face da teoria da causa, deve admitir-se o principio "de que um acto jurídico nulo, de nulidade absoluta, tem o valor de imprimir á posse o seu carácter, e portanto, que é por ele que se há-de averiguar qual o *animus* do adquirente" (Manuel Rodrigues, A Posse, 1981, p. 224). Se, por exemplo, A. vende a B. um prédio urbano, e existir tradição, esta é eficaz, dentro do quadro da dita realidade factual consensual, ainda que a venda seja meramente verbal. Também tal acordo pode ser anulável ou nulo (por razões diferentes dos referidos minimos, necessários á existência duma vontade); mas será suficiente para que se produza a tradição.

Tal acordo carece, tão só, da referida capacidade de exercício possessória (artigo 1266) e que, como acordo, seja acto de vontade (com os elementos essenciais, acima referidos).

Se se apura, por interpretação do acto de tradição, qual é, no caso, o sentido (jurídico) do consequente *animus* do *accipiens* que juridicamente é o que resulta do acto de tradição, será esse o *animus juridicamente relevante* (segundo a <u>teoria da causa</u>, supra, 21, 89 e 90).

Salvo posterior inversão do título da posse.

Mas a cedência é eficaz mesmo que não se apure o seu sentido específico em termos de *animus,* caso em que o *accipiens* se presumirá possuir *animus sibi habendi*, dada a presunção do art. 1252, 2. Todavia, neste caso, o *tradens* só perde a posse ao fim dum ano de decorrida a nova posse (Supra, 21, 89 e 90).

Todavia, como acto de vontade é um acto jurídico (artigo 295 do Código Civil). E, como tal, pode ser invalidado, ou ser nulo, nos termos gerais. Bem como, igualmente, o pode ser, em si, o negócio jurídico em que se integre a tradição (por exemplo, o dito caso da venda de facto, verbal, dum imóvel).

Nesse caso, não deixa, num primeiro momento de haver tradição, e, consequentemente, aquisição da posse pelo accipiens e a perda da posse (anterior) do tradens.

Só que invalidado o negócio em que se insere o dito acordo, ou mesmo invalidado este (como mero acto jurídico), ou sendo eles nulos, e como tal declarados, havendo resolução, caberá ao tradens um "direito á restituição da coisa" e com eficacia retroactiva (artigo 289 do C.Civil). E, desde logo, no confronto entre a exigência desse direito do tradens e a relação possessória do accipiens, dada a natureza cautelar e provisional desta, vencerá aquele direito (artigo 1278).

E, em segundo lugar, baseando-se a "acessão" (artigo 1256) precisamente numa aquisição derivada da posse (por tradição, constituto possessorio ou traditio brevi mano), seria um absurdo manter-se a possibilidade de acessão uma vez que a vontade do anterior possuidor, e sua raiz, ou "sua causa", tivesse sido retroactivamente desfeita, aniquilada e "desvalorizada": e, cessada a causa, cessa o efeito.

Daí que, declarada nula, anulada ou resolvida a cedência/tradição, e "devendo" o accipiens restituir ao tradens o senhorio de facto da coisa, legitimamente se questione se o accipiens poderá, então, invocar a acessão (artigo 1256). A resposta, como infra se desenvolverá, é negativa.

100. Conforme expressamente determina a alinea b), do artigo 1263, *a tradição tem que enraizar-se numa cedência "do anterior possuidor".*

Aquisição da Posse   193

Assim, se o tradens não é possuidor, o (pretenso) beneficiado, o (pretenso) accipiens nada recebeu: não adquiriu a posse. Por exemplo, se A. proprietário dum campo, ou duma casa, os vende a B., mas todavia A. perdera a posse por virtude duma posse de terceiro, de mais de um ano – então B. não adquire a posse dos ditos bens, ainda que A. lhe entregue os documentos (traditio ficta ou traditio per chartam); ou lhe fosse mostrar os bens e lhe entregasse as chaves dos portões do campo ou da porta de casa (tradictio longa manu ou oculis et affectu). Ou, ainda mesmo que houvesse uma "tradição real": passearem pelos campos ou entrarem na casa.

Naturalmente a tradição poderá dar-se numa extensão menor do que a do âmbito da anterior posse do tradens. O que sucederá na tradição da coisa, pelo proprietário pleno (rectius, pelo possuidor á imagem desse direito) num âmbito duma faculdade de deter e continuar detendo para o accipiens, mas tão só á imagem dum usufruto; ou, dum uso e habitação; ou, duma servidão, ou dum arrendamento, etc.

E, também pode um usufrutuário, efectuar a tradição da coisa a favor dum accipiens, como possuidor á imagem dum usufruto.

Bem como, os que detêm posse limitada (p. ex. arrendatário), também podem efectuar a tradição, para um accipiens, á mesma imagem: desde que a cedência seja legal(do ponto de vista da situação jurídica verdadeira).

Pois, não o sendo, então o novo detentor não gozará da titularidade da relação possessória; na medida, em que se entenda que tais relações pressuponhem a titularidade do direito (posse limitada)

E, poderá um possuidor limitado, por exemplo um arrendatário, ceder, por tradição, o arrendado a terceiro, "para este deter e continuar detendo á imagem do direito de propriedade"; por exemplo, vendendo-lhe o bem arrendado?

Pires de Lima e Antunes Varela (anotação artigo 9, do artigo 1263), entendem que não. Pois, dizem, "o comprador, quando assim seja, não adquire a posse dele pela simples tradição material ou simbólica da coisa, porque o arrendatário não era possuidor, como se exige no texto da lei. Tinha uma simples posse precária e só esta podia transmitir. Mas nada obsta a que o comprador adquira a posse nos termos da alínea anterior, isto é, através do corpus e do animus ... O que há é uma posse que se extingue e uma nova posse que nasce em consequência de actos materiais". E, também entendem os citados autores, que no caso não há inversão do título: "o título não se inverte num titulo capaz de transferir a posse".

Todavia, não é desse entendimento, e bem, Orlando de Carvalho (rev.L.Jur. 3810, 264): "Nestes termos, o dilema... fica resolvido: no instante em que vende, A inverte por oposição implícita o título de posse e, por isso, B. adquire derivadamente dele. É a única explicação compatível com os factos e com as necessidades do regime. O ser a posse de A. uma posse instantânea não tem nada de absurdo":

Na verdade, A., arrendatário, por exemplo, "ao vender", assume-se, nesse momento, com animus como sendo dono. Não inverte o título (arrendamento), noutro título capaz de transferir. O que inverte é, no plano dos factos, o título, a razão a cuja imagem possuia: passando, nesse instante, a possuir, factualmente, como sendo dono. E, já nesta posse (como sendo dono), com esse novo juízo volitivo (animus): é que cede essa faculdade (a essa imagem), de deter e continuar detendo. Aliás, o accipiens até pode nem sequer saber que ele tradens era arrendatário; podia estar convicto, de boa-fé, que ele era dono.

O accipiens, todavia, só pode aceder "nessa posse" do tradens (desde que o tradens se assumiu como dono). Ou seja não pode aceder na posse anterior, que o tradens antes deteve a título de arrendatário.

Também, tal "oposição implícita pode dar origem a uma posse clandestina, com as consequências que se conhecem" (cit. Orlando de Carvalho). Mas ser oculta ou pública, será apenas uma qualidade da posse que o acipiens desenvolve.

Na verdade, quanto "a tradição, material ou simbólica", como modo de adquirir a posse, contemplada no artigo 1263, alinea a), nesse preceito nada se diz sobre "publicidade"; "porque é noutros lugares que este aspecto da posse tem a sua disciplina fixada" (cits. Pires de Lima e Antunes Varela).

Ou seja, a tradição material ou simbólica não carece do requisito específico da "publicidade"; quando este possa ter um significado próprio para o modo de adquirir a posse, autonomizado na alinea a), anterior. Mas já, a posse adquirida por tradição (material ou simbólica), será ou não pública ou oculta, consoante passe a exercer-se pelo accipiens de modo a poder ser conhecida pelos interessados (artigo 1262); e, com as consequências respectivas.

101. Para que exista tradição, material ou simbólica, basta pois que se consubstancie, a partir do comportamento dos sujeitos, expressa ou tacitamente, a situação empírica defenida supra (n.º 99).

Como a relação de senhorio não pressupõe um contacto físico com a coisa, também o não pode pressupor a tradição.

Como á posse se basta "que a coisa entre na nossa órbita de disponibilidade fáctica, que sobre ela podemos exercer, (querendo), poderes

Aquisição da Posse 195

empíricos" (Orlando de Carvalho); como basta, "a entrada factual de uma coisa em certa órbita de senhorio ou de interesses", então, para que haja tradição, basta que, por vontade dos sujeitos, a coisa (antes na órbita da disponibilidade empírica do anterior possuidor, á imagem de determinado direito real) entre na órbita de senhorio ou de interesses do accipiens, á imagem do mesmo direito real (ou, doutro menor).

Assim, se o proprietário-possuidor vende a coisa arrendada ao próprio arrendatário – então, aquele cedeu a faculdade de deter e continuar detendo, á imagem do direito de propriedade, e assim perdeu o animus dominium, perdeu a posse (biunivocidade).

Por sua vez, o arrendatário passando a deter e continuar detendo, á imagem do direito de propriedade, ganhou o animus: que junto ao corpus de que já era titular, o faz ganhar a posse.

É o que tradicionalmente se chama traditio brevi manu (Pires de Lima e Antunes Varela, anot. 8, artigo 1263; Manuel Rodrigues, o. cit., p. 269).

Para tanto, basta que o accipiens seja mero detentor. Por exemplo, o arrendatário cujo arrendamento já caducou, e está em mora quanto á restituição do prédio. Pode, também, ser possuidor: por exemplo, o ladrão que, por acordo com o dono, acaba por lhe comprar o que furtou. Todavia, se a sua posse durou mais de um ano e era do conhecimento do dono, já não haverá tradição, dado que a posse, do dono, já se perdera (artigo 1267, n.º 1, d). Todavia, já puderá tal ladrão invocar, por acessão, a posse do dono anterior á sua. Porque, a venda, permite essa conexão.

Mutatis mutandis se passa, se o titular do direito real que está na posse da coisa transmitir esse direito a outrem, já que não deixa de considerar-se transferida a posse para o adquirente, ainda que, por qualquer causa, aquele continue a deter a coisa.

E ainda que a coisa esteja, à data do negócio, a ser detida por terceiro. É o constituto possessório (artigo 1264). Em que o vendedor perdeu o animus e o comprador, adquirindo-o, "possuirá" por intermédio daquele.

Por sua vez, a posse é agnóstica. Ou seja, é indiferente se paralelamente á relação de senhorio de facto, á imagem do direito – este direito, jurídicamente, pertence ao titular da relação possessória (o possuidor).

Assim, entre um ladrão-possuidor e um terceiro, pode ocorrer tradição da coisa; com os plenos efeitos da aquisição da posse, ao abrigo da alinea b), do artigo 1263. O que não pode é o terceiro, por acessão, ir além da posse do ladrão-transmitente.

102. E, se num âmbito dum contrato-promessa existente, (ou, até, duma sua mera intenção de formalização), o proprietário A. celebra com o

terceiro (promitente-adquirente) B. um contrato de arrendamento da coisa, em que ele A. assume a posição de inquilino de B?

Obviamente, que A. perdeu na relação de conexão com a coisa o animus dominium: pois, o proprietário exerce de per si e de modo pleno e exclusivo os direitos de uso e fruição; e, também, não paga a outrem uma renda.

E, por sua vez, reconhecendo A. a B. como seu senhorio, e pagando-lhe a renda, A. tem o animus de mero detentor (artigo 1253), e, por sua vez, B. por intermédio dele (artigo 1252) na relação com a coisa, está a frui-la com o juizo volitivo (animus) idêntico ao de qualquer proprietário que arrenda os seus bens.

Assim, nesse exemplo, o proprietário A., apesar de o ser e não deixar de sê-lo, todavia, na relação possessória (como relação de facto de senhorio, á imagem do domínio) vê-se nela substituido por B., numa posse por este adquirida por tradição, operada pelo anterior possuidor: este como tradens e aquele, como accipiens.

Na verdade, sendo a posse uma relação agnóstica, como senhorio de facto, e defenindo-se pelo corpus e pelo animus (juizo volitivo subjectivo dos sujeitos) – obviamente B. passa a possuidor, indirecto ou mediato, por intermédio de A.; e A., quanto á imagem subjectiva do domínio, passa a possuidor em nome alheio (de A.), com animus alieno nomime detinendi.

O que há que realçar é que existem *tradições tipicas e tradições atípicas* (Menezes Cordeiro, A posse, 2ª ed., 107).

As primeiras, ocorrem nos termos dum contrato translativo (do direito, a cuja imagem se possui).

As segundas, verificam-se á margem (paralelamente e na sua base) de contratos que, em princípio, não têm escopo translativo.

Assim, se se vende uma coisa, se se transfere o direito de propriedade, também há a obrigação de entrega da coisa (artigo 879 do código civil): a tradição da coisa, e a posse do comprador, será uma tradição típica. Como, igualmente, será típica no constituto possessório ou na traditio brevi manu.

Já o não será, tal tradição, por ocasião dum contrato-promessa. Porque o efeito típico deste não é o de transmitir o direito de propriedade.

Mas o que há que realçar é que a causa imediata da (eventual) aquisição da posse (á imagem do direito de propriedade) no âmbito do contrato-promessa, não é, em si e por si, este contrato. Mas um acrescido, e paralelo, acordo de cedência/tradição. Que existirá, se preencher os pressupostos da "tradição"; nada mais. E a que é indiferente saber-se (como

Aquisição da Posse 197

tão bem o sabe, o ladrão), que a posse instituida não é acompanhada (na relação com a coisa) do direito de propriedade. V. infra, n.° 198.

Aliás, mesmo na tradição-típica, que ocorre nos termos dum contrato translativo, a causa imediata da (eventual) tradição não é, em rigor o contrato translativo. Por exemplo, se A. vende uma coisa de que é proprietário, mas de que perdeu a posse (por exemplo), por posse contrária de terceiro, de mais de um ano – não há tradição para efeitos possessórios. Ainda que entregue os documentos ao comprador; ou as chaves; ou, até, o leve ao prédio e entrem nele. Nessa perspectiva tem razão Manuel Rodrigues (o. cit., pág. 245), quando defende que a posse não se transfere, solo consenso, por mero efeito do contrato.

Na verdade, rigorosamente, a posse, se o vendedor a tinha, passa para o comprador, mas por razões possessórias. Por perda do animus do vendedor, este perde a posse. E, da relação de senhorio da coisa passa a ser "titular" o comprador. Porque, pelo seu animus, e pelo recíproco animus e corpus do vendedor (se este se mantem na detenção): a coisa entra na esfera de influência ou de interesses do comprador, á imagem do direito de propriedade. E, corroborada e indubitavelmente, se paralelamente existe um outro acordo acessório, em que o transferente assume a relação de possuidor em nome alheio ou precário (p. ex. arrenda o prédio) (a chamada cláusula constituti). Ou se, paralelamente o transferente, expressamente, declarava que ficava a possuir a título precário (Savigny). Ou, se o anterior possuidor tivera, desde determinado momento, a intenção (expressa ou tácita) de possuir em nome do adquirente, o animus alieno nomine detinendi (Celso e Ulpiano).

E, se a posse é a referida relação de senhorio sobre uma coisa, operada a tradição dum prédio dominante, *acessóriamente se opera a tradição das respectivas servidões* (Manuel Rodrigues, o. cit., 248).

103. Por não se entender a posse como mera entrada factual de uma coisa em certa órbita de senhorio ou de interesses, mas antes mais como poder físico, *históricamente,* todavia, em consideração de satisfação das necessidades da vida real, foi-se evoluindo da exigência duma tradição material (contacto fisico) para uma espiritualização; catalogando-se diversas espécies de tradição: *real e simbólica.*

Assim, para haver tradição dos móveis, seria necessário que o adquirente, ou o seu representante, transportasse a coisa, ou fosse entregue em sua casa ou colocada sob vigilância dos seus guardas (loco movere).

Para os imóveis, o transmitente levaria o adquirente ao campo ou á casa, e nele o fazia passear ou entrar. Ainda que não tivesse que percorrer todo o campo; ou todos os cantos da casa; ou, entregar todas as ovelhas dum rebanho (Correia Teles).

Evoluindo, mas ainda com matriz de contacto físico, admitiu-se a *traditio longa manu ou oculis et affectu*. O acordo de tradição prestava-se, por exemplo, numa torre, situada junto do prédio: o das mercadorias, num armazém, entregando as chaves daquele.

Ou, permitindo que o comprador pusesse as suas marcas nas pipas.

A entrega dum veículo, fazia-se da janela, apontando-o.

Ou levando o comprador, junto da casa ou do campo vendido.

E, indo-se mais longe, o acordo de tradição poderia ser meramente simbólico, distante da coisa: a *traditio ficta*.

Por exemplo, entregando-se os documentos (tradictio por chartam). Ou, entregando-se, como simbolo, uma parte do objecto: terra, ramos, cepas, telhas.

SUBSECÇÃO IV
Constituto Possessório

104. A alinea c), do artigo 1263 refere-se ao modo de aquisição da posse que denomina de constituto possessório e que define no artigo 1264.

Por exemplo, se A. vende a B. um prédio urbano, que habita, mas, por acordo com o comprador vai permanecer nele, por comodato, mais um ano, todavia, a posse, á imagem do direito de propriedade é, desde a altura do contrato, adquirida pelo comprador (e perdida pelo vendedor).

Dum modo geral as codificações não referem expressamente o constituto possessório. O código suiço define-o, nestes termos: "La possession peut s'acquérir sans tradition, lorsque un tiers ou l'aliénateur lui-même demeure em possession de la chose à um titre spéciale".

Entre a defenição do código suiço e a defenição do artigo 1264 existe uma diferença relevante. No *artigo 1264*, diz-se que não deixa de considerar-se transferida a posse se o titular do direito real que está na posse da coisa transmitir esse direito a outrem, *ainda que, "por qualquer causa"*, "continue a deter a coisa".

Já no código suiço mais restrictivamente, refere-se continuar o alienante (ele mesmo, ou um terceiro) *"na posse da coisa a um título especial"*.

No constituto possessório, mais do que uma aquisição da posse pelo adquirente através duma "tradição simbólica", o que existe é a desconsideração do átomo da "apreensão – tradição". Como diz o código suiço, em tal caso, a posse pode adquirir-se "sem tradição".

Aquisição da Posse 199

"É uma forma de aquisição *solo consensu* da posse, isto é uma aquisição sem necessidade de um acto material ou simbólico que a revele" (Pires de Lima e Antunes Varela, o. cit., anot. 2, artigo 1264).

A introdução e definição desse modo de aquisição da posse nas disposições do Código Civil é útil. Dado que, embora o instituto desde sempre fosse reconhecido e aplicado, todavia os seus limites precisos não eram uniformemente defendidos; como se vai vêr.

Tradicionalmente, no constítuto possessório viam-se dois negócios, um principal e outro acessório. No primeiro, havia um negócio que transferia a posse (por exemplo, a compra e venda). No segundo, um outro (a clausula constituti) em virtude do qual o alienante, continuando com a coisa, era considerado como detentor (por exemplo, arrendando a coisa ao comprador; ou detendo-a em comodato) (Por exemplo, Henrique Mesquita, o. cit., p. 89).

Savigny, alargou o instituto no sentido de que bastava para se transferir a posse, por um negócio translativo da propriedade, que existisse declaração expressa de que se ficava a possuir a título precário (constituto abstracto): mas tal *animus alieno nomime possidere* não estava implícito no acto de alienação, devia ser expressamente declarado.

Para Celso e Ulpiano, com mais perspicácia, no constituto possessório, explicava-se a aquisição da posse pelo adquirente porque o anterior possuidor tivera "desde determinado momento" a intenção de possuir em nome dele *(o animus* alieno nomine detinendi) (apud, Manuel Rodrigues, o. cit., p. 241).

Quanto á noção tradicional, pode, no caso, não existir (ou não se lograr provar) o negócio acessório. Ou, quanto á noção de Savigny, não existir (ou não se lograr provar) a declaração expressa.

A noção do artigo 1264 enquadra-se na amplitude da noção referida de Celso e Ulpiano. Só havendo que defenir qual o momento, a partir do qual, o alienante tem o animus alieno nomine detinendi. Esse momento, no plano do Direito, e na sua inserção na unidade do sistema jurídico, não pode deixar de ser o da outorga (factual) do negócio jurídico translativo (infra n.º 105).

De certo modo, o constituto possessorio é o inverso da traditio brevi manu.

105. Pelo artigo 1264, basta para se adquirir a posse, que exista uma relação de senhorio de facto, á imagem dum direito real (posse); que o titular dessa posse (imediata ou mediata) transmita "voluntariamente" a outrem o direito real a cuja imagem possui; e ainda que aquele (ou o inter-

mediário porquem possui) continue a deter a coisa ("por qualquer causa").

Não é, pois, necessário que se alegue e prove um negócio acessório (*cláusula constituti*).

Nem uma declaração expressa do transmitente de que tem o *animus alieno nomine detinendi*. *Nem* que a sua detenção permaneça por um título especial (*á um titre spécial*, do código suiço).

Pode, por exemplo, o vendedor continuar com a coisa a um titulo especial, acordado pelas partes, por exemplo, de arrendatário, comodatário, fiel depositário. Como pode, continuar com a coisa por mera tolerância (activa ou passiva) do comprador (Augusto Penha Gonçalves, Curso de Dir. Reais).

Ou, até por mera mora, quanto á obrigação de entrega da coisa.

Óbviamente, que o transmitente tem que ter a posse da coisa; realçando-se que não é necessário posse efectiva, pois que a posse se mantem enquanto exista a possibilidade de a continuar (artigo 1257).

E, é necessário que ocorra um "acordo negocial" de "transmissão" do direito real, a cuja imagem se possui. Embora baste mero acordo factual, de vontades recíprocas (infra). Ou seja, é necessário que ocorra um convênio, um contrato, um negócio jurídico, própriamente dito. Não basta, pois, para efeitos do artigo 1264, um "mero acto jurídico", voluntário: como acontece para efeitos da "tradição", á luz da alinea b), do artigo 1263 (e como na subsecção III, anterior, se defeniu) (Ennecerus-Kipp-Wolff, o. cit., p. 58).

E, é a existência desse negócio jurídico que justifica o constituto possessório. Pois que, ele consubstancia, a partir desse momento, face ao transmitente do direito, e na perspectiva factual da relação de senhorio de facto e quanto ao animus (juizo volitivo subjectivo) que presidirá á sua futura relação de conexão de senhorio empírico com a coisa: um animus alieno nomine detinendi (Celso e Ulpiano).

Na verdade no negócio jurídico, em "autonomia negocial", as partes, por si (auto) criam o regime jurídico (nomos) que querem e lhes convem, relativamente a uma situação da vida real em que intercedem; e inseridas no respeito dos princípios gerais e especiais do Direito. Ora, desde lodo, entre esses princípios, basilares num Estado de Direito, estão, no âmbito dos negócios jurídicos, os da confiança, justiça comutativa e boa-fé: quer nas negociações, quer na celebração, quer na execução (artigos 227, 239 e 762 do código civil).

Por sua vez, no instituto da posse a relevância é a do senhorio de facto, á imagem dum direito real, com corpus e animus: nessa perspectiva factual. A posse é agnóstica.

Aquisição da Posse

Mas, assim sendo, se A. vende a B., por exemplo, um terreno – então nesse negócio as partes "manifestam", exornantemente, (expressa ou implicitamente), os seguintes juizos volitivos:

Do lado do vendedor, o juízo volitivo, no plano empírico, de deixar de ser dono e de transmitir o dominio para o comprador, a troco dum preço e, consequentemente, de "dever" entregar-lhe a coisa e passar a reconhecer e respeitar o comprador, factualmente como sendo dono. Do lado do comprador, o juizo volitivo de adquirir, de facto, o domínio, passar a usar das faculdades de uso, fruição e disposição da coisa, como sendo dono e a quem a coisa lhe deve ser entregue.

Isto é, as partes em tal "negócio jurídico", por si (auto) regulam o regime jurídico (nomos) da situação, em que, "concomitantemente", a vontade manifestada, os respectivos juizos volitivos (animus), o são, no sentido relevante para o Direito (artigo 236, 237 e 239), de que na relação "factual e empírica" com a coisa sobre a qual estão a regular os seus interesses, "como querem", se opera quanto a essa coisa, "na vontade das partes", uma "entrada factual de uma coisa em certa órbita de senhorio ou de interesses" (Heck).

Ora, "a posse existe logo que a coisa entra na nossa órbita de disponibilidade fáctica, que sobre ela podemos exercer, (querendo), poderes empíricos" (Orlando de carvalho, Rev.L.Jur. 3780, p. 66): independentemente de contactos físicos e de, na realidade jurídica, coexistir "o direito" (posse agnóstica).

Então, no negócio jurídico em causa, e a partir do seu momento, quanto ao alienante, o seu animus, o seu juizo volitivo subjectivo (juridicamente relevante) quanto a uma conexão física com a coisa, não pode sê--lo, nesse âmbito espiritual do mundo empírico, "um animus de dono": mas *tão só, um animus alieno nomine detinendi.* Bem como, no seu reverso, e nesse campo da espiritualidade anímica, o juízo volitivo subjectivo do comprador o é, no plano dos factos, de "dono".

Pelo que, em termos possessórios, dados os referidos *animus,* se A. continua a deter a coisa, a detem mas, sempre, sem animus de dono (artigos 1251, 1253, alinea a)) e, antes, a título de mera tolerância ou por virtude de titulo alieno nomine (artigo 1251 e 1253, b) e c). Consequentemente, A., concomitantemente ao negócio de compra e venda, perdeu a posse. E, por sua vez, "por intermédio" dessa detenção de A., B., com esse corpus e o seu dito animus, adquiriu a posse (artigos 1251 e 1252).

Ou seja, o possuidor, por exemplo, vendendo a coisa, e enquanto, todavia, se mantem na detenção dela, é de "supor" que consente (seu animus) em conservar a posse por conta do comprador e que este a possuirá, daí para a frente, por sua própria conta (Planiol-Ripert-Picard, o. cit., págs. 166 e 168).

Não é que a posse se transfira, própriamente, como efeito jurídico, próprio e típico, do dito contrato de venda (artigo 879). Mas porque, na perspectiva dos valores do instituto possessório, estão emanentes nas respectivas declarações negociais, as referidas mutações do animus (dos juízos volitivos subjectivos) quanto á respectiva relação empírica de senhorio sobre a coisa. E, daí (por não ser a aquisição da posse, efeito jurídico, próprio e típico, do contrato) que o comprador não adquira a posse se o vendedor não a tinha (porque, por exemplo, a perdera por posse de terceiro de mais de um ano): ainda que adquira "o direito". E, ao invés, o comprador adquira a posse, se o vendedor a detinha (à imagem do respectivo direito real); ainda que não adquira o direito, se o vendedor, todavia, não era, jurídicamente, o legitimo proprietário.

Assim, por exemplo, se por escritura pública A. vende um terreno, de que tem a posse, a B., ainda que A. continue, por qualquer causa, a deter o terreno, todavia, A. adquiriu a posse (derivada) e B. perdeu-a.

E, tal assunção é um juízo conclusivo, ou qualificativo, de direito: de aplicação dos juízos normativos legais, exornantes dos artigos do Código Civil, 1251 e 1253; 236, 237 e 239; 227, 239 e 762; e 1264.°.

E, perante tal assunção, A. só poderá adquirir posse, mas por posterior inversão do título da posse, (artigo 1263, d)).

E, nos termos gerais, será irrelevante qualquer protestatio facta contraria. Nem a prova testemunhal será idónea para invalidar o referido sentido das declarações negociais, emanente nas mesmas.

Eventual "prova em contrário", por exemplo em resposta a quesitos que dêm como provado que A. agia "como se fosse dono" e "convicto de que não lesava direitos de outrem", deverão ser tidas como não escritas, ao abrigo do artigo 646, n.° 4, do C.Pr.Civil (Ac. S.T.J., de 10-12-97, Fernandes Magalhães, BMJ, 472.°, 483).

Só assim não será, se A. alegar e provar vício da vontade negocial consistente em simulação absoluta, ou reserva mental conhecida.

106. O artigo 1264, refere uma transmissão do direito pelo "titular do direito real".

Todavia, basta que o transmitente seja possuidor, á imagem do direito real e "como tal" o transmita. Ainda que, realmente, no plano jurídico não seja detentor do direito. Por exemplo, o ladrão que venda a coisa furtada a um terceiro; quer este esteja de boa-fé (artigo 892), quer o não esteja.

Na verdade, o instituto é eficaz para efeitos possessórios, e em tema de posse. E, nesse âmbito não só a posse é agnóstica; como, o essencial, para a questão possessória, é a apreensão dos referidos juizos volitivos (animus), perante o corpus possessório que se mantem. Aliás, no nosso direito, não pode deixar de ser essa a conclusão. Pois que, independentemente do direito do transmitente, a posse, no caso em análise, até tem o benefício de ser titulada (artigo 1259).

E, quanto á má-fé, esta não anula a posse, apenas a qualifica negativamente. Bem como, pertence aos juízos cognoscitivos. E não, como o animus, aos juizos volitivos (Hugo Natoli).

Por sua vez, o artigo 1264 refere a circunstância de o "titular do direito real", com posse da coisa, "transmitir esse direito a outrem". Assim, se, por exemplo, o titular dum usufruto, transmitir este direito a outrem, verifica-se a circunstância indicada.

Mas, se o titular dum direito de propriedade constituir a favor doutrem um direito de usufruto, ou de uso e habitação, ou de servidão – já não haverá, própriamente, uma transmissão do direito.

Todavia, por analogia, deve considerar-se constituida a posse a favor desse outrem, nos dois primeiros exemplos, dado que procedem nessas hipóteses as mesmas razões justificativas que, quanto á transmissão do direito, levam à assunção da constituição da posse a favor do adquirente. Já não, todavia, no caso da constituição da servidão. Pois, para se poder considerar que o adquirente possui através do concedente (artigo 1252, n.° 1), seria necessário que o cedente detivesse o respectivo corpus. Salvo que, em casos muito especiais, tal possa ocorrer.

Por sua vez, *o constituto possessório pressupõe um negócio jurídico de transmissão do direito.*

Põe-se, então, a questão de se tal negócio tem de ser válido, para se operar a constituição da posse a favor do adquirante.

Para Ennecerus-Kipp-Wolff (o. cit., p. 58) o negócio jurídico tem que ser válido: o convénio nulo não transmite a posse.

Sem dúvida que enraizando-se o constituto possessório nas referidas mutações das vontades das partes, dos seus juizos volitivos (animus), então o efeito só se pode produzir se, pelo menos, existe, minimamente, vontade. O que não sucederá se, para efeitos possessórios, as partes não têm capacidade de exercício (o uso da razão, artigo 1266). Ou se não existe, verdadeiramente, vontade; ou seja se existe carência de vontade. Como já supra (n.° 99), se desenvolveu quanto á tradição.

Mas já existirá constituição da posse, ao abrigo do artigo 1264, se a nulidade, ou anulabilidade, do negócio jurídico tem por origem outros vícios substanciais que não os referidos (da capacidade de exercicio ou de carência de vontade). Pois, tais vícios, não invalidam o que é essencial em tema possessório: vontades que determinam os referidos animus.

Aliás, no nosso direito, á luz do artigo 1259, a conclusão não pode ser outra. Pois mesmo com tais vícios, não só se assume a posse, como até ela é melhorada, como posse titulada.

Já *quanto ao vício de forma*, o negócio jurídico já não qualificará a posse derivada, é certo, como "titulada" (artigo 1259). Todavia, a posse não titulada, também é posse: trata-se, apenas, dum qualificativo.

Nem, o artigo 1264 refere uma transmissão, "juridicamente válida", do direito real feita pelo titular. Nos termos genéricos em que se exprime, cabe uma transmissão de facto, voluntária. E dada a razão de ser do constituto possessório, e para efeitos possessórios, essencial é a manifestação emanente "nas respectivas declarações de vontade" dos referidos juízos volitivos subjectivos (animus). E, por outro lado, a forma é um requesito excepcional, mas exigivel para a transmissão "do direito": da "situação juridica".Ora, na aquisição da posse, apenas esta se adquire: e a situação de posse, é, tão só, uma situação de facto, e cautelar e provisional; que, em conflito com o direito, cede perante ele.

Assim, pelo menos em termos de aquisição da posse e da possibilidade de acessão, para efeitos possessórios, bastará um "acordo de vontades", para integrar o constituto possessório. Já não terá que ser assim, para efeitos da invocação da acessão com fins de usucapião. Para este efeito só contará a posse posterior á transmissão (infra, n.°s 135 e 136).

Por outro lado, dizer-se que mesmo sendo nulo o negócio, por falta de forma ou por virtude dos referidos vícios substanciais, se dará a constituição da posse, todavia questão diferente será qual a repercussão na posse adquirida duma invocação pelo transmitente de tais vícios.

É que, *declarado nulo ou anulado o negócio, tem o transmitente direito á restituição da coisa* (artigo 289 do código civil); bem como, recupera, retroactivamente, o direito que transmitiu.

E, então, no confronto entre a exigência desse direito do tradens e a relação possessória do accipiens, dada a natureza cautelar e provisional desta, vencerá aquele direito. Salvo a invocação de usucapião, fundada na posse posterior á transmissão.

Bem como, então, exigida a restituição, não poderá o accipiens juntar á sua posse, a posse do anterior cedente. Pois, baseando-se a acessão precisamente numa aquisição derivada da posse, seria um absurdo manter-se a possibilidade de acessão uma vez que a vontade do anterior possuidor, e sua raiz, tivesse sido retroactivamente desfeita, aniquilada e "desvalorizada": e, cessada a causa, cessa o efeito. Vide infra, n.ºs 135 e 136.

Se o contrato adquire eficácia, num momento posterior á sua celebração, e nesse momento o alienante é possuidor, a constituição da posse a favor do adquirente acontecerá nesse momento.

Por exemplo, *se na venda de coisa alheia*, o contrato se convalida pela posterior aquisição da propriedade pelo vendedor (artigo 895). Ou, quando *na venda de coisa futura*, o alienante a adquira e dela tenha a posse (artigo 880).

Como a razão explicativa do constituto possessório se enraiza na manifestação da vontade das partes, consubstanciando os respectivos animus, não puderá funcionar o constituto possessório se uma das partes não inerveio no negócio. Assim, no *contrato a favor de terceiro*, o constituto da posse só poderá ocorrer a partir do momento em que o promissário adira à promessa (artigo 447). E, no caso de *venda em processo executivo*, como o acto de alienação não se consubstancia através duma declaração negocial do executado, também não opera o constituto possessório (Hugo Natoli, o. cit., p. 105). Cf. arts. 900, 901 e 930 do C. Proc. Civil.

O mesmo ocorrendo se, na execução judicial, o bem é adjudicado a qualquer credor. Ou se a venda ou adjudicação ocorreu num processo de falência (**Ac. T. R. Coi., 17-10-2006, Cardoso Albuquerque, Garcia Calejo e Regina Rosa**, C.J., n.º 193, Ano XXXI, T IV, Agosto/Outubro/ /2006, p. 24).

Na venda ou adjudicações judiciais só poderá ocorrer o *fattispecie* do constituto possessório, se tiver existido uma prévia penhora ou apreensão do bem, com efectivo desapossamento do mesmo do respectivo titular e sua entrega do mesmo a um terceiro fiel depositário.

Também nos casos em que a transmissão do direito ocorre através dum representante, legal ou contratual, também não se preenche o *fattispecie* do constituto possessório se o titular do direito permanecer possuidor imediato e o representante não detém, ele mesmo, sobre a coisa, o senhorio de facto (ainda que mediato e em nome daquele).

Nesses casos em que quem outorga a manifestação de vontade de transferir o direito, não detém simultaneamente o senhorio de facto sobre a coisa (ainda que mediatamente e em nome do titular do direito), não é razoável que a partir dessa mera outorga por um terceiro da vontade de transferir – se deva inferir que o titular do direito que permanecia e remanesceu com "o senhorio de facto", tenha – na realidade estancial da sua relação com a coisa – perdido o *"animus"* da posse que prosseguiu.

Posse e Usucapião

Realçando-se, a propósito, que uma coisa é a relação jurídica relativa ao direito – e outra é a relação estancial e empírica, de facto (como é), de determinado sujeito com a coisa (a relação de posse).

Nesses referidos casos (venda ou adjudicação judicial ou negócio realizado por representantes, e sem a referida posse), a posse só pode transmitir-se ao abrigo da alínea b), do artigo 1263, ou seja por *tradição, real ou simbólica, da coisa*. Como sucederá, na venda ou adjudicação judiciais, com o auto judicial de entrega.

E, o negócio de transmissão do direito que é pressuposto do constituto possessório pode ser, óbviamente, *a termo ou condicional* (Ennecerus--Kipp-Wolff, o. cit., p. 58). Então, por exemplo, se a condição é suspensiva, o momento da constituição da posse para o adquirente será o da verificação da condição. Se a condição é resolutiva, o momento é o da celebração do negócio. Todavia, a posse constituida a favor do adquirente é-o, tão só, à imagem da propriedade resolúvel: quer para efeitos de posse, quer de usucapião (tanto prescrito, quanto possuído). Bem como, só nesse âmbito (duma posse, á imagem do direito resolúvel) podendo haver acessão. Conforme, supra, (n.° 23) se desenvolveu.

SUBSECÇÃO V
Inversão do título da Posse

DIVISÃO I
Pressupostos gerais

107. O artigo 1265 do código civil refere duas modalidades, através das quais se pode dar a inversão da posse, e cujos regimes de relevância, em parte, são diferentes. Mas que têm um núcleo comum.

O instituto pressupõe que preexista uma relação possessória, cujo titular directo ou imediato detem, ou possui, nomine alieno: havendo pois, por intermédio daquele, também um possuidor mediato, em nome próprio.

Tal acontece quer na situação de posse em que o seu titular, directo ou imediato, é um mero detentor nomine alieno, por exemplo um mandatário de B. Como, na situação de posse em que o seu titular é possuidor em nome próprio (por exemplo um arrendatário, com posse limitada; ou um usufrutuário): mas, também, simultaneamente, possuidor em nome alheio (do senhorio ou do titular da nua propriedade). Nestes últimos casos, o títular, directo e imediato, da situação possessória, possui em nome próprio á imagem do respectivo direito sobre a coisa (arrendamento, usufruto, etc.); mas, simultâneamente, relativamente áquele que contra ele detem um direito de entrega (senhorio, titular da nua propriedade, etc) aquele sujeito é possuidor em nome alheio (Manuel Rodrigues, o. cit., 198).

Aliás a mesma situação pode configurar-se, num grau inferior; por exemplo entre um usufrutuário A. que arrenda o bem a B. Neste caso, B., sujeito da relação possessória, e possuidor (á imagem e no âmbito do direito ao arrendamento), directo e imediato, será, simultâneamente, possuidor em nome alheio de A.; e este possuidor em nome próprio, indirecto e mediato, á imagem e no âmbito do direito de usufruto.

E, por sua vez, a referida situação básica também existe *na composse* (comproprietários, condóminos e co-herdeiros). Certo que quem possui, por exemplo, como comproprietário, é possuidor directo e imediato, á imagem do seu direito de comparte: mas, por intermédio dele, os outros compartes são possuidores mediatos e aquele também possui em nome deles (Manuel Rodrigues, o. cit., págs. 164 e 271; Ennecerus-Kipp-Wolff, o. cit., p. 50). Daí que a usucapião por um, aproveite aos outros (art. 1291). E, quanto á inversão se lhes refira expressamente, o art. 1406, n.° 2. Existindo no código civil italiano disposição idêntica, art. 1102 (Hugo Natoli, o. cit., p. 113).

Situação essa de composse, extensível à comunhão de quaisquer direitos (colaboração literária, árvores e arbustos, paredes, muros, valas, regueiras e valados).

Assim, o titular, directo e imediato, da relação possessória para efeitos do instituto da inversão da posse não é tão só, em sentido restricto, o mero "detentor" (como refere o artigo 1265). Mas também, extensivamente, um titular, directo e imediato, que possa ser possuidor em nome próprio; desde que, simultâneamente, seja possuidor em nome alheio (Menezes Cordeiro, A. Posse, 2ª ed., p. 106, Orlando Carvalho, Rev. L. Jur., 3810, p. 262).

Uma vez preexistente a dita relação possessória, cujo titular directo e imediato detem ou possui em nome alheio, dá-se a aquisição da posse, (por ele), se vier a ocorrer uma "inversão do titulo da (sua) posse". E, obtida, ou por "oposição daquele titular contra aquele em cujo nome possuía"; ou, "por acto de terceiro capaz de transferir a posse". Infra n.°s 113 a 116.

Ou seja, á luz do artigo 1263, d), dá-se uma aquisição de posse a favor do possuidor imediato. Mas, a esta aquisição da posse corresponde uma perda (potencial) da posse, a prejuízo do possuidor mediato (em nome da qual se possuia). É a luz da perda (involuntária) da posse do possuidor mediato que Ennecerus-Kipp-Woll (o. cit. 74) perspectivam a inversão do título da posse.

O requesito da " inversão do titulo da posse", do detentor como do possuidor directo, é, pois, comum a ambas as modalidades.

E, consiste na "substituição" unilateral (por motu proprio do detentor, ou do possuidor directo, ou em colaboração com um terceiro) da "razão ou motivo" a cujo título possuia em nome alheio: e, no sentido (desviado e usurpatório, face ao alieno nomine) de passar a conduzir a relação possessória, subjectiva e volitivamente, no plano factual e empírico, "como sendo dono"; ou, "como sendo beneficiário dum direito real mais extenso" do que aquele em termos do qual agia.

Não é necessária, pois, uma "inversão" em sentido restricto e preciso, de retorno ou colocação ao contrário: no sentido de passar a possuir "como sendo dono". Basta uma inversão no sentido, (mais amplo), de desvio, de subtracção, de usurpação, em prejuízo daquele em nome de quem possuia: passando animicamente a agir como sendo beneficiário dum direito real mais extenso. O étimo latino, de designação do instituto, interversio possessionis "era um étimo mais rico, pois intervertere significa desviar, subtrair, o que ilumina o sentido usurpatório do fenómeno em exame" (Orlando Carvalho, Rev.L.Jur. 3810, p. 262).

Trata-se, pois, de um processo fundamentalmente psicológico, a mero nivel do animus: e de desvio usurpatório, a esse nivel, pelo detentor ou possuidor directo face ao possuidor indirecto e mediato. No mesmo corpus-possessório, e com o mesmo sujeito, este inverte o seu animus: ou seja, a razão ou o motivo, subjectivo e volitivo, que preside á relação de senhorio e contra o possuidor indirecto e mediato.

Óbviamente, que sendo *tal substituição do animus pertença do foro psíquico* do *sujeito,* acantonando-se na intimidade das razões subjectivas do seu juízo volitivo, tal inversão só pode alcançar relevo jurídico se, e como requesito geral sempre imprescindível, for manifestada, exteriorizada. E, por modo expresso ou tácito (artigo 217 do Código Civil) (Orlando de Carvalho, Rev.L.J., 3810, p. 261). Todavia, para tal substituição ser relevante para efeitos de aquisição de posse por tal inversão exige-se, ainda, requesitos específicos e consoante as duas modalidades referidas no artigo 1.265; o que infra se desenvolverá.

Também, conduzindo a inversão a uma aquisição da nova posse a favor do sujeito que directamente conduz a relação de senhorio, sempre, e por razões gerais, ela seria "oculta" enquanto se exercesse (a nova posse) de modo a não poder ser conhecida pelos interessados (artigo 1262), (Menezes Cordeiro, A. Posse, 2ª ed., p. 106).

Quando o artigo 1265 fala em inversão do "título" da posse, não se está aí a referir a posse "titulada" e ao seu título respectivo (do artigo

1259). Nem se está a referir ao documento ou ao negócio ou acto jurídico que originou tal posse. Está-se apenas a referir à razão (animus), a cujo título o sujeito exercia, e passa a exercer, a relação de senhorio (cit. Orlando de Carvalho).

Daí não ser correcta a formulação do parágrafo único do artigo 510 do código civil de Seabra: diz-se invertido o título, que é substituido por outro capaz de transferir a posse ou o domínio.

Na verdade, se o sujeito da relação de senhorio a exercia como arrendatário, com base no contrato de arrendamento, de modo algum é concebível que pudesse unilateralmente inverter o contrato de arrendamento.

Todavia, sendo a relação possessória uma relação de facto, já se entende que o sujeito possa mudar unilateralmente de animus. E, em termos de relação de facto, passe a exercer uma relação, "como", no mero domínio factual e empírico, "sendo dono": e, juntando o corpus ao animus, passe, então, a ser possuidor em nome próprio. Também o ladrão, contra a vontade do dono, passa, embora por usurpação, a ser possuidor (com corpus e animus).

Assim, *não é pressuposto da inversão do titulo da posse nem a boa--fé, nem a existência duma justa-causa.*

A posse, como relação de senhorio de facto, é agnóstica e amoral.

E, precisamente porque existe tal usurpação, *a posse por inversão do título é uma posse nova, e por tal adquirida.* E, porque é adquirida unilateralmente e "contra" o anterior possuidor mediato e indirecto – só conta a partir da inversão e não pode haver acessão entre ela e a posse anterior (artigo 1256).

"É uma forma de aquisição originária e instântânea de posse. Originária, porque a posse antecedente apenas precede, mas não causa, a posse do inversor – que, ao invés, se adquire apesar dela e contra ela.

Instantânea, porque se adquire uno acto, quer dizer, no preciso momento em que se verifica o processo de inversão" (cit. Orlando de Carvalho).

De todo o antes desenvolvido, pode concluir-se que não serão hipóteses de aquisição da posse ao abrigo da peculiar figura da "inversão do título da posse", á luz, com os requesitos e com os efeitos específicos dos artigos 1263, alinea d) e 1265 os casos que se afloram no número seguinte.

DIVISÃO II
Casos que não preenchem
os pressupostos gerais

108. *A inversão do título da posse, pressupõe que o seu (eventual) beneficiário seja efectivamente titular duma relação de senhorio empírico sobre a coisa*: pois se o não é, pode criar ou mudar animus, mas não terá o corpus para puder ser reconhecido como possuidor.

É claro que o senhorio empírico, todavia, tanto pode exercer-se directa e pessoalmente, como por intermédio doutrem (artigo 1252).

Assim, "se alguém se arroga a propriedade, ou outro direito real, sobre um objecto, e não tem senhorio empírico do mesmo, não inverte o título da posse" (cit. Orlando de Carvalho).

109. Também, não haverá inversão do titulo de posse, *se o sujeito apenas se aproveita do não exercício por outrem de "actos facultativos"*.

Porque, neste caso, não preexistirá, em rigor, um "corpus" possessório face á coisa que está no domínio empírico de outrem e em que este se limita a não usar certas faculdades que lhe pertencem.

Por exemplo, não haverá inversão se aquele que simplesmente se aproveita de águas sobrantes dum prédio superior, passa a considerar-se "como dono" (quanto a esse uso); e ainda que tal mudança de animus até directamente a comunique ao proprietário do prédio superior.

A definição de actos facultativos e actos de mera tolerância não é uniforme. No século XVI, De Luca, deu á expressão res facultatis o significado de que deveriam entender-se como actos facultativos aqueles que, pelo seu não exercício, davam origem a situações proveitosas, para outrem e de que estes iam tirando vantagens; mas sem que estas situações, meramente reflexas, se pudessem contrapor àquele que os não exercia e que era livre de exercê-los a todo o momento, ainda que, com esse exercício, tais vantagens desaparecessem. Assim, o proprietário dum prédio rústico pode edificar, mas não edificou. Construiu, porém, o vizinho um prédio e vai gozando as vistas, e se aquele construir tira-lhe as vistas. Mas como o poder construir é um acto facultativo, a situação de facto, de vantagem do vizinho, não lhe tira, contudo, o poder de construir.

Foi este o sentido que, no período em que se iniciaram as codificações, os escritores deram á res facultatis.

"Parece, pois, que há-de ser este alcance que tem nos Códigos". (Manuel Rodrigues, o. cit., p. 230; H. Mesquita, o. cit., nota 82, p. 62; Oliveira Ascensão, o. cit. p. 96).

Aquisição da Posse 211

110. Também não haverá inversão *se a mutação do animus do possuidor imediato, todavia, não tem um corpus que a acompanhe.* Assim, por exemplo, não é concebível transformar uma posse, com corpus duma servidão de passagem numa posse a título de propriedade, de usufruto, etc (Hugo Natoli, o. cit., p. 112).

Pois que, a tal se opõe, a necessária biunivocidade de corpus e animus.

111. Também não há inversão do título da posse, á luz do artigo 1265, nos *casos de regressão na posse.*

É o caso, por exemplo, de alguém que possui a título de usufrutuário passar a deter à razão de titular do direito de uso e habitação.

Ou alguém que possuía a titulo de proprietário, mas convencido mais tarde de que o direito pertence a outrem, passar a deter apenas em nome deste (como seu gestor, ou comodatário, ou arrendatário, etc) (Pires de Lima e Antunes Varela, anot. 5, art. 1265)

Nestes casos, não há por parte do detentor uma oposição contra aquele em cujo nome possuia (Hugo Natoli, o. cit., p. 113).

Nem por essa mudança de animus, o detentor adquire uma situação de posse mais gravosa e usurpatória contra o possuidor indirecto ou mediato.

O que se verifica é uma perda da posse a cuja razão o detentor possuia, por perda do respectivo animus.

Não quer dizer que essa mudança de animus não produza efeitos possessórios.

Mas nem está sujeita ao condicionalismo específico da "oposição" referida no artigo 1265. Como os efeitos não são os da aquisição duma posse nova e usurpatória.

Assim, verifica-se, por perda do animus, sem mais, perda da posse que o detentor vinha exercendo. E, tal perda deve enquadrar-se no artigo 1267. E verifica-se tal perda sem necessidade de que essa substituição do animus seja directamente comunicada ao possuidor mediato. Pois que não sendo a substituição do animus, contra ou em prejuizo doutrem, não se vê razões para se exigir que tal substituição seja "categórica" (como se exige, á luz da hipótese do artigo 1265). E se o possuidor mediato era, por exemplo, possuidor á imagem do direito de propriedade (nu-proprietário), ele continuará a ser possuidor mediato, por intermédio do detentor, á mesma imagem. E, no segundo exemplo, antes referido, o dito terceiro em nome do qual passa o detentor, desde então, a possuir – pode juntar á sua posse actual (mediata) a posse anterior do detentor (por acessão, artigo 1256); visto que existe continuidade entre ambas e tal também sucedeu por vontade do anterior possuidor.

Posse e Usucapião

112. Também não se verifica inversão do titulo da posse, á luz do artigo 1265, nos casos de *progressão da posse, numa posse liberadora (usucapio libertatis)* da concorrência de outras posses (á imagem de direitos) que restringem a posse do detentor (infra, n.° 117).

É o caso do comproprietário que passe a deter posse exclusiva ou de quota superior á dele, com "oposição ao exercício" correspectivo dos direitos dos demais comproprietários (artigos 1406, n.° 2, 1569, n.° 1, c) e 1574). Ou, similarmente, o caso do co-herdeiro.

E, é o caso do possuidor á imagem do direito de propriedade, que passe a deter posse exclusiva com "oposição ao exercício" correspectivo dos direitos dos possuidores á imagem de jus in re aliena (usufrutuário, direito de superfície, direito de servidão, etc).

Nesses casos o detentor não adquire uma posse nova, originária e instantânea: em que a detenção anterior apenas precede, mas não causa a posse do inversor.

A posse do detentor, nesses casos, já existia (e, á imagem do direito de propriedade).

O que sucede é que o terceiro (sujeito da posse, á imagem dum direito que restringia aquela outra posse) perde a sua posse.

E esse terceiro possuidor perde, então, a posse ao abrigo do artigo 1267, n.° 1, d): pela posse doutrem, mesmo contra a sua vontade.

E, como esse terceiro perde a posse, é natural que se exija ao detentor não só uma mudança de animus, mas que ela se manifeste e se concretize, por sua parte, numa efectiva "oposição" ao exercício" dos direitos dos outros compossuidores (comproprietários ou co-herdeiros) ou dos possuidores á imagem de jus in re aliena (usufrutuários, titulares de servidões, etc). Como aflora no artigo 1574, n.° 1.

Assim, nestes casos não basta tão só uma mudança de animus. É necessário, ainda, uma progressão do corpus (oposição ao exercício).

DIVISÃO III
Inversão, por oposição explícita do detentor

113. Uma vez verificados os pressupostos gerais da inversão do titulo da posse, todavia, o artigo 1265 exige, ainda, dois modos para relevar a substituição do animus: ou, por "oposição do detentor do direito contra aquele em cujo nome possuía"; ou, "por acto de terceiro capaz de transferir a posse".

Note-se que na segunda modalidade também se consubstancia uma oposição; só que na primeira trata-se duma oposição pura e simples.

Aquisição da Posse

O artigo 510 do código civil de Seabra falava numa "oposição feita pelo possuidor ao direito daquele, em cujo nome possuía, e não repelida por este".

E, porque se exige tal oposição? E, em que se consubstancia tal "oposição"?

Ou, dito doutro modo, porque não bastaria que a substituição do animus se exteriorize, nos termos gerais, expressa ou implicitamente, de modo que se revele com toda a probabilidade (artigo 217)? E, desde que, com tal mutação exteriorizada, se passe a exercer a nova posse de modo a poder ser conhecida pelo anterior possuidor (posse pública, artigo 1262)?

Na verdade, embora se trate de uma usurpação da coisa, perguntar-se-á, o mesmo não sucede na posse do ladrão e, todavia, esta é relevante tão só pelo seu exercício?

No entanto, no caso de inversão do título da posse, como o detentor mutante a exercia em nome doutrem, tal mutação não só quebra a relação de confiança estabelecida com o possuidor mediato; como a nova posse, como tal, pode ser equívoca na sua apreensão por aquele.

Ou seja, se um ladrão furta a terceiro uma coisa de que ele (ladrão) não era detentor, apenas usurpa direitos do terceiro. Mas se o detentor se apropria do que detem em nome doutrem, não só usurpa os direitos deste, como abusa duma confiança estabelecida: e como continua na manutenção da coisa confiada, a usurpação poderá ser de apreensão equívoca pelo possuidor mediato, ou havida como mero não cumprimento dos deveres da relação estabelecida. O que "poderia acarretar as mais inopinadas e arbitrárias modificações da situação, com os inconvenientes práticos que é fácil imaginar. Uma elementar percepção da exigência da eliminação de tais inconvenientes, é que conduziu á afirmação de que nemo sibi causam possessionis mutare posse (Paulo)" (Hugo Natoli, o. cit., p. 109).

É certo que se puderia dizer que bastaria a prova de comportamentos concludentes da mutação do animus e do seu conhecimento pelo possuidor mediato. Todavia o critério, caso a caso, da equivocidade/concludência, será fluido. Bem como, a prova dos factos derivantes, por via de regra, assentaria em prova testemunhal; com a, por sua vez, também sua intrínseca fragilidade.

Por todas essas razões não deve bastar, para ser relevante uma inversão do título pelo detentor, que apenas se constate um comportamento exteriorizador (declarativo) do novo animus do detentor e o seu conhecimento pelo possuidor mediato: haverá que exigir algo mais.

Daí que as fontes romanas não permitiam que alguém, por si só, pudesse mudar a posse: como antes referido, nemo sibi causam possessionis mutare potest (Paulo). E, no mesmo sentido, o código civil italiano de 1865 também estabelecia que "nessuno puó cangiare, riguardo a se medesimo, la causa ed il principio del suo possesso".

E, o código civil de Seabra estabelecia no artigo 510, como pressuposto da inversão, uma oposição feita pelo possuidor ao direito daquele, em cujo nome possuia, "e não repelida por este": porque se o fosse, já não se dava a inversão.

Ora, o que pretende significar o artigo 1265 com o requesito da "oposição do detentor... contra aquele em cujo nome possuia", (numa conciliação entre as duas referidas posições extremas), *é tão só,* como requesito necessário e suficiente:

Que o detentor torne "directamente" conhecida da pessoa em cujo nome possuia (quer judicial, quer extrajudicialmente) a sua intenção de actuar, no plano dos factos e empíricamente, "como sendo" titular do direito (Pires de Lima e Antunes Varela, anot. 3, artigo 1265).

"A oposição tem de ser categórica ... Por exemplo, o usufrutuário declara peremptóriamente que é ele quem é o proprietário ... e faz saber ao proprietário a sua oposição" (Oliveira Ascensão, o. cit., p. 98).

Isto é, (segundo Orlando de Carvalho, cit. Rev. 3810, p. 263), tem que haver uma "oposição formal, por meios notificativos directos e levada ao conhecimento do possuidor ... A declaração tem de ser levada ao conhecimento do possuidor (ainda que com funcionamento da teoria da recepção), e não apenas para que a posse do inversor seja pública, mas para que a própria inversão se verifique e, por conseguinte, se adquira a posse. O que resulta da ideia de comportamento declarativo ou notificativo – notum facere: levar a alguém o conhecimento de alguma coisa. Só que a notificação não tem que ser individualizada e muito menos presencial. Pode, nomeadamente, ser feita através duma circular que se remete a um circulo mais ou menos alargado de pessoas, incluso o possuidor ou o seu representante".

Tal comunicação directa, pode ser pessoal (pelo próprio inversor), como por intermédio dum mandatário ou núncio, para tal incumbido.

Tal comunicação directa pode ser, naturalmente, acompanhada dos actos que representem oposição ao exercicio dos direitos do possuidor mediato. Como se o arrendatário veda a entrada ao senhorio, ou não lhe restitue o prédio caduco o arrendamento, ou não lhe paga a renda: mas acompanhados esses comportamentos da declaração directa que o não faz, por passar a exercer o senhorio da coisa, no plano dos factos e empiricamente, como sendo dono.

Não bastam meros meios exteriorizadores (declarativos) do novo estado de ânimo.

Aquisição da Posse 215

Não bastam, pois, meras "palavras", ou outros modos directos de mera expressão do novo animus. Nem bastam meros comportamentos, dos quais se conclua existir esse novo animus, quer esses comportamentos revelem esse novo animus com toda a probabilidade, quer com um grau absolutamente concludente. Pois, daí apenas se poderá concluir da existência do novo animus.

Tem que haver mais do que mera exteriorização (expressa ou implícita) do novo animus: mais, do que mera "declaração" (cognoscitiva do novo animus). *Tem que se passar das palavras* (ou mero comportamento declarativo) *aos "actos"*: pois, tem que haver uma "oposição" do detentor e "contra aquele em cujo nome possuia" (artigo 1265). *Ainda que seja suficiente o especial "acto"*, do detentor contra o possuidor, *"do notum facere"* (ou seja, a sua notificação directa).

Como dizem Planiol-Ripert-Picard (o. cit., p. 180):

"Não se trata de uma (conhecida e provada) simples negação do direito do proprietário: que o detentor emita em público, perante outras pessoas, a pretensão de ser proprietário, ou que ele actue de facto como se o fosse, por exemplo efectuando demolições ou construções ... É preciso, nos termos do artigo 2238 que ocorra uma contradição oposta ao proprietário, isto é que um conflito surja directamente entre eles sobre a questão da propriedade.

Este conflito pode revestir a forma judicial, mas não é necessário que assim seja. Basta que o arrendatário notifique extrajudicialmente ao senhorio a sua pretensão sobre a propriedade, declarando-lhe que doravante não lhe pagará a renda. E poderá mesmo não existir um acto formal. Por exemplo, se o proprietário, pretendendo retomar a posse do bem, é impedido pela força, desde que esta via de facto seja acompanhada de um modo não equivoco, a titulo de proprietário, pelo antigo possuidor precário".

Para Hugo Natoli (o. cit.), p. 110), tem que haver uma oposição contra o possuidor mediato, tendente a contestar-lhe o direito, arvorando o inversor o direito e, assim, a sua correspondente posse em nome próprio. E, através dum comportamento positivo e não equívoco (não basta o não cumprimento dos deveres do arrendatário) e assumido na presença do possuidor mediato. Bastando, nesse sentido, ainda, uma oposição manifestada verbalmente que se concretize no expresso desconhecimento do direito daquele.

E, para Francesco Galgano (o. cit., p. 137) – não basta uma mera mutação do animo interno do detentor, nem um qualquer facto exterior que revele aquela mutação. Por exemplo, aquele a quem deixamos em depósito o automóvel, não se torna possuidor no momento em que o faça desaparecer com o animus dele se apropriar. É necessário que o detentor faça oposição contra o possuidor; ou seja que "se arvore abertamente proprietário da coisa" e "faça constar a posse", ou com explícita declaração (oposição expressa) ou com actos concretos (oposição tácita) que intendam que detem a coisa como própria.

"A declaração é que é importante e só ela, até porque na sua ausência os actos complementares seriam equívocos" (cit. Orlando de Carvalho).

E, nesse espírito, se deverá (suponho) enquadrar a seguinte posição de Manuel Rodrigues (o. cit., págs. 270/271): a contraditio deve resultar de actos positivos-inequívocos (não basta, "não" restituir o prédio, "não" pagar a renda): e praticados na presença ou com o conhecimento daquele a quem se opõem (o arrendatário que não permite a entrada no prédio ao proprietário; o que faz a declaração de que não pagará a renda porque é ele o proprietário; ou a conclusão dum contrato). E, no mesmo espírito, se devendo enquadrar (suponho) a seguinte passagem de Menezes Cordeiro (A Posse, 2ª ed., p. 106): deve-se "presenciar uma actuação efectiva contra o possuidor".

Não bastam, pois, meras "palavras", é preciso que o inversor passe das palavras aos "actos" e que os actos sejam uma oposição "directa", e "como sendo dono", ao possuidor. Mas basta, é suficiente se o "acto" é a notificação do novo animus: um notum facere (uma declaração-notificativa).

Consequentemente, "a escritura de justificação notarial não pode considerar-se como uma acto susceptível de tornar directamente conhecida do terceiro a intenção de passar a actuar como titular do direito" (Ac. R. Gui., de 10-05-2006, Carvalho Guerra, SC. Jur. 306, Abril/Junho, p. 357).

Como, não bastará que o detentor emita em público, perante outras pessoas, a pretensão de se considerar como dono; ou que actue de facto como se já o fosse, por exemplo, fazendo demolição ou novas construções (cits. Planiol-Ripert-Picard). Ou que se faça chegar tal intenção ao possuidor mediato, mas por vias travessas.

Diz-se, por vezes, que haverá contradictio se o detentor pratica os actos de oposição ao direito, na presença do possuidor mediato (cit. Manuel Rodrigues). Essa práctica presencial será suficiente, todavia, mas se é acompanhada da expressa explicitação do novo animus; de assim se actuar "como sendo dono".

Assim, não bastará para haver "oposição" que, por exemplo, o arrendatário tão só deixe de entregar o prédio, caduco o arrendamento. Ou, que deixe de pagar rendas, ainda que por 50 anos (Ac. R.C., 16-7-85, C.J. X, 4.°, 55/58; Ac. R.L., 16/10-90, C.J. XV, 4.°, 151).

Aquisição da Posse 217

Ou, num caso em que o detentor, reparador de automóveis, deixe passar o prazo normal e recuse a restituição (Ac. R.L. 26-1-84, C.J. IX, 1ª, 124): dado que não explicitou que o fazia porque passava a usá-lo "como sendo dono". Pois que, hipotéticamente, até assim poderia agir, por exemplo, para ter mais tempo para o reparar; ou, por direito de retenção.

E, se não basta, para haver oposição, a mera vontade de possuir (Ac.R.P., 10-1-94, C.J. XIX, 2.°, 206) – obviamente, não existirá oposição, se a razão, a cujo título se querer continuar a deter não é com animus dominium, como sendo dono (ou titular dum direito mais amplo do que aquele, a cuja razão se possuia).

Dado que para haver posse, tem que existir, em biunivocidade, corpus e animus.

Assim, o arrendatário que não desaloja a casa, caduco o arrendamento, porque alega que não tem para onde ir e só deixa o prédio quando arranjar nova causa – não inverte o título da posse: apenas infringe os seus deveres. O seu animus será tão só o da usurpação dum uso precário; a imposição dum comodato precário. Ora, o comodatário só é possuidor, com "posse limitada", no pressuposto, e no âmbito, dum preexistente comodato (legalmente acordado). E, de qualquer modo, a posse é, sempre, um senhorio de facto à imagem dum direito. Ora, o comodato precário, porque é precário apenas pode conduzir a uma situação de "mera detenção" (artigos 1251 e 1253, b)).

Assim, se o arrendatário caduco o arrendamento, se mantem no uso do bem, só por isso, não inverte a posse.

E, quer o faça contra a vontade do senhorio; quer por inércia ou tolerância deste (cits. artigos 1251 e 1253): etiam por mille annos!

É claro que a notificação, pelo inversor, dum novo animus será irrelevante se é uma protestatio facta contraria. Se, por exemplo, o arrendatário comunica que passa a exercer o senhorio de facto, como sendo dono e, todavia, continua a pagar a renda.

Por outro lado, *não é necessário* para se dar a inversão, *que a oposição* (nos termos referidos) *"não seja repelida"* por aquele em cujo nome possuia: como se exigia no artigo 510 do código civil de Seabra.

E, aliás, nem sequer basta, para evitar a inversão, e a existência duma nova posse do detentor, que aquele em cujo nome possuia apenas rejeite a oposição; ou seja que esta seja repelida por ele. Pois, aquele em cujo nome se possuia perderá "a sua posse", se não usar de acção directa ou não instaurar acção de restituição, dentro de um ano a contar da oposição (artigos 1267, n.° 1, d), 1277 e 1282,). E, perderá o direito se pela duração da nova posse, o seu titular adquirir o direito por usucapião (artigo 1287).

DIVISÃO IV
Inversão, por oposição Implícita do detentor

114. Suponha-se que o detentor que possui em nome alheio, por exemplo um arrendatário, outorga com terceiro um acto capaz (abstractamente) de lhe transferir a posse em nome próprio. Por exemplo, tal arrendatário A. vende a um terceiro B. o bem arrendado. E, quer entregando o bem ao comprador; quer, mantendo-o, a título, por exemplo, de comodatário ou arrendatário, mas em nome desse terceiro.

Ou, suponha-se que A. detentor, ou possuidor imediato, transige judicialmente com terceiro, e a favor deste, sobre a propriedade da coisa.

Ou, A. que adquiriu um bem sob condição resolutiva (em propriedade resolúvel), e como tal com posse á imagem desse direito (pelo título), vende o bem a um terceiro, como sendo proprietário pleno.

Esta situação é, de certo modo, um reverso do segundo modo de inversão da posse referido no artigo 1265.

Haverá, nesses casos, inversão da posse, com os efeitos do artigo 1265? E, bastam os requisitos exigíveis, mutatis mutandis, para esse segundo modo de inversão, nesse artigo referido?

Em termos dos pressupostos básicos, os mesmos verificam-se na hipótese em análise. Também aqui, um sujeito duma relação possessória, que possui (também) in nomine alieno, muda o animus, no sentido de actuar (vendendo) "como sendo dono" e contra a posse daquele em cujo nome possuia.

E esse animus é, por sua vez, concludentemente exteriorizado, porque emanente no seu acto de transferência da propriedade plena ao terceiro.

E, também aqui se verifica o essencial do segundo modo de inversão previsto no artigo 1265, apenas numa situação inversa dos sujeitos: existe uma intervenção dum terceiro e um acto capaz (abstratamente) de transferir a posse.

Assim, é curial que deva aceitar-se tal situação como inversão implícita da posse, embora desencadeada como oposição implícita do detentor contra aquele em cujo nome possuia: e sujeita tal inversão, tão só, aos requisitos do segundo modo de aquisição previsto no artigo 1265. Nomeadamente, não carecendo de uma notificação directa (notum facere) ao possuidor mediato; desencadeada quer pelo detentor, quer pelo terceiro. Mas, obviamente, que se tal notificação ocorrer (acrescidamente), então não existirão dúvidas que terá resultado numa inversão.

E, na verdade, em raciocínio analítico, poderemos assumir que no momento em que, no dito exemplo, A., arrendatário, vende a B., aquele, concomitantemente muda e exterioriza nessa declaração negocial a mutação do seu animus para actuar "como sendo dono".

E, é nessa posição concomitante (históricamente), (como sendo dono) que realiza o acto capaz (abstractamente) de transferir a posse da coisa a B. e que este a recebe (por tradição da coisa ou por constituto possessório, artigo 1263).

Pelo que, se dará a inversão, com relevância face ao possuidor mediato, a partir do momento em que o anterior possuidor passe a conhecer (por qualquer modo) essa situação (artigo 1262).

Assim o defende Orlando de Carvalho (Rev.L.Jur., 3810, págs. 263/264): "no instante em que vende, A. inverte por oposição implícita o título de posse e, por isso, B. adquire derivadamente dele. É a única explicação compatível com os factos e com a necessidades do regime. O ser a posse do A. uma posse instantânea não tem nada de absurdo".

A mesma qualificação, de inversão da posse nesses casos, é defendida por alguns autores em Itália. E, também a aceita Manuel Rodrigues (o. cit., p. 27, in fine).

Também para Ennecerus-Kipp-Wolff (o. cit., p. 74) se o possuidor imediato cede a posse a um terceiro, então o possuidor mediato perde a posse.

É óbvio, todavia que o *novo possuidor, o adquirente de A., só poderá juntar á sua posse, por acessão, essa posse instantânea de A.*: não a anterior posse em que ele era possuidor em nome alheio.

Também a posse de A. é instantânea e, cronológicamente, concomitante á criação do título capaz de (abstractamente) transferir a posse. E, tal posse é criada unilateralmente por A. e usurpativamente contra a posse (anterior) do seu senhorio.

Ou seja, tal posse é criada no mesmo processo psicológico volitivo de A. que, concomitantemente cria o título. *Assim, tal posse não é anterior ao título, pelo que este não pode transferir o que não existia.* Tal posse é, antes, instantânea, originária, unilateral e usurpatóriamente criada por A.

Assim, nos casos em análise, a venda de A. a B. não é justo título, para a posse de B. (criada por inversão), nem, B. se presume de boa-fé (Orlando de Carvalho, cit. Rev. 3812, p. 334).

Têm, todavia, posição contrária Pires de Lima e Antunes Varela (anot. 9, artigo 1263): "Não é exacto. O título (arrendamento) não se inverte num título capaz de transferir a posse. O que há é uma posse precária que se extingue e uma nova posse que nasce em consequência de actos materiais. Esta segunda é inteiramente nova, pois não tem qualquer relação com a posse precária do vendedor. Este, tanto pode ser arrendatário, como não ter nenhuma relação com a coisa". E, assim, para os ditos autores, a referida hipótese nem se enquadraria na aquisição de posse por tradição, efectuada pelo anterior possuidor (artigo 1263, alinea b); nem na inversão do título (artigo 1265). Tal hipótese tão só se enquadraria numa aquisição de posse, a cargo do comprador, á luz da alinea a), do artigo 1263 (pela prática reiterada, com publicidade, dos actos materiais correspondentes ao exercício do direito).

Todavia, o raciocínio analítico supra-referido de Orlando de Carvalho parece pertinente. Bem como, não se trata, no caso, como expressam Pires de Lima e Antunes Varela, de inverter o título (o arrendamento), num título capaz de transferir a posse. O que A., no exemplo dado, inverte, no momento, é o seu animus (a razão, pela qual, então, detem). E, por sua vez, o título capaz (abstractamente) de transferir a posse a B., é o contrato de venda que A. com ele, no momento, celebra (e não o anterior arrendamento). Ainda que essa venda "efectivamente" não transfira a posse: porque ela não existia antes do título e na esfera empírica do transmitente. Mas tal também se passa no modo de inversão da posse por acto de terceiro (conforme infra se desenvolverá).

E, por sua vez, dado que nessa oposição implícita quer participa um terceiro, quer se consubstancia com a existência dum acto capaz de transferir a posse – então o paralelismo é com o segundo modo de aquisição da posse previsto no artigo 1265. E, assim, também o regime (de relevância) da inversão deverá, pois, ser o mesmo.

Realce-se, no entanto, que neste modo de inversão implícita do título da posse, *quem adquire a posse não é o possuidor imediato* – mas aquele terceiro a quem ele cede a posse (artigo 1263, b). E, pode até o possuidor imediato continuar a possuir em nome alheio, mas agora a favor desse terceiro: se se mantem na detenção da coisa, por constituto possessório (artigo 1263, c)). Mas, em qualquer dos casos, o anterior possuidor mediato (aquele em cujo nome se possuia) perde a posse, pela posse concorrente do terceiro, se esta dura mais de um ano (artigo 1267, 1.°, d)); ou, até antes, se esse terceiro cede a posse a outrem que esteja de boa-fé (artigo 1281, n.° 2) (cits. Ennecerus-Kipp-Wolff, o. cit., p. 74).

O acto que provoca a oposição implícita (referida) não é necessáriamente um negócio júridico translativo da propriedade.

Basta um acto "capaz de transferir a posse", conforme á última parte do art. 1265 e com o mesmo sentido que para essa inversão por terceiro infra se desenvolverá.

De qualquer modo, *a posse do terceiro será instantânea, originária. Bem como, unilateral e usurpativa. E, o negócio de transmissão não será justo título de posse do terceiro; e esta presumir-se-á de má-fé.*

Aquisição da Posse 221

115. Orlando de Carvalho (Rev.cit. 3810, págs 263/264), *alarga o conceito de "oposição implícita"*, genéricamente, a todos os casos em que a mutação do animus do detentor seja entendível através de factos absolutamente concludentes. E tanto bastará então, segundo esse autor, para surtir efeitos a inversão do título da posse. Apenas a posse sendo oculta, enquanto não se exercer de modo a ser conhecida pelo possuidor mediato. Por exemplo, ocorreria tal tipo de inversão,através da aposição, pelo detentor, duma marca ou cunho próprio na coisa (antes) detida alieno nomine: Mesmo, pois, sem uma declaração, no sentido de "declaração por meios notificativos directos".

Todavia, tal alargamento acabaria por finalizar num reconhecimento da inversão: sempre que se assuma que está concludentemente exteriorizada a mutação do âmbito do detentor, ou possuidor, imediato. Ou seja, retroceder-se-ia á situação que se pretendeu evitar com a especial exigência, pelo legislador, duma "oposição do detentor ... contra aquele em cuja nome possuia". Isto é, desbaratando, afinal, as razões justificativas de tal postura: e permitindo entrar pela janela, o que se barrou á porta de entrada.

E, deixando-se, pois, sem valor prático ... o que antes se desenvolveu (e se defendeu) em tema de oposição explícita.

Assim, dado o modo expressivo do artigo 1265, e as suas razões justificativas, tal alargamento não é admissivel.

Sendo, todavia, defendido para o direito alemão; mas cujo código já não dispõe dum preceito equivalente ao nosso artigo 1265 (Ennecerus--Kipp-Wolff, o. cit., 74).

DIVISÃO V
Inversão, por acto de terceiro

116. O artigo 1265, última parte, configura a inversão do título da posse "por acto de terceiro capaz de transferir a posse".

Para se dar tal inversão devem preexistir, óbviamente, os pressupostos básicos (supra referidos) da figura da inversão do título da posse.

Há um acto de terceiro capaz de transferir a posse, por exemplo, se numa situação preexistente em que A. detem uma relação de senhorio duma coisa como arrendatário de B., A., posteriormente, convencido que C. é o verdadeiro proprietário da coisa, a compra a C.: e, já neste novo animus, prossegue a relação de senhorio de facto com a coisa.

Nessa hipótese, a partir da compra, a razão a título da qual A. manterá e prossseguirá a relação de senhorio de facto com a coisa, mudou. No

222 *Posse e Usucapião*

seu ânimo houve uma substituição. De detentor da coisa com o ânimo de arrendatário, e alieno nomine (do senhorio): passou a possuidor da coisa, com ânimo de proprietário, em nome próprio, directo e imediato. E, como A. já tinha o corpus (o poder empírico sobre a coisa) com o novo animus (como sendo proprietário) em biunivocidade, A. adquiriu a posse, como sendo proprietário. E, B., seu senhorio, e antigo possuidor mediato, perdeu (potencialmente) a posse (artigo 1267, n.° 1, d)). E, diz-se "potencialmente", porque tem de reagir, com meios possessórios, ou com uma acção de reivindicação, dentro de um ano, contra a posse de A..

Neste modo de inversão da posse, *a posse adquire-se originária e instantâneamente* (Orlando de Carvalho, Rev.L. Jur., 3812, p. 334).

Não sendo necessária qualquer notificação directa ao anterior possuidor, nem qualquer acto de oposição ao exercicio da posse por aquele; como se exige no primeiro modo de inversão.

Obviamente, no entanto, tal posse *será oculta* enquanto não se passar a exercer de modo a poder ser conhecida (como tal, com tal mutação) pelo anterior possuidor (artigo 1262).

Tal inversão do título da posse, segundo o artigo 1265, assenta num "acto de terceiro capaz de transferir a posse". Tal referência poderá parecer equívoca, mas também é vantajosa.

Puderá parecer equivoca, e segundo Orlando de Carvalho é até errónea – porquanto a posição do terceiro é a de um não possuidor. (Rev. cit. 3811, p. 293). Na verdade, no exemplo antes referido do arrendatário A., face a um senhorio B., em que posteriormente A. compra a coisa a C., se C. for possuidor então A. adquire a posse, mas por cedência/tradição, em modo de tradictio brevi manu (artigo 1263, b).

E C. pode ser possuidor, por exemplo, porque B (o senhorio de A.) lhe usurparia a posse há menos de um ano. E, então A., adquirindo a posse de C. pode usar contra B. dos meios de defesa da sua "posse adquirida" de C. (artigos 1256.°, 1, acessão, e 1278.°).

Todavia, a referência do artigo 1265 "ao acto de terceiro capaz de transferir a posse" é vantajosa e também se pode considerar correcta. Na verdade, e quanto a este último aspecto, por exemplo, no momento em que o terceiro C. vende a coisa ao detentor B., esse terceiro instantânea e concomitantemente assume-se "como sendo dono": e, o detentor, igualmente, pela sua parte, assume que assim é. Então, "instantâneamente que seja", na relação de senhorio que existe (com o corpus do detentor) C. assume-se como seu titular (em posse exercida por intermédio do detentor A.), e A., assume-se como detentor em nome de C..

E, é "essa posse" que C. cede a A. Aliás é este mesmo raciocínio analitico que Orlando de Carvalho faz, mutatis mutandis, na situação duma transferência da posse a terceiro, efectuada pelo detentor (conforme supra se desenvolveu).

Óbviamente, que "a posse" que, no referido exemplo, C. transfere a A. é, todavia essa posse instantânea e originária: e não a posse anterior (derivada) que A., em nome do senhorio B., conduzia. E, além de instantânea e originária, é criada unilateralmente (pelo terceiro e pelo detentor) e usurpativamente, face e contra o possuidor mediato anterior.

Ela funda-se no mesmo processo psicológico volitivo da criação do título. O título e a posse originam-se, concomitantemente, no mesmo processo psicológico volitivo. Não se trata, pois, duma posse anteriormente (quanto ao título) existente; que este transmita e, neste sentido, se funda nele. *Tal título, não será, pois*, "justo título" da nova posse em nome próprio, do antes detentor em nome alheio. *Nem este se presumirá de boa--fé. Nem* ele *puderá juntar à sua (nova) posse, a do anterior possuidor mediato (por acessão*, artigo 1256). Tal nova posse será *instântânea, originária, unilateral e usurpativa*.

Mas a referência pelo artigo 1265 ao "acto de terceiro capaz de transferir a posse" é benéfica.

É que o *acto de terceiro capaz de inverter a posse, não tem o mesmo sentido que "modo legítimo de adquirir o direito"*, a cuja imagem se transmita a posse: como, por exemplo, para efeitos de posse titulada (artigo 1259).

O acto de transferir a posse, para efeitos de inversão, é o acto que consubstancie "a virtualidade", "em abstracto" duma tradição/cedência da posse, tal como é entendido – em mera temática possessória – para efeitos da "tradição" referida no artigo 1263, b).

E, tal "acto", é um mero acto de vontade, com essa intenção: não um negócio jurídico. Como já supra se desenvolveu, sob o modo de aquisição da posse por "tradição".

E, como tal, que nem está sujeito às regras especiais de forma do negócio jurídico translativo do direito (a cuja imagem se possui ou se cede a posse); nem está sujeito ás especiais regras de validade substantiva do negócio jurídico; nem ás suas especiais regras de capacidade de gozo ou de exercício.

Naturalmente, tal acto de cedência/tradição (capaz de abstractamente transferir a posse) andará normalmente consubstanciado num negócio jurídico, capaz de atribuir um direito real que confira poderes sobre a coisa.

Mas como estamos no âmbito duma relação possessória, basta a assunção, no caso, de que se trata de um "acto voluntário" com virtuali-

224 *Posse e Usucapião*

dade, em abstracto, de operar a cedência/tradição da coisa (em tradictio brevi manu), á luz do direito possessório do artigo 1263, b).

Assim, desde logo não carece de forma especial: uma venda consensual do imóvel, é bastante. E, basta "que não sofra de nenhuma das causas de inexistência do ponto de vista jurídico: de falta de vontade de acção, ou de vontade ou de consciência da declaração, ou de falta total de vontade negocial ou de vontade de efeitos (como na coação física, nas declarações jocosas, no contrato sob nome de outrem e no dissenso total ou manifesto)" (Orlando Carvalho, Rev.L.Jur. 3812, p. 333).

Já não transferirá a posse, *o acto* absolutamente *simulado ou com reserva mental* conhecida de declaratário. Se a simulação for relativa, dependerá de a vontade dissimulada ter a intenção de transferir a posse.

E, basta a capacidade de exercício possessório: o uso da razão (artigo 1266).

É óbvio que o acto de terceiro não tem que ter a virtualidade de transferir tão só a posse á imagem do direito de propriedade plena: pode tratar--se de posse, á imagem de um jus in re (susceptível de posse).

Mas como o artigo 1265 refere "o acto de terceiro capaz de transferir a posse", põe-se a questão de se haverá inversão se o acto de terceiro apenas tem a virtualidade de atribuir ao detentor um direito obrigacional simples, ainda que mais abrangente de que aquele por que detinha a coisa. Por exemplo, arrendamento feito por terceiro ao detentor que era mero comodatário.

Orlando de Carvalho (Rev.L.Jur. 3812, p. 333), defende que *a atribuição por um terceiro dum direito obrigacional simples* não conduz a inversão nenhuma (nem sequer inversão subjectiva): pelo que, em consequência, se o detentor passar a tratar tal terceiro (o que o constitui, por exemplo, como arrendatário) como possuidor (pagando-lhe rendas, prestando-lhe contas, etc.), o que praticará são actos de violação da relação que o liga ao possuidor em cujo nome possui.

Há, no entanto, que distinguir.

Se, por exemplo, A. arrendatário de B., posteriormente convencido de que C. é o proprietário da quinta arrendada celebra com ele um contrato de emprego, passando a actuar como feitor – obviamente A., por mutação do seu animus, deixou de ser detentor em nome de B.. E, por sua vez, detendo A. em nome de C., este poderia passar, por intermédio de A., "eventualmente" a ser possuidor (artigo 1252,1.°).

Todavia B. não perde a posse só porque deixou de continuar a possuir por intermédio de A: porque a posse mantem-se enquanto existe a possibilidade de a continuar (artigo 1257). Só a perderá se C. (de quem A. é, agora, feitor) adquiriu a posse (artigo 1267, n.° 1, d)).

Ora, C. não adquire efectivamente a posse.

Certo, que C. não praticou com o detentor (A.) qualquer "acto capaz de lhe transferir a posse": certo que um feitor, é um "mero detentor" (artigo 1253, c). Ou seja, não houve "inversão", á luz do artigo 1265, porque o detentor não passou a possuidor.

Assim, a inversão do animos da situação possessória que efectivamente existiu no plano psicológico volitivo de A. e C., só poderá, todavia, vir a ser "relevante", "se" existir, acrescidamente, "uma oposição do detentor (A.) contra aquele (B) em cujo nome possuia": Ou seja, a inversão só se poderá dar pelo primeiro modo referido no artigo 1265.

E, também C, não poderá adquirir a posse (por intermédio da actuação de A.), ao abrigo da práctica reiterada, no modo referido na alínea a), do artigo 1263. Pois que tal modo de adquirir a posse não se aplica se a situação é a duma mutação de uma relação de senhorio em nome alheio, cujo desenvolvimento usurpatório passe pelo detentor: doutro modo desfigurava-se a valência do artigo 1265.

Mas a situação já será diferente se *o terceiro atribui ao detentor um direito de crédito sobre a coisa, que o constitua em "posse limitada"* (por exemplo arrendatário). Na verdade, o arrendatário (no âmbito dum contrato de arrendamento, celebrado com o legítimo proprietário) goza das acções possessórias. Então, o acto de terceiro (o proprietário legitimo) é capaz de (abstractamente) lhe transferir a posse; estando, pois, preenchidos os requesitos do artigo 1265. Similarmente á hipótese se o terceiro lhe atribuisse o direito de usufruto. Verifica-se, pois, a inversão da posse. E, como o arrendatário também possui em nome do senhorio, o terceiro (por intermédio dele) beneficiará de tal inversão da posse.

Conforme já realçado o acto de terceiro capaz de transferir a posse, não pressupõe nem que esse acto seja um justo título (artigo 1259), nem que o terceiro seja titular do direito, a cuja imagem se cria a nova posse. Pode-o ser, ou não o ser.

E, *o acto de terceiro* capaz de, em abstracto, transferir a posse, também *não será justo título*, mesmo que consubstancie, em abstracto, um acto capaz de transferir o domínio (e ainda que o terceiro seja títular do domínio) (Orlando de Carvalho, Rev. L.Jur., 3812, p. 334). E, daí, que se presume a má fé, quanto á posse invertida (artigo 1260.°, n.° 2).

Todavia, o que o terceiro não pode ser é *possuidor, á imagem da posse que, abstractamente, transfere*: ele deve ser um estranho a tal relação possessória (cit. Autor, Rev. 3811, págs. 292/293). Doutro modo, a aquisição da posse dar-se-ia por tradição/cedência (artigo 1263, b). Ele pode ser possuidor, mas em relação bifurcada (ou mais), e se transfere uma posse á

226 *Posse e Usucapião*

imagem de poderes em jogo na relação possessória entre o inversor e o possuidor que a inversão defrauda (cit. Autor, Rev. L.Jur., 3812, p. 334).

Por exemplo, A. constitui um usufruto a favor de B.. Este, por sua vez, arrendou o bem a C. . Se A., posteriormente, vender o prédio a C, "como sendo proprietário pleno", dar-se-á uma inversão da situação possessória entre B. e C.. Pois que, C., como arrendatário de B. e, assim, possuidor em nome de B. (senhorio/usufrutuário), inverteu essa situação, passando a possuidor como proprietário pleno. Todavia, A. só era possuidor, á imagem da nua-propriedade. E, quanto á relação possessória, entre B e C., á imagem do usufruto (e, é esta relação que se inverte) era a ela alheio.

Todavia, nessas situações, torna-se necessário que A., por exemplo, se assuma, no acto translativo, "concludentemente", como sendo proprietário pleno e que é uma posse, a essa imagem, que se quer ceder. Pois que, se A. apenas cede a sua posição de nu-proprietário, a posição, então, em que investe C. continua a ser compatível com o usufruto de B.: e com, pois, a relação possessória de B. como usufrutuário, por intermédio de C. seu arrendatário (ainda que este cumule a posição de nu-proprietário).

Como já referido, a posse resultante de inversão por acto de terceiro capaz (abstractamente) de transferir a posse – não é uma posse derivada.

Nem o acto de transferência, mesmo que inserido num negócio jurídico, será um justo título (cit. Orlando de Carvalho, Rev. L. Jur., 3812, 334). E, tal posse presume-se de má-fé.

Tal posse resultante é uma posse instantânea e originária: e unilateral e usurpativa (face ao anterior possuidor mediato), e que se presume de má fé.

É, todavia, indiferente que o transmitente tenha, ou não, o direito.

O que ele não pode é ser possuidor, no âmbito da posse que se transfere. Não é que, sendo possuidor, não haja aquisição da posse pelo detentor: haverá, mas por cedência/tradição (artigo 1263, alinea b).

Também é indiferente se o detentor está de má fé, ou seja se está consciente de que prejudica o anterior possuidor mediato e de que o terceiro não é nem (real) possuidor, nem legitimo titular do direito.

A má fé, é apenas um qualificativo da posse: bem como, se situa no campo cognitivo do espírito; e não, como o animus (cuja mutação é que é, para o efeito, relevante) no campo do juízo volitivo (Hugo Natoli, o. cit., p. 110).

Obviamente, que se existe simulação então não há acto capaz de (abstractamente) transferir a posse.

Mas, não é postulado que a má fé, mesmo de ambos os intervenientes, consubstancie necessariamente uma simulação (contra, Manuel Rodrigues, o. cit., nota 2, p. 273). Um ladrão que vende a um receptador, também estão ambos de má fé: e, não existe simulação; e há aquisição de posse.

SUBSECÇÃO VI
Usucapio libertatis

DIVISÃO I
Posse libertadora (usucapio libertatis)

117. Segundo o artigo 1569, n.º 1, alínea c) do código civil as servidões extinguem-se pela aquisição, por usucapião, da liberdade do prédio. E, a aquisição, por usucapião, da liberdade do prédio só pode dar-se quando haja, por parte do proprietário serviente, "oposição ao exercício da servidão" (artigo 1574).

Suponha-se que A. é proprietário e possuidor dum prédio rústico que é atravessado por um caminho, como servidão de passagem instituida a favor dum prédio urbano de B.

Nesse caso o direito de propriedade de A. sobre o seu prédio rústico está onerado com esse encargo correspondente a um direito de servidão do terceiro B.

Mas se A. se "oposer ao exercício" da servidão, por exemplo desfazendo o leito do caminho, ou nele plantando árvores, ou murando o seu prédio de modo a que o exercício da servidão não seja factualmente exercitável e tal situação perdurar por tempo igual ao que seria necessário para adquirir por usucapião o direito de propriedade sobre o seu prédio rústico, então, o seu prédio fica desonerado desse encargo, extingue-se a servidão. E A. passa a poder dispor plena e exclusivamente do seu prédio sem tal limitação. E, tal acontece mesmo que não se verifique nenhuma das outras razões que determinam a extinção das servidões, e nomeadamente o seu não uso durante vinte anos.

A essa situação chamou o legislador de "aquisição, por usucapião, da liberdade do prédio". Como, tradicionalmente, se exprime com a denominada **usucapio libertatis.**

Já no direito romano, Paulo configurara que se tenho contigo uma servidão de não- edificar mais alto, todavia extingue-se a servidão se edifiquei mais alto, e com o decurso do tempo: per statum tempus altius aedificatum habuero, sublata erit servitus.

228 *Posse e Usucapião*

A situação em causa tem os seguintes elementos básicos. Dum lado, existe um direito real de gozo amplo (ou mais amplo) e de outro lado, um encargo real, de que é titular um terceiro, e que limita o conteúdo concreto do exercício daquele.

Por sua vez, o titular do direito real amplo, e possuidor da coisa á imagem desse direito, não se pode dizer que seja um detentor em nome desse terceiro; nem este um possuidor, indirecto e mediato, através daquele. Não se trata, pois, da situação em que se possa dar a inversão do título da posse.

Por sua vez, os referidos direitos (no caso exemplificativo, o direito de propriedade e o direito de servidão) são entre si direitos autónomos e de exercício compatível (Hugo Natoli, o. cit. p. 242). O proprietário pode usar da coisa, como proprietário, desde que não prejudica o exercício da servidão. Bem como, pode alienar o direito de propriedade, sem tal interferir no direito de servidão. Daí que já se afirmava no direito romano que a aquisição por usucapião do direito de propriedade, não extingue o usufruto (non peremit usum fructum ... usucapio proprietatis).

Uma coisa é o direito de propriedade, outra é a extensão dos limites concretos do seu conteúdo exercitável (artigo 1305).

Mas o que a lei configura, e quanto ás servidões, nos referidos artigos 1569, n.° 1, alinea c) e 1574, é que o proprietário serviente (do direito maior e onerado com um direito real de terceiro) se se opôs ao exercício da mesma, e tal situação perdurou pelo tempo que seria necessário para adquirir o seu direito por usucapião, então tal proprietário adquiriu a liberdade do prédio: isto é, pode exercer plena e exclusivamente o seu direito, sem os limites do encargo anterior e este, por tal actuação, inclusivé, extingue-se.

A perspectiva da situação não é a de uma mera inércia, ou qualquer outra actividade, "do titular da servidão": se esta se extingue, não é, pois, por razões endógenas.

A perspectiva é a duma certa actuação, mas olhada do lado do titular do direito de propriedade serviente. E por este levada a cabo (Lacruz Berdecho, o. cit., 195). De certo modo, "adquire-se a coisa livre, porque se possui livremente, e o que se adquire é aquilo que se possuia" (Pires de Lima e Antunes Varela, anot. 6, artigo 1287).

No entanto, também não é, rigorosamente, o direito de propriedade que se adquire: esse já o titular do prédio serviente dele podia dispor; bem como, á sua imagem possuia.

Assim, rigorosamente, não se tratará de adquirir, por usucapião, o direito de propriedade sobre o prédio serviente. Como não se tratará, rectius, de mera extinção (e muito menos aquisição) do direito de servidão.

Aquisição da Posse 229

A realidade é um tertium genius. E a designação do legislador, correspondente á tradicional, de que o que se "adquire" (ou readquire) é a liberdade do prédio é apropriada; bem como que tal liberdade se adquire por usucapião, visto que assenta numa relação de senhorio (posse) que a tal efeito conduz. Contra, Ascensão Oliveira (o. cit., págs. 234/325). E, sendo essa a perspectiva da situação, então, adquiridos novos limites da extensão do "conteúdo concreto" do direito, como consequência dessa extensão (e como causa exógena) também o anterior ónus real (a servidão) extingue-se, por sua vez. Vide infra, n.º 215.

O que, aliás, permite que a figura abranja também meros ónus obrigacionais.

Assim, na usucapio libertatis existem duas relações possessórias autonomizáveis. No exemplo referido (duma servidão sobre o prédio), existe, desde logo, uma primeira relação de domínio de facto, á imagem do direito de propriedade. Nesta relação possessória, por exemplo, a sua inter-relação é entre o possuidor utidominus e o título do direito de propriedade. Face a essa inter-relação é que, nessa perspectiva, se verificará se a posse é, por exemplo, oculta ou pública; pacífica ou violenta. E, face a essa relação possessória é que se questiona, também, se com o decurso do tempo se adquire o direito, a cuja imagem se possui: e esse direito só pode ser o direito de propriedade (tanto prescrito, quanto possuido). E quanto a essa relação possessória é que se indagará, igualmente, se o prazo prescricional se suspende ou se interrompe.

Mas, nessa básica relação possessória, á imagem do direito de propriedade, pode enxertar-se, ou não, uma outra relação de domínio de facto, incompatível com o exercício da servidão. Esta outra relação específica de domínio já se inter-relacionará entre tal possuidor e o terceiro titular do direito de servidão. E nessa inter-relação é que se verificará se aquele domínio de facto (posse) é público ou oculto; pacífico ou violento. Bem como, se o seu decurso temporal é suficiente á aquisição dum direito; ou se esse decurso, para efeitos de usucapião, se suspende ou interrompe. Item, Ennecerus, o. cit. p. 414.

E "o direito que se adquire", conforme ao exercício dessa posse, será a plenitude do exercício do direito de propriedade, antes constrangido por esse jus in re aliena (o direito de servidão). E adquirida essa plenitude, o jus in re aliena extingue-se.

É certo que por tal *usucapio libertatis* o direito que constrangia o direito de propriedade sobre a coisa se aniquila. Mas, esse efeito também ocorre pela aquisição do direito de propriedade por usucapião: certo que o anterior direito de propriedade, também aqui, se aniquila.

230 *Posse e Usucapião*

Mas não se trata, tão só, na usucapio libertatis, duma extinção do jus in re aliena e por razões endógenas. Como, por exemplo, sucede com o não uso durante 20 anos nas servidões, Na usucapio libertatis a causa da extinção do jus in re aliena é exógena: e é um domínio de facto (uma posse). E, é uma posse autónoma, por exemplo no referido caso da servidão, face á posse á imagem do direito de propriedade sobre o prédio serviente. Por exemplo, esta pode ser oculta ou violenta face ao titular do direito de propriedade e aquela ser pública ou pacífica face ao titular do direito de servidão; e, vice-versa.

Como pode a posse, á imagem do direito de propriedade, e para efeitos de usucapião, ser interrompida ou estar suspensa face ao titular do respectivo direito de propriedade e já a posse da plenitude do uso do prédio não sofrer de interrupção ou de suspensão face ao titular do direito de servidão; e, vice-versa.

Daí o termo latino *(usucapio libertatis)* ser adequado. Pois, há uma aquisição (capio), por uma posse (usus). E, uma aquisição da liberdade (libertatis), ou seja da plenitude do direito de propriedade.

Embora, naturalmente, a posse liberadora não possa conduzir, por usucapião, a tal "libertação" se o titular de tal posse (directo e imediato; ou, indirecto e mediato) não é, simultâneamente, possuidor e titular do direito de propriedade (ainda que, igualmente adquirido por usucapião). Item, cit. Ennecerus, p. 414.

A figura referida da usucapio libertatis vem tratada pelo legislador a propósito das servidões. Todavia as razões justificativas da regulamentação desse caso previsto procedem em todos os casos em que a realidade básica seja a mesma (artigo 10 do código civil). Assim, *deve alargar-se a todos eles, a todo o titular dum direito onerado* (Pires de Lima e Antunes Varela, o. cit., anot. 6, artigo 1287; Ascensão Oliveira, o. cit., 324, Hugo Natoli, o. cit., 240 e Francesco Galgano, o. cit., 157). *Inclusivé, se a oneração não é real, mas meramente obrigacional. E, igualmente, dos casos de compropriedade, condomínio e herança* (infra, n.° 118).

Mas se existe a aquisição da liberdade do prédio por usucapião, tal pressupõe a preexistência duma posse (por certo tempo). Ou seja, antes da usucapião (da usucapio libertatis), existe como seu fundamento uma posse liberadora. E, com os requesitos genéricos de corpus e animus.

Na inversão do título da posse, existe já um detentor com o corpus, bastando, pois, uma mutação do animus.

Mas no caso em apreço, por exemplo, o proprietário do prédio serviente, onde existe o caminho de servidão, o que tem é o corpus e o animus, á imagem do direito de propriedade: mas compatível com a existência da posse por parte do titular da servidão, relativamente ao encargo do caminho que onera aquela posse do proprietário serviente.

Então não bastará que o proprietário do prédio serviente meramente mude de animus, passando por exemplo, a declarar que não reconhece a existência do direito de servidão e que o seu direito de propriedade é pleno e exclusivo e sem esse encargo. Só por mudar de animus o proprietário serviente, o possuidor da servidão não perde, pelo seu lado, a sua posse. Pois que, não se formou, só por essa mudança, uma posse de outrem incompatível com a sua (artigo 1267, n.° 1, alinea d). E, não perde a posse mesmo que não exercite a servidão, pois que lhe basta a possibilidade de, "querendo", a continuar (artigo 1257). A relação de poder empírico do proprietário serviente sobre o seu prédio, em termos de corpus, só se estenderá á plenitude dos limites do conteúdo do seu direito, se se "opõe ao exercicio" da servidão. Só então, com corpus e com animus, se forma uma posse que contende com a posse (efectiva ou potencial) do proprietário dominante: e, só então, este perde, pelo seu lado, a sua posse.

Isto é, no caso da usucapio libertatis (e da posse liberadora em que ela assenta) *tem que haver uma progressão do corpus (em biunivocidade com o animus) que se traduza num senhorio empírico sobre a coisa que se "opõe ao exercício" da servidão (artigo 1574).*

Só, assim, o titular do ónus perde a sua posse: e só, assim, o titular do direito onerado ganha (em corpus e animus) uma posse "da liberdade do prédio".

E, só com uma "posse da liberdade do prédio", o titular do direito pode adquirir, por usucapião, tal plena liberdade do direito: porque só assim a liberdade (a adquirir por usucapião) "corresponde à sua actuação" (artigo 1287), de tantum praescriptum – quantum possessum.

E, se a aquisição referida pode ter lugar por terceiro, possuidor (do prédio serviente), nada se opõe a que similar aquisição beneficie o próprio proprietário da coisa onerada (Pires de Lima e Antunes Varela, anot. 6, artigo 1287 e anot. 2, artigo 1574; Bessa Lopes, Não uso e usucapio libertatis, Supl. 8, Bol. Fac. Direito).

Assim, só existe aquisição de posse liberadora, ou, pelo decurso do tempo, usucapio libertatis, se o proprietário, ou possuidor, onerado com um direito de terceiro se "opõe ao exercício" do direito. E só se opõe ao exercício através duma actividade de progressão do corpus, do dominio empírico. Quer porque, por exemplo, destroi o caminho, quer porque não permite (efectivamente) a passagem quando o titular da servidão quiz exercê-la. Quer porque tapa a entrada do caminho; mura todo o prédio. Ou seja, tem que haver um exercício contraditório com o exercício do direito

232   *Posse e Usucapião*

real menor (Ascensão Oliveira, o. cit. 324). Tem que haver um modo de oposição ao exercício, como garantia da "inequivocidade" da posse (cits. Pires de Lima e Antunes Varela, anot. art. 1574): de modo que pressuponha a inexistência do direito real menor (Lacruz Berdejo, o. cit., p. 196).

Por exemplo, relativamente a ónus não aparentes e de caracter negativo (servidão non aedificandi), a posse será equivoca enquanto não se infringir essa servidão, "construindo": como, e já antes referido, no direito romano, defendia Paulo (altius aedificatum habuero).

Como defende a jurisprudência italiana (citada por Hugo Natoli, p. 241) "para operar-se por usucapião a extinção dos ónus reais impostos sobre um imóvel não é suficiente uma subjectiva posição do adquirente relativamente a algumas particulares qualidades do imóvel (libertação de encargos, de servidões, etc), sendo necessário, ao invés, que esse modo de possuir se projecte externamente na concretização duma manifestação objectiva que sirva a negar, por um tempo juridicamente relevante – necessário á usucapião – , os ónus reais existentes".

Assim, a referida "oposição ao exercício do direito" onerante, é necessária e só se cria com a progressão duma relação empírica de senhorio de facto contraditório e incompatível com o exercício daquele direito onerante (corpus progressivo) nos modos referidos; acompanhado do respectivo animus (efectivo ou presumido). *Mas, já não exige, ainda, uma declaração-notificativa, um notum-facere (expresso ou tácito), como se exige para a inversão da posse.*

E, de tudo isso, também se conclui que quanto àqueles direitos onerantes que, na sua essência, não se desenvolvem, nem pressupoêm, um "exercício", em modo de empírico senhorio de facto, eles não poderão extinguir-se por usucapio libertatis. Assim, a *hipoteca*. Mas já, o *penhor*, se a coisa sai das mãos do credor (Ennecerus-Kipp-Wolff, o. cit., 413); ou, igualmente, quanto á *penhora*.

Na verdade, quanto á hipoteca, poderá haver uma mudança de animus do proprietário: mas não se configura a possibilidade dum corpus (senhorio empírico de facto) que consubstancie uma oposição, como tal (de senhorio de facto) que "queime" a possibilidade de vigência e actuação da hipoteca: porque esta não pressupõe, nem se consubstancia, num empírico senhorio de facto sobre a coisa.

Por sua vez, se existe oposição ao exercício do direito, no modo referido de corpus e animus, ocorrerá posse liberadora e usucapio libertatis, mesmo que os direitos oneradores estejam registados (Francesco Galgano, o. cit. p. 157). Certo que a usucapião é relevante mesmo sem, ou contra, o registo predial (artigo 5.º, n.º 2, alinea a), do respectivo código).

Se o direito que está limitado no seu exercício por um encargo ou onús a favor dum terceiro, for alienado, o terceiro adquirente só se libertará dele se, pelo seu lado, operar uma "oposição ao seu exercício", com uma correspondente progressão dum corpus de senhorio empírico contraditório e incompatível com o exercício do direito onerante e com o respectivo animus: e quer esteja de boa ou de má fé. Salvo que tal oposição já tenha ocorrido na anterior esfera do alienante.

Pois que se o direito transmitido está onerado, nemo plus jus transfere posset quam ipse habet. E, como proprietário adquirente, sempre lhe continuará a ser exigivel, que "haja, por parte do proprietário do prédio serviente, oposição ao exercício" do direito onerante (artigo 1574).

Só assim não seria, se existisse um preceito legal, expresso e especial, que determinasse a extinção dos ónus no caso de alienação a terceiro (que não resultassem do título e o terceiro estivesse de boa-fé).

Como existe, mas só para os móveis, por exemplo, no artigo 1158 do código civil italiano e no parágrafo 945 do código civil alemão. Ou, como existe, no direito português para o campo limitado, das aquisições em processo judicial executivo (artigos 888 do código de processo civil e 824 do código civil).

E, mesmo para um terceiro possuidor, que empossa uma coisa, (e, quer unilateralmente e usurpatóriamente; quer derivadamente), *que antes estava sujeita a ónus,* também tal possuidor só libertará a coisa dos ónus preexistentes, se na sua respectiva posse se consubstanciar uma oposição ao exercício de tais direitos; levada a cabo, com corpus e animus, nos modos referidos.

Isto é, não bastará que possua a coisa, á imagem bastante do direito de propriedade e ainda que com animus, como sendo proprietário pleno (e sem encargos).

Pois, conforme já referido, o direito de propriedade e os direitos onerantes são compatíveis entre si, quanto á sua existência, e apenas se limitam quanto ao respectivo conteúdo exercitável.

Então, o exercício da posse á mera imagem do direito de propriedade, e por certo tempo, conduzirá, por usucapião, sim á aquisição do direito de propriedade: mas daí não se segue que não possam existir direitos de terceiro onerantes.

Bem como, a posse, com corpus bastante á aquisição daquele direito, não quer dizer que seja posse que na extensão do seu corpus seja contrária e incompatível com a posse do direito onerante: porquanto esta não se perde, se existe a possibilidade empírica de a continuar.

E, por sua vez, "correspondentemente á sua actuação" (artigo 1287), o referido corpus, como tal, só conduz á aquisição do "direito de propriedade": e não que na extensão e conteúdo do seu exercício seja incompatível com uma posse dum direito onerante; ou com a existência deste direito (mesmo sem posse). É o principio de tantum praescriptum quantum possessum, mas referido "ao direito", a cuja imagem se possui (direito de propriedade, usufruto, servidão, etc).

É certo que o direito de propriedade adquirido por usucapião pelo terceiro é um direito novo.

Mas este direito novo, como tal, é "o direito de propriedade" e, assim, correspondentemente, apenas elimina o direito igual do anterior proprietário. E o que se adquire é "o direito", a cuja imagem se possui (artigo 1287): não um conteúdo concreto dum direito.

E, dele autónomo, é o direito dum terceiro que onere aquele. Ou seja, a aquisição, por usucapião, pelo terceiro possuidor do mero direito de propriedade do prédio serviente apenas "elimina necessariamente o primeiro, mas não "queima", outro tanto, necessariamente o segundo" (Hugo Natoli, o. cit., p. 342). Como já se assumia no direito romano, igualmente: non peremit usum fructum ... usucapio proprietatis, quae post constitutum usum fructum contingit (5.17.D.7.1).

A situação em que se configura a usucapio libertatis, e a posse liberadora, é, como referido, aquela em que um direito real amplo sobre uma coisa sofre a limitação, no seu exercício, dum outro direito de terceiro que constitui um ónus ou encargo (exercitável, em modo de empírico senhorio de facto): como servidão, usufruto, uso e habitação, direito de superfície, penhor, penhora.

Mas, na sua essência, situação idêntica acontece nos casos em que co-existem direitos iguais sobre a coisa que conduzem a recíprocas limitações no seu exercício: como entre comproprietários, condóminos e co-herdeiros. Só que, nesses casos, também existe uma relação de "detenção nomine alieno". E, como tal, podendo ocorrer quer uma usucapio libertatis (e posse liberadora), quer uma interversio possessionis. Como, a seguir, se desenvolverá.

DIVISÃO II
Posse liberadora (usucapio libertatis) na composse
(Compropriedade, Condomínio e Herança)

118. A situação de simultaneidade de dois, ou mais, direitos de propriedade, "plenos e exclusivos", sobre a mesma coisa, não é assumível. Mas já o é, se no seu exercício se autolimitem e compatibilisem. Como

sucede na compropriedade (ou na comunhão de outros direitos). Quanto á natureza da compropriedade, entre as várias teorias, uma defende que na situação de compropriedade não existe fraccionamento de direitos e que cada consorte é titular de um direito de propriedade sobre toda a coisa, apenas estando condicionados no seu exercício pelos direitos dos outros (Dernburg, Pandete, I, parágrafo 195). E, assim, o artigo 1403 do código civil estabelece que existe compropriedade quando duas ou mais pessoas são simultâneamente titulares do direito de propriedade sobre a mesma coisa: e, na falta de acordo sobre o uso da coisa comum, a qualquer dos comproprietários é lícito servir-se dela, contanto que não prive os outros consortes do uso a que igualmente têm direito (artigo 1406).

Sendo a posse, um senhorio de facto á imagem dum direito, também, igualmente, será de assumir o princípio romano, "plures eamdem rem in solidum possidere non possunt". Mas, se não se pode possuir "in solidum", já se poderá possuir como comproprietário. Note-se, no entanto, que transitóriamente podem existir duas posses in solidum: enquanto a anterior não se perde, pela existência de uma nova com mais de um ano (artigo 1267,1, d)).

Tanto na compropriedade, como na composse, sendo os direitos qualitativamente iguais, podem ser quantitativamente (em quotas) diferentes (artigos 1403, n.º 2 e 1406, n.º 2).

De opinião contrária são Ennecerus – Kipp-Wolff (o. cit. p. 52), para quem "em nenhum caso o senhorio dos compossuidores está "dividido em quotas". Semelhante divisão só pode referir-se ao direito a cujo exercício possuam os compossuidores; os compossuidores A. e B. que são proprietários por quotas determinadas, não possuem por quotas, nem tão pouco partes da coisa, senão que possuem a coisa inteira". É certo que a posse é um senhorio de facto; todavia em biunivocidade de corpus e animus. Ora, quanto ao corpus o senhorio dum compossuidor, é certo, é sobre toda a coisa (e quer porque possua directamente, quer por intermédio doutro, ou doutros possuidores). Todavia, no seu animus (no juizo volitivo que é razão da sua detenção) possui por quotas: porque possui com respeito dos restantes copossuidores. Embora possuindo (em animus) por quotas – todavia o seu corpus (dominio de facto) pode sempre estender-se a toda a coisa (desde que não prive os outros consortes do uso a que, igual e qualitativamente, têm direito – artigo 1406). Daí que cada compossuidor, seja qual for a parte que lhe cabe, possa usar contra terceiros dos meios possessórios, quer para defesa da posse comum, quer para defesa da própria posse, sem que ao terceiro seja lícito opor-lhe que ela não lhe pertence por inteiro (artigo 1286).

Bem como, dado o seu animus, a usucapião por um compossuidor aproveita igualmente aos demais (artigo 1291).

E, também na composse o possuidor que efectivamente esteja a exercer o senhorio de facto, como possuidor imediato (e por razão, do seu direito), todavia, dado o seu animus possui também em nome dos seus consortes: e, estes, por intermédio dele, são, por sua vez possuidores, mediatos (cits. Ennecerus – Kipp-Wolff; Manuel Rodrigues, o. cit., págs. 164 a 271).

Assim, na composse, em certa perspectiva, também temos uma situação em que existe um detentor nomine alieno. E, então, nessa perspectiva, existe uma situação em que se pode verificar uma inversão do título de posse: como, aliás, o artigo 1406, n.° 2, confirma. Mas, noutra perspectiva, o direito do comproprietário (artigo 1403), encontra-se, quanto ao conteúdo exercitável, constrangido pela compatibilização de exercício de igual direito dos consortes (artigos 1403, n.° 2 e 1406, n.° 1). E, nesta perspectiva também temos a situação em que pode ocorrer uma posse liberadora (usucapio libertatis), no enquadramento que antes se referiu.

Então, um compossuidor pode adquirir uma posse, á imagem do direito de propriedade pleno e exclusivo:

– Quer por inversão do titulo da posse (artigo 1406, n.° 2 e 1265);
– Quer por posse liberadora (oposição ao exercício dos direitos dos compossuidores, artigo 1574).

Bem como, nos dois casos, com o decurso do tempo necessário, de tal nova posse pode o antes compossuidor vir a adquirir o direito, pleno e exclusivo, por usucapião (artigos 1287 e 1574).

Para tanto, só será necessário que se verifiquem os pressupostos gerais quer da inversão, quer da posse liberadora (usucapio libertatis); conforme supra desenvolvidos.

Assim, na jurisprudência italiana, "o comproprietário pode adquirir por usucapião a quota dos outros comproprietários (sem que seja, necessária a inversão do titulo da posse), através da extensão da posse do mesmo em termos de exclusividade, mas a tal fim não é suficiente que os outros comproprietários se hajam abstido do uso da coisa, devendo, outro sim, ocorrer que o consorte haja gozado a coisa em modo inconciliável com a possibilidade de gozo dos outros e tal evidencie uma inequívoca vontade de possuir uti dominus e não mais uti condominus" (Cass. Sent. de 18-10-99, in Jei e Jus e Internet).

E, de igual modo, na Jurisprudência francesa", um comproprietário pode adquirir por usucapião, contra os outros consortes, a totalidade de um

Aquisição da Posse 237

imóvel, por só efeito de uma posse exclusiva animo domini e sem que seja necessária a inversão do seu título" (Res., de 13/12/1886; Civ. 8-1-1946 – in Code Civil, Dalloz, anot. art. 2229).

Como se expressa Hugo Natoli (o. cit., p. 113) basta, agora, demonstrar, com a material e inequívoca progressão da própria utilização da coisa (corpus), que se quer excluir os outros, ou seja que se entenda, doravante, querer possuir em modo exclusivo (animus). E, segundo esse autor, no mesmo sentido se orienta a jurisprudência (por exemplo, cintar uma área, com um murete, durante vinte anos).

Assim, *o comproprietário (o condomino, o co-herdeiro) podem "inverter o titulo da posse", por qualquer dos modos próprios desta figura*: por oposição explícita do detentor; ou por uma sua oposição implícita; ou por acto de terceiro capaz de lhe transferir a posse.

Conforme, supra, se desenvolveu. Por exemplo, se o comproprietário faz saber directamente (ou por núncio) aos demais consortes, ou na presença destes, que se considera proprietário exclusivo da totalidade, ou de parte, da coisa e, assim a possuirá. Ou, se, como tal, uti dominus se assumindo, aliena a coisa (ou parte) a terceiro. Ou, se por acto de terceiro capaz de lhe transferir a posse, passa a assumir-se como proprietário exclusivo da coisa.

Mas, também, pode o comproprietário (e demais consortes de direitos em comum) *libertar a coisa, ou parte dela*, dos direitos concorrentes por "oposição ao exercício" desses direitos: *nos modos supra desenvolvidos, quanto á figura da posse liberadora (usucapio libertatis)*.

A diferença estará em que se se trata da perspectiva da inversão do título por oposição explícita do comproprietário, torna-se necessário preencher o requesito da declaração-notificativa aos consortes (directa, ou por núncio; ou na presença). Ao passo que se se tratar da perspectiva da inversão do título por oposição implícita do comproprietário (nos termos referidos supra, n.º 114), ou por acto de terceiro capaz de transferir a posse, ou, ainda, por libertação da posse (oposição ao exercício do direito dos consortes), bastará que a posse exclusiva, como sendo proprietário pleno, se exerça de modo a ser conhecida pelos outros consortes (posse pública, artigo 1262).

A referida declaração-notificação (na perspectiva da inversão do título pelo próprio) basta que o seja ao administrador do condomínio, ou ao cabeça de casal, com esse intuito, e para ele a transmitir aos demais consortes (núncio) e se eles efectivamente o deram a conhecer aos consortes.

Ou basta que se realize em assembleia de condóminos, passe a constar da acta e esta seja enviada aos condóminos.

Óbviamente, que se a inversão do título, ou a oposição liberadora ao exercício, só preencher os referidos elementos de conhecimento face a um, ou alguns, dos consortes, só quanto a estes será relevante: em modo de o respectivo comproprietário inversor ou opositor aumentar, proporcionalmente, a sua quota; e mantendo-se a dos restantes (relativamente aos quais não seja oponível a respectiva inversão ou liberação).

A inversão ou oposição, pode ser, também, tão só quantitativa, quanto ao aumento das quotas (artigo 1406, n.º 2).

É claro que se um comproprietário que está no exercício directo do uso da coisa, ou parte dela, apenas se limita a declarar perante alguns terceiros, ou até públicamente, que se considera proprietário exclusivo – tal não chegará para se consubstanciar uma inversão do título ou uma oposição (liberadora) do exercício dos direitos dos consortes. Pois, não haverá "inversão", porque tal não é uma declaração-notificativa. E, não haverá "oposição", porque tal só representa, em termos de corpus, o uso qualitativo dos direitos do consorte, mas sem privação (efectiva) do uso (facultativo) de igual direito dos outros (artigos 1403 e 1406, n.º 1). A oposição só surgirá se, quando o consorte se dispõe a usar a coisa, tal lhe é impedido. Ou, se existir, acrescidamente, uma progressão do corpus objectivamente inibidor do senhorio empírico do consorte. Por exemplo, construção de muro, vedação ou edificação que anexe a coisa objecto de composse a outro bem do comproprietário. Ou, por exemplo, construirem-se portões, ou portas, com chaves exclusivas do opositor.

Pode, também, a situação referir-se tão só a um modo de uso da coisa; como modo de regular uso comum dos comproprietários. Nesses casos, quanto ao comproprietário a razão volitiva do seu comportamento (animus), não é considerar-se proprietário exclusivo da coisa ou parte dela (uti dominus): mas tão só, considerar certo modo de uso da coisa como comum. Por exemplo, se três comproprietários duma vivenda na praia, estão de acordo em um a habitar em Julho, outro em Agosto e outro em Setembro. (artigo 1406, n.º 1). E, ainda que, mesmo sem acordo, um queira impor esse modo de uso comum. Nesses casos, não se trata da perda da posse dos demais consortes. Mas, apenas, um acordo, ou uma imposição unilateral, dum específico modo de certo uso comum: isto é, não se trata de perda da posse dos demais; mas apenas compreensão no modo do uso (Hugo Natoli, o. cit., p. 114).

Será também o caso, por exemplo, de "num espaço comum" de aparcamento de viaturas dum condomínio, estar acordado (expressa ou tácitamente) um lugar específico para o aparcamento dos condominos, ou dum ou alguns.

Ainda, pois, que um condómino considere ter lugar ao aparcamento em certa zona – e faça valer essa pretensão perante os outros – todavia, apenas está a fazer valer um modo de uso do que é comum.

É claro que a situação objectiva ou volitiva pode ir mais além – e configurar inversão ou oposição, se acaba por preencher os respectivos requesitos. Mas na dúvida, na equivocidade, deve decidir-se pela assunção de continuidade da posse como condómino: e, apenas, em certo modo de uso comum.

Por exemplo, se num condomínio existia um portão fechado, de acesso á via pública, como normal expressão da utilização comum do edificio por todos os condominos, não haverá inversão ou oposição se um condómino passa a mantê-lo sempre aberto para, assim, um seu negócio no interior do edifício ser mais visível e mais acessível aos clientes. Esse condómino, nesse animus, apenas pretende um modo mais intenso de utilização da coisa comum, que o favorece.

Nesses casos de imposição de mero modo específico de utilização, já não se estará propriamente no campo possessório da inversão do título ou da oposição ao exercício: mas tão só no tema da disciplina jurídica, respectiva, do uso comum. E, como tal, caindo-se dentro das meras regras do uso comum da coisa pelos comproprietários, condominos ou co-herdeiros.

SUBSECÇÃO VI
Divisão e Partilha

119. Quer no caso de inversão do título, quer no caso de oposição ao exercício (posse liberadora), tratar-se-á, sempre de conduta unilateral e usurpatória contra os respectivos consortes. Assim, a subsquente posse exclusiva e em nome próprio só conduzirá á extinção do direito dos demais consortes, se decorrer o prazo da aquisição por usucapião e a contar da relevância da inversão ou da oposição (artigo 1574).

Já a divisão da coisa comum, ou a partilha de bens da herança, não constituem uma inversão do título. Pois, nem os outros consortes são terceiros (última parte do artigo 1265), (Manuel Rodrigues, o. cit., 273); nem a divisão ou partilha é "contra" os demais consortes (em nome dos quais o encabeçante também possuia).

Mais complexo, é determinar se a divisão ou partilha, constituirão *justo titulo*, ao abrigo do artigo 1259, ou seja, se a posterior posse exclusiva do encabeçado, com base na divisão ou na partilha, e a partir delas, se poderá considerar "posse titulada". Mas parece que tal é de rejeitar.

Na verdade, pode dizer-se que na comunhão de direitos "não se trata tanto de mudar o título e, daí, a qualidade da posse que resta, em todo o caso, o que era (De Martino, Gentile), mas antes a sua quantidade ou extensão removendo os limites derivados da concorrente posse dos outros comproprietários..." (Hugo Natoli, o. cit.).

Na verdade, na compropriedade os diversos consortes "são simultaneamente titulares do direito de propriedade sobre a mesma coisa", e os direitos são "qualitativamente iguais" (artigo 1403): e a qualquer dos consortes é lícito servir-se da coisa, contanto que não prive os outros consortes do uso a que igualmente têm direito (artigo 1406).

Assim, pela divisão ou partilha, com encabeçamento da coisa num dos consortes, o que deixa de haver é a posse e os direitos dos outros consortes: "permanecendo" a posse e o direito daquele consorte, agora como único possuidor, pleno e exclusivo (sem qualquer limitação concorrencial daqueles). Mas, se a posse e o direito do encabeçado "permanecem", eles já preexistiam. E, por sua vez, tinham a sua "origem" no seu respectivo acto de aquisição, anterior à divisão ou partilha. E, quanto ao animus (e dada a necessidade da biunivocidade) também o que rigorosamente se passa é que se o encabeçado até aí possuia quer por si, quer em nome dos outros: com a divisão ou partilha apenas perde este animo, nomine alieno; mas mantem o primeiro.

Isto é, o encabeçado que era, simultâneamente, possuidor em nome próprio, á imagem do direito de propriedade e possuidor em nome alheio (á imagem do direito de propriedade dos outros consortes): perde, pela divisão ou partilha, a situação de possuidor nomine alieno; e, remanesce a situação de possuidor, em nome próprio e, agora, em plenitude, ou seja sem qualquer constrangimento de direito alheio ou posse em nome alheio.

Assim, a origem da posse do encabeçado pela divisão da coisa comum será, por exemplo, a anterior escritura de compra em comum. E, esta escritura é que será o justo título da sua posse. E, quanto á boa, ou má fé, será a que naquela origem, a esse tempo, lhe assistia. *E, igualmente, em caso de partilha* pelos coherdeiros *a origem da posse do herdeiro encabeçado está na aceitação da herança* (artigo 2050). *E, "aceitação" essa que entendo ser justo título*: pois, é um modo legítimo de adquirir (artigos 2050, 1256, n.° 1 e 1316; Oliveira Ascensão, Sucessões, 4ª ed., p. 557 e Francesco Galgano, o. cit., p. 137). Já quanto á boa, ou má fé, do herdeiro, todavia, será relevante a que tinha o de cujus ao iniciá-la. Certo que na sucessão por morte a posse do de cujus "continua" nos seus sucessores (artigo 1255) e o requisito da boa, ou má, fé é um requisito que se reporta ao início da posse em causa (artigo 1260).

Assim, a divisão ou a partilha, de per si, não consubstanciam a figura da inversão do título de posse, dos artigos 1265 e 1406, n.° 2.

Nem são justo título, para efeitos de posse titulada, do artigo 1259. Também não configuram a posse liberadora (usucapio libertatis), por oposição ao exercício do direito dos comproprietários ou coherdeiros, do artigo 1574.

Pois, nem os demais, copossuidores, intervenientes na divisão ou na partilha, são terceiros; nem existe oposição do encabeçado, unilateral e usurpatória, contra os demais.

Na divisão ou na partilha existe uma intervenção voluntária dos demais comproprietários ou co-herdeiros.

Se bem que, mais do que uma cedência da posse, o que sucede é que os demais comproprietários ou co-herdeiros abdicam da sua posse.

E, ao abdicarem o encabeçado deixa de ver a sua posse e o seu direito (uti dominus) constrangido pelos concorrentes direitos e posses dos outros (uti condominus).

Na verdade, rigorosamente, os demais proprietários ou coherdeiros não cedem ao encabeçado a faculdade de possuir e continuar possuindo: porque essa faculdade, esse jus possessionis, ele já o detinha (artigos 1403 e 1286, n.° 1). Rigorosamente, eles abdicam, renunciam, onerosa ou gratuitamente, a favor do encabeçado, da faculdade que lhes assistia de deterem e continuarem detendo (artigo 1403).

Ou seja, perdem a posse por um "abandono", relativamente direccionado e a favor do encabeçado (artigo 1267, n.° 1, a)).

Consequentemente, a posse uti dominus do encabeçado, após a divisão ou a partilha, não é uma posse originária, unilateral e usurpatória (como no caso da inversão do título da posse). Por exemplo, após a partilha o herdeiro encabeçado é considerado, desde a abertura da herança, sucessor único dos bens que lhe foram atribuidos (artigos 2050 e 2119): e continuador único da posse do de cujus (artigo 1255).

E o possuidor, uti dominus após a divisão ou a partilha pode também invocar a seu favor a posse antes exercida pelos demais comproprietários ou co-herdeiros, como sua posse exercida por intermédio daqueles, uti condominus (artigo 1252, n.° 1). Mais do que uma invocação de acessão na posse (artigo 1256, n.° 1), trata-se de invocar uma posse exercida por intermediário. Pois, antes da partilha existe indivisibilidade dos direitos e da posse entre os co-herdeiros, uti condominus (artigos 2015 do Código Civil de Seabra e 2088 e 2101 do actual código civil).

A partilha não tem, pois, eficácia constitutiva ou atributiva dos direitos ou posse ao herdeiro encabeçado, relativamente aos bens atribuidos.

Mas também não é meramente declarativa de um direito preexistente.

A partilha tem natureza "modificativa", pois altera situações jurídicas preexistentes (Oliveira Ascensão, Sucessões, 4ª ed., p. 558; M.Gomes da Silva, Sucessões, n.°s 365.367). Na verdade, pela partilha extinguem-se, sobre os bens atribuidos a um co-herdeiro, os direitos ou posse concorrente dos demais consortes sobre aqueles bens.

120. *A partilha* dos bens da herança *não é, pois, um justo título* da posse do herdeiro relativamente aos bens que lhe foram atribuídos.

Mas justo título, pode ser a aceitação da herança (cit. Francesco Galgano, p. 137).

Na verdade, não só o domínio e a posse da herança se adquirem pela aceitação, sendo esta, pois, modo de adquirir direitos (artigos 2050 e 1316); como, o artigo 1256, n.° 1, expressis verbis, fala na sucessão por morte, como "título", de sucessão na posse (Oliveira Ascensão, Sucessões, 4ª ed., nota 1, p. 557).

É certo que pela aceitação o herdeiro embora "adquirindo a posse" dos bens da herança, todavia, pelo artigo 1255, ele "continua" a posse do de cujus (artigo 1255).

E, assim, a posse do herdeiro é a "continuação" da posse do de cujus. Existe pois uma ambivalência.

Por um lado, tal posse remonta á do de cujus e a sua origem, é a origem da posse do de cujus: mas, por outro, "continua" no herdeiro e pela aceitação o herdeiro "adquiriu" essa posse (art. 2050).

Todavia, a posse é um conceito dinâmico, não estático.

E, é óbvio, além do mais, que com a morte do de cujus e com a sucessão dos herdeiros ou legatários há uma novação subjectiva do titular da relação possessória e são estes que, com o seu cunho, a continuam.

Como diz Manuel Rodrigues (o. cit., p. 282), " a posse transfere-se para os herdeiros e legatários com a morte do autor da herança, mas logo que cada um daqueles entra na detenção dos prédios a posse desprende-se da sua natureza originária e adquire individualidade própria. Por isso quando o título aquisitivo é anulado ou resolúvel a posse subsiste depois da anulação ou resolução".

Como realça Dias Marques (Prescrição Aquisitiva, II, p. 86/87) apezar da união, ipso jure, da posse do de cujus e do herdeiro "com isto não se quer, no entanto, dizer, que o herdeiro que entra na posse efectiva de certo direito, não a possa invocar como posse própria.

Poderá fazê-lo, nos termos comuns, sempre que a sua própria conduta integre os elementos da posse. E poderá prescrever se para tanto tiver os necessários pressupostos e requesitos ... não obstante a regra da união de posses, a própria natureza da posse como exercício de facto de direitos aparentes faz que também o herdeiro que realiza aquele exercício tenha, só por isso, a posse ... que desse mesmo exercício emerge".

Consequentemente, só há que distinguir entre aqueles requisitos da posse que necessáriamente se determinam á sua origem e aqueles que se podem adquirir ou perder na sua evolução dinâmica.

Por exemplo, o requesito da boa ou má fé é um requesito originário: então, a posse será de boa, ou de má fé consoante o de cujus ignorava ao adquiri-la que lesava o direito de outrem (artigo 1260).

Mas já se "a posse do defunto sofria dum vício reparável, como a violência, a clandestinidade, a equivocidade, esse vício pode desaparecer na pessoa do sucessor como podia desaparecer na pessoa do defundo" (Planiol-Ripert-Picard, o. cit., p. 723).

Ora, o requesito do título da posse nada impede que se ganhe, em determinado momento, quanto a uma posse já anteriormente aquirida. Por exemplo, se A. vende a B. um imóvel, por mera venda verbal e cede a posse do imóvel a B., este não terá justo título. Mas porque não o haverá de ter se, posteriormente, formalizam a venda por escritura pública? E, a partir desse momento?

Então, se o de cujus possuia um bem, de boa-fé, mas sem título, porque é que não se deve considerar o herdeiro possuidor de boa-fé e com título, a partir da aceitação da herança? Se, a aceitação é modo legítimo de o herdeiro, ou o legatário, adquirirem o direito e a posse (artigos 2050, 2249 e 1316) e tal requisito não é um requisito necessáriamente determinável á origem da posse "que ele continua"?

Relativamente ao legatário, nomeadamente aqueles autores que defendem que a estes não se aplica a sucessão do artigo 1255, mas a acessão do artigo 1256 (Oliveira Ascensão, Sucessões, 4ª ed., p. 420 e Dias Marques, Prescrição, II, p. 79) a deixa de legado tem a natureza de justo título da posse.

Aliás não se vê que distinção relevante, para o tema em causa, possa existir entre as situações dum possuidor duma coisa doada ou da mesma coisa se legada.

Todavia já quanto ao herdeiro, Dias Marques defende que a aceitação da herança não é justo título (mesmo quanto á posse "continuada" pelo próprio herdeiro).

No entanto, se justo título e segundo o artigo 1259, é o modo legítimo de adquirir o direito (a cuja imagem se possuie), independentemente do direito do transmitente, é manifesto que a "aceitação" da herança ou do

244 *Posse e Usucapião*

legado, é um modo legítimo de "adquirir direitos" que, antes e sem ela, nunca se teve (nem a posse): e, expressamente, assim o definem os citados artigos 1316, 2050 e 2249. E, á "sucessão por morte", como "título", expressis verbis se refere o art. 1256.

E, sendo indiferente se o de cujus era, ou não, titular do direito; dado que tal é irrelevante considerar para a existência de justo título (artigo 1259). Por outro lado, também é óbvio que o herdeiro que entra na posse, por exemplo, da habitação que herdou – não o faz por sua mera vontade, unilateral e origináriamente; nem com usurpação contra ninguém, nem de modo ilegítimo.

Bem pelo contrário, quer para o Direito, (citados artigos) quer para o Senso Comum, se dirá, todos dirão, que em modo legítimo de adquirir passou, "ele", então a actuar por forma correspondente ao exercício do direito de propriedade. Pelo que não se vê porque a posse não deva, então, considerar-se ter "adquirido" essa mais valia (qualificativa) dum justo título: e, pelo contrário, erroneamente, deva considerar-se (contra o direito, os factos e o senso comum) unilateral, originária e usurpatória.

Assim, por exemplo, estando o de cujus de boa-fé na data da sua aquisição da posse, então a partir da aceitação, o herdeiro continuará tal posse de boa-fé (como requisito originário), mas e, agora, com justo título (posteriormente adquirido). E, estando registada a transmissibilidade (pela habilitação de herdeiros ou pela partilha) – tal posse deve considerar-se, então, desde o registo, de boa-fé, titulada e registada (nomeadamente, para efeitos de usucapião, artigos 1294 e 1298).

121. Assim, a divisão ou a partilha, de per si, não consubstanciam nem a figura da inversão do título de posse, nem a posse liberadora por oposição ao exercício do direito dos demais consortes, nem constituem justo título da posse dos bens atribuidos aos respectivos encabeçados.

Representam (a divisão ou a partilha) tão só um abandono da posse, relativo e direccionado a favor dos encabeçados, por parte dos restantes consortes não encabeçados, e relativamente aos bens àquele atribuidos.

E, face a tal renúncia ou abandono dos não encabeçados, o herdeiro a quem certos bens são atribuidos, passa a ser considerado, e desde a abertura da herança, sucessor único dos bens que lhe são atribuidos (artigos 2119): uma vez que se viu libertado do constrangimento dos direitos dos demais consortes.

Assim, se existe, por exemplo, *um herdeiro preterido na partilha*, não será por esta, de per si, que tal herdeiro, aceitante da herança, perderá a posse dos bens da herança que pela aceitação adquiriu (artigos 1255 e 2050).

Aquisição da Posse 245

E, como tal, esse herdeiro pode peticionar a herança, nomeadamente nos termos dos artigos 2075 e seguintes e 2029 (partilha em vida) do código civil e 1388 e 1389 do Código de processo civil.

Todavia, haverá que ter em conta a aplicação das regras da usucapião relativamente a cada uma das coisas possuidas (art. 2075, n.° 2). No entanto, o herdeiro encabeçado, relativamente aos bens que lhe foram atribuídos, não passa a possuidor uti dominus tão só, de per si, pela partilha: visto que esta não consubstancia nem inversão do titulo da posse anterior (uti condominus), nem oposição liberadora ao exercício dos direitos de terceiros co-herdeiros não intervenientes na partilha.

E, só os intervenientes abdicaram ou abandonaram a respectiva posse uti condominus.

Assim, para que o herdeiro encabeçado, relativamente aos bens que lhe foram atribuidos, possa invocar uma posse uti dominus, capaz de conduzir á usucapião contra o herdeiro preterido, será necessário que o seu comportamento possessório, posterior á partilha e sem relevância desta, de per si, consubstancie (esse comportamento) uma inversão do título da posse ou uma oposição liberadora contra o herdeiro preterido. E, sendo essa posse (com inversão ou oposição), uma posse unilateral, originária e usurpadora: sem possibilidade de junção (para o seu computo temporal) da composse anterior dos co-herdeiros ou da posse do de cujus.

Mas verificada essa posse (por inversão ou oposição), e unilateral, originária e usurpatória – então, se tiver o tempo necessário para conduzir a usucapião, o herdeiro preterido quanto aos respectivos bens (ou seu valor) perdeu qualquer hipótese da herança. Pois, não só, por um lado, o seu direito sobre os bens se extinguiu pela usucapião do herdeiro encabeçado (artigo 1313); como, o direito "adquirido" por este é originário (artigo 1316). E, este direito é pleno e exclusivo (artigo 1305): e não podem existir, sobre a mesma coisa, dois, ou mais, direitos incompatíveis.

E, se na partilha figurar um herdeiro aparente a quem sejam atribuidos bens?

Neste caso, há que ter em conta que sucessor na posse do de cujus é "o herdeiro como tal, e não o que passe por herdeiro" (Ennecerus-Kipp--Wolff, o. cit., p. 61).

Na verdade, os preceitos que referem a sucessão por morte pressupõem a continuação da posse do de cujus, mas em quem seja herdeiro e aceite, como tal, a herança (arts. 1256, n.° 1, 2050 e 2119).

E, por sua vez, a partilha, como antes referido, não representa, de per si, nem inversão do titulo de posse, nem oposição liberadora (de direitos de consortes concorrentes), nem justo título de aquisição de direito.

Consequentemente o herdeiro aparente só poderá adquirir posse sobre os bens que lhe foram atribuídos em partilha, se se consubstanciar o modo previsto na alinea a), do artigo 1263 do código civil; e, então, como posse unilateral, originária e usurpatória e quer desse herdeiro, quer já antes dos co-herdeiros em comum.

Todavia, por razões de protecção da boa-fé de terceiro, há que ter em conta o regime especial do artigo 2076 relativamente a alienações feitas por aquele que seja reputado como herdeiro por força de erro comum e geral.

Mutatis mutandis, sendo de considerar a hipótese de na partilha serem atribuidos a um herdeiro bens de que, realmente, o de cujus não era possuidor.

CAPÍTULO IX
Perda da Posse

SECÇÃO I
O artigo 1267 do Código Civil não é taxativo

122. "Sendo a posse resultante de dois elementos, a sua perda terá lugar sempre que um deles deixar de existir" (Manuel Rodrigues, o. cit., p. 305): "desaparecidos os dois elementos que integram a relação possessória ou desaparecido um deles apenas, a posse extingue-se de direito" (Pires de Lima e Antunes Varela, anot. art. 1267, n.º 2).

Certo que *tem que existir biunivocidade de corpus e animus*, como binómio indissociável.

E, assim é mesmo na teoria objectiva (de Ihering), pois que esta não prescinde dos dois elementos; apenas não autonomiza o animus porque o considera emanente no corpus; mas se ele efectivamente não existe , então, será causa excludente duma relação possessória.

O artigo 1267 do Código Civil, á semelhança do artigo 482.º do Código de Seabra, tipifica vários modos de perda da posse. Trata-se de uma indicação exemplificativa, mas não taxativa (á semelhança do que também se passa no artigo 1263 quanto á aquisição da posse) (Oliveira Ascensão, o. cit., nota 1, p. 126; Menezes Cordeiro, A Posse, 2ª ed., p. 114).

Assim, pode perder-se a posse por perda simultânea do corpus e do animus, como no caso de abandono ou de cedência com tradição material da coisa para o cessionário. Ou tão só por perda do corpus, como na hipótese de perda da coisa ou da constituição duma posse contrária de terceiro por mais de um ano.

Ou, tão só por perda do animus, como no constituto possessório (artigo 1264).

123. Não sendo taxativa a indicação do artigo 1267, a posse perder--se-á, mesmo para além dos modos nesse artigo referido, se se perder algum dos seus elementos constitutivos: o corpus ou o animus.

Assim, *a posse perde-se por expropriação por utilidade pública*, uma vez realizada a posse administrativa a favor da entidade beneficiada (Menezes Cordeiro, A Posse, 2ª ed., p. 114).

Também se perde a posse, por força do artigo 1281, n.° 2 no caso de *esbulho seguido da posse de terceiro de boa-fé*, mesmo que antes dum ano (cit. autor).

Relativamente aos *direitos reais que se extingam pelo não uso*, durante certo tempo (artigo 298, n.° 3), como, por exemplo, as servidões (artigo 1569, n.° 1, b)), o referido não uso, por esse tempo, implica perda da posse. Na verdade, "seria totalmente inesperado que, extinguindo-se o correspondente direito real, a posse prosseguisse" (cit. Menezes Cordeiro, p. 114). Extinguindo-se o direito por não uso, por maioria de razão a posse, porque fundada numa aparência de exercício (Oliveira Asccensão, o. cit., p. 127). Aliás, se a posse é o poder que se manifesta quando alguém actua por forma correspondente ao exercício do direito real (artigo 1251), então seria dogmáticamente inaceitável que a relação possessória, o possuidor, extravasse da correspondente relação jurídica aparentada e tivesse mais consistência ou mais faculdades do que a verdadeira relação jurídica a que se conexiona.

Também se perderá a posse pela constituição duma *posse de terceiro integrante de uma hipótese de acessão que conduza á aquisição da propriedade*, como, por exemplo, na hipótese do n.° 1 do artigo 1340, mesmo que essa nova posse tenha menos de um ano.

E, perder-se-á a posse *se o antes possuidor perde o animus possidendi*. Como é o caso do constituto possessório, do artigo 1264 (Henrique Mesquita, o. cit., p. 96; Manuel Rodrigues, a. cit., p. 310). E, perde-se o animus quando se passa a ter um animus contrarius. Ou seja, se o ânimo possidendi é o estado de espírito que, volitivamente, explica e é a razão de ser da conexação espacial do detentor com a coisa que a detem "como sendo dono" (ou titular doutro direito real), esse animus perde-se se a detenção da coisa se mantem mas, agora, á razão dum juízo volitivo contrário, ou diverso, de deter "como dono". Esse juízo volitivo (modificado) é o que está consubstanciado no constituto possessório, quando o titular do direito real, que está na posse da coisa, transmitir esse direito a outrem. Neste caso a perda do animus consubstancia-se nesse negócio jurídico de transmissão do direito.

Mas igualmente perde o animus o proprietário A. que, *no âmbito dum contrato promessa de venda da coisa a um terceiro*, antes ainda da outorga da venda definitiva, por exemplo, celebra com o promitente comprador um contrato de arrendamento do bem, e em que ele, proprietário, assume a posição de arrendatário. Neste caso, óbviamente, na relação de conexão com a coisa, A. passa a estar anímica e volitivamente determinado "como sendo inquilino" e, como tal, subserviente e respeitando o terceiro como seu senhorio. Ou seja, nessa relação A. já não actua, em termos de senhorio de facto, por forma correspondente ao exercício do direito de propriedade ou de outro direito real, mas sim passa a actuar como mero detentor (artigos 1251 e 1253). E, pelo contrário, em termos de senhorio de facto, quem actua quanto á coisa, em termos anímico/volitivos, por forma correspondente ao exercício do direito de propriedade, é o terceiro senhorio. Nesse modo, gozando, anímica e volitivamente dos direitos de uso, fruição e disposição da coisa, por forma correspondente a quem é proprietário da coisa: ainda que, verdadeiramente, o não sendo. Realçando-se que a posse é uma situação de facto, um senhorio de facto, com corpus e animus, como realidade agnóstica. Sendo perfeitamente dissociável tal situação de facto da verdadeira relação jurídica a cujo exercício corresponde e cuja cumulação não é exigivel.

Á posse, basta uma "relação de espaço", ou seja uma conexão local entre a pessoa e a coisa, e uma "relação jurídica", se bem não a relação juridica verdadeira, mas aquela que aparece á semelhança da situação de direito (Ennecerus-Kipp-Wolff, o. cit. p. 29).

Por exemplo, o proprietário/possuidor perderá, todavia, a posse se se constitui uma posse de terceiro por mais de um ano: apesar de não perder o direito.

E, o terceiro apesar de não ter o direito, será possuidor.

Bem como, por exemplo, A. perderá a posse do imóvel que venda verbalmente a A., e que da coisa materialmente se apodere; e, este adquire a posse, apesar de, por falta de formalidade substancial, não perder aquele o direito.

Nem há que confundir a boa, ou má, fé com o animus. Aquela integra-se num juizo cognitivo, ao passo que o animus respeita a um juízo volitivo (Hugo Natoli). Como, inquestionávelmente, resulta de o "ladrão", que melhor que ninguém saber que a coisa, de direito, é propriedade de outrem e que, todavia, sendo um perfeito ladrão (má-fé), é, mesmo assim, um perfeito possuidor (volitivamente).

Para a perda do animus possidendi não é necessário que o possuidor celebre um negócio jurídico em que essa perda esteja, no mesmo, emanentemente consubstanciada, como nos exemplos antes referidos. *O animus perde-se, se, em termos factuais, efectivamente se perde.* Assim, se o possuidor passa a reconhecer, com subserviência e respeito, expressa ou tacitamente, um terceiro, como sendo ele o dono – então perde o animus possidendi; e, se continua a deter a coisa passa a possuidor nomine alieno:

250 *Posse e Usucapião*

e, até, sem necessidade de se dirigir ao verus dominus, ou, de tal mudança de animus chegar ao seu conhecimento (Lacruz Berdejo, o. cit., p. 205).

Se se perde o animus possessionis, a situação da posse converte-se numa situação de detenção ou posse precária (Ac.S.T.J., 10-12-97, in. Rev. L. Jur., 132.°, 3901; com anotação de M. Henrique Mesquita).

É o que necessariamente resulta dogmáticamente do conceito de posse e, jure constituto, dos artigos 1251 e 1253. E, tanto pode revelar-se expressa, como tácitamente (artigos 217 e 295). Não se vê, pois, fundamentação bastante para a afirmação de Manuel Rodrigues (o. cit., p. 310) de que a perda da posse solo animus tão só se pode fundamentar no caso do constituto, não bastando a declaração de que se não quer possuir: o que, aliás, até é contraditório com o antes afirmado por tal autor (pág. 305), de que "sendo a posse resultante de dois elementos, a sua perda terá lugar sempre que um deles deixe de existir".

Assim, se A. que é possuidor duma coisa, acaba por saber que, de direito, ela pertence a outro, perderá o animus se, além de tal saber (juízo cognitivo), passa a reconhecer o terceiro com respeito e subserviência, "como sendo" o dono e a sua razão subjectiva e volitiva de continuação da detenção da coisa deixa de ser (em termos anímicos e volitivos) "como sendo dono". Por exemplo, aquele que ocupa terreno alheio, em acessão, e quando vem a saber que o terreno é alheio "aceita" o terceiro "como sendo o dono", e, com subservivência e respeito a tal aceitação, se propõe adquirir--lhe, pagando, o respectivo terreno, ou se propõe convencer o terceiro a que lho dê. Na verdade, nesse exemplo, A. não actua, volitivamente, por forma correspondente ao exercício do direito de propriedade (artigos 1251 e 1253): ou seja, gozando de modo pleno e exclusivo, dos direitos de uso, fruição e disposição do referido terreno. E, bem pelo contrário, se, de facto, "como proprietário actuasse", não fará sentido, em termos volitivos normais, nem que se disponha a pagar o seu valor (preço) a um terceiro, nem que aceite que seja o terceiro a dispor da coisa e a receber o seu preço.

A situação já será, todavia, diferente se, por exemplo, a hipótese de acessão concede ao autor da incorporação a aquisição da propriedade da coisa (por exemplo, artigo 1340, n.° 1) e se o autor da incorporação apenas se propõe indemnizar o terceiro pagando o valor que o prédio tinha antes das obras. Pois, nesse caso, o autor da incorporação não abdica de actuar como sendo o dono, nem aceita que o terceiro, após a incorporação, seja dono: apenas, se propõe satisfazer um direito de crédito que a lei concede ao terceiro.

Igualmente, não haverá perda de animus se o possuidor, por exemplo, num caso de acessão, mas duvidoso quanto a preencher, ou não, os requesitos de atribuição do direito de propriedade ao autor incorporante, se limita, com mero espírito de prevenir ou de terminar o litígio, a propor ou aceitar recíprocas concessões (transação, artigo 1248): por exemplo, pagar um valor bastante inferior ao do respectivo terreno. Pois, nesse caso, o possuidor não abdica de continuar a actuar como sendo dono; e, também ao verdadeiro dono lhe cabe transigir.

É claro que a *perda de animus pode ser tão só gradual*. Por exemplo, deixar de possuir como sendo dono, para passar a possuir como sendo usufrutuário.

SECÇÃO II
Abandono

124. No abandono há um acto material de rejeição da coisa, para fora da esfera do poder empírico do possuidor, cumulado com a intenção, como acto voluntário, de atirar com a coisa para fora dessa esfera, abdicando-se, em defenitivo do respectivo senhorio de facto.

Cumuladamente, em corpus e animus. E, não sendo necessário que se forme uma posse de terceiro.

De certo modo, o abandono é inverso do apossamento, e, como este, voluntáriamente, material e unilateral. Como, na perspectiva da perda do animus, se exige um acto voluntário, não haverá abandono se quem não tem o uso da razão (por exemplo, o que ficou louco) atira um relógio pela janela fora (vide, Manuel Rodrigues, o. cit., p. 310). Só se perderá a posse, nesse caso, se se formar uma posse de terceiro de mais de um ano.

Como acto voluntário, o seu sentido há-de exteriorizar-se; embora, expressa ou tácitamente, e quanto á última forma, "com toda a probabilidade" (artigo 217).

Ou seja, não deve permanecer equívoco; mas, antes, "assumir um mínimo de intensidade e de publicidade, de modo a ser cognoscível pelos interessados" (Menezes Cordeiro, A Posse, 2ª ed., p. 111).

Existirá tal equivocidade, por exemplo, quanto a um frigorífico velho, ou um carro velho, mas localizados dentro do quintal da casa. Mas já não, se deixados numa bouça, aberta, á margem duma estrada, que indicie, com toda a probabilidade, que "se quebrou a relação normal existente entre o possuidor e a coisa" (Ihering). O que também tal já não indicia, e bem pelo contrário, uma "armadilha" para caça de animais bravios, engatilhada, colocada num monte (Ihering).

Dado que o abandono pressupõe a cumulação de perda do corpus e do animus, *não existe abandono na simples inacção, inércia ou não efectividade da posse*.

Só porque não se cultiva o campo, há vários anos, ou se tem a casa deshabitada e, com as portas e janelas esventradas, não se pode daí concluir que o possuidor também quiz, volitivamente, e em modo defenitivo, abdicar de que a coisa esteja na sua esfera de influência empírica, no seu senhorio de facto, quando quizer efectivamente tomá-lo. Aliás, no nosso direito positivo, tal solução é inquestionável, dado o disposto no artigo 1257. Daí que a simples inacção ou inércia, numa efectividade da posse, não sejam suficientes (Manuel Rodrigues, o. cit., 307; Oliveira Ascensão, o. cit., 126.°, Pires de Lima e Antunes Varela, anotação ao artigo 1267, n.° 3). Não sendo de modo algum de seguir a opinião de Manuel Rodrigues (o. cit., p. 307), de que, todavia, "a inação se converte em abandono todas as vezes que seja voluntária". Não só porque dogmáticamente não tem justificação, certo que a voluntariedade da inércia, ou da não efectividade de uso, não se confunde com a voluntariedade da abdicação do animus; como, positivamente, tal é contrariado pelo referido artigo 1257.

Discute-se se pode existir abandono, para o efeito da perda da posse, relativamente aos direitos que legalmente não podem ser abandonados ou renunciados: por exemplo, direito de propriedade sobre imóveis ou o direito de superfície. Pires de Lima e Antunes Varela (anotação ao artigo 1267, n.° 3 e ao artigo 1318, n.° 6), bem como Henrique Mesquita (o. cit., p. 95) e Manuel Rodrigues (o. cit., p. 308) entendem que não podendo ser abandonados tais direitos, também não existe abandono da posse, porque, então, vale o princípio de que a posse se mantem enquanto exista a possibilidade de a continuar (artigo 1257).

Mesmo em termos de abandono de (tais) "direitos", a situação não é, todavia, pacífica. Menezes Cordeiro (A posse, 2ª ed., p. 111), entende que tais direitos são susceptíveis de abandono, dispondo mesmo de cobertura constitucional.

Todavia, em termos de "posse" nada impede o abandono (cit. Menezes Cordeiro). A posse é uma situação de senhorio de facto, agnóstica, que pressupõe uma relação de senhorio, em biunivocidade de corpus e anímus. E é uma situação do domínio privado, voluntária. Logo, numa perspectiva dogmática (jurídico-científica), e numa perspectiva de direito positivo, não pode deixar de se considerar perdida essa relação voluntária de senhorio de facto se, em corpus e animus, voluntáriamente, o possuidor abandona a coisa. E, se o titular do direito o não poder abandonar, o que remanesce é o jus possidendi (exornante desse direito), mas não o jus possessionis com base numa relação de facto (a posse) cujos elementos estruturais deixaram de existir. E, o artigo 1257, numa sua consideração sistemática, refere-se tão só a efectividade do exercício da relação de senhorio (corpus). Não ao "abandono" (corpus e animus), previsto como causa de perda da posse, no respectivo artigo 1267.

O abandono, como referido, é um acto voluntário, produtor de efeitos juridicos. Mas, é, tão só, um acto jurídico (artigo 295), não um negócio jurídico (Pires de Lima e Antunes Varela, anotação n.° 5, ao artigo 1318).

SECÇÃO III
Perda, destruição material ou coisa posta fora do comércio

125. A perda da coisa é a sua saída fortuita da esfera de influência, do poder empírico do possuidor.

Mas não perde a coisa, quem apenas se "esquece" dela em certo lugar. A pessoa que esqueça uma caneta no Tribunal, não perde a posse, enquanto puder encontrá-la: e nesse sentido dispõe, de resto, o artigo 1257, n.° 1 (Menezes Cordeiro, A Posse, 2ª ed., 112).

Também não haverá perda se, muito embora o possuidor deixe de lembrar-se do sítio onde a deixou, todavia a coisa se mantem dentro duma abrangente conexão local da esfera de influência ou do poder empírico do possuidor. Por exemplo, o anel, o livro que estão numa gaveta ou sobre um móvel, da casa, mas de que se esqueceu o sítio (ou até a coisa). Ou, o relógio que se perdeu no quintal ou no jardim da vivenda. Ou, mesmo que se perdeu no campo, ou no monte: se estes não são de livre acesso do público.

Se houver perda da coisa, todavia, haverá que ter em conta o disposto nos artigos 1323 e 1324 quanto ás coisas perdidas ou escondidas.

E, se o possuidor que perdeu a coisa a vier a recuperar, quer porque a encontrou, quer porque o achador procedeu nos termos dos referidos artigos, puderá tal possuidor juntar a nova posse á anterior, ao abrigo do artigo 1256, desde que, entretanto, não se tivesse formado uma posse de terceiro.

126. Se a coisa se destroi totalmente, perde-se a posse; se só parcialmente, ela continua na parte não destruida. É coisa destruida, aquela que ardeu, que o mar arrastou, que alguém desmantelou, que ruiu, o terreno do novo leito do rio que mudou de curso.

254 *Posse e Usucapião*

Também se perde a posse da coisa que é posta fora do comércio, dado o princípio dos artigos 202, n.º 2, e 1251.

SECÇÃO IV
Cedência

127. Á cedência, como perda da posse, corresponde no seu reverso a tradição material ou simbólica, como causa de aquisição da posse (artigo 1263, b), bem como o constituto possessório, da alinea c), do referido artigo (Oliveira Ascensão, e Menezes Cordeiro, o. cit., p. 113).

Aliás, à aquisição da posse por um terceiro, fundada na vontade do anterior possuidor, curialmente deve corresponder uma perda da posse do anterior possuidor: dado o princípio plures eadem rem in solidum possidere non possunt.

Assim, verificada uma venda (ou uma permuta) da coisa, nesses negócios se consubstancia uma cedência da posse (ainda que o vendedor remanesça na detenção da coisa) (Ac. R. Lx., 30-5-89, C.J., XIV, n.º 3, 134 e Ac. S.T.J., de 10-12-97, BMJ, 472, p. 483). O que, aliás, configura o constituto possessório (artigo 1264).

Dum modo geral, a cedência está consubstanciada num negócio jurídico translativo do domínio ou constitutivo de um direito real em beneficio de terceiro (Pires de Lima e Antunes Varela, anotação n.º 5, ao artigo 1267).

Mas a cedência, para efeitos de perda da posse (e aquisição pelo beneficiário, com tradição material ou simbólica) basta que configure um "acto voluntário", de cedência a terceiro da relação de senhorio de facto. É, como tal, um acto jurídico: não, necessariamente, um negócio jurídico (ainda que, por regra, nestes cumulativamente se consubstancie). E, nem tal acto jurídico, para efeitos de perda da posse (e aquisição da posse, pelo beneficiário) está sujeito ás regras específicas da capacidade do gozo ou de formalidades exigiveis para a correspondente cedência do direito, a cuja imagem (agnóstica) a posse se desenvolve (vide, Menezes Cordeiro, A Posse, 2ª ed., p. 113).

A figura da cedência já foi antes desenvolvida a quando do estudo da aquisição da posse por tradição (material ou simbólica) e por constituto possessório. Pelo que, quanto a outros desenvolvimentos, para aí se remete (supra, n.º 99 a 106).

Se se apura, por interpretação do acto da cedência, qual é, no caso, o sentido (jurídico) da consequente *animus do accipiens*, e que (juridica-

Perda da Posse 255

mente) é o que resulta do acto de cedência – será esse o *animus juridica-mente relevante* (segundo a teoria da causa, supra, 21, 89 e 90).

Salvo posterior inversão do título da posse.

Mas, a cedência é eficaz mesmo que não se apure o seu sentido em termos de *animus*, caso em que o acipiens se presumirá possuir *animus sibi habendi*, dada a presunção do art. 1252, 1. Todavia, neste caso, o cedente só perde a posse ao fim dum ano da nova posse (art. 1267, 1, d)). (Supra, 21, 89 e 90).

SECÇÃO V
Posse de outrém

128. O possuidor perde a posse, pela posse de outrem, mesmo contra a vontade do antigo possuidor se a nova posse houver durado por mais de um ano (artigo 1267, n.° 1, d).

A nova posse de outrem conta-se desde o seu início, se foi tomada publicamente (n.° 2, do citado artigo). E, a posse é pública, se se exerce de modo a poder ser conhecida pelos interessados (artigo 1262).

Se a posse se iniciou ocultamente, mas depois passou a pública, a nova posse conta-se a partir desse momento, em que passa a pública.

Se a nova posse foi tomada ocultamente, e assim se mantem, a nova posse conta-se desde que é conhecida do esbulhado. E se foi adquirida por violência, só se conta a partir da cessação desta (citado n.° 2 e artigo 1261).

A referida perda da posse pela posse de outrem, pressupõe um esbulho; o próprio n.° 2, do artigo 1267 fala em posse conhecida do "esbulhado". Consequentemente, se o terceiro apenas "perturba" a posse primitiva não haverá perda da posse. Sobre a distinção entre esbulho e perturbação, vide infra n.° 156 e seguintes.

Assim, tem que ocorrer a aquisição de uma nova posse de terceiro sobre a coisa já possuida e que seja contraditória e incompatível, absoluta ou relativamente, com a posse primitiva.

E, dando-se a perda da posse primitiva no âmbito proporcional á aquisição da nova posse.

A nova posse pode ser absolutamente contraditória e incompatível com a primitiva, e, então a primitiva posse perde-se em absoluto. Por exemplo, se possuida a coisa por A., á imagem do direito de propriedade, depois, B. passa a possuir a coisa, igualmente, á imagem do direito de propriedade e sem que A. pratique efectivamente, entretanto, quaisquer actos de posse efectiva.

Mas a nova posse pode ser tão só relativamente contraditória e incompatível com a primitiva. Então, a primitiva posse perde-se, mas apenas na extensão proporcional do âmbito da nova posse. Tal sucederá quando a nova posse é á imagem de um jus in re aliena. Por exemplo, se a coisa é possuida por A., á imagem do direito de propriedade e B. passa a exercer sobre a coisa, uma posse á imagem de usufruto, ou dum direito de servidão, etc. Nesses casos, a posse primitiva que se perdeu foi a posse que se exercia á imagem do direito de propriedade plena. E, a situação possessória actual será, por exemplo, possuir A. á imagem da nua-propriedade e possuir B. á imagem de usufrutuário.

E, também haverá perda da posse primitiva, mas tão só relativamente, se, por exemplo, B. passa a possuir a coisa á imagem do direito de propriedade, mas, no entanto, A. que possuia á mesma imagem, também continua a exercer sobre a coisa actos efectivos da sua posse, em concorrência com B. Neste caso, A. perde a posse, á imagem da propriedade plena. Mas, B. também não ganha uma posse, á imagem da propriedade plena.

Pelo exercício "efectivo" da posse de A., concomitantemente ao exercício da nova posse de B., a situação que ocorre é que, então, duas pessoas são **simultâneamente possuidoras, "como sendo", titulares do direito de propriedade sobre a mesma coisa**. O que origina uma situação de "posse em comum ou composse" (artigo 1403). Conforme, infra, no n.° 156 se desenvolve.

Mas, também, nessa hipótese de composse se verifica a perda da posse primitiva, á imagem do direito de propriedade plena – passando a situação possessória pelo constrangimento da nova posse, na proporção do seu âmbito, a uma nova situação: a de composse.

A nova posse de outrem, conta-se desde o seu início; e se era oculta ou violenta, conta-se desde que passou a pública ou se tornou conhecida do esbulhado ou desde que cessou a violência (citado n.° 2, do artigo 1267).

Mas a nova posse, tem que haver durado, por mais de um ano: desde as referidas datas. A razão está, duplamente, em que, por um lado, se entende que só a posse de "ano e dia" é suficientemente madura para uma sua relevância plena (artigo 1278, n.°s 2 e 3) e, por outro, que o primitivo possuidor perde, por caducidade, a acção possessória se a não usa dentro de um ano subsequente ao facto do esbulho, ou ao conhecimento dele quando tenha sido praticado a ocultas (artigo 1282).

Perda da Posse 257

Como a nova posse se houver durado mais de um ano faz perder a posse primitiva, e como a nova posse se conta desde o seu início, ou desde as referidas datas quando foi tomada oculta ou violentamente – a primitiva posse considerar-se-á perdida, retroactivamente, ao inicio da nova posse ou das suas referidas datas (se oculta ou violenta). E, a nova posse, vale (como se adquiriu) retroactivamente, desde o seu inicio, ou desde as referidas datas.

E, devendo ter-se em conta, que a posse é um conceito dinâmico; ou seja, uma vez formada, o seu início conta-se a partir dos primeiros actos possessórios, ainda que incipientes, embrionários ou de pré-posse.

Dado que no sistema português a posse primitiva só se perde se a nova posse houver durado por mais de um ano – ao contrário, por exemplo, do sistema italiano em que a primitiva posse se perde logo com o início da nova posse – haverá o período de um ano em que existirão duas posses, contrariando o princípio de que pluris in eandem rem possidere non possunt (Paulo). Todavia, tal situação é tão só transitória e está genéticamente condenada a desaparecer no prazo de um ano. Pois, ou o primitivo possuidor esbulhado usa a defesa possessória da restituição, dentro de um ano, e, restituido, é havido como nunca esbulhado (aniquilando a nova posse), artigo 1283. Ou, tal não ocorre, e é o novo possuidor que adquire a posse, e retroactivamente, e a primitiva posse, também retroactivamente, se perde (se aniquila), artigo 1267, n.° 1, d) e n.° 2.

Conforme referido, **só um esbulho dá lugar a uma nova posse** e, pois, á possibilidade da perda da posse primitiva.

Não, já, uma perturbação ou inquietação da posse primitiva.

Por exemplo, não haverá perda da posse se B. furta o veículo possuido por A., mas o furto é tão só quanto ao mero uso. Igualmente, não haverá perda da posse, se, por exemplo, o inquilino caduco o arrendamento não deixa o prédio arrendado, tão só porque alega que não tem para onde ir ou que está a aguardar que a construção de um outro prédio, para onde se vai mudar, termine.

Saber quando se está perante um esbulho ou uma mera perturbação, é questão que se desenvolve infra, no n.° 156.

O disposto no artigo 279, alinea e), e no sentido da sua harmonização com o disposto na alinea d), do n.° 1, do artigo 1267, leva a que o prazo de 1 ano neste último referido se deva entender nos termos da referida alínea e); e na condição de que o primitivo possuidor instaure a acção judicial de restituição, no respeito por tal alínea. Se, efectivamente, não o fizer – então, a posse perde-se ao fim de um ano de duração (histórica) da posse: Vide infra n.° 173.°.

E, também, instaurada atempadamente a acção de restituição já não conta para efeitos da citada alinea d), do n.° 1, do artigo 1267, o prazo da posse esbulhadora que decorra posteriormente.

Pois, desde logo, deve ser tido em conta o princípio, "segundo o qual a inevitável demora do processo, ou ainda a necessidade de recorrer a ele, não deve causar dano á parte que tem razão" (M. Andrade, Lições de Proc. Civil, 1956, p. 353; cit. Chiovenda). Aliás, doutro modo, como já realçava o infante D. Pedro, em carta ao seu irmão, o Rei D. Duarte, no sec. XV, dado o retardamento da Justiça, "em muitos feitos, aquelles que tarde vencem ficam vencidos".

Por sua vez, a decisão judicial deve ter eficácia retroactiva á data da instauração da acção. E, aquele que judicialmente seja restituido á sua posse é havido como nunca esbulhado (artigo 1283).

E, devendo realçar-se que com as acções possessórias não se trata de interromper a prescrição de qualquer direito, não lhe sendo, pois, aplicáveis as normas da interrupção da prescrição.

CAPÍTULO X
Junção de Posses

SECÇÃO I
Sucessão na Posse

129. Segundo o artigo 1255, por morte de possuidor, a posse continua nos seus sucessores desde o momento da morte, independentemente da apreensão material da coisa.

E, segundo o artigo 2050 o domínio e posse dos bens da herança, adquirem-se pela aceitação, independentemente da sua apreensão material. Sendo o disposto sobre a aceitação, extensivo aos legados (artigo 2249). V. supra, 119 a 121.

E pelo artigo 1316, o direito de propriedade, adquire-se por sucessão por morte.

Sendo a posse um senhorio de facto, numa primeira impressão poderia pensar-se que com a morte do de cujus se extinguiu a posse. E, os seus sucessores teriam que iniciar uma nova posse, ainda que com possibilidade de eventual acessão á posse do de cujus.

Todavia o senhorio de facto não pressupõe um poder físico. E á morte de alguém, sempre há-se suceder outrem que, em mera novação subjectiva, possa e deva substituir o titular falecido nas respectivas situações com relevância jurídica que aquela encabeçava. Ainda que possa, em periodo transitório, haver herança jacente ou comunhão entre vários sucessores. Bem como, a posse não carece, para se conservar, de exercício efectivo; bastando a possibilidade "de a continuar".

Assim, sob um ponto de vista dogmático, é perfeitamente curial admitir que por morte de alguém, a posse deste "continue", com mera novação subjectiva, nos seus sucessores. Por outro lado, se assim não fosse, também surgiria, desnecessária e prejudicialmente, um vazio numa relação de senhorio de facto que mesmo o senso comum fácilmente entenderá, e apreenderá, que com a morte do titular logo deva pertencer aos seus sucessores: mantendo-se a sua relevância e valor, sem qualquer interregno.

E, também, historicamente, a falta da assunção da referida continuidade redundou em abusos contra os sucessores.

Na verdade, no direito feudal, quando alguém morria entendia-se que os seus bens eram depositados nas mãos do senhor: "le serf mort saisit son seigneur vif". Ou seja, o servo morto quanto aos seus bens, quem empossa é o seu senhor vivo.

"Deste modo, os herdeiros tinham de os tomar das mãos do senhor a quem então prestavam novamente fidelidade e homenagem e a quem pagavam certos direitos. Os juristas cedo lutaram contra a necessidade de investidura, formulando contra ela o princípio *le mort saisit le vif*, que depressa triunfou,e que tinha como consequência a dispensa de qualquer homenagem ou o pagamento de qualquer tributo pelos herdeiros, visto a herança se transmitir pelo facto da morte, independente de qualquer solenidade" (Manuel Rodrigues, o. cit., p. 277).

E, assim, surgiu o *droit de saisine*: o *morto empossa o vivo (le mort saisit le vif)*.

Tal solução foi adoptada por Pothier et Domat, e foram estes escritores que deram a fórmula aos códigos modernos.

E, assim passou a estar prescrito nos códigos civis francês, italiano, espanhol e no art. 483 do Código Civil de Seabra. Como está, hoje, no artigo 1146 do código civil italiano.

E, em Portugal, para certa classe de herdeiros, já fora prescrito a 9-11-1754. E, hoje, está consagrado no citado artigo 1255.

130. A primeira questão que se põe quanto ao artigo 1255 é quem são os "sucessores" aí referidos: *herdeiros e legatários*, ou só os primeiros.

Á face do artigo 483 do código civil de Seabra que se referia aos "herdeiros ou sucessores", Dias Ferreira e Manuel Rodrigues (o. cit., p. 281) entendiam que a expressão "sucessores" abrangia quer os herdeiros, quer os legatários. Bem como, nenhuma razão existia para que aquele efeito se não dê em relação aos legatários.

Em contrário, Dias Marques (Prescrição, II, p. 74 e sgts) entendia que o artigo 483 apenas contemplava os sucessores. Aos legatários, o regime aplicável seria o da acessão de posse.

Face ao artigo 1255 do código civil actual, Pires de Lima e Antunes Varela (código anotado) entendem que a expressão "sucessores" abrange quer os herdeiros, quer os legatários. Tal solução, não pode deixar de considerar-se a correcta, segundo os parâmetros de interpretação do artigo 9.

Desde logo "sucessores", são "herdeiros ou legatários" (artigo 2030. E, diz-se "sucessão", o chamamento de uma ou mais pessoas á titularidade

Junção de Posses 261

das relações jurídicas patrimoniais de uma pessoa falecida e a consequente devolução dos bens que a este pertenciam (artigo 2024).

E o domínio e a posse dos bens da herança adquirem-se pela aceitação, independentemente da sua apreensão material (artigos 2050 e 2249).

Por sua vez, o legislador português não desconhecia as dúvidas que se levantavam quanto ás expressões usadas no artigo 483 do código de Seabra: "Herdeiros ou sucessores". E, precisamente, fez desaparecer a primeira e elegeu a segunda (sucessores).

Também o legislador português não desconhecia o Código Civil italiano, que, aliás, em termos de posse em vários passos seguiu. Ora, este, no seu artigo 1146, expressamente autonomizou o herdeiro do legatário. Estabelecendo que a posse continua no herdeiro, com efeito desde a abertura da herança; o sucessor a titulo particular pode unir á própria posse aquela do seu autor.

Por sua vez, o artigo 1256 que define a "acessão" da posse, também coerentemente estabelece o seu campo de aplicação àquele que houver sucedido na posse de outrem "por título diverso da sucessão por morte".

Ora, o "legado" é, manifestamente, um "título da sucessão por morte", e não um título diverso (artigos 2024, 2026 e 2030).

Por último, quer as razões dogmáticas, quer as razões pragmáticas da instituição jurídica da figura da "sucessão na posse" são igualmente relevantes quer quanto ao herdeiro, quer quanto ao legatário.

Defendem, todavia, opinião contrária, ou seja, de que o artigo 1255 só contempla os herdeiros, e que quanto aos legatários a disciplina é a do artigo 1256, Oliveira Ascensão (Sucessões, 4ª ed., pág. 426) e Menezes Cordeiro (A Posse, 2ª ed., p. 110).

Menezes Cordeiro argumenta, contra a dita posição de Pires de Lima e Antunes Varela, primeiro, que a posse envolve direitos e deveres e que, assim, "não é possivel", ao legatário, "suceder" numa posse: quando ele terá de dar um específico acordo, à assunção dos ónus possessórios. Desde logo, tal argumento é ambivalente, ou seja, também quanto ao herdeiro não se lhe deveria, então impor "onús" possessório sem ele os aceitar! Só que, quer quanto ao herdeiro, quer quanto ao legatário eles só encabeçarão os direitos ou as posses do de cujus ... se "aceitarem" a herança ou o legado (artigos 2050 e 2249).

E se "aceitam", com as devidas consequências legais (artigos 1255 e 2050), é porque "querem".

Um segundo argumento de Menezes Cordeiro, é do seguinte teor, "Depois: quando aceite a posse, o legatário poderá ter, ou não, a consciência de lesar um direito alheio: logo manifesta-se, autónoma, a boa ou má-fé da posse em causa, ao passo que, perante o herdeiro, a posse se mantém, de boa ou de má fé, consoante a qualidade que assumisse na esfera jurídica do seu antecessor". Mas, pergunta-se, por que razão, nesse tema, devam, entre si, ter tratamentos diferentes quem, ao fim e ao cabo, são "sucessores": Eventualmente até com o mesmo título de vocação sucessória (testamento). E, que só serão sucessores, igualmente, e sempre, se "aceitarem" a sucessão? E como ultrapassar (ou olvidar) os argumentos que antes se deduziram a favor da outra tese?

131. Sucessor "na posse do de cujus", é "o herdeiro como tal, e não o que passe por herdeiro" (Ennecerus-Kipp-Wolff, o. cit., p. 61; supra, n.º 21, in fine).

E qual o momento em que se dá a sucessão na posse? Segundo o artigo 2050, o domínio e posse dos bens da herança adquirem-se pela aceitação, independentemente da sua apreensão material e retroagindo os efeitos da aceitação ao momento da abertura da herança.

Todavia, Oliveira Ascensão (Sucessões, 4ª ed., p. 418) entende que *quanto ao herdeiro* este adquire a posse, automáticamente, desde a abertura da herança, ou seja mesmo antes da sua aceitação. Argumentando, com os poderes de providenciar acerca da administração, se do retardamento das providências puderem resultar prejuizos (artigo 2047), e com os poderes do curador provisório (artigo 2048/2): e, "um poder de administrar supõe uma posse: não se administra o que se não possui". Todavia, por um lado, tais faculdades têm a natureza cautelar, e em vista da eventual aceitação da herança. E, por outro, não se entende que possa ser possuidor (em nome próprio) quem não esteja determinado, na conexão com a coisa, por um juízo volitivo de actuar "como sendo dono" (animus). Ora, o animus de tal interveniente é, rectius, o de actuar em defesa da herança e a proveito de quem "venha a ser" herdeiro (nomine alieno).

Relativamente ao legatário, Oliveira Ascensão (o. cit., págs. 420 e sgts) defende que o mesmo será possuidor desde a aceitação, se, então, já detem o senhorio de facto sobre o legado quer porque o reivindicou, quer porque já era possuidor, quer porque já detinha a coisa (embora a posse fosse do de cujus). Ou, também o legatário será possuidor desde a abertura da herança, se ela é toda dividida em legados (cit. autor., p. 423).

Se assim não acontece, então o legatário não adquire a posse nem á data da abertura da herança, nem sequer da aceitação: mas, tão só, através da entrega por quem estiver onerado com o encargo do cumprimento do legado. E o legatário terá uma nova posse, e não a posse de herdeiro (cit. autor, p. 421; idem Ac. R.P., 13-5-96, C-J- XXI, n.º 3, 196).

Todavia, o herdeiro que tenha aceite a herança e esteja na detenção do bem legado, e cabendo-lhe o encargo do cumprimento – encontra-se chamado á titularidade das relações jurídicas patrimoniais do de cujus e á consequente devolução dos bens que a este pertenciam (artigo 2024). Assim, se existe um legado de uma coisa, e o beneficiário aceitou o legado, e se a coisa está na detenção dum herdeiro e este também aceitou ser herdeiro nessa herança – então o respectivo direito sobre a coisa foi transmitido pelo de cujus ao legatário, e na titularidade dessa relação jurídica de transmissão sucedeu o herdeiro. Então, o animus respectivo do herdeiro, ainda que se mantenha na detenção da coisa, não é o de actuar, nessa conexão com ela, "como sendo dono", mas tão só o de mero detentor em nome do legatário (idem,constituto possessório, artigo 1264). E, tanto mais, que os efeitos da aceitação do legado retroagem ao momento da abertura da herança. Trata-se, pois, duma transmissão simbólica, nos termos gerais da posse e que aliás o artigo 2050, n.º 1, expressamente refere.

E, também, perfeitamente de acordo com a concepção da posse como uma relação de senhorio de facto, mas que não pressupõe uma conexão física. Mas que exige, por outro lado, que o detentor, na conexão com a coisa, seja determinado por um juizo volitivo, "como sendo dono".

Ora, dificilmente se pode aceitar que o herdeiro a quem incumba o encargo de entrega do legado, depois da aceitação e enquanto o não entrega, volitivamente se determine "como sendo dono" da coisa.

132. Havendo sucessão na posse, do herdeiro ou legatário, a posse do de cujus "continua", ipso jure e automáticamente, no sucessor. E, sem, pois, necessidade de apreensão material, e até com desconhecimento da posse anterior. E, a posse, em princípio, não é "nova": a posse continua a ser a antiga, com todos os seus caracteres, de boa ou má fé, titulada ou não titulada, pacífica ou violenta. A boa ou má fé que o possuidor tenha, em divergência com a situação do de cujus, equivale à boa-fé superveniente do mesmo possuidor (Pires de Lima e A. Varela, anot. 3, artigo 1255; Vide Menezes Cordeiro, A. Posse., 2ª ed., p. 109).

Todavia, se a posse "continua" no sucessor, nesta passa a haver uma modificação subjectiva, uma novação na titularidade. E, como relação de facto, passa, de facto, também a modificar-se segundo o cunho próprio do sucessor. Assim, nada impedirá que o sucessor invoque tão só essa "sua" posse, e com as melhorias que lhe introduziu e desde que não sejam requisitos, necessariamente, reportados á origem da posse (como a boa ou má fé).

Assim, a posse oculta, pode passar a pública; a violenta, a pacífica. E, pela "aceitação", passa a beneficiar de justo título, ainda que a do de

264 *Posse e Usucapião*

cujus a não tivesse. Bem como, para efeitos de usucapião pode o sucessor contar, se o quizer, tão só com essa posse e sua duração. Conforme supra, em n.º 120, se desenvolveu.

134. Por sua vez, a *partilha não é justo titulo* da posse do herdeiro nela encabeçado quanto aos respectivos bens que lhe foram atribuidos. Conforme supra, em n.ºs 119, 120 e 121, se desenvolveu.

Todavia, quanto á posse "continuada" do sucessor, *já a aceitação da herança ou do legado constituirão um justo titulo*, como mais valia adquirida na posse que ele, como sua, em senhorio de facto continua: quer quanto ao legatário, quer quanto ao herdeiro. Como supra, em n.º 120, se referiu.

Assim, se o sucessor se quer servir da posse do de cujus, a posse será ou não titulada conforme existia no senhorio do de cujus. Se apenas quer invocar o seu tempo de senhorio, desde que a favor dele se deu a devolução da posse, então puderá invocar como justo título a aceitação.

SECÇÃO II
Acessão na Posse

SUBSECÇÃO I
Acessão, para efeitos possessórios

135. Segundo o artigo 1256, aquele que houver sucedido na posse de outrem por título diverso da sucessão por morte pode juntar á sua a posse do antecessor.

O Código de Seabra não tinha disposição expressa sobre a acessão. Os códigos espanhol (artigo 1960), francês (artigo 2235) e alemão (Parágrafo 943) regulavam a acessão a propósito da usucapião, permitindo juntar as referidas posses para efeitos, nomeadamente, da contagem do tempo.

O código civil italiano actual contem o artigo 1146, cuja 2ª parte é idêntica ao n.º 1, do citado artigo 1256 português; a primeira, determina a continuação da posse no herdeiro (sucessão).

Sendo a posse um senhorio de facto compreende-se que, mesmo tendo por base uma cedência, o senhorio factual antecessor, enquanto tal, se perca (artigo 1267, n.º 1, c)) e nasça para o sucessor um novo senhorio (artigo 1263, alineas b) e c)). Daí que o artigo 1256 fale na posse do sucessor e na posse do antecessor: juntando aquele "á sua", "a posse do antecessor".

No entanto, *se existe uma ligação consequencial legítima entre ambas as posses,* também se compreende que elas se possam juntar para efeitos da contagem do tempo (da anterioridade da posse); relevante quer para efeitos de usucapião (artigo 1287), quer a de melhor posse (artigos 1267, n.º 1, d) e 1278, n.ºs 2 e 3).

A hipótese do artigo 1256 é a de ocorrer sucessão na posse por título diverso da sucessão por morte. Pois, nesse caso valerá o disposto no artigo 1255 (sucessão na posse): em cujo âmbito se incluiu o herdeiro e o legatário (vide supra).

Contráriamente a tal sucessão por morte, o sucessor na posse por título diverso, tem a faculdade de, se quizer, juntar á sua a posse do anterior. Ou seja, tal junção não resulta ipso jure e automática.

As duas posses não têm que ser absolutamente *homogéneas.*

Mas, a junção só pode dar-se dentro da homogeneidade relativa das posses e no âmbito da menor. Assim, o que tem uma posse precária não pode unir á sua detenção uma posse verdadeira; aliás, aquela nem sequer seria "posse".

Mas pode o que possui na qualidade de usufrutuário juntar "á sua" (posse de usufrutuário) a posse anterior dum proprietário. E um possuidor de má fé pode juntar uma posse anterior de boa-fé, ou vice-versa, embora em todos os casos considerando-se a posse de má fé (menor âmbito).

Assim, o comprador duma fracção dum condomínio pode juntar á sua posse da fracção, a posse anterior do edifício pelo construtor/vendedor, bem como a (eventual) posse do anterior proprietário/possuidor que ao construtor vendeu o terreno (Ac. S.T.J., 03-06-92, B.M.J. 418.º, 773; Ac. R.Gui., de 26-05-2004, Vieira e Cunha, António Gonçalves e Narciso Machado, C.Jur. XXIX, T. III, p. 280. Menezes Cordeiro, o. cit., nota 274, p. 131). Diz-se, por vezes, que o proprietário pode juntar á sua posse a do usufrutuário, findo o usufruto; e, que o comproprietário (condónimo ou co-herdeiro), pode juntar à sua posse a dos restantes comproprietários. Todavia, nestes casos do que rigorosamente se trata é de que o usufrutuário e os restantes comproprietários (condóminos ou co-herdeiros) são possuidores nomine alieno; e, portanto, o proprietário já antes "possui" (tem a sua posse) por intermédio do usufrutuário e o comproprietário por intermédio dos outros.

Para se configurar a hipótese da acessão, do artigo 1255, exigem-se dois requisitos.

Primeiro, que as *posses* respectivas sejam *consecutivas*. Ou seja, que não intermedeie, entre uma e outra, uma posse de terceiro de mais de 1 ano que faça "perder-se" a posse anterior (artigo 1267, n.° 1, d); ou que ao esbulho não se siga uma terceira posse de boa-fé (artigo 1281, n.° 2).

Depois, *a posse actual deve, na sua génese e ab initio, ser uma "consequência legítima"*, á face dos valores da ordem jurídica, da *perda da posse anterior*.

O parágrafo 943 do Código Civil alemão fala em "Rechtsnachfolge", "sucessão jurídica"; em que existe um antecessor (Rechtvorgaenger) e um sucessor (Rechtsnachfolger).

Daí, falar o artigo 1256 naquele que "houver sucedido" na posse de outrem "por título" (diverso da sucessão por morte). Assim, aquele que houver adquirido a posse, unilateral, originária e usurpatóriamente quer pela prática reiterada dos actos materiais, quer por inversão do título da posse (artigo 1263, a) e b)), não pode juntar á sua a posse anterior.

Bastará, pois, um "vínculo" jurídico entre as duas posses (Manuel Rodrigues o. cit., p. 291): que, no Direito, na globalidade da ordem jurídica legitime que a posse actual, ab initio e na sua génese, suceda à anterior (que se perdeu).

"O fundamento da sucessão das posses é a transmissão da situação jurídica das posses. À acessão das posses é indispensável a existência de um vínculo jurídico por via do qual a situação possessória haja sido regularmente transmitida ao que actualmente a invoca" (Dias Marques, Prescrição, II, p. 96).

Assim será, na posse consequente á *expropriação* ou á *compra judicial* (Pires de Lima e Antunes Varela, anot. 3; Manuel Rodrigues, o. cit., p. 291).

Igualmente o será, na acessão que legitime ao *autor da incorporação* a aquisição do direito (por exemplo, artigo 1340, n.° 1).

Bem como, face ao titular do direito á restituição da coisa, e que obtenha a restituição, quando o possuidor *está obrigado á restituição da coisa* que possui por declaração de *nulidade* ou de *anulação* do negócio (artigo 289), ou por sua *resolução (*artigo 433) (Planiol, Ripert e Picard, o. cit., p. 723).

E, também, assim o será na restituição da coisa ao proprietário em consequência duma *reivindicação judicial* ou extrajudicial. Pires de Lima e Antunes Varela (lugar citado), bem como Planiol, Ripert e Ricard (o. cit., p. 724) entendem que na reivindicação não pode haver lugar a acessão, porquanto não haverá relação jurídica (translação da posse) entre os dois possuidores. Todavia a relação jurídica em causa deve-o ser entre as posses; e, também, não exige, necessariamente, a concordância do anterior possuidor (como, por exemplo, tal não acontece na expropriação). E, o proprietário detem, aliás, o jus possidendi que é absorvente e causa "recuperante" do jus possessionis (senhorio de facto) do terceiro reivindicado. Aliás, era já essa a solução do direito romano: Si judicis res mihi restituta sit, accessionem mihi esse dandam placuit (Digeste, liv. XLI, tit. 2, fr 13, 9).

Igualmente, haverá a hipótese de acessão sempre que a posse se adquire por *tradição material ou simbólica efectuada pelo anterior possuidor ou por constituto possessório*: ou seja, quando na base da aquisição da nova posse esteja uma "cedência da posse" pelo anterior possuidor (artigos 1263, b) e c) e 1267, n.º 1, c)). (Idem, Menezes Cordeiro, A Posse, 2ª ed., p. 133).

*E quais serão os requisitos substantivos e **formais da cedência/ /tradição** ou do constituto possessório*, para com base neles se poder aceder na posse do antecessor?

Nada mais, nada menos do que aqueles que se exigem nesses modos de aquisição "da posse". Nomeadamente, quanto á cedência bastará que tenha os requisitos já supra desenvolvidos (n.º 99). Ou seja, basta que exista um acordo de vontades concordantes; e, por quem tenha o uso da razão (artigo 1266). Tanto é, necessário como suficiente.

Já não será necessário apreender, ainda, a sua razão de ser substantiva: basta saber que se cedeu, ainda que não a que título (Assento, 14-5-1996, B.M.J., 457.º, 55), nem a data exacta.

Esse acordo também não é (ou carece de ser) um negócio júridico; nem se trata de declarações negociais, em sentido técnico. É, tão só, como supra referido, um acordo de vontades, um acto real. Ainda que, normalmente, surja integrado num negócio jurídico.

Por sua vez esse acordo visa e tem por função e efeito a tradição do senhorio de facto da coisa (não o direito sobre ela). Pelo que, e para efeitos meramente possessórios, (sem se considerar, para já, o tema em matéria de usucapião) não carece da validade formal que eventualmente careceria a transmissão do direito.

Como acto de vontade, é, todavia, um acto jurídico (artigo 295). E, sendo acto voluntário, carecem as partes de capacidade de gozo e de exercício (uso da razão, artigo 1266). Bem como, que não haja coação absoluta, física ou moral, ou que se não trate de declarações jocosas ou não sérias; ou, de dissenso total ou patente; ou absoluta falta de vontade de acção (simulação) ou de consciência; ou sob nome de outrem (fazendo-se a pessoa passar por outrem).

Assim, para haver cedência/tradição da posse, e consequentemente nesse vinculo jurídico haver uma "sucessão" (lato senso) na posse (artigo 1256), basta reportado a esse momento genético, tão só, o referido acordo de vontades concordantes: e, como tal, á luz do artigo 1256, o novo possuidor passa a poder juntar "á sua posse" a "posse do antecessor".

Nesta perspectiva, poderiam parecer, num primeirto momento, exorbitante as teses de Manuel Rodrigues (o. cit., ps. 291/292) e de Dias Marques (o. cit., II, p6/97). Diz aquele primeiro autor:

"este vínculo deve todavia ser válido. Se o acto de transmissão de direito não é válido, não há transmissão do jus possidendi que aqui é a causa da junção do jus possessionis".

E. realça Dias Marques: "O fundamento da acessão das posses é a transmissão da situação jurídica possessória ...

Daí, portanto, que a sua transmissão não possa realizar-se senão por um acto que válidamente a provoque, como, por exemplo, uma doação, uma troca, uma dação em pagamento... À acessão das posses é indispensável a existência de um vínculo jurídico por via do qual a situação possessória haja sido regularmente transmitida ao que actualmente a invoca ... (Tal) circunstância implica, por sua vez, que, quando se dê o caso de que o sujeito haja sido investido na sua posse na base de um negócio jurídico inválido, possa ele invocar, nos termos gerais, a sua próprisa posse, mas não também a do seu antecessor, por lhe faltar o nexo de válidas transmissões que é indispensável á identidade e continuidade das duas posses em causa".

Pelo contrário, num primeiro momento pareceria correcta a tese adversa de Menezes Cordeiro (A Posse, 2ª ed., págs 133 a 137), de que "essa transmissão terá de assentar num titulo abstractamente idóneo para permitir o direito correspondente á posse ... Concretamente, porém, o título puderá ser inválido, sofrendo dos mais diversos vícios".

O que dizer das teses (aparentemente) contraditórias de Manuel Rodrigues/Dias Marques e Menezes Cordeiro?

Pois bem, que só aparentemente são opostas. São opostas, quanto ao momento da sua perspectivação. Mas não, num resultado final.

Na verdade, o acordo de cedência/tradição, ainda que se baste (como condição necessária e suficiente) com um mero acordo de vontades concordantes para genéticamente dar lugar a uma nova posse (e à perda da primeira) e para, genéticamente, a nova posse ser uma consequência legitima, juridicamente vinculada à anterior, todavia, mesmo como tal, o acordo de cedência/tradição *é um acto jurídico (art. 295).*

E então, "mesmo como tal", pode padecer de vício que o sujeite a ser declarado nulo, anulado ou resolvido – nos termos gerais (artigos 295, 289 e 433).

Bem como, igualmente, o pode ser, em si, o negócio jurídico em que se integre a cedência/tradição (por exemplo, será o caso duma venda verbal dum imóvel).

Bem como, invalidado ou resolvido o negócio em que se insere o dito acordo, ou mesmo invalidado ou resolvido este (como mero acto jurídico), e como tal declarados, mais ainda caberá ao tradens um direito á restituição da coisa (artigos 289 e 433).

Ora, então, desde logo, no confronto, por um lado, entre a exigência desse direito de restituição da coisa e a eficácia retroactiva da declaração de nulidade ou da anulação (ou da resolução) e, por outro, a relação possessória do accipiens, dada a natureza cautelar e provisional desta, não pode, juridicamente, de deixar de se assumir que vença aquele direito (por valência normativa e obediência aos referidos preceitos, artigos 289 e 433); e, maxime, se coexiste um direito real (artigo 1311). E, vencimento esse que o regime da posse expressamente acolhe (artigo 1278 do código civil e artigos 357, n.º 2 e 510, n.º 5, do código de processo civil).

E, depois, "baseando-se" a possibilidade de acessão, precisamente, na aquisição derivada da cedência/tradição, feita por vontade do anterior possuidor, sendo ela "causante" de "tal efeito", seria um absurdo manter-se a possibilidade de acessão ainda e quando tal vontade "causante" do anterior possuidor, raiz legitimadora da acessão, já, tivesse sido, e retroactivamente, desfeita, aniquilada e "desvalorizada". Pois, cessada a causa, cessa o efeito (citado passo, de Dias Marques).

Bem como, "o direito", a ordem jurídica, não pode deixar de ser, no seu todo, um conjunto com intrínseca harmonia.

Ora, quanto à posse do accipiens, manter ainda a possibilidade de juntar á sua a posse do tradens – quando "a sua causa" é um acordo de vontades que foi declarado nulo, anulado ou resolvido seria uma óbvia contradição e lesão ao conteúdo normativo dos citados artigos 289 e 433, na medida em que estes preceitos conferem efeitos "retroactivos" às referidas declarações e atribui ao tradens "um direito á restituição."

E, mais ainda, se com base no argumento de um mero senhorio de facto, cautelar e provisional, (posse) que não pode deixar de "ceder" perante a contra-arguição da arvorante realidade jurídica declarada e dos referidos e reconhecidos direitos doutrem (á restituição do senhorio). E, maxime se nesse outrem co-existe um direito real (artigo 1311). Como, aliás, expressamente aflora o regime da posse (cit. artigo 1278).

Daí, o exemplo de Dalloz (citado por Manuel Rodrigues, p. 292, nota 1) de que o possuidor dum imóvel não pode juntar á sua posse a daquele que lho vendeu, quando tenha havido erro obstáculo.

E seria legitimo, por exemplo, que o arrematante em hasta pública, mesmo sendo esta anulada, viesse invocar a junção à sua posse da posse do executado,e, com base em tal, paralizasse a anulação, invocando a usucapião? Ou seria legitimo que a entidade a quem foi atribuido o bem expropriado, com posse administrativa, a mesma acessão e usucapião viesse invocar e, assim, paralizasse, as consequências duma anulação do acto de expropriação?

Assim, ainda que, para efeitos possessórios, a posse se "adquira", *genéticamente e num primeiro momento*, por um "mero acordo de vontades" e por tradição (material ou simbólica) da coisa, entre o tradens e o accipiens e sem mais, ou seja ainda que aquele acordo seja inválido ou ineficaz (Menezes Cordeiro) – *todavia se, posteriormente, o mero acordo*, como tal (ou inserido num negócio jurídico de transmissão do direito, e *sofrendo as vicissitudes deste) vem a ser declarado nulo, anulado ou resolvido*, **então**, *consequentemente "passa a deixar" de existir "causa" para que o sucessor possa juntar á sua a posse daquele antecessor. Pelo que nesta perspectiva final, acaba por ser relevante a tese de Manuel Rodrigues e Dias Marques*, e dos autores por aquele citados (Janzucchi, Tissier e Dalloz). Bem como, estará correcta a jurisprudência igualmente concordante (Ac.S.T.J., de 6-7-76, BMJ, 259.°, 227; Ac. R.C., de 31-5-94, C.J., XXII, n.° 3, 29).

Aliás, perante a "restituição" efectiva do senhorio de facto concedido ao tradens, e consequente á declaração judicial de nulidade, anulação ou resolução, tal senhorio de facto porque "restituido", ou seja, tendo "causa" no dever-legal do accipens da sua restituição – é que, pelo lado do tradens e hoje, é uma posse actual: á qual ele pode juntar a posse imediatamente anterior que históricamente (como facto) "teve" o *ex-accipiens*. Pois que essa posse actual (do ex-tradens) é uma consequência legítima da perda da posse anterior (do ex-accipiens): em que, pois, ele "legítimamente sucede" por "título" (direito á restituição), diverso da sucessão por morte (artigo 1256). Entre essas duas posses sucessivas existe, pois, tal vínculo jurídico.

Há, no entanto, que estabelecer *três limites, resultantes dos artigos 291, 435 e 1300, n.° 2 do C.Civil e 17 do código do Registo Predial*. E em vista da protecção de terceiros, se ocorreu uma segunda cedência/tradição e a coisa passou a um terceiro possuidor de boa-fé. Pois, nas hipóteses previstas nos referidos artigos a declaração de nulidade, de anulação ou de resolução não prejudicarão o terceiro possuidor. E, no caso do artigo

Junção de Posses 271

1.300, n.º 2, a posse (própria) do terceiro sobre a coisa móvel conduzirá a usucapião se tiver durado quatro anos se for titulada ou sete, na falta de título. Sobre os cits. arts. 17.º e 1300.º, 2, v. infra 138 e 206.

SUBSECÇÃO II
Acessão, para efeitos de usucapião

136. A aquisição de direitos por usucapião tem por base "a posse mantida por certo lapso de tempo" (artigo 1287).

Seguramente que o possuidor poderá invocar a posse "a cujo exercício corresponde a sua actuação" (citado artigo); isto é, a sua posse.

Como também será seguro que não poderá, para computo do tempo, juntar "á sua" "a posse do antecessor", ao abrigo da acessão na posse (artigo 1256), se não se verificarem liminarmente os pressupostos da invocação da acessão. Assim, não contará para efeitos do tempo da posse, do possuidor actual, uma posse anterior se não existir o vínculo jurídico necessário à possibilidade de acessão. Ou, se este for declarado nulo, anulado ou resolvido e com eficácia perante o actual possuidor – consoante se desenvolveu na subsecção anterior. E, como aí, ressalvado o campo das hipóteses abrangidas pelo normativismo dos artigos 291, 435 e 1300, n.º 2, do Código Civil e 17 do código de Registo Predial, se a coisa entrou no tráfego jurídico e perante um terceiro possuidor de boa fé.

Mas, em tema de usucapião a questão é autónoma. O acordo de vontades concordantes da cedência/tradição tem que ser válido do ponto de vista da transmissão do direito? Ou seja, "se o acto de transmissão do direito não é válido" (Manuel Rodrigues, o. cit., p. 292)., não se pode operar a acessão, para efeitos de usucapião? E, essa validade, e a analisar na perspectiva da transmissão do direito, deve existir tanto substantiva, como formalmente? E, mutatis mutandis, o mesmo se passando quanto aos outros vinculos jurídicos capazes, em abstracto, de legitimar a acessão (por exemplo, expropriação)?

A posse e a usucapião são institutos com razões, causas e funções diferentes. Aliás, á posse é defectivel a usucapião (Orlando de Carvalho). Por exemplo, pode existir posse duma servidão não aparente ou de direito de uso e habitação (artigo 1280): e, todavia, tal posse não conduz a usucapião (artigo 1293).

Ora a usucapião assenta, em três tipos de razões, como sua concausa (vide infra, 202). Por um lado, a razão positiva do valor da publicidade/ /confiança que a posse consubstancia. Depois, um valor negativo, ou seja, a impropriedade de, para se provar a aquisição do direito se ter que lançar mão duma aquisição derivada. Certo que a prova duma, peticionaria a prova doutra, antecedente, e assim, sucessivamente se teria que retroceder aos primórdios – o que constituiria a chamada prova diabólica. E, por último, deverá, no caso, ocorrer uma inércia ou inação do verdadeiro proprietário, complacente com o exercício prolongado do senhorio de facto por outrem, "como sendo titular do direito" (dormientibus non sucurrit jus).

E, quanto á última razão, a mesma justifica-se porque não se pode deixar de ter em conta os interesses do verdadeiro dono, certo que a aquisição por usucapião do direito pelo possuidor, acarretará a perda do direito do legitimo dono (artigo 1313).

Mas, então, já não se poderá falar em inércia ou inacção por parte do verdadeiro titular – se não quando primeiro ocorre o facto possessório, e, depois, aquele está em condições de contra ele agir. Ou seja, segundo a velha máxima, *actioni non natae non praescribitur* (vide, Hugo Natoli, o. cit., págs 50, 149, 248, 258 e 302 e Planiol, Ripert e Picard, o. cit., págs 704 a 706 e 714).

E, daí, por exemplo, a justificação de que se a posse tiver sido tomada ocultamente, os prazos da usucapião só começam a contar-se desde que a posse se torne pública (artigo 1297). Isto é, desde que a posse se passe a exercer de modo a poder ser conhecida pelos interessados (artigo 1262); para ele poder reagir. O mesmo sucedendo quanto á posse violenta (artigos 1261 e 1297). E, salvo a excepção consagrada no artigo 1300, n.º 2.

Ou seja, ainda que A. possa possuir a coisa, dezenas e dezenas de anos, á vista de toda a gente – todavia, apezar de tal publicidade e confiança ou da impropriedade de ter que se agarrar a uma prova de aquisição derivada, todavia não adquirirá o direito por usucapião, "se" tal posse não se exercer de modo a poder ser conhecida pelo verdadeiro interessado ou se sobre este se mantiver violência. Porque, nessas hipóteses, não se pode falar em inércia ou inacção do proprietário contra tal senhorio de facto em restabelecimento do senhorio de direito daquele.

Mas, então, também não se poderá falar em inacção ou inércia do proprietário-possuidor que, por exemplo, foi expropriado ilegitimamente, ou sob pressuposto resolutivo, e desapossado pelo auto de tomada de posse a favor da entidade beneficiária – se não a partir, cumulativamente, do início da posse do expropriante e da invocável declaração de eventuais nulidade, anulação ou resolução do acto expropriante que legitimou a transmissão da posse.

Ou, mutatis mutandis, se a venda judicial foi declarada nula ou anulada.

Junção de Posses 273

O mesmo se passando se alguém doa por um papel escrito, o imóvel em que habita, numa noite bem bebida, e de que logo faz entrega á acompanhante (cedência/tradição).

Será que se tal doador, recorre nas semanas seguintes, ao Tribunal, e obtem a declaração de nulidade de tal seu "acto de vontade" (com base no vício da falta de forma) ... todavia, a donatária, poderá argumentar que adquiriu o imóvel por cedência/tradição, "abstractamente idónea", e, como tal pretende juntar "à sua posse" (de, por exemplo, 15 dias) a "posse do antecessor" (de, por exemplo, 20 anos) – e assim, adquirir por usucapião a propriedade do imóvel?! Porque, dirá a ré, é-lhe indiferente que, concretamente, "o título seja inválido, sofrendo dos mais diversos vícios"?!

É óbvio que tal solução seria anti-jurídica, contrária á justa e equitativa valoração dos interesses dos cidadãos e que o senso comum não entenderá. Como realça Clóvis Beviláquia, "o direito não organiza quadros para dentro deles meter a vida; esta é que oferece os dados para as construções jurídicas" (in, A Posse, L. Orione Neto, 2ª ed., p. 326).

Assim, o possuidor actual **só** poderá juntar "á sua posse", a posse do antecessor (acessão, artigo 1256) para efeitos de completar o tempo de posse necessário que lhe faculte a aquisição do direito respectivo por usucapião – **se**, "na relação de conflito com o antecessor, proprietário-possuidor", ou na relação de conflito com um subsequente (legítimo) adquirente do "direito" deste, **entre as duas posses existir o vinculo jurídico** capaz de permitir a acessão **e se esse vinculo fôr juridicamente válido e eficaz, no âmbito desse conflito e na perspectiva da transmissão válida para o possuidor do respectivo "direito"**.

Vejamos.

Suponha-se que A. furtou um anel e, de seguida, cede a sua posse a B. que até por estar consciente de que A. é mero ladrão e C. é que é o proprietário lesado, por tal cedência/tradição, paga um baixo preço. Perante uma reivindicação de C (o proprietário) perante B. (o receptador) nada impede que B. invoque a sua posse, e a ela junte a posse do seu antecessor A., para efeitos de completar o tempo de posse necessário á usucapião: e desde que as duas referidas posses tivessem sido públicas (artigo 1262).

Mas se o tempo (somado) dessas duas posses não for suficiente, B. não pode juntar a elas ainda a posse de C (proprietário). E, não pode, desde logo, porque entre a posse de A. e de C. não existe vinculo juridico (não se pode dar a acessão, artigo 1256).

Ou, suponha-se que A. vende a B. um imóvel, e lho entrega. B. por sua vez doa, e entrega, passados 5 anos o imóvel a C.. Passados 7 anos A. instaura acção, por fundamentos válidos, de nulidade ou anulação da venda efectuada a B. e sendo, por hipótese tal nulidade ou anulação oponível a C. (artigo 291). C., em conflito possessório com A. e também para efeitos de usucapião poderá invocar a sua posse, de 2 anos, e a ela poderá juntar a posse de B (5 anos), mas já não puderá juntar a posse de A. Pelo que não terá posse pelo tempo suficiente para em conflito com A. adquirir o direito por usucapião. Mas se, porventura, A. só instaura a acção passados 22 anos C. já pode invocar a sua posse de 17, e juntar-lhe a posse de 5 anos de B. E, assim, com posse de 22 anos, B. já, em conflito com A., pode adquirir o direito, invocando a usucapião.

Deve também realçar-se que no artigo 1287, definidor da usucapião, este preceito refere que "a posse", "faculta ao possuidor" a aquisição do direito, a cujo exercício corresponde "a sua actuação". Isto é, o que primacialmente tal disposição sobre usucapião refere é a "posse própria" do possuidor. Não é que se trate de excluir liminarmente a acessão. Mas curialmente, induz que o uso desta deverá, autónomamente, "justificar--se", "em tema de usucapião" á luz duma sua densificação, adequada e proporcional quer á sua "razão de ser" na posse (e até onde exista a relação de causa/efeito), quer ás razões de ser explicativas do fenómeno da usucapião e dentro dos limites da respectiva relevância e valência (relação de causa e efeito).

Por sua vez, quer a posse, quer a usucapião não podem ser normativamente densificadas (na defenição do seu conteúdo e limites) como institutos que "vivam" como que isolados da globalidade do sistema jurídico... "O Direito não é redutível a regras isoladas, representa necessariamente um sistema, travejado por princípios gerais..." (Oliveira Ascensão, Rev. Ord. Adv. 57, p. 913). Existe, "o principio da harmonização do sistema jurídico, como unidade equilibrada do pensamento e vontades normativas" (Ac. S.T.J. Ad., Pleno, 26-11-97, Ac. D., S.T.Ad., 37, n.° 440, p. 1121). O que aliás é preceito normativo imperativo do direito vigente, quando o artigo 9.° manda "ter sobretudo em conta a unidade do sistema jurídico".

Ora, assim sendo, a favor da tese referida (de Manuel Rodrigues e Dias Marques, vide supra, n.° 135) não só militam as referidas razões da natureza do vinculo jurídico causante da acessão em tema possessório, como quanto á sua extensão á usucapião, acresce, também, o peso da referida razão específica duma das suas concausas (a inércia ou inação do verdadeiro proprietário). Como, ainda, há que ter em conta a inserção da figura da acessão, "sobretudo na unidade do sistema jurídico": ou seja, ter em consideração os preceitos normativos imperativos dos citados artigos 295 e 289. E, não os ter em conta seria "desaplicar" a lei no seu conjunto, seria desobedecer a esses preceitos.

Seria, olhar a posse e a usucapião numa perspectiva isolacionista e fundamentalista: como que institutos diabólicos (perversos e divisionistas dos valores normativos da unidade do sistema jurídico).

Assim, desencadeada pelo tradens-cedente, judicialmente e com êxito, a nulidade ou anulabilidade da cedência (da posse), ou a sua inoponibilidade, ainda que apenas na perspectiva da cedência do "direito" (*jus possidendi*), então a posse contra ele **invocável, só pode ser posse, ou posses, posteriores à cedência**, mas não a junção dessas posses, por acessão, á posse anterior do próprio *tradens* impugnante.

E também um primeiro adquirente cuja aquisição não seja oponível a um segundo adquirente, que registou primeiro a aquisição, (e assim favorecido este como terceiro, pelo art. 5.º do C. Reg. Predial), não pode juntar á sua posse a posse anterior do *tradens* para efeitos de usucapião. V. Ac. S.T.J., de 07-07-99, Col. Jur., Ano VII, T. II, p. 164. O que pode é invocar a sua própria posse, após a tradição, e com base nela, e só nela, invocar a usucapião, se a mesma tem, de per si, os requisitos necessários a tal invocação. V. Ac. S.T. J., 12-01-2006, Proc. 3580/05, (in Cadernos de Direito Privado, n.º 16, Outubro/Dezembro-2006, p. 28). V. infra, 137.

Como realça o **Ac. R. Coi., de 17-10-2006, Cardoso Albuquerque, Garcia Calejo e Regina Rosa** (C.J., n.º 193, Ano XXXI, T. IV, Agosto/ /Outubro/2006, p. 26), para que se possa invocar a acessão, é necessário, entre outras condições (serem as posses contínuas e homogéneas) que haja um vínculo jurídico entre o antigo e o novo possuidor que pode ser um negócio jurídico ..., tendo porém este de ser válido, tanto formal, como substancialmente.

Contra-argumenta Menezes Cordeiro (A Posse, 2ª ed., p. 137) que a tese defendida não tem argumentos explícitos, nem tem base na Lei. Todavia, os argumentos são os antes desenvolvidos (e supra, n.º 135). E a lei, é, desde logo o exacto entendimento do artigo 1256, na sua equação com as razões de ser da posse e da usucapião (e, no âmbito de limites da valência respectiva). Bem como, a inserção do instituto na unidade do sistema jurídico (artigo 9) e, neste, tendo em conta o peso normativo dos artigos 295 e 289. Contra argumenta, também, o referido autor que, também, em parte alguma a lei portuguesa – ou qualquer outra – exige titulos, negócios ou vínculos válidos. Todavia, trata-se duma questão de perspectiva legisladora. Se a Lei quizesse "prescindir" da validade é que seria curial que expressamente o referisse. Pois que, as consequências da nulidade, da anulabilidade ou da resolução (ou da ineficácia) já resultam da inserção na globalidade do sistema juridico e dos seus "principios gerais": e a Lei não vai repetir, para cada figura, "os preceitos gerais" da invalidade, da resolução ou das suas consequências. Por exemplo, o artigo 879 determina que a compra e venda tem como efeito a transmissão da propriedade da coisa. Mas, daí, por a lei não exigir "expressamente" um negócio válido, não se pode concluir que esse título não esteja inserido nos preceitos gerais da invalidade ou da ineficácia: e, portanto, que tal efeito não se alcança se o título é declarado nulo, anulado ou resolvido ou é ineficaz. E além do mais, cessada a causa, cessa o efeito.

É certo que a acessão tem por finalidade facilitar a usucapião, embora não só. Todavia daí não se tem que concluir: a qualquer preço!

Também não colhe, argumentar-se que a referida tese defendida irá impedir a usucapião nos casos de falta de título e de boa-fé. Pois é óbvio que o possuidor que possua por vinte anos ou mais, em sua posse, pode invocar a usucapião. Bem como pode, ainda, juntar á sua posse, a posse dum antecessor intermédio, relativamente á qual disponha de vínculo válido. E, também, qualquer Notário lavrará a respectiva escritura de justificação. O que, dum modo geral, não lavrará é com junção de posse, relativamente á qual o título invocado seja nulo, anulado ou resolvido.

E, se ao tempo de Manuel Rodrigues, o código de Seabra exigia que o possuidor esperasse 30 anos ... agora bastam 15 ou 20 (consoante exista, ou não, boa-fé): pelo que a referida tese já então defendida por Manuel Rodrigues, hoje ainda terá mais cabimento.

As considerações referidas valem, em princípio, quer se trate da primeira relação entre as posses do tradens e do accipiens, como da relação com posses derivadas posteriores de terceiros possuidores.

Todavia, se a coisa entra no tráfego, então, já a boa-fé do terceiro possuidor e o valor da publicidade-confiança da posse *poderão justificar uma acrescida protecção* do terceiro possuidor, fazendo pender o prato na balança para o seu lado e em prejuízo dos interesses do primeiro tradens.

E, na verdade, tal ocorrerá, mas no âmbito do normativismo dos artigos 291 e 435 do código civil, e do artigo 1300, n.° 2 do mesmo código, bem como do artigo 17 do código do registo predial. Sobre este último preceito vide, infra, n.° 138 e sobre o citado artigo 1300, n.° 2, infra n.° 206.

Junção de Posses 277

SUBSECÇÃO III
Acessão e aquisição tabular

DIVISÃO I
Artigo 5.º do código de registo predial

137. Segundo o artigo 408 do C. Civil, a constituição ou transferência de direitos reais sobre coisa determinada dá-se por mero efeito do contrato, salvas as excepções previstas na lei. Por exemplo, em concordância, a compra e venda tem como efeito, a transmissão da propriedade da coisa ou da titularidade do direito (artigo 879, a), do cit. Código).

Todavia, segundo o n.º 1 do artigo 5.º do código de registo predial os factos sujeitos a registo só produzem efeitos contra terceiros depois da data do respectivo registo; exceptuando-se, no entanto, pelo n.º 2 desse artigo, a aquisição fundada na usucapião, dos direitos referidos na alínea a) do n.º 1 do artigo 2.º.

E, terceiros, para efeitos, de registo, são aqueles que tenham adquirido de um autor comum direitos incompatíveis entre si (n.º 4, do citado artigo 5.º). Terceiro, no entanto, que, como normalmente se entende, só é protegido se está de boa-fé (psíquica) que se presume.

A confluência das referidas normas conduz à seguinte questão. A. proprietário e possuidor (há 20 anos) dum imóvel, e com inscrição registral a seu favor desse direito, vende-o a B., por escritura pública, plenamente válida.

E, B. entra na posse do bem; quer por tradição material, quer por constituto possessório (artigos 1263, b) e 1264). Mas, não regista tal aquisição. Passados meia dúzia de anos, após essa venda e estando o bem na posse de B., todavia A. vende, novamente, o imóvel a C., que de boa-fé nessa compra, também logo regista a aquisição.

Pergunta-se, num conflito entre B. e C, quanto á propriedade do bem, quem deve vencer e quem será a vítima da conduta ilicita de A. (ao perpetrar a segunda venda)? É óbvio que a vítima, que o vier a ser, terá direito a ser indemnizada por A., mas tal é outra questão (Vaz Serra, Rev.L.Jur., 109.º, p. 24.º, nota 1; e Antunes Varela, cit. Revista, 126.º, 3837, p. 384, nota 2).

Pelos Acordãos do S.T.J. de 3-6-1992 e 3-2-1999 (respectivamente, Rev.L.Jur. 126, n.º 3837, p. 380 e B.M.J. 484, p. 385) B., *o primeiro comprador, pode invocar quer a sua posse* (consequente à compra), de meia dúzia de anos, *quer " a ela" juntar a posse* (de 20 anos) *do seu antecessor* (o vendedor A.) – e com base nessa **acessão de posses**, na posse com tal duração (de 26 anos), pode B. invocar a **aquisição do direito por usu-capião**. E, invocando a usucapião, o direito de B., é um direito originário e que não carece de registo para ser invocável contra C. (segundo adquirente); dado o disposto no citado artigo 5 do código de registo predial. Assim, quem vence é B., com fundamento em usucapião, apesar da aquisição tabular de C..

Igual tese é defendida por Oliveira Ascensão, (Reais, 4ª ed., p. 367).

Todavia, *já o Acordão do Supremo Tribunal de Justiça* de 7-7-1999, (C.Jur., Acs. S.T.J., Ano VII, TII, p. 164) considera que, no caso, *a primeira venda*, feita por A. a B., *não é titulo idóneo para*, à face do artigo 1256, B. *invocar a acessão.* E, assim, B. não adquire derivadamente o direito, porque a sua compra (não registada) não é oponível a C.; e B. também não adquire origináriamente (por usucapião) porque não pode invocar a posse, por acessão, do seu antepossuidor A.. *E, este Acordão, cita*, para tal concluir, os argumentos de *Antunes Varela e Henrique Mesquita*, em anotação que fizeram ao referido Acordão do Supremo de 3-6-1992. E, argumentam estes autores: "Se o primeiro adquirente, que não registou o negócio aquisitivo, pudesse para efeitos de usucapião... invocar contra o segundo adquirente, que teve o cuidado de requerer a inscrição, a posse do transmitente e dos antecessores deste ... o instituto do registo deixaria de ter qualquer interesse para os particulares, pois nenhuma protecção ou segurança lhes conferiria. Com efeito, quem transmite determinado imóvel tem, em regra, a respectiva posse. Numa cadeia de transmissões, portanto, é quase sempre possivel, através da junção de duas ou mais posses consecutivas, preencher ou integrar o prazo da usucapião ... Salta á vista que esta solução é frontalmente contrária á regra basilar em que assenta o registo predial e ao fim precípuo da segurança das transacções, que através dele se pretende atingir.

Se aquele que adquiriu determinado direito de propriedade ... e omitiu o registo ... não pode opor esse direito aos terceiros protegidos pelo registo... também lhe não deve ser permitido invocar perante os mesmos terceiros, para efeito de afastar a prevalência do direito destes, a posse do alienante, sob pena de a regra da inoponibilidade por falta de registo não ter, na prática, qualquer eficácia ... A regra da inoponibilidade deve abranger não só o direito cujo registo se omitiu, mas também a posse (posse causal) que lhe corresponde. Não se interpretando a lei nestes termos, o registo nenhuma segurança conferiria aos negócios a ele sujeitos e deixaria, consequentemente, de ter qualquer importância prática ... (Doutro modo), abrir-se-ia uma porta que fácilmente permitiria neutralizar ou privar de toda a eficácia pratica a regra que declara um direito real não

Junção de Posses 279

inscrito no registo (quando deva sê-lo) inoponível a terceiros que adquiram e registem sobre a mesma coisa direitos incompatíveis.

(Tratar-se-ia), sem a menor sombra de dúvida, de uma interpretação que desfere um rude golpe no instituto que, através dele, o legislador pretende conferir ao comércio jurídico imobiliário".

Efectivamente, não pode existir a menor sombra de dúvida que, na questão em apreço, o primeiro comprador B. não pode invocar a acessão na posse, para juntar á sua posse (post-compra) a posse do anterior proprietário-possuidor, o vendedor A..

A tese contrária limita-se a argumentar com o teor do artigo 1256 (acessão) e, (se pela junção das duas posses, assim, se preenche o prazo da usucapião), que a aquisição por usucapião é originária e vale independentemente de registo (artigo 5.° do código de registo predial). Todavia, *o artigo 1256 – que permitiria a usucapião – tem que ser suficientemente interpretado, para se alcançar a sua devida densificação normativa*: e, aqui, devendo ter-se em conta quer a natureza e essência da posse, bem como da usucapião; quer a respectiva inserção na unidade do sistema jurídico (artigo 9.°).

Ora, se um primeiro adquirente B. invoca, por exemplo, "a sua posse", actual, como adquirida (para além do exemplo antes focado) com base num caso de constituto possessório, então ele terá que invocar como "pressuposto legal" dessa aquisição de posse, precisamente, o negócio jurídico de compra e venda (artigo 1264). Mas como, então, tal "negócio" não é oponivel a um terceiro adquirente C., se aquele não foi registado e o segundo foi (artigo 5, referido) – então, face a C., B. nem poderá invocar a transmissão do direito, nem a transmissão da posse: pois que esta, tem como base e pressuposto legal aquela transmissão do direito, que perante C. não é oponivel. (Supra, n.°s 135 e 136).

Se o primeiro adquirente B., todavia está na posse do imóvel comprado por outra tradição material ou simbólica (artigo 1263, b)), a questão é outra.

Todavia, se B. quer invocar a acessão na posse, á luz do artigo 1256, ele terá que invocar um título que legitime a sua posse como causada, enraizada na do seu antecessor (como nos n.°s 135 e 136 anteriores, se desenvolveu). Ora, se quer invocar o contrato de compra e venda, na sua perspectiva de transmissor "do direito", contra C., também o não poderá fazer: porque tal contrato de compra e venda não é oponivel a C., por falta de registo prévio á compra deste, e que este primeiro registou.

No entanto, dir-se-á, B. pode invocar tão só a mera "cedência/ /tradição" "da posse" (embora consubstanciada no negócio de compra e

280 *Posse e Usucapião*

venda). E, então, invocando tão só um acordo de vontades concordantes quanto, e apenas, á transferência do senhorio de facto (posse) – já esse acordo será, em princípio, oponível a C.. Certo que, dir-se-á, o registo predial (e maxime o artigo 5 do respectivo código) respeita, no caso, á transmissão do direito de propriedade: e não da posse. A posse, "esta", transmite-se, por exemplo, por um contrato verbal dum imóvel; e, muito mais, sem necessidade de qualquer registo predial.

Mas, qual o enquadramento jurídico, então, se B. invocar tão-só "a cedência-tradição" da posse, para efeitos de acessão e na mera perspectiva do tema da posse (artigo 1256)?

Nessa perspectiva, B. pode invocar a sua posse (posterior á compra) e pode a ela juntar a posse do seu antecessor (o vendedor A.). Todavia, C. o segundo comprador "tem o direito", à face da ordem jurídica. Ora, num conflito entre o jus possidendi (do proprietário) e o jus possessionis (do possuidor) o "direito" de C. prevalece sobre "a posse" de B. (artigos 1311e 1278). Em tema de posse, e no âmbito do instituto possessório, pois, C. vence a B..

Todavia, poderá B. invocar a sua posse e do seu antecessor, juntas por acessão, para com base nessa temporalidade possessória e no tema autónomo do usucapião invocar contra C. a aquisição do direito? Não pode. Pois, conforme se desenvolveu na subsecção anterior, n.° 136, não se pode falar em inacção ou inércia do verdadeiro proprietário (C.) – como um dos requesitos do funcionamento da usucapião – se não, tão só a partir da aquisição do senhorio de facto por parte de B..

Se a aquisição do direito por parte de B. não é oponivel a C e, assim, C é o proprietário que adquire o direito de propriedade de A. – então a posse usurpatória (contra o proprietário), é tão só "a posse" de B.. E só desta posse se pode dizer que se exerce e usurpatóriamente, por modo a poder ser conhecida pelos interessados (o adquirente C.) (*artigo 1262*). E, só quanto a essa posse "o proprietário" pode e deve reagir (*artigo 1311*): e actioni non natae non praescribitur (*artigos 1292, 1297 e 1313*). Só quanto a essa "posse própria" de B, se poderá pois falar em inércia ou inacção do proprietário (titular do direito) que com tal posse está em conflito (dormientibus non sucurrit jus).

Assim, mesmo pela própria essência normativa, quer do instituto possessório, quer do usucapião, ao primeiro adquirente B. ser-lhe-á infrutífera a acessão "na possse". Ou seja, juntando á sua a posse do anterior possuidor A. (o vendedor), não lhe resultará contrariar ou aniquilar o direito adquirido por C.: pois, a posse que invoque, em tema possessório, não vale contra o jus possidendi deste (artigos 1311e 1278); e, também, só

Junção de Posses 281

a sua posse (posterior á alienação por A.) será válida para funcionamento da usucapião "contra tal proprietário" (supra, n.° 136 e infra, n.°s 200, 202, 206 a 208).

Mas, além das referidas considerações, quer o instituto da posse, quer o do usucapião, não podem deixar de inserir-se, "sobretudo na unidade do sistema jurídico" (artigo 9). Conforme realçado na subsecção anterior, tais institutos não podem olhar-se isolados do sistema jurídico, fundamentalística e diabólicamente (desviantes e perversos): mas neles inseridos, com valência adequada e harmónica com os demais preceitos normativos.

Ora, nesta perspectiva, têm pleno cabimento os argumentos supra--referidos de Antunes Varela, Henrique Mesquita e do citado Acordão do Supremo de 7-7-99.

Na verdade, *pouco valor prático teria o normativismo do artigo 5 do código de registo predial: seria tirar com uma mão, o que a outra concedeu. Seria uma falácia.*

Assim, a tese defendida além de adequada á própria essência da posse e da usucapião, também representa uma harmonização curial entre esses institutos e o do registo predial.

Consequentemente, no exemplo referido, **B., primeiro adquirente, poderá invocar o usucapião contra C., mas com base tão só na duração da "sua posse" (consequente á aquisição).** V. Supra, n.° 136.

Pode também suceder que A., por exemplo, venda a B. e, por sua vez, este B. venda a C.. Então, se A., depois, vende a D. e este regista antes de B e C., todavia C. pode ainda juntar á sua posse a posse do seu antecessor B.. E, se as duas somadas tiverem o tempo bastante á invocação da usucapião, já o poderá fazer contra D.. Pois que, neste caso, C. não está em conflito com B.: mas apenas com D. E, também quanto a este, como adquirente do direito de A., já se pode dizer, então, que o "proprietário" "desse direito transferido" (situação em que foi investido) não reagiu, houve inércia ou inação, quanto á posse de terceiro que se formou a partir da alienação de A. a B..

E, óbviamente, que um possuidor, unilateral e originário, que também tenha possuido o bem por tempo necessário, poderá sempre invocar essa posse sua, para efeitos de usucapião, contra o adquirente que registou. Como o poderá o adquirente que não registou, se mesmo após aquisição por outrem e que regista a posse, este não reage e a posse daquele acaba por manter-se pelo tempo necesário para ele invocar a usucapião com base nessa sua posse. E, serão esses os casos de usucapião relevantes mesmo contra o direito registado, ou sem registo, a que se refere o citado artigo 5 do código do registo predial.

282 *Posse e Usucapião*

Assim, *também aqui se pode dizer correcta a referida tese, (supra, subsecção I), de Manuel Rodrigues e Dias Marques que exigem um título válido para se invocar a acessão:* no caso em apreço, existe uma invalidade relativa, na medida em que a anterior aquisição não registada não vale, é ineficaz, face a uma transmissão posterior que foi registada.

Por sua vez, a tese defendida está também de acordo com a evolução histórica: em que, entre a transmissão do domínio e a transmissão da posse houve sempre um certo paralelismo. (Manuel Rodrigues, o. cit., págs. 242 e sgts.).

Primeiramente, para se transmitir o domínio, não bastava o mero consenso: era necessário, ainda, uma traditio da coisa. O código civil francês, do início do século XIX, estabeleceu o princípio de que o domínio se transmitia por mero efeito do contrato. E, paralelamente, se o domínio se transmitia por mero efeito do contrato: também a posse se transmite, então, por constituto possessório (constituto abstracto tácito, artigo 1264).

Depois, também no século XIX, nomeadamente, em substituição duma traditio agregada ao negócio para se transferir o domínio (por razões de segurança no comércio jurídico), apareceu o registo predial. Mas se para se transmitir o domínio não é preciso a traditio, porque, com vantagem para o comércio jurídico, surge o instituto do registo, tornando (pelo menos) ineficaz o mero contrato contra terceiros adquirentes de boa-fé, com base no registo, e que promoveram o registo: *então, também a "posse" do tradens não se deve transferir para o adquirente que não registe o título, em modo que a posse do tradens seja por ele (em acessão) invocável "contra" o "direito" do adquirente posterior, de boa-fé, que regista.*

E, se o registo predial é uma mais valia para a segurança do comércio jurídico, e, como tal, tem toda a actualidade que deva ser potenciado e incrementado, então, também, a tese defendida contribui para esse objectivo: e, pelo contrário, a tese contrária, práticamente, atira o registo predial para o cesto dos papeis.

Entre duas potenciais vítimas, uma que, de boa-fé, baseada no registo, adquiriu e registou e outra que negligenciou registar a aquisição – e pesando tudo quanto se realçou, como referiram Antunes Varela e Henrique Mesquita – *sem sombra de dúvida, na segurança do comércio jurídico actual, quem deve estar protegida é a primeira.*

Por último, não há que esquecer que o adquirente que primeiro registou, só é protegido se está de boa-fé (psíquica) que se presume.

Ora, caso a caso, em cada caso concreto, sempre restará ao julgador uma apreciação equitativa das circunstâncias. Pois, quem comprar não será muito natural que se preocupe, tão só, em saber se o bem está registado em nome de quem o quer alienar. Naturalmente, na maioria e na naturalidade dos casos, também, préviamente, o irá ver, in locu; e verificar se ele está ocupado e se está, a que título.

Pelo que, para a apreciação da boa-fé do adquirente, ainda que não se possa estabelecer que existe um "dever" de, necessária, prévia indagação da situação de senhorio de facto do alienante, o circunstancialismo do caso sempre puderá, concretamente, fornecer elementos ao julgador que eventualmente o levem a concluir por uma má-fé do adquirente.

E, sendo certo que a concepção de boa-fé para certa doutrina é ética, não bastando o mero facto psicológico do desconhecimento (Oliveira Ascensão, o. cit., p. 356).

Além da questão, antes referida, da acessão na posse – coloca-se **uma segunda questão, a da prioridade das presunções, da titularidade do direito, fundadas, na "posse" e no "registo predial"**. E prioridade essa, estabelecida pelo art. 1268, a favor da mais antiga.

Ora, invocando tal preceito, o **Ac.S.T.J., de 04-04-2002, Miranda Gusmão, Sousa Dias e Dionísio Alves Correia** (C. Jur. – STJ – Ano 2002, T. I, p. 154 e Rev. O.A.., n.º 22/23, Dez. 02/Jun. 03, p. 82), decidiu que aquele que adquiriu o direito e omitiu o registo, pode, todavia, invocar a sua posse perante terceiro que adquiriu depois e registou antes – e com base na presunção do direito (como possuidor anterior) afastar a prevalência do direito registado depois. Acabando, assim, por prevalecer o direito adquirido pelo primeiro.

Tal douto Acórdão, **tem votos de vencidos dos Senhores Conselheiros Nascimento Costa e A. Quirino Duarte Soares** – que, em síntese, argumentam que a ser assim "não se vê que utilidade poderia ter o art. 5.°", pelo que "não pode ser essa a leitura do art. 1268.°, 1."

E, na verdade, salvo o devido respeito, na tese do dito Acórdão sobressai: "forte equivoco" (como dizem os ilustres Conselheiros citados que votaram vencido).

É que a presunção de que goza o possuidor face á titularidade do direito é elidível, *é júris tantum*.

Assim, a presunção deixa de valer se se seca exaustivamente a sua origem ou eventuais origens; ou seja, se seca exaustivamente a sua fonte ou as suas eventuais fontes.

Ora, no caso, se considerarmos (para efeitos de raciocínio hipotético exaustivo) a posse do que primeiro adquiriu (e não registou) como unilateral, originária e esbulhadora (art. 1263, a) e d)), essa posse não é fonte de direito, se não tem o prazo prescricional legal. E se o não tem, está pois, elidida a presunção da titularidade do direito com base nela.

Se considerarmos (para efeitos de raciocínio hipotético exaustivo) a posse do primeiro que adquiriu (e não registou) com base numa "tradição/ /cedência ou no "constituto possessório" (art. 1263, b) e c)), alicerçadas no negócio da cedência do direito, então tal posse, a partir do momento desse título, não será fonte de direito, se não tem o prazo prescricional. E se o não tem, está pois também elidida a presunção da titularidade do direito com base nela.

E só essas posses podem ser origem do direito. Certo que, no caso, como antes defendido, não é possível a acessão na posse, ao abrigo do art. 1256.

Assim, ainda que a presunção da titularidade do direito baseado na posse, caiba a qualquer possuidor – *in casu*, *é elidida* tal presunção, se o adquirente posterior que registou a aquisição, contrapõe, estando de boa-fé, presumida que, em tema de posse do primeiro adquirente esta não sustenta a aquisição do direito porque não é posse (*jus possessionis*), sem acessão, com suficiente prazo prescricional (art. 1287). E, em tema de aquisição do direito (*jus possidendi*), este também não lhe é oponível, por falta de registo (art. 5 C. Reg. Predial).

E, assim, elidida a presunção da titularidade do direito face á posse do primeiro adquirente, deixa de ser aplicável o art. 1268. E resta a presunção da titularidade do direito do segundo adquirente que registou antes, fundada nos arts. 5.° e 7.° do C. Reg. Predial. V. supra, 136.

Uma terceira questão que se coloca face ao art. 5.° do C. Reg. Predial, é **se o adquirente numa venda executiva** é, á face dessa disposição normativa, "terceiro".

O n.° 4 do preceito estabelece que "terceiros, para efeitos de registo, são aqueles que tenham adquirido de um autor comum direitos incompatíveis entre si". Este n.° 4 foi introduzido pelo **DL 533/99, de 11 de Dez.**, em cujo preâmbulo se lê, que "aproveita-se, tomando partido pela clássica definição de Manuel Andrade, para inserir no art. 5.° ... o que deve entender-se por terceiros, para efeitos de registo, pondo-se cobro a divergências jurisprudenciais geradoras de insegurança sobre a titularidade dos bens".

E, Manuel de Andrade defendeu que "terceiros para efeitos de registo predial são as pessoas que do mesmo autor ou transmitente adquiram direitos total ou parcialmente incompatíveis sobre o mesmo prédio" (Teoria Geral da R. Jur., 1983, II, p. 19).

E, na data do referido D.L. 533/99 as duas correntes divergentes eram representadas uma pelo Ac. S. T. J., de 20-05-1997, uniformizador, n.° 15/97 (D.R. 20-05-97) e que estabeleceu que "terceiros, para efeitos de registo predial, são todos os que, tendo obtido registo de um direito sobre determinado prédio, veriam esse direito arredado por qualquer facto jurídico anterior não registado ou registado posteriormente". E outra corrente estava representada pelo Ac. S. T. J., de 18-05-1999, uniformizador, 3/99 (D.R. 10-07-99) que estabeleceu que "terceiros, para efeitos do disposto no art. 5.° do Código de Registo Predial, são os adquirentes, de boa-fé, de um mesmo transmitente comum, de direitos incompatíveis sobre a mesma coisa".

Todavia, com a introdução referida do n.° 4 no art. 5.°, a concepção normativa a seguir é a aí definida, e que, como referido, acolheu a doutrina de Manuel Andrade e que também era a plasmada no último dos referidos Acórdãos uniformizadores.

Ora, face a tal preceito também existem duas correntes divergentes quanto a caber nele ou não, a aquisição dum bem numa venda em processo executivo.

Entendem que a "venda judicial executiva" não é uma venda para efeitos do art. 5.°, n.° 4, o Ac. S.T.J., de 30-04-03, Araújo Barros, in dgsi.pt, n.° JSTJ000 e o Ac. R. Gui., de 25-05-2004, Vieira e Cunha, António Gonçalves e Narciso Machado, C.J., XXIX, T. III, p. 280. Argumentando-se, que se está numa alienação forçada, alheia á vontade do proprietário--executado, realizada pela autoridade do Estado (poder judicial) – pelo que não se pode falar em conflito de dois direitos "adquiridos do mesmo transmitente."

Entendem, pelo contrário, que a aquisição dum bem através duma venda judicial cabe no cit. preceito, os cits. Acs. S.T.J., uniformizadores, n.° 15/97, de 20-05-97 e n.° 3/99, de 18-05-99. E os Acs. S.T.J. de 17-02--1994 (C. Jur. S.T.J. – Ano II, T. I, pág. 105); de 17-11-77 (BMJ, 271, 166); de 07-07-99, (C.J. – STJ Ano VII, T. II, 1999, p. 164); de 04-04-2002, Miranda Gusmão (C.J. – STJ – Ano X, T. I, 2003, pág. 154) e de 12-01-2006, Proc. 3580/05 (Cadernos de Direito Privado, n.° 16, Out./Dez. 2006, p. 28).

E sendo esta última também a corrente maioritária na Doutrina. Assim, Vaz Serra (BMJ, 73, 304); A. dos Reis (Da Venda no Proc. de Exec., Rev. O.A., 1, n.° 4, p. 443); Galvão Teles (Rev. Fac. Dir. Lisboa, 4, p. 207); Lebre de Freitas, (A Acção Executiva, 3ª ed., 294) e A. Varela e H. Mesquita, (Rev. L. J., 127,19, nota 2).

No cit. Ac. S.T. J., de 07-07-99 – realça-se que "há por parte do adquirente na venda executiva uma aquisição derivada, cujos pólos são o executado e ele próprio; a intervenção do Estado … é de … instrumentalidade … mas sem que alguma vez o bem vendido entre na sua titularidade".

Na verdade, no caso em apreço, é óbvio que há diferenças entre "venda em processo executivo" e "venda privada em autonomia negocial". Isso não está em causa. E, nem o art. 5 sequer fala em "venda". Aí cabendo, igualmente, por ex., uma doação.

O que está em causa é a noção de "terceiros, para efeitos de registo". Ou seja, a densificação e extensão normativa do art. 5.º, n.º 4, do C. R. Predial. E, neste enfocamento, o que há é que interpretar tal preceito, segundo as regras normais de interpretação das leis, constantes dos arts. 9.º e sgts do C. Civil.

Então, logo se intui que o que está em causa não é se há diferenças entre os dois referidos tipos ou espécies de venda. Pois que, pode haver diferenças – e até axiologicamente profundas – e, todavia, elas serem racionalmente irrelevantes para a questão em causa, por, para o caso em apreço – de "terceiros, para efeitos de registo" – "procederem, nos dois casos, as mesmas razões justificativas da regulamentação plasmada no art. 5.º".

Ora, então, a questão que se põe é se aquele que adquire um bem na venda judicial executiva pode confiar no registo, quanto á titularidade do direito, e se aquela venda tem a mesma segurança, como pode confiar aquele que adquirisse o mesmo bem, na mesma altura, por uma venda particular.

Ora, neste enfocamento, não se vê que aquele que adquire na venda judicial executiva não mereça o mesmo tratamento, nem a sua compra não mereça a mesma segurança. E, até, bem pelo contrário.

Pois que o que há na venda judicial, e na perspectiva do comprador, são até factores de reforço dessa boa-fé e segurança. Certo que aqui existiu um registo prévio de penhora; existiu um acto prévio de senhorio de facto sobre o bem alienado, com a sua penhora e entrega a um fiel depositário. E existiu, até, um esquema de ampla publicitação da alienação. E uma intervenção pró-activa dum Juiz.

Assim, só há factores de reforço da confiança e boa-fé, na segurança da transacção, por parte do adquirente em venda judicial executiva; como, até, do lado do primeiro adquirente se compreenderá menos (nos casos normais) a sua inércia.

Assim, *tendo em conta os factores de interpretação das leis, dos arts. 9 e sgts do C. Civil*, **pode com segurança estabelecer-se** *que a "venda judicial executiva" cabe tanto na formulação literal do n.º 4 do art. 5, como na sua ratio-legis, procedendo as razões justificativas da regulamentação aí vertidas quer na "venda judicial executiva", quer na "venda privada"* (salvaguardar a boa-fé, confiança e segurança nas transacções).

E, ninguém duvidará que a "venda executiva" – que até pode ser

Junção de Posses 287

levada a cabo por uma "Imobiliária" ou por uma "Leiloeira" – consubstancie, em termos de mercado (de comércio jurídico) uma "transacção". Aliás, de passagem, diga-se que o próprio Cód. de Proc. Civil qualifica a referida alienação executiva como "venda" (art. 886). Por sua vez *a expressão "autor"*, constante do n.º 4, do art. 5, em causa, não significa "actor" (o que age, o que tem posição pró-activa). Mas, tão só, causa principal de uma coisa.

Ou seja, como se exprime o antes cit. Ac. S.T.J., de 07-07-99, há *"uma aquisição derivada,* **cujos pólos são o executado e o comprador"** e "sem que alguma vez o bem vendido entre na titularidade do Estado", cuja intervenção é de mera "instrumentalidade".

E neste significado é óbvio que o executado é a "causa principal", é o "autor", é o pólo essencial da ocorrência em causa, ou seja alienação daquele bem, como seu, para satisfazer um seu credor (ou credores). Pelo que o terceiro a quem o executado vendeu primeiro, mas não registou, e o adquirente, na venda judicial executiva – e na perspectiva relevante que é a confiança deste no registo e a segurança das transacções, com base no registo – não podem deixar de considerar-se, para "efeitos de registo", como terceiros entre si. Ou seja, como "aqueles que tenham adquirido de um autor comum direitos incompatíveis entre si". E, a lei refere-se a "um autor", não a "um actor".

Se o registo é realizado **com base em escritura de justificação notarial** (art. 116 do C. Reg. Predial), como se impugna e como se distribui o ónus da prova?

Dum modo geral, entende-se que a impugnação judicial da escritura de justificação, em que também se deve simultaneamente pedir o cancelamento do registo, assume *a estrutura duma acção declarativa de simples apreciação negativa* (art. 4.º, 2, a), do C. Proc. Civil). E em que o seu objecto é a declaração judicial da inexistência dos factos afirmados na declaração do justificante, para efeitos do estabelecimento ou do reatamento do trato sucessivo, ou de novo trato sucessivo (art. 89 e sgts. do C. Not.). E, para, declarada judicialmente essa inexistência, ou a sua irrelevância, ser também declarada judicialmente a inexistência do direito alicerçado nesses factos e, consequentemente, ser ordenado o cancelamento do registo.

No sentido da referida estrutura processual declarativa de simples apreciação negativa, V. Acs.. S. T. J., de 24-06-04 (dgsi-Proc. 0333843); de 26-04-04 (C. Jur.– STJ 1994, 2.º, 68); de 11-07-2006 (06ª2175) e de 11-05-2007 (981/07, 1ª Secção); Ac. R. Coi., 17-06-93 (C. Jur. XVIII, 3, p. 231); idem, de 17-03-98 (Col. Jur. XXIII, 1998, T. II, p. 22); idem de

23-04-02 (Col. Jur., 2002, 2.°, 33); Ac. R. L., de 05-05-97 (Col. Jur., 1997, 3.°, 85) e Ac. R. Ev. 02-07-98 (BMJ, 479.°, 938).

Na verdade, na escritura de justificação há, tão só, uma declaração unilateral do próprio interessado e no seu exclusivo e próprio interesse. "Em que este" é que "se afirma" com exclusão doutrem titular do direito, e em que, igualmente, por sua própria declaração unilateral e no seu exclusivo interesse, declara os factos causais em que se baseia a aquisição do direito (art. 89 do C. Reg. Predial). E com base nessas meras declarações, documentadas pelo Notário, e confirmadas por 3 testemunhas indicadas pelo declarante, é que, por sua vez, por iniciativa e declaração unilateral do interessado é lavrado o registo.

Ora, não faria qualquer sentido, que posta em causa essa declaração afirmativa (de tal factualidade) – e posta em causa, judicialmente, pelo (eventual) titular do direito que nessa declaração unilateral foi por aquele excluído – que não coubesse *ao autor das referidas declarações* o ónus da prova da respectiva veracidade material. Como, aliás, o determina o art. 343.°, 1, do C. Civil.

Pois, como referido, tais declarações são, desde logo, unilaterais, da lavra do próprio declarante, e afirmadas no seu próprio e exclusivo interesse. Depois, não existiu nesse processo o contraditório do (eventual) titular legitimo do direito. E, por último, também não ocorreu qualquer sindicância do poder judicial, a quem incumbe, constitucionalmente, decidir dos diferendos entre os particulares quanto á existência, ou não, da titularidade de direitos reais privados.

Uma segunda questão que se põe, é se, sendo judicialmente impugnada a escritura de justificação, todavia se *o registo já estava feito, o titular inscrito beneficia da presunção da titularidade do direito, conferida pelo art. 7.° do C.R.P.*, – e, como tal, nesta hipótese, já se inverte o ónus da prova. E passa, então, o ónus da prova da não veracidade dos factos – ou a questão da sua insuficiência – a caber a quem impugna a justificação.

Entendem que a dita presunção do art. 7.° não cobre a própria acção de simples apreciação negativa da, em causa, justificação notarial, com base na qual foi efectuado o registo – os cits. Acs. da R. de Coi., de 17-06-93, de 17-03-98 e de 23-04-2002. Entendem todavia, o contrário os cits. Acs. da R.L. de 05-05-97 e do Supremo de 11-07-2006 e de 11-05-2007, Sebastião Povoas, Moreira Alves e Alves Velho (07-A 1273, www.stj.pt).

Entendo, que a posição correcta será a da dita presunção do art. 7.° não valer "na própria acção", em que se discute a veracidade das afirmações unilaterais do justificante, como acção de simples apreciação negativa. E, por três razões fundamentais.

Junção de Posses 289

Primeiro, porque a presunção do art. 7.° se refere á existência e titularidade do direito, mas não, propriamente á veracidade do afirmado na escritura de justificação e que, precisamente, é o objecto imediato do pedido da acção de simples apreciação negativa.

Segundo, porque a utilização da presunção do art. 7.° para prova da veracidade do afirmado na escritura de justificação "na própria acção de simples apreciação negativa", em que tal se impugna e tem essa veracidade por primeiro objecto, representa, sob o ponto de vista das regras do raciocínio e da lógica, um *sofisma*, no modo da petição de princípio. Pois, se se está a discutir a validade da própria escritura de justificação, que sustenta o registo e a dita consequência (a referida presunção), não estará de acordo com as regras da lógica que possa influir nessa validade a existência da consequência. Pois aquela é, histórica e racionalmente, "primeira" e a consequência só pode vir depois e no pressuposto da assunção da validade daquela.

E, por último, em termos racionais, a verdade material da "causa" (a escritura) é que pode justificar a consequência e nunca a (mera) consequência poderá justificar a verdade material da causa.

Assim, a presunção do art. 7.° vale *enquanto* que se mantiver de pé e não judicialmente impugnada a dita causa. E, *entretanto*, vale quer perante terceiros, quer até perante o verdadeiro titular do direito que foi excluído. Mas o que não vale é na própria acção declarativa de simples apreciação, que precisamente tenha por objecto a não verdade-material da justificação notarial que alicerçou o registo.

E, de qualquer modo, a presunção do art. 7 só é questão que se possa equacionar quanto à inversão do ónus da prova dos próprios factos concretos afirmados na escritura de justificação.

Mas de modo algum, e só por absurdo, poderá admitir-se que abranja outros factos concretos não afirmados na escritura, com base na qual se efectivou o registo.

E, mesmo para quem entenda que a presunção do art. 7.° vale na própria acção de impugnação da justificação notarial sempre haverá, todavia, que se equacionar a *concorrência de presunções assentes na posse.* Assim, a presunção de que o início da posse se reporta à data do seu título se a posse é titulada; bem como a presunção de que se o possuidor actual possuiu em tempo mais remoto, presume-se que possui igualmente no tempo intermédio (art. 1254) e a presunção de que a posse se mantém enquanto durar a possibilidade de a continuar (art. 1257). Quanto a esta última presunção, vide infra, 139. E, presunções essas, a ter em conta na aplicação do art. 1268, de que o possuidor goza da presunção da titula-

290   *Posse e Usucapião*

ridade do direito, excepto se existir a favor de outrem presunção fundada em registo anterior ao início da posse (V. infra, 146).

E, assim, p. ex., tendo em conta essas presunções, se numa acção de impugnação da escritura de justificação notarial, apenas se provaram actos de posse do demandante em época anterior ao registo, e mais nada de relevante se provou (quer quanto á factualidade da posse invocada na escritura, quer quanto à perduração de actos efectivos possessórios do demandante) – então, por força das ditas presunções, a presunção da titularidade do direito a favor do justificante, extraída do registo predial, é eliminada pela mais valia da presunção a favor do demandante com posse anterior (art. 1268).

E, assim, a acção não pode deixar de se julgar procedente.

Sobre a **justificação administrativa de bens do Estado**, v. DL. 34.565, de 02-05-45 e DL 280/07, de 7 de Agosto (regime do património imobiliário público).

Sobre o art. 5.º do CRP, vide Isabel Pereira Mendes, Cod. Reg. Predial, anot., Almedina, 14ª edição, (2004).

EM SUMA, do registo predial, como realça Orlando de Carvalho (Terceiros para efeitos de registo, BFD, LXXX, 1994, 101) decorrem três efeitos especiais: o "efeito imediato", da presunção elidível da titularidade do direito (art. 7); o "efeito central", da inoponibilidade a terceiros dos factos sujeitos a registo e não registados (art. 5.º) e "efeitos laterais" (como os dos arts. 295.º, 435, 1294 e 1298 do C. Civil).

Relativamente à *presunção da titularidade do direito* é, elidível, como é a presunção do possuidor (art. 1268 do C. Civil). E com as prioridade estabelecidas nesse preceito.

Por sua vez, a posse mantida pelo tempo necessário para nela se invocar a *usucapião* prevalece sem registo e contra o registo (art. 5.º, 2, do C. Reg. Predial). A questão que se levanta, como supra referido, é a da possibilidade ou não, da *acessão* de posses.

Quanto ao *conceito de terceiro* para efeitos do art. 5, 4, do C. Reg. Predial, (na formulação do D.L. 533/99, de 11 de Dezembro que adoptou a teoria de Manuel de Andrade), a *ratio legis* do preceito é a salvaguarda da boa-fé, da confiança e da segurança das transacções. Assim, quer pela letra da lei, quer por tal razão de ser caem na alçada de tal norma nomeadamente as compras (quer negociais, quer as realizadas em processo executivo), as adjudicações ao exequente, as doações, as trocas, as adjudicações em inventário, ou em acção de divisão de coisa comum, as aquisições por transacção.

E já não estão abrangidas pelo dito preceito as penhoras, os arrestos e as hipotecas judiciais. Pois, nem cabem na letra da lei, nem estão cobertas pela *ratio legis* da dita norma. Na verdade, desde logo, não se pode aí falar de salvaguardar a boa-fé, a confiança e a segurança de *transacções.* Como, também, o direito de penhorar, arrestar ou de requerer registo de hipoteca judicial **não é** propriamente um *direito que se tenha adquirido do devedor.* Mas é, *rectius,* um direito originário e unilateral, que resulta "da lei" e por esta atribuído a todo o credor que preencha os pressupostos gerais e abstractos nela definidos.

O conceito alargado, antes repudiado, é defendido, por Ana M.ª Taveira da Fonseca (Cad. Direito Privado, n.º 20, Out/Dez.de 2007, págs. 14 esgts).

Por sua vez, o *terceiro não beneficiará* da inoponibilidade estabelecida no art. 5.º do C. Reg. Predial se está de *má-fé.*

Na verdade, se *a ratio legis* da norma é a salvaguarda da boa-fé, da confiança e da segurança das transacções – então cessada a causa, cessa o efeito.

E se não cessasse, sempre residualmente consubstanciaria um abuso de direito a sua invocação (art. 334).

Todavia, a má-fé como causa extintiva do efeito terá que ser alegada e provada pela parte contrária (art. 342.º, 2). Isto é, embora a salvaguarda da boa-fé seja a razão de ser do preceito, ou seja, se foi causa do legislador instituir a norma, todavia o legislador na norma que instituiu já, apenas e tão só, nela determinou que "os factos sujeitos a registo só produzem efeitos contra terceiros depois da data do respectivo registo". Isto é, manifestamente, ao terceiro em causa, com base no art. 5.º do Cod. Reg. Predial é lhe concedido o direito de invocar tal oponibilidade, com base tão só na inexistência do registo. E, assim, como facto esse, à face da lei, o bastante e constitutivo desse direito. Sem qualquer formulação legal no preceito em causa duma acrescida exigência de que deva ainda alegar e provar, pela positiva, a sua boa-fé.

E atitude legislativa essa cuja razoabilidade bem se entende.

Pois, na generalidade dos casos o adquirente estará de boa-fé.

Depois, a prova da boa-fé é algo de difícil e aleatório. E, por fim, se se estabelecesse essa (acrescida) exigência, em boa parte, a função e essência do instituto do registo sairiam depauperadas.

Por sua vez, <u>a boa-fé</u> em causa é (meramente) <u>psicológica</u>, e não ética. Ou seja, não cabe ao adquirente um acrescido dever de zelo, ou seja de indagar ainda se, estando registada a propriedade a favor da contra-parte contraente, ela realmente lhe pertence. Pois, se não bastasse consultar o registo, então, também este deixaria de proporcionar a

292 *Posse e Usucapião*

segurança para que foi criado e, em grande parte, a sua função e essência seriam esvaziadas. Neste sentido, Orlando de Carvalho (cit. Terceiros para efeitos de registo, p. 104) e Antunes Varela/H. Mesquita, (Rev. L. Jur., Ano 127, p. 23).

Defende o sentido ético da boa-fé, Ascensão Oliveira (Reais, p. 356).

DIVISÃO II
Artigo 17.° do Código do Registo Predial

138. O artigo 17 do código do registo predial, em adequação com o artigo 291 do código civil, coloca uma outra hipótese.

Vejamos os seguintes dois casos, exemplificativos, focados por Oliveira Ascensão (Reais, 4ª ed., p. 367): nos quais este autor dá, e bem, primazia á invocação da usucapião pelo possuidor contra a mera aquisição registral do direito.

Num primeiro, na ignorância de A., titular não inscrito de um prédio, B. consegue, invocando um título falso, um registo a seu favor e vende a C. que está de boa-fé. Num segundo exemplo, A. apossou-se de um prédio alheio e passou a explorá-lo. Anos depois, um terceiro, B., conseguiu que o conservador inscrevesse em seu favor a propriedade e a seguir vende a C., que está de boa-fé.

Nestes casos, segundo o artigo 17 do código de registo predial a nulidade do registo de B. só pode ser invocada depois de declarada por decisão judicial com trânsito em julgado e tal declaração de nulidade do registo não prejudica "os direitos adquiridos a título oneroso" por terceiro de boa--fé, se o registo dos correspondentes factos for anterior ao registo da acção de nulidade.

Então, pergunta-se, nos exemplos referidos,C. adquire o direito de propriedade sobre o prédio, cartularmente, contra A.?

Pois bem, no referido segundo exemplo, A. que se apossou do prédio e está a explorá-lo – se a sua posse se mantem durante o prazo exigido por lei, pode, sempre, invocar a aquisição do direito de propriedade a seu favor por usucapião contra C.. Certo que a usucapião funciona por si, é modo originário de adquirir e é invocável sem registo predial (artigo 5.°, n.° 1, a), do código de registo predial).

E, se A. pode invocar a usucapião contra um verdadeiro proprietário, mais o pode invocar contra B. que o não é (artigo 7), ou contra um adquirente derivado (C.). Aliás C. só porque tem titulo e seu registo, não pode invocar usucapião: porque esta pressupõe a posse (artigo 1287).

Todavia se a posse de A. não se mantem pelo tempo necessário para invocar usucapião, então a sua posse cederá perante o direito de propriedade (cartular) de C..

No referido primeiro exemplo, se A. titular não inscrito, todavia, possui, por si, em sua posse, pelo tempo necessário para invocar usucapião – a solução é a mesma que antes se deu ao segundo exemplo. A dificuldade estará se A. pode juntar á sua posse, por exemplo, a posse dum anterior titular X. que lhe vendera o prédio e "cedera", por tradição material ou simbólica, a posse em que estava do prédio (artigo 1256).

Entendo que sim. Porque neste caso a escritura pública de compra e venda entre X. e A. é vínculo jurídico válido entre a posse dos dois e invocável perante B. e C.. Certo que, no caso, não se verifica a ineficácia relativa dos n.ºs 1 e 4 do artigo 5 do código de registo predial: pois que, entre si, A. e B./C., não são terceiros; já que não adquiriram de um "autor comum" direitos incompatíveis. Na verdade, A. adquiriu de X.. E, por sua vez, B. não adquiriu de ninguém. E, C. adquiriu de B..

CAPÍTULO XI
Posse efectiva e possibilidade de a continuar

SECÇÃO I
Em tema possessório

139. Segundo o artigo 1257, a posse mantém-se enquanto durar a actuação correspondente ao exercício do direito ou a possibilidade de a continuar.

Idênticamente, o código civil de Seabra estabelecia que a posse se conserva enquanto durar a retenção ou fruição da coisa ou direito, ou a possibilidade de a continuar. E, era essa, igualmente, a posição da doutrina portuguesa anterior ao código. Correia Teles, in o Digesto, art. 647, diz: "a posse natural depois de adquirida conserva-se só com o ânimo de querer continuar a possuir a coisa, se nada sobrevem, que empeça o possuidor de usar dela, quando queira". Regra que se encontraria já no direito romano (Digeste, liv. XLI, Tit. 2, fr. 2, 7).

Assim, para existir, hoje, posse não é necessário que se esteja a exercer, efectivamente, sobre a coisa os poderes correspondentes ao exercício do direito, e contínuamente.

Não é preciso, pois, estar a habitar a casa, a agricultar o campo ou a usar o automóvel para se ter posse.

Solução idêntica é, em tema possessório, defendida face aos códigos civis espanhol e francês.

Assim, "uma acção possessória, p. ex., não havendo prova em contrário, não precisa de fundar-se senão no acto de constituição da posse. A posse futura presume-se" (P. Lima e A. Varela, anot. 3, cit. art. 1257). V. infra, 151.

Realce-se que a questão em apreço diz respeito á "manutenção" da posse. Isto é, pressupõe uma posse já (antes) adquirida: é questão, pois, que não respeita aos modos da sua aquisição; mas da sua perduração. Quanto á aquisição, a posse "adquire-se", nos modos já antes desenvolvidos (artigo 1263). E, por eles, por exemplo, se pode adquirir a posse sem qualquer contacto físico ou qualquer actuação sobre a coisa (por exemplo, por constituto possessório ou tradição simbólica).

Posição contrária á expressa no citado artigo 1257, era defendida por Ihering, que escreveu: "Se a posse é a exterioridade da propriedade, nós devemo-la declarar perdida desde que a coisa se encontre em uma posição que esteja em desacordo com o modo e a forma regulares segundo o hábito que o proprietário tem de se servir dela... O possuidor, segundo Savigny, pode tranquilamente deixar na mata ou em pleno campo os objectos que lá depôs; enquanto tiver a possibilidade de ir buscá-los, conserva a posse. Segundo a minha doutrina, ao contrário, ele perde logo a posse, porque o proprietário diligente não abandona assim as suas coisas. O possuidor, segundo Savigny, pode deixar inteiramente inculto o seu prédio, pode afastar-se sem o alugar ou confiar a alguém a sua vigilância, ele conserva a posse – porque pode voltar um dia, passados dez ou vinte anos" (Fondements, p. 185).

Assim, para Ihering, a posse exige quer um exercício efectivo dos poderes correspondentes ao direito, quer um exercício avaliado segundo um parâmetro dum proprietário diligente, face á natureza económica da coisa: e, actual contínuamente.

A teoria de Ihering, compreender-se-á, em parte, porque, por um lado, na sua perspectiva, a posse era a exterioridade do direito de propriedade e, por outro, como esse autor só admitia o corpus, como elemento integrante da posse, sem autonomia do animus, naturalmente seria mais exigente quanto à presença daquele. No entanto, e desde logo, se a posse é a relação de senhorio de facto á imagem do direito de propriedade, então também há proprietários que não usam efectivamente o bem, segundo as suas potencialidades; e, sempre lhes caberá fazer a gestão económica, boa ou má, que "queiram", ou até não exercer qualquer actuação. Pelo que, um senhorio de facto a essa concreta imagem, não o deixa de ser á imagem do que pode acontecer numa própria situação de direito (V.Pires de Lima e A. Varela, anot. 3, artigo 1257).

Por outro lado, o senhorio de facto é a simples extensão do senhorio empírico (actuar, querendo) sobre a coisa; mais do que contactos físicos, e plenos, com ela. V. supra, 77 a 82.

Bem como, no tema em análise, não se está a pôr uma questão da aquisição da posse. Mas, antes, a valorar se a posse (adquirida) se deve perder, ou não, por não se exercerem efectiva e continuamente sobre a coisa (que já entrou na esfera empírica de influência do sujeito) os poderes correspondentes ao domínio empírico que se adquiriu. E, se a coisa entrou no domínio empírico, num senhorio de facto, dum sujeito, se a posse se adquiriu – então, também de acordo com as razões ou funções da teoria da posse, elas postulam suficientemente a relevância da protecção possessória da situação adquirida: mesmo que o possuidor não esteja, efectivamente, a exercer entretanto sobre ela os poderes de facto, correspondentes á imagem do direito.

Por último, a teoria de Ihering, em termos pragmáticos, é factor de incerteza e discricionaridade, a vários níveis.

Desde logo, como é que se vai entender, ou o Juíz irá decidir, caso a caso, se a gestão económica existe e se é conforme ao critério dum proprietário diligente? Será que o possuidor dum edifício que foi destruido e que não o repara, não actua como um proprietário diligente? E, se ele não tem meios; ou se aguarda melhor oportunidade ou conjuntura do mercado?

Ou, o possuidor que deixa inculto o campo, por falta de mão de obra ou conjuntura de baixos preços dos produtos agrícolas? Ou, o latifundiário, que, com dificuldades de atender a todos os campos, só vai agricultando alguns?

E qual o período de tempo do não-exercício que acarretará a perda da posse: dias, meses, um ou mais anos?

Ou seja, a aplicação concreta do critério de Ihering, fácilmente conduzirá a incerteza e discricionaridade, caso a caso, quanto á decisão que afinal o Tribunal irá tomar. Como se vê, por exemplo, na sua aplicação prática no direito italiano (Hugo Natoli, o. cit., págs. 38 a 40).

Para além da acrescida imponderabilidade da prova testemunhal, em si, que na maioria dos casos será a usada: quer a favor, quer contra.

E, incerteza essa que também contribuirá para o aumento dos litígios em Tribunal e para o atraso na definição da situação.

Realce-se que a doutrina de Ihering, mesmo para a consubstanciação do corpus quanto á aquisição da posse, não é, dum modo geral, acolhida na doutrina portuguesa, mesmo já desde antes do código civil de Seabra (Manuel Rodrigues, o. cit., p. 300 e Supra, secção sobre o corpus).

ASSIM, á face do expressamente disposto no artigo 1257, e, pois, á face do direito constituido, de modo ineludível,não se exige a "continuidade" (exercício efectivo) na posse. **Para a compleição do disposto no artigo 1257, há, ainda, que ter em conta diversas presunções legais.**

Desde logo, aquele que adquiriu a posse, não tem que provar, para ela se manter, que tem, ou tem tido, realmente e pela positiva, a possibilidade de a continuar: pois, pelo n.º 2 do citado artigo, presume-se que a posse continua em nome de quem a começou.

Assim, "uma acção possessória, por exemplo, não havendo prova em contrário, não precisa de fundar-se senão no acto de constituição da posse.

A posse futura presume-se" (Pires de Lima e A. Varela, anot. 3 ao cit. artigo).

298 *Posse e Usucapião*

E, se o possuidor actual possuiu em tempo mais remoto, presume-se que possuiu igualmente no tempo intermédio (artigo 1254, n.° 1; olim possessor et hodie possessor, interea possessor). E, se a posse é, titulada, a posse actual faz presumir que há posse desde a data do título (n.° 2, citado artigo).

O exercício efectivo e actual da posse, só tem relevância em caso de conflito entre posses de menos de um ano; caso em que a posse "actual" prevalece se ambas não são tituladas e tiverem igual antiguidade (artigo 1278, n.° 3).

E, quando é que não se mantem "a possibilidade de continuar a actuação correspondente ao exercício do direito"? Quando a posse se perde, conforme ao artigo 1267; e, nomeadamente, pela posse de outrem, se a nova posse houver durado mais de 1 ano; ou se, mesmo antes de 1 ano, a coisa passsar á posse de outrem de boa-fé (artigo 1281, n.° 2).

A questão do exercício efectivo dos poderes correspondentes á imagem do direito, para a manutenção ou perda da posse já antes adquirida, põe-se, de modo particular, quanto *aos direitos que se extinguém pelo não uso*: por exemplo, as servidões (artigo 1569, n.° 1, b).

Por exemplo, para Manuel Rodrigues (o. cit., p. 303): "o código", de Seabra, "perfilhou a doutrina de Savigny, em relação à posse do direito de propriedade; mas não em relação aos direitos reais, susceptiveis de se extinguirem pelo não uso". E, porquê? "Se se aplicasse aos direitos susceptíveis de se extinguirem pelo não uso, viria a suceder que o titular de um destes direitos, teria ainda a faculdade de o defender pela posse, depois de o haver perdido".

Todavia, há que, desde logo, fazer uma ressalva a tal observação de Manuel Rodrigues.

O fundamento que invoca, segundo uma proporcionalidade de causa e efeito, o que determina é que se decorreu um não-uso possessório por tempo igual á perda do direito pelo não uso, é que seria incoerente manter a posse quando o direito já se havia perdido.

Aliás, é esta a fórmula de Henrique Mesquita (o. cit., p. 94): "... deve entender-se que a posse se perde uma vez decorrido o prazo de extinção pelo não uso destes direitos, ainda que subsista a possibilidade (material) de reiterar o seu exercício".

Idênticamente, o artigo 12 do Anteprojecto de Pinto Coelho, referia a possibilidade da continuação da actuação "salvo se se tratar de direitos que ... se extingam por não uso e tenha decorrido sem actuação do possuidor o lapso de tempo estabelecido para essa extinção".

Assim, na esteira de Savingny, e na da doutrina tradicional portuguesa, *não há que limitar o artigo 1257 tão só aos direitos que não se extingam pelo não uso* (Pires de Lima e A.Varela, anot. 2, cit. artigo). "Conserva-se, por exemplo, a posse de uma servidão de passagem, embora não se passe, se não houver impedimento a que o respectivo titular atravesse o terreno vizinho. Nesta orientação foi redigido também o artigo 1267.°, na enumeração dos casos da perda da posse, não se faz referência ao não exercício efectivo do direito" (cits autores).

E, na verdade, se a posse é um senhorio de facto empírico, á imagem dum direito e se o não uso não extingue este, a não ser que perdure por certo tempo, não se vê porque se deva considerar extinto aquele senhorio (posse), se o não exercício não se prolongou por tal tempo.

Já, *se decorreu um não uso pelo tempo necessário para a extinção do direito, então,* sendo a posse um senhorio de facto á imagem do direito, é que *já se compreende que nesse caso a posse se extinga*: pois, se não, então o senhorio de facto tinha mais protecção do que o correspondente senhorio de direito. E, quanto a valer tal posse (com não uso, igual ou superior ao que fundamenta a extinção do direito) para efeitos de usucapião, também é óbvio que, então, não valerá. Pois seria uma contradição; certo que, desse modo, se estaria a adquirir um direito que, todavia, logo, há nascença, seria nado-morto (dado o efeito retroactivo da usucapião, artigo 1288).

Pires de Lima e Antunes Varela (anot. 2, artigo 1257), quanto aos direitos que se extinguem pelo não uso, entendem, todavia, que a posse se mantem enquanto existe a possibilidade de a continuar, (mesmo que o não- -uso se mantenha pelo prazo necessário para a extinção do direito) até ao "momento da declaração judicial de extinção ou do reconhecimento dela pelos interessados". Todavia, a extinção pelo não uso do direito, é de conhecimento oficioso (artigo 333). Consequentemente, devendo o Tribunal oficiosamente conhecer da extinção do direito (a cuja imagem se possui), então, pelas razões supra-referidas, deve considerar extinta a posse se o não-uso perdure pelo tempo da extinção do direito.

Consequentemente, a posse, uma vez adquirida, tanto existe, em tema possessório, quando se exercem efectivamente os poderes, como quando se não usam: a continuidade (do exercício) não é, no direito português, requesito da posse, e nem se quer um seu caracter (titulada ou não, de boa ou má-fé, pacífica ou violenta, pública ou oculta – artigo 1258).

Aliás, o código de Seabra referia-se á "continuidade", para efeitos de usucapião, no artigo 517, n.° 4 (como o código civil francês, artigo 2229). Todavia, para tal código, posse contínua era a que não tinha sido "interrompida", na conformidade dos artigos 552 e seguintes (artigo 522): posse de terceiro, de mais de 1 ano, citação judicial, reconhecimento do direito da pessoa a quem a usucapião possa prejudicar.

Além dos autores já citados (Correia Teles, Manuel Rodrigues, H. Mesquita, Pires de Lima e Antunes Varela), igualmente, não exigem a "continuidade" como requesito de manutenção da posse (em tema possessório), Oliveira Ascensão (o. cit., págs. 90 e 292; onde apenas se exige a continuidade do exercício, mas para efeitos de usucapião) e Menezes Cordeiro (Dir. Reais, 1993, p. 475 e A Posse, 2ª ed., p. 131). E, no direito espanhol, Lacruz Berdejo, o. cit., p. 201, conforme aos artigos 1941 a 1949 do cód. civil espanhol (que apenas falam na "interrupção").

SECÇÃO II
Em tema de usucapião

140. Oliveira Ascensão (o. cit., pág. 292/293), defende que se em tema possessório não é exigivel uma posse efectiva (continua) já o é para efeitos de posse prescricional.

Aqui, diz, seria aplicável a teoria de Ihring e "seria valorativamente contraditório extinguir o direito do titular verdadeiro em benefício de quem, afinal, tão-pouco realiza uma actividade socialmente benéfica de aproveitamento da coisa".

Igualmente, o Ac. S.T.J., de 25-06-1998, 2ª Secção, Revista 433/98, expressa que a posse, para efeitos de usucapião, tem de ser contínua.

Serão bastantes os argumentos de Oliveira Ascensão?

Cremos que nem o código civil português estabelece o requesito da continuidade do exercício efectivo da posse para efeitos de usucapião, como, também, tal não seria de jure condendo razoável.

Desde logo, o artigo 1287 expressa que "a posse... **mantida** por certo lapso de tempo, faculta ao possuidor ... a aquisição do direito ...". Ora, "a posse **mantém-se**" enquanto durar a actuação correspondente ao exercício do direito ou a possibilidade de a continuar (artigo 1257). E, nem a continuidade da posse é, sequer, um seu caracter (artigos 1258 e sgts.). Assim, preenche-se o primeiro pressuposto do usucapião (de posse "mantida" por certo lapso de tempo"), se se adquiriu a posse e remanesce a possibilidade de a continuar (porque tal é "posse mantida", artigo 1257). Isto é, posse mantida" sobre uma coisa, é aquela em que a coisa permanece, querendo--se, debaixo de mão (lat, **manu,** mão; e **tenere,** segurar).

E, também não existe qualquer disposição expressa, no capítulo respectivo da usucapião, que exija a posse contínua que, em tema possessório já, também, não se exigiu.

Em tema de usucapião, só a posse com os caracteres de violência ou de clandestinidade é que são referidas como não boas para usucapião (artigo 1297).

Por sua vez, o artigo 1158 do código civil italiano (actual), – cujas disposições o legislador português em vários pontos seguiu de perto – exige expressamente a posse contínua.

E, se o legislador português quizesse introduzir o requisito da continuidade para efeitos de usucapião, dado quer a contrária tradição portuguesa, quer ele mesmo (legislador) em tema de posse o não exigir e dada a postura diversa do código italiano: então, seria natural, que, *com toda a clareza,* expressamente referisse esse requisito, como necessário à posse prescricional. E, não só o não fez: como no artigo 1287 o que, esspressis verbis tão só refere é uma posse "mantida"; e, em que, para ele legislador, na sistemática do código civil, ele qualificou a posse em que exista a possibilidade de a continuar, como "posse mantida" (artigo 1257).

Aliás a doutrina de Ihering mesmo quanto á consubstanciação do corpus como aquisitivo da posse, não foi acolhida pela doutrina portuguesa; e, já desde antes do código civil de Seabra (Manuel Rodrigues, o. cit., pág. 300/301; vide supra, secção sobre o corpus). Pois, não se exige a prática da plenitude dos poderes correspondentes ao direito e consoante a diligência dum bonus pater familiae: bastando, para "adquirir a posse" que o poder empírico se tenha estendido á coisa, pela prática de actos que suficientemente revelem esse empossamento (pelo possuidor actual, ou por seus antecessores na posse derivada).

É certo que a posse e a usucapião são institutos diferentes e com razões e funções diferentes.

Mas a usucapião assenta na posse e é natural que, por príncípio, absorva aquela, conforme ela é defenida, e nos seus caracteres (cit. Manuel Rodrigues, p. 331): salvo, razões específicas, ponderosas e, então, a dever ser, pelo legislador, expressamente ressalvadas (como fez, por exemplo, no artigo 1293).

Ora, na sistemática do código civil de 1966 o usucapião vem disciplinado no último capítulo do título I (do Livro III), cuja epígrafe é "da posse" e em cujos capítulos anteriores se densifica tal realidade jurídica substantiva "a posse". Então, *se no artigo 1287 se refere como primeiro pressuposto de usucapião "a posse" e "a posse mantida", é curial que essa realidade substantiva referida seja a que antes se densificou e como.*

E, as razões e funções da usucapião também, nem sequer, postulam a teoria de Ihering (posse efectiva e contínua); como até a incerteza e discricionaridade da teoria são prejudiciais àquelas razões e funções: e mais ainda de que em tema de posse.

A usucapião é um modo de "adquirir o direito", em substituição da prova duma sua aquisição derivada, dita diabólica porque de retrocesso em retrocesso teria de se chegar a longínquas origens; e que, em vez desse modo, assenta numa relação de senhorio de facto mantida por largo tempo, com o seu valor de conhecimento, publicidade e confiança; a que, cumulativamente, corresponde uma inércia ou inacção de quem seja o verdadeiro titular do direito.

Ora, essas razões postulam, com suficiência, tão só uma "criada" relação de senhorio de facto, (a entrada de uma coisa no poder empírico doutrem), e desde que se "mantenha": para que tal situação constitua um meio alternativo seguro, com valor de conhecimento, publicidade e confiança e inacção ou inércia do verdadeiro titular. E, nem a usucapião, por esses fundamentos e funções, é própriamente um prémio de produtividade ao senhorio de facto!

Por outro lado, a insegurança ou discricionariedade do critério de Ihering, quanto à valoração de cada caso, se já é prejudicial em tema de posse – muito mais o é em tema de usucapião. Pois, aqui não se trata tão só de apreender uma situação de facto, de valor provisional e não definitivo: mas, antes, de se adquirir ou perder, definitivamente, um direito. Ora, se não só se tivesse de valorar se houve, ou não, um aproveitamento pleno do bem, e segundo a diligência dum bonus pater-familiae, como ainda que assim foi "continuamente" durante largo tempo – tal seria, óbviamente, um factor de insegurança no comércio jurídico.

Pois, a falta de tal continuidade de exercício pleno da posse, levaria á interrupção da posse prescricional. E, assim, mesmo que, por exemplo, a casa e os campos, estivessem na posse da mesma família desde á 70 anos, e com posse defensável pelos meios possessórios, todavia não haveria, por exemplo, posse prescricional de 20 anos ... se á 20, 19 e 18 anos atrás, a casa esteve durante un ano fechada e os campos incultos; e o mesmo já sucedera à 40, 39 e 38; e, á 57, 56 e 55!

Ora, além dum terceiro interessado na definição do titular do direito ter essa natural dificuldade de indagar sobre todo esse período, sempre se depararia com a insegurança e discricionariedade da aplicação, por um tribunal, do critério, bem como com a imponderabilidade da valia duma prova testemunhal contrária (mesmo que se lançasse mão de presunções legais).

Posse efectiva e possibilidade de a continuar 303

E, deficiências essas que também seriam um convite á questionabilidade, por parte do interessado em não reconhecer a usucapião. Com o consequente aumento de processos e da sua duração: enquanto o pau vai e vém, folgam as costas; e ás vezes até se tem sorte...

Ou seja, a usucapião como modo seguro, no comércio jurídico, de invocação da aquisição do direito, a partir do valor de conhecimento, públicidade e confiança do "apossamento" duma coisa (sua entrada e permanência no senhorio de facto e empírico dum sujeito), sairia fortemente desvalorizado.

E, por outro lado qual o tempo de duração do não exercício efectivo, para haver interrupção: meses, um ano, mais?

Menezes Cordeiro, não exige a efectividade do exercício, a continuidade, como requesito necessário para a posse prescricional (Direitos Reais, 1993, p. 475 e A. Posse, 2ª ed., p. 129). Como claramente escreve (cit. p. 475): iniciada uma posse boa para usucapião, é necessário que esta se mantenha. E, o artigo 1257, n.º 1, dispõe em que termos se mantem. "A lei parece, portanto, bastante clara": a posse mantem-se, até que surja uma causa de extinção da posse.

Igualmente Manuel Rodrigues (o. cit., 331), não exige a efectividade do exercício.

Henrique Mesquita (o. cit., pags. 93 e 97 a 99) e Pires de Lima e Antunes Varela (anot. aos artigos 1257 e 1287), depois de considerarem que o nosso direito não exige a continuidade para efeitos possessórios, também não referem esse requesito como necessário á posse prescricional (e seria curial que o dissessem, se assim o considerassem).

No código civil de Seabra referia-se a "continuidade" como requesito da posse prescricional (artigo 517): todavia a definição dessa continuidade, era a da interrupção da posse (artigo 522). Perante este código Dias Marques defendia a necessidade da "continuidade", no sentido de posse efectiva. No entanto, como requesito já necessário e substantivo do corpus possessório, da própria existência da posse (o. cit., I, p. 293). Ora, este requesito em campo possessório está, hoje, no artigo 1257, expressamente dispensado quanto á "manutenção da posse".

Igualmente em Espanha, se prescinde da referida continuidade (salvo que consubstancie um abandono) (Lacruz Berdejo, o. cit., p. 201).

E, em França, onde expressamente o artigo 2229 determina que para poder prescrever é necessária uma posse "continua e não interrompida, pacífica, pública, não equívoca ...", mesmo assim, jurisprudência há que exige a continuidade mas tão só na fase de aquisição da posse (Code Civil Dalloz, anot. 1., cit. artigo).

304 *Posse e Usucapião*

O Código civil de Seabra relativamente á posse prescricional dos *"direitos que, por sua natureza, se exercem raramente"*, estabelecia no artigo 531 que podem ser prescritos no prazo designado para a prescrição, provando-se, que durante esse tempo foram exercidos sem oposição, todas as vezes que foi necessário para o gozo normal e completo daquilo para que, conforme a sua natureza ou índole, a coisa prestava. E, disposição idêntica de continuidade se estabelecia no artigo 20.°, n.° 2, do Anteprojecto de Pinto Coelho.

Mas, o que aí se tinha em conta, eram, por exemplo, os prados das encostas de montanha que só na primavera florescem, a casa de praia que só na época balnear se usa, a passagem para a poça de armazenamento de água que só pelo mês de Junho se usa, a jóia cara que só em festas especiais se utiliza, etc. V. Supra, 80.

O código actual, todavia, não dá autonomia específica a tais situações; e bem. Pois, para a aquisição da posse, quanto a esses bens, já por aplicação dos principios gerais da posse bastará que sobre eles se exerçam poderes empíricos correspondentes ao direito, á imagem de que se possui, nos períodos em que conforme á sua índole seria curial detê-los. E, quanto á conservação da posse também não se vê que essas coisas devam ter autonomia ou um tratamento específico. Ou seja, se em geral a posse adquirida se conserva enquanto existe a possibilidade de a continuar, não se vê que deva ser diferente quanto a essas coisas. Pois, por exemplo, se se adquiriu a posse sobre um campo, porque durante três anos se agricultou e se não se perde a posse só porque se deixa de o agricultar, de seguida, três anos ... porque é que se se adquiriu a posse do prado da encosta, porque em três primaveras para aí se conduziu o gado a pastar, já, no entanto, se deveria perder essa posse, se nas três primaveras seguintes não se usou o prado? E, vice-versa. Se se perde a posse do referido prado, porque em três anos seguintes se não usou ... porque é que, então, não se deve perder a posse do campo que nos três anos seguintes se não agricultou?

Ou seja, em tema de continuidade da posse, quer para efeitos possessórios, quer de usucapião, não existem razões para uma relevância específica ou autonomia das referidas coisas que se usam raramente em relação ás demais. O regime de umas, deve ser o mesmo das outras.

Bem, pois, andou o legislador do actual código civil em não autonomizar as referidas coisas que só raramente se usam.

Assim, os três referidos argumentos avançados por Oliveira Ascensão (o. cit., 292) não são procedentes. Pois, quanto á teoria de Ihering ela não foi aceite pelo nosso código civil (artigo 1257). Quanto ao citado ar-

Posse efectiva e possibilidade de a continuar

tigo 531 do código de Seabra, dele não se inferia necessariamente a exigência duma efectividade em geral da posse e nesse código o requisito da "continuidade" da posse restringia-se á sua não "interrupção". E quanto ao fundamento da figura do usucapião, não está ele num prémio á produtividade do possuidor. Mas numa razão de segurança no tráfego quanto á certeza da existência do direito e da sua titularidade, fornecendo um meio de prova pela posse com esta antiguidade: que, pois, não só não postula a dita efectividade do exercício da posse; como, até, a introdução desse (acrescido) elemento viria prejudicar, a final, aquela função (vide infra, n.º 201).

E, se, por um lado, esses argumentos não serão, assim, suficientemente procedentes, acresce, por outro lado, a valia positiva dos antes referidos argumentos a favor da tese de que a realidade substantiva "da posse" que é primeiro pressuposto do usucapião (artigo 1287) é a realidade substantiva que o legislador antes defeniu, e como, nos capítulos antecedentes (artigos 1251 a 1267). E a que, até, expressis verbis se refere (posse "mantida"). E, conceito esse assim assumido, expressis verbis, pelo legislador que, também, é o mais consentâneo com a função do usucapião.

Ou seja, o primeiro pressuposto do usucapião é uma "posse mantida": isto é, uma posse que se adquiriu e a que não sobreveio uma causa de extinção (cit. Menezes Cordeiro, p. 475).

CAPÍTULO XII
Caracteres da Posse

SECÇÃO I
Titulada e não titulada

141. Segundo o n.° 1, do artigo 1259 diz-se titulada a posse fundada em qualquer modo legítimo de adquirir, independentemente, quer do direito do transmitente, quer da validade substancial do negócio. E, segundo, o n.° 2, desse artigo o título não se presume, devendo a sua existência ser provada por aquele que o invoca.

Desde logo, dado o n.° 2 do citado artigo, o titulo putativo (o que só existe na convicção do possuidor, mas realmente não existe), não transforma a posse, em posse titulada (Oliveira Ascensão, o. cit., p. 102; Menezes Cordeiro, A posse, p. 91; Orlando de Carvalho, Rev.L.Jur., 3786, p. 266).

O titulo da posse tem relevância para efeito de presunções legais (artigos 1254, n.° 2, e 1260, n.°s 2 e 3), de melhor posse (artigo 1278, n.° 3) e de usucapião (artigos 1294, 1296, 1298, 1299 e 1300, n.° 2).

O título, a que se refere o artigo 1259, não é entendido no sentido amplo de referência á própria posse: neste caso, o titulo seria o seu modo aquisitivo; e toda a posse teria título.

Título é o modo legitimo, em abstracto, de adquirir o direito a cuja imagem se possui: "qualquer título (abstractamente) idóneo para a aquisição do direito real em cujos termos se visa possuir" (Orlando de Carvalho, Rev. L. Jur. 3786, 263).

É necessário ainda que aquela posse se refira àquele título (Oliveira Ascensão, o. cit., p. 103; Bol. n.° 13, p. 285).

No direito português da pré-codificação, o justo título, para efeitos de usucapião, era exigente, deveria ser: real (não putativo); válido e legal e hábil para transferir a propriedade: no fundo o único vício de que podia padecer era o da ilegitimidade do transmitente (a non domino) (Menezes Cordeiro, A Posse, p. 88). E essa orientação foi a que subscreveu o artigo 518 do código de Seabra (diz-se justo título qualquer modo de adquirir, independentemente do direito do tranmitente).

O artigo 1259 refere o *"negócio jurídico"*, como modo legítimo de adquirir. Mas deve entender-se como justo título, qualquer outro modo legítimo de (abstractamente) se adquirir, seja negócio jurídico ou não (Orlando de Carvalho, Rev.L.Jur. 3786, p. 264). Assim, *a ocupação, a criação, o direito de retenção e a acessão* (quando é modo legítimo de adquirir; por exemplo, na acessão natural e na acessão indústrial de boa-fé).

Quanto ao negócio jurídico, *os vícios de forma* (não observância de formalidades ad substanciam), *determinam, sem dúvida, a falta de título*, como resulta, a contrário, do artigo 1259, n.º 1 (Orlando de Carvalho, lugar citado, p. 265; Oliveira Ascensão, o. cit., p. 102; Menezes Cordeiro, A Posse, 2ª ed., p. 91; Pires de Lima e Antunes Varela, anot. art. 1259).

Se o *negócio é absolutamente simulado (ou com reserva mental absoluta)* não se põe, sequer, o problema do título – porquanto o pretenso accipiens não é investido na posse, porquanto não tem qualquer animus possidendi, ainda que a coisa lhe seja entregue (Orlando de Carvalho, Rev.L.Jur. 3786, p. 264; Manuel Rodrigues, o. cit. 47, págs. 263/266; Dias Marques, o. cit., I, n.º 71,3; Henrique Mesquita, o. cit., p. 79, nota 116; M.Andrade, Teoria Geral, II, n.º 112, Lacruz Berdejo, o. cit., p. 92. Contra, Guilherme Moreira, Inst. II, n.º 45 e Pires de Lima e Antunes Varela, anot. art. 1259, 1ª ed., 1972).

Mas também, quanto ao título, em si, na simulação absoluta, este não existe: porque carece, em absoluto, de vontade (elemento estruturante, essencial, dum negócio jurídico e do acto jurídico de cedência/tradição – vide supra).

Mas, se *na simulação ou reserva mental relativa*, o negócio dissimulado for relevante e, face a ele, é abstractamente um modo legítimo de adquirir, o animus existe e havendo atribuição de poderes de facto, haverá posse titulada.

Como o n.º 1 do artigo 1259 exara que "diz-se titulada a posse fundada em qualquer modo legítimo de adquirir, *independentemente... da validade substancial do negócio jurídico"*, é questionável se nenhum vício de fundo (substancial) afasta a titularidade da posse. Assim o entendem Pires de Lima e Antunes Varela (anotação ao artigo 1259). E, igualmente, Menezes Cordeiro (A posse, 2ª ed., p. 91): "o Código novo veio alargar o naipe a todos os vícios substanciais, deixando de fora, apenas, os formais... um contrato ... nulo por *vis absoluta,* faculta uma posse titulada".

Todavia, o artigo 1259 "começa" por defenir a posse titulada como aquela "fundada em qualquer modo legítimo de adquirir". Ora, *se ao concreto negócio jurídico faltar, em absoluto, vontade, então temos uma inexistência de negócio jurídico*: e já não se pode, então, dizer que a posse se funda num modo legítimo de adquirir. Pois, mesmo em abstracto, qualquer "modo legitimo" de adquirir com base na autonomia negocial pressupõe e postula existência de vontade ou consciência. "É o que se passa com todas as causas de inexistência do negócio jurídico, desde a coação física ou vis absoluta, ao contrato sob nome de outrem, ás declarações jocosas ou não sérias, ao dissenso total ou patente e, em geral, a todos os casos de falta de vontade de acção, de falta de vontade ou consciência de declaração ou de falta completa de vontade de efeitos ou vontade negocial (arts. 245.° e 246.° do Cód. Civil)... porque, não existindo um negócio jurídico abstractamente idóneo para se adquirir o direito, falta o requesito do artigo 1259.°, 1" (Orlando de Carvalho, Rev.L.Jur., 3786, p. 264/265).

Na verdade, seria estranho que, por exemplo, aquele que obteve a posse por hipnose do tradens ... fosse beneficiado com uma posse "titulada"!

Tirando aqueles casos, porém, "*os vícios não formais* do negócio ou *titulos adquirendi não afectam o título da posse*. Assim, além da falta de direito ou de legitimidade do *tradens,* todas as causas não formais de invalidade não referidas: sejam causas de nulidade, como violação da lei, da ordem pública ou dos bons costumes, certas incapacidades de gozo e quase todas as indisponibilidades relativas, sejam causas de anulabilidade, como o erro, o dolo, a coação moral, a incapacidade acidental, as incapacidades de exercício e as ilegitimidades conjugais" (cit. Orlando de Carvalho, p. 265).

O justo título para efeitos do artigo 1259, e para a relevância da posse titulada, não tem nada a ver com o vinculo jurídico entre uma posse actual e uma posse anterior, para efeitos de *acessão na posse* (artigo 1256).

Relativamente á *sucessão na posse* (artigo 1255), a questão que se põe é se a posse a considerar é a do de cujus; ou, se na "continuação" da posse no sucessor o título da vocação sucessória pode ser uma qualidade adquirida, e o sucessor poder passar, desde então, a invocá-la como posse titulada. Como, também, se põe a questão de se a partilha é justo título. Sobre estes pontos, vide o já referido supra, n.° 119 a 121 e 134.

E, muito embora o artigo 1259, quanto ao justo título da posse, refira "a posse fundada", todavia não se vê que esse atributo da posse não posse ser *adquirido no desenvolvimento da posse*. Certo que esta não é uma figura estática, mas dinâmica. Assim, por exemplo, aquele que se apossou dum prédio por um contrato verbal de compra e venda, porque é que não deverá ter posse titulada, a partir da altura em que se celebre a escritura de compra e venda?

SECÇÃO II
Boa Fé e Má Fé

142. A posse diz-se de boa-fé, quando o possuidor ignorava, "ao adquiri-la", que lesava o direito de outrem.

O elemento constitutivo é, pois, negativo: a ignorância (de que se lesam direitos de outrem). Não se trata, pois, de se provar de que se está convencido de que não se lesam direitos de outrem.

A ignorância *é um conceito psicológico*, da esfera intelectiva do sujeito que não se confunde com o animus que se integra na esfera volitiva (Hugo Natoli, o. cit., p. 128). O animus é a razão volitiva que determina a conexão com a coisa, e é elemento estrutural da existência da propria posse. O ladrão que se apropria da coisa para a fazer ingressar na sua esfera de influência empírica, "como sendo dono", é possuidor, mas de má-fé (pois não ignora que lesa o direito de outrem).

A boa ou má fé, é, pois uma certa característica da posse, relativa, á relação de senhorio com a coisa.

Primacialmente, o conceito de boa-fé é, pois, conceito psíquico.

Também não se restringe á ignorância dos vícios do título que não são conhecidos do possuidor, como se expressava o artigo 476 do código de Seabra (e o código italiano de 1865). Pode não haver título, ou haver título viciado, e ignorar-se que se lesa o direito de outrem. Aliás, pode, o possuidor estar consciente de que "o direito" não é seu, e, todavia, até estar convicto (ou ignorar) que "não lesa" o direito de outrem. *Assim*, exemplificam Pires de Lima e Antunes Varela (anot. artigo 1260): *fez-se uma partilha sem forma legal* e ficaram os herdeiros na posse e fruição dos bens que lhe couberam; *prometeu-se vender* um prédio que é logo entregue ao promitente comprador, *ou vende-se o prédio, protelando-se a celebração da escritura* para momento posterior.

Também não importa, para a existência da boa-fé, que a ignorância do possuidor resulte de um erro de direito (artigo 6 do código civil) (cits. Pires de Lima e Antunes Varela, Manuel Rodrigues e Dias Marques, o. cit. II, n.º 83).

Sendo a posse adquirida por representante voluntário, é na pessoa deste que deve existir a boa-fé, salvo se na constituição da posse tiver sido decisiva a vontade do representado ou se este, pelo seu lado, estiver de má-fé (artigo 259; cits Pires de Lima e Antunes Varela). Naquele caso, por exemplo, se o procurador recebeu instruções específicas do representado para se apropriar de certo prédio, será na pessoa do representado que se procurará a boa ou má fé.

Caracteres da Posse 311

Tratando-se de representação legal, é sempre a situação psicológica do representante que importa considerar.

A boa ou má-fé, *avalia-se no momento da "aquisição da posse"*, como expressamente refere o artigo 1260 ("ao adquiri-la") (Orlando de Carvalho, Rev. L.Jur., 122, p. 292, cits. Pires de Lima e Antunes Varela). Todavia, uma alteração superveniente é relevante quanto ao regime dos frutos e dos encargos (artigos 1270, 1271 e 1272).

A citação, faz cessar a boa-fé (artigo 481, a), do código de processo civil).

A posse, de boa ou má fé, é posse. A má-fé não é um factor negativo, no sentido que não impede aqueles efeitos que a lei faculta ao possuidor e para os quais não é explícitamente requerida a boa-fé.

A característica da boa ou má fé releva para o regime dos frutos (artigos 1270 e 1271), dos encargos (artigo 1272), da responsabilidade pela perda ou deterioração da coisa (artigo 1269), das benfeitorias voluptuárias (artigo 1275) e para efeitos de usucapião (artigos 1294 e sgts).

Para efeitos de acção possessória de restituição, a boa-fé dum possuidor ulterior ao esbulho, ignorando este, também paraliza a acção de restituição (artigo 1281).

E, para efeitos de usucapião de coisas móveis a boa-fé dum ulterior possuidor a quem passe a coisa possuida faculta-lhe a aquisição do direito sobre a coisa mesmo que a posse anterior sofra dos vícios da violência e da publicidade e tais vícios persistam (artigo 1300, n.º 2).

A posse titulada presume-se de boa-fé, e a não titulada de má-fé. A presunção de boa fé era admitida no código de Seabra em termos gerais (artigo 478). Como o é, no código civil italiano (artigo 1147).

Na acessão de posses, a acessão só se dará dentro dos limites da que tem menos âmbito (artigo 1256). Assim, se a posse anterior era de má fé, e a nova de boa fé, só pode dar-se a acessão numa posse de má-fé. Na sucessão, a boa-ou má fé que é relevante é a que teve o de cujus ao adquiri-la.

A posse adquirida por violência "é sempre" considerada de má fé, mesmo quando seja titulada (artigo 1260, n.º 3); a titulo punitivo ou de desfavor contra a violência.

Relativamente aos *estados de dúvida*, Pires de Lima e Antunes Varela (anotação ao artigo 1260), estabelecem o seguinte critério: se se sobrepuser um juizo positivo, de certeza subjectiva, de que não há lesão de direito de outrem, a posse será de boa-fé; será de má fé, no caso contrário. Todavia, se se sobrepõe um juizo positivo, de certeza subjectiva ... então o estado, a final, já não será de dúvida. E, como "basta" a "ignorância" de que se lesa o direito de outrem, para haver boa-fé, então "na dúvida", há boa-fé: porque aí ainda se "ignora" a referida lesão. Pois ignorar-se, é, pura e simplesmente, não saber, não conhecer.

Têm opinião contrária Dias Marques (o. cit., II, p. 9) e Lacruz Berdejo (o. cit., p. 107).

Questiona-se, na doutrina e nos diferentes regimes jurídicos, se a boa-fé, é meramente do foro psicológico (ou intelectivo), ou *se deve ser acompanhada dum sentido ético*. Ou seja, se basta que psiquicamente se ignore para haver boa-fé ou se se exige ainda que essa ignorância seja desculpável: considerando-se de má fé a ignorância todavia culposa (porque com inoberservância dos deveres de cuidado que no caso caibam).

No conjunto do sistema jurídico português, verifica-se que por vezes a lei se refere á boa-fé num sentido meramente psíquico; noutros, o desconhecimento em causa, é um desconhecimento sem culpa (artigos 119, n.º 3, 243, n.º 2, 291, n.º 3, 6 12, n.º 2, 1340, n.º 4 e 1648, n.º 1).

Para efeitos possessórios, *Pires de Lima e Antunes Varela* defendem que o conceito de boa ou má fé, á face do artigo 1260, n.º 1, é *meramente psicológico*, "sem que a lei entre em indagações sobre a desculpabilidade ou censurabilidade da sua ignorância" (o. cit., anot. artigo 1260). *Igualmente, Orlando de Carvalho*, dado o teor do artigo 1260, n.º 1, pelo que "nenhum padrão ético-jurídico se tem de tomar em linha de conta, o que está de acordo com o carácter de situação de facto da posse" (Rev.L.Jur., 120.º, p. 292).

Igualmente, face ao código de Seabra, seguem o *critério psicológico Dias Marques* (o. cit., II, págs 18 a 22) e *Cunha Gonçalves*, Trat., III, p. 497.

João Manuel Rodrigues, exigia a desculpabilidade do erro (de facto ou de direito), para a ignorância consubstanciar posse de boa-fé (A posse, n.º 323-324).

A jurisprudência dominante, perante o actual código civil, é no sentido do *conceito psicológico* (sem censura ética). Assim, Ac. S.T.J., 4-11-93, C.J. (Sup.), I, 3, 98/100; Acs. da R.Coi., 4-1-83, C.J. X,4, 76/80; idem de 12-01-88, C.J. XIII, I, 60/82; Ac. R.L., 1-2-90, C.J., XV, I, 152/154.

Menezes Cordeiro (A posse, 2ª ed., págs. 92/97), defende que mesmo perante o artigo 1260, n.º 1, se deve exigir um *conceito ético* de boa-fé na posse.

"Está de má fé a pessoa que, com culpa, ignore estar a violar o direito de outrem": as razões históricas e cientifico-sistemáticas levam-nos a pensar que, não obstante a simplicidade da noção do artigo 1260.º/1 a boa fé possessória é ética".

Vejamos.

A bona fides romana era de sentido ético.

No período intermédio o conceito evoluiu no sentido meramente psíquico.

No século XIX a questão reacende-se, mormente na doutrina alemá.

O parágrafo 932 do código civil alemão, determina que "o adquirente não está de boa-fé se é conhecido por ele, ou desconhecido por culpa grave, que a coisa não pertence ao alienante".

Os códigos austriacos e suiço, bastam-se com a negligência para afastar a boa-fé.

O artigo 1147 do código civil italiano estabelece que é possuidor de boa-fé quem possue ignorando que lesa o direito de outrem: mas, a boa fé não releva (non giova) se a ignorancia resulta de culpa grave.

O ante-projecto de Luis Pinto Coelho, estabelecia, no artigo 19, que a posse diz-se de boa-fé quando o possuidor ignore que a sua actuação pode ser lesiva de um direito alheio. A ignorância é, contudo, irrelevante se procede de culpa ou negligência grave do possuidor.

Ora, desde logo não é líquido que no sistema jurídico português, na sua globalidade, exista um significado único (meramente psíquico ou ético) da boa fé. É, por exemplo psíquico nos artigos 243, n.º 2 e 1340, n.º 4 do código civil (Orlando de Carvalho); é ético nos artigos 291, n.º 3 e 1648, n.º 1.

Depois, a inserção do artigo 1260, n.º 1, na unidade do sistema jurídico, deve começar pela inserção na unidade do próprio instituto: ora, no artigo 1281, n.º 2, o conceito relevante do estado de espirito intelectivo do possuidor é meramente psíquico.

E, a inserção na unidade do sistema jurídico não pressupõe "unicidade". Ou seja, pode haver diversidade nas situações que justifique diversidade nas soluções.

Ora, a posse é um instituto que essencialmente atende a uma situação de facto empírica, e agnóstica, pelo que a assunção dum conceito de boa-fé empírico, meramente psíquico, "está de acordo com o carácter da situação de facto da posse" (cit. Orlando de Carvalho).

Por sua vez o legislador do código Civil de 1966 conhecia, obviamente, as duas teses e, nomeadamente, o anteprojecto referido de Pinto Coelho e o citado artigo 1147 do código civil italiano. *Ora, se o artigo 1260 apenas absorveu a* noção empírica de boa-fé, como ignorância psíquica da lesão, é porque não quiz "limitar" a boa-fé tão só á ignorância desculpável. E quando o quis, fê-lo *expressis verbis* (cits. arts. 291, 3 e 1648, 1).

Aliás, o artigo 1147 do código civil italiano, que manifestamente o código civil português reproduz na primeira parte, dá da boa-fé um conceito psíquico. O que faz é, ainda um "acrescento" – e que o nosso código

314 *Posse e Usucapião*

já nem sequer fez – em que a posse, ainda que seja de boa fé (por ignorância psíquica), todavia, não será relevante (non giova) se essa posse de boa-fé assenta em culpa grave. Ou seja, tal posse não é de má fé (cit. Hugo Natoli, p. 132).

"De resto, se fosse a exigir-se uma ignorância isenta de negligência só raríssimamente teria lugar o encurtamento de prazos ... raramente sucederá, na verdade, que uma cuidadora análise do direito do transmitente e das condições que rodeiam a aquisição não conduza á descoberta dos seus vícios" (cit. Dias Marques, II, p. 21).

Aliás, quer o código civil alemão e italiano, quer o dito Anteprojecto apenas tornam irrelevante a boa-fé que assente em culpa "grave".

E, "do ponto de vista jurídico, como do ético-social, a ignorância, ainda que culposa, está muito mais próxima da ignorância desculpável do que do conhecimento de tais vícios e por isso ambas devem merecer o mesmo tratamento jurídico" (cit. Dias Ferreira; e, Pugliese, Bonfante, Cunha Gonçalves).

Por último, *a exigência da falta de culpa* (grave) para a ignorância relevar como posse de boa-fé, *representará,* óbviamente, no direito positivo português, *uma interpretação restrictiva do artigo 1260, n.º 1.*

Ora, tendo em conta o claro teor desse preceito, os trabalhos preparatórios, as suas fontes, a diversidade doutrinal de jure condendo, a unidade do sistema jurídico possessório, a diversidade do sistema em geral, a essência da posse, a não-supermacia evidente da tese ética (em tema possessório), a necessidade de segurança das soluções jurídicas e o respeito pela vontade do legislador (que se deve presumir, como razoávelmente se manifesta) – parece óbvio que uma "interpretação restritiva", do artigo 1260, n.º 1, não tem (nos seus aduzidos argumentos), jure constituto, justificação bastante.

Conforme, face ao artigo 476 do código de Seabra, concluiu Dias Marques (o. cit., II, p. 22), "em qualquer caso, ainda que de jure condendo o não merecessem, a diversidade substancial existente entre as duas hipóteses (da ignorância culposa e da ignorância desculpável) não seria tão forte que devesse necessariamente conduzir a uma interpretação restritiva do texto do artigo 476".

O Código Civil espanhol, de 1889, no seu art. 433, contem uma noção de boa-fé semelhante á do referido art. 476 do C. Civil de Seabra (ignorância dos vícios do título). Todavia a maioria da Doutrina restringe o dito preceito, exigindo um "erro indesculpável", na base de que "existe um deber social de actuar de manera diligente" (Acciones de Proteccion de la Possessión, Busto Lago, N. Álvares Lata e F. Peña López, 2007, págs. 544 e sgts). Realce-se, todavia, que no direito espanhol a boa-fé presume-se (art. 434). Presunção que "asienta en la consideración de que es más fácil destruir la presunción de buena fe, alegando y probando los hechos que la contradigan que exigir la prueba de la própria buena fe. "(cits. autores, p. 545).

A assunção da boa-fé, ou seja que o possuidor ignorava que lesava o direito de outrem, mesmo sendo estado psicológico, consubstancia-se num juízo conclusivo (art. 646, 4, do C. Pr. Civil) que cabe ao Juiz retirar da globalidade do circunstancialismo de facto dado como provado (como inferência do raciocínio lógico, segundo as regras prácticas da experiência comum, os conhecimentos da vida ou da ciência e as *leges artis*, art. 659, 3, do cit. cód.). E se ao caso cabe uma presunção legal, consubstanciará até um juízo conclusivo de direito, uma questão de direito (arts. 344, 349 e 350 C. Civil). Como também será o caso se estão em causa regras jurídicas de interpretação do acto jurídico de cedência da posse em causa. V. Ac. S.T.J., 04-11-93, C. Jur. – STJ – Ano I, T. III, p. 98.

A presunção de má-fé, da posse não titulada (art. 1260, 2), é presunção *júris tantum*, e, como tal, elidível por prova em contrário (art. 350.°, 2).

Por sua vez, "a consciência do possuidor de que não é titular do correspondente direito, não afecta quer o *corpus*, quer o *animus,* quer a boa fé", pelo que "investido na posse por *traditio* do anterior possuidor e titular do direito, o *accipiens* ao adquiri-la", não pode deixar de concluir--se que "ignorava a possibilidade de estar a lesar o direito de outrem", e, assim, elidiu a presunção de má-fé (Ac.R.G., de 17-11-2006, António Ribeiro, Rec. 69/06). Pois, obviamente, a quem "consente", não se lesa o direito (*consentienti non fit injuria*).

SECÇÃO III
Pacífica e Violenta

143. Segundo o artigo 1261, n.° 2, do código civil considera-se violenta a posse quando, para obtê-la, o possuidor usou de coação física, ou de coação moral nos termos do artigo 255.

E o artigo 255 explicita que diz-se feita sob coação moral a declaração negocial determinada por receio de um mal de que o declarante foi ilícitamente ameaçado com o fim de obter a declaração; que a ameaça tanto pode respeitar á pessoa como á honra ou fazenda do declarante ou de terceiro; e que não constitui coacção, a ameaça do exercício normal de um direito, nem o simples temor reverencial. Por sua vez, o artigo 256 declara relevante a coação ainda que provenha de terceiro, mas neste caso, é necessário que seja grave o mal e justificado o receio da sua consumação.

Mas é indiferente, que o terceiro se encontre ou não conluiado com o esbulhador (Dias Marques, o. cit., I, 279; Orlando de carvalho, o. cit., p. 293).

Há coação física, se existe *vis absoluta*, em que se coloca o co/acto em situação de absoluto automatismo, retirando-lhe qualquer liberdade de escolha; equiparando-se lhe a absoluta coacção psicológica ou parapsicológica, com total comando da vontade de outrem (através, porventura, de hipnose, de condução telepática, etc). (Orlando de Carvalho, Rev.L. Jur., 120, p. 293).

A posse violenta começou no direito romano por, restrictamente, abranger a *vis atrox,* mas veio a ter no direito canónico um significado muito amplo, abrangendo qualquer actividade contrária à vontade expressa ou tácita do possuidor esbulhado.

No direito espanhol, por exemplo, Morales (citado por Lacruz Berdejo, p. 98) defende essa ampla concepção.

Perante, nomeadamente, o código de Seabra também se defendia, amplamente, que a violência tanto podia ser contra as pessoas, como contra as coisas que constituiam obstáculo á tomada de posse, tais como muros, portas, vedações, árvores, encanações, etc. Como, usando chaves falsas, retirando fechaduras, escalando ou arrombando, cortando canos de água (vide, Moitinho de Almeida, Restituição de Posse, 3ª ed., 113/116). Todavia, Dias Marques (o. cit., I, p. 277), já defendia que há-de tratar-se sempre de violência dirigida, em última análise, contra as pessoas: os meros actos de destruição material exercidos sobre as coisas, os simples danos, enquanto desprovidos de toda a influência psicológica sobre o esbulhado não devem para este efeito considerar-se de violência.

Hoje, dada a defenição do artigo 1261, a solução, de jure constituto, é óbvia.

"A violência contra as coisas só é relevante se com ela se pretende imtimidar, directa ou indirectamente, a vítima da mesma ... quando o agente previu, como normal consequência da sua conduta, que iria constranger psicologicamente o possuidor e, todavia, não se absteve de a possuir, conformando-se com o resultado" (Orlando de Carvalho, o. cit., p. 293).

Naturalmente, e como refere o artigo 256, a violência também pode ser contra terceiras pessoas (por exemplo, empregados), se por ela se vai constranger o possuidor ou o proprietário (Dias Marques, o. cit., I, 278; Orlando de Carvalho, o. cit., 293).

Caracteres da Posse 317

O conceito restricto de violência, defenido no artigo 1261 é fácil de explicar. A posse mesmo violante, não deixa de ser posse. Todavia aquele seu carácter vai ter televância negativa para determinados efeitos.

Assim, a posse violenta (e enquanto se mantiver) não faz perder a posse do anterior possuidor esbulhado (artigo 1267, n.° 2); nem determina a caducidade das acções possessórias (1282); nem conta para efeitos de prazo precricional, quanto a imóveis (artigo 1297). Quanto a móveis, há a restrição do artigo 1300, n.° 2.

Ora, esses efeitos negativos só se justificam na medida em que o possuidor esbulhado ou o proprietário contra quem possa correr a usucapião, estejam, na sua (eventual) vontade de contraagir, coarctados, constrangidos ou forçados pelo acto violento do novo possuidor.

Já, se a violência foi tão só contra as coisas, então ela não influirá na vontade daqueles e os referidos efeitos negativos (a irrelevância de tal posse) já não teriam justificação (de causa/efeito). E, por sua vez, uma violência meramente contra as coisas, normalmente, esgota-se (cessa) no mesmo tempo em que se actuou.

No direito romano a posse adquirida com violência, seria sempre, para efeitos de usucapião, posse violenta: mesmo que a violência cessasse. Tratava-se de punir a violência. Á face do Código Civil de Seabra, dado que os preceitos do mesmo não eram claros, a doutrina dividia-se. Manuel Rodrigues (o. cit., p. 331/332), defendia que cessada a violência, a posse passava a ser boa para efeitos de usucapião. Opinião contrária defendia Dias Marques (o. cit., I, p. 279/282). O Código Civil de 1966 determina no artigo 1297 que a posse é relevante para usucapião desde que cesse a violência.

O código de Napoleão, no seu artigo 2223, estabeleceu, também, que cessada a violência a posse passa a ser boa para usucapião.

Igualmente, o declarando o actual código civil italiano, no seu artigo 1163.

Podem valorar-se esses códigos, como pretendendo eles pôr uma pedra sobre muitas situações violentas constituidas durante a Revolução Francesa (o código de Napoleão); ou de tipo colonial e situações decorrentes da guerra de 1914-1918 (o código italiano), como realça Menezes Cordeiro (A Posse, 2ª ed., nota 204, p. 98).

Todavia, tem acontecido que é em situações de inesperadas convulsões da normalidade da vida social que, por vezes, emergem ao de cima, com mais impressionismo, as deficiências de anteriores concepções abstractas e formais dos juristas. Por exemplo, pense-se na emergência das figuras da base negocial e da alteração das circunstâncias contra o princípio romanista de *pacta sunt servanda,* "sentidas" com as graves distorsões da normalidade que as duas últimas grandes guerras puseram a nú.

Ora, salvo o efeito do artigo 1260, n.° 3, de considerar de má-fé a posse adquirida com violência, e dado que aquele conceito é originário, já não se vê como justificar a perduração dos outros referidos efeitos negativos da violência "a partir do momento em que ela cesse".

O que se pode compreender é que a prova dessa cessação deva ser rigorosa, segura e, óbviamente, a cargo de quem da cessação pretende retirar vantagem.

A cessação da violência, dado que o essencial desta é a determinação da inibição da vontade do anterior possuidor ou do proprietário, não coincide necessariamente com o cessar, por parte do novo possuidor, da práctica da coação fisica ou moral: o que se trata é "de apurar quando cessou o efeito compreensivelmente exercido sobre a vontade do possuidor lesado" (Pires de Lima e Antunes Varela, anot. artigo 1297). A violência "finda, quando finda o efeito exercido sobre a vontade da vítima e que não coincide necessariamente com o processo intimidatório de origem" (Orlando de Carvalho, o. cit., p. 294).

O atributo da violência tem carácter relativo ou absoluto?

Dias Marques defende que o atributo é de carácter absoluto (o. cit. I, p. 285).

Todavia há que distinguir,e, desde logo, em tema possessório e em tema de usucapião.

Assim, tem carácter absoluto para efeitos da má-fé do possuidor (artigo 1260, n.° 3).

Mas, já tem carácter relativo nas duas hipóteses contempladas nos artigos 1281, n.° 2 e 1300, n.° 2, de posse adquirida que *está sob violência.*

Na verdade, a posse pode adquirir-se de modo derivado, por modo pacífico mas estar sob violência (Orlando de Carvalho), o. cit., p. 293).

Por exemplo, A. apodera-se com violência de objectos de prata de B. posteriormente A, doa tais objectos a C. que está de boa fé. E A., no entanto, continua a exercer violência sobre B., dizendo-lhe, por exemplo, que o "liquida" se ele revela a origem violenta da sua posse.

Assim, não se pode dizer que a posse de C. é violenta, "mas que está sob violência".

Óbviamente que C. não pode, por acessão, juntar a sua posse á de A., se não, então, como posse de má fé e violenta (artigo 1256, n.° 2). Também, por mera aplicação de preceitos gerais, B, o primitivo possuidor e proprietário, não perderia a sua posse, nem caducaria a acção possessória, nem tal posse seria boa para usucapião (artigos 1267, n.° 2, 1282 e 1297).

Caracteres da Posse 319

Todavia, por força do n.º 2, do artigo 1281, B. perde legitimidade para a acção contra C. de restituição. E, por força do n.º 2 do artigo 1300, a posse de C. é boa para usucapião, apenas determinando um alargamento do prazo da sua posse.

A razão de ser de tais preceitos é favorecer a boa-fé e confiança no tráfego jurídico, Todavia, como são contrários às regras gerais devem entender-se como excepcionais.

Nomeadamente, para efeitos de usucapião de imóveis a posse que está sob violência, não é boa para usucapião (artigos 1297 e, a contrário, 1300, n.º 2).

E, também em geral (ressalvada a hipótese do referido artigo 1300, n.º 2) o atributo da violência (da posse violenta) para efeitos de usucapião é absoluto. Assim, B. que com violência despojou o ladrão das pratas furtadas, mesmo que não exista violência em relação ao proprietário, não tem posse boa para usucapião. Na verdade, a tradição do direito romano era no sentido da absoluta inidoneidade da posse violenta, como posse prescricional. E, o desvio do código de Napoleão (artigo 2233), do actual código Italiano (artigo 1163) e do actual código civil português (artigo 1297), apenas derrogam esse princípio "desde que cesse a violência". E, a faceta não violenta do sentir português deve ser preservada (Menezes Cordeiro, a Posse, 2ª ed., p. 98.

Já, em tema possessório, o atributo da violência deve considerar-se relativo. "A limitação trazida pela violência só se reporta ao antigo possuidor. Este não perde a posse antes do decurso de um ano, mas desde que cesse a violência. Só a extinção da posse está em causa neste artigo (1267, n.º 2). Perante todos os outros, porém, aquele que adquiriu mesmo com violência, e ainda que a mantenha contra o antigo possuidor, tem posse, e pode defendê-la pelos meios possessórios normais" (Oliveira Ascensão, o. cit., 4ª ed., p. 106).

Na verdade, a violência não exclui a posse, é tão só um seu atributo. Depois, a lei não exige que o possuidor para efeitos de defesa da posse, seja possuidor pacífico (artigos 1276 e seguintes). E, aqui, também se trata de reagir contra actos factuais de terceiros, em si mesmos ofensivos da continuidade e da paz social e, em mera função, de manter provisionalmente a situação de facto (e não de adquirir um direito, como na usucapião).

A violência pode, de facto, também, ser tão só superveniente. Nesse caso, a posse não será qualificada de violenta. Mas, tal violência terá a relevância especial, que infra se referirá.

O possuidor adquiriu a posse pacíficamente, mas posteriormente pode usar de violência para a continuar. Em princípio, a posse só é considerada violenta se "foi adquirida", se "para obtê-la", foi usada a violência (artigo 1261), se tiver sido "constituida" com violência (artigo 1297). Daí que Dias Marques (o. cit., I, p. 282) defenda que "sendo qualificada de pacífica toda a posse em que, sem violência, alguém é investido, são irrelevantes para a sua qualificação como tal todos os factos que ocorram posteriormente áquela investidura". E, no mesmo sentido Planiol-Ripert--Picard., o. cit., p. 172. E, Badosa (in, Lacruz Berdejo, o. cit., p. 99): " a pacificidade da posse é um requesito referível unicamente ao acto do nascimento da detenção: a violência conservativa ou defensiva não permite qualificar de violenta a posse nem sequer durante o período em que se praticou".

Opinião contrária tem Menezes Cordeiro (A posse, 2ª ed., p. 99), segundo a qual "a violência superveniente deve ser ponderada em termos de normalidade social. Quando ela seja ilícita e causal, em relação á manutenção de determinada situação possessória – o caso do autor do furto que se mantém pela violência – pensamos que deve ser interpretado latamente o artigo 1261.º/2, de modo a, pura e simplesmente, considerar violenta a apontada situação".

Como decidir?

Desde logo, a violência superveniente do actual possuidor pode ser legitima, se se enquadra no âmbito da defesa directa, do artigo 1277; e, então, em nada macula a posse.

Por sua vez, a violência superveniente também será relevante para efeitos de registo de mera posse, dado que o artigo 1295.º n.º 2, exige que se reconheça que o possuidor tem possuido "pacífica" e púbicamente por tempo não inferior a 5 anos.

Também é certo que a violência superveniente contra o possuidor anterior ou contra o proprietário custa a aceitar que, sem mais, seja irrelevante quando os pode determinar, em coação, a não defenderem a posse anterior ou o direito de propriedade.

Só que, na unidade do sistema jurídico, e respeitando o carácter inicial do atributo possessório da violência, (sem necessidade, pois de desrespeitar a defenição do artigo 1261) encontram-se soluções.

Assim, a *violência superveniente*, embora sem tornar a "posse violenta", todavia, *para efeitos de usucapião* puderá levar á *"suspensão" do prazo* prescricional, dentro do normativismo dos artigos 1292 e 321 do código civil.

E, para efeitos de suspensão da *caducidade do direito de acção*, poderá relevar, á luz do normativismo do *justo impedimento,* do artigo 146 do código de processo civil.

Caracteres da Posse 321

E, aliás, também a relevância da violência superveniente deve ser tão só "adequadamente" essa, dentro desses referidos normativismos.

Dentro do espírito do conceito de posse violenta, densificado no artigo 1261, a jurisprudência considerou a sua existência na coação moral, mesmo que de terceiros, a quando das ocupações, em 1975, no Alentejo (Ac. R.Ev., 30-06-88, C.J., XIII, n.° 3, 306/309). Ou, com corte de electricidade e fecho dos portões, ou com recurso a elementos de empresas de segurança (Ac.R. L., 13-2-97, C.J., XXII, n.° 1, 126/128; idem, de 04-03-97, cit. colectânea, n.° 2, 77/79).

Realce-se, que o artigo 1261, n.° 2, o que define, rigorosamente, é quando é que "a posse" se considera violenta. Todavia, já em tema de defesa da posse, o artigo 1279 concede ao possuidor *"esbulhado com violência,"* o direito de restituição provisória á sua posse, sem audiência do esbulhador.

ORA, o conceito de "violência" não tem que ser (e não é) necessariamente o mesmo, para efeitos de qualificar "a posse" e para efeitos de qualificar "o esbulho".

Esse tema será desenvolvido infra, n.° 176 (restituição provisória de posse).

SECÇÃO IV
Pública e Oculta

144. Segundo o artigo 1262 *posse pública é a que se exerce de modo a poder ser reconhecida pelos interessados. (o anterior possuidor ou o titular do direito).*

A posse quer pública, quer oculta é posse: trata-se, tão só, de "caracteres" da "posse" e com eficácia relativa.

Tais qualidades assumem relevância na medida em que a posse "tomada" ocultamente não faz perder a posse anterior, se não a contar do momento em que é conhecida do esbulhado (artigo 1267, n.° 1, d) e n.° 2); bem como só a partir desse conhecimento, começa a contar o prazo da caducidade da acção possessória (artigo 1282) e, ainda, igualmente só a partir do momento em que a posse se torne pública, a mesma será boa como posse prescricional, por usucapião (artigos 1297 e 1300). Salvo o caso, do n.° 2, do artigo 1300. E, também só pode haver registo de mera posse em vista de decisão, na qual se reconheça que o possuidor tem possuido pacífica e publicamente por tempo não inferior a cinco anos.

O conceito de publicidade não é o mesmo *para efeitos de caracter*

322 *Posse e Usucapião*

da posse, do artigo 1262, e *para efeitos de aquisição da posse*, do artigo 1263, alínea a). Como supra, nos n.°s 93 a 98 já se desenvolveu.

Para efeitos do artigo 1263, alinea a), a sua hipótese é a "aquisição" da posse – ou seja, a defenição dum corpus que manifeste, á luz de quantos participam no círculo social em que o domínio se exerce, uma bastante relação de senhorio empírico, para a mesma se considerar de relação possessória.

Já, para efeitos do artigo 1261, o que se está é a defenir uma característica dessa adquirida relação de senhorio empírico e em função (relativa) de se proteger o anterior possuidor, ou o titular do direito, contra tal posse. E, aqui, apenas lhes sendo oponivel uma posse adquirida, se tal posse se exerce de modo a poder ser deles conhecida (citados artigos 1267, n.° 2; 1282 e 1297/1300).

Assim, quer os pressupostos, quer a função da publicidade, não são os mesmos para efeitos do artigo 1263, alínea a), e para efeitos do artigo 1262. Pelo que dogmáticamente os conceitos não tem necesáriamente que coincidir.

Aliás, para efeitos de aquisição de posse, o artigo 1263 não é sequer taxativo (supra, n.° 93).

Assim, nomeadamente quanto aos móveis, adquire-se a posse, se a coisa entra na esfera de influência empírica do sujeito e aí ocupa uma relação estancial normal em relação á natureza da mesma e ao seu modo corrente do uso. Por exemplo, "quem possui um livro não precisa, para que haja publicidade, de transformar a sua biblioteca numa biblioteca pública. Basta que, na utilização do livro, se comporte, não de um modo especial, mas de acordo com os usuais critérios empíricos, exibindo-o nas oportunidades próprias, sem fazer nenhuma distinção em relação aos outros; em suma, comportando-se como actualmente o faria quem não tivesse qualquer intenção de o esconder" (Orlando de Carvalho, Rev.L. Jur., 3792, o. 73; idem, Pires de Lima e Antunes Varela, anot. art. 1262).

Mutatis mutandis, e para "efeitos de aquisição da posse", o mesmo se dizendo de quem tem, em sua habitação, ou no seu escritório, de modo normal, mobílias, quadros nas paredes, antiguidades, etc; ainda que guardadas em armários.

Mas, já *o conceito de posse pública, para efeitos do artigo 1262*, como um caracter da posse, *é um conceito relativo* quer face aos interessados, quer face á função específica da protecção. Sendo aqueles *o anterior possuidor* (á imagem da nova posse; ou á imagem duma posse mais ampla) *ou o titular do direito*, a cuja imagem se possui (ou titular dum direito mais amplo). E, a posse, nessa função específica, *é pública se se exerce "de modo a poder ser conhecida" por eles.* Isto é, tal publicidade, conforme resulta da lei, mede-se pelos padrões da cognoscibilidade (... de modo a poder ser conhecida...) não pelo efectivo conhecimento.

À semelhança da "doutrina da impressão do destinatário que a lei acolhe em sede de declaração negocial (artigo 236.°), pode dizer-se que a posse é cognoscível se um interessado (medianamente diligente e sagaz) colocado na posição do real interessado, dela tivesse percepção" (Orlando de Carvalho, Rev.L.Jur., 3792, p. 73). Claro que, dada a função desse atributo, a cognoscibilidade absorve o conhecimento efectivo, mesmo que a este se cheque por processos incomuns (cit. autor, p. 74).

Não se trata, pois, na caracterização da posse como oculta, ou como pública, da mesma publicidade que é considerada para a aquisição da posse, á luz do artigo 1263, alinea a); no sentido dum poder empírico que se exerce á luz dos que participam no círculo social em que o domínio se exerce.

Dada a referida função específica de se qualificar a posse como oculta ou pública, *essa característica é relativa*: por exemplo, a posse pode ser oculta face ao anterior possuidor e ser pública face ao titular do direito. Bem como, a posse pode ter sido tomada ocultamente, e passar a pública a partir do momento em que se passou a exercer de modo a poder ser conhecida pelos interessados ou passou a ser efectivamente conhecida pelos interessados (artigos 1267, n.° 2; 1282; e 1297/1300).

(Idem, Manuel Rodrigues, o. cit., p. 220; Orlando de Carvalho, Rev. cit., p. 74.).

E, se a posse começou a exercer-se por modo a poder ser conhecida pelos interessados, ou sendo efectivamente conhecida, será irrelevante que, posteriormente, passe a exercer-se ocultamente: pois, então, o ex-possuidor, (ou o titular do direito), "teve ensejo de a conhecer e é, por consequinte, pública em relação a ele: daí as formulações dos artigos 1267.°, 2, 1282.° e 1297.°'" (Orlando de Carvalho, cit. Rev., 3792, p. 74; Manuel Rodrigues, o. cit., p. 220, nota 1).

Os artigos 1267, n.° 2, e 1282 referem-se tão só ao "conhecimento" da nova posse, e não á "cognoscibilidade". *Todavia* inseridos tais preceitos na unidade do sistema, e segundo o conceito geral de posse pública (artigo 1262), *basta a cognoscibilidade*. Bem como, não se compreenderia que bastasse a cognoscibilidade para o efeito mais drástico da perda do direito por usucapião e face ao titular do direito (artigo 1297) e já não bastasse relativamente ao titular da posse anterior e para perda da posse e das acções possessórias.

Assim, *os conceitos de publicidade para efeitos de aquisição da posse*, (como seu elemento estruturante) *e para efeitos de caracterização da posse* (como seu elemento adjectivo) *são autonomos, entre si*: respeitam a hipóteses diferentes e procuram dar satisfação funcional a interesses diferentes.

Daí que não tenham necessariamente que coincidir, e não coincidam.

Assim, por exemplo, pode ter-se adquirido posse por actos reiterados e públicos (artigo 1263, a) e, no entanto, ser essa posse, "posse oculta" para efeitos do artigo 1262; ou seja para a relevância consequente dessa posse face ao anterior possuidor e titular do direito. "Pense-se num proprietário emigrante, há muito deslocado daquela zona geográfica: um prédio seu pode estar a ser fruido como próprio, por outra pessoa, essa fruição ou atravessamento processar-se com pleno conhecimento das pessoas que ali habitam, e, todavia, o dono ausente nunca vir a conhecer ou a dever conhecer o que ocorre com o prédio" (Orlando de Carvalho, Rev.L.Jur., 3810, p. 260).

Nesse caso, não se pode dizer que a posse é pública: "uma vez que os interessados em contrariar a posse não têm dela conhecimento" (Henrique Mesquita, o. cit., 85).

É, também, nesse enquadramento que se entende que se adquira a posse dum livro, se o mesmo se usa, como é normal, colocando-o nas prateleiras da biblioteca da habitação ou do escritório; ou quanto à posse, mutatis mutandis, das mobílias, pratas quadros, etc, que ornamentem a casa ou o escritório.

Adquiriu-se a posse, porque, para a aquisição da posse desses móveis já não se exige o requesito da publicidade da alinea a), do artigo 1263.°: que não é taxativo.

Todavia, "essa posse" não terá a qualidade de "posse pública" para efeitos do artigo 1262, se esses bens foram esbulhados a terceiro que, todavia não conheça nem é exigivel que deva conhecer, essa relação possessória concreta (supra, n.° 96). Doutro modo, considerar tal posse como "pública", á luz do artigo 1262, e para efeitos dos artigos 1267, n.° 1, d) e n.° 2, 1282 e 1297/1300, seria, óbviamente, desaplicar esses preceitos legais; isto é, seria desatender, precisamente, aos interesses que o dito atributo de qualificação da posse como pública especificamente procurou satisfazer: "uma vez que os interessados em contrariar a posse não têm dela conhecimento" (Henrique Mesquita, o. cit., 85).

Por sua vez, também se não se assumisse a referida autonomia dos referidos conceitos de publicidade, então eramos forçados, cumulativamente, a admitir que existiria uma "inegável contradição" intrínseca do sistema, (assim, Menezes Cordeiro, A posse, 2ª ed., p. 101). O que seria,

Posse efectiva e possibilidade de a continuar 325

também, ter que admitir que o legislador errou, que o legislador não foi inteligente e razoável... O que só em último caso será de supor e assumir!

E não há, como exposto, razões para, dogmática e sistemáticamente, tal inferir.

A posse uma vez adquirida á luz do artigo 1263, ou doutros modos aí não previstos, mas aceites – é posse.

E, como tal, com os efeitos respectivos, incluindo as acções possessórias. Todavia, relativamente aos anteriores possuidores ou ao titular do direito, tal posse só lhes será, em princípio, oponivel (para efeitos possessórios ou para usucapião) desde que, e a partir do momento, em que deles é efectivamente conhecida ou se exerça do modo a poder ser por eles conhecida (artigo 1262). Quer porque se tomou, inicialmente, com conhecimento deles ou de modo a poder ser deles conhecida: quer a partir do momento, posterior, em que tal se venha a verificar (vide supra, n.º 97).

O registo da posse (artigo 1295.º, n.º 2) ou o registo do título aquisitivo do direito (a cuja imagem se possui), também não são equivalentes á cognoscibilidade da posse; não constituindo o registo nenhuma presunção nesse sentido (Orlando de Carvalho, Rev. L.Jur., 3782, p. 73; vide, supra, n.º 95).

A posse oculta pode, no entanto, excepcionalmente, ser relevante contra o expossuidor ou contra o titular do direito. Assim, no caso do artigo 1281, n.º 2, quanto á perda das acções possessórias contra um terceiro possuidor adquirente que desconheça o esbulho. Bem como, para efeitos de usucapião de móveis, ao abrigo do artigo 1300, n.º 2, se a coisa possuida ocultamente passar a terceiro adquirente de boa-fé (vide, supra, n.º 97).

Trata-se, nesses casos, de proteger a boa-fé e confiança no tráfico jurídico.

CAPÍTULO XIII
Efeitos da Posse

SECÇÃO I
Posse vale título

145. O princípio da posse vale título, na sua plenitude, traduz-se num modo de aquisição originária do direito de propriedade sobre uma coisa (móvel), na base da boa-fé em que se encontre o adquirente, num contrato de transmissão do domínio, perante a posse da coisa pelo alienante, apesar de, realmente, tal possuidor alienante não ser o seu proprietário.

Há, pois, como que uma presunção juris et jure, inilidível, de que o possuidor alienante é possuidor-causal (detem o direito).

Tal princípio, conduzindo a uma aquisição a *non domino*, obviamente, prejudica o verdadeiro dono e em benefício de tal adquirente.

No campo dos princípios, contraria a regra do Direito romano de que nemo dat quod non habet; ou nemo plus juris in alium transfere potest quam ipse habeat.

Aliás, a venda de coisa alheia é, por princípio, nula (artigo 892).

No entanto, no plano prático, tal princípio, protege a confiança e a boa-fé do adquirente. E, esta segurança do comprador, por sua vez, reflexamente, traduzir-se-á na facilitação, maior rapidez e incremento do tráfico comercial. E, ao incrementar-se o tráfego comercial, com maior fluidez e rapidez da circulação dos bens, acaba por se beneficiar também a própria produção e o incremento da actividade industrial.

Daí que, para além duma mera valoração relativa dos interesses individuais do verdadeiro proprietário e do adquirente de boa-fé, surja o referido interesse colectivo numa mais segura, rápida e ampla circulação de bens e, afinal, num incremento da actividade produtiva, com todas as suas vantagens reflexas económicas e sociais (Francesco Galgano, o. cit., p. 155).

No antigo direito germânico, até ao século XIII, teria vingado o referido princípio da posse vale título quanto aos móveis; debaixo do princípio *mobilia non habent sequelam*.

Também, em França, no *costume* de Paris, o princípio posse vale título, vingava.

No código Civil Alemão, BGB, nos parágrafos 932 a 935, o princípio é, todavia, limitado á aquisição de coisas móveis, que não tenham sido roubadas, perdidas ou por qualquer modo extraviadas (salvo que se trate de dinheiro, títulos ao portador ou adquiridas em hasta pública) e, desde que o adquirente esteja de boa fé (sem culpa grave).

O Código de Napoleão, nos artigos 2279 e 2280, estabeleceu o princípio de que quanto ás coisas móveis, a posse vale título. Todavia, se a coisa foi roubada ou perdida, o proprietário pode reivindicá-la dentro dum prazo de três anos. Mas se o possuidor actual da coisa roubada ou perdida a comprou numa feira ou num mercado, ou numa venda pública, ou num comerciante, vendedor de coisas semelhantes, o proprietário originário não as pode reivindicar senão reembolsando o comprador do preço que ele pagou.

O código de Napoleão inspirou o artigo 534 do código de Seabra. Actualmente, a situação está delimitada *no artigo 1301 do código civil.*

O actual Código Civil Italiano, no seu artigo 1153, alargou consideravelmente o âmbito de aplicação do princípio. Determinando que aquele a quem são alienados bens móveis da parte de quem não é proprietário, adquire a propriedade pela posse, desde que esteja de boa-fé no momento da entrega e subsista um título idóneo á transferência da propriedade (ou do usufruto, uso ou penhor). E, a propriedade adquire-se livre de direitos de outro, se eles não resultam de título e existe boa-fé do adquirente.

Assim, o âmbito do principio do código italiano não exclui as coisas furtadas, roubadas, perdidas ou extraviadas. Nem limita, se quer, a aquisição a um comerciante, ou numa feira pública ou mercado. Aqui, a protecção pretendida é focada na perspectiva da empresa-produtora, do incremento da produção (cit. Francesco Galgano).

O artigo 534 do Código de Seabra estabelecia que o que exige a coisa daquele que a comprou em mercado ou praça pública, ou a mercador que negoceie em coisas do mesmo género ou semelhantes, é obrigado a pagá-la ao terceiro de boa-fé pelo preço que este houver dado por ela, salvo o regresso contra o autor do furto ou da violência, ou contra o achador.

O artigo 1301 do actual código civil estabelece que o que exigir de terceiro coisa por este comprada, de boa-fé, a comerciante que negoceie em coisa do mesmo ou semelhante género é obrigado a restituir o preço que o adquirente tiver dado por ela, mas goza do direito de regresso contra aquele que culposamente deu causa ao prejuízo.

O artigo encontra-se na secção da usucapião, por mera razão de

Efeitos da Posse 329

tradição, mas não estabelece uma aquisição a *non domino*. E, nada obsta a que se aplique a coisas que não podem adquirir-se por usucapião (Pires de Lima e A.Varela, anotação ao artigo e Cunha Gonçalves, Trat. III, n.º 426). Também não ressalva se a coisa é furtada, roubada ou perdida. Pressupõe uma aquisição onerosa (coisa "comprada"; cf. art. 939). E, uma aquisição válida (não, nula ou anulada).

Não se aplicando às coisas sujeitas a registo, (como os veiculos automóveis). Nestas, relevam as respectivas e especiais regras do registo e, dentro delas, se protege o tráfico comercial (Hugo Natoli, o. cit.).

Também se pressupõe que o alienante seja comerciante que negoceie em coisa do mesmo ou semelhante género. Não será, pois, o caso de vendas judiciais; salvo que o executado, seja comerciante, e as coisas que lhe foram penhoradas sejam do mesmo ou semelhante género, em que ele negoceie. Também não será o caso de vendas em leilões; salvo que se esteja a leiloar recheio dum comerciante, e de coisas do mesmo ou semelhante género em que ele negoceia.

Por sua vez, a coisa tem que ser "detida" (ainda que não, no conceito rigoroso, de possuida) pelo comerciante, "como sendo dono": e perante o comprador e na base circunstancial do negócio concreto. Assim não será, por exemplo, se o comerciante, perante o comprador, se assume como intermediário (mandatário, por exemplo) da venda de coisa de terceiro (ainda que não identificado).

A boa-fé a ter em conta, é no sentido ético e não meramente psicológico: exigindo-se, pois, a diligência normal dum bom pai de família, perante as circunstâncias do caso.

E, basta a boa-fé no momento da celebração do negócio.

Não é necessário que a coisa já tenha sido entregue ao comprador quando o proprietário a reivindique; como já o exige o código civil italiano.

No nosso direito, o artigo 2076, n.º 2 estabelece o princípio de posse vale título quanto ás alienações por título oneroso efectuadas pelo possuidor de bens da herança, que seja *herdeiro aparente* (reputado herdeiro por força de erro comum e geral), e a adquirente de boa-fé.

A expressão herdeiro, não engloba o legatário (artigo 2030).

Em termos limitados do princípio, mas também com fins de facilitação do tráfico comercial de móveis, o mesmo tem relevância no artigo *1300, n.º 2, quanto ás coisas possuidas "sob violência ou ocultação"*, que passem a terceiro de boa-fé, considerando-se "boa", para adquirir o direito por usucapião, a posse "constituida" pelo adquirente (ainda que com alargamento dos prazos).

E, também em termos limitados releva o princípio quanto á determinação da *caducidade da acção possessória de restituição,* nos termos do artigo 1281, n.° 2.

Sobre a evolução histórica e direito comparado, vide Menezes Cordeiro (A Posse, 2ª ed., págs. 116 e sgts) e Francesco Galgano (o. cit., p. 159).

SECÇÃO II
Presunção da titularidade do direito

146. O possuidor goza da presunção da titularidade do direito (artigo 1268).

Havendo presunção fundada em registo anterior ao início da posse, vale a presunção do registo: na hipótese de presunções de igual antiguidade, prevalece a da posse (Ac. S.T.J., 19-02-92, BMJ, 414, p. 545).

Há que realçar que a posse se mantem enquanto durar a actuação ou a possibilidade de a continuar (artigo 1257). A posse não-efectiva, é, pois, posse. E, não havendo, também, qualquer razão justificativa para se restringir a dita presunção legal tão só ao possuidor-efectivo (contra, Ac. R.L., 30-05-89, CJ, XIV;3, 134). V. supra, 139.

Óbviamente que o direito cuja titularidade se presume, é aquele a cuja imagem se possui; correspondente, pois, ao respectivo exercício.

O artigo 477 do código civil de Seabra estabelecia que a posse produz a favor do possuidor a presunção de propriedade, mais ou menos atendível, conforme as circunstâncias.

Se, todavia, os actos praticados correspondem a um conteúdo típico comum a diversos direitos (p. ex. propriedade ou usufruto ou uso e habitação) já se deve presumir, que a posse corresponde ao direito mais amplo (o de propriedade) (Manuel Rodrigues, o. cit. 110/113 e 216; Orlando de Carvalho, Rev. L. Jur 3780, 105). Não já quanto *jus in re aliena,* p. ex. a servidão – porque aqui o corpus só alcança esse direito limitado (supra, n.° 88).

Sobre o valor da presunção do art. 7.° do C. Reg. Predial, quando a base do registo é uma escritura de justificação notarial impugnada judicialmente, V. supra n.° 137 (*in fine*).

Qual o alcance pleno da presunção do artigo 1268?

A doutrina portuguesa não desenvolve muito o tema (Manuel Rodrigues, o. cit. págs. 317/326; Pires de Lima e Antunes Varela, anot. citado artigo; Menezes Cordeiro, A Posse, 2ª ed., p. 115; Oliveira Ascensão, o. cit.).

Efeitos da Posse 331

É claro que se o possuidor é demandado por quem, p. ex., se arroga ser o proprietário e pretende a reivindicação, se o autor não provar os factos que conduzem ao direito alegado o pedido será improcedente. Como, ao invés se é o possuidor a instaurar uma acção possessória, e o demandado alegar, em reconvenção, o direito de propriedade, se o não prova a acção possessória será procedente. Como dispõem o art. 1278 do C. Civil e os arts. 394 e 510,5, do C. Proc. Civil.

Mas, nesses casos trata-se tão só da aplicação dos princípios gerais de que àquele que invocar um direito, cabe fazer a prova dos factos constitutivos do direito alegado (artigo 342 do código civil): *actore non probante, reus est absolvendus*.

Para esse aspecto, a presunção do artigo 1268 (e o disposto no artigo 1278) seria inútil (Manuel Rodrigues, o. cit.).

Mas, a presunção do artigo 1268, pelo menos, permitirá que o possuidor, invocando a posse, com base nela, alicerce, por exemplo, um pedido de reivindicação, da propriedade da coisa ou um pedido de indemnização de danos causados ao direito. (cit. Manuel Rodrigues e H. Mesquita, o. cit., p. 97).

Pois que, a dita regra geral de ónus da prova dos factos constitutivos (artigo 342), se inverte quando haja presunção legal (artigo 344); e quem tem a seu favor a presunção legal escusa de provar o facto que a ela conduz; ainda que a presunção possa ser ilidida por prova em contrário (artigo 350).

Assim, *aquele que possue*, possue: possideo, quia possideo. E, com base na posse, e tão só, *pode, em princípio*, defender a relação de poder empírico em *acções possessórias* contra turbações ou esbulhos; como, também com base na posse, pode invocar o direito a cuja imagem possui, e defende-lo em *acção petitória do direito*, reivindicativamente ou indemnizatoriamente (artigos 1268 e 350).

Todavia, remanesce a seguinte questão. Até onde vai o alcance da referida presunção da titularidade do direito; ou, no reverso, que prova tem que fazer, para ilidir tal presunção, um terceiro que se arrogue titular do mesmo direito (ou dum direito mais amplo).

Por exemplo, se o possuidor A. dum prédio rústico, que possui á imagem do direito de propriedade, é esbulhado por B. porque este se arroga ser o legitimo proprietário do terreno, em caso de conflito judicial, bastará que B. prove os factos aquisitivos do direito que alega: ou, terá B., ainda, que contra-alegar e contraprovar que A., possuidor, ao adquirir a posse não adquiriu o direito; ou seja, que tal posse não é posse-causal. Na verdade, B. pode ter provado que adquiriu o direito de propriedade, por exemplo, á dez anos antes. Mas, todavia, tendo a posse de A., por exemplo, cinco anos, se se presume que ele, possuidor, é titular do direito, poderá eventualmente considerar-se incluido em tal presunção, que A. possuidor, e porque é possuidor, adquiriu tal posse, mas concomitantemente (e presuntivamente) com aquisição legítima do direito (posse causal): por exemplo, por compra, troca ou doação de B.

Ou, por exemplo, se A. possuidor duma servidão de passagem sobre um prédio rústico, instaura uma acção possessória por esbulho contra B., porque este destruiu o leito de tal caminho. Se B., em reconvenção, alega que o fez legitimamente (fecit, sed jure fecit), porque é proprietário do terreno, bastará que B. prove os factos que conduzem a esse direito de propriedade, ou terá, ainda, que contra-provar que à posse de A. da servidão de passagem não corresponde, todavia, uma aquisição do direito? Ou seja, que embora A. seja possuidor, "inexiste" o respectivo direito, legalmente constituido, á passagem?

A questão é, pois, a da exacta extensão da presunção a que se refere o artigo 1268. É questão da defenição dos limites ou das fronteiras de tal presunção: até onde vai ela?

No direito espanhol, o artigo 448 do código civil estabelece que o possuidor em conceito de dono tem a seu favor a presunção legal de que possui com justo título, e não se pode obrigá-lo a exibi-lo. Este artigo foi introduzido no projecto do código a petição de Cardenas que alegava que convinha utilizar algumas das disposições do código civil austríaco, entre elas: não se pode obrigar ao que possui, a apresentar o título em que apoia a posse.

No direito alemão, e seguindo o antigo direito, o parágrafo 1006 do código civil estabelece a presunção de que o possuidor duma coisa móvel, não extraviada, é também o seu proprietário.

E, entende-se, *nos referidos direitos espanhol e alemão*, que as referidas presunções, são *presunções de que* o possuidor, porque o é, *adquiriu a posse, também, com concomitante título de aquisição do direito: por um acto jurídico válido* (negocial ou não), como compra, troca, legado, ocupação, etc., que está desvinculado de ter que provar.

Assim, nesses direitos, consequentemente, não bastará para ilidir a presunção legal, estabelecida pelas referidas disposições legais, que o terceiro alegue e prove tão só, por exemplo, factos dos quais derive ter adquirido o direito de propriedade da coisa. Pois, tal não invalida, que o que possui á imagem desse mesmo direito não lhe tenha adquirido (em propriedade) a coisa, a quando do início da posse. Como não bastará que o terceiro alegue que é o proprietário do prédio por onde o possuidor

Efeitos da Posse 333

exerce uma servidão de passagem: porque o possuidor pode ter-lhe adquirido legitimamente o direito, a quando do início da posse.

Ou seja, nesses direitos (espanhol e alemão), a presunção da titularidade do direito facultada ao possuidor estende-se á presunção de que o possuidor ao adquirir a posse, adquiriu também legitimamente o direito a cuja imagem possui. Ou seja, tal presunção, estende-se á própria existência dum título legitimo, (contemporâneo ao início da posse) da aquisição do próprio direito.

Só não se estende, óbviamente, á presunção de aquisição por usucapião: porque esta pressupõe uma posse, mas com certa duração.

Ora, uma presunção com esse alcance é, óbviamente, fortemente penalizadora para o verdadeiro titular do direito. Bem como, estabelece um desiquilibrio na inter-relação da legalidade e juriscidade perante a primazia do agente de facto. Na verdade, vai obrigar o verdadeiro titular do direito, não só a ter que provar os factos constitutivos do seu direito (artigo 342), o que é devido; mas ainda a ter que provar os factos negativos da "inexistência" da sua extinção ou transmissão, ou da inexistência da sua limitação pela inexistência dum direito (menor) do outro. *Francesco Galgano (o. cit., p. 132/133), valoriza tal exigência, como de "inconcebível".*

E, na verdade, por exemplo, àquele a quem sejam furtadas umas jóias, se as reinvindicar contra o ladrão, não lhe bastaria provar que as jóias eram de sua propriedade (porque, por exemplo, há dois anos as comprou na joalharia ...). Pois, terá, ainda, que provar e pela negativa (!), que o Réu, que as possui, todavia "não" lhas comprou, nem as obteve por troca, nem o A. lhas doou, nem as ocupou (em consequência dum abandono)... Enquanto que o Réu, cândidamente, porque "senhor de facto", sem mais, cruzaria a perna, e numa esplanada, saboreava um refresco, exibindo, no braço, as braceletes (furtadas)!

Tal questão, da precisa extensão da presunção estabelecida no artigo 1268, ou seja, qual é a final a sua rigorosa densificação como direito positivo do sistema legal português, postula, necessariamente, uma sua integração e harmonização com a unidade do sistema jurídico. E, no caso, nomeadamente, desde logo, tendo em conta quer, por um lado, os preceitos gerais sobre o ónus da prova (artigos 342, 344 e 350); quer, por outro, as disposições específicas do instituto possessório (artigos 1259, n.º 2 e 1278); quer as disposições específicas do instituto do direito de propriedade (artigos 1305, 1311 e 1313). Bem como, tendo-se em conta, também, a natureza do instituto possessório e a sua valência, como situação de facto de domínio empírico sobre uma coisa, perante a jurisdicidade da relação jurídica em que a mesma coisa se encontre. Ou seja, no reverso, a valência do direito de propriedade (jus possidendi) em relação á valência da situação possessória (jus possessionis).

Os preceitos gerais dos artigos 342, 344 e 350 sobre o ónus da prova e o artigo 1278, todavia, só por si não resolvem suficientemente *a questão, quando a posse é a imagem dum jus in re aliena (servidão, usufruto, etc)* e o terceiro tão só alega e prova o direito de propriedade sobre a coisa; como causa da justificação da sua pretensão de sobre ela exercer poderes empíricos (jus possidendi) incompatíveis com o exercício daquela posse (jus possessionis). Pois, se poderia argumentar que a existência do direito de propriedade (que se provou), todavia não é incompatível, só por si, com a (eventual) existência dum direito real menor á imagem da referida posse (por exemplo, a servidão de passagem). E, por outro lado, se o possuidor, por exemplo, da servidão de passagem goza da presunção da titularidade do direito, então, pelos referidos preceitos ele estará dispensado de provar os factos que alicerçam a aquisição desse direito (artigos 344 e 350). E, como tal, então, afinal, só pela prova do direito de propriedade do terceiro, ele possuidor não teria sido convencido na questão da titularidade do respectivo direito de servidão de passagem, em cuja posse se encontra e que, como tal, se presume ser também titular. (artigo 1278). São deste tipo, na sua essência, as argumentações do Ac. da R. do Porto, de 12-10-99, Proc. 1346/98, 2ª.

Todavia, então, rigorosamente e na extensão normativa de tal solução, o que se presumiria no artigo 1268, ao fim e ao cabo, face ao titular do direito de propriedade sobre a coisa em confronto com um concreto possuidor dessa mesma coisa: é que o dominio de facto do possuidor sobre a coisa é, "presuntivamente" "causal". Ou seja, o dominio de facto (posse formal), obteve-se, "presuntivamente", com concomitante aquisição do direito, a cuja imagem se possui: e, pois, consequentemente, caberia ao titular do direito de propriedade provar "ainda" o facto negativo da inexistência de posse causal; ou seja de inexistência de limitação ao seu direito. Isto é, de inexistência da aquisição pelo possuidor do direito (jus in re aliena) de servidão de passagem (artigo 342, n.° 2).

Ou seja, o artigo 1268 acabaria, a final, por ter uma extensão equivalente ao referido parágrafo 1.006 do código civil alemão e ao referido artigo 448 do código civil espanhol. Todavia aquele preceito alemão tem raiz histórica específica no direito germânico e tão só se aplica aos móveis. E, o preceito espanhol foi de intencional introdução, em absorção do direito austríaco, e, pelo seu teor também só se aplica à posse em conceito de dono (á imagem do direito de propriedade).

E, nesse direito espanhol, o legislador intencional e expressamente

Efeitos da Posse

335

declarou que o possuidor tem a seu favor a presunção legal "de que possui com justo título, e não se pode obrigá-lo a exibi-lo".

Ora, no direito português, nem existe essa razão histórica; como não existiu declaradamente, a intenção de a absorver; como não se estabeleceu a presunção de que o possuidor possui com justo título.

E, bem pelo contrário, no direito português, declaradamente se expressou que o título não se presume; devendo a sua existência ser provada por aquele que o invoca (artigo 1259, n.° 2). E, se o preceito se refere, é certo á posse titulada, para benefício da posse, todavia, por maioria da razão, deve valer se o é para efeitos mais importantes. *E, de qualquer modo, a defender-se uma extensão da presunção do artigo 1268, de raiz, á existência do próprio título da posse (posse causal), então ocorreria, afinal, uma absurda e intrínseca contradição dogmática e sistemática com o artigo 1259, n.° 2!*

Pois, a final, e contráriamente ao expressamente afirmado no artigo 1259, n.° 2, ... o título sempre se presumiria! E, até, como título plenamente válido (substantiva e formalmente) !

Aliás, no código de Seabra, pelo artigo 532, n.° 2, presumia-se o justo título para efeitos de usucapião de móveis: e, nem sequer para esse efeito, o actual código civil manteve essa presunção.

E, se assim é, do ponto de vista dos referidos preceitos do instituto da posse, também a extensão da referida presunção não é, igualmente, compatível com os preceitos dos artigos 1305, 1311 e 1313 do instituto da propriedade.

Sob pena de intrínseca contradição sistemática e dogmática, ofendendo a unidade do sistema jurídico, agora em colação do regime do "direito de propriedade".

Pois, claramente, os citados preceitos determinam que o proprietário pode exigir de "qualquer possuidor" o reconhecimento do seu direito de propriedade e "a consequente restituição" do que lhe pertence em "plena exclusividade" e que a reivindicação não prescreve pelo decurso do tempo, sem prejuizo (tão só) dos direitos adquiridos "por usucapião". Ou seja, o proprietário, só porque prova sê-lo, pode estender o seu poder empírico de uso e fruição, plena e exclusiva, sobra a coisa, objecto daquele direito, "com vencimento da consequente restituição", mesmo que em confronto com um possuidor: e "qualquer" que ele seja. Isto é, quer seja possuidor á imagem do mesmo direito; quer seja possuidor á imagem dum direito real menor. E, como assim expressamente é face "a qualquer possuidor", obviamente o é quer seja face a possuidor que beneficie da presunção da titularidade do direito (a cuja imagem possue), quer seja face a possuidor de que tal já não beneficie (porque se provou o contrário).

Estes preceitos (artigos 1305, 1311 e 1313) fornecem, também assim, expressis verbis, e pelo lado da densificação do direito de propriedade (jus possidendi), **a chave da resolução do problema**. Estabelecendo, claramente, os limites da relevância "da posse", como situação de facto, como situação de mero senhorio empírico e agnóstico sobre uma coisa (jus possessionis), **quando em litígio com o "direito de domínio" (o jus possidendi): dando espressa primazia a este (sobre "qualquer" possuidor)**.

E, compreende-se que quem tem o poder empírico sobre uma coisa, como situação de senhorio de facto (posse), veja protegida essa situação, só por si, contra ameaças ou esbulhos por parte dum terceiro; e, por razões de paz social ou continuidade e porque, estatisticamente, a situação possessória, na maioria dos casos, corresponde á situação de direito. Todavia, já não se compreenderá essa protecção, "se" o terceiro justificar a sua actuação sobre uma coisa na base da alegação e prova dum seu "direito de domínio".

Já que, então, na questão, analíticamente, *ultrapassamos o campo das actuações de facto* (do possuidor e do terceiro) *e já entramos no campo da "verdadeira relação jurídica"*. Ou seja, da correlação dum jus possidendi (duma actuação jurisdicional) dum terceiro que provou, pela positiva, "o seu direito" com uma mera actuação de facto da outra parte (o possuidor), que tão só provou esse senhorio de facto, mas não o correspectivo direito.

E, dizer-se que pela circunstância dum terceiro ser proprietário, tal não exclui que exista um jus in re aliena (por exemplo, um direito á servidão), é óbvio. E, desde logo, tal provaria de mais. Pois, pelo facto dum terceiro ter provado que adquiriu um direito de propriedade sobre a coisa, tal também não exclui que, depois, o tenha transmitido ao, hoje, possuidor.

E, de qualquer modo, nesse tipo de silogismo existe um vício das regras do raciocínio analítico.

Pois, se dissermos que pelo facto do terceiro ser proprietário, tal não exclui que possa existir um direito real menor (por exemplo de servidão), tal é certo. Mas, então – estamos a perspectivar uma correlação no plano de direitos, de jurisicidade. E, então, se existe ou não esse "direito", o conflito será a esse plano ... E, a ele, consequentemente, também se deve elevar a pretensão do detentor para, em igualdade de armas e regras, "dever" contra invocar e provar os factos em que assente "esse" eventual direito. E, se a questão não é "elevada" a essa correlação, então a questão colocase: entre "um direito" "provado" e uma "provada", mas "mera situação de facto". Ora, nesse confronto, a primazia, o ganho da batalha, não pode

Efeitos da Posse

deixar de ser concedido a quem, pelo seu lado, provou a jurisdicidade da sua actuação. Como exorna dos artigos 1305, 1311 e 1313.

E, se o proprietário, "como tal", tem poderes que expressamente lhe conferem os artigos 1305 e 1311 (jus possidendi), e contra "qualquer possuidor", então só tem que provar os factos em que alicerça "a aquisição desse direito" (artigo 342).

Mas, se ao proprietário, que provou o seu direito nos termos gerais (artigo 342), assistem aqueles direitos de reivindicação contra qualquer possuidor numa acção petitória, a situação é a mesma se reconvem, nesse sentido, quando réu numa acção possessória. Pois, nesse caso, processualmente, o que passa a existir é o enxerto duma acção petitória, cumulada, na acção possessória.

E, assim, se numa acção possessória, o Réu alega, em reconvenção, e como justificação da sua pretenção de dominio factual sobre a coisa, que é proprietário (artigos 1311 e 1313) e da aquisição desse direito prova os respectivos factos aquisitivos (artigo 1316), e nos termos gerais (artigo 342), ao possuidor só restará contra-alegar, por exemplo, que todavia, esse direito se extinguiu (artigo 342, n.° 2), porquanto a posse do autor foi acompanhada de titulo legitimo de aquisição do direito, a cuja imagem possui (por compra, troca, doação, ocupação, etc); ou que decorreu posse prescricional (artigo 1313). Ou contra-alegará, que aquele direito de propriedade do terceiro está, todavia, limitado por um jus in re aliena (servidão, usufruto, etc), porquanto a posse exercida á imagem desse direito, é posse causal legitimada por título aquisitivo desse direito.

Todavia, assim contra-alegando o possuidor, a ele lhe incumbirá fazer prova dos factos causantes desse título possessório (dessa posse causal), nos termos gerais do artigo 342, n.° 2.

Em Síntese, a presunção da titularidade do direito, a cuja imagem se exerce a posse, como conteúdo e vantagem do jus possessionis do possuidor, **não atinge o jus possidendi dum terceiro** (artigos 1305, 1311 e 1313) que alega e prova, pelo seu lado, a legitima aquisição da titularidade do direito a cuja imagem aquele possui, ou a titularidade dum direito mais amplo, e com base no qual funda a sua pretensão á restituição da coisa ou á manutenção do seu senhorio. E, para tanto, bastando que esse terceiro alegue e prove, pela positiva, os factos concludentes da sua aquisição do direito (artigo 342). Sem necessidade que prove, ainda, o facto negativo, de que o possuidor não é possuidor causal: Ou seja, que ele (possuidor) não adquiriu o direito a cuja imagem possui, nem por usucapião, nem por transferência do direito, nem por constituição desse (eventual) direito menor (servidão, usufruto, etc).

Pois que, se assim não fosse, então a presunção da titularidade do direito do artigo 1268 constituiria, afinal, uma presunção de que a posse é causal, ou seja seria uma presunção dc justo título. O que, do ponto de vista do instituto possessório constituiria um absurdo e uma intrínseca contradição do sistema, face ao disposto no artigo 1259, n.º 2. E, do ponto de vista, do instituto do direito de propriedade, também se assim não fosse, tal constituiria um absurdo e uma intrínseca contradição com o estabelecido nos artigos 1305 e 1311.

E, por sua vez, também a valência da titularidade pelo possuidor duma situação de facto, (a da posse formal), não se vê que deva ter a primazia face á valência da alegada e provada adquirida titularidade pelo terceiro do "direito" sobre a coisa. Ou seja, não se vê como o jus possionis do primeiro (como senhorio de facto) deva valer mais de que o jus possidendi do segundo (como senhorio de direito).

E, também, elevada a disputa ao campo da "verdadeira relação jurídica", da jurisdicidade, seria "inconcebível" (citado Francisco Galgano) que, em termos relativos, por um lado, ao terceiro lhe caiba, nesse plano, ter que alegar e provar os factos constitutivos da aquisição do seu "direito" e, "ainda", os factos negativos de que não perdera ou transferira esse direito adquirido ou de que não se constituira um direito menor e, por outro lado, ao possuidor não lhe caiba alegar e provar, nesse mesmo plano da verdadeira relação jurídica, que o seu apoderamento de facto da coisa se processou com causa legítima de aquisição do direito, a cuja imagem possui (posse causal).

Assim, **a extensão da presunção do artigo 1268 deve circunscrever--se ao mero domínio de litígios entre um possuidor (formal) e um terceiro que, pelo seu lado, se mantém no âmbito de meras relações de facto com a coisa**.

Ou seja, o possuidor, embora como titular duma mera relação de senhorio de facto sobre a coisa, goza dum jus possessionis, cujo conteúdo tem **a vantagem** de poder prevenir ou perseguir uma turbação ou um esbulho factual dum terceiro quer com recurso a acções possessórias, quer com recurso a acções petitórias do direito, a cuja imagem possui. E, ganhará essa batalha se o terceiro se mantém no mero campo dos factos. Isto é, se o terceiro não alega ser ele o titular do direito a cuja imagem se exerce a posse do primeiro, ou dum direito de domínio mais amplo: ou, se o alega, não consegue prová-lo.

Mas o possuidor já não ganhará a batalha, se o terceiro alega e prova a aquisição da titularidade dos referidos direitos: pois, aqui já o jus possessionis (da posse) cederá perante o jus possidendi (da adquirida titulari-

Efeitos da Posse

dade do direito). E, quer o terceiro prove a "aquisição" dum direito do mesmo tipo, quer dum direito mais amplo.

E, é neste sentido, também, que se devem entender os artigos 1278 do código civil e 510, n.º 5 e 357, n.º 2, do código de processo civil.

Ou seja, aqueles preceitos quando expressam ser o possuidor "convencido na questão da titularidade do direito", não se estão a referir ao direito a cuja imagem aquele possui. Mas sim, á titularidade do direito, por parte do terceiro, que legitime a concreta actuação deste (fecit, sed jure fecit). E, nessa perspectiva, o possuidor será convencido nessa questão da titularidade do direito (do terceiro), se este, por um lado, prova os factos que conduzem á sua aquisição (artigos 342 e 1316, e 1311, 1313) e, por sua vez, o possuidor não contra-prova que aquele direito se extinguiu ou transferiu para ele (por exemplo, por usucapião ou compra), ou se encontra limitado pela aquisição (pelo possuidor) dum direito menor (por exemplo, de usufruto ou de servidão).

É também, tão só, esse limitado alcance final, e pragmático, que á presunção estabelecida pelo artigo 1268 é atribuido pelos autores já antes citados Manuel Rodrigues e H. Mesquita.

E, em solução, idêntica, Alberto dos Reis (Proc. Esp., I, 1955, p. 398).

Por sua vez, *a presunção de titularidade do direito conferida pelo artigo 1268 ao possuidor, é relativa á posse que se exerce á imagem do direito de propriedade ou de outro direito real (artigo 1251).*

Ou seja, tal presunção *já não existe quanto ás situações de exercício de posse limitada*, á imagem dum direito de crédito sobre as coisas (como arrendamento, comodato), a que a lei concede, todavia, o uso das acções possessórias. Conforme, supra n.º 9 a 16 e 73, se desenvolveu e para onde se remete.

Por sua vez, *a presunção* do art. 1268 dela beneficie a posse mesmo que a sua duração não permita a invocação de usucapião. Nem a letra da lei restringe, nem tal razão para distinguir. Certo que a usucapião não é o único modo de se adquirir a propriedade, bem como se a posse tem o prazo prescricional de pouca valia seria tal presunção.

Assim realça o cit. **Ac. S. T. J., de 04-04-2002, Miranda Gusmão** (C.J. – S.T.J. X, 2002, T. I, p. 157), que a "posse que determina a presunção da titularidade do direito não será a que já produziu a usucapião, pois que esta é uma forma concreta de aquisição originária. Assim, a posse a que se reporta o art. 1268, 1, só pode ser a que ainda lhe falta capacidade aquisitiva por carência do decurso de tempo necessário".

Por sua vez, a presunção do art. 1268 é defectível. Isto é, ainda que se saiba ou se prove que o possuidor não é titular do direito – nem por isso deixa de existir posse e associados a esta os (outros) efeitos da posse. Como, o regime da perda ou deterioração da coisa, dos frutos ou das benfeitorias; a possibilidade de reversão e acessão na posse; as acções possessórias (contra esbulhador ou perturbador, que não seja titular do direito); e a invocação de usucapião.

Pois que, a posse é uma categoria jurídica, autónoma. A relevância e os efeitos jurídicos que a lei lhe atribui, baseiam-se, de per si, na situação possessória e esta é de assumir se preenche os requisitos consubstanciais de corpus e animus. V. supra, 24.

O possuidor possui, porque possui *(possideo, quia possideo)*. A posse é agnóstica, não tem que ser causal, é autónoma da existência e titularidade do "direito" a cuja imagem se possui.

Salvo nos casos de "posse limitada" (comodato, arrendamento, etc), em que a atribuição de efeitos possessórios á detenção pressupõe a preexistência do direito (posse causal). V. supra, 14.

SECÇÃO III
Perda ou deterioração da coisa e Frutos

147. O artigo 1269 regula a responsabilidade do possuidor *pela perda ou deterioração da coisa*, determinando que o possuidor de boa-fé só responde se tiver procedido com culpa. O artigo 496 do Código de Seabra era mais explícito, ao determinar que o possuidor de má-fé responde por perdas e danos, excepto provando que não procederam de culpa ou negligência sua, e responde também por perda e danos acidentais, provando-se que estes não se teriam dado se a coisa estivesse na posse do vencedor.

A responsabilidade específica a que se refere o artigo 1269 não é a duma perda ou deterioração cuja causa seja a conduta do possuidor. Pois, neste caso, regem os artigos 483 e seguintes do código civil por actos ilícitos. Certo que perante o titular do direito, ou perante o ante-possuidor (artigo 1284), a perda ou deterioração causada seria, então, um acto ilicito.

A referida responsabilidade, segundo a doutrina corrente, refere-se a perdas ou deteriorações acidentais ou provocadas por terceiros, (Pires de Lima e A.Varela, anotação citada artigo; Oliveira Ascensão, o. cit., 111 e Menezes Cordeiro, A Posse, 2ª ed., 125).

A contrario, do referido artigo 1269 resulta que por tais deteriorações ou perdas o possuidor de má-fé responde mesmo que sem culpa. Todavia, tal possuidor pode provar (cabendo-lhe o ónus da prova) que "esse dano" concreto teria igualmente ocorrido mesmo que a coisa estivesse na detenção do dono, ou do ex-possuidor, (por exemplo, porque se tratou duma consequência dum cataclismo natural) e, então, a sua responsabilidade é excluida. Pois, tal resulta dum princípio geral de direito da relevância negativa duma causa virtual e está expressamente aflorado quanto á responsabilidade do devedor em mora, no artigo 807, n.° 2. Podendo mesmo defender-se a aplicação directa de tal artigo, dado o possuidor de má fé ser devedor em mora, em atitude ilícita, quanto ao dever de restituir a coisa a quem de direito (Henrique Mesquita, o. cit., p. 104; Pires de Lima e A. Varela, lugar citado; idem Menezes Cordeiro; Vaz Serra, B.M.J., 481, p. 57).

A boa ou má fé, relevantes, dado que a lei não especifica, como acontece para os frutos ou benfeitorias, e não havendo considerações relevantes para uma modificação, será a que o possuidor tinha ao adquirir a posse e num conceito psicológico, segundo o artigo 1260 (cit. Henrique Mesquita, nota 157, p. 104).

148. Os artigos 1270 e 1271, consoante a boa ou má-fé do possuidor, regulam a posição do possuidor relativamente aos *frutos* da coisa possuida. O artigo 212 dá o conceito de frutos, e subdivide-os em naturais e civis.

A boa ou má fé em causa é psicológica (artigo 1260).

Todavia, se cessar a boa-fé inicial, a partir daí o possuidor passa a ser considerado de má-fé (artigo 1270, n.° 1). Se a má-fé é inicial, segundo a redação do artigo 1271 parece que se manterá "até ao termo da posse". No entanto, não se vê porque não deva aplicar-se-lhe o regime da boa-fé, se, porventura suceder que passe a estar de boa-fé: e a partir daí.

O possuidor de boa fé, até ao dia que a mantiver, faz seus os frutos naturais "percebidos" (colhidos) até esse dia e os frutos civis correspondentes ao mesmo período.

Já os frutos pendentes (não percebidos, não colhidos) no momento em que cessa a boa-fé pertencem ao proprietário. Trata-se do princípio tradicional de aquisição jure corporis e não *jure seminis* (como no direito germánico). Todavia, o proprietário é obrigado a indemnizar o possuidor das despesas de cultura, sementes ou matérias primas, e, em geral todas as despesas de produção, desde que não sejam superiores ao valor dos frutos que vierem a ser colhidos (artigo 1270, n.° 2). Tal obrigação de indemnização compreende-se, dado que um "fruto" não se entende, se não deduzidas as despesas havidas (*fructus non intelliguntur nisi deductus impensis*). Tal n.° 2, do artigo 1270, constitui, uma das excepções a que se refere o artigo 215, n.° 2.

Se o possuidor tiver alienado frutos antes da colheita, e antes de cessar a boa-fé, a alienação subsiste, mas o produto pertence ao titular do direito, deduzida a referida indemnização.

Já o *possuidor de má-fé* deve restituir os frutos que a coisa produziu até ao termo da posse, e que ele percebeu ou colheu (artigo 1271).

Tendo todavia direito ás despesas de produção (artigo 215, n.° 1; cit. Henrique Mesquita, p. 101). Mas já não tem direito aos frutos pendentes; e, quanto, a estes, também não ás despesas de produção (artigo 215, n.° 2, e, a contrário, 1270, n.° 2). E, além disso, o possuidor de má-fé responde pelo valor daqueles que um proprietário diligente poderia ter obtido. Ou seja, mesmo que o proprietário fosse negligente e improdutivo, ficará a ganhar em deixar manter-se a posse: certo que a vitola não é a do proprietário efectivo, mas dum "proprietário diligente". O código de Seabra não tinha disposição idêntica, e a doutrina dominante, apenas entendia que traduzindo-se a posse de má-fé num facto ilícito, o possuidor deveria responder pelo valor dos frutos que a coisa teria produzido nas mãos do proprietário (Manuel Rodrigues, o. cit., 365 e Manuel Andrade, Teoria Geral, I).

No entanto, da redação do artigo 1271 não se pode extrapolar que o possuidor de má-fé responda mesmo por aqueles frutos que um factor imprevisto, para além da vontade das partes, prejudique ou anule. Por exemplo, uma trovoada com granizo que fez deteriorar, ou diminuir, a produção vinícola. Nesse caso, poderia lançar-se mão do mecanismo do artigo 807, n.° 2, em termos semelhantes aos já referidos quanto á deterioração ou perda da coisa (Menezes Cordeiro, A Posse, 2ª ed., p. 124). Mas nem tanto será necessário. Certo que a referência á vitola do proprietário diligente, do artigo 1271, tem que entender-se como perante as circunstâncias concretas do caso: e, nesse caso, o proprietário diligente também não poderia ter obtido mais ou melhores frutos (artigo 487, n.° 2).

Há que ter em conta que o possuidor é *constituido em má-fé, no momento de "citação"* para uma acção (artigo 481, a), do código de processo civil). Ainda que se mantenha realmente de boa fé (psíquica) e, até, com razões para a manter (ética). Todavia, aquele efeito processual pretende dar satisfação quer ao princípio de que a parte que tenha razão não deve ser prejudicada pela (inevitável) demora do processo, como, se a sentença é declarativa, deve ser, em princípio, retroactiva á data da propositura da acção.

Efeitos da Posse 343

SECÇÃO IV
Encargos – Benfeitorias – Acessão

149. Segundo o artigo 1272, *os encargos* com a coisa são pagos pelo titular do direito e pelo possuidor, na medida dos direitos de cada um deles sobre os frutos no período a que respeitam os encargos.

Assim, há que determinar a quem cabem os frutos (naturais ou civis), e a esse, e no respectivo período (rateado), lhe cabem os encargos.

Os encargos não se confundem com as despesas de produção ou cultura (artigos 215 e 1270, n.º 2). Também não se confundem com as benfeitorias: estas são apenas as despesas naturais ou materiais e já não as jurídicas ou civis (Pires de Lima e Antunes Varela, anotação artigo 216. Vide Manuel Andrade, Teoria Geral, I e M.Rodrigues, o. cit. 358). Os referidos encargos são os impostos, juros, foros, amortizações. Inclusivé, são encargos, o pagamento de imposto sucessório e a amortização de hipoteca: visto que não são nem despesas de cultura, nem benfeitorias (contra H. Mesquita, o. cit., p. 1021.

A regra do n.º 2, do artigo 1270 que determina que o titular dos frutos não responde pelas despesas de cultura superiores ao valor dos frutos, não se aplica aos encargos (contra, Menezes Cordeiro, o. cit., p. 124).

As benfeitorias, são defenidas no artigo 216 do Código Civil e como necessárias, úteis ou voluntárias. São todas as despesas feitas para conservar ou melhorar "a coisa".

Conservar ou melhorar "a coisa", pois em sentido natural ou material. Não se confundindo, como referido, nem com encargos (despesas jurídicas ou civis); nem, pela sua finalidade, com despesas de cultura ou de produção.

Por exemplo, se se paga um crédito garantido por hipoteca sobre o prédio, pretende-se conservar o prédio no património, evitando a sua eventual alienação executiva: todavia, – nada se fez para melhorar ou conservar o prédio, na perspectiva natural ou material, autónoma, do prédio como "coisa".

Muito embora o artigo 216 fale em "despesas", (para conservar ou melhorar a coisa) quando a sua relevância é indemnizatória o que se perspectiva é o seu "custo" (H.Mesquita, o. cit., p. 102). E, custo num significado económico que abrangerá, por exemplo, a incorporação de trabalho, ou adição de coisas ou materiais (Menezes Cordeiro, A posse, p. 127).

Tanto o possuidor de boa-fé, como o de má-fé, segundo o artigo 1273, n.º 1, têm direito a ser indemnizados das benfeitorias necessárias.

344   *Posse e Usucapião*

E, sem compensação com o valor dos frutos percebidos, como se dispunha no 1.º do artigo 498 do Código de Seabra.

E, também têm o mesmo direito face a benfeitorias úteis, se, "para evitar o detrimento da coisa", não haja lugar ao seu levantamento (artigo 1273, n.º 2).

O valor da indemnização é o do "custo" que tiveram as benfeitorias, ao tempo da sua realização. Salvo que ao tempo da entrega o valor do benefício para o património do titular seja inferior; pois neste caso será esse o valor. Solução que já era a do Código Civil de Seabra, cujo artigo 499, n.º 4, determinava que o valor das benfeitorias será calculado pelo custo delas, se este não exceder o valor do benefício ao tempo da entrega. No caso contrário, não poderá o evicto haver mais do que o valor delas.

Era essa, também, a solução anterior ao Código de Seabra.

E, compreende-se que, num primeiro momento, se atenda ao dito custo, pois que é esse o valor do "empobrecimento" do possuidor (artigo 1273, n.º 2 e 479, n.º 1). Mas por outro lado, compreende-se o dito limite do valor do benefício obtido pelo titular ao tempo da entrega. Pois, o titular esteve privado do bem possuido, e só na data da entrega é que obtém, em termos reais, o benefício das benfeitorias feitas (artigo 479, n.º 1).

E, ainda que o artigo 1273, n.º 2, ao referir as regras do enriquecimento sem causa se esteja a reportar ás benfeitorias úteis que não se podem levantar, e que ficam para o titular, não se compreenderia que outra fosse a regra para as benfeitorias necessárias (que também não se levantam).

Todavia, se a indemnização for pelo custo das benfeitorias, e dentro do referido limite do valor do benefício ao tempo da entrega, o mesmo deve ser *actualizado*, segundo os índices de preços, á data do pagamento (artigo 551), *como "dívida de valor"* (Sobre estas, vide, Manuel Andrade, Teoria Geral das Obrigações, I, 244; Antunes Varela, Obrigações em geral, I, 433 a 435 e 767; Vaz Serra, Rev.L.Jur. 112,9; e Ac. S.T.J., 1-6-78, Rev.L.Jur., 112.º, 9).

Assim, se o possuidor construiu um muro há dez anos, o valor da indemnização é o do seu custo, e actualizado. Mas não o que hoje, eventualmente, custaria fazer o muro; nem o valor que o muro terá, eventualmente, acrescentado ao valor do prédio. E, se o possuidor pintou a fachada do prédio, por exemplo, há 14 anos, mas hoje, na data da restituição a pintura está deteriorada ao nível da que havia no início da posse, o titular restituido nada terá que pagar, porque em nada beneficia.

Por sua vez, só o possuidor de boa-fé, no momento de aquisição da posse, goza do direito de retenção quanto ao crédito pelas benfeitorias (artigos 754 e 756, alíneas a) e b)).

Efeitos da Posse   345

Relativamente *ás benfeitorias úteis* realizadas na "coisa", o possuidor, de boa fé, *pode levantá-las desde que o possa fazer sem detrimento* "dela" (coisa) (artigo 1273, n.º 1).

Como o possuidor de boa fé também pode levantar as benfeitorias voluptuárias, se não houver esse detrimento (artigo 1275).

"O detrimento refere-se às coisas e não às benfeitorias. Quanto a estas, a possibilidade de detrimento não tem relevância jurídica" (Pires de Lima e A.Varela, anot. artigo 1273).

A questão do detrimento era decidida no código de Seabra, pelo arbítrio do titular do direito sobre a coisa, quanto ás benfeitorias úteis (artigo 499, n.º 3) e quanto ás voluptuárias por louvados (artigo 500, n.º 2).

No actual código, dada a ausência de preceito legal, a questão, obviamente, na falta de acordo dos interessados, deve ser decidida objectivamente pelo Tribunal (Pires de Lima e A. Varela, Anotação ao artigo 1273).

Todavia, *mesmo que* objectivamente *possa existir detrimento* da coisa, *o titular do direito pode abdicar, permitir, deixar que o possuidor as levante* e, nesse caso, não terá o titular que, "necessariamente", satisfazer ao possuidor o valor delas. Ainda, pois, que este acabe por não as levantar.

Na verdade, por exemplo, se o titular é o proprietário, desde logo, a ele lhe cabe, "de modo pleno e exclusivo", o gozo dos direitos de uso, fruição e disposição da coisa " como queira" (artigo 1305). Por outro lado, se a concessão ao possuidor da faculdade de levantar as referidas benfeitorias tem por causa e função "evitar" o prejuízo do titular, caberá este renunciar a tal protecção. E, também, "não seria justo que o possuidor force o adquirente a despesas que não quer" (M.Rodrigues, o. cit., p. 360). E, por fim, só quanto ás benfeitorias necessárias impõe a lei ao titular um dever de indemnização: o que, aqui, se compreende para "evitar que o proprietário fosse prejudicado pelo abandono a que o possuidor votaria o objecto possuido" (M.Rodrigues, o. cit., p. 359).

De todas as referidas razões, convergentemente, como concausas, é, pois, ilacionável que, quanto ás benfeitorias (meramente) úteis pode o proprietário prescindir delas e, como tal, facultar ao possuidor que as levante. E se este acaba por as não levantar, a sibi imputat e sem obrigação de indemnização pelo titular.

Suponha-se que o possuidor duma vivenda construiu um arruamento de acesso á via pública, numa extensão de 50 metros, alcatroada e com candeeeiros marginais. Ora, o proprietário restituido pode entender não lhe interessar esse arruamento, ou não o querer, ou não gostar do tipo de candeeiros ou preferir o piso empedrado em paralelos (ou calcetar). E, então, ainda que se pudesse entender que haveria detrimento do prédio com o le-

346 *Posse e Usucapião*

vantamento, todavia pode o proprietário abdicar da protecção (de evitar o detrimento da coisa) e facultar, pôr á disposição, do possuidor o levantamento.

Todavia, poderão existir hipóteses extremas em que tal opção do titular se enquadre numa situação, a final, de meros intuitos emulativos e, como tal, sendo ilegitima por abuso de direito (artigo 334).

E, como já referido se em qualquer dos casos em que ao possuidor lhe seja facultado (por lei ou pelo proprietário) o levantamento, todavia, o possuidor realmente acaba por não usar esse jus tollendi, não caberá, então, ao proprietário o dever de indemnização.

Primeiro, porque esse dever só é imposto ao titular nas benfeitorias necessárias; e, quanto ás úteis se o levantamento "não é facultado" para "evitar" o detrimento da coisa. E, segundo, porque nesse caso não há locupletamento. Pois, ainda que haja benefício para o titular, não é sem causa justificativa, nem á custa do possuidor (artigos 473 e 479): é, tão só, porque o possuidor não usa, porque não quer, a faculdade que lhe cabe. E, terceiro "não seria justo que o possuidor force o adquirente a despesas que não quer" (cit. M.Rodrigues, 360).

Relativamente ás *benfeitorias voluptuárias* o possuidor de boa-fé tem direito a levantá-las, não se dando o detrimento da coisa; no caso concreto, não pode levantá-las, nem haver o valor delas (artigo 1275, n.° 1). E, o possuidor de má fé perde, em qualquer caso, as benfeitorias voluptuárias que haja feito (sem levantamento, nem indemnização). Eram as soluções já do direito romano. Menezes Cordeiro (A Posse, 2ª ed., p. 128), entende que o regime quanto ao possuidor de má fé, designadamente quando possam ser levantadas, traduz um confisco privado, punitivo, e duma solução inconstitucional (artigo 62 da Constituição).

Por sua vez, o possuidor, sendo caso disso, pode exigir o valor das benfeitorias por meio de acção, embora não detenha já a coisa. Não era assim no direito romano.

Mas, se o possuidor não exigiu as benfeitorias na acção de reivindicação contra ele instaurada, já não o poderá fazer por embargos na execução da sentença condenatória (artigo 929, n.° 3, do C.Proc. Civil).

A boa ou má fé é a que se tiver no momento da realização das benfeitorias (artigo 756, b)) (H. Mesquita, o. cit., 103). A solução que já era defendida á face do código de Seabra (M.Rodrigues, o. cit., 370).

A obrigação de indemnização por benfeitorias é susceptível de compensação com a responsabilidade do possuidor por deterioração (artigo 1274); como já acontecia pelo artigo 501 do Código de Seabra (compensatio lucri cum damno). Afastando-se a regra do artigo 853, n.° 1, a).

Efeitos da Posse 347

Os preceitos antes referidos aplicam-se á posse, á imagem do direito de propriedade ou de outro direito real (artigo 1251).

Quanto á posse precária ou detenção, porém, vários dos seus preceitos são mandados aplicar naqueles casos. Por exemplo, artigos 670, alinea b), 1046, 1138, n.° 1, 1450, n.° 2, 1459, n.° 2 e 2177.

150. O Código Civil, nos artigos 1325 a 1343, regula a figura *da acessão* que, caso a caso, pode levantar dúvidas se estamos perante acessão ou benfeitorias.

No domínio do Código de Seabra diversas soluções foram propostas (vide, Pires de Lima e A. Varela, anotações ao artigo 1340, M. Rodrigues, o. cit., 73, Manuel Andrade, Teoria geral, I, p. 274, Cunha Gonçalves, Tratado III, n.° 301). Pires de Lima e Antunes Varela (anotações ao artigo 1340) defendem a seguinte solução. A benfeitoria e acessão, objectivamente apresentam-se como características idênticas, pois há sempre um *benefício material* para a coisa. *A distinção é jurídica.*

A *benfeitoria* consiste num melhoramento feito por quem está ligado á coisa em consequência de uma relação ou vínculo jurídico, ao passo que a *acessão* é um fenómeno que vem do exterior, de um estranho, de uma pessoa que não tem contacto jurídico com ela. Assim, "são benfeitorias os melhoramentos feitos na coisa pelo proprietário, pelo enfiteuta, pelo possuidor (artigos 1273-1275), pelo locatário (artigos 1046, 1074 e 1082, pelo comodatário (artigo 1138) e pelo usufrutuário (artigo 1450); são acessões os melhoramentos feitos por qualquer terceiro, não relacionado juridicamente com a coisa, podendo esse terceiro ser um simples detentor ocasional".

Este entendimento é subscrito, por exemplo, pelo Ac. do S.T.Justiça, de 8-2-96 (Col. Jur., S.T.J., IV, 1996, Tomo I, 80).

Assim, *se preexistir posse* sobre a coisa, na qual o titular dessa relação possessória realiza a obra, ou seja o benefício material para a coisa (necessária, útil ou voluptuária), *trata-se de benfeitoria*. E o seu regime, será o antes defenido para as benfeitorias realizadas pelo possuidor.

Só havendo que realçar que a posse referida é uma posse (historicamente) preexistente; isto é, que já existe, por si, tempos antes do início da obra (em si)ou nos seus meros trabalhos preparatórios ou de pesquiza.

Não conta, pois, a posse que, eventualmente, se venha a adquirir sobre a coisa, mas iniciada com o preparar, iniciar e desenvolver a própria obra e em que esta, então, é elemento estruturante e inicial duma posse, mas a partir daí.

Pois, naturalmente, em muitos casos, com a acessão industrial iniciar-se-á uma relação de senhorio de facto do incorporante com a coisa.

Por exemplo, no caso de prolongamento de edifício por terreno alheio (artigo 1343), haverá acessão se quanto a esse terreno, antes do prolongamento o construtor não era seu possuidor. Já será benfeitoria, se já antes, desse terreno o construtor era possuidor (ainda que, obviamente, não fosse proprietário).

Menezes Cordeiro (Direitos Reais, 1993, n.º 231, págs 512 a 517) faz críticas pertinentes às "disposições desavindas do Código Civil" e interrogações (razoáveis) quanto á supra referida tese de Pires de Lima e Antunes Varela.

A solução que defende, numa perspectiva dos seus resultados práticos, acabará, no entanto, por dar uma decisão idêntica á maioria dos casos.

A solução apresentada por esse autor, é, em síntese, a seguinte. A regra geral é sempre a da acessão. A regra especial, é a das benfeitorias; e que se aplica quando a lei expressamente diga, como sucede na locação (artigo 1046), no comodato (artigo 1138) e no usufruto (artigo 1450): o que, nestes casos – e segundo esse autor – parece uma solução equilibrada, uma vez que os titulares dos respectivos direitos conheciam de antemão, o regime a que se sujeitavam, dada a natureza da sua situação juridica. E, "no *caso melindroso da mera posse* – a qual tenderá a surgir em qualquer situação de acessão –, pensamos (diz o referido autor) que a solução deve ser ponderada á luz de cada caso concreto que surja.

Ora, se bem atentamos, ao fim e ao cabo, a diferença essencial da posição de Menezes Cordeiro, face á referida de Pires de Lima e Antunes Varela, está no caso da posse.

Creio que o caso da posse se resolve como acima referido. Isto é, *se já preexiste posse,* então o titular "dessa relação constituida", já conhecia de antemão o regime a que se sujeitava (artigos 1273 a 1275): tratar-se-á, pois, de benfeitoria. Bem como, estes preceitos e regime só se aplicam a quem já é possuidor. Pressupõem a posse, "como causa": e, são um dos "efeitos" da posse (capítulo IV, do Titulo I, Da posse).

E, por sua vez, para a situação da posse, a lei expressamente instituiu o regime das benfeitorias para o benefício material (necessário, útil ou voluptuário) da coisa, efectuado "pelo possuidor".

Já, se a quando da incorporação, a coisa nem era possuída, nem o autor da incorporação era possuidor – então, não havendo o regime especial das benfeitorias (certo que o dos artigos 1273 a 1275, pressupõe a posse e um possuidor), a situação cai dentro da regra geral: a da *acessão.*

E, daí, podermos afirmar com Oliveira Ascensão (Reais, 4ª, 112) que "qualquer efeito no domínio da acessão não pode pois ser considerado aspecto do conteúdo da posse". Já que, se há acessão – é porque ao realizar-se a incorporação (e é este o momento "genético" da acessão) não existia posse. E, só o que então existisse, poderia, produzir efeitos. E, se existia posse – então não ocorrerá acessão: mas sim benfeitoria.

CAPÍTULO XIV
Defesa da Posse

SECÇÃO I
Introdução

151. A posse é um senhorio de facto duma coisa, á imagem do dreito de propriedade ou de outro direito real.

A coisa, pois, encontra-se dentro da esfera de influência fáctica, do poder empírico do sujeito, á imagem dum direito. Mas como mera situação de facto; agnóstica, independentemente de o direito existir ou não. E, não sendo melhor, nem peor, a posse – por coexistir ou não o direito.

Assim, a posse é uma *categoria jurídica autónoma e agnóstica*, em relação à efectiva situação *jurídica* da coisa analisada na perspectiva do direito a que corresponda o exercício (supra, 22 e 24). E se é autónoma, ela existe se preenche os seus requisitos e, como tal, terá a relevância jurídica que a lei lhe atribui. E, precisa e coerentemente, esta relevância jurídica é dimanada, de per si, da situação de facto: como *jus possessionis* (supra n.° 22).

Independentemente da titularidade do direito (*jus possidendi*). E ainda que até se saiba que este não lhe assiste.

O perturbador ou o esbulhador, é que terão, pelo lado deles, que alegar e convencer da existência aquisitiva (por eles) dum direito que legitime as (suas) respectivas condutas ofensivas da posse. E, na dúvida, decidindo-se contra eles (arts. 342.° e 1278.° do C. Civil e 510.°, 5, do C. Pr. Civil) (Supra, 22, 24 e 146).

Mas, se é a posse uma situação de facto, pode parecer estranho que se possa defender contra actos de turbação ou de esbulho, por parte de terceiros. Diziam os autores antigos que encarrega a sua consciência aquele que se defende com as acções possessórias quando sabe que o direito definitivo que elas tutelam não existe.

Todavia, a essência da posse e das acções possessórias não está em defender, primacialmente, o direito ou o interesse singular do possuidor. Antes, *a posição singular do possuidor acaba por ser um interesse prote-*

gido individualmente, mas *como reflexo consequencial da defesa do interesse público da paz social ou da continuidade organizadora* (vide, capítulo anterior da função da posse). E, mesmo para Ihering, que funda a posse na defesa avançada da propriedade, a protecção que acaba por ter, individualmente, o possuidor que não é titular do direito (a cuja imagem possui) é um efeito reflexo.

E sendo a posse uma relação de senhorio de facto, á imagem (manifestada) dum direito, também não se conceberá que ao titular da relação possessória caibam mais faculdades no uso e disfrute da coisa possuida, do que as que caberiam ao titular do direito. O que se pode admitir, é que tenha menos.

Por sua vez, *"a posse"*, a que a lei concede as defesas previstas nos artigos 1276 e seguintes, *é a realidade, substancial e jurídica, que a lei já antes conceitualizou nos capítulos precedentes.*

As acções possessórias "têm como objecto a protecção da posse como facto", ou seja "a defesa do *status quo* da posse" (Busto Lago, Alvarez Lata e Peña López, Acciones de Protección de la Posesión, 2007, págs 21/223). E tanto basta. Ou seja, não se trata de o possuidor exigir medidas de tutela a respeito dum seu direito a possuir – pois, o possuidor não tem um "jus possidendi", mas tão só um "jus possessionis" (cits. Autores, p. 91). Isto é, como realçam os referidos autores (p. 88), "a posse tutelada sumariamente não é uma posse a respeito da qual o seu autor tenha que creditar-se por uma aquisição legitima ou que se trate de uma posse justa". Como decidiu o Tribunal de Granada, SPA 12-12-1995, citado pelos referidos autores, "esta classe de litígios não se pode converter em discussão sobre direitos (qual é, ou não é, o melhor), já que do que se trata de neles resolver são problemas acerca do *"jus possessionis"*, e não um direito a possuir (*jus possidendi*). No mesmo sentido, o autor italiano Sacco realça que o objecto da tutela das acções possessórias está constituído "dalla relazione di fatto che passa tra la persona e la cosa" (Il Possesso, in Trat. Dir. Civ., Milão, 1988).

É, pois, a "posse", como "senhorio de facto", como a lei a define como categoria factual e relevante que é a causa de pedir da acção. (V. supra, 22 e 24).

A única questão dum direito que, no sistema português, pode ser levantada – é a dum direito do próprio esbulhador ou perturbador que legitime, in casu, a sua concreta actuação. V. infra, 152.

Isto é, como realçam os cits. Busto Lago, Alvarez Lata e Peña López (p. 186), ao demandante na acção possessória cabe provar a situação de facto integradora quer da posse, quer do esbulho ou perturbação, quer a

Defesa da Posse 353

data destes. Já ao demandado caberá impugnar aquelas alegações ou invocar causa jurídica que o habilite a realizar, por sua própria autoridade, a lesão possessória.

Assim, sendo a posse uma realidade factual, e muito embora com o efeito vantajoso da presunção do direito (artigo 1268), não será, todavia, por se ilidir tal presunção que, só por si, esse possuidor não beneficiará das restantes vantagens, nomeadamente dos meios legalmente concedidos da defesa da posse. V. supra, 22 e 24.

Consequentemente, também a posse que não beneficie de prazo prescricional (usucapião) goza, no entanto, dos referidos meios de defesa.

E, mesmo a posse de má fé e usurpatória; pois, no limite, de tal protecção gozará até o ladrão.

E, inclusivé o titular de posse violenta ou oculta (artigos 1261 e 1262).

E, o possuidor beneficie da defesa possessória, mesmo que a sua posse não seja efectiva, mas se mantenha ao abrigo do artigo 1257. Aliás, seria uma contradição intrínseca do sistema, uma perversão sistemática-dogmática, que tendo o legislador valorado tal situação como de posse, depois, numa das suas mais importantes relevâncias jurídicas, a final, tal posse fosse irrelevante! Para quê, então, dir-se-ia, ter sido expressamente produzido tal artigo 1257 e tal "norma" (a cuja obediência, legalmente se está adstricto, pelo artigo 8.°).

Há, também, que atender-se às *presunções da posse.*

Assim, presume-se a posse naquele que exerce o poder de facto (artigo 1252, n.° 2). Ou seja, que se presume que possui com animus, imediatamente e em nome próprio. E, como presunção de direito. E, se o possuidor actual possuiu em tempo mais remoto, presume-se que possuiu igualmente no tempo intermédio (artigo 1254, n.° 1). E, se há título, presume-se que o possuidor actual possui desde a data do título (citado artigo, n.° 2). V. Supra, 86 a 99.

Também se tem que ter em conta que se pode suceder ou aceder na posse anterior (artigos 1255 e 1256). V. Supra, 129 e 135.

A posse que primacialmente se defende é *a posse de um ano, e dia* (artigos 1278, n.° 2 e 3).

"Por se entender que só um mínimo de duração quanto á relação de facto com a coisa garante a estabilidade da situação que merece a tutela possessória" (Pires de Lima e A. Varela, anot. citado artigo). E, em harmonia, o artigo 1267, n.° 1, alínea d), determina extinta a posse, se houver posse de outrem com duração superior a um ano.

Todavia, a posse de menos de um ano pode defender-se mas só contra quem não tiver melhor posse, no modo designado no n.° 3 do artigo 1278.

E, para evitar que as defesas possessórias funcionem a favor do esbulhador e contra o esbulhado (Menezes Cordeiro, A Posse, 2ª, 147).

E, neste caso, se o autor não provar a sua melhor posse (na dúvida), a acção improcederá (citados Pires de Lima e A.Varela). Não foi acolhida a norma do artigo 488 do Código de Seabra que, em tal desfecho, determinava que a coisa "será posta em depósito, enquanto se não decidir a quem pertence".

Por último, *pressuposto das acções possessórias é que o autor seja possuidor quando instaura as acções*. E assim, não sucederá se já perdeu a posse, nomeadamente por qualquer dos meios referidos no artigo 1267 (incluindo a perda ou destruição material da coisa, ou por esta ser posta fora do comércio). Todavia, há que ter em conta que a posse se mantem, enquanto há a possibilidade de a continuar (Supra, 139). Assim, "uma acção possessória, p. ex., não havendo prova em contrário, não precisa de fundar-se senão no acto da constituição da posse. A posse futura presume-se" (Pires de Lima e A. Varela, anot. 3, art. 1257.°). Quanto á indemnização do prejuizo consequente da turbação ou do esbulho, e quanto à diferenciação entre esbulho e turbação, vide infra as respectivas secções.

SECÇÃO II
A questão da titularidade do direito

152. Mas, se a função da posse, é a defesa da paz social ou da continuidade organisativa – todavia, haverá que atender a que *nem sempre a turbação ou esbulho* duma situação de facto de apoderamento empírico (e agnóstico) duma coisa, *constituirá uma atitude antijurídica*. E, bem pelo contrário, pode traduzir-se, até, no verdadeiro restabelecimento, da juriscidade.

É certo que mesmo quando a conduta inquietante ou despojante do terceiro seja lícita, sempre se puderá dizer que "a ninguém é lícito o recurso á força com o fim de realizar ou assegurar o próprio direito, salvo nos casos e dentro dos limites declarados na lei" (artigo 1, do código de processo civil). E, que, nessa perspectiva, caberia outorgar ao possuidor as acções possessórias e a sua procedência, provando-se a posse e a turbação ou o esbulho. E, por sua vez, o esbulhador e o turbador seria relegado para a acção própria e autónoma (petitória), para invocação do seu direito: mas não o poderia fazer na própria acção possessória.

Era essa a *postura do processo civil 1926*. Segundo o artigo 497 do código velho, não podia nas acções possessórias questionar-se sobre a propriedade.

E, é assim, ainda hoje, no sistema italiano e espanhol.

Pelo artigo 705 do código de processo civil **italiano**, numa acção de defesa da posse o terceiro não pode excepcionar o seu direito de propriedade. Pois, não compete aos cidadãos fazer justiça por suas próprias mãos, mas ao Estado: salvo que se pretendesse evitar um prejuizo irreparável (Francesco Galgano, o. cit., 144).

Em **Espanha**, pela Lei processual Civil, LECIV/2000, a acção possessória, de esbulho ou turbação, pretende defender a situação possessória perante actos de justiça privada ou auto-defesa. Daí que mesmo que caiba o direito ao esbulhador ou perturbador, ele não poderá invocá-lo na acção possessória, mas, tão só, numa acção autónoma. Salvo que, na acção possessória invocando o direito, invoque também um (prévio) consentimento ou tolerância do possuidor ou uma actuação, no caso, que caiba no instituto da legítima defesa, V. Acciones de Protección de la Posesión, Busto Lago, Alvarez Lata e Peña Lópes, 2007, págs. 111 e sgts.

Todavia, em Portugal, no código de Processo Civil, de 1939, em consequência da proposta do Ministro da Justiça, no artigo 1034, já se permite ao réu da acção possessória alegar na contestação que tem o direito de propriedade e formular o pedido de reconhecimento desse direito (Alberto dos Reis, Processos Especiais,I, 1955, 386).

E, o mesmo sucede actualmente, dado o artigo 1278 do código civil e os artigos 357, n.º 2, e 510, n.º 5, do código de processo civil.

Esta solução é mais correcta, nomeadamente do ponto de vista pragmático. Pois que, assim, evitam-se duas acções. Bem como, se ganhará potencialmente em celeridade da justiça, na resolução final do lítigio. E, também dogmáticamente, o princípio da recusa ao réu do levantamento da questão da titularidade do direito da propriedade na acção possessória é, de certo modo, unilateral e fundamentalista.

Pois, se a posse fôr, no caso, usurpatória e atentória do direito, também, simultâneamente, é ofensiva da legalidade: e, pois, não menos anti-jurídica do que a atitude do titular do direito ao fazer justiça por suas próprias mãos.

153. Quando os citados preceitos (artigos 1278, do C.Civil e 357, n.º 2, 510, n.º 5 do C.Proc.Civil), falam *"na questão da titularidade do direito"* e (os últimos) da "titularidade do direito de propriedade", todavia, não se trata do direito a cuja imagem o possuidor exerce a posse. Mas do

direito no qual o perturbador ou esbulhador pretende fundar a licitude da sua actuação. Bem como, quando referem a titularidade do "direito de propriedade", trata-se duma questão de simpatia á hipótese primacial da invocação desse direito. Todavia, deve entender-se extensivamente que esse direito tanto pode ser o de propriedade, como um outro que justifique a juriscidade da sua actuação.

Assim, pode tratar-se da invocação dum jus in re aliena (usufruto, servidão ou uso e habitação). Bem como, dum direito de crédito sobre a detenção da coisa, provindo da vontade do possuidor (como o de arrendamento, comodato, ou mera autorização).

Ou, dum direito real de garantia, concedendo a detenção da coisa (penhor ou direito de retenção).

Pode ainda o réu invocar que a turbação ou esbulho que cometeu o fez em "acção directa" ou "legítima defesa", da posse de que fora perturbado ou esbulhado pelo autor (artigos 1277, 336 e 337). E, mesmo, até, que nessa "acção directa" ou "legítima defesa" não se verificassem os precisos requisitos do seu uso – desde que, no entanto, se valore que se tivesse antes enveredado pela "defesa judicial" esta se apresentaria como procedente.

Como pode, em suma, invocar o réu uma outra qualquer faculdade legítima (por exemplo, o proprietário que turba a posse do proprietário vizinho com fumos ou ruidos, mas em modo legítimo, ao abrigo do artigo 1346 do código civil). Ou, que assim actua por consentimento do possuidor.

Na verdade, a turbação ou o esbulho haverão de ser objectivamente ilegítimos. Então, "a acção possessória não procederá, se o demandado (autor da violação ou da ameaça) vier alegar e provar que praticou o facto com o consentimento do possuidor (*"consentienti non fit injuria*) ou ao abrigo de um direito (*"feci, sed jure fecit"*) (H.Mesquita, o. cit., 107, nota 161; Manuel Rodrigues, o. cit., p. 407 e sgts).

No entanto, não é ao A. da acção possessória que cabe provar a ilicitude da conduta do demandado. Mas, antes, é a este que caberá provar a licitude da sua conduta.

E, no caso, pode até cumular-se a alegação por parte do demandado quer de que actua com "consentimento" do autor, quer com base "num direito". Assim será, por exemplo, se o demandado alega que se encontra no prédio objecto da acção possessória de restituição, "por contrato de arrendamento" efectuado "pelo próprio autor". Já, se o demandado alega que se encontra em tal prédio por contrato de arrendamento celebrado com terceiro, então, terá que alegar e provar que esse terceiro é proprietário: e,

Defesa da Posse 357

neste caso, alega que se encontra no prédio, ou seja que tal faz, mas "jure fecit": na base do direito de propriedade desse terceiro; e na base do seu direito de arrendamento, com esse terceiro acordado.

E, se o demandado alega que se encontra na detenção da coisa objecto da acção de posse, por "consentimento" do autor – então, rigorosamente, não só invoca uma causa legítima da sua posição, como ainda está "a impugnar", expressa ou implícitamente, a alegação que o autor fez na petição inicial de que ele (autor) é "perturbado ou esbulhado". Ou seja, que o autor tivesse sido "perturbado ou esbulhado" (artigos 1277 e 1278) e que, ele réu, seja perturbador ou esbulhador. E, neste caso, já, não funcionará o comando do artigo 510, n.° 5, ao determinar que se o réu apenas tiver invocado a titularidade do direito (de propriedade), e sem impugnar a posse do autor, e não puder apreciar-se logo aquela questão, o juiz no despacho saneador, ordena a imediata manutenção ou restituição da posse, sem prejuízo de que venha a decidir-se a final quanto á questão da titularidade do direito.

Na verdade, seria um absurdo, por exemplo, que se A. instaurou uma acção possessória de restituição duma habitação contra B., e este viesse alegar que lá se encontra porque A. lhe arrendou o prédio, todavia, devesse ser despejado no despacho saneador, se, então, a questão da existência do arrendamento ainda não pudesse ser decidida!

É que, nesse caso, desde logo, não pode, já, no despacho saneador, ser decidida a existência, ou não, dos pressupostos substantivos do direito do autor á procedência da manutenção ou restituição da coisa contra aquele terceiro: ter havido "perturbação" ou "esbulho da sua posse (citados artigos 1277 e 1278) e ser o réu o perturbador ou esbulhador (artigos citados e, quanto á legitimidade passiva, o artigo 1281). E, a quem alega um direito (no caso, o autor) cabe fazer a prova dos factos constitutivos do direito alegado (artigo 342): e, enquanto os não prova, não pode proceder a sua pretensão. E, por sua vez, alegando o réu que está na detenção da coisa por tal consentimento do autor, rigorosamente não está a invocar factos impeditivos, modificativos ou extintivos. Está, tão só, a "impugnar" o que o autor alega quanto á turbação ou esbulho e, como sendo, ele réu, um perturbador ou esbulhador (artigo 487, n.° 2, do cód., de proc. civil). Quando muito, em "defesa transversal" (Alb. dos Reis, C. Proc. Civil Anotado, III, 24; Acs da R.P., de 10-02-67 e 18-02-68, in J.R., 13.°, p. 347 e 14.°, p. 129; vide B.M.J., 232.°, 167).

Ora, se tal pressuposto está "impugnado", então não se vê razão para, mesmo provisóriamente, o autor ser, de imediato, mantido ou restituido.

O aforismo "*spoliatur ante omnia restituendus*", pressupõe, con-

358   *Posse e Usucapião*

forme ele próprio expressa, que esteja assumido que se trata dum "espoliado" (spoliatur), face a um "espoliador".

Daí se compreende que o artigo 510, n.º 5, delimite o pressuposto do seu comando, "expressamente" à hipótese "se o réu **apenas** tiver invocado a titularidade do direito". A expressa locução usada (apenas), desde logo, pois, afasta as hipóteses em que o Réu não só alegue a titularidade dum direito, como **"ainda"** impugne que tenha havido perturbação ou esbulho da relação de senhorio do autor, – que ele seja um perturbador ou esbulhador, que esteja a atentar contra a relação de senhorio do autor. E, cuja relação de posse, em si, até reconheça: mas não como perturbada ou esbulhada (*"consentienti non fit injuria"*).

Realce-se, também, ao invés, que o Réu pode invocar a titularidade dum direito, mesmo de propriedade, e no entanto essa invocação não legitimar, no caso, a improcedência da acção possessória. "É o que acontece sempre que a um simples possuidor precário é facultado, mesmo contra o proprietário, o exercício das acções possessórias... (locador, parceiro pensador, comodatário, depositário). Aquelas disposições da lei processual, gizadas apenas sobre a posse correspondente à propriedade, não prevêem nem regulam estes casos de posse precária, aos quais será necessário, por consequinte, adaptar o regime processual dos meios possessórios" (Pires de Lima e A.Varela, anot. artigo 1278).

Os artigos 1034 a 1036, do código de Processo Civil de 1939, eram claros no sentido de que o Réu ao levantar a questão da titularidade do direito, deveria *formular, em reconvenção, o pedido do seu reconhecimento* (Alberto dos Reis, Proc. Especiais, I, 1955, 390 e sgts).

Isto é, não bastaria que o Réu, como excepção, invocasse a titularidade do direito.

E, a exigência da formulação do pedido reconvencional é mais adequada á função pragmática de se permitir tal invocação na acção possessória a fim de evitar duplicações de acções –, pois, então, deduzido o pedido reconvencional a questão ficará decidida com valor de caso julgado (dentro da sua normal extensão).

Todavia, o artigo 510, n.º 5, do actual código civil (introduzido pelo D.L. 329-A/95), fala tão só na invocação da titularidade do direito.

Ora, a invocação, tanto o pode ser a mero título de excepção, como ainda a título de reconvenção.

Ainda que o Relatório do citado Decreto-Lei falasse em que "não se vislumbrando qualquer inconveniente na sujeição da questão da propriedade ás regras gerais do *pedido reconvencional,* falece qualquer justificação á manutenção das acções possessórias como processo especial".

Todavia, o artigo 357.°, n.° 2, quanto á defesa possessória por embargos de terceiro já exige que se formule o pedido de reconheceimento do direito de propriedade.

Assim, deve continuar a entender-se que não basta invocar-se o direito de propriedade (ou outro direito) a título de excepção: mas deve formular-se, em reconvenção, o pedido do seu reconhecimento. No entanto, já bastará a invocação do "consentimento" do autor, porque, aqui, se está a impugnar a alegação do autor (como acima referido).

Todavia, o não ser relevante a mera invocação do direito, a título de excepção, para obstar á procedência da acção possessória – daí não resulta que o titular do direito não possa vir a instaurar acção petitória autónoma e, nela, lograr a restituição da coisa apezar da anterior procedência da acção possessória (artigo 1311).

As acções possessórias de manutenção ou de restituição *são*, simultaneamente, de certo modo, *cautelares e provisórias*.

Não cautelares, no sentido de que são providências cautelares. Mas no alcance de que na hipótese referida do artigo 510, n.° 5, do código de processo civil se o R. não impugna a posse do autor e se "apenas" invoca a titularidade do direito, logo, no saneador se procede á manutenção ou restituição da posse se a questão da titularidade do direito não pode, então, ser ainda decidida *(spoliatur ante omnia restituenda)*.

E, têm carácter provisório, não só na hipótese referida do citado artigo 510, n.° 5, como mesmo que haja procedência da (mera) acção possessória (de manutenção ou restituição). Pois que, a procedência da acção possessória tão só investe o possuidor na situação de facto (anterior): não na situação de direito, a cuja imagem possui.

A situação de relação com a coisa só é decidida também no seu plano jurídico, como relação jurídica, se na acção da posse se enxerta o pedido de reconhecimento do direito formulado pelo réu, e no âmbito do respectivo caso julgado que se forme.

154. *Nesse caso, de enxerto do pedido de reconhecimento do direito, realmente, passam a existir duas acções paralelas, no mesmo processo: a acção possessória e a acção petitória do direito.*

Como escreveu Alberto dos Reis (Proc. Especiais, I, 1955 pág. 397/398): "Temos neste caso duas acções conexas dentro do mesmo processo. A posição das partes numa das acções é inversa à que ocupa na outra. Na acção possessória o autor mantém a sua posição primitiva; o réu continua como tal. Na acção de propriedade o Réu passa para a posição de autor e este para a de réu.

360 Posse e Usucapião

Daqui vem que a contestação exerce uma dupla função:

a) Na acção possessória desempenha o papel de contestação;
b) Na acção de propriedade desempenha o papel de petição inicial.

O réu na contestação impugna a posse alegada pelo autor e ao mesmo tempo deduz o seu direito de propriedade.

Coisa semelhante se passa com os outros articulados.

A réplica serve de réplica própriamente dita na acção possessória e de contestação na acção de propriedade; a tréplica funciona como tal na acção possessória e como réplica na acção de propriedade.

Com a tréplica findam os articulados na acção possessória; na acção de propriedade há um quarto articulado (resposta do autor à réplica do réu), como procurámos demonstrar.

Se o processo for sumário sucede coisa idêntica...

Figuremos as hipóteses que podem dar-se:

a) O Juíz, na sentença final, julga procedente a acção possessória e improcedente a acção de propriedade;
b) Sucede o inverso: julga improcedente a acção possessória e procedente a acção de propriedade;
c) O Juiz julga procedentes as duas acções;
d) Julga improcedentes uma e outra.

Na primeira hipótese mantém o possuidor na sua posse ou restitui-o a ela, absolve o autor do pedido formulado pelo réu e condena este em todas as custas do processo. Desde que a acção de propriedade naufragou, a acção possessória produz todos os seus efeitos normais.

Na segunda, absolve o réu do pedido furmuládo pelo autor, reconhece e declara o direito de propriedade invocado pelo réu e condena o autor em todas as custas. A acção de propriedade triunfa em toda a linha; a acção possessória não tem sucesso algum.

Na terceira hipótese rege o que se acha preceituado no último período do art. 1035.°.

As duas acções obtêm decisão favorável; mas como a propriedade prevalece sobre a posse, o êxito da acção possessória fica reduzido a limites muito modestos. O juiz não mantém o autor na sua posse nem o restitui a ela, a pesar de reconhecer como fundado o pedido que ele deduzira; desde que julga procedente a acção de propriedade, tem de condenar o autor a entregar ao réu a coisa, objecto das duas acções, o que obsta a que a acção possessória produza o seu efeito normal.

Mas como seria injusto que todas as custas do processo recaíssem sobre o autor, visto ter ele vencido na acção possessória, a decisão favorável obtida pelo autor só produz efeitos quanto a custas.

Consequência: o Juiz condena o autor a entregar ao réu a coisa de que este é proprietário e lança as custas a cargo do autor e do réu, em partes iguais.

Na quarta hipótese, visto que sucumbem ambas as partes, o juiz absolve o réu do pedido deduzido pelo autor e absolve este do pedido deduzido por aquele. Quanto a custas, deve determinar que sejam pagas, a meio, por ambas as partes".

155. As acções de manutenção e de restituição *são acções de condenação* (Alberto dos Reis, Proc. Especiais, I, 1055, págs. 373 e 377).

Na acção de manutenção, o turbador será condenado a pôr termo á inquietação, e a reparar os efeitos (se susceptiveis de reparação natural). Na de restituição, será condenado o esbulhador a abrir mão do senhorio da coisa, restituindo-a (no lugar do esbulho) ao possuidor (artigo 1284, n.º 2).

Se existem danos causados á posse, pela perturbação ou pelo esbulho, também tal acção será de condenação, nomeadamente monetária (artigo 566).

Por sua vez, se o réu não cumpre voluntariamente a condenação, então seguir-se-á *uma acção executiva. Para entrega de coisa certa*, quanto à condenação à restituição (da acção de restituição), nos termos dos artigos 928 e sgts do código de processo civil. *Para a prestação de um facto*, quanto á manutenção (incluindo, uma eventual restauração natural), nos termos dos artigos 933 e sgts do mesmo código. *Para pagamento de quantia certa*, quanto á condenação monetária a uma indemnização, nos termos dos artigos 811 e sgts do citado código.

Devendo realçar-se, que se se trata dum caso de reconstituição natural possível, a condenação não deve ser monetária; pelas razões da especial natureza do direito á indemnização na posse (vide infra).

A "causa", nas acções possessórias é "a posse" (cit.Alberto dos Reis). Ou seja, a relação de senhorio de facto, como situação juridicamente protegida (art. 20, n.º 1 da Constituição). V. Supra, 151).

O recurso ao Tribunal, é um "direito de acção" processual (artigo 2.º do Cód., de Proc. Civil).

SECÇÃO III
Perturbação (acção de manutenção)
Esbulho (acção de restituição)

156. O possuidor perturbado pode manter-se, e o esbulhado pode restituir-se, quer por sua força e autoridade, quer recorrendo ao Tribunal (artigo 1277): art. 2.° do C. Proc. Civil e art. 20.° da Constituição.

E por razão de protecção da paz social e da continuidade organizativa e de condenação da auto-tutela ou da (efectivação) de justiça pelas próprias mãos (supra, 151).

Não define a lei, todavia, qual sejam as realidades substantivo/ /jurídicas da *perturbação*, por um lado, e, do *esbulho*, por outro.

E, por o legislador entender a dificuldade doutrinal dum critério seguro, estabeleceu no artigo 661, n.° 3, do código de processo civil que se tiver sido requerida a manutenção em lugar de restituição da posse, ou esta em vez daquela, o Juiz conhecerá do pedido correspondente à situação realmente verificada.

Disposição que já existia no parágrafo 1.° do artigo 1032 do código de 1939.

Alberto dos Reis entende que, mesmo sem essa disposição expressa, sempre essa faculdade caberia ao Juiz; como qualificação jurídica da situação factual (Proc. Especiais, I, 1955, p. 378).

Antes das referidas disposições expressas, também já os advogados contornavam a questão, formulando pedidos subsidiários (de manutenção/ /esbulho, ou vice-versa).

Todavia, a questão da distinção entre turbação/esbulho, não é globalmente solucionada pela referida disposição processual.

Não só, porque a solução da distinção continua a ser relevante em tema de indemnização do prejuízo causado. Como, o procedimento cautelar do artigo 1279 se refere tão só ao "esbulho", violento. Bem como, em tema de legitimidade, a acção de manutenção só pode ser instaurada contra o perturbador: e não, contra os seus herdeiros ou contra quem esteja na posse da coisa e tenha conhecimento da turbação (artigo 1281, n.° 1). E, finalmente, entre compossuidores não é permitido o exercício da acção de manutenção (artigo 1286, n.° 2).

A definição preferível será aquela que, em maior grau, quer delimite com precisão as fronteiras, ou confins de cada uma das realidades; quer se adequade á diversa relevância das duas realidades, nas respectivas causas

Defesa da Posse 363

e funções; e, quer, pragmáticamente, seja passível de útilmente dar precisa solução caso a caso.

Ora, várias soluções, adoptadas na doutrina, são, todavia, proposições em que nos seus termos se limitam a usar palavras com significado sinónimo de turbação/esbulho, mais ou menos, descritivas e repetitivas.

Assim, Pires de Lima e A.Varela (anotação ao artigo 1278) quando, na esteira de Manuel Rodrigues (o. cit., n.º 91), dizem que " o acto é de *turbação*, quando diminui, altera ou modifica o gozo e o exercício do direito, sem destruir a retenção ou a fruição existente, ou a sua possibilidade. A doutrina aponta três elementos que caracterizam o acto de turbação: acto material e não juridico, pretensão contrária á posse do outro (ainda que o autor da perturbação não afirme a existência duma posse sua) e conservação da posse deste ... *O esbulho*, contráriamente, supõe a privação total ou parcial da posse. O anterior possuidor é desapossado, não sendo todavia, essencial que o autor do esbulho se apodere da coisa. Nem num nem outro caso se exige que haja dano, e em nenhum deles se exige também que haja *animus spoliandi* (Segré Montel; De Martino)".

E, em termos essencialmente idênticos, Henrique Mesquita (o. cit., págs. 109/110).

Para Alberto dos Reis (cits. Processos Especiais, I, 1955, págs. 375/376); "na ausência de critério legal temos de orientar-nos pela significação dos termos.

Ora a turbação envolve naturalmente a ideia de *simples embaraço* ou *inquietação* ao exercício da posse, sem que, em todo o caso, o possuidor seja privado da retenção ou fruição da causa ou do direito; o esbulho implica a *perda da retenção* ou fruição da coisa ou do direito.

De modo que o critério geral... é este: há turbação se o possuidor, embora ofendido na sua posse, não foi privado da retenção ou fruição; há esbulho, no caso contrário".

Todavia, tal autor, logo a seguir (p. 376), acaba por reconhecer que "apesar do critério fundamental que acabamos de formular, há casos concretos que dão lugar a hesitações e embaraços. Suponhamos, por exemplo, que alguém constrói uma casa na extremidade do terreno seu e abre varandas ou janelas que deitam directamente sobre prédio contíguo, sem deixar entre os dois prédios o intervalo de metro e meio; viola o artigo 2325 do Cód. Civil.

O que deve fazer o vizinho ...? ... Que acção?

Acção de manutenção, dir-se-á, pois que a abertura das janelas o privou de continuar a exercer a sua posse. A isto opõe-se: o facto praticado pelo dono da casa tem o caracter de esbulho, e não de turbação, dado que, a subsistir, o possuidor ficará *para sempre* com o seu terreno devassado pelas janelas ou varandas da casa contígua (Rev.L.Jur. 18.°, p. 310)".

Ora, as hesitações e embaraços que reconhece Alberto dos Reis, resultam quer de que as referidas defenições são meramente descritivas e não conceituais; quer de que também não estão, nomeadamente, a atentar na essência da posse, como uma "relação de senhorio". E a que, nesta, por um lado, além do "poder de facto" (corpus), exige-se o animus. E a que, por outro, mesmo esse poder de facto não pressupõe um necessário contacto físico. Pode não se ter qualquer contacto físico, e ser-se, todavia, possuidor: por exemplo, o adquirente do direito real da coisa que, no entanto, se mantem na detenção do transmitente (constituto possessório). Ou, por exemplo, o nu-proprietário que se mantem possuidor, apezar da coisa estar, ou poder estar, físicamente na detenção do usufrutuário.

Ou, o senhorio de facto do locador face á coisa que se arrendou. Bem como, ao contrário, por exemplo, o transmitente, no constituto possessório, mantem o poder físico ... e não é possuidor.

Por outro lado, no direito português, o possuidor não perde a posse, ainda que um terceiro constitua uma posse contrária, e mesmo contra a vontade do antigo possuidor, salvo se a nova posse houver durado por mais de um ano (artigo 1267, n.° 2).

E, por fim, perguntar-se-á: por que razão, nas relações entre compossuidores não é permitido o uso da acção de manutenção (artigo 1286, n.° 2)? Ou, por que razão, a acção de manutenção não se pode deduzir contra os herdeiros do perturbador ou, ainda, contra quem esteja na posse da coisa e tenha conhecimento da turbação (artigo 1281, n.° 1)?

Ou, perguntar-se-á, também, por que razão tão só o "esbulho" violento, é passivel do procedimento cautelar do artigo 1279, mas já não a "turbação" violenta?

Numa outra linha, já de conceitualização, Menezes Cordeiro, estabelece a seguinte distinção: "na manutenção, não chega a haver desapossamento, ao contrário da restituição: o perturbador dificulta o exercício do direito, mas não o impede" (A Posse, 2ª ed., p. 146; Ac. R.L., 17-01-91, C.J., XVI, I, 124).

Ora, nesta linha já existe uma defenição sistemático-dogmática; com fronteiras precisas e de pragmática utilidade e que é adequada á diversa relevância jurídica atribuida á turbação e ao esbulho.

Ou seja, deve-se concluir que existe esbulho da posse duma coisa, se um terceiro adquire, por seu acto unilateral e originário, para si ou para outrem, uma "situação de posse" contraditória (total ou parcial-

Defesa da Posse 365

mente) com a primeira. E, corresponde-lhe a acção de restituição (interdito recuperandae possessionis).

Existirá, turbação da posse duma coisa, se o pleno exercício das faculdades do direito a cuja imagem se possui, é embaraçado, inquietado, diminuido, alterado ou modificado – por um acto continuado, (acção ou omissão), jurídicamente imputável a um terceiro, mas que não constitua um modo de aquisição duma nova posse, contraditória com aquela. Ou, ainda, se o dito acto de terceiro, embora sendo instantâneo, produz efeitos continuados de deterioração da coisa, sem perda ou destruição irreparável da coisa possuida.

E, corresponde-lhe a acção de manutenção (interdito retinendae possessionis).

E, como o "senhorio de facto" é um conceito dinâmico, no caso do esbulho, a nova posse tanto pode já ter adquirido a sua plenitude (como, por exemplo, em caso de "inversão do título"), como ser ainda uma situação germinal ("pré-posse").

Assim, já é fácil solucionar o referido exemplo do prédio vizinho, onde se constroi edifício e nele se abrem janelas a menos de metro e meio da extrema. Trata-se de esbulho, (como defendia a Rev. de Legislação e Jurisprudência). Na medida em que essa situação consubstancia a posse (conducente a usucapião) dum jus in re aliena (sobre o prédio contíguo); ou seja duma servidão de vistas (artigo 1362). Isto é, a posse do prédio contíguo, á imagem do direito de propriedade, será (parcialmente) esbulhada pela (adquirida) posse do prédio vizinho duma servidão de vistas sobre o primeiro.

A referida defenição conceitual-dogmática *é também a dada por Ennecerus-Kipp-Wolff* (o. cit. p. 85). Conforme referem tais autores, dadas as consequências legais diversas, consoante se trate de esbulho ou de turbação, "precisamente estas consequências nos aproximam da delimitação: nunca se trata de mera turbação (inquietação), se o autor constitui para si mesmo uma posse (total ou parcial). O que coloca numa propriedade rústica um espanta-pássaros, para proteger o seu proprio campo, só é perturbador (pois não constitui para si uma posse parcial); quem edifica para além do limite do seu terreno, comete esbulho; o que passa com o seu carro pelo prédio rústico do vizinho, é geralmente perturbador; mas se o faz no exercício dum direito de passagem inscrito, será esbulhador, pois que então obteve a posse de um direito (parágrafo 1.029)".

Idênticamente se pronunciam Planiol-Ripert.Picard (o. cit., p. 203) "O esbulho consiste essencialmente num acto voluntário implicando contradição á posse doutro. É necessário que exista atentado não só ao facto mas ao direito da posse".

A referida defenição sistemática-dogmática, conduz aos seguintes desenvolvimentos.

Uma vez que o que se está a proteger é a relação de senhorio de facto (a posse), não é necessário que o perturbador ou o esbulhador actuem determinados por um juizo volitivo de perturbação ou de esbulho, com **animus turbandi ou spoliandi** (Pires de Lima e A.Varela, anot. artigo 1278; cits. Planiol-Ripert-Picard; idem, cits. Busto Lago, Alvarez Lata e Peña López, Acciones de Protección de la Posesión, págs. 116 e 131; contra, Manuel Rodrigues, o. cit., págs 396 e sgts). Igualmente, é indiferente a **boa ou má-fé** (juizo cognitivo) do perturbador ou do esbulhador (cit. Planiol-Ripert-Picard). Também é indiferente se a perturbação ou esbulho causam **danos** (cits. Pires de Lima e A. Varela).

Aliás, no "esbulho" existirá sempre o prejuízo da nova posse conduzir á perda da anterior (se vier a durar mais de um ano, ou ainda antes se, entretanto, é cedida a terceiro de boa fé – artigos 1267, n.° 2 e 1281, n.° 2).

Por sua vez, o *animus turbandi ou spoliandi*, não se confunde com o *animus* possessório (actuar como sendo dono, com *animus sibi habendi*), como requisito imprescindível, em biunivocidade com o *corpus* para a existência de posse. Embora se não existe, na investida contra a coisa, tal *animus* (como sendo dono), então não puderá ocorrer um esbulho, mas apenas turbação (V. infra 2007, págs. 111 e sgts.)

Também a larga maioria da doutrina italiana, entende que, "em defenitivo, o que conta é tão só a voluntariedade do acto de esbulho, sendo indiferente que o autor saiba ou ignore que está a lesar a posse de outrem ou que está a actuar contra a vontade deste" (Hugo Natoli, o. cit., p. 327; citando De Martino, Dejana e Funaioli).

Pois, como realçam os cits. Busto Lago, Alvarez Lata e Peña López, na ocupação duma propriedade rústica possuída por terceiro tanto há esbulho quando se actua com plena consciência e vontade de se estar a privar ilegalmente o outro da sua posse, como quando se actua pensando-se que a propriedade é sua (pág. 116). Citando esses autores, no mesmo sentido, Diez-Picazo e Ponce de Leon (La Posesión pág. 651), Hernandez Gil (La Posesión, p. 708) e J. Mª. Miguel González (Com. del Cód. Civil, art. 446, p. 1202).

Na verdade, como acima realçado, *o que se está a proteger é a relação de senhorio de facto (a posse)* – pelo que não é necessário (acrescidamente) que o perturbador ou esbulhador actuem determinados por um juízo volitivo de perturbação ou esbulho.

Defesa da Posse 367

Na verdade, a essência da questão do esbulho está na formação de uma posse contrária e que, além do mais, conduzirá á perda da posse primitiva se a nova posse se mantiver por mais de um ano.

A nova posse, pois, pode ser até titulada, de boa-fé e sem a mínima consciência duma posse anterior.

Por exemplo, A. em férias, em certo sítio, decide-se a comprar uma casa ou uma quinta a B..

E, este mais lhe diz que na quinta existe um feitor C., mas que já está acordado que terminará o contrato logo que seja vendida. Ou, que na casa está C., mas por mero comodato precário. Todavia, o terceiro C., que está ausente, é realmente possuidor, á imagem do direito de propriedade e á vários anos ... E, quando regressa vê-se "esbulhado", pela nova posse de A., a quem B. efectivamente vendeu e entregou a casa ou a quinta.

E, quando se fala na indiferença de existir ou não animus spoliandi ou turbandi, ou boa ou má-fé, para efeitos das pretensões de restituição ou de manutenção (e, com acção directa ou acção judicial), o mesmo se passa quanto á pretensão de indemnização (artigo 1284, n.° 2). Dado que, quanto a esta, são aplicáveis os preceitos dos artigos 483 e seguintes e 562 e seguintes, e, assim, decisivo é que exista culpa (segundo o padrão do exigível a um bom pai de família, artigo 487).

Como a posse pressupõe um acto voluntário, de quem tenha **uso da razão** (artigo 1266), não haverá esbulho se um demente, ou uma criança de dois anos, se apoderam da coisa: aí só pode haver turbação.

Também não poderá haver esbulho, por não poder haver posse, **se o poder que o terceiro exerça sobre a coisa não o é "objectivamente" á imagem dum direito susceptível de posse** (unilateral e origináriamente adquirida). Como sucederá se o terceiro detem a coisa, como sendo (sem o ser) arrendatário. Nesses casos, haverá turbação.

E, também não haverá esbulho, se o poder que o terceiro exerce **não o é com animus** correspondente ao exercício dum direito susceptivel de posse. Assim, se o locatário, caduco o contrato, todavia se mantem no uso da coisa locada, contra a vontade do locador; mas, por exemplo, porque alega não ter para onde ir, ou estar a aguardar que uma habitação que tem em construção fique pronta. Nesses casos, haverá turbação (Ac. R.L., 16-06-80. C.J.,V, n.° 3, 188; Ac. R.P., 3-4-84, C.J. IX, n.° 2, 225).

Como haverá turbação, numa empresa em auto-gestão (contra a vontade do dono) (Ac. R.P., 22-07-80, C.J., V, n.° 4, 197).

Já haverá esbulho, (como acima referido), de quem constroi edificação no limite do seu terreno, com janela ou varanda a menos de metro e meio do prédio vizinho e, em esbulho cometido contra a posse deste (Rev.

L. Jur., 18.°, 310). E, igualmente haverá esbulho contra quem está na posse dum prédio rústico (á imagem do direito de propriedade), se um outro, dizendo-se dono desse prédio, passa a entrar nele várias vezes e a nele praticar actos diversos, como os de apascentar gado, abrir regos, lavrar, semear e colher: apesar de, ou sem que, no entanto o primeiro também deixe de exercer a sua posse (contra Rev.L.Jur., 44.°, p. 53 e Alberto dos Reis, Proc. Especiais, I, 1955, p. 375).

Nesse caso, originar-se-á uma situação de composse, á imagem da compropriedade.

Numa primeira análise, dir-se-ia que o primitivo possuidor, mantendo a posse efectiva, apenas está a ser "inquietado" pela nova posse: e, assim, existiria perturbação (citada Rev. Legislação e Jurisprudência, n.° 44).

Todavia essa análise é uma percepção unilateral e insuficiente da realidade. Pois, o que se passa é que a nova posse, o é á imagem do direito de propriedade. Assim, na realidade global o que temos é o primitivo possuidor, a possuir á imagem do direito de propriedade: e o novo possuidor, a possuir, igualmente, á imagem do direito de propriedade. Ora, não é entendível a existência de duas posses (ou, de dois direitos) de conteúdo idêntico e contraditório entre si, simultaneamente existentes sobre o mesmo objecto **(plures in eandem rem possidere non possunt-Paulo).**

Por outro lado, a situação possessória deve ser correspondente a uma situação jurídica.

E, também, a posse perde-se pela criação de uma nova posse contraditória que persista por mais de um ano (artigo 1267, n.° 1, d).

Assim, no exemplo referido, da criação duma nova posse, á imagem do direito de propriedade mas em que o anterior possuidor também continue efectivamente a possuir, à mesma imagem – a situação global é a de criação duma *composse, á imagem da compropriedade* (artigo 1403).

Com efeito, se o primitivo possuidor não reage contra a nova posse, esta, ao fim de um ano e dia, consolida-se (artigo 1282). Todavia, o primitivo possuidor – na hipótese em análise – continua a exercer actos de posse efectiva, pelo que não se pode, sem mais, dizer que a posse "se perde" em absoluto (artigo 1267, n.° 1, d), pois, o primitivo possuidor continua "efectivamente" também a possuir: e a posse é um "senhorio de facto"; e, face a ela, também o segundo possuidor, pelo seu lado, a consente (como situação de facto).

Assim, a situação, no plano da sua perpectivação á luz da situação jurídica global correspondente, é uma situação em que duas pessoas actuam "como sendo simultâneamente titulares do direito de propriedade sobre a mesma coisa": o que é, (nessa perspectiva da situação jurídica que a posse "manifesta"; ainda que na realidade jurídica o não seja) uma relação jurídica aparente, exteriorizada, de "propriedade comum, ou compropriedade" (artigo 1403).

Assim, na hipótese em causa, é certo que a "primitiva posse, á imagem da propriedade plena", o primitivo possuidor "perdeu-a" (citado artigo 1267).

E, daí o novo possuidor, e a sua posse, cometeu esbulho.

Todavia, o novo possuidor também não adquiriu uma "nova posse, á imagem da propriedade plena": porque, com ela concorre a posse efectiva do possuidor anterior.

A posse que adquire o novo possuidor é uma "posse em comum, ou composse" (artigo 1403). E, a posse primitiva que remanesce, é uma "posse em comum, ou composse", simultâneamente com a "posse em comum, ou composse" do novo possuidor.

É, aliás, o que se passe, em grau menos intenso, quando a **nova posse**, o é á **imagem dum jus in re aliena**. Pois, se um novo possuidor, por exemplo, passa a possuir á imagem de usufrutuário – então, o que perde o possuidor primitivo é a posse á imagem da propriedade plena: mas mantém a posse, á imagem de nu-proprietário.

Aliás, a situação da existência de duas posses simultâneas e contraditórias, é transitória (um ano) e condenada a desaparecer. Pois, se o primitivo possuidor, no prazo de um ano, se restitui á sua posse (esbulhada), é havido, retroactivamente, como nunca esbulhado (artigo 1283). Se não se restitui, a nova posse consolida-se, e a anterior situação possessória, tal como existia, perde-se (artigo 1267, n.º 1, d). E, perde--se absolutamente, se a nova posse é á imagem do mesmo direito, e o anterior possuidor não exerceu a sua posse efectivamente nesse período. Mas, só se perde relativamente, se a nova posse é á imagem dum jus in re aliena ou se é á imagem do mesmo direito, mas o anterior possuidor continua efectivamente a possuir (compossuir) com o novo possuidor. E, nessa perda relativa, então, a anterior posse remanesce como "posse", mas que é comprimida pela nova posse, á imagem dum jus in re aliena (usufruto, servidão, etc) ou que é comprimida pela nova posse á imagem do mesmo direito (passando a posse em comum, ou composse, artigo 1403).

A contraditoriedade da nova posse pode ser apenas parcial, desde logo, quanto apenas a uma parte corpórea do objecto da posse anterior: como, por exemplo no que amplia a construção do seu prédio, entrando numa parte do terreno.

Como, pode-o ser tão só quanto ao conteúdo: por exemplo, uma nova posse, á imagem do direito de usufruto, ou do direito de servidão – quanto á posse primitiva e anterior (esbulhada) que se exerce á imagem da propriedade plena (cits. Ennecerus-Kipp-Wolf, p. 85). Ou, uma nova posse á imagem do direito de propriedade que dê lugar á referida situação de "composse".

A nova posse, devendo ser originária e unilateral (usurpatória), para constituir um esbulho – **será** aquela, pois, que se adquire nomeadamente, quer pela **práctica reiterada** dos actos materiais correspondentes ao exercício do direito (alinea a), do artigo 1263), quer por *inversão do título de posse* (alinea d), desse citado artigo).

Bem como, será a que se adquire por *posse liberadora (conduzível a usucapio libertatis)*. Como, neste caso, será a hipótese do comproprietário que passa a possuir a coisa (ou parte dela), "como sendo" proprietário pleno e em oposição fáctica ao exercício pelos restantes comproprietários das faculdades que lhes correspondem (como tais). Ou, o proprietário que passa a usar da coisa com plenitude, como sendo pleno proprietário, e em oposição fáctica ao axercício das respectivas faculdades de titulares de um *jus in re aliena* (como titulares dum direito de servidão, ou dum usufruto, sobre a mesma coisa). V. Supra, 117 e 118.

Já não haverá esbulho (nem só, por si, turbação) se a nova posse, todavia, não é contraditória com a anterior. Assim, se A. passa a possuir uma coisa, como sendo dono, apezar de sobre ela existir um *jus in re aliena* de terceiro (por exemplo, servidão ou usufruto): mas que ele respeita. Nesse caso, o esbulho só existirá quanto a um (eventual) possuidor anterior, á imagem do direito de propriedade.

Quanto á turbação, como antes referido, exige-se, *em princípio, um "acto continuado", ou um acto instantâneo de efeitos continuados e sem perda ou destruição irreparável da coisa possuida*, juridicamente imputáveis a um terceiro e que não constituam de per si, uma nova posse, (contraditória da anterior) e que inquietem o pleno exercício das faculdades da primeira posse.

Assim, não haverá turbação (e muito menos esbulho) se um indivíduo entra numa mata possuida por outrem, e aí corta, por exemplo, pinheiros ou eucaliptos, já formados, e, no entanto, aí os abandona, mas sem se arrogar que tal faça porque se atribui direitos sobre a coisa (Alberto dos Reis, Processos Especiais,I, 1955, p. 384; citando Dias da Silva). Como não haverá, se A., por vandalismo, destroi uma estátua existente no jardim de B., sem possibilidade de reconstituiçô natural (H.Mesquita, o. cit., p. 108; Ennecerus-Kipp-Wolf, o. cit., p. 81).

Defesa da Posse 371

Que nesses casos não existe esbulho é óbvio, certo que o terceiro não pratica actos de aquisição duma posse sua sobre a coisa. A coisa, não entra na esfera de poder empírico do terceiro, como sendo dono. A coisa (embora destruida), mantem-se (como tal, embora) no poder empírico (posse) do primeiro possuidor. Não há, pois, que falar em "restituição" (de posse).

Mas, também, não existirá turbação da posse, "a poder ser mantida" – na medida, em que o acto de terceiro é instantâneo, e de efeitos não susceptíveis de reconstituição natural: e, quanto ao "senhorio de facto", do que resta das referidas coisas, elas (embora como materialmente destruidas) "mantêm-se" no primeiro possuidor.

Não faria, pois, sentido falar em recorrer á sua própria força ou autoridade ou recorrer ao Tribunal para que "este lhe mantenha ou restitua a posse" (artigo 1277) (vide, Alberto dos Reis, o. cit., p. 383 e, aí, citado Dias da Silva).

Nesses casos só o titular do "direito sobre tais coisas", e não o mero possuidor (como tal), pode agir na base dum invocado "direito" (que não a posse). Nomeadamente, para efeitos da indemnização pelo dano. Pois, o possuidor (na base tão só da posse), não tem direito "ao valor" da coisa totalmente destruida ou o valor da parte em que seja parcialmente destruida. Como infra, na secção sobre "a pretensão de indemnização", se desenvolverá.

ASSIM, não existirá nem esbulho, nem turbação (como categorias conceituais e relevantes), se a coisa possuida se "perde" ou é "destruida materialmente" e a situação não é susceptível de reconstituição natural.

E, não havendo esbulho, nem turbação – também não existe acuidade para acções possessórias de restituição ou de manutenção. E, também não, se o efeito danoso na coisa não é susceptível de reconstituição natural: neste caso, a situação é equiparada a uma "parcial" destruição material da coisa.

E, nesses casos, também não existe para o possuidor (enquanto tal) direito á indemnização monetária pelo valor da coisa (totalmente destruida, ou, pelo valor da destruição parcial).

Nessas hipóteses, em tema de posse, "o senhorio de facto sobre a coisa" (a posse), o possuidor (de facto), doravante, tão só o perdeu (artigo 1267, n.° 1, alínea b): e, sem mais.

Todavia, a situação **já será diferente** se o acto de terceiro, embora não continuado, todavia **tem efeitos inquietantes**, duradouros ou permanentes, mas **susceptíveis de reconstituição natural.**

Por exemplo, se A. destroi a plantação de videiras, ou ramadas, do prédio rústico possuido por B. Ou, se A. parte vidros, janelas ou telhas da habitação de B.. Ou, se lhe danifica um automóvel; ou uma estátua do jardim (susceptível de reparação natural); ou uma plantação de eucaliptos, em formação; ou uma sementeira de pinheiros, novos.

Nesses casos, é certo que, em rigor, o acto de terceiro é instantâneo: o dano é que é persistente. Todavia, os efeitos inquietantes ao pleno uso da coisa possuida são duradouros e mantêm-se. *E é possivel condenar o terceiro a por termo a tal inquitação, através da condenação à reconstituição natural da coisa.* Pelo que, se pode ainda falar em "manter a posse" e, consequentemente, condenar o terceiro á prestação de facto de restauração natural dos efeitos da sua conduta, afim de que a possse se possa exercer plenamente, de facto, e, "mantida" como sobre ela, até aí, se vinha podendo desenvolver.

Já, no entanto, se o acto de terceiro conduz á perda ou destruição material da coisa e sem reparabilidade, aqui, já não se pode falar em restituição ou manutenção da posse – ou em acção de restituição ou manutenção da posse. Aliás, a posse, então, "perdeu-se" (artigo 1267, n.° 1, alinea b). E, não faz qualquer sentido instaurar uma acção para que o Tribunal mantenha ou restitua uma posse sobre uma coisa: quando "essa posse" se perdeu e não é susceptivel de recomposição, como "poder de facto sobre uma coisa".

A questão colocável, e que remanesce, será tão, só, de se o ex-possuidor, poderá pedir "indemnização" por tal perda da posse. O que se entende que não, como infra se desenvolverá.

No caso da destruição duma sementeira que já não seja, em tempo útil, repetível (parece ser contra, H. Mesquita, o. cit., p. 109), há perturbação e direito à indemnização. Pois que o terreno (objecto da posse, perturbada) não se perdeu, nem se destruiu.

Realce-se que **para existir esbulho ou perturbação não é necessário que existe um prejuizo, no sentido de "dano".**

O sentido, por exemplo, das expressões "prejuízo" do artigo 412 do código de processo civil (embargo de obra nova) é lato: significa amplamente, dano ou "ofensa". Prejuízo, tem o sentido de ofensa ilícita á situação jurídica (contrária á ordem jurídica) de que é titular a parte. E, seja essa situação jurídica a dum direito de propriedade, ou doutro direito (real ou pessoal) de gozo da coisa ou da sua posse. Daí o citado artigo começar por se referir "aquele que se julgue ofendido", nos referidos "direitos" ou na sua "posse".

Neste sentido, igualmente, Alberto dos Reis, Cód. de Proc. Civil anotado, 3ª ed., II, art.°. 420, pág. 64/65 e Cunha Gonçalves, Tratado, 12.°, p. 154.

Defesa da Posse 373

O prejuízo, no sentido restrito de "dano", é pressuposto, mas da acção de indemnização (artigo 1284).

Suponha-se que A. num terreno possuido por B., contra a vontade deste, passa a lavrar o terreno destinado á cultura de cereais. Então, decidiu-se, não existe "prejuízo", porque se B. também o iria lavrar não ficou prejudicado e, não pode, pois, deduzir embargos face a esses trabalhos (Ac. R.L., de 23-5-75, BMJ, 248.º, 460. Contra, Ac. R. Ev., 15-1-76, cit. B., 255.º, 216). Todavia, vejamos. Se a conduta de A. consubstanciar o inicio duma "nova posse" (A. lavra, "como sendo" dono – por si ou para outrem), então tal consiste num esbulho: ou, eventualmente, numa ameaça de esbulho. Então, será óbvio que essa conduta de A. "ofende" (ou ameaça ofender) a posse de B. Pois, tal nova posse entra em colisão com a posse primitiva e se o possuidor primitivo não reage "perde", até, a sua posse (artigos 1267, n.º 1, d), e 1282). Daí, que, óbviamente, B. tem legitimidade para instaurar a acção possessória de restituição (ou de prevenção) e os pertinentes procedimentos cautelares (artigos 1276 e 1277).

E, se a conduta de A. não dá origem a nova posse (ou a uma ameaça de se formar) e é, tão só, uma turbação? Pois bem, quanto á mera turbação também o possuidor tem, mutatis mutandis, o recurso á acção de prevenção e á acção de manutenção, e aos pertinentes procedimentos cautelares (artigos 1276 e 1277). É que, se, por exemplo, B. possui a coisa à imagem do direito de propriedade, beneficia da protecção legal de a deter e continuar detendo, e, á imagem daquele direito em que possui, "gozando de modo pleno e exclusivo dos direitos de uso, fruição e disposição da coisa (artigo 1305).

Ou seja, cabe-lhe, "a ele", de "modo pleno e exclusivo" ser ele a usar, fruir e administrar a coisa: e não cabe a outro introduzir-se naquela esfera de domínio de facto (pleno e exclusivo) e ainda que este outro o faça bem intencionado!

Doutro modo, ao chegarmos á nossa vivenda, á noite, podiamos deparar-nos com uma pintura nova, umas portas ou umas janelas novas ... que o vizinho achou por bem benfeitorizar o que é nosso! E, com a promessa do vizinho, que de seguida também iria substituir as telhas do telhado, por outras mais modernas! Ou, replantar a relva e as plantas do jardim...

Ora, a densificação normativa, no exemplo dado, do "conteúdo do direito de propriedade" (citado artigo 1305), óbviamente "integra" o "domínio de facto" da coisa, "de modo pleno e exclusivo" ao titular da situação jurídica: sendo, pois, ofensa ilícita a tal situação a conduta do terceiro. Ainda que não resulte dessa inquietação (perturbação) da posse,

374 *Posse e Usucapião*

eventualmente, qualquer "dano", em sentido restrito; pressuposto então, mas de uma demanda indemnisatória.

157. Conforme antes referido, a "perturbação", *a inquietação da posse*, deve consistir num "acto duradouro", jurídicamente imputável a um terceiro; ou, ainda, um *acto instantâneo, que produza efeitos inquietantes duradouros, sem perda ou destruição irreparável.*

Assim, se um veículo de A., por virtude de um acidente de viação, mas da responsabilidade de B., vem a ser projectado para um quintal de C., onde se queda e danifica uma ramada – a posse de C. é materialmente perturbada (enquanto aí se mantiver o veículo). Todavia, A. jurídicamente não é responsável pela inquitação provocada pelo dano na ramada: não é perturbador.

Quanto á reconstituição da ramada, perturbador é B., como juidicamente responsável pelo acidente. Já quanto à permanência inquietante do veículo no quintal, serão ambos, A. e B., perturbadores. B., porque é o jurídicamente responsável pelo acto (causante). E A. porque sendo proprietário do veículo, a ele, por essa via, também lhe cabe removê-lo.

Assim, também, por exemplo, o proprietário A. dum prédio superior, não será perturbador da posse de B. sobre um prédio inferior, se por causa duma derrocada de terras ou enxurrada de águas, originadas naturalmente por uma tromba de água, como caso fortuito ou de força maior, aquele prédio inferior é coberto de lamas e vê danificadas as suas ramadas, ou plantações de árvores de fruto.

Mas já o será, por exemplo, se há derrocada de terras causadas por terraplanagens que o proprietário A. andou a fazer, sem os "devidos" cuidados e arte, e como o deveria fazer um diligente bom pai de familia.

Há, no entanto, que realçar que quer o acto de esbulho, quer o acto de turbação são, em princípio, actos voluntários continuados. E, a acção de restituição ou de manutenção, visam condenar o esbulhador ou o perturbador a pôr-lhe termo; afim de a coisa regressar á esfera de poder empírico do esbulhado (restituição) ou á possibilidade de pleno uso da coisa pelo perturbado (manutenção).

Mas quando a coisa possuida sofre deterioração, ainda que a sua reparação também vise "reintegrar naturalmente" o perturbado, quanto ao uso que ele detinha da coisa – e neste sentido se puderá, *cum grano salis*, falar em mantê-lo na posse – todavia, tal reparação é própriamente uma operação de "indemnização".

E, a condenação do perturbador não será tanto, condená-lo a abster-

Defesa da Posse 375

-se de prosseguir num acto voluntário de inquietação: mas, mais, condená-
-lo a reparar os efeitos, a indemnizar uma situação.

Então, a acção possessória de manutenção só será viável se o acto do terceiro consubstanciar um acto não-licito, culposo e causante: á luz, dos princípios gerais da responsabilidade por factos ilícitos (arts. 483 e seguintes e 562 e seguintes). Não só pelo carácter mixto, e referido, de tal manutenção. Como, por outro lado, se estaria a exorbitar da razão de ser da posse, e sua defesa (preservar a paz pública e, ou, o valor da continuidade). Como, de modo algum o estatuto possessório pode conferir ao seu titular, mais faculdades, ou direitos, do que ele teria se fosse titular da situação jurídica a cuja imagem possui (por exemplo, ser o proprietário da coisa).

158. *O acto de perturbação ou de esbulho tem que ser um acto material, e não um acto intelectual ou jurídico* (Pires de Lima e Antunes Varela, anotação ao artigo 1278; H.Mesquita, o. cit. p. 109).

O acto intelectual ou o jurídico apenas podem dar lugar a acções de prevenção, e na medida em que aqueles possam ser indicativos justos de um ulterior acto material de perturbação ou esbulho.

Aliás, se para existir esbulho se pressupõe uma aquisição de posse pelo terceiro, esta por sua vez pressuporá um acto material (corpus).

E, de qualquer modo, sendo a posse uma situação de facto (um senhorio empírico sobre uma coisa) e sendo esse senhorio factual a causa e a função (de defesa dele) pelas acções possessórias, então o acto intelectual ou jurídico, "em si mesmo", não pode atentar "esse senhorio" (ainda que tão só como perturbação).

Assim, o possuidor *não* tem que instaurar acções possessórias de restituição ou manutenção contra a realização de *escrituras de justificação de posse*, ou contra *o registo do direito ou, tão pouco, contra o registo de mera posse* (artigo 1255).

Esses actos são meramente indiferentes quanto á sua, *de facto*, situação possessória. E, mesmo para a relevância desta para efeitos de usucapião (artigo 5, n.º 2, alinea a), do código de registo predial).

E, tão pouco prejudicam o possuidor, no efeito (defectível) da presunção do direito (artigo 1268). V. supra 137.

Aliás a prova plena da escritura de justificação, é tão só quanto a ter o justificante "declarado" perante o Notário o que dela consta e quanto a tal o terem igualmente "confirmado" as testemunhas (artigos 371 e 372). Mas já não que seja verdade o que foi declarado, ou que seja verdadeiro o testemunhado. V. supra 137.

E, mesmo quanto ao declarado e confirmado, nem sequer se trata de

376 *Posse e Usucapião*

"declarações negociais", mas tão só de "declarações narrativas" (á cerca das quais não existe qualquer presunção de genuidade do conteúdo).

E, sempre, se a posse é uma situação de senhorio de facto – existirá posse se o respectivo titular prova que *essa situação existe*. E, assim, cumulativamente, infirmando o conteúdo do declarado, ou do testemunhado ou a presunção de registo (quanto ao registo da mera posse; certo que quanto ao registo do direito, a presunção é deste e não da posse; e quanto áquela, a presunção derivada de posse anterior, anula-a, dado o citado artigo 1268).

Assim, também *não* constitui perturbação, e muito menos esbulho, por exemplo, o *mero propalar* por parte de A. que é o dono, ou o possuidor, do bem possuido por B..

159. *Dadas as anteriores defenições de turbação e de esbulho, podem suceder-se várias turbações; ou suceder a uma turbação, um esbulho; ou sucederem-se vários esbulhos; ou, cumulativamente ocorrer esbulho e turbação.*

Suponhamos que A. passa, por um terreno possuido por B, afim de a partir de um seu prédio, por aquele, atingir a via pública.

Ora, o facto de A. ter passado há dias, e tornar a passar hoje, não quer dizer que daí se infira que irá passar amanhã (ou depois). Mas, se passados meses torna a passar, pode valorar-se a situação, a priori, quer como um acto autónomo de nova turbação; quer como um *acto continuativo/ /complementar* das passagens anteriores.

A relevância da diferença estará em que se valoriza a passagem posterior como acto autónomo, o prazo de caducidade da acção de manutenção, contar-se-á a partir dele. Se se valoriza como acto continuativo das passagens anteriores, o prazo conta-se a partir da primeira passagem.

Sobre este tema, desenvolver-se-á infra, sob o n.° 171.

Mas, também a uma turbação se pode seguir um esbulho (infra, n.° 172).

É que carecendo este da aquisição duma posse pelo terceiro, então, o esbulho só surgirá quando a situação criada passe a ser á imagem dum direito.

Assim, por exemplo, na medida em que as servidões não aparentes (que não se revelam por sinais visiveis e permanentes), não são susceptíveis de usucapião (artigos 1548, n.° 1 e 1293, alinea a) e não são susceptiveis de defesa possessória, salvo quando a posse se funde em título provindo do proprietário do prédio serviente ou de quem lho transmitiu

Defesa da Posse 377

(artigo 1280) – então se A. apenas passa por um prédio possuido por B, enquanto tão só tal suceder, haverá, turbação. Mas, a partir do momento em que A., por exemplo, abra uma porta, uma cancela, destrua um muro, uma sebe, etc, passará a surgir, então, um esbulho (vide De Martino, citado in Pires de Lima e A.Varela, anotação ao artigo 1282, H.Mesquita, o. cit. nota 176, p. 114).

E, também poderão existir esbulhos sucessivos (infra n.° 172). Na medida em que, por exemplo, a posse do primeiro esbulho se perca por qualquer dos modos referidos no artigo 1267 e, depois, se siga a criação duma nova posse (novo esbulho) e sucessivamente (vide Rev.L. Jur., 92.°, 224 e Pires de Lima/A.Varela, anotação ao artigo 1282).

E, a situação pode consubstanciar, simultaneamente, esbulho e turbação. Por exemplo, se A. se apodera originária e unilateralmente duma habitação, como sendo dono: nessa dimensão, comete esbulho contra o possuidor preexistente.

Mas, se, uma vez essa coisa na sua posse, A., ainda, deteriora a habitação, por exemplo, partindo vidros ou janelas – nesta dimensão comete turbação.

E, então, A. pode ser demandado pelo possuidor pre-existente, não só para que restitua a habitação ao seu senhorio de facto (restituição/esbulho), como ainda que repare a inquietação á sua posse dos vidros e janelas partidas (manutenção/turbação).

SECÇÃO IV
Indemnização do prejuízo sofrido
pela turbação ou esbulho

160. O possuidor mantido ou restituido tem direito a ser indemnizado do prejuizo sofrido em consequência da turbação ou do esbulho (artigo 1284).

Nessa norma, encontramos três vectores essenciais.

O primeiro, de que a "causa" da pretensão indemnizatória do possuidor, é a sua "posse": pois, a própria lei diz que é "o possuidor" que tem esse direito.

O segundo, é que tem esse direito o possuidor "mantido ou restituido".

O terceiro, e tendo em conta que a posse é uma relação de "domínio empírico" sobre uma coisa, á imagem dum direito (e, relativamente a este, agnóstica) e que o direito é de "possuidor": então, "os danos que ele pode obter *através da tutela possessória* são apenas os que respeitam á lesão da posse, não os que provêm da ofensa ou violação do direito correspondente á posse" (Pires de Lima e A. Varela, anotação ao artigo 1284).

Por sua vez, se estamos no campo da "indemnização do prejuízo sofrido em consequência da turbação ou do esbulho" (artigo 1284), então a esse crédito/obrigação serão aplicáveis as disposições dos artigos 483 e sgts e 562 e sgts do código civil (cits. Pires de Lima e A. Varela, quanto aos últimos preceitos).

Por último, não se entenderá que relativamente à protecção da factual situação possessória (jus possessionis), ela, "como tal" e em beneficio "do possuidor", possa ser mais protegida do que seria se a considerassemos em relação à correspondente "situação de direito" e face ao titular desse direito (jus possidendi).

ASSIM, dentro desses parâmetros normativos gerais, ou seja dentro da unidade e harmonia do sistema, é que devemos considerar a pretensão indemnizatória do possuidor face a uma turbação ou esbulho.

E certo que a razão do crédito indemnizatório é a posse, esbulhada ou perturbada (art. 1284). E com base e disposição legal (cit. art. 1284) destinada a proteger os interesses sociais que estão consubstanciados na figura da posse, como categoria jurídica autónoma (art. 483). V. supra, 22, 24 e 151.

Trata-se, pois, dum peculiar ilícito civil (Busto Lago, Alvarez Lata e Peña López, Acciones de Protección de la Posesión, 2007, p. 382).

Ou seja, como se expressa o Cód. Civil alemão (858 BGB) quem priva o possuidor da posse da coisa sem vontade deste ou o perturba actua antijurídicamente, sempre que a lei não autorize a privação ou a perturbação.

161. Desde logo, *o possuidor não tem um direito indemnizatório ao valor da coisa possuida, se esta pelo esbulho ou pela turbação se perde ou é materialmente destruida (sem possibilidade de reparação natural):* e na totalidade, ou quanto á parte em que o seja.

Pois, então, e em primeiro lugar, o possuidor perde a posse (artigo 1267, n.º 1, alinea b). E, se a causa da protecção é a posse então, perdida aquela, também cessa "a sua defesa": cessada a causa, cessa o efeito.

Por sua vez, a posse é uma relação de senhorio de facto, mas como tal, agnóstica: o possuidor pode não ser titular do direito, a cuja imagem possui.

E, não tem mais direitos, nem menos, por (enquanto possuidor e na relevância da posse) também ser ou não, ainda, titular do direito.

Ora, se o turbador ou o esbulhador fossem condenados a pagar ao possuidor, como tal, o valor da coisa perdida ou destruida materialmente – então, podiam vir eles a ser (eventualmente) condenados, segunda vez, a pagar esse mesmo valor ao titular do direito. Por exemplo, A. é possuidor dum veículo que furtou; B. destroi-lhe esse veículo. Se B. for condenado a pagar a A. o valor do veículo, tal não o isenta de vir a ser condenado a pagar a C. o mesmo valor, se este o acciona como "titular" do direito de propriedade sobre o veículo.

Ora, o Estado não pode colocar-se na situação de ter que (eventualmente) condenar o cidadão duas vezes face ao mesmo acto ilicito: non bis in idem. Nem, no referido exemplo, o turbador ou esbulhador poderia, se viesse a ser condenado face ao proprietário, invocar repetição de pagamento indevido ao possuidor – pois que, então, se fosse lícito ao possuidor exigir o pagamento, ele (possuidor) tinha recebido licitamente e em satisfação dum seu interesse legalmente protegido (e o pagamento era devido).

E a referida solução bem se compreende. Pois, a posse é uma relação de "senhorio empírico e agnóstica".

Mas, então, como situação de facto e agnóstica, "será" protegida "enquanto existe". Se se "perde" (a situação de posse), ipso facto, por natureza das coisas, se perde a possibilidade de a proteger.

Por exemplo, o credor também tem como garantia de satisfação do seu crédito o património do devedor. Mas tem, se ele existe, como exista e enquanto exista. Assim, – se A. empresta avultada quantia a B., porque este tem no seu património um valioso espólio duma colecção de pinturas, todavia se um terceiro C. destroi as pinturas, que ficam sem qualquer valor, A. "perde" a garantia do valor das pinturas... Mas, não tem qualquer pretensão indemnizatória contra C.

Pois, a faculdade de tal credor nomear á penhora certos bens, é mero reflexo de o património dos credores ser sua garantia, *o que pressupõe que os bens existam nesse património.*

No caso, pois, da perda ou destruição material da coisa possuida – só o titular do direito real de gozo sobre a coisa terá uma pretensão indemnizatória contra o terceiro perturbador ou esbulhador: não o possuidor. Este "perdeu" posse: cessada a causa, cessa o efeito.

E, o mesmo, mutatis mutandis, se dizendo quanto a uma deterioração da coisa, não reparável por reconstituição natural. Tal equivale a uma "parcial" perda material da coisa.

O possuidor, nesses casos, só terá direito a indemnização do prejuízo sofrido pela turbação ou pelo esbulho, intercalarmente entre a data destes e a referida perda ou destruição material. Por exemplo, pelo desapossamento do veículo que o obrigou a ter que alugar outro: mas tão só enquanto é possuidor; ou seja, até ao momento em que o mesmo (eventualmente) se perca ou seja materialmente destruido (sem possibilidade de reparação natural).

E, também se existe reparabilidade natural, é a esta que deve ser condenado o perturbador. Pois, que, desde logo, é esta que reintegra a situação possessória e que a "mantem" (artigo 566). E, depois, porque se ele perturbador fosse condenado a uma reparação monetária ... não se livraria de vir a ser condenado, segunda vez, perante o titular do direito, que, com base no direito viesse a peticionar uma reconstituição natural (ou o seu equivalente monetário).

No sentido defendido, escrevem Ennecerus- Kipp-Wolf (o. cit., p. 81), e citando igualmente Hellwig: "em caso de destruição da coisa possuida, o possuidor como tal não tem pretensão ao ressarcimento do seu valor, segundo se depreende do parágrafo 851". Este, preceito determina, precisamente, pelo seu lado, que se o obrigado a uma indemnização de danos por causa de subtração ou deterioração de uma coisa móvel, paga a indemnização àquele que estava na posse da coisa, não se libera do pagamento ao proprietário se o conhecia ou se o desconhecia por culpa grave.

Se por ventura o possuidor recebe uma indemnização de terceiro para reparar a coisa e não a repara, em caso de reivindicação da coisa (não reparada) pelo proprietário, caberá ao possuidor restituir tal soma (que reteve) ao proprietário – e, com base em acto ilícito se era possuidor de má-fé e com base em locupletamento á custa alheia, se estava de boa-fé. Assim, Busto Lago, Alvarez Lata e Peña López, Acciones de Protección de la Posesión, 2007, p. 383.

Também Alberto dos Reis (Processos Especiais, I, 1955, 383/384) entende que se um indivíduo entra numa mata possuida por outrem e aí corta lenha, e sem que se arrogue um direito sobre a mata, então não cabe ao possuidor uma acção possessória: caber-lhe-á um procedimento criminal por furto. Citando, no mesmo sentido, Dias da Silva (Processos Civis Especiais, 2ª ed., 488). Todavia, entendo que cabe acção possessória para restituição da lenha furtada (e, que não se perdeu ou destruiu).

E, para Henrique Mesquita (o. cit., 109), se A., por vandalismo, danifica uma estátua existente no jardim de B, pratica um crime de dano, mas não um acto de turbação de posse. Certo, se não é reparável.

A relegação (por Alberto dos Reis e Henrique Mesquita) da valoração da hipótese para o campo criminal (furto ou dano), o que de positivo releva é que a situação não é protegida em termos civis da defesa da posse.

Defesa da Posse   381

Mas nesse campo, também nesse processo penal não será depois exigivel uma indemnização. Certo que, devendo esta ser valorada pelo direito civil, nesta (conforme defendido) a mesma é impeticionável. E, só cabe ao titular do direito sobre a coisa.: se esta se perdeu ou se destruiu (irreparável).

Dir-se-á que o possuidor tem um "direito de reter e continuar retendo", e, com base "nesse direito" lhe caberia, então, a referida pretensão indemnizatória em dinheiro ao valor do bem.

Mas a existência, ou não, desse direito: é que é a questão (petição de princípio).

Ora, dentro dos referidos vectores essenciais que se extraiem do referido artigo 1284 (que atribui a pretensão indemnizatória), e conforme supra referido (no número anterior), desde logo não resulta o (questionável) "direito de reter e continuar retendo", como direito primacial e autónomo (do qual, por sua vez, é que derivariam as acções de restituição e manutenção).

Por sua vez, também em nenhum dos preceitos do capítulo IV, dos "efeitos da posse", se encontra a existência ou atribuição de tal direito: como integrando o *"jus possessionis"*. O que, ao contrário, já aparece, por exemplo, como integrando o "jus possidendi" do proprietário, nos artigos 1305 e 1311 (o proprietário goza de modo pleno e exclusivo dos direitos de uso, fruição e disposição das coisas que lhe pertencem; e pode exigir judicialente de qualquer possuidor ou detentor da coisa o reconhecimento do seu direito de propriedade e a consequente restituição de que lhe pertence).

Por sua vez, a faculdade de o possuidor reter e continuar retendo é reflexo individual, mas do interesse colectivo de, por razões de paz pública ou manutenção da continuidade (ou por presunção do direito), a posse (*a situação de facto*) se poder e dever defender com procedimentos judiciais, ou acção directa, contra esbulhos ou perturbações. V. supra, 151.

Ou seja, porque, assim, o mero "domínio de facto" se pode defender, e, como tal, tal senhorio de facto assume relevância jurídica, então, reflexamente, é que o possuidor gozará individualmente da faculdade de reter ou continuar retendo...

Mas, então, a faculdade de reter e continuar retendo – só existe, reflexamente, se, e enquanto que, seja possível o procedimento de "restituição ou de manutenção" da posse. Ora, este deixa de ser possivel, por natureza das coisas e jurídicamente – como já desenvolvido – quando, e a partir do momento, em que a coisa se perca ou seja materialmente destruida, total ou parcialmente (sem hipótese de reconstituição natural): e, nesses casos, a posse perdeu-se (totalmente ou quanto á parte destruida), ao abrigo do artigo 1267, n.° 1, alinea b).

382 *Posse e Usucapião*

E, daí, coerentemente e em harmonia intrínseca, que em nenhum dos preceitos dos "efeitos da posse", do capítulo IV, se expresse (ou neles se encontre) o referido "direito a reter e continuar retendo," como direito primacial e autónomo. Bem como, daí, que, coerentemente também, o artigo 1284 atribua a pretensão indemnizatória, **"mas"** "ao possuidor mantido ou restituido". *Ou seja, para que o possuidor goze do direito de indemnização, é pressuposto que goze do direito a ser mantido ou restituido.*

Enquanto que esse direito preexistisse, e até quando, temporalmente, existisse.

ORA, por natureza das coisas, o titular de certo "domínio de facto" sobre "uma coisa", só pode ser mantido ou restituido a esse "senhorio de facto sobre a coisa", "se" ela não foi perdida ou destruida materialmente (e sem possibilidade de reconstituição natural). Ou seja, só se pode ser mantido ou restituido "ao senhorio de facto sobre a coisa", se a coisa se mantem: ainda que deteriorada, mas neste caso susceptível de reconstituição natural.

Assim, se o possuidor se mantem ou se restitui por acção directa, então o possuidor tem o direito a ser indemnizado até á data em que se verificou a restituição ou a manutenção: e pelos prejuizos sofridos, até aí, pela consequente privação ou inquietação. E, igualmente, se o possuidor foi restituido ou mantido judicialmente.

Ou, se o possuidor foi mantido ou restituido por iniciativa do próprio esbulhador ou turbador, ou por mero acaso natural, mutatis mutandis, tem direito a ser indemnizado pela turbação ou privação da posse até essa data. Pode também suceder que o possuidor não tenha sido efectivamente restituido ou mantido, mas também já efectivamente o não possa vir a ser – porque, por exemplo, entretanto a coisa se perdeu ou se destruiu materialmente. Então, terá direito a ser indemnizado pelo período de privação até á data da efectiva perda ou destruição; como igualmente pela turbação até essa data.

Exemplifiquemos com a seguinte hipótese.

A. é possuidor dum veículo automóvel que um amigo, B., lhe emprestou para o mês de Julho e Agosto, e inclusivé para ele A. ir com tal veículo de férias, nesse mês de Julho, para o Algarve. Um terceiro C., logo de manhã cedo no primeiro dia de Julho, duas horas antes da marcada para partida de A. para férias, furta o veículo da posse de A. (que o tinha na garagem). A. tem que recorrer ao aluguer doutro veículo para ir de férias, no que dispende cem mil escudos.

Se, depois, em Agosto A. vem a descobrir que o ladrão foi C., pode restituir-se a essa posse, directa ou judicialmente, e peticionar a indemnização do prejuizo que sofreu ao dispender cem mil escudos pelo aluguer doutra viatura.

E, pode A, solicitar judicialmente tal restituição e indemnização, quer com base na "posse" de comodatário (*jus possessionis*), quer com base no "direito" de comodatário (jus possidendi).

Mas, suponha-se que o ladrão C., logo na primeira hora do furto, tem um acidente e o veículo "perde-se materialmente" (sem possibilidade de reconstituição natural).

Então, nessa hipótese, a posse de A. perdeu-se com a destruição material do veículo (artigo 1267, n.º 1,b).

E, perdida a posse, perdem-se os "seus" efeitos (jus possessionis).

E, A. já não goza da defesa possessória de restituição.

Mas, também, A. já não pode, com base na mera "posse" e "como possuidor" ("que já não é") nem peticionar a C. o valor do veículo; nem peticionar a C. o reembolso dos cem mil escudos (que dispendeu quando já não era possuidor).

Todavia, A. já pode com "base no direito de comodatário", *com o jus possidendi* desse direito, peticionar a C. a indemnização dos referidos cem mil escudos – porque A. era titular desse direito até ao fim do mês de Agosto (artigos 1129 e 483 e sgts e 562 e sgts).

Todavia, assistem-lhe as acções possessórias de restituição e de indemnização (pelos ditos cem mil escudos gastos), se A., em inícios de Agosto, descobre que foi C. que furtou o veículo: e se ele (veículo) não está destruído.

E, que o direito de indemnização tem como pressuposto que o possuidor se possa manter ou restituir á sua posse – e nos termos referidos – encontramos **corroboração (de tal tese) no regime da defesa possessória das servidões não aparentes**.

Na verdade, segundo o artigo 1280, as acções de restituição e de manutenção não são aplicáveis á defesa das servidões não aparentes (salvo quando a posse se funde em título provindo do proprietário do prédio serviente ou de quem lho transmitiu).

Todavia, nada diz a lei quanto á pretensão de indemnização. No entanto, essa pretensão não é atribuivel. Pois, desde logo, se o possuidor duma servidão não aparente (que, em termos de "domínio de facto" pode existir) tivesse tal direito – então com esse direito frustrava-se a norma do artigo 1280: tirava-se com uma mão, e dava-se com outra a defesa possessória (dessa posse). Na verdade, se tal possuidor pudesse peticionar a indemnização do prejuízo causado por uma turbação ou esbulho, tal traduzir-se-ía, afinal, numa pretensão de condenação do turbador a não

384 *Posse e Usucapião*

prosseguir nessa conduta ou numa pretensão contra o esbulhador a repor a situação anterior ("indemnização", por "reconstituição natural", ao abrigo do artigo 566, n.° 1). Isto é, tal possuidor conseguiria, a final, manter-se ou restituir-se por via da petição indemnisatória!

Mas, então, porquê é que a Lei só excluiu as acções de manutenção e de restituição como meios de defesa de tal posse e não se referiu, também, á exclusão da pretensão indemnizatória?

Porque, na harmonia intrínseca do sistema, já na medida em que excluiu as acções de restituição e de manutenção – também excluiu, consequentemente, acção de indemnização: porque esta pressupõe a existência daquelas (artigo 1284, n.° 1).

Quando o artigo 1284 determina que o possuidor "mantido ou restituido", tem direito a ser indemnizado do prejuízo que haja sofrido em consequência da turbação ou do esbulho – abrange tanto o possuidor mantido ou restituido judicialmente, como o mantido ou restituido por sua própria força ou autoridade (artigo 1277); como, igualmente abrange, o que foi mantido ou restituido por acto do próprio turbador ou esbulhador, ou acidentalmente.

162. Como já antes referido ao crédito/obrigação de indemnização pelo prejuizo sofrido na posse, são aplicáveis as disposições dos artigos 483 e sgts e 562 e sgts. O que pressupõe um acto juridicamente imputável ao turbador ou esbulhador; ilícito (enquanto ofensivo da posse e não juridicamente legitimado); culposo e que haja causalidade entre o acto e o prejuízo.

Põe-se, todavia, a questão de se compatibilizar se no caso de esbulho, em que se forma uma posse de terceiro, serão também co--aplicáveis ao referido crédito/obrigação de indemnização precisamente as normas que se referem à posse, quanto á perda ou deterioração da coisa, frutos, encargos e benfeitorias (artigos 1269 a 1275): e no caso, quanto á posse do esbulhador.

Bem como, qual seja a amplitude da norma que determina a retroactividade da eficácia da restituição judicial (é havido como nunca esbulhado o que à sua posse foi restituido judicialmente, artigo 1283).

Pires de Lima e A. Varela (anotação ao artigo 1284) entendem que, no caso de restituição, se aplicam os referidos preceitos quanto á posse do esbulhador. E, referem que também o artigo 492 do código de Seabra, expressamente determinava que "o mantido ou restituido deve ser indemnizado ... nos termos declarados nos artigos seguintes". E, estes artigos seguintes, eram os referidos preceitos da posse.

Todavia, salvo o devido respeito, logo encontramos manifesta contradição à tese referida de Pires de Lima e Antunes Varela, quando, antes, ao anotarem o artigo 1283 (é havido como nunca perturbado ou esbulhado o que foi mantido na sua posse ou a ela foi restituido judicialmente), já dizem, esses autores, que, dada a norma desse artigo 1283, "deve-se considerar irrelevante a posse do esbulhador ... nem este tem direito aos frutos, se estiver de boa-fé, nem lhe são aplicáveis as regras especiais sobre benfeitorias, as quais são substituidas pelas da acessão".

Ora, no nosso entender, nem, por um lado, o artigo 1283 deve assumir-se com tal amplitude; como, por outro, os referidos preceitos sobre os efeitos da posse não são, sem mais, e todos, aplicáveis ao caso de o esbulhado se restituir à sua posse.

O artigo 1283 deve ser entendido no sentido de que o esbulho, se o esbulhado foi á sua posse restituido, só por si, então, tal esbulho, não macula a posse restituida: considerada esta em si, **"a se"**, e na perspectiva da posse restituida.

Algo de semelhante ao que acontece com a retroactividade da verificação da condição resolutiva, nos negócios condicionais, segundo os artigos 274, n.º 2 e 276 do código civil (vide, Negócio Condicional, Durval Ferreira).

Ou seja, se entre a data do esbulho e a data da restituição, como se entre a data da conclusão do negócio condicional e a data da verificação da condição – nada mais se passou em relação á coisa do que o apoderamento da mesma, pelo esbulhador, então, esse apoderamento, em si, não macula a posse do possuidor esbulhado.

Todavia, entre essas duas datas, o mundo puderá não ter estado parado e não ter ocorrido tão só o apoderamento da coisa, na pendência do esbulho. Pode, relativamente á coisa, o esbulhador, ter ainda, por exemplo, colhido frutos, pago encargos dela, ter realizado benfeitorias ou ter ocasionado a perda ou deterioração da coisa.

Então, quanto a essas realidades acrescidas haverá que as ter em conta; porque existem e contra factos não há argumentos. E, existindo, há que equacioná-las e estabelecer o seu adequado regime normativo. Ora, esse regime é precisamente o que consta, em princípio, nos artigos 1269 e seguintes.

Daí o artigo 274, n.º 2, quanto ao negócio condicional determinar que se houver lugar á restituição é aplicável, directamente ou por analogia, o disposto nos artigos 1269 e seguintes, em relação ao possuidor de boa-fé. E, restringe á boa-fé, porquanto, óbviamente, o adquirente sob condição resolutiva está de boa-fé quanto ao apossamento da coisa (embora com apoderamento, á imagem desse direito resolúvel).

386 *Posse e Usucapião*

Por outro lado, se o entendimento da norma do artigo 1283, em apreço, fosse outro – então, o possuidor restituido encontrar-se-ia em melhor situação de que o titular do direito, a cuja imagem possui. Pois, se o titular do direito reivindicasse a coisa esbulhada por terceiro ... este terceiro, como possuidor, beneficiaria, contra aquele, dos efeitos possessórios referidos nos citados artigos 1270 e seguintes. O que seria um absurdo. Ou seja, que o possuidor, á imagem objectiva dum direito – tenha mais regalias contra terceiro, em jus possessionis, do que teria, em jus possidendi, o titular do direito (a cuja imagem aquele possui): ou até ele possuidor, se é, simultâneamente, titular do direito e é com base neste que reivindica.

Assim, o artigo 1283 apenas significa que a posse restituida, em si, "a se", e pelo seu lado, não é maculada pelo esbulho: é como se nunca tivesse sido esbulhada. Consequentemente, por exemplo, o prazo da posse primitiva conta-se desde o seu início, nomeadamente para efeitos de usucapião ou de se considerar posse de ano e dia: sem desconto, pois, do tempo em que durou o esbulho. Ou, será considerado acto turbativo da posse primitiva, uma turbação ocorrida durante o tempo do esbulho.

E, obviamente, também a posse do esbulhador não contará, se só dura mais de um ano com o tempo percorrido durante o processo judicial, para efeitos da perda da posse primitiva (artigo 1267, n.º 1, alinea d).

Certo que a tal se opõe o princípio em causa, de que "é havido como nunca esbulhado o possuidor que á sua posse foi restituido judicialmente".

Bem como, quer, porque a demora do processo não deve prejudicar a parte que tenha razão; como, a eficácia da respectiva sentença condenatória de restituição, deve reportar-se á data da propositura da acção de restituição.

Quanto á aplicabilidade dos efeitos possessórios á posse do esbulhador e frente ao possuidor primitivo restituido, e conforme aos artigos 1269 e seguintes, essa é outra questão. E, a solução dependerá do conteúdo normativo concreto de cada um dos respectivos preceitos.

Assim, o artigo 1269, quanto á perda ou deterioração da coisa, aplica-se ao possuidor-esbulhador.

Só que, com a perda ou destruição material da coisa o possuidor primitivo perdeu a sua posse (artigo 1267, n.º 1, b). E, assim, não lhe assiste, "como possuidor", direito á indemnização pelo valor da coisa; como antes já desenvolvido.

Ou seja, assim, o artigo 1269 normativamente só regula a relação do possuidor perante o títular do direito: não perante o possuidor primitivo esbulhado.

Já o artigo 1270, sobre os frutos na posse de boa-fé, e a primeira parte do artigo 1271, sobre os frutos na posse de má-fé, e o artigo 1272, sobre os encargos, têm um conteúdo normativo justificável quer perante o titular do direito, quer perante o possuidor primitivo esbulhado e restituido.

Quanto, á segunda parte do artigo 1271, quanto aos frutos na posse de má fé e à responsabilização do possuidor "pelo valor daqueles que um proprietário diligente poderia ter obtido" já só é razoável perante o titular do direito: não perante o possuidor esbulhado e restituido. Na verdade não se compreenderá tal sancionamento dum possuidor, meramente face a outro possuidor que, como ele, pode ser, em termos de senhorio de facto, tão negligente, ou até mais, do que ele.

E, por outro lado, quanto ao possuidor esbulhado, a pretensão deste é de mera raiz indemnizatória (artigo 1284), e, como tal, estando subordinada aos princípios gerais dos artigos 483 e seguintes e 562 e seguintes. Pelo que, só se contem dentro dos limites do prejuízo que o lesado provávelmente não teria sofrido se não fosse a lesão (artigo 563).

Por fim, os artigos 1273 a 1275, sobre benfeitorias, têm um conteúdo normativo que tanto se justifica perante o titular do direito, como perante o possuidor primitivo esbulhado e restituido. E, também a questão de se determinar se se trata de benfeitorias ou de acessão, é questão que, por princípio, deve ser resolvida considerando-se a data em que a obra é feita. Ora, a essa data o esbulhador era possuidor, pelo que se no âmbito da posse realizou as obras – então, estas devem considerar-se como benfeitorias (vide supra n.º 150, sobre benfeitorias).

Ou seja, a retroactividade da restituição permite considerar incólume a posse primitiva e na perspectiva da posse primitiva. Mas não apaga a realidade de que existiram actos praticados pelo possuidor-esbulhador – acrescidos e para além dessa posse – que há que valorizar na situação factual efectiva em que, como tal e históricamente, ocorreram.

SECÇÃO V
Legitimidade Processual

SUBSECÇÃO I
Entre particulares

163. **Têm legitimidade activa nas acções de manutenção e de restituição de posse**, o possuidor e seus herdeiros. E, obviamente, quanto aos herdeiros, se o possuidor faleceu. E, neste caso porque, pela sucessão,

388 *Posse e Usucapião*

passam eles a ser os possuidores (artigo 1255; Alberto dos Réus, Proc. Especiais, I, 1955, 381).

E, naturalmente, também, aquele que, nos termos gerais "representar" o possuidor, e em nome deste; como, por exemplo, o representante legal, nos casos de menoridade ou de incapacidade (Pires de Lima e A. Varela, anotação ao artigo 1281).

Já não têm legitimidade para instaurar acções possessórias os que detêm em nome de outrem, "para defesa da posse desse outrem". Nos casos de locação, comodato e depósito, e para defesa daquela posse (em nome doutrem) o que devem esses detentores, é avisar o locador, o comodante ou o depositante, do esbulho ou da turbação, ou da respectiva ameaça, se o facto for daqueles desconhecido (artigos 1038, alinea h), 1135, alínea g) e 1187, alinea b).

O que podem é esses titulares da "respectiva" relação de senhorio de facto, defenderem essa sua própria posse: pois que, então não agem como pessoas que alienae possessioni praestant ministerium; mas, antes, agem então gerindo os seus próprios interesses (artigos 1037, n.° 2, 1125, n.° 2, 1135, n.° 2, e 188, n.° 2).

164. **Tem legitimidade passiva nas acções de manutenção**, apenas o perturbador, salva a acção de indemnização contra os herdeiros deste (artigo 1281, n.° 1).

E, porque é que não existe legitimidade passiva dos herdeiros do perturbador na acção de manutenção e só existe quanto á acção de indemnização?

Porque a "perturbação", pressupõe que o terceiro não criou a seu favor uma posse. Então, os herdeiros não sucederiam na posição de perturbação que o falecido conduzia: eles só sucedem numa situação de posse do de cujus. E, assim sendo, a perturbação "imputável a alguém", também se extingue com a morte do mesmo.

Pode todavia suceder que a conduta perturbatória objectivamente continue a ocorrer. Mas então ela será, agora, imputável a quem a cause, nomeadamente os herdeiros. E, se assim vier a suceder, do que se tratará, então, é de, agora, existir uma turbação actual imputável a esses causantes: e, como tal, o possuidor pode instaurar acção possessória, nova e autónoma, contra essa nova e autónoma perturbação actual e contra esses (agora) perturbadores. Será o caso, por exemplo, de dum prédio vizinho serem emitidos fumos ou ruidos, no modo não permitido pelo artigo 1346, e inquietantes da posse do prédio contíguo.

Se o proprietário daquele prédio morrer, todavia, o possuidor do pré-

Defesa da Posse 389

dio contíguo pode instaurar acção possessória de manutenção, nova e autónoma, contra quem seja o actual responsável pela continuação de tais emissões inquietantes. E, também, a caducidade da acção só começará a contar a partir do início dessa nova turbação.

Já quanto á acção de indemnização compreende-se que se possa instaurar contra os herdeiros de turbador, na medida em que aqueles sucedem ao de cujus nessa relação obrigacional (artigos 2024 e 2068).

Quanto á legitimidade passiva nas acções de restituição, as mesmas podem ser instauradas não só contra o esbulhador e seus herdeiros, mas ainda contra quem esteja na posse da coisa e tenha conhecimento do esbulho.

Quanto aos herdeiros do esbulhador, a legitimidade é óbvia porquanto os mesmos sucedem na posse do de cujus (artigo 1255).

Quanto ao terceiro que esteja na posse da coisa e tenha conhecimento do esbulho, também se justifica a legitimidade. Primeiro, porque, então também ele é esbulhador. Depois, porque em muitos casos seria impossível reaver a coisa das mãos do esbulhador, se ele se pudesse furtar á restituição transmitindo a coisa a terceiro (Pires de Lima e A. Varela, anotação ao artigo 1281).

Todavia, se após o esbulho a coisa passa (por cedência da posse) a terceiro de boa-fé – já não se pode instaurar contra ele acção de restituição (artigo 1281, n.º 2, a contrário). Não se trata de questão de legitimidade, mas de protecção da boa-fé, do adquirente da posse: "perde-se" a defesa da restituição da posse primitiva. Esta norma é inspirada no artigo 1169 do código civil italiano de 1942. E não é assim na actual lei espanhola de acções possessórias (LE Civ – 2000). Busto Lago, Álvarez Lata e Peña López, Acciones de Protección de La Posessión, 2007, p. 173 que defendem que a exigência anterior de conhecimento do esbulho (*Spoliii conscius*) não é razoável e é incoerente com a protecção objectiva que a lei concede ao possuidor.

E, realçou-se que a situação se reporta a um terceiro a quem foi "cedida a posse". Pois se o terceiro cria uma posse por seu acto unilateral, então ele é, pura e simplesmente, por sua vez, um esbulhador. E, esbulhador das duas posses anteriores (da de menos de um ano do primeiro esbulhador; e da primitiva posse, e não perdida, do primeiro esbulhado).

Pires de Lima e Antunes Varela, em anotação final ao artigo 1281, realçam que é "de notar que a lei fala em terceiro que *esteja na posse da coisa*.

Não pode, portanto, intentar-se a acção contra quem seja mero detentor, por possuir em nome do esbulhador. Será o caso, por exemplo, daquele que locou a coisa (vide De Martino)".

390   *Posse e Usucapião*

Mas, não se compreenderá que se alguém esbulha outro da sua posse, se possa furtar á restituição da coisa ... locando-a, ou emprestando-a, ou pondo-a em depósito nas mãos dum terceiro!

Bem como, esse terceiro se tem conhecimento do esbulho será, sempre, um co-autor material do esbulho. E, então, a questão reconduz-se a saber se a acção de restituição também se pode instaurar contra os autores materiais do esbulho, ou se só contra os autores morais.

Questão que a seguir se desenvolverá.

E, se esse terceiro não tem conhecimento do esbulho, todavia como possui em nome do esbulhador, também será, assim, sempre, um co-autor material do esbulho. E, caimos, novamente, na mesma antes referida questão. E, será (por tais razões) coautor material do esbulho, porque, para haver esbulho é indiferente o *animus spoliandi* ou a boa ou má fé.

Por sua vez, a determinação normativa (a contrário) do artigo 1281, n.º 2, de que não se pode instaurar acção de restituição "contra quem esteja na posse da coisa e não tenha conhecimento do esbulho", entendo, também, que não se aplica aos detentores de posse precária (por exemplo, locatário). Pois que, em primeiro lugar estes, na economia do código civil, não são "possuidores" (artigo 1251). Mas apenas detentores especiais a quem são atribuidas acções possessórias, para defesa da detenção da coisa que, por contrato, legitimamente lhes foi atribuida. E, em segundo lugar, porque mesmo a atribuição dos referidos meios de defesa, tem como pressuposto existir o direito (de locatário, comodatário, etc). Ora, a cedência do esbulhador, não dará lugar a uma cedência legitimada contratualmente, na medida em que o esbulhador não é titular dum direito de uso, fruição e desposição sobre a coisa esbulhada.

165. Quando o artigo 1281 fala na legitimidade passiva do perturbador e do esbulhador, levanta-se a questão de saber se se trata do *"autor material"* da perturbação ou de esbulho, ou do *"autor moral"*, ou de ambos.

Pires de Lima e Antunes Varela (em anotação ao artigo 1281), dizem que "deve considerar-se como perturbador, em príncipio, não só o que executa materialmente o acto (autor material), como o que o ordena (autor moral), pois ambos são responsáveis por ele. Não parece ser exacta a doutrina que restringe a legitimidade passiva ao autor material (Manuel Rodrigues, o. cit., n.º 83). Se alguma limitação se pode fazer, é precisamente em relação a este...".

Igualmente, Alberto dos Reis (Proc. Especiais, I, 1955, 383), entende que "parece, ... que é contra este (o autor moral) que a acção deve ser dirigida. Atenda-se, porém, a que o possuidor pode ter dificuldade em fazer a prova de que o facto foi praticado por ordem de terceiro. Quando isto suceda, está indicado que proponha a acção contra os próprios executores ... aos réus fica aberto o caminho de nomearem á acção aquele que deu a ordem (artigo 329)".

Todavia, rectius, a questão deve ser analisada separadamente para ambas as referidas acções.

Na acção de turbação, ao autor moral é-lhe imputável a conduta inquietante do executor, logo ele pode ser parte legitima (artigos 26, n.º 3, 27 e última parte do n.º 2 do artigo 28, do código de processo civil). Bem como, para o pedido de indemnização (artigos 490, 497 e 518 do código civil). Mas também o autor material comete a turbação; tanto mais que a turbação não pressupõe animus turbandi, nem má-fé. Pelo que também este pode ser parte legítima.

E, como tal, se é demandado o autor moral ele deverá ser condenado quer a abster-se de continuar a ordenar a conduta turbativa, quer a indemnizar o possuidor do prejuizo sofrido, inclusivé na reconstituição natural da situação anterior: se quanto ao dever de indemnizar, se verificam os pressupostos gerais da responsabilidade.

Se é demandado o autor material, ele deverá ser condenado a não continuar a conduta turbativa e, igualmente, a indemnizar o possuidor do prejuízo sofrido e no modo antes referido face a uma demanda do autor moral.

Também puderão ser demandados conjuntamente o autor material e o autor moral (artigos citados, 26, n.º 3 e 27, n.º 1).

Na acção de restituição, a posse contrária que pelo esbulho se verifica cria-se a favor do autor moral, sendo este o seu titular (artigo 1252, n.º 1). Assim, é manifesto que o autor moral é "esbulhador" (artigo 1281, n.º 2); bem como, é contra essa "sua" nova posse que deve reagir o possuidor primitivo (artigo 1267, n.º 1, d). Ele, é, pois, parte legítima (cits. artigos, 26, n.º 3, 27, n.º 1 e 28, n.º 2, última parte).

Quanto ao autor material do esbulho,se, todavia, o é a favor de outrem, ou seja, se é a favor doutrem que se cria a nova posse e se é esse outrem o titular da nova posse – então, o autor material não pode ser condenado a restituir o que não tem.

Consequentemente, se o autor da acção, logo na petição inicial, configura o terceiro como mero executor dum esbulho a favor doutrem – então, na "relação controvertida, tal como é configurada pelo autor" (citado artigo 26, n.º 3), parte legitima para o pedido de restituição será esse outrem (o autor moral).

Se o autor da acção, na petição inicial configura o executor como sendo esbulhador duma posse, em seu proveito, mas se se vem na acção a provar que ele é tão só autor material e o autor moral é outro – então embora esse réu seja parte legítima (face á relação controvertida, tal como é configurada pelo autor), todavia, a final, o pedido de restituição da posse não pode proceder: porque ele não é possuidor, e não se pode ser condenado a restituir o que se não tem. Possuidor, será o autor moral: e a posse usurpatória que se criou, dela, também, será titular o autor moral.

Todavia, em face da "situação realmente verificada", esse réu pode ser condenado a abster-se de continuar com a sua conduta, então como turbação (artigo 661, n.° 3 do dódigo de processo civil); bem como pode ser condenado a indemnizar o autor do prejuizo sofrido por essa conduta inquietante, inclusivé na reconstituição natural da situação, se preexistirem os pressupostos gerais da responsabilidade civil. E, quanto á indemnização, inclusivé, em termos de reconstituição natural. E por força quer do artigo 1284, quer dos artigos 490, 497 e 518 do código civil. Pois, na verdade, o autor material de actos contraditórios com a posse de outrem, mas que criam uma posse a favor desse outrem (autor moral dos actos daquele) – é, pelo menos, um perturbador do exercício das plenas faculdades da posse primitiva.

Na categoria de autor material incluem-se assim os <u>meros servidores da posse</u>, (ou seja os que executam ordens alheias, como seu instrumento, numa relação de dependência e subordinação ao primeiro, como, p. ex., os empregados ou os empreiteiros). Contra, salvo se excederem as ordens recebidas e actuarem por sua conta, Busto Lago, Alvarez Lata e Peña Lopez, Acciones de Protección de la Posesión, 2007, págs. 164 e 165).

Se são vários os autores da perturbação ou do esbulho, todos e qualquer um estão legitimados e não há litisconsórcio passivo necessário. No mesmo sentido, os cits. autores espanhóis e jurisprudência corrente que citam.

Naturalmente, os efeitos do caso julgado só respeitam ás partes que foram demandadas (artigos 497, 498, 673 e 674 do código de processo civil).

Se a turbação ou o esbulho são realizados por um gestor de negócios, e se o dono do negócio aprova a gestão ou ratifica o acto – passamos a ter um autor material quanto ao gestor, e um autor moral quanto ao *dominus negotii*. Pelo que, este será parte legítima (vide, Pires de Lima e Antunes Varela, anotação ao artigo 1281).

Se a posse esbulhada, é uma **composse** qualquer dos compossuidores é parte legítima activa (artigos 1286 e 1405, n.° 2), para a acção de restituição, manutenção ou indemnização.

Se a nova posse criada é uma composse, todos os compossuidores deverão ser demandados na acção de restituição (artigo 2091 do código civil, sobre a herança; e artigo 28, n.° 2, do código de processo civil).

Salvo se, tratando-se de composse de co-herdeiros, se demande o cabeça de casal (art. 2088, 2).

Mas já não, se se trata de composse de condóminos (art. 1437, 3).

Por sua vez, nesse artigo 1286, constante do capítulo da posse, a situação de "composse" – tem o sentido abrangente de corresponder á figura da "contitularidade no mesmo direito" (Pires de Lima e A. Varela, anot. cit. art. 1286). Assim, segundo estes professores, "a composse pode incidir sobre qualquer direito real susceptível de posse. O caso mais vulgar será, certamente, o da composse do direito de propriedade (relacionada com a situação de co-herdeiro, colegatário, condómino, comproprietário, etc); mas pode haver composse dum direito de usufruto, duma servidão, da enfiteuse, etc (cf. Dias Marques)". E, segundo os mesmos autores "a possibilidade de recorrer ás acções possessórias por parte de cada possuidor isoladamente ... resulta não só deste artigo, como do disposto nos arts. 1404 e 1405 ... Há apenas que substituir, adaptando o artigo á posse, a acção de reivindicação pelas acções possessórias".

Isto é, para efeitos dos referidos preceitos, "compossuidor", não é apenas o "comproprietário", mas todos os referidos contitulares, incluindo os co-herdeiros (art. 2078). Bem como os cônjuges, salvo a casa de morada da família (infra, 176).

O que se compreende, pois que na "contitularidade de posse" – seja qual for – cada um, simultaneamente, possui por si (com animus *sibi habendi*) e possui pelos outros (*alieno nomine*). E, assim sendo, sempre a sua posse é ofendida pelo esbulho – e ele poderá defendê-la, porque a acção possessória cabe "a qualquer possuidor" (art. 1277 do C. Civil).

É uma questão pacífica igualmente noutras legislações.

Assim, em Espanha, J. Busto Lago, N. Alvarez Lata e F. Peña Lopez, Acções de Proteccion de la Posesión (2007). p. 144, sintetizam: "Qualquer co-possuidor, vários, todos a uma vez, ou o representante da comunidade ... pode exercitar as acções sumárias de defesa da posse frente a qualquer terceiro que haja perturbado ou esbulhado a posse que comparte com os demais. A razão porque um possuidor, por si só e actuando exclusivamente em seu nome, pode fazê-lo – radica em que qualquer co-possuidor ... possui todo o bem ou direito simultânea e conjuntamente com os demais e, por conseguinte, a sua posse se verá afectada pelo acto de perturbação ou esbulho".

394 Posse e Usucapião

166. **Quanto aos cônjuges**, como a posse é uma situação de facto, valem as regras gerais antes defenidas. E, não as regras especiais do artigo 28-A do código de processo civil. Salvo que o bem possuido, e em causa, seja a casa de morada de família (artigo citado 28-A). E, quer morada de familia do autor, quer do réu.

Se, todavia, o réu levantar a questão da titularidade do direito, então já é aplicável o normativismo especial do citado artigo 28-A. Mas é aplicável quanto á acção petitória enxertada ou paralela: não quanto á acção possessória.

Vide, Alberto dos Reis, Proc. Especiais, I, 1955, 384.

E, de acordo com as regras gerais o cônjuge pode defender a sua posse, quer dos bens próprios, quer dos comuns. Como, aliás, aflora no artigo 352 do código de processo civil (embargos de terceiro). E, quanto aos bens comuns porque é compossuidor (artigo 1286 do C.Civil).

Quanto aos bens próprios do outro cônjuge, poderá agir em três situações. Em nome daquele, se para tanto tem mandato (artigo 1678, n.° 2, alínea g); ou, como seu gestor de negócios na hipótese da alínea f), do mesmo artigo; ou, quanto aos bens móveis do outro cônjuge por ele exclusivamente utilizados como instrumento de trabalho. É claro, ainda, que se estes últimos móveis, ou quaisquer outros bens próprios, foram, por exemplo, emprestados pelo outro cônjuge – então, como comodatário deles, o cônjuge também tem acção possessória (artigo 1133, n.° 2).

167. Mas mesmo em demandas judiciais entre particulares, *pode levantar-se* a *questão da impropriedade do recurso ás acções possessórias (ou providências cautelares) do direito privado*, (na competência dos Tribunais Comuns e nas formas processuais do direito processual civil).

Tal sucederá *quando*, *"por o litígio se reportar a uma relação jurídico--administrativa, a defesa dos direitos ou interesses lesados se deva efectuar – através dos meios previstos na lei de processo administrativo contencioso"* (artigo 414 do código de processo civil). Neste caso, a competência material é dos Tribunais Administrativos (art. 3 e 4 do Estatuto dos Tribunais Administrativos e Fiscais).

Ou seja, é a mesma situação que se levanta quanto á legitimidade passiva da Administração Pública e que, infra, se desenvolverá e para onde se remete. E, ainda que aqui se fale de ilegitimidade, *rectius* é uma questão de competência material.

É o que, nomeadamente, ocorrerá em relações de vizinhança. Por exemplo, A. inicia a construção de um prédio num terreno contíguo a outro possuido pelo vizinho B. Este considera, por exemplo, que a referida construção daquele afecta a sua vivenda, por violação de preceitos do direito administrativo.

Comecemos por tratar da questão do *"licenciamento" administrativo* da obra.

A mera circunstância do "licenciamento", por si, não é limitativa de acções possessórias ou de procedimentos cautelares respectivos. Pois, por um lado, o licenciamento só significa que a Administração considerou a obra conforme ás regras devidas de ordenamento do território e ás regras devidas da construção. E, por outro lado, quanto á existência ou não, de eventuais direitos privados dum terceiro, e seu conteúdo normativo e extensão, a eventual tomada de posição da Administração é meramente "opinativa". Mas não é acto administrativo, definitivo e executório, e muito menos impositivo: tal é da competência dos Tribunais, e dos Comuns (art. 1.°, do Estatuto dos Trib. Adm.; Acs. do S.T.J., de 22-5-73, B.M.J., 227.°, p. 110 e de 02-12-92, cit. B., 422.°, 363).

Mas, no inverso, também a circunstância da obra do terceiro não estar licenciada, ou contrariar uma licença ou alvará, só por si, não conduz a que essa obra realmente seja um acto de esbulho ou de perturbação do direito ou da posse de alguém.

Haverá que, acrescidamente invocar-se qual, substantivamente, e em si, é a ofensa á situação jurídica ou possessória de que se é titular (Ac.R.E., de 8-7-99, C.J., Acordãos da Rel. de Évora, p. 274).

Noutra perspectiva, ainda, haverá que ter em conta qual é a questão principal que o autor levantou na acção (ou no procedimento cautelar respectivo) (artigo 96 do código de processo civil).

Se o demandante invoca uma ofensa ilícita (ou uma ameaça), a um direito que lhe é consignado no direito privado, então a questão é da competência dos Tribunais Comuns e dentro de formas do processo civil (art. 1.°, do Estat. dos Trib. Adm.).

Por exemplo, se levanta a questão da existência de janelas abertas (ou a abrir) no edifício novo (artigo 1360, do código civil). Ou, que o edifício lhe estorva o uso duma servidão preexistente (artigo 1568).

Ou, contraria uma servidão de vistas preexistente (artigo 1362, n.° 2). Ou que tal edifício invade terreno seu, e como tal possuido (artigo 1305).

Ou que, ilícitamente do edificio vizinho emanam cheiros, fumos ou ruidos (artigo 1346).

Ou que, numa propriedade horizontal, não foram respeitadas as regras da formação da vontade da maioria.

Até porque á Administração lhe cabe, no desenvolvimento embora das suas atribuições, respeitar os direitos e interesses legalmente protegidos do cidadão (artigo 266.º da Constituição).

Todavia, já não caberão acções possessórias, respectivos procedimentos cautelares, e seu desenvolvimento nos tribunais comuns *se o A. questiona, principalmente, regras (administrativas) de ordenamento do território ou regras (administrativas) de licenciamento de obras particulares.* Ou, se questiona valores ambientais. Ou, de carácter estético, urbanístico ou arquictéctónico.

Pois que, então, o cerne da questão é, rectius, uma relação jurídico--administrativa, pelo que a defesa dos direitos ou interesses lesados se deve efectivar através dos meios previstos na lei de procedimento administrativo contencioso e com competência material dos Tribunais Administrativos (artigos 66 e 414 do Código de Processo Civil e art. 1.º do Estat. dos Trib. Ad.). E, aliás, não se esquecendo que, nesses temas, existe uma margem de decisão deixada ao poder descricionário da própria Administração. Pelo que, nem os Tribunais são "administração", como a invasão dessa esfera atentaria contra a constitucional "separação de poderes".

Assim, ao particular, em tal hipótese, o que ele terá que fazer é reagir quer perante a Administração, em "procedimento administrativo", e quanto á eventual falta de "licença" ou contra a eventual violação da mesma; quer perante os Tribunais Administrativos, se quer reagir quanto aos vícios das concretas decisões administrativas, incluindo as da concessão da respectiva licença.

Não quer dizer que, do lado da posse, esta, em si, não possa estar a ser afectada, ou seja "perturbada". O que se passa, todavia é que do lado da perspectiva da ofensa, a mesma se insere numa relação que é da órbita da sindicância da Administração pública e, por sua vez, da órbita da sindicância pelos Tribunais Administrativos da conduta daquela.

No sentido antes defendido, o Ac. R.C., de 23-3-82 (C.Jur., 1982, 2.º, 88) defendeu que não é direito subjectivo privado a defesa do aspecto arquitéctónico de zona urbana. E, os Acs. da R.P., de 21-12-91, (cit. Col., 1991), 1.º, 253) quanto a violação de regras de loteamento; e, de 23-1-95 (cit. Col., 1995, 1.º, 201), quanto a obras no prédio vizinho. Contra, no entanto, o Ac. da R.Ev., de 14-7-88 (B.M.J., 379, 663), defendeu que o titular de alvará de loteamento pode embargar obra, do comprador de lote, ao arrepio das regras próprias da urbanização.

168. Se, por razões de competência material, o possuidor tiver que acorrer á Administração, e ao procedimento administrativo; ou, aos Tribunais Administrativos e ao processo administrativo contencioso – Tam-

Defesa da Posse

bém, então, a sua posse será a causa-legítima dos seus pedidos, mutatis mutandis.

E, com a valência que a posse tem no ordenamento jurídico. Nomeadamente, da presunção da titularidade do direito e do recurso ao Estado para se manter ou restituir, ou de tal se prevenir (artigos 1268, 1276 e 1277). Pois, que não só a Administração lhe cabe o respeito dos direitos e interesses legalmente protegidos do cidadão; como, aos mesmos cabe o Recurso ao Estado para sua defesa (artigos 20.° e 266.° da Constituição). Embora, á posse, como senhorio de facto agnóstico, não lhe possam corresponder mais faculdades do que as que correspondem ao direito a cuja imagem se possui; bem como, a posse cede perante a juriscidade da conduta alheia (fecit, sed jure fecit). V. Supra, 152 a 154.

SUBSECÇÃO II
Pessoas Colectivas Públicas e bens do Domínio Público

169. As Pessoas colectivas públicas podem ser titulares de *direitos reais sobre coisas privadas*. E, esse domínio privado está sujeito ás disposições do código civil em tudo o que não for especialmente regulado (artigo 1304 do Código Civil).

Consequentemente, se uma Pessoa Colectiva pública é esbulhada ou perturbada na posse que exercia sobre uma coisa á imagem objectiva dum direito real privado, naturalmente poderá usar das acções possessórias (de prevenção, restituição, manutenção e indemnização); bem como dos respectivos meios cautelares possessórios ou defesa directa. E perante os Tribunais comuns (artigos 1.° e 4.° do Estatuto dos Tribunais Administrativos e Fiscais). E, vice-versa, puderá a Pessoa Colectiva pública ser demandada, nos ditos procedimentos, se, em actuação de gestão privada, esbulha ou perturba a coisa possuida, á imagem objectiva dum direito privado.

Pois que, quanto aos seus bens privados a administração está ao nível dos cidadãos. E, nesse âmbito, a sua vontade não goza do benefício de execução prévia; nem de auto-tutela administrativa (interdictum proprium) ou "poderes de polícia" de defesa das coisas públicas.

A questão já é diferente se trata de *coisas do domínio público*. Como supra, no n.° 49 se referiu e a seguir, quanto á legitimidade, se irá analisar.

170. Quanto á questão da *legitimidade activa da pessoa colectiva* pública para defender as *coisas do seu domínio público* contra actos de

esbulho ou de turbação por parte de terceiros – antes do Código Civil de 1867, era dominante a doutrina que o defendia. Igualmente o artigo 823 do código civil italiano de 1942 determina expressamente que compete á entidade administrativa para defesa do seu domínio público quer proceder por via administrativa, quer valer-se dos meios ordinários de defesa da propriedade e da posse regulados no código civil.

Na vigência do Código Civil de 1867, a Revista de Leg. e Jurisprudência (ano 92, p. 222), defendeu que a posse deve ser considerada como um instituto do comércio jurídico privado: às acções possessórias corresponderiam, quanto ás coisas do domínio público, **os poderes de polícia** (neste sentido, Manuel Rodrigues, o. cit., n.º 25). Igualmente, Marcelo Caetano considera "lógicamente inadmissivel a acção de restituição de posse de uma coisa dominial" (Man. Dir.Adm., tomo II, 8ª ed., n.º 353). Também, Pires de Lima e Antunes Varela (em anotação aos artigos 1251 e 1304) afastam a possibilidade das acções possessórias: porque, a posse material da coisa a pode conseguir a Administração "fácilmente ... através de medidas de polícia". Entendem estes últimos citados autores, que já não será assim quanto a uma acção de reivindicação do dominio.

Ora, realmente, se a posse dum bem do domínio público é esbulhada ou afectada, não caberá á Administração o recurso a acções possessórias, – mas se, ao caso, bastarem medidas de polícia que o direito administrativo lhe confira, como da sua competência. Não, rectius, por questão de legitimidade. Mas, porque, então, faltará o pressuposto processual do "interesse em agir".

Na verdade, se ao caso cabem "poderes de polícia", nesta ordem a Administração não precisa da protecção interdictal do Juiz contra as inquietações possessórias, e pois, por si mesma e usando sua própria coacção, pode defender a posse de que disfruta (interdictum proprium) (Conselho de Estado, espanhol, consulta, de 14-12-49. In, Eduardo Garcia de Enterria. Dos Estudos s/ usucapion, 3ª ed., 1998., p. 160).

Esta solução aflora no artigo 413 do Código de Processo Civil, ao determinar que a administração Pública pode instaurar embargo de obra nova "quando careça de competência para decretar embargo administrativo".

E esse poder de auto-tutela está, hoje, expressamente conferido à Administração para defesa do domínio público no art. 21 do D.L. 280/07, de 7/8. Bem como o recurso aos Tribunais Administrativos e ás respectivas providências cautelares, resulta dos arts. 1 e 4 do ETAF e 112 do C. Proc. Ad., bem como dos arts. 211,1, e 212, 3, da CR e dos arts. 66, 413 e 414 do C. Pr. C. V. supra, 49.

Defesa da Posse 399

Também, se a ofensa da posse do domínio público provem de acto "judicialmente ordenado", já caberá á Administração legitimidade para deduzir embargos de terceiro (artigo 351 do C.Pr.Civil). Certo que, em tal caso, não goza de "poderes de polícia" contra o Tribunal.

Todavia, já não se verá, então, razão para não ser permitido aos particulares usar de **acção popular** para defesa da posse de bens do domínio público e nos termos gerais do uso desta acção (artigo 52, n.° 3 b) da Constituição e Lei 83/95).

Visto que, aos particulares já não cabem "poderes de polícia".

Bem como, mesmo a título pessoal (ou seja, sem ser em acção popular) *também poderão os particulares usar* de acções possessórias para defesa da sua situação de facto, de beneficiários imediatos da função pública da coisa do domínio público. E, de que sejam privados ou ameaçados. E, contra terceiros particulares (artigos 20, n.° 1, da Constituição e 2, n.° 2, do código de processo civil). Tese esta expressamente sufragada no artigo 1145 do código civil italiano e, também, pela jurisprudência francesa (apud, Manuel Rodrigues, o. cit., p. 141).

Quanto a usarem os particulares de acção para defenderem o domínio público contra a própria Administração, já é uma questão de legitimidade passiva da Administração e que se tratará no número seguinte.

Por sua vez, também os particulares podem defender a sua posse quanto ás *coisas públicas objecto de concessão* (conforme supra, n.° 50, já se analisou). E, quer entre si ou contra particulares.

E, igualmente, em princípio, contra a própria Administração.

Salvo que tal defesa esteja expressamente coberta por meios administrativos da própria disciplina do contrato de concessão (falta de interesse em agir): ou, por o litígio, no caso, se reportar a uma relação administrativa, então, a defesa se deva efectivar através dos meios previstos na lei de processo administrativo (artigo 414 do código de processo civil e arts. 1.° e 4.° do Est. Trib. Adm. e Fiscal).

E, assim, o Assento de 14-12-1937 (D.G., de 28-12-1937), julgou que os túmulos são susceptíveis de posse e de defesa possessória pelos concessionários e sucessores. V. supra, 50.

Igualmente, Menezes Cordeiro (A posse, 2ª ed., p. 82) e Planiol--Ripert-Picard (o. cit., págs. 165 e 177; contra terceiros privados).

É certo que das coisas do domínio público, o respectivo titular do domínio é a Entidade Pública respectiva.

Todavia, as coisas públicas são coisas *quae publico* usui destinatae sunt (frg. 8, parágrafo 2, Dig. 11.7). Isto é, não é só o "titular" do domínio que o pode usar, mas o público em geral. Consequentemente, tem o público um direito seu (de cada um) ao seu uso. E, nesta dimensão são coisas quae in patrimonio populi romani sunt (frg. 6 e 72, Dig. 18,1). Ou seja, as coisas do domínio público, são coisas que – em tema de posse – podem estar numa relação de domínio de facto dum particular, "como sendo" titular do direito público de as usar na função pública a que estão destinadas. E, tanto bastará, para efeitos do instituto da posse, e da aplicação adequada do seu regime, como regulado no código civil (artigo 1304). E no modo e extensão referida supra, n.° 50.

171. Quanto á *legitimidade passiva* da Administração, se ela esbulha ou ameaça um *bem do domínio público concessionado*, já vimos no número anterior em que termos pode ser demandada pelo concessionário.

Já quanto a ser demandada a Administração por esbulhos ou perturbações por ela cometidos *á posse de bens do domínio público, em acções instauradas por particulares* que nesse domínio de facto se encontrem (de uso da coisa pública, na função para que é destinada) e como sendo titulares do respectivo uso individual – a solução depende das situações.

O artigo 1145 do código civil italiano de 1942, não permite que os particulares usem de acções possessórias "contra a administração" para defender a referida posse (Francesco Galgano, o. cit., 144). Como já antes referido, só as podem usar contra particulares.

Todavia, preceito idêntico não existe no nosso ordenamento jurídico. Por outro lado, o artigo 202 do código civil o que exclue é um apoderamento privado de bens do domínio público. Não que um privado defenda o domínio público como tal.

Todavia, o artigo 414 do código de processo civil regula a legitimidade passiva das Pessoas Colectivas públicas quanto ao procedimento, instaurado por particulares, de embargo de obra nova que cause ou ameace causar prejuizo a um seu "qualquer direito" real ou pessoal "de gozo" **ou na sua posse.**

Expressões essas que natural e curialmente englobam o direito do particular ao gozo das coisas públicas, na função pública a que estão destinadas, e que estejam nessa sua posse. Pois, as coisas do domínio público, são coisas *quae publico usui destinatae sunt* (frg.8, parágrafo 2, Dig. 11-7) e que (nessa dimensão) são coisas *quae in patrimonio Populi romani sunt* (frg. 6 e 72, Dig. 18,1).

Ora, o critério normativo do *citado artigo 414 do código de processo administrativo*, é o de que a Pessoa Colectiva não tem legitimidade passiva, no procedimento de embargo de obra nova que afecte a posse dum terceiro, *"quando, por o litígio se reportar a uma relação jurídico admi-*

nistrativa, a defesa dos direitos ou interesses lesados se deva efectivar através dos meios previstos na lei de processo administrativo contencioso": *e, terá legitimidade se tal pressuposto não se verificar.*

O que, aliás, é confirmado na nova redacção dos arts. 1.º e 4.º do Est. Dos Trib. Adm. e Fiscais.

Assim, o particular pode defender a posse em que se encontre, á imagem objectiva do direito de uso de coisas públicas, contra uma obra nova da Pessoa Colectiva Pública que cause ou ameace causar prejuízo a tal posse da coisa pública – se não se verifica o referido pressuposto defenido no citado artigo 414.

E, então, deve ser esse o mesmo critério a aplicar, por analogia, ás acções possessórias de restituição e de manutenção da posse de coisa pública, á imagem objectiva do seu direito de uso das mesmas, em cuja "posse" se encontre o particular e que seja esbulhada ou ameaçada por conduta da própria Administração pública. Certo que nessas outras acções, procedem as mesmas razões justificativas da regulamentação da legitimidade que é acolhida no referido caso previsto do embargo de obra nova (artigo 10 do código civil).

A densificação do conteúdo normativo do artigo 414 do código de processo civil, tem, todavia, que ser precisada.

Suponhamos que o particular alega que o bem é do domínio público e que está na posse do seu devido uso (ou que tem esse direito) e com obras imputadas á Administração Pública de tal uso é espoliado ou perturbado. A Administração pode defender-se, alegando, por exemplo, decisões ou deliberações – de desafectação – que suportam a sua conduta. E, que, como tais, levantam a questão administrativa da sua legalidade. Então, prima facie, "reportando-se o litígio a uma relação jurídico administrativa" não seriam competentes os Tribunais Comuns; bem como, não caberiam as acções possessórias, (incluindo as de indemnização pelo esbulho ou turbação).

Quanto *á legitimidade passiva da Administração pública,* se esbulha ou ameaça a *posse duma coisa, á imagem dum direito privado* e em acção (possessória) contra ela instaurada pelo respectivo possuidor – a solução depende das referidas situações.

Se a Administração actua (pelo seu lado) em acto de gestão privada, em questão de domínio privado, naturalmente tem legitimidade passiva (Ac. R.E. 21-07-83, C.J. VII, 4, 315; Ac.R.Ev., 9-2-84, C.J., IX,I, 291; Ac.R.L., 28-9-93, C.J., XVIII, 4, III; Menezes Cordeiro, A Posse, 2ª ed., 145/146) Tratar-se-á, então, de questões de direito privado e do foro dos Tribunais Comuns (art. 1, do Estat. dos Trib. Adm. e art. 414 do Código de Proc. Civil).

Será o caso, por exemplo, de emissão de fumos ou cheiros ou ruídos provindos dum edifício camarária e ofensivos da posse dum prédio vizinho (artigo 1346). Ou, da Câmara que abre num seu edifício janelas a menos de metro e meio do vizinho.

Se a Administração actua em acto de gestão pública, dependerá de, no caso, se verificar, ou não, o pressuposto defenido no citado artigo 414 do código de processo civil. Se se verificar, a Administração não tem legitimidade passiva. Se não se verificar, tem.

Há, no entanto, que abrir um parêntese e precisar a questão que está a ser analisada. A questão é a do esbulho ou perturbação da posse (e eventual indemnização sofrida por tais ofensas da posse). Se a questão é outra, por exemplo, uma indemnização por acto de gestão pública, com vista á responsabilidade extracontratual da Administração (D.L. 48051, de 21-11-67), então a competência é dos Tribunais Administrativos e nos modos processuais do respectivo contencioso: salvo que se possa consubstanciar a, para certa doutrina, configurada figura da actuação em mera "via de facto" (Ac.S.T.J., de 19-03-98, Vida Judiciária, 25.°, Maio 99, p. 58). V. supra, 49. Aberto este parêntese, regressemos á questão da posse.

Assim, por exemplo, se a Administração tem uma obra em construção, e ainda que em acto de gestão pública, será parte legítima numa acção de restituição de posse, se com ela é esbulhada a posse dum terreno dum particular que não foi objecto de expropriação ou que não se inclui nos terrenos expropriados.

Mas já não, se a Administração, por exemplo, procede á demolição dum edificio construido sem licença, ou á demolição de obras num loteamento não autorizado – e no acto de gestão pública que lhe confere a Lei de licenciamento de obras ou de loteamentos particulares.

Não se pode, pois, taxativa e genéricamente, dizer que "uma situação de posse não é, em si, nenhuma "relação de Direito administrativo"; tem portanto, sempre defesa, a colocar perante os Tribunais comuns" (Menezes Cordeiro, A. Posse, 2ª ed., 146).

Que o não tem resulta, desde logo, do citado artigo 414 do código de processo civil. É que a questão não está tão só "na posse": mas, ainda e sobretudo, na especificidade do acto do esbulho, ou da turbação ou da ameaça e de quem (e como) esbulha, perturba ou ameaça.

E, se nessa perspectiva o acto é da Administração Pública e se insere numa relação jurídico administrativa – então, o possuidor, deverá fazer valer a sua posse, mas em processo administrativo perante a Administração ou em processo administrativo contencioso perante os Tribunais Administrativos e por razões de competência material e das formas processuais áquela determinadas (art. 266 da Constituição e citados arts. 1 e 4 do Estatuto dos Trib. Adm. e 414 do código de Proc. Civil).

Todavia, também na legitimidade passiva, como já antes se fez a quando da questão da legitimidade activa, há que precisar o conteúdo normativo do referido artigo 414 do código de processo civil: agora, na perspectiva da legitimidade passiva da Administração.

Suponhamos que uma Câmara, depois de meramente notificar o particular para que proceda á desobstrução dum caminho, retira um portão, destroi dois muros e abre no prédio uma rua. O particular na posse do terreno, como sendo seu, pode óbviamente instaurar acção possessória contra essa "via de facto" da Administração, que não se apoie em qualquer expropriação prévia (Acs. S.T.J. de 26/07/83, BMJ, 329.°, 506 e de 3-2-87, cit. B., 364.°, 591). No caso, nem se trata de acto de gestão pública, visto tratar-se de mera "via de facto" (cit. Ac.S.T.J., de 19-03-98), nem de acto defenitivo e executório: pois não compete á Câmara decidir sobre a questão (privada) da posse do terceiro e da relevância jurídica da mesma (cit. Estat. Trib. Ad., art. 1.°; Ac. S.T.J., 2-12-92, BMJ, 422.°, 363). V. supra, 49.

E, se no referido exemplo, a Câmara se defende – que "entende" que o respectivo terreno já era "via pública", aí caimos na mera defesa "opinativa", que não é impositiva nem ao particular nem ao Tribunal; como já antes referido. E, de qualquer modo, a competência material afere-se pelo pedido do autor. E, se, porventura, essa "opinião" se baseia em decisões ou deliberações administrativas, de igual modo – como antes referido – tal só poderá dar lugar á "extensão" da competência do Tribunal Comum ás questões incidentais, meios de defesa, ou prejudiciais: nos termos dos artigos 96 a 98 do código de processo civil.

SECÇÃO VI
Caducidade das acções de restituição e manutenção
Prescrição da indemnização

172. "A acção" de manutenção (interdito retinendae possessionis), bem como "as" de restituição de posse (interdito recuperandae possessionis), caducam, se não forem intentadas dentro do ano subsquente ao facto da turbação ou do esbulho, ou ao conhecimento deles quando tenha sido praticado a ocultas (artigo 1282).

O referido prazo aplica-se também á *providência cautelar de restituição provisória de posse*, face a um esbulho violento (artigo 1279 do código civil e 393 e seguintes do código de processo civil) (Pires de Lima e A.Varela, anotação ao artigo 1282). Daí, o citado artigo 1282 falar no plural em "as" acções de restituição, quando falou no singular quanto á acção de manutenção. Ainda que, rigorosamente, o procedimento do artigo 1279 seja cautelar (e não uma "acção").

Para os *procedimentos cautelares de embargos de obra nova ou de terceiro,* existem os preceitos especiais que fixam o prazo de trinta dias (artigos 412 e 353 do código de processo civil).

A propositura de procedimento cautelar, inclusivé de restituição provisória de posse, não impede, só por si, a caducidade de um ano fixada no artigo 1282 (Ac. S.T.J., 22-07-82, BMJ, 319, 260; Menezes Cordeiro. A Posse, 2ª, 144).

Realce-se que a restituição provisória de posse não deve considerar--se caduca se se lhe segue uma acção de reinvindicação, no dito prazo de um ano, em vez de uma acção de restituição (Ac. R.C., 5-1-93, C.J., XVIII, I, 5; cit. Menezes Cordeiro). Já caducará, se se lhe segue tão só uma acção de apreciação negativa (Ac.R. E., 27-6-85, C.J. X,3, 308; cit. Menezes Cordeiro).

É que a acção de reivindicação absorve, num mais, (com o jus possidendi) o jus possessionis.

Já na acção de apreciação negativa o que se decide é se o réu prova ou não o direito que alega: mas não se decide se ao autor assiste, ou não, o direito ou a posse (jus possidendi ou jus possessionis) sobre a coisa. Ora, ao procedimento cautelar deve seguir-se, ou correr paralela, uma acção onde se decida a pretensão (direito ou posse) naquele – provisóriamente- acolhida.

A referida caducidade não se aplica *ás acções possessórias de prevenção* (artigo 1276). Pois, pela natureza das coisas, aí não tem acuidade. Já que, "uma de duas": a) ou a ameaça subsiste; b) ou se converteu em turbação ou esbulho. No 1.° caso, o possuidor pode propor a acção enquanto a ameaça estiver de pé; no 2.°, cai-se na acção de manutenção ou de restituição" (Alberto dos Reis, Proc. Especiais, I, 1955, 385).

A caducidade de um ano, aplica-se também *á acção directa* de "restituição", por sua própria força e autoridade (artigo 1277). Certo que, passado o dito ano, então, o antes possuidor perdeu a posse (artigo 1267, n.° 1, d). Já esse prazo não terá acuidade para a *acção directa de manutenção.*

Pois, ou a manutenção, realmente, de facto já ocorreu (por o terceiro deixar de inquietar). Ou, bem que o terceiro se mantem a inquietar por conduta contínua e unitária. Ou, a repete por actos autónomos de inquietação. Mas nestes casos, como se verá, (infra, n.° 173), o perturbado pode sempre "manter-se" face a tais condutas actuais; como puderá sempre instaurar acção de manutenção, "face a tais condutas actuais".

A razão de ser da caducidade das acções de restituição, no prazo de um ano, é fácil de entender. Resulta, desde logo, de, se passar um ano, o primitivo possuidor perder (retroactivamente) a sua posse; e o esbulhador passar a ser o possuidor reconhecido pela lei (e retroactivamente, ao inicio da sua posse), como determina o artigo 1267, n.º 1, d).

Quanto á acção de manutenção, por vezes, argumenta-se que se justificará pela necessidade de esclarecer rápidamente situações duvidosas, que pelo decurso do tempo mais obscuras e difíceis de provar se podem tornar (H. Mesquita, o. cit., 113 e Pires de Lima e A. Varela, anot. artigo 1282). Todavia tal razão provaria de mais. Pois, não faltam acções em que tal pode ocorrer e, todavia, não estão sujeitas a tal prazo de caducidade. E, desde logo, no próprio instituto possessório, as acções de indemnização pelo prejuizo sofrido pela perturbação ou pelo esbulho.

A razão justificativa da caducidade das acções de manutenção está em que a lei presume que se o possuidor não reage contra a turbação, por um espaço de um ano – é porque se conformou, aceitou, a inquietação "havida". E, quanto ao prazo específico de "1 ano" – ou seja, porque não 2 ou 3, ou mais –, é por uma questão de harmonização de prazos, e empatia, com o prazo de um ano de caducidade da acção de restituição.

O prazo de um ano, segundo o artigo 1282, conta-se subsequentemente ao facto de turbação ou de esbulho, ou ao conhecimento dele quando tenha sido praticado a ocultas.

Todavia, há que precisar a aplicação deste princípio.

Se a posse se iniciou públicamente, (ou seja, exercendo-se "inicialmente" "de modo a poder ser" conhecida pelos interessados – artigo 1262) então o prazo de caducidade de um ano é o subsequente á tomada (ao início) dessa nova posse. E, ainda que tendo sido tomada publicamente, depois passe a oculta (vide supra, n.º 144).

Se a posse se iniciou (se tomou) ocultamente, todavia, a caducidade conta-se não só a partir do "conhecimento" efectivo que dela tenha o esbulhado, como desde o momento em que passe a poder ser conhecida pelo interessado (vide supra, n.º 144).

Quanto á turbação, embora aí não haja nova posse, no entanto, por uma razão de harmonização e empatia com o esbulho, a precisão do regime normativo do artigo 1282 deve ser a mesma.

Por outro lado, o artigo 1282 não se refere *á violência*, nem do esbulho nem da turbação.

Todavia, por força da valência dos artigos 1267, n.º 2, e 1297, da

406 *Posse e Usucapião*

postura genérica que se deve ter contra a violência, se aqueles foram praticados com violência, o prazo só deve começar a contar-se desde a cessação da violência (H. Mesquita, o. cit., nota 175, 113; Pires de Lima e A. Varela, anotação ao artigo 1282).

Aliás, a violência seria sempre enquadrável como justo impedimento (artigo 146 do C.Proc. Civil). Daí que como justo impedimento, também a violência superveniente possa ser invocável para suspender a caducidade (supra, n.º 143).

173. *Nas acções de manutenção da posse*, o prazo de um ano subsequente ao facto da turbação levanta a questão do relevo dos factos de turbação *interrompidos (extintos) e esporádicos ou repetidos – e dos factos de turbação continuados.*

Por exemplo, A. pode passar por um prédio na posse de terceiro, e, assim, perturbar com a sua passagem a posse doutrem.

Mas pode ter passado durante um mês, há quatro anos.

Ter passado, novamente, durante uma semana, há dois anos.

E estar a passar, agora, desde há seis meses.

Então, questiona-se desde que acto de passagem se começa a contar o prazo de 1 ano, de caducidade da respectiva acção possessória a intentar contra tal inquietação?

Henrique Mesquita (o. cit., 114) e Pires de Lima/Antunes Varela (anotação ao artigo 1282), começam por propor a distinção, entre *actos autónomos e actos complementares.*

Serão actos complementares, os que obedecem a um mesmo propósito: serão autónomos, os outros (mesmo que sejam de natureza idêntica).

Quanto aos autónomos, o inicio do prazo de caducidade começaria no último acto. Quanto aos complementares, começaria no primeiro.

Assim, "em principio" – de acordo com tal autonomização, se as diversas passagens no exemplo referido obedecessem a um mesmo propósito (se se tratasse de actos complementares), então a prazo de caducidade contava-se a partir do primeiro acto de passagem, há 4 anos: e a acção de manutenção, em reacção contra a inquietação da passagem, teria caducado.

Se tais diversas passagens não obedecessem a um mesmo propósito (ou se tal não se provasse), então seriam actos autónomos. E, como tal, o prazo de caducidade contava-se do início da última passagem (há seis meses): e poderia intentar-se acções de manutenção, para pôr termo á continuação da passagem inquietante.

TODAVIA, a final, os referidos autores acabam por não aplicar o

Defesa da Posse 407

proposto critério "para a solução da questão antes posta como exemplo": daí que, no texto, se referiu, quanto á aplicação do critério, "em princípio".

Na verdade, "a final", o que acabam por defender esses autores – é que, o início do prazo para a acção de manutenção (de reacção contra a turbação) se conta a partir do primeiro acto de turbação, nos *"actos complementares"* (se existe um mesmo propósito): mas tão só, " *se deles resulta a constituição de uma posse contrária"*. Ou seja, se a uma turbação, se segue "um esbulho" e a partir deste.

Mas já não, pelo contrário, se os actos *"não envolvem a perda da posse"*.

(Assim, H. Mesquita, o. cit., p. 114 e nota 176; Pires de Lima, Rev.L.Jur. 97, 287 e sgts; e Acordão do S.T.J., de 18-2-64, nessa Revista anotado). E, reforçam tais autores, para o caso de não resultar a constituição duma posse contrária (esbulho): "Não faria sentido que determinado possuidor, apesar de não ter perdido, sequer parcialmente, a sua posse, por virtude de factos turbativos de outrem, ficasse impedido de reagir contra novos actos de turbação provindos da mesma pessoa, só porque não reagiu contra o primeiro, praticado há mais de um ano" (Cit. H. Mesquita). Ou, "se os actos de turbação originam uma situação de posse qualificada, logo que esta atinja a duração de um ano, o autor da turbação nos termos do (hoje), art. 1267, n.° 1, alin. d) do código civil, está ao abrigo de uma situação tutelada por lei, não sendo de admitir, assim, que contra ele possa ser intentada uma acção de manutenção. Se, pelo contrário, os actos de turbação não dão origem a uma situação de posse..., então o turbador não pode invocar qualquer tutela e seria injustificável que o possuidor, se porventura deixou passar o prazo de um ano sobre a primeira turbação, *ficasse impossibilitado de reagir, através de acção de manutenção, contra novos actos de turbação que porventura se seguissem"* (Rev. Leg. e Jur., 97, 286 e 291 e P. Lima/Antunes Varela, anot. artigo 1282).

MAS ENTÃO, o resultado do critério proposto por tais autores é, afinal, bem simples no seu exacto resultado:

– *Se os actos de turbação, se transformam em actos que originam uma situação de posse para o terceiro*, então há que o possuidor primitivo não deixar manter a situação, por mais de um ano (a partir dessa criação duma nova posse). E, a acção de manutenção (!) – rectius, a acção de restituição – caduca, se não é intentada dentro do ano, a contar do inicio da prática dos factos que "originam essa nova posse".

– *Se os actos de turbação "não dão origem a uma situação de posse",* se deles "não resultar a constituição duma posse contrária", se "não envolvem a perda da primitiva posse" – isto é, se são tão só afinal actos de turbação, então o possuidor pode sempre reagir (em acção de manutenção) contra os actuais actos perturbativos da posse.

E, quer, então, esses actos sejam actos autónomos, quer sejam contínuos e complementares – e ainda que iniciados há mais de um ano.

Mas sendo assim, no seu resultado, a final, não terá interesse relevante, dogmática ou pragmáticamente, para o tema em causa, a distinção entre actos de turbação autónomos e actos de turbação contínuos/complementares. E, *ens non sunt multiplicanda.*

Pois afinal, a divergência na solução radica na constatação de "se" a seguir a uma turbação se origina um esbulho. Mas, é óbvio, que se a situação passa a ser de esbulho – então deixa de haver objecto para se se perseguir uma turbação, e pela acção de manutenção. Se passa a haver "esbulho", então o objecto ofensivo é esbulho, e do que se tratará é de restituir a posse e em acção de restituição *(interdito recuperandae possessionis)*. E, se se trata de um esbulho e de uma acção de restituição de posse – obviamente, que a acção (de restituição) só caducará se não for instaurada no ano subsequente mas a contar dos factos originantes da nova posse (do esbulho).

Consequentemente, se os actos ofensivos da posse primitiva, o são tão só (e sempre, e, como tal, objectivamenre se repetem) de perturbação, o possuidor pode sempre reagir "contra os actuais actos de perturbação", em acção de manutenção.

Pois, que, nesse caso, está a reagir dentro do ano subsequente ao facto (actual) da turbação (que invoca). O que já não acontece no esbulho, porque neste, "ele" nasce com os factos originários de criação da nova posse.

O que o possuidor já não poderá reagir, em acção de manutenção, será contra a turbação "havida", e que históricamente já sentiu, para lá de há mais de ano. E quer a turbação havida, o fosse de factos autónomos; quer o fosse dos anteriores e já decorridos factos de turbação contínua.

E, quanto ao pedido de indemnização pelo dano sofrido com a turbação (acção de indemnização), tal é outra questão. Esta acção não tem prazo de caducidade. O direito é que pode prescrever.

Todavia, haverá que conciliar, na harmonia intrínseca do sistema, a valência da caducidade da acção de manutenção com a exigibilidade do pedido de indemnização. O que será outra questão que infra (n.º 176) se desenvolverá.

Defesa da Posse 409

Assim, *"a solução" da questão da caducidade da acção de manutenção contra actos de perturbação, a final, é idêntica, no seu resultado, na generalidade da doutrina.* Mesmo – contra o que, a priori, poderia parecer – no caminho traçado pelos citados H.Mesquita, Pires de Lima/ /Antunes Varela, Rev. de Legislação e Jurisprudência e citado Ac. do Supremo Trib. de Justiça, de 18-2-64.

E, tal solução, na essência, a final, também coincide com a proposta por De Martino de diferenciação entre actos que têm uma "relação causal" com o primeiro e os que têm "autonomia", uns, em relação aos outros – dado o seu seguinte exemplo: a passagem não cria nenhuma relação causal, visto que o facto de começar a passar não é a causa das sucessivas passagens ... Diversa é a hipótese de o turbador, para exercer a passagem, abrir uma porta, uma cancela, destruir um muro, uma sebe, etc. Os actos turbativos seguintes, isto é, os vários actos de passagem, estão em dependência causal com o primeiro facto ... O termo, pois, é desde o dia em que foi executado o facto que tornou possível os outros. Ou seja, o abrir a porta, a cancela, destruir o muro, a sebe, etc..

É que, nesse exemplo de De Martino, enquanto não se abre a porta, a cancela, etc., a passagem não constituirá servidão aparente. E, como tal, não há posse contrária e esbulhadora (artigo 1280), nem a conduzir a usucapião (artigo 1293). Ou seja, o possuidor primitivo apenas é perturbado, porque não se origina uma posse contrária que conduza á extinção da posse primitiva (propriedade plena).

E, então, esse possuidor pode sempre reagir contra actos actuais de passagem ... por mais antiga que seja a continuidade da passagem – porque se trata, tão só, de turbação (não de esbulho).

Mas já, se os referidos sinais surgem (abrir cancela, porta, deitar muro abaixo, etc) – então a servidão passa a aparente, origina-se um "esbulho". E, se o possuidor primitivo não se restitui á sua posse dentro do ano subsequente á prática dos referidos actos (abrir porta, cancela, etc), perde a respectiva posse (de propriedade plena); e, o terceiro ganha uma nova posse; e, a primitiva já não será possível de acção de restituição, por caducidade (artigos 1267, n.° 1, d) e 1282).

174. Conforme antes referido, e exemplificado, *a uma situação de turbação, pode seguir-se uma situação de esbulho* (H. Mesquita, o. cit., nota 176, 114; Pires de Lima, Noções fund. de Dir. Civil, 5ª ed., II, p. 146, nota 2).

Nesse caso, deixa de existir quer objecto de reacção contra a turbação, quer esse pressuposto da acção de manutenção (interdito retinendae

410 *Posse e Usucapião*

possessionis). Em causa estará, tão só, reagir contra o originado esbulho, e em acção de restituição (*interdito recuperandae possessionis*). E, o prazo de caducidade desta, contar-se-á a partir dos actos iniciais e originários da situação de nova posse.

Também, *a um esbulho, pode suceder um outro esbulho.*

Vamos supor que A. furta um veículo a B., anda com ele onze meses, e, depois, abandona-o na via pública. Pelo abandono, o ladrão A. perdeu a posse (artigo 1267, n.° 1, a).

Ora, pode suceder que, passados três meses, A. torne a furtar o veículo a B., e ande com ele já há 10 meses. Óbviamente, que B. pode reagir com acção de restituição, dentro do ano subsequente ao segundo esbulho: e "contra esse" esbulho.

Como defendem a Rev. Leg. Jur. (92, p. 224) e Pires de Lima/A. Varela (anotação ao artigo 1282), podem ocorrer esbulhos sucessivos.

Nesse caso, "é para nós evidente que deve contar-se (o prazo de caducidade) a partir do último, visto ser este, e só este, que está em causa. Quanto aos outros, houve restituição da posse ...".

175. O prazo fixado pelo artigo 1282, para as acções de manutenção e de restituição é um *prazo de caducidade.*

Não só a lei o declara, como resulta do n.° 2 do artigo 298 (Pires de Lima e A.Varela, anotação ao artigo 1282).

São-lhe, assim, aplicáveis os artigos 279, 296 e 328 e seguintes do código civil. E, não o artigo 144 do código de processo civil; que só se refere aos prazos de propositura de acções, mas "previstos no código de processo civil" (n.° 4, desse artigo).

Mas, por força desse n.° 4, o regime desse artigo já se aplica aos prazos de 30 dias, dos procedimentos cautelares de embargos de obra nova e de terceiro (artigos 412 e 353, do código de processo civil).

O disposto no artigo 279, alinea e), do código civil dá lugar á equação da seguinte questão. Se, por exemplo, A. é esbulhado por B., com esbulho iniciado a trinta de Agosto, A. terá, em princípio, que instaurar a acção de restituição até 31 de Agosto do ano seguinte (artigos 1282 e 279, alinea c). Como, no entanto, os Tribunais estão de férias judiciais até 14 de Setembro, a acção pode ser instaurada no dia 15; pela dita alinea e).

Todavia, puderá, então considerar-se que nessa data o possuidor já perdeu a posse, dado o artigo 1267, n.° 1, alinea d), determinar que o possuidor perde a posse, pela posse de outrem, "se a nova posse houver durado mais de um ano"?

Numa aplicação literal dos preceitos, assim seria. O primitivo possuidor estava em tempo de instaurar a acção ... Mas, ela viria a ser improcedente, porque já perdera "a posse" (que é a causa do pedido).

Todavia, se o legislador concede ao possuidor como meio de "defesa da sua posse", que ele recorra ao Tribunal, em acção de restituição, para que a posse lhe seja restituida – e, se o legislador, determina que, para tal defesa, tem um ano para instaurar a acção, mas que se tal prazo termina em domingo, dia feriado ou férias judiciais o prazo se transfere para o primeiro dia útil – então, seria um contrasenso, que o que se lhe deu por um lado se lhe tirasse por outro!

Por outro lado, há uma sintonia, no sentido de uma harmonização intrínseca do sistema legal, entre o prazo de um ano fixado no artigo 1267, n.° 1, alinea d) e o prazo idêntico fixado no artigo 1282.

Consequentemente, devem harmonizar-se os dois preceitos, no sentido de que o referido prazo de 1 ano do artigo 1267 se estende nos termos do artigo 279, alinea e), na condição de que o primitivo possuidor instaure a acção judicial de restituição no respeito por tal alínea. Se o não fizer – então a posse perdeu-se ao fim do ano de duração (histórica) da posse.

Assim, se a acção de restituição vier a ser instaurada sem caducidade, não contará o tempo de posse do esbulhador durante as férias judiciais (no modo do citado artigo 279); como não contará o tempo da posse na pendência do processo (vide supra, n.° 128).

Por mera cautela mas sem que tal seja necessário, poderá o esbulhado, entretanto, instaurar procedimento cautelar ou restituir-se por sua própria força ou autoridade.

176. O possuidor mantido ou restituido tem *direito a ser indemnizado do prejuizo que haja sofrido em consequência da turbação ou do esbulho* (artigo 1284).

A lei não estabelece qualquer caducidade para a acção de indemnização.

O crédito de indemnização, todavia, está sujeito ao prazo de prescrição geral (artigos, 298, n.° 1, e 498), uma vez que a tal crédito se aplicam as disposições gerais da responsabilidade civil extracontratual (artigos 483 e sgts e 562 e sgts). Conforme, supra, n.°s 160 e 161, se desenvolveu.

Poder-se-ía, então, ser levado a raciocinar, a priori, que a caducidade das acções de restituição ou de manutenção não impedirão a instauração duma acção de indemnização pelo prejuizo que o possuidor haja sofrido em consequência do esbulho ou da turbação; apezar de o possuidor já não poder intentar acções de restituição ou de manutenção (Ac. R.L., 17-3-81, C.J. VI, 2, 174; Menezes Cordeiro, A posse, 2ª ed., 149).

412 *Posse e Usucapião*

Todavia há que enquadrar as hipóteses na unidade do sistema jurídico (artigo 9).

Assim, **se caducou a acção de restituição** contra a ofensa de uma nova posse, porque esta durou mais de um ano, (artigo 1282), então, também o possuidor primitivo perdeu a posse primitiva (artigo 1267,1, d). E essa perda é retroactiva á data do início da nova posse.

Mas, então, se o possuidor "perdeu" a posse – ele perdeu os "efeitos" da posse: cessada a causa, cessou o efeito.

Por outro lado, o novo possuidor – adquiriu "uma posse", desde o primeiro acto do esbulho. Então, ele é que beneficia dos efeitos da posse, e a sua situação está jurídicamente protegida.

Consequentemente, a nova posse não viola ilícitamente qualquer disposição legal destinada a proteger interesses alheios (os do possuidor, que "perdeu" a sua posse) – pelo que não existe direito, nem obrigação de indemnização (artigo 483).

Ou seja, "o esbulhado" deixa de ter direito de indemnização, porque este não existe, não tem pressupostos legais. Não, pela caducidade, em si, da acção de restituição; nem pela prescrição, em si, do crédito indemnizatório.

Daí que, coerentemente, o artigo 1282 expresse que o "possuidor restituido" tem direito a ser indemnizado. Ora, o referido possuidor ... já "não o é"; nem foi "restituido"; nem tem, possibilidade de o ser. Supra, 160 a 162.

E, se caduca a acção de manutenção?

Suponha-se que A. possuidor dum prédio vizinho, de B, perturba a posse deste com emissão de fumos. Todavia, cessou a emissão já há dois anos. Óbviamente, que B. não pode usar acção de manutenção. Todavia, a indemnização pelo prejuizo sofrido, é credito que só prescreve em 3 anos (artigo 498). Então nada impede que instaure uma acção de indemnização.

E, não se põe em causa o normativismo do artigo 1282. Pois que, no caso, o possuidor B., foi possuidor "mantido" ao pleno gozo da sua posse: embora, mantido por vontade do turbador A. ou naturalmente. Como, mutatis mutandis, ocorreria se se tivesse mantido, por acção directa (artigo 1277).

Na verdade, o artigo 1282 não exige que se seja mantido, tão só pela via judicial. Pode-se ser mantido por essa via, como por própria força ou autoridade (artigo 1277), como por vontade do perturbador, como tão só naturalmente.

E, se o perturbador A., no exemplo referido, mantem a emissão de fumos, contínuamente desde há 3 anos?

Então, o possuidor B. perturbado só pode reagir contra essa inquietação actual, e "manter-se" á sua posse e com efeitos até um ano antes da instauração de acção (artigo 1282). Nesse caso, óbviamente que pode peticionar indemnização pelo prejuizo sofrido pela turbação actual e pela perturbação (pelo menos) até um ano antes da instauração da acção.

E, esse pedido tanto pode ser feito na acção de manutenção, como autonomamente numa acção própria e á parte. E, se ele tem esse crédito de indemnização, ele pode accionar o pedido respectivo até três anos depois da ocorrência respectiva do prejuizo sofrido.

E, também aí, ele está a peticionar uma indemnização pela turbação, e referente à sua "posse mantida".

Todavia, o que não poderá peticionar é um prejuizo por uma turbação ocorrida para lá de mais de um ano, da data em que instaurou (ou podia ter instaurado) a acção de manutenção. Pois, doutro modo, tal pretensão contrariaria a razão de ser e a valência da caducidade da acção de manutenção.

Na verdade, se a caducidade assenta na presunção de que o possuidor se conformou, tacitamente, com a turbação, então quem se "conformou" não fará sentido que (in venire contra factum proprium, embora tácito), queira ser indemnizado face ao facto com que se conformou.

Assim, se o posssuidor é "mantido" á sua posse, quanto ao período em que se estende essa "manutenção" – o possuidor pode peticionar a indemnização pelo prejuízo sofrido pela turbação correspondente a esse período.

E, período esse que não pode ser mais do que um ano antes do "procedimento" da manutenção (artigos 1282 e 1283).

E, quer o "procedimento" dessa manutenção da sua posse, seja por sua própria força e autoridade, quer por vontade do turbador, quer por instauração de acção judicial.

E, "essa pretensão" de indemnização, só prescreve em três anos após o respectivo e correspondente prejuizo/turbação – a contar no modo referido no artigo 498.

Só, assim, se pode falar em possuidor "mantido", como titular da indemnização (artigo 1284). E, por outro lado, assim, se compatibiliza a exigibilidade da indemnização com a razão e valência da caducidade da acção de manutenção (artigos 1282 e 1283).

SECÇÃO VII
Procedimentos Cautelares

SUBSECÇÃO I
Parte Geral

177. A posse confere ao possuidor a faculdade, se for perturbado ou esbulhado, ou se de tal tiver justo receio, de recorrer ao Tribunal para que este lhe mantenha ou restitua a posse, ou intime o autor da ameaça para se abster de lhe fazer agravo (artigos 1276 e 1277). Bem como, o possuidor mantido ou restituido tem direito a ser indemnizado do prejuízo sofrido (artigo 1284).

Consequentemente, e para acautelar a efectividade dos referidos direitos, perante o *periculum in mora* da obtenção numa acção de decisão em tempo útil, deve caber ao possuidor, e nos termos gerais, o recurso aos procedimentos cautelares, dos artigos 381 e seguintes do código de processo civil. Precisamente esse princípio está, hoje, expressamente aflorado no artigo 395 do citado código.

E, de acordo com esses princípios gerais, também se se pretende acautelar um risco de lesão especialmente prevenido por alguma das providências tipificadas, será esta a providência a que deve lançar-se mão (artigo citado, 381, n.º 3). Por exemplo, se resulta dum esbulho um crédito indemnizatório pelo prejuizo sofrido pelo possuidor esbulhado, para salvaguarda desse crédito pode o possuidor lançar mão da providência tipificada do arresto, se os presupostos deste se verificarem (artigos 406 e seguintes).

Já se pretende reagir contra um esbulho violento, e quer restituir-se provisóriamente, á sua posse, o procedimento cautelar específico é o dos artigos 393 e 394 do citado código de processo civil. E, se pretende reagir contra obra nova que cause ou ameace causar prejuizo á sua posse, deve servir-se do procedimento cautelar específico do embargo de obra nova (artigos 412 a 420).

Quer o recurso ao procedimento cautelar comum, quer o recurso a procedimentos cautelares específicos (nomeadamente, restituição provisória de posse ou embargo de obra nova) têm aspectos gerais que são comuns.

Se estamos a invocar a posse, e a sua defesa, lógicamente terá que ser alegada e preexistir uma situação de posse. E, uma posse tal como, substantivamente, o direito português a acolhe. Ou seja, com *corpus e com animus*. E, á imagem dos direitos a que a lei atribui os meios de defesa pos-

Defesa da Posse

sessória. Por exemplo, inclusivé ao arrendatário (artigo 1037). Questões essas já abordadas supra, no tema da extensão da posse, e para onde se remete.

Como, se estiver em causa determinar se se trata de esbulho, ou de turbação, resolver-se-á como já antes desenvolvido.

Igualmente, quanto á legitimidade activa ou passiva valem aqui os princípios já antes defenidos.

Quanto *ao prazo* de propositura dos procedimentos cautelares há que atender a que o procedimento especificado de embargo de obra nova, estabelece os prazos processuais específicos de 30 e 5 dias, constantes do artigo 412. Quanto á restituição provisória de posse por esbulho violento, o prazo de caducidade, e substantivo, é o de um ano do artigo 1282.

Quanto ao procedimento cautelar comum, do artigo 395.° do código de processo civil, não se pode dizer, sem mais, que não tenha prazo (Abílio Neto). Com efeito, o procedimento cautelar visa assegurar a efectividade dum direito ameaçado e sempre na dependência duma causa que tenha por fundamento o direito acautelado (artigos 381 e 383 do código de processo civil). Assim, se o direito a acautelar já não existe, se caducou, não faria sentido instaurar o procedimento cautelar. E, deve, pois, ter-se este, igualmente, por caduco (artigo 389, n.° 1, alinea e) do código de processo civil). Por exemplo, se já caducou a acção de restituição, ou a de manutenção, não pode instaurar-se procedimento cautelar comum; e na medida, também, em que tal caducidade é de conhecimento oficioso (art. 333 do código civil).

Assim, quem já perdeu a posse pela posse de outrem de mais de 1 ano, não pode embargar (Ac. R.C. 21-01-93, B.M.J. 423.°, 624).

Se o direito a indemnização prescreveu, todavia, pode instaurar-se procedimento cautelar comum (ou especificado), porque tal prescrição depende de invocação do interessado (artigo 303 do código civil).

Também as disposições gerais do procedimento cautelar comum, cederão se ao caso cabe procedimento cautelar específico e neste existem regras especiais sobre o tema. Por exemplo, as regras do artigo 387.° que no caso de restituição provisória de posse por esbulho violento não se coadunam com o específico normativismo dos artigos 393 e 394; e que no caso do embargo de obra nova, quanto aos n.°s 2 e 3 do citado artigo 387, o artigo 419 tem regulação específica.

416 *Posse e Usucapião*

SUBSECÇÃO II
Restituição Provisória de Posse, face a um "esbulho violento"

178. A restituição provisória de posse no caso de esbulho violento tem regulamentação específica nos artigos 1279 e 1282 do Código Civil e nos artigos 393 e 394 do código de processo civil.

Conforme já desenvolvido supra sobre a caducidade em geral das acções de restituição, e para onde se remete, existe o prazo de caducidade de um ano, ao abrigo do citado artigo 1282.

O procedimento da restituição provisória de posse, esbulhada violentamente reverte a característica mixta de procedimento cautelar e de acção; e quanto a esta de declarativa e executiva.

Não é uma providência cautelar pura, porquanto lhe falta a característica da exigência da existência e alegação dum *periculum in mora* (artigo 381, do código de processo civil) (Prof. Alberto dos Reis, Cód. de Proc. Civil Anotado, I, 3ª ed., anot. artigos 400/402, p. 670).

Neste sentido tem o carácter de "acção" (artigo 1282). Corresponde aos interdicta de vi.

Todavia, é procedimento cautelar quer porque a restituição é meramente "provisória"; quer porque tem que instaurar-se, sempre, na dependência de uma acção (artigo 383 do código de processo civil); e quer porque o procedimento se extingue ou caduca, nos modos previstos no artigo 389, do citado código.

Idem, Pires de Lima e A. Varela, anot. ao artigo 1279; Menezes Cordeiro, A Posse, 2ª ed., 244 e Alberto dos Reis, o. cit., 672.

E, como é cautelar, também é urgente (artigo 382 do citado código).

E, a acção principal tanto pode ser uma acção de restituição de posse, como de reivindicação; o que já não será bastante é uma acção de simples apreciação negativa (Menezes Cordeiro, A Posse, 2ª ed., 144; e, respectivamente, Ac. R.C., 5-1-93, CJ XVIII, I, 5 (BMJ 423, 617) e Ac. R.E., 27-6-85, CJ, IX, 3, 308. Vide supra sobre caducidade).

O procedimento de restituição provisória de posse face a esbulho violento é, *duplamente declarativo e executivo*. Com efeito, o Tribunal não se limita a condenar o esbulhador, mas "ordena" a restituição (artigo 394 do código de processo civil). "O despacho tem de ser executado, isto é, o requerente tem de ser investido na posse real e efectiva ... empregando-se a força pública, se for necessário" (Ac. R.L., de 20-04-910);" não basta a posse simbólica" (Alberto dos Reis, o. cit., p. 672). Idem, Menezes

Cordeiro (A Posse, 2ª ed., 143; Ac. R.P., 10-4-80, C.J, V, 2, 144 e Ac. R.C., de 3-5-988, BMJ, 377, p. 567).

Como o procedimento tem natureza cautelar, o nele decidido (quer quanto á posse, quer quanto ao esbulho, quer quanto á violência) – não tem qualquer influência no julgamento da acção principal (artigo 383, n.º 4, do código de processo civil). Idem, cit. Alberto dos Reis, 671/672. O que bem se compreende. Pois, quanto á decisão, em si, é de restituição meramente "provisória" (artigos 393 e 673 do código de processo civil e 1279 do código civil). E, quanto á matéria de facto, o esbulhador não beneficiou do princípio do contraditório (artigo 3, 517 e 522 do código de processo civil).

A instauração da providência cautelar, não impede, por si, a caducidade da acção – como já, supra, se desenvolveu.

Os pressupostos do procedimento em causa, são a posse, o esbulho e a violência deste.

Desde logo, pois, não se aplica este procedimento especial face a uma mera "turbação" violenta (Alberto dos Reis, o. cit., 669).

A razão de ser, específica, da providência de restituição provisória de posse está no caracter violento do esbulho. A sua principal característica é decorrer o procedimento sem "citação, nem audiência do esbulhador" (artigo 394 do código de processo civil e 1279 do código civil). "O benefício concedido, em tal caso, ao possuidor de ser restituido à posse imediatamente... tem a sua justificação precisamente na violência cometida pelo esbulhador: **é, por assim dizer, o castigo da violência**" (Alberto dos Reis, o. cit., 668). Idem, Manuel Rodrigues, Abrantes Geraldes e Menezes Cordeiro (infra).

Quanto a aspectos do auto da restituição da posse, vide A.R.P., 5-12--996, C.J. XXI, 5, p. 211.

Dado o castigo da violência, e, dado que se ordenará a restituição, "sem citação nem audiência do esbulhador", não se pode ouvir o esbulhador, nem receber requerimentos ou documentos oferecidos por ele (Alberto dos Reis, o. cit., 671; Acs do S.T.J. de 12-7-927 e 14-6-938, Rev.L.Jur. ano 60, p. 109 e ano 71, p. 303).

Quanto aos meios de prova dos pressupostos do procedimento, obviamente podem ser os gerais: testemunhas, documentos, peritagem, inspecção judicial (A. dos Reis, o. cit., 671).

Põem-se, todavia, duas questões específicas. *Qual o grau de prova* e qual o conceito de violência.

Quanto ao primeiro, prima facie, o artigo 387 apenas exigiria que "haja probabilidade séria da existência do direito e se mostre suficiente-

418   *Posse e Usucapião*

mente fundado o receio da sua lesão". Todavia, tal preceito diz respeito ao procedimento cautelar comum.

Encontram-se três orientações, na Jurisprudência e Doutrina.

Para o Ac. S.T.J., de 11-7-61, BMJ, 109.°, 564 – basta um juizo de probabilidade ou verosimilhança.

Para Alberto dos Reis (o. cit., p. 669), com ser de mera probabilidade, não se segue que o Juiz possa dispensar-se de verificar se a posse, o esbulho e a violência estão em condições de justificar a providência: "quer dizer, o Tribunal há-de certificar-se de que o requerente é, *aparentemente,* titular de um direito". Nesta linha, o artigo 1168 do Código Civil Italiano, de 1942, basta-se com a "simples notoriedade do facto".

Para Pires de Lima/A.Varela (anotação ao artigo 1279), depende "da prova da *violência* (além da prova sumária da posse e do esbulho: art. 393 do Cód. de Proc. Civil)". O Ac. do S.T.J., de 13-11-84, BMJ, 341.°, 401, exige que o requerente alegue e prova factos que constituam a posse da coisa, o esbulho e a privação da posse por meio de violência. E, no mesmo sentido, o Ac. do S.T.J., de 25-2-86 (BMJ, 354.°, 549) e o Ac. da R.P. de 02-10-990 (cit. B., 400.°, 738). Também Menezes Cordeiro (A Posse, 2ª ed., 143), se expressa no sentido de que "o Juíz decidirá a restituição provisória desde que, por qualquer dos meios admitidos ... fique convencido... Provada a posse e a violência, a restituição é ordenada...".

ORA, das três orientações a preferível é a última.

Desde logo, o citado artigo 387, é disposição geral que não se adequada ao modo de dizer dos "especiais" artigos 393 e 394. Nomeadamente quando o último refere que "se o Juiz *reconhecer,* pelo exame das provas, que o requerente tinha a posse e foi esbulhado dela violentamente", então, "ordenará a restituição".

Por sua vez, o legislador português não se expressou em termos similares ao legislador italiano – como antes referido – e certamente que conhecia o citado artigo 1168.

Por último, há que ter em conta que no caso em apreço a providência será deferida "sem citação nem audiência do esbulhador". Ou seja, tal grave desvio do princípio do contraditório, se se justifica embora pela "violência" que o esbulhador exerceu – todavia, será curial que, em contrapeso, pelo menos exija uma "prova" dos factos alegados, e máxime dessa violência. E, não que se baste com mera verosimilhança ou aparência da situação.

Por sua vez, há que defenir qual o *conceito de violência, caracterizadora do esbulho.*

Existem duas orientações.

Defesa da Posse

Para uma, o conceito de violência é o defenido no artigo 1261, n.º 2 (considera-se violenta a posse quando, para obtê-la, o possuidor usou de coação física, ou de coacção moral nos termos do artigo 255.º). Isto é, a violência do esbulho só existe, se a posse adquirida tiver a característica de "posse violenta", e á luz do citado artigo 1261, n.º 2. A violência, pois, pressupõe que o primitivo possuidor se veja constrangido volitivamente a não reagir contra o desapossamento, quer por coacção física, quer por receio de um mal, respeitante quer á pessoa, como á honra ou fazenda do possuidor ou de terceiro. E, quer as coisas ou as pessoas sejam, ou não, obstáculo imediato ao esbulho. Sobre esse conceito de posse violenta já se desenvolveu supra (Capitulo XI, secção III B, n.º 143), para onde se remete.

Numa segunda orientação, o "esbulho violento" para efeitos de acção de restituição provisória de posse (artigo 1279), é característica do esbulho (e não "da posse" que ele origine) – e este (o esbulho) será violento quer se se verifica a violência defenida no citado artigo 1261, n.º 2; quer se se verifica violência contra a coisa possuida, ou contra as coisas ou pessoas que sejam obstáculo imediato ao esbulho e ainda que tal não determine o referido constrangimento volitivo no possuidor.

Seguem a primeira orientação Pires de Lima e A.Varela (anotação ao artigo 1279); H.Mesquita, o. cit., 111, e Dias Marques, Prescrição Aquisitiva, I, 272. E, Ac. R.L., 9-10-981, BMJ, 315.º, 320; idem, de 11-11-986, Col. Jur., 1985, 5.º, 118; idem, de 14-05-987, BMJ, 367.º, 566; idem, de 10-11-87, BMJ, 371.º, 542; Ac. R.E., de 26-4-90, BMJ, 396.º, 459; Ac. S.T.J., de 13-11-84, BMJ, 341.º, 401.

Seguem a segunda orientação, <u>Alberto dos Reis</u>, Cod. de Proc. Civil anotado, I, anotação aos artigos 400/402, p. 670; a <u>Comissão Revisora do Cód. de Proc.</u> Civil (Acta, n.º 16, de 13-07-937, p. 28); <u>Manuel Rodrigues</u> (A posse, p. 402) e <u>A. Abrantes Geraldes</u> (Temas da Reforma do C. Proc. Civil, Iv, p. 45). Idem <u>Moitinho de Almeida</u> (Rest. de Posse, 3ª ed.).

E, para <u>Menezes Cordeiro</u>, esta orientação "merece apoio" (A Posse, 2ª ed., 142). E, igualmente, Ac. R.E., de 30-01-986, BMJ, 375.º, 459; Ac. R.C., de 24-05-988, BMJ, 377.º, 568; Ac.R.P., de 15-03-94, BMJ, 435.º, 904; Ac.R.L., de 19-01-84, CJ IX,I, 117; Ac. S.T.J. de 8-11-960, BMJ, 101.º, 563; Ac.S.T.J., de 28-3-958, BMJ, 75, 577; e Ac. S.T.J., de 03-05-2000, 3ª Secção, Revista 170/2000 (caso de total substituição de fechaduras de instalações, impedindo a entrada para retirar bens aí colocados).

É certo que o direito "tudo deve fazer para evitar a violência" (Ac. R.L. de 23-04-2002 (C.J. XXXVII, II, p. 121).

Ora, a segunda orientação é a correcta, por várias razões.

420 *Posse e Usucapião*

Históricamente, na Comissão Revisora do código de processo civil, face ao Projecto que originou o código 1939, discutiu-se se se devia delimitar o conceito de "violência no esbulho", determinante da restituição provisória de posse e, que se defenisse se poderia considerar-se violento o esbulho quando a violência recaisse sobre as coisas.

E, aí se decidiu que não era necessário providênciar a tal respeito, por ser doutrina geralmente seguida que a violência tanto podia exercer-se sobre as pessoas, como sobre as coisas (Acta 16, de 13-7-937).

No Anteprojecto de Pinto Coelho, relativo ao Código Civil promulgado em 1966, no artigo 26, determinava-se no seu n.º 1, o direito do possuidor esbulhado com violência a ser restituido provisóriamente à sua posse, sem audiência do esbulhador. E, no n.º 2 desse artigo acrescentava-se que para efeitos do número anterior, é aplicável ao esbulho o que fica disposto para a posse no n.º 2 do artigo 16.

E, neste artigo 16 determinava-se que a posse será classificada de violenta quando o possuidor haja usado quer de força física quer de ameaças contra pessoas ou coisas relacionadas com a posse.

Ora, desta perspectiva histórica três considerações se retiram. A primeira que uma coisa é a consideração da posse, como "posse violenta": outra, é a consideração do esbulho, como "esbulho violento". A segunda de que o conceito de violência defenido quanto "á posse", não se aplica sem mais á violência, para efeitos de esbulho e restituição provisória de posse.

A terceira, de que para efeitos de "esbulho" e restituição provisória de posse o conceito de violência não tem tido o significado restrito que no artigo 1261, n.º 2, se determina para "a posse".

Por sua vez, "se" o legislador defeniu o conceito de violência restrictamente para efeitos de *"posse violenta"*, no artigo 1261 – então, curial seria que se igual conceito restricto quizesse adoptar para a violência do esbulho, para efeitos de restituição provisória, que o expressasse num número dois do artigo 1279: como, aliás, o fazia Luis Pinto Coelho; implícitamente, pois, reconhecendo o acerto da necessidade de tal modo de expressão.

Mas, mais importante, é que quer num plano dogmático e conceitual, quer num plano de ponderação dos interesses e quer num plano da relevância jurídica – a "posse violenta" e o "esbulho violento" (justificativo do direito de restituição provisória da posse), são "categorias jurídicas" autónomas e distintas. E, em que "as razões justificativas da regulamentação do caso previsto" no artigo 1261.º (posse violenta) não procedem no caso do artigo 1279 (esbulho violento), (artigo 10.º do Código Civil).

Defesa da Posse

Na verdade, na "posse violenta", a violência é uma característica da posse: no esbulho, é uma característica do acto de espoliação.

Pode, pois, conceber-se, a priori, uma "posse pacifica" (à luz da defenição do artigo 1261), em que, todavia o desapossamento do possuidor primitivo se leve a cabo com actos violentos.

Assim, vejamos a hipótese em que um veículo de A., conduzido pelo seu empregado B., em trânsito na autoestrada, é assaltado por C. que lhe furta o veículo, sob ameaça duma pistola e B. se vê forçado a parar e entregar-lhe o veículo.

A posse do ladrão C., consequentemente ao furto, não se pode, só pelos factos referidos, considerar-se violenta face a A.. Todavia, o desapossamento, (o esbulho), em si, não se pode deixar de considerar, num Estado de Direito, um acto violento.

Por sua vez, quais os interesses que se pretendem defender com o conceito da posse com a característica de violenta? Qual a relevância jurídica de tal qualificação da posse? Fundamentalmente, protege-se o possuidor primitivo face á nova posse, em modo de aquele não a perder, nem caducarem as acções possessórias (artigos 1267, n.º 2, e 1282); bem como, de a nova posse não contar com o seu prazo para efeitos de usucapião e de o possuidor-causal ou o titular do direito não perderem o respectivo direito (artigo 1297). Ou seja, como a característica da violência da nova posse determina o constrangimento da capacidade volitiva do primitivo possuidor, por isso, "justifica-se-lhe" a conduta omissiva, de não-reacção contra a nova posse. Mas, também só se lhe justifica enquanto que esse constrangimento se mantiver.

Ora, no esbulho violento, de per si, ao estabelecer-se essa caracteristica do acto de espoliação – já não se está a defender aquele interesse, ou aquela acuidade de justificação de conduta omisiva do possuidor primitivo. Nem, é essa a relevância da caracterização do esbulho como violento.

Na verdade, o artigo 1279, no capítulo da defesa da posse, não diz que por o esbulho ser violento – então, o possuidor primitivo... não vê caducado o direito de acção, enquanto se mantiver a violência!

O que se está a tratar no artigo 1279 é de conceder ao possuidor um procedimento judicial de restituição (provisória), "urgente" e "sem audiência do esbulhador".

Ou seja, o interesse e a relevância jurídica ao definir-se essa característica "do esbulho", em si, é "sancionar", desse modo, "esse acto": por ser, em si, violento.

Isto é, *se a posse já se protege, em geral, com acção de restituição por razões de paz pública* (ou continuidade organizativa, ou como defesa avançada da propriedade presumida) – *se o desapossamento*, acrescidamente, mais o *é, em si, "violento", então* "esta violência do acto em si", mais leva a que a situação possessória seja restituida (provisóriamente), *com urgência e sem sequer ser ouvido o espoliador*. É uma sanção á violência, afastando-se o princípio do contraditório. Ou seja, primeiro, sem mais, restitui-se a posse: e, depois, na acção principal subsequente é que se dará audiência ao esbulhador.

Assim, as categorias juridicas "da posse" violenta, por um lado, e do "esbulho" violento, por outro, são autónomas: quer dogmático/conceitualmente, quer no plano dos interesses a ponderar, quer no plano da revelância jurídica (dos efeitos jurídicos).

Por sua vez, as razões justificativas de se adoptar o conceito restrito de violência, para efeitos de caracterizar a posse, como "posse violenta" (e na dimensão dessa categoria), e que foi adoptado no artigo 1261, são causais, mas para essa categoria jurídica. Conforme supra, n.º 143, se desenvolveu.

Mas essas razões justificativas já não postulam a mesma restrição para a categoria jurídica do "esbulho" violento: sob pena de inferência ilógica (de consequências, para além das premissas). E, de ponderação desadequada dos interesses diferentes a que se pretende dar satisfação.

Pelo que, o que se define como "violência" quanto a uma categoria jurídica não tem, de per si, que coincidir com o que se deva defenir para a outra. E, se se quizesse aplicar – ainda que mal – a mesma definição, então também curial seria que se declarasse expressamente a equiparação (como no dito artigo 26 do anteprojecto de Luis Pinto Coelho).

No esbulho "violento", o que se pretende é sancionar os actos "violentos". E, "o direito civil tudo deve fazer para sancionar a violência" (citado Menezes Cordeiro, p. 142).

E, assim, a violência "do esbulho", "para efeitos do artigo 1279", tanto pode ser uma violência por coação física ou moral que atinja a capacidade volitiva do possuidor espoliado (no modo defenido no artigo 1261); como o pode ser sobre a coisa possuida, ou as coisas e pessoas que sejam obstáculo imediato ao esbulho: e ainda que não tenham, reflexamente, o referido efeito de constrangimento na vontade de acção do possuidor primitivo.

Pode, pois, consistir no *mudar as fechaduras* (destruindo, pois, as anteriores), (cits. Ac. do S. Trib. Ju. de 28-3-958 e Ac. R.L. de 19-1-84). Idem, Ac. R.L., de 11-03-93, (C.J., 1993, II, p. 95) e Ac. S.T.J., de 03-05-2000, 3ª Secção, Rev. 170/2000. Ou, a mudança de fechaduras da porta de entrada em instalações, impedindo o acesso para levantar as mercadorias existentes (cit. Ac. S.T.J., de 3-5-2000).

Defesa da Posse 423

Ou, a *destruição de uma cancela que tapa um caminho particular* (cit. Ac. S.T.J. de 8-11-60). Ou, *deitar abaixo muros ou vedações* (cit. Ac. R.C. de 24-5-988). Ou, *erigir um muro num caminho*, onde antes não existia qualquer obstáculo á passagem de pessoas ou veículos (cit. Ac. R.P., de 15-3-94).

Ou, a extracção de cortiça, levada a cabo *de modo que as pessoas do local se convenceram de uma situação de intimidação e de força* para que nada impedisse o esbulhador (cit. Re. R.E., de 3-7-94, BMJ, 240.°, 281).

O Ac. da R. Ev., de 12-03-98 (BMJ, 475.°, p. 793) – para quem "a caracterização do esbulho como violento, para efeitos do disposto no art. 1279 do C. Civil, não se limita ao uso da força física contra as pessoas, sendo ainda de considerar violento o esbulho quando o esbulhado se vê impedido de contactar com a coisa face aos meios ou á natureza dos meios usados pelo esbulhador ... como quem é impedido de usar ou fruir um caminho ... em virtude de o terem obstruído com pedras de grande porte em dois pontos, e, posteriormente, colocado no caminho um portão".

E, no mesmo sentido, os Acs. S. T. J., de 07-07-99 (BMJ, 489.°, 338) e de 03-05-2000, 1ª Secção. Agravo 294/00.

Ou a colocação dum obstáculo físico, como a substituição do portão duma garagem, sem entrega de qualquer chave ao possuidor (Ac. R. L., de 23-04-2002, C.J., XXVII, 2002, II, p. 120).

Igualmente, é de considerar violento o esbulho que resulta do emprego de força física ou da sua presença (intimidatória, naturalmente) contra o possuidor – proveniente da superioridade numérica das pessoas dos esbulhadores, ou da presença da autoridade ou do apoio da força pública (A. dos Reis, C. Proc. Civ., anot. art. 400, 3ª ed., p. 670; citando A.R. de Luanda de 28-03-908, Ac. R.P. de 18-02-921 e Rev. Justiça, Ano 6, p. 87).

E, também sendo de considerar violento, o esbulho que se comete por meio de arrombamento ou escalonamento, embora não haja luta alguma entre esbulhador e possuidor (cit. A. Reis, e Jurisprudência aí citada, Ac. R. P., de 07-02-1919, 25-05-923, 03-06-924 e 02-05-931 e Rev. Trib.).

Ou se se destrói um muro, para ocupar um logradouro (Ac. S. T. J., de 07-07-99, BMJ., 489.°, 338).

E a **razão de ser** da providência está, por um lado, na fundamentação genérica das acções possessórias (de prevenir e repudiar as ofensas á paz social e á continuidade organizativa, através de actuações privadas, ainda que de auto-tutela) e, *in casu*, acrescidamente, levadas a cabo com recurso a meios violentos ou de força.

Ou seja, o "esbulho" não pode deixar de considerar-se violento, em todos os ditos casos em que, mesmo sem constrangimento ou força, física ou psíquica, sobre o possuidor (em qualquer dos modos referidos no n.º 2, do art. 1261) – todavia, se usou de violência ou força contra as coisas objecto da posse, ou contra as coisas ou pessoas que podiam ser obstáculo ao esbulho ou se usou de força – obstáculo para impedir o normal uso da coisa possuída. Neste último sentido, cit. Ac. R.L., de 23-04-2002 (C. Jur., XXVII, 2002, II, p. 120).

E, naturalmente, haverá esbulho violento se se procede *á demolição duma casa ou de benfeitorias*; se se *desmorona um muro ou vedação*; ou parte delas. Se se *destroi uma ramada, um pomar, ou uma sementeira*. Ou, se se *derruba uma mata, um pinheiral ou um eucaliptal*; ou parte deles.

Ou, *se se mata ou se agride um cão de guarda*, para entrar num edifício. Ou se se *usa de força, contra o guarda dumas instalações*; ou contra empregadas domésticas ou meros ocupantes duma casa.

Ou, se se põem <u>obstáculos físicos ao uso das coisas antes possuídas</u> (novas fechaduras; portões; pedregulhos; blocos de cimento; valas abertas no caminho; novas vedações, com redes metálicas ou muros).

Já não haverá violência se tão só se usar chave contrafeita para abrir a porta do veículo furtado (Ac.R.L., 1-4-77, BMJ, 288.º, p. 262).

Por sua vez, dada a razão de ser da violência e a sua relevância e função, o que releva é o que o acto de desapossamento **deva ser considerado violento**, pela consciência geral, e **na perspectiva da situação possessória, em si**. Ou seja, como situação da coisa no domínio de facto de alguém que, como tal, tem a faculdade de a deter e continuar detendo "como quer e na gestão que lhe entendeu dar": e, em que, o terceiro, ofende "essa" continuação-organisativa, "essa" paz social e por seu mero acto de facto, unilateral e usurpativo daquela vontade de domínio de facto e protegida como tal.

Assim, nomeadamente, não interessarão as boas intenções, na óptica do esbulhador. Por exemplo, se destruiu a ramada velha, para a substituir por uma nova ou para aí plantar um pomar. Ou se derrubou a casa velha para fazer uma nova.

Obviamente que também já não caberá no referido conceito de violência o alargamento do direito canónico no sentido de que haverá violência sempre que a espoliação seja contra a vontade expressa ou tácita do possuidor primitivo. Pois se assim fosse, então, todo o esbulho seria violento ... e contra ele se poderia instaurar acção de restituição provisória sem audiência do esbulhado. Já que se o desapossamento é efectuado de acordo com a vontade do primitivo possuidor ... nem sequer haverá esbulho (*consentienti non fit injuria*).

Também é certo que a categoria da restituição provisória de posse

Defesa da Posse 425

face a um esbulho violento, se pode tornar perversa. E quer o conceito de violência seja um ou outro dos referidos. É que apezar de existir violência no esbulho, tal pode corresponder a uma conduta lícita *(fecit, sed jure fecit)*. Por exemplo, A. foi esbulhado por B. da posse do seu veículo, com ameaça, sob arma de fogo, de que se o não entregasse e se tentasse recuperá-lo, seria corporalmente atingido por um tiro. Passado um ano A. encontra B. a conduzir o veículo, e á força retira-lho e reapossa-se do veículo.

Se B. vier a Tribunal e tão só alegar uma parte da verdade – que era possuidor e foi esbulhado com a dita violência – puderá lograr que se ordene a restituição provisória de posse... sem audiência do alegado esbulhador. Apesar deste ter agido lícitamente, em acção directa (artigo 1277).

Tal perversidade eventual, não será mais, todavia do que o caso (possível) dos efeitos reflexos ou desvantagens da conceitualização jurídica. Como dizia Ihering, em defesa da sua tese de que a posse radica na defesa (avançada) da propriedade (presumida) ... mas que (em uma desvantagem, compensada pelas muitas vantagens) até, reflexamente, da situação conceitualizada, pode vir, a final, a beneficiar ... o ladrão!

Ordenada pelo Tribunal a restituição da posse, e realizada, a mesma é notificada ao requerido (art. 385, n.º 5 do código de processo civil). E, caberá a este agravar ou deduzir oposição ao abrigo do artigo 388.

Todavia *não é aplicável o artigo 387*, conforme já antes referido. E, nomeadamente, *não pode substituir-se por caução* (Alberto dos Reis, Cód. de Proc.Civil, I, 3ª ed., p. 674; Ac. S.T.J., de 25-7-944, Rev.L., ano 77, p. 284).

Igualmente Moitinho de Almeida, in "Restituição de Posse", 4ª ed. P. 116.

Em sentido contrário, António Geraldes (Temas da Reforma do C. Proc. Civil, IV, p. 6 e Procedimentos Cautelares Especificados, págs. 57 e 58) e Acs. S.T.J. de 16-03-00, (B., 39, Sumários) e do Tr. R. Gui., de 12-06-07, (Mª. Rosa Tching, Espinheira Baltar e Carvalho Martins) (C. Jur., n.º 199, XXXII, T III, 207, p. 287).

Esta orientação da possibilidade de caução, todavia, é restritiva no sentido de que "só deve ocorrer nos casos em que se verifiquem ponderosos e aceitáveis interesses e razões do esbulhador, que possam superar o interesse típico da lei de reprimir a violência do esbulhador" (cit. Ac. R. Gui.).

Face ás duas perspectivas suponho ser preferível a primeira, por duas ordens de razões. Primeiro, porque a caução é um instituto processual que, por natureza, pressupõe substituir uma medida tomada para prevenir um *periculum in mora*, na pendência duma acção ou seja um prejuízo resultante da natural demora a ser decidido num processo a existência dum direito. Ora, no caso do procedimento processual de restituição provisória de posse, o mesmo não tem por função prevenir esse *periculum in mora*, mas sim dar satisfação a um direito de *jus possessionis* estabelecido pelo direito substantivo (arts. 1278 e1279 do C. Civil) e pelas razões que a seguir se referem.

E, em segundo lugar, a restituição provisória de posse face a um esbulho violento, tem por razão de ser precisamente a preservação e reintegração da paz pública; a condenação da auto-tutela (fazer justiça pelas próprias mãos) e a punição da sua afectação com violência, e consubstanciando a atribuição ao possuidor, dum "direito substantivo," integrativo do *jus possessionis*.

Na verdade, segundo o conteúdo do *jus possessionis*, integrativo do instituto da posse, estabelecido pelo Código Civil, o possuidor tem o "direito de possuir" e, face a um esbulho, o "direito a seguir possuindo" (o "direito a seguir detendo"), enquanto não for convencido na questão da titularidade do direito do esbulhador (cits. arts. 1278 e 1279).

E, consequentemente, em termos de intervenção instrumental do Tribunal para dar satisfação a tal direito o *spoliatus ante omnia restituendus est* (o esbulhado antes, de mais nada, deve ser restituído á sua posse antecedente). O que no direito romano correspondia aos *"interdicta de vi"*, como juízos sumários concedidos pelo pretor e destinados a restaurar a situação possessória antecedente.

Ora, a substituição da restituição por mera caução, desde logo, não satisfaria e violaria, até, esse "direito substantivo" do possuidor, como "derecho a poseer" e "derecho a seguir poseyendo"ou "derecho a seguir teniendo" (Lacruz Berdejo, Dir. Reais, 3ª. ed, págs. 47 e 48).

Como, a final, uma substituição por caução frustaria também a razão de ser e função da providência de restituição provisória instituída pelo cit. art. 1279, e acima referidas.

Isto é, frustrando-se e violando-se, até o conteúdo normativo do art. 2.º, 2, do C. Pr. Civil e art. 20.º, 2, da C.R..

Assim, e se na interpretação do art. 387, n.º 3, do C. Pr. Civil, se deve ter em conta sobretudo a unidade do sistema jurídico (art. 9.º do C. Civil), então, nem a figura da caução é, por sua natureza, adequada à providência de restituição provisória de posse dado que esta não se baseia na existência dum *periculum in mora*, como se o n.º 3 do cit. art. 387.º se aplicasse, *in casu*, teríamos um preceito processual em contradição com um direito substantivo atribuído pelo direito civil, e negatório deste. O que nem é de

Defesa da Posse 427

presumir ter sido querido, como razoável, pelo legislador, (art. 9, n.º 3); como, no caso de contradição, necessariamente deve prevalecer a valência do direito substantivo. Dado o carácter (meramente) instrumental do direito processual. Digamos, até, que, com tal interpretação que se repudia o art. 387.º, 2, será mesmo inconstitucional (art. 20.º, 1).

Assim, o disposto no n.º 3 do art. 387.º, dado os termos em que está redigido, dada a sua dita pressuposição e tendo em conta a sua compaginação com o direito substantivo *do jus possessionis* (definido no Código Civil e com sua razão de ser), não é aplicável ao procedimento de restituição provisória de posse, como procedimento processual especial que visa dar satisfação instrumental ao *"direito"*, que faz parte do *jus possessionis*, consagrado especificamente (com seu conteúdo e razão de ser) nos preceitos especiais dos arts. 1278 e 1279 do C. Civil. E, direito esse do possuidor, de "possuir" e de "seguir possuindo" com a posse anterior de que foi esbulhado, e a que, pois, *ante omnia restituendus est,* enquanto não for convencido (com trânsito em julgado) na questão dum "direito do esbulhador".

Aliás no caso do cit. Ac. do Trib. de Gui., de 12-06-07, a substituição da restituição da posse (do arrendatário sobre um logradouro) acabou por ser negada – porque, como fundamentou o Acórdão, é precisamente para defesa desta posse que estabelece o n.º 2 do art. 1.037.º do C. Civil que "o locatário que foi privado da coisa ... pode usar ... dos meios facultados ao possuidor nos arts. 1.276 e sgts.". E porque assim é, realça o Acórdão, torna-se "bem claro" que a caução em vez da providência (restituição de posse) "não só não respeita o fim desta providência", – que é satisfazer um direito substantivo – como também não se mostra suficiente, nem adequada para evitar a lesão dos requerentes da providência, pois que a destrói por completo, retirando a estes arrendatários a posse a que foram restituídos".

ORA, esses dois tipos de argumentos são, precisamente, recorrentes em todos os casos de qualquer posse que foi esbulhada com violência e que, no respectivo procedimento especial, foi aos possuidores (provisoriamente) restituída!

E, é com base neles, e nessa recorrência, que, precisamente, (e como acima se desenvolveu)se funda a tese da não aplicabilidade do n.º 3 do art. 387 ao caso específico da providência de restituição provisória de posse.

Também, em princípio, não pode o requerido requerer *embargos de terceiro* (cit. Alberto dos Reis, p. 673). Primeiro, porque não é terceiro. Segundo, porque o meio específico de reagir está especialmente regulado no citado artigo 388.

428 *Posse e Usucapião*

Todavia, poderá o esbulhador fazê-lo em dois casos.

Segundo Alberto dos Reis (o. cit., p. 673), "Suponhamos, porém, que o requerente é investido, não na posse da coisa de que fora esbulhado, mas na de coisa diversa ...

Parece que neste caso excepcional deve o esbulhador ser admitido a opor embargos de terceiro". Bem como, continua o referido autor:

... "Se o requerente for restituido á posse da coisa que realmente estava na fruição de terceiro, isto é, de pessoa diversa do pretenso esbulhador, os embargos (de terceiro) terão todo o cabimento por parte da pessoa ofendida com o acto judicial da restituição".

Por último, a restituição provisória poderá extinguir-se ou caducar nos termos do artigo 389.°, do código de proc. civil.

Se o objecto da providência é um prédio urbano destinado a habitação, deverá haver audiência prévia do demandado (DL. 293/77, de 20 de Julho).

Decretada a providência de restituição provisória de posse, ao abrigo do art. 394 do C.P.C., cabe ao requerido poder opor-se, em satisfação do princípio do contraditório, da igualdade das partes e do direito a julgamento equitativo (arts. 3.° e 3.°/A do CPC, 20.°, n.° 4, da C.R. e 388 do CPC). E, sem novo articulado de resposta a tal oposição (J. Lebre de Freitas, C. Proc. Civ. Anot., vol. 2.°, p. 42, anot. art. 388).

E podendo o requerido, oponente, instar testemunhas já antes inquiridas, e de cujo depoimento adquire conhecimento pela gravação (cit. Lebre de Freitas, p. 44), como resulta do art. 517, 2, do C.P.C. e dos referidos princípios gerais. O ónus da prova, ou da contra-prova, em vista da revogação da providência decretada incumbe ao requerido-oponente (Ac. S.T.J., 22-03-00, BMJ, 495.°, 271 e Abrantes Geraldes, Temas, III vol., 3ª ed., 2004, p. 286, n.° 83.9).

Por sua vez, a decisão final constitui "complemento e parte integrante da inicialmente proferida" (art. 388.°, 2, do C.P.C.).

E, para a decisão, deve o Juiz ter em conta todos os documentos constantes dos autos, quer do apenso quer do processo principal, "de acordo com o princípio da aquisição processual", do art. 515 do C.P.C. (Cit. Abrantes Geraldes, p. 157, n.° 36.2). O mesmo sucedendo, nomeadamente, com os depoimentos prestados, e demais provas, na fase inicial regulada no art. 394.

O que resulta dos referidos princípios gerais citados e só assim se compreenderá que a decisão final a proferir constitua "complemento e parte integrante da inicialmente proferida" (cit. art. 388.°, 2).

Assim, o Juiz deverá tomar em "consideração todos os demais fac-

Defesa da Posse 429

tos" – e não só os alegados pelo requerido – "para reapreciar o mérito da causa" (J. Timóteo P. Pereira, Juiz, in Prontuário, II, 2ª ed., 2005, p. 564).

Ou seja, "no final cumprirá ao Juiz proferir a decisão da matéria de facto, acompanhada da apreciação critica das provas produzidas ... contrapondo-as àquelas em que se tenha baseado a primeira decisão" (cit. Lebre de Freitas p. 284, n.º 83.8 e p. 388, n.º 83.5).

E, assim – e só assim – o procedimento "passa a ter uma decisão unitária" (Ac. S.T.J. 06-07-2000, BMJ, 499.º).

SUBSECÇÃO III
Embargo de Obra Nova

179. O artigo 1276 do código civil concede ao possuidor a acção de prevenção em face do justo receio de ser perturbado ou esbulhado. Filia--se nos *embargos* á primeira vista das Ordenações.

Todavia, o mais natural em face de tal justo receio, é que o possuidor recorra a um procedimento cautelar (art. 381 do código de processo civil).

E quer comum; quer ao procedimento cautelar especificado, de embargo de obra nova (artigos 412 e seguintes do referido código). Procedimento este que é cabido mesmo que já se sofra esbulho ou turbação.

O possuidor de *"posse limitada"* (por exemplo o arrendatário), também pode lançar mão da acção de prevenção e dos procedimentos cautelares. Em princípio, mas dentro do conceito de tal posse (da extensão do respectivo direito) e na medida em que essa posse possa ser ofendida por esbulho ou turbaçao.

Ou seja, a relevância de tal posse para efeitos de sua defesa, pressupõe a existência do direito e na extensão sobre uma coisa, ou parte dela, consoante resulta do título: por exemplo, o contrato de arrendamento (artigo 1037, n.º 2). Isto é, não existe tal posse, tão só por se deter (e na extensão em que se detem), "como se fosse titular do direito", (vide supra, sobre "posse limitada").

É certo que os preceitos respectivos (por exemplo, o artigo 1037, n.º 2) não se referem "explícitamente" a tal possibilidade e falam simplesmente de privação da coisa ou de perturbação no exercício dos seus direitos. No entanto, tais preceitos, concedem-lhe expressamente o uso dos meios facultados nos artigos 1276 e seguintes: e nestes inclui-se a acção de prevenção e a providência (cautelar) da restituição provisória em caso de esbulho violento. E, por sua vez, concedidos os "direitos de acção" (pre-

430 *Posse e Usucapião*

venção, restituição, manutenção e indemnização) – então, deve entender-se, de per si, legítimo o recurso aos meios cautelares que, genéricamente, a lei processual concede como modo de salvaguardar a eficácia do que se vier a decidir em tais acções.

Assim, é jurisprudência corrente a legitimação do recurso dos possuidores limitados aos procedimentos cautelares (Ac.S.T.J., 22-2-84, BMJ, 334.º, 445), para defesa da sua posse. Sendo igual a posição doutrinal, e desde o direito antigo (Alberto dos Reis, Cód. Cód. Proc. Civil anotado, II, 3ª ed., p. 59).

Em termos *de legitimidade, activa e passiva*, valem os princípios gerais que já antes se desenvolveram, na anterior secção (n.ºs 163 e seguintes). E, nomeadamente, quanto á legitimidade activa ou passiva da Administração Pública (n.ºs 169 e seguintes); quanto á competência material administrativa em litígios sempre particulares (n.º 167) e quanto aos cônjuges (n.º 166).

Quanto á *caducidade* existe o prazo especial, processual (artigo 144, n.º 4, do código de processo civil), de trinta e cinco dias do artigo 412. Sendo certo que quanto aos embargos em que seja requerente a Administração Pública, dado o artigo 413, n.º 1, não existe o dito prazo de 30 dias; mantem-se, todavia o de 5 dias para a ratificação (como é jurisprudência corrente).

Há que ter em conta que o prazo de caducidade se conta tão só a partir do *"conhecimento do facto"* (artigo 412). No entanto, se a causa de pedir é a posse e a sua privação ou turbação – aplicam-se os princípios gerais já desenvolvidos supra. E, nomeadamente se caducaram já as acções de restituição, de manutenção, ou de indemnização também se extinguiu ou caducou o procedimento cautelar respectivo (Supra, n.ºs 172 a 177; artigo 389 do código de processo-civil).

O referido "conhecimento de facto" é duplamente complexo. (Ac. R.L., 30-05-69, J.R., 15.º, 567; Ac. Rev.Ev., 9-12-93, B.M.J., 432.º, 449; e Ac. S.T.J., 4-1-74, cit. B., 233.º, 112).

Primeiro porque pode ser ainda tão só uma "ameaça" de ofensa – mas já se pode, mesmo assim, deduzir-se o embargo da obra nova (ainda que esta tão só em fase de projecto e, nem sequer iniciada). E, mesmo que a obra já se tenha iniciado, pode, todavia a situação de facto, em caso de esbulho – ser uma mera pre-posse (embrionária). Por exemplo, se se projecta num edifício uma janela (em contravenção do disposto no artigo 1360) e se inicia a construção, a "existência" dessa janela, e a "sua posse" (o seu domínio de facto ou a possibilidade de o deter), importará a aquisição de uma posse contrária ao pleno domínio do prédio vizinho e poderá importar, até,

Defesa da Posse 431

a aquisição do respectivo direito de servidão por usucapião (artigo 1362). Todavia, o esbulho, *rectius*, só surgirá, então, com a "posse" da janela: isto é, com a conclusão da mesma e do respectivo edifício. Neste sentido, Pires de Lima e A. Varela (anotação, n.° 3, ao artigo 1362).

Então, o possuidor do prédio vizinho só pode reagir "com embargo de obra nova", *a título de "ameaça"*, dentro dos 30 dias em que teve conhecimento do projecto e da existência nele da janela; ou dentro dos 30 dias em que teve conhecimento do início de tal obra.

Mas, a título de "esbulho", já poderá reagir com embargo de obra nova até á conclusão da obra. E, só não puderá reagir dentro dos 30 dias após a conclusão, porque se ela está *"concluida"* – então não tem acuidade um "procedimento cautelar" (Alberto dos Reis, Cod. Proc. Civil anotado, II, 3ª, p. 63).

Embora concluida, possa, todavia, então, reagir mas por via de acções possessórias (ou petitórias) de restituição, manutenção e indemnização (idem, citado autor). E dentro dos respectivos prazos de caducidade dessas acções.

Daí que, em geral, a feitura de terraplanagens, ou outros trabalhos preparatórios, só por si possa não ser suficiente para se poder falar, já, de conhecimento de ameaça de ofensa á posse (esbulho ou turbação), e muito menos de conhecimento de tais ofensas (cit. Ac.S.T.J. de 4-1-74).

Se a obra se suspende a meio, pode também reagir-se a título de "ameaça" – na medida em que se justifique o receio, em verosimilhança, do retomar a obra.

"Deve considerar-se concluida a obra a que apenas faltam alguns trabalhos secundários, quando estes não são senão o aproveitamento das obras já concluidas" (Ac. S.T.J. de 8-2-87, Rev. dos Trib., 8.°, 149 e cit. Alberto dos Reis, p. 61).

Por sua vez, *pode reagir-se contra obra, trabalho ou serviço* (demolições, corte de árvores, extracção de cortiça, abertura de valas para plantações). Sobre a génese e ampliação histórica, vide cit. Alberto dos Reis (p. 63).

O que importa é que o *facto seja novo*, isto é, que não seja a reprodução ou a repetição de facto anterior: se alguém reconstroi um prédio sem alterar os limites ou a estrutura da obra primitiva, é claro que o embargo não tem razão de ser (citado Alberto dos Reis, p. 63). Isto é, não interessa que o facto seja históricamente, em si, novo, actual. O que interessa é que ele acrescente inovação á relação substancial/relevante preexistente. Assim, também não haverá inovação,se, por exemplo, alguém muda os vidros das janelas, ainda que para tipo de vidro diferente, mas se igual ou menos

432 *Posse e Usucapião*

ofensivo (por exemplo de transparente para opaco); ou, se muda os caixilhos de madeira para alumínio.

Conforme já desenvolvido a quando da caracterização do que é esbulho e turbação, *a expressão "prejuízo"* do artigo 412, não tem o sentido restricto de "dano" (como pressuposto de acção de indemnização): mas sim, de "ofensa" "ao domínio de facto da coisa"; de "ofensa ao direito... ou sua posse" (supra, n.° 156, in fine).

A existência da posse, bem como da ofensa (esbulho ou perturbação) ou da ameaça – deve ser objecto de *um simples juizo de probabilidade, sumário, perfunctório:* e não de certeza (artigos 412, 384, n.° 1 e 383, n.° 4). Idem, cit. Alberto dos Reis (p. 67) e Pires de Lima/A.Varela (anotação ao artigo 1276). Ainda que não baste – meras razões, valorações ou ilações sujectivas do requerente e devam, elas, ser comungáveis por um homem prudente (e, neste sentido, sendo objectivas).

Por sua vez, *a posse que é pressuposto de defesa* pelo embargo de obra nova, é a que se exerce á imagem do direito de propriedade ou de outro direito real de gozo, ou á imagem dum direito pessoal de gozo de que se seja titular (posse limitada) – segundo o teor do artigo 412 do código de processo civil.

Assim, o credor hipotecário não pode deduzir embargo de obra nova contra o seu devedor que está a derrubar a mata e a diminuir-lhe o valor (cit. Alberto dos Reis, p. 60). Outra questão – mas que exorbita da posse – é se terá o direito de se opor e se o pode salvaguardar em procedimento cautelar comum.

Já antes se defendeu que o *"possuidor limitado"*, por exemplo o arrendatário (artigo 1037, n.° 2) pode defender a detenção da coisa, no pressuposto de que tenha o direito (seja, á face do direito, "locatário") e de que esteja a ser privado, perturbado ou ameaçado "no exercício dos seus direitos" (o que o título defenirá).

Por exemplo, o arrendatário pode embargar obras em prédio vizinho em que se pretenda abrir janela, em contravenção do disposto no artigo 1360 do código civil. Como pode lançar mão do procedimento cautelar comum em vista da emissão de cheiros ou ruídos, em contravenção do artigo 1346. (Acs. S.T.J. de 24-4-977, B.M.J., 266.°, 165 e de 4-7-78, cit. B. 279.°, 124).

Pois, então, o arrendatário está no gozo das faculdades de uso e fruição da coisa (artigo 1305) que, temporáriamente, o proprietário lhe concedeu (artigo 1022). E as referidas disposições legais destinam-se, respectivamente, a proteger a intimidade da vivência no prédio vizinho (artigo 1360), ou a proteger o seu natural uso (artigo 1346).

Defesa da Posse 433

Ora, se na posse desses direitos está o arrendatário, então não pode deixar de lhe caber o recurso aos procedimentos adequados á sua defesa e salvaguarda contra esbulhos, perturbações ou ameaças.

Mas, igualmente, o pode fazer o senhorio proprietário, apesar de não habitar no prédio. Pois, primeiro, ele não abdicou dos seus direitos, mas tão só os cedeu temporáriamente. Depois, porque continua a ser possuidor, á imagem do direito de propriedade (por intermédio do arrendatário). E, ainda, porque a "ofensa" da posse, consiste no esbulho ou turbação como ofensa ilícita á posse e não no dano em sentido estricto (conforme supra, n.º 156, se desenvolveu).

É claro que se o senhorio invocar um "direito de personalidade", este não é afectado se lá não vive.

E se o invocar o arrendatário, poderá defendê-lo em procedimento cautelar comum e em acção petitória (artigos 2.º do C.Pr.Civ. e 20.º da Constituição).

Mas, não em embargo de obra nova, ou, em acções possessórias – porque a tal direito não faz sentido o instituto da posse; nem se trata de direito real ou pessoal de gozo sobre uma coisa (artigo 412 do código de processo civil) (vide Ac.S.T.J., 22-10-91, B.M.J. 410.º, 703).

E, poderá, por exemplo um locatário de um dos andares, embargar obra nova de ampliação do edifício com vista á construção de 5 novos pisos? Entendeu que sim o Ac. do S.T.J. de 19-84 (B.M.J., 334; 445). Mas há que distinguir.

Em princípio, o locador deve assegurar o uso da coisa para os fins a que se destina e, como tal, não pode practicar actos que impeçam ou diminuam aquele gozo (artigos 1031 e 1037).

Todavia não existe ofensa á posse (nem ao direito a cuja imagem se possui) se o terceiro actua legitimado por um direito seu (fecit, sed jure fecit).

Assim será se o senhorio actuar, por exemplo, dentro dos pressupostos expressos dos artigos 69 e 73 do RAU e da Lei n.º 2088, de 3-6-957, (vide Rev.Trib., 75.º, 162).

Mas desses artigos e diplomas resulta, também, implicitamente que se os locais arrendados não sofrerem alteração, então, em príncipio o senhorio pode proceder á ampliação do edifício (artigos 3.º, n.º 3, 7.º, n.º 2 e 8.º da Lei 2.088).

E, na verdade, por exemplo, numa propriedade horizontal, o uso que se cede é o da fracção e das pertinentes partes comuns. E, os direitos, *"a se"*, daquela fracção não se estendem na vertical (para cima ou para baixo).

434 Posse e Usucapião

ASSIM, por os condóminos decidirem construir mais, em altura, aproveitando o espaço aéreo – não se está, em si, a praticar actos que impeçam ou diminuam o uso, em si, duma "fracção" arrendada e que não se alterou.

O que pode é o arrendatário alegar que, no caso, pode não ser a mesma coisa disfrutar da propriedade duma fracção num edifício de três andares, ou disfruta-la num edifício de oito. Mas tal é deslocar a questão, para uma questão ambiental de crescimento de vizinhança. Pois, mutatis mutandis, então se diria que não é o mesmo ter uma vivenda arrendada numa zona rodeada de (outros) terrenos livres e, depois, passar a ter-se a vivenda a confrontar com vários edifícios que nesses outros prédios vizinhos aí erigiu o senhorio (ou terceiro).

Assim, o arrendatário o que pode, se não há alteração em substância da sua fracção, é equacionar a questão do direito a um ambiente sadio e ecologicamente equilibrado; ou, quanto aos requesitos da construção em si. Mas tal serão questões da competência da Administração, em procedimento administrativo: ou dos Tribunais Administrativos, quanto á sua sindicância (Supra, n.° 167).

Ou seja, não se pode dizer, rectius, no referido exemplo duma fracção em propriedade horizontal, que por um acrescento de construção em altura, foi impedido ou diminuido o gozo "da coisa" arrendada. O que se alterou foram os dados ambientais: e, por construção em outros espaços (não arrendados). E, conforme os respectivos proprietários, e no uso dos respectivos direitos de gozo e fruição, (plenos e exclusivos, e que não cederam), resolveram usar.

Diferente, segundo princípios gerais, já será se o senhorio duma vivenda arrendada quer, sobre ela, construir em altura.

Pois, aqui, o senhorio cedendo o uso do imóvel, cedeu (incluido) o uso do espaço aéreo (artigo 1344).

E, com tal construção já privaria (parcialmente) o arrendatário do gozo da coisa cedida. O que também acontecerá num prédio por andares, se ao arrendatário, acrescidamente, lhe caiba o uso dum terraço de cobertura. Todavia, mesmo nestas hipóteses, acabam as referidas disposições especiais dos citados artigos 69 e 73 do RAU e a Lei 2088 por tornar lícita a conduta do senhorio – mas, então, devendo também ser demandado judicialmente o inquilino (artigo 8.° da citada Lei).

Defesa da Posse 435

SECÇÃO VIII
Embargos de Terceiro

180. Ao interesse (legalmente protegido) do possuidor, de prevenir uma ameaça, ou de se restituir ou manter na posse ofendida, corresponde o meio processual dos embargos de terceiro, nos termos defenidos na lei de processo – **se** a ameaça ou a ofensa resultam da realização duma diligência ordenada judicialmente (artigos 1285 do código civil e 351 e seguintes do código de processo civil).

É essa causa especial da ameaça ou da ofensa que determina um processo especial.

Todavia, surge a primeira questão face ao n.º 2 do artigo 351 do código de processo civil que determina que não é admitida a dedução de embargos de terceiro relativamente á apreensão de bens realizada no *processo especial de recuperação da empresa e de falência.*

Deve, no entanto, entender-se que então caberá ao possuidor defender a sua posse pelo meio processual da restituição e separação de bens, regulado pelos artigos 201 e sguintes do C.P.E.R.E. (D.L. 123/93, de 23 de Abri), ainda que aí não se refira explícitamente a posse; e, adequando-se formalmente a respectiva tramitação processual (artigo 265/A).

Na verdade, a todos é assegurado o acesso aos Tribunais para defesa dos seus direitos e interessses legítimos (artigo 20, n.º 1, da Constituição e 1 e 2 do código de processo civil). E, históricamente, assim se entendia (A. dos Reis, Proc. Especiais,I, 1955, p. 410).

A diligência de apreensão ou entrega de bens, judicialmente ordenada, cuja realização ameace ou ofenda a posse pode ter lugar num processo de execução para pagamento de quantia certa, como numa execução para entrega de coisa certa, como num procedimento cautelar na dependência duma acção.

O anterior artigo 1037 do C.P.C. falava, exemplificamente, na penhora, arresto, arrolamento, posse judicial e despejo.

Numa execução para prestação de facto pode também ocorrer uma obra, trabalho ou serviço novo que possa ameaçar ou ofender a posse. Nesse caso caberá ao possuidor recorrer ao embargo de obra nova (artigos 412 e seguintes do cód. de proc. civil).

Os embargos de terceiro, cujo fundamento invocado seja a ameaça ou ofensa da posse só são um meio processual especial enquanto a ofensa radica na realização dum acto judicialmente ordenado de apreensão ou entrega de bens. Mas a razão substantiva, e comum, é a defesa da posse.

436 *Posse e Usucapião*

Desempenhando, pois, os embargos a mesma função que as acções possessórias própriamente ditas. (A. dos Reis, Proc. Especiais, I, 1955, 402).

E a razão da defesa, ou relevância da posse, consoante as diversas teorias, está na preservação da paz social, ou da continuidade organizativa ou na defesa avançada da propriedade presumida (vide, supra, função social da posse).

Mas, em qualquer dessas razões não é da essência da posse que esta seja efectiva (artigo 1257), nem que esta seja causal (salvo quanto á "posse limitada"). Consequentemente, mesmo que não caiba ao possuidor a titularidade do direito a cuja imagem possui, e tal se prove, nem por isso deixar de ser possuidor e, como tal, de poder defender a sua posse. Mesmo para a teoria que entende que a posse é uma defesa avançada do direito de propriedade, todavia, como efeito reflexo ou desvantagem (a assumir) mesmo o ladrão é possuidor pleno (Ihering; supra, função social da posse).

Hoje, face ao artigo 351 do CPC (DL 329/A-95), não é só a posse que pode fundamentar os embargos, mas também "qualquer direito" incompatível com a realização ou o âmbito da diligência.

O meio processual dos embargos, pelo DL 329/A.95, passou a ser concebido como "incidente da instância" e de "oposição". Aliás já fora assim no cód. de processo de 1876. O possuidor "embarga", ou seja pretende opor-se, impedir que num processo que corre entre terceiros, aí, a sua posse seja ofendida, por esbulho ou perturbação, com a realização duma apreensão ou entrega do bem que, todavia, ele possui.

181. O processo dos embargos de terceiro tem a **característica singular** de unitáriamente consubstanciar um **procedimento cautelar e uma acção possessória (ou petitória).**

Existe uma primeira fase introdutória, e de rejeição ou recebimento dos embargos (artigos 354 a 356). É, nitidamente, uma fase de procedimento cautelar. E a que se aplicam os artigos 303, n.° 1, e 304. Bem como, a decisão de receber ou rejeitar os embargos se fundará no juizo sumário, conforme haja ou não probabilidade séria da existência da posse ou do direito invocado (artigo 354); perfeitamente equivalente ao que se determina, em geral, para os procedimentos cautelares no artigo 387.

Embora o artigo 354 explícitamente só refira a probabilidade séria da existência da posse ou do direito, todavia o mesmo juizo deve estender-se aos demais pressupostos do êxito do pedido: a existência da "ofensa" e da sua "antijuricidade".

Ou seja, a rejeição pode basear-se em qualquer motivo susceptível de comprometer o êxito dos embargos (anterior art. 1401, do C.P.C.; A. dos

Defesa da Posse

Reis, Proc. Especiais, 443; Augusta F. Palma, Embargos de Terceiro, p. 81). Inclusivé, por o Juiz entender que haja probabilidade séria de a posse ou direito invocados se enquadrarem numa simulação ou nos pressupostos da sua impugnação pauliana (ao abrigo dos artigos 610 e sgts. do C.Civil).

E, pode o Juiz oficiosamente indagar meios de prova (artigos 265, n.° 3, e 386 C.P.C.). Bem como, pode haver "imediato indeferimento", nos termos em que é admissível indeferimento liminar da petição, ao abrigo do artigo 234/A (Augusta F.Palma, o. cit., págs. 79/80). Não já, convite a suprimento de irregularidades – embora, sendo caso disso, passa o embargante apresentar nova petição em dez dias (artigo 476).

Do despacho de imediato indeferimento, cabe recurso de agravo (artigo 234-A, n.° 2), Do despacho de rejeição, cabe recurso nos termos do artigo 739, n.° 1, a) e n.° 2. O recurso do despacho de recebimento sobe nos autos de incidente, quando este estiver findo (art. 739, 1, b)) e sem efeito suspensivo (art. 740, a contrário), desapensando-se o apenso do incidente (art. 739,2).

Nem o julgamento da matério de facto, nem a decisão de admissão dos embargos têm qualquer influência no julgamento final (artigo 383, n.° 4). Aliás, nesta fase dos embargos nem sequer houve audição contraditória dos requeridos.

Igualmente a rejeição dos embargos não constitui caso julgado material sobre a posse ou o direito invocado, a ofensa ou a sua juricidade, dado que se baseia num juizo sumário (artigos 383, n.° 4 e 355).

Assim, igualmente, Alberto dos Reis, Proc. Especiais, I, 440.

O despacho que receba os embargos repressivos determina a suspensão dos termos do processo quanto aos bens a que dizem respeito, bem como a restituição provisória da posse, se o embargante a houver requerido, podendo o Juiz condicioná-la á prestação de caução (artigo 356). Se os embargos forem preventivos, a diligência não será realizada antes de proferida decisão na fase introdutória e, sendo estes recebidos, continuará suspensa até á decisão final, podendo o Juiz determinar que o embargante presta caução.

O poder do Juiz quanto á *exigência de caução,* não é um poder arbitrário, mas tão só de discricionariedade técnica. E, devendo ter-se em conta a sua função de prevenir eventuais prejuízos para as partes do processo principal. Pelo que deve ter-se em conta, por um lado, os valores dos créditos ou dos direitos daqueles, incluindo juros, e por outro, o valor dos bens na perspectiva dum seu eventual desaparecimento ou deterioração. Pelo que a caução pode ser inferior ao valor dos bens; mas o que não será compreensível é que seja superior (salvo quanto ao acréscimo do

438 *Posse e Usucapião*

rendimento presumível dos mesmos) (vide, Lebre de Freitas, Cód. Proc. Civil anotado).

Óbviamente, que a restituição da posse não é concebivel se o embargante "a não tinha" (cit. Lebre de Freitas). Todavia, devendo ter-se em conta que o sistema jurídico português não considera "posse" tão só a efectiva. Pois, existe "posse", também, quando, há "a possibilidade de a continuar" (artigo 1257). Para além dos casos em que a investidura na posse é simbólica (por exemplo, por constituto possessório); ou, se, exerce por intermédio doutrem (por exemplo, por intermédio do arrendatário). Vide infra n.° 185.

Os efeitos do recebimento dos embargos, determinados no artigo 356, são cautelares e, nomeadamente, não importam o levantamento, ou aniquilamento, absoluto da realizada apreensão ou entrega dos bens em causa.

Apenas reduzem o seu âmbito, em modo compatível com a restituição ou manutenção provisória da posse ou direito invocados. Por exemplo, se é arrestado ou penhorado um bem numa execução para pagamento de quantia certa, mantêm-se aqueles actos no âmbito da afectação do bem aos fins executivos, nomeadamente na apreensão do seu direito de dispor: e, dos três efeitos típicos, apenas cessa, provisóriamente, o poder de uso e fruição (Lebre de Freitas, anot. art. 355).

182. Se os embargos são recebidos, são notificados para os contestar as partes primitivas, seguindo-se os termos do processo ordinária ou sumário de declaração, conforme o valor.

A referida notificação é pessoal (cit. Lebre de Freitas).

Partes primitivas, por exemplo, na execução são os exequentes e os executados, que ainda se mantenham na causa.

Assim, não o será já um réu face ao qual ocorra desistência da instância ou que fora afastado da causa por transacção (Acs. S.T.J., de 22-16-89, BMJ, 388, p. 426 e de 22-6-89, AJ, 0.°/89, p. 14).

A partir da fase introdutória os embargos têm a natureza duma acção possessória ou petitória; conforme a causa de pedir seja a posse ou um direito (A. dos Reis, Proc. Esp., I, p. 400). E, se os embargos se fundam na posse, podem os embargados, na contestação, **levantar a questão da titularidade do direito (da legitimidade da sua actuação) e pedir o seu reconhecimento** (artigos 357 do C.P.C. e 1278 do C.Civil).

Nesse caso enxerta-se uma acção petitória, paralela com a primitiva acção possessória, nos mesmos moldes do que pode ocorrer nas acções de restituição ou manutenção de posse (art. 510, n.° 5) (vide, supra, acções possessórias).

Defesa da Posse 439

E, o embargante, por sua vez, pode limitar-se a contestar o pedido de reconhecimento do direito formulado pelos embargados. Como pode, na resposta ou na réplica, formular, também, em reconvenção, o pedido de reconhecimento do direito a cuja imagem possui (artigos 274, 501 e 786 do C.P.C.; idem, A. dos Reis, Proc. Esp., I, 458).

Quanto á amplitude do "direito" invocável pelo embargado, na contestação dos embargos, desenvolve-se infra (n.° 187).

O prazo das partes primitivas para contestarem será o do processo ordinário ou sumário, conforme o valor. Dado que são esses os termos processuais que se seguem (artigo 357).

E não, o prazo especial do artigo 303 (v. Augusta F. Palma, o. cit., 83, nota 177).

Nesta fase, não se aplica todavia a restituição cautelar da posse, determinada no artigo 510, n.° 5. Tal preceito refere-se ás acções possessórias própriamente ditas. E, por outro lado, a função cautelar da restituição, no procedimento de embargos, como processo especial, tem lugar na anterior fase introdutória, e ao abrigo do art. 356.°.

O reconhecimento do direito a que se refere o artigo 357, e aí explicitamente referido como direito de propriedade sobre os bens, não é tão só esse direito de propriedade. Á semelhança do que se passa nas acções possessórias própriamente ditas (artigos 1278 do C.Civil e 510, n.° 5, do C.Pr.Civil) – trata-se de qualquer direito que legitima a juriscidade da actuação das partes primitivas (fecit, sed jure fecit). Por exemplo, o direito de arrendatário que está em execução para entrega a si do bem que lhe foi arrendado; ou o crédito com garantia hipotecária sobre o bem que foi apreendido.

183. A rejeição dos embargos, não obsta a que o embargante proponha acção autónoma: quer de declaração do direito que se arrogue; quer de reivindicação da coisa apreendida; quer acção possessória propriamente dita (arts. 355 e 383, n.° 4).

Na verdade, sendo o juízo de rejeição, um juizo de probabilidade, não formando caso julgado, sendo formado na fase introdutória de raiz cautelar, então, ao titular do direito ou da posse não se lhe pode aniquilar o direito de acção (artigos 1276 a 1278 do C.Civil; 20 da Constituição e 1 e 2 do C.Pr.Civil. Vide, Lebre de Freitas, anot. artigo 355).

E, se assim é no caso da "rejeição", também o deve ser no caso de indeferimento liminar.

E, também assim o deverá ser, no caso de já ter caducado o prazo para dedução dos embargos. Ou, tão só porque o possuidor optou por propor acção possessória própriamente dita.

No tempo da vigência do código de 1876, foi durante muito tempo dominante tal orientação (J. Dias Ferreira, C.Proc.Civ. anotado, II, 1888, 412). Todavia, a partir do Ac. do S.T.J. de 15-12-922 e de nova orientação defendida na Rev.L.Jur., 38, p. 155, com o aplauso de A. dos Reis (Proc. Especiais, I, 401), passou a considerar-se que se a ofensa radica num acto judicialmente ordenado, então os embargos de terceiro seriam um processo "especialíssimo", pelo que, por erro de forma de processo, importaria a nulidade duma acção possessória instaurada: embora já não quanto a uma acção de reinvindicação.

Todavia, se houve rejeição de embargos, o possuidor, pelas razões supra aduzidas quanto ao alcance de tal decisão, não pode deixar de considerar-se que pode instaurar acção possessória.

E, igualmente, se os embargos propostos foram rejeitados liminarmente; ou se já caducou o respectivo prazo para os deduzir.

A questão que se põe é quanto á eficácia que terá tal acção e a sentença de restituição ou manutenção de posse que nela se venha a obter – quanto ao processo onde se realizou o acto ofensivo da posse.

E, desde logo, quanto a tal acção não funcionará o disposto no art. 510, n.º 5, com repercussão sobre o processo onde se realizou o acto ofensivo da posse. Pois que, quanto a este, a eficácia cautelar só pode ser relevante ao abrigo do procedimento especialissimo, do artigo 356.

E, pelas mesmas razões, não puderá o possuidor, por dependência da acção possessória, lançar mão duma providência cautelar comum (artigo 395).

Já quanto á decisão final, na acção possessória autónoma, de restituição ou manutenção da posse – esta terá eficácia no processo onde se ofendeu a posse (contra, Lebre de Freitas, anot. artigo 355). Só que só será eficaz no âmbito restrito da relevância duma sentença que apenas restitui ou mantem a posse: Relevância essa que é meramente cautelar e provisória, em termos de "domínio de facto"; mas que não contende com a juriscidade da legitima actuação dum terceiro.

Na verdade, a sentença transitada em julgado tem força obrigatória dentro do processo e fora dele nos limites fixados pelo artigo 497 e nos precisos limites e termos em que julga (artigos 671 e 673 do C.Pr.Civil).

Suponha-se, por exemplo, que é penhorada uma casa arrendada, com entrega efectiva ao depositário e desocupação efectiva de quem lá vivia. Ou, é penhorado uma mobília, com remoção efectiva.

Se o prejudicado era possuidor e instaura acção possessória autónoma contra o exequente e o executado, e obtem sentença de restituição de posse e, inclusivé, os demandados nem sequer levantaram a questão da

Defesa da Posse 441

titularidade do direito – óbviamente tal sentença, transitada, tem força obrigatória. Pode, pois, executá-la contra as partes do precedente processo executivo.

Só que a restituição da posse, é tão só a restituição ao domínio de facto, cautelar e provisório, (artigo 673 do C.Proc. Civil).

Não contenderá, pois, com a manutenção da penhora precedente (circunscrita, agora, á apreensão do direito de dispor da coisa); nem contenderá com a consequente venda do bem, no processo executivo precedente. E quem adquiriu o bem no processo executivo, adquire o "direito" se ele pertencia ao executado (artigo 824 do C.Civil). E, mesmo que não pertencesse, pode dispor do direito se a venda não é anulada por reivindicação do dono (artigo 909, n.º 1, d)). Mas, também esse adquirente tem, primacialmente, que respeitar a dita sentença de restituição de posse (artigo 271 do C.Proc.Civil). O que pode, é o adquirente vir a instaurar acção petitória, de reivindicação, com base "no direito" de propriedade sobre a coisa, contra o possuidor. E, neste caso já o jus possessionis, do possuidor, não será oponivel ao jus possidendi do proprietário (adquirente, na execução) ... e este acabará por entrar na posse da coisa, e privar dela o possuidor (artigos 1311 e 1312).

184. Os pressupostos dos embargos de terceiro, são "a posse" (ou qualquer direito), de quem não é parte na causa; "ofendida", "ilegitimamente" (com anti-juriscidade); e "pela concreta realização" de acto, judicialmente ordenado, de apreeensão ou entrega de bens.

Acrescendo, a legitimidade activa e passiva e a dedução dos embargos no prazo, de caducidade, de 30 dias (artigo 353, n.º 2, do C.Pr.Civil).

Os referidos pressupostos são cumulativos, constituindo uma concausa. Por exemplo, não basta ser-se possuidor se os outros pressupostos, ou algum deles, não se verificam. Mas se não se é possuidor, também não se pode deduzir embargos com essa causa de pedir.

Por outro lado, a posse é uma situação de "domínio de facto", mas que, ainda que protegida, cede perante "o direito" doutrem. Daí o artigo 351 falar **em posse ou direito "incompatível"**, com a realização do acto. Corresponde ao princípio geral da submissão da posse perante o direito doutrem: fecit, sed jure fecit (artigo 1278 do C.Civil e artigos 510, n.º 5 e 357, n.º 2, do C.Proc.Civil). Se o terceiro actua com base num direito (ou interesse legalmente protegido), então não será a posse (ou o direito) atingido que é incompatível com a realização desse acto: é, pelo contrário, a realização legítima desse acto que é incompatível com a defesa (restituição ou manutenção) da posse (ou do direito) invocado pelo embargante.

Por sua vez, "a realização" do acto pode ser incompatível, qualquer que seja o seu modo de realização.

Mas a incompatibilidade pode ser tão só relativa, isto é dependendo do modo ou do âmbito da concreta realização. Por exemplo, se é penhorada uma casa arrendada, e se se lavra um auto de penhora com entrega meramente simbólica ao depositário e este se limita a dar conhecimento ao arrendatário de que o prédio fica penhorado para os fins executivos de pagamento de coisa certa – nesse caso a realização concreta da diligência em nada afecta o domínio de facto do bem por parte do arrendatário, á imagem do direito de arrendamento a que possui. Mas já não assim se o depositário desaloja, ou pretende desalojar, o referido arrendatário. Ou, por exemplo, se se penhora um prédio rústico, pelo qual A. tem posse de servidão de passagem, a realização daquele acto só ofenderá tal posse se o depositário impedir, ou pretender impedir, a respectiva passagem.

Nestes casos, a eventualidade da ofensa da posse estará, pois, dependente do âmbito concreto, do modo concreto da realização da diligência.

Assim, **a posse (ou o direito) são incompatíveis**, quando o respeito pela sua existência ou exercício (a faculdade de deter ou continuar detendo), na sua devida extensão normativa, é inconciliável com a realização da diligência ou, com o âmbito ou modo concreto da sua realização.

Ao invés, e no reverso, o direito do terceiro é que será incompatível, quando o respeito pela sua existência ou exercício, na sua devida extensão normativa, é inconciliável com a concreta defesa da posse (ou do direito) invocado pelo embargante.

185. Quanto ao pressuposto da **existência da posse**, é questão de direito substantivo.

Será possuidor aquele que nos termos gerais do instituto da posse se encontre titular duma relação possessória.

Assim, o respectivo bem tem que ser "coisa" passível de posse (supra n.°s 40 a 52 e 67). E o domínio de facto, tem de o ser á imagem dum direito susceptível de posse (Supra, n.°s 9 a 13). Realçando-se que quanto á "posse limitada", por exemplo do arrendatário, (supra, n.° 12), esta tem que ser causal: isto é, só é relevante se existe "o direito" e no respectivo âmbito do direito existente. Também, por extensão, o instituto da posse pode existir em contratos atípicos (por exemplo, no subarrendamento e na cessão de exploração do estabelecimento comercial, quanto ás coisas singulares e corpóreas que o integram; vide infra).

Por sua vez, **não deixa de existir posse, só porque se prova que o**

possuidor não é titular do direito a cuja imagem possui: o ladrão é possuidor pleno, ainda que se saiba que é ladrão.

A posse causal só é necessária nos referidos casos de "posse limitada" (supra, n.° 70).

Também, **a posse relevante é tanto a efectiva, como a jurídica** (supra, 69). Bem como, a posse pode ser directa ou imediata, como indirecta ou mediata (supra, n.° 71; artigo 1252).

E, nem se exige a prática desenvolvida e completa dos poderes de uso, fruição e administração e como o deveria fazer um proprietário diligente (supra, n.° 81).

E a posse mantem-se enquanto exista a possibilidade de a continuar (supra, n.° 139; artigo 1257).

Quanto ás duas últimas afirmações, é óbvio que no sistema jurídico português não foi acolhida a doutrina contrária de Ihering, pelo menos nesse campo.

Assim, a corrente jurisprudencial que defende que para efeitos de embargos de terceiro só releva a posse efectiva e actual, e não a (impropriamente dita) posse jurídica – é uma manifesta desaplicação do direito substantivo (artigo 8.°, n.° 2, do C.Civil).

Nos artigos 1251 a 1267, o direito vigente define a realidade jurídica substantiva que é a "posse", a sua aquisição e perda e os seus caracteres. E, nos artigos 1276 a 1286 disciplina a defesa "dessa posse". Ora, em nenhum destes preceitos se desaplica o conceito de posse, como antes se defeniu; ou, se restringue a defesa da posse como antes se defeniu. Salvo no caso excepcional das servidões não aparentes (artigo 1280). Aliás seria um contrasenso que se criasse, com meticulosidade e harmonia, uma categoria substantiva (posse), e que, depois, numa das suas principais valências e relevância (a sua defesa), afinal, "essa posse" ... nem sequer terá defesa!

Assim, existirá posse se o embargante a adquiriu, como a Lei a "densifica" e por qualquer dos modos legalmente previstos (supra, n.°s 93 e seguintes).

E, uma vez adquirida, existe posse, se se mantem a possibilidade de a continuar (supra, n.° 139).

Como escreve A. dos Reis (Proc. Especiais,I, 404), "no domínio do Código de 76 era objecto de controvérsia... Sá Carneiro no seu Relatório para a Comissão Revisora, apontava a conveniência de se esclarecer este ponto. E emitia o parecer de que se considerasse suficiente a posse jurídica. A lei protege esta posse; não há, pois motivo para que não seja defendida por meio de embargos.

444 *Posse e Usucapião*

A Comissão não chegou a tomar qualquer deliberação ... Certo é que não havia razão séria para resolver a questão mediante preceito expresso a introduzir na lei processual. **O problema é de direito substancial; e, se não se reconheceu a necessidade de o solucionar a propósito das acções possessórias,** não fazia sentido que se encarasse e decidisse nos artigos respeitantes aos embargos de terceiro.

Em boa verdade as disposições do Cód. Civil são suficientes para determinar a questão, como demonstrou Dias da Silva ... (E),

Em conclusão: só aparentemente é que existe dissociação entre a posse jurídica e a posse efectiva. Na realidade as duas espécies coincidem".

Igualmente, o Ac. R.C., de 9-5-95. (col.Jur., 1995, 3.°, 33) decidiu que tanto é relevante a posse material como a jurídica. E, no mesmo sentido, os Acordãos do S.T.J. de 13-01-87, Acs Dout., 324.°, 1535; de 16-12-87, cits. Acs. Dout. 314.°, 221; de 1-4-92, in BMJ 416.°, 690; e de 24-6-82, BMJ, 318.°, 394.

Em contrário, decidiram os Acs da R.P., de 26-2-969, (J.R. 15.°, 162); da R.E., de 16-3-989 (BMJ, 385.°, 627) e de 14-12-89 (cit. B. 392.°, 530); e da R.L., de 18-4-91 (Col. Jur., 1991, 2ª, 180). Este último Acordão argumenta que as acções possessórias própriamente ditas pressupõem um litígio entre privados; enquanto que os embargos de terceiro são meios de defesa contra actos judiciais. E, para este último efeito, a posse que releva é a posse real e efectiva. Ora, salvo o devido respeito, os embargos de terceiro são um litígio entre privados, em que as partes são o embargante e as partes primitivas do processo principal! E, de qualquer modo, não se vê que relevância causal possa ter, se a posse é efectiva já poder defender-se contra acto judicialmente ordenado ... se o não é, já não se poder e dever defender! Ou seja, uma coisa (ser efectiva ou não) não tem nada a ver, de "relevante", com a outra (poder e dever defender-se a posse ofendida).

Na verdade, se A. vende a B. um prédio, ou uma mobília, que, todavia, permanecem na detenção de A., perguntar-se-á: porque é que B. não pode defender a sua posse (adquirida por constituto possessório, artigo 1264) através de embargos de terceiro, se, numa execução por dívida de A. esses bens são nela, entretanto, penhorados? Ou, porque é que A., por exemplo, a quem furtaram com violência umas jóias, e vem a ter conhecimento, por editais, da penhora das mesmas, numa execução por dívida contra o ladrão, não puderá defender por embargos a sua posse (que não perdeu, artigo 1267, n.° 2)?

Por último, face á actual redacção do artigo 351 do C. Pr. C., a causa dos embargos alargou-se á ofensa da posse ou "qualquer direito".

Defesa da Posse 445

Expressão na qual cabe um direito ou interesse legalmente protegido, dentro da extensão normativa respectiva (vide infra, 187, in fine).

Daí Abílio Neto, no Cód. Proc. Civil anotado, 13ª, dizer que "fica assim aberta a possibilidade de defesa, mediante embargos de terceiro, quer do estabelecimento comercial... quer da herança... De igual modo, a posse jurídica assume, agora, relevância idêntica à da posse material".

186. O segundo pressuposto, é que **a posse (ou direito) seja ofendida, ou ameaçada de ofensa** (artigos 1276, 1277, 1278 e 1285 do C.Civil e 351 do C.Pr.Civil).

Tem o mesmo significado que a ofensa da posse como causa de embargo de obra nova (artigo 412 do C.Pr.Civil). Como ali, também aqui (nos embargos de terceiro), não tem o sentido restricto de "dano" (como pressuposto da acção de indemnização). Mas sim, de "ofensa ao domínio de facto da coisa"; de "ofensa ao direito ... ou sua posse" (vide supra, n.ºs 156, in fine e 179). E concebida a posse como "relação de conexão factual, de poder empírico, dum sujeito com a coisa" (vide supra, n.ºs 77 e sgts).

E, haverá ofensa quer a realização da diligência consubstancie um "esbulho", quer uma "perturbação" da posse (vide supra, n.º 156).

Realce-se, no entanto, que não basta existir posse e que ela seja "ofendida". Deverá acrescer o pressuposto de tal ofensa ser "não-legitimada", ser "anti-jurídica": pois, doutro modo, o ofensor (de facto), não o será "de direito" (fecit, sed jure fecit). Como, no número seguinte, e quanto a essa perspectiva, se desenvolverá.

Assim, (em tema de ofensa), não existe ofensa da conexão factual, do poder empírico, dum sujeito com a coisa – se a realização da diligência judicial, "de facto", não interfere com o desenvolvimento factual daquela relação; ou, **se** essa realização não é, em si, um apoderamento factual (de poder empírico) da coisa.

E, nem há que falar em tradição simbólica; salvo que a coisa seja judicialmente apreendida por nomeação (cedência) do próprio executado e ele, dessa coisa, fosse possuidor.

Por exemplo, não haverá ofensa da posse dum comodatário que habita um imóvel, tão só mediante a realização do termo da penhora no processo (artigo 838, n.º 3); nem, tão só, pela publicação de editais ou anúncios ou pela inscrição da penhora no registo (Acs., R.E. de 24-7-74, BMJ, 240.º, 280.º; R.P., de 28-5-87, C.J., 1987, III, 175 e R.L., de 2-2-89, cit. B. 384.º, 646; Lebre de Freitas, anot. artigo 353).

Esses actos são meramente jurídicos, ou simbólicos (vide supra, n.º 82).

446 *Posse e Usucapião*

Já "poderá haver" ofensa da posse, com a notificação pessoal da penhora ao possuidor, ou com um contacto pessoal com ele do depositário. Certo que então, por esses actos, e em ligação com a concreta relação estancial do possuidor com a coisa, se manifesta já um poder empírico, de apoderamento efectivo da coisa, pelo depositário judicial nomeado (art. 840). E, igualmente se, de facto, são apreendidos os documentos dum veículo (artigo 848, n.º 5).

E, referiu-se que "pode" haver – porque depende do âmbito concreto em que se realize o dito apoderamento de facto. Por exemplo, pode o depositário condescender a que o comodatário, "como tal",continue a dispor do imóvel; ou que o arrendatário "como tal", continue a habitar o prédio ou a explorar os campos. Nestes casos, óbviamente, em nada o domínio de facto (a posse), á imagem dos referidos direitos, foi esbulhada ou perturbada.

Mas já, por exemplo, se o possuidor, possui á imagem do direito de propriedade e, todavia, é notificado pessoalmente da penhora, ou lha comunica o depositário – a sua posse será esbulhada (ainda que só a perca ao fim de um ano; artigo 1267, 1, d)). E, será esbulhada ainda que, por exemplo, o depositário condescenda que ele continue a ocupar o prédio, "mas", daí para a frente, a título de comodatário; ou, se o juiz susta a desocupação da casa de habitação por motivo de doença (art. 840, n.º 4 e 930-A do C.Pr.Civil).

E, óbviamente, já haverá esbulho se o possuidor é desalojado do prédio ou despojado da coisa, com entrega efectiva ao depositário (artigos 840 e 848).

187. Além da posse e da sua ofensa, esta ofensa terá que ser ilegítima. Ou seja, antijurídica, não legitimada pela ordem jurídica, considerada no seu conjunto.

Pois, a pretensão de defesa do possuidor cede se ele for convencido na questão da titularidade, pelas partes primitivas, de direito (delas ou de alguma) incompatível com a manutenção ou restituição da posse (artigos 1278 do CC e 351, 357, n.º 2 e 510, n.º 5, do C.Pr. C.). E tal direito, será incompatível quando o respeito pela sua existência ou exercício, na sua devida extensão normativa, é inconciliável com a concreta defesa da posse (ou do direito) invocado pelo embargante.

Por outro lado, o convencimento na *questão da titularidade do direito*, é do direito das partes primitivas do processo onde se realiza a diligência. Não é do direito, a cuja imagem possui o embargante. Pois, doutro modo, então a posse susceptível de defesa seria tão só a posse causal. Ora a posse é agnóstica; mesmo o ladrão é possuidor e pode

Defesa da Posse 447

defender a sua posse (possideo, quia possideo): e contra todos os que não tenham melhor posse, ou não tenham, "eles", um direito incompatível com tal posse. Daí, referirem os artigos 357, n.° 2, e 510, n.° 5, do C.P.C. a alegação da questão da titularidade do direito, mas das partes primitivas. Vide Supra, n.° 70.

E, conforme já desenvolvido supra (n.° 153), o direito do embargado que "legitime", pelo seu lado, a ofensa (factual) da posse e cujo reconhecimento ele pode peticionar para sustentar a realização da diligência, não é tão só o direito de propriedade, como explícitamente a esse direito se referem os artigos 357, n.° 2 e 510, n.° 5, do C.Pr.Civil. Pode ser qualquer outro direito ou interesse legalmente protegido que na respectiva extensão normativa legitima, justifique jurisdicionalmente a actuação judicial em causa e seja jurídicamente incompatível com a restituição ou manutenção da posse (ou do direito) concretamente peticionada pelo embargante. Assim, pode ser um direito real de gozo (por exemplo, usufruto, direito de servidão); um direito de crédito (por exemplo arrendamento); um direito real de garantia; ou, o direito do credor a penhorar os bens do devedor para realização do seu crédito; ou, o direito de restituição, consequente á nulidade, anulação, resolução, denúncia ou caducidade dum contrato.

Todavia o direito invocado pelo embargado tem que ser susceptivel de ser realizado no concreto processo e contra o embargante. Por exemplo, A. e B. são devedores solidários de C. Este credor, todavia, instaura execução tão só contra A, mas nesse processo nomeia á penhora bens de B. Óbviamente que B. pode embargar a penhora, com base na posse dos seus bens, apesar de ser devedor de C. Pois que tal posse é incompatível com tal diligência, naquele concreto processo, certo que o exequente só pode penhorar os bens de quem seja executado e tenha sido citado para a cxccução (como o impõe o principio do contraditório, artigos 3, 56 e 821 do C.Pr.Civil). Daí que se numa execução movida contra um dos cônjuges forem penhorados bens comuns, e se o outro cônjuge embargar tal penhora com fundamento na composse dos mesmos – então, o exequente embargado não poderá levantar a questão de que, todavia, a dívida é comunicável e que, portanto, sendo esse outro cônjuge co-responsável pela dívida, responderão os bens comuns e, como tal, podem ser penhorados, ao abrigo dos artigos 1691 e 1695 do C.Civil (vide, A. dos Reis, Proc. Esp., I, 1955, 423 e sgts).

O que pode é o exequente penhorar os bens comuns, mas requerendo a citação do outro cônjuge não demandando para requerer querendo a separação de bens (artigo 825): porque, então, o exequente só está a querer penhorar a quota do executado (cit. A. dos Reis).

Ou seja, quando o exequente tem título executivo (também) contra o embargante, mas, todavia, não o demandou – este pode embargar (A. dos Reis, o. cit., 418). E, no caso, não pode o embargado levantar a questão da (sua) titularidade do direito (fecit, sed jure fecit). Porquanto as razões genéricas da permissão do enxerto dessa acção declarativa (economia e celeridade processuais), aqui, o que conduzem é a que o exequente deva mover execução contra o embargante (pois, contra ele, dispõe de título activo). Solução essa que também é postulada pelo princípio da utilização racional dos serviços do Estado.

188. A mesma posse e idêntica ofensa de facto, podem, todavia, consubstanciar ou não uma ofensa ilegítima, conforme a concreta hipótese em que se verifiquem. Por exemplo, se A. é comodatário duma mobília cedida por B., seu proprietário, A. não pode embargar a penhora da mesma numa execução que C. mova a B., por dívida deste.

Porque, por um lado, – C. tem o direito de penhorar os bens do seu devedor (artigos 601 e 817 do C. Civil) e, por outro, os direitos do comodatário não são oponíveis a C. (artigo 406, n.º 2 do cit. código). Todavia, se a mobília é penhorada numa execução por dívida movida por C., mas contra um terceiro D, que é o seu devedor – já A. poderá embargar. Pois, por um lado, A. é possuidor (artigo 1133, n.º 2) e nem C., nem D., têm qualquer direito sobre a mobília (artigos 1278 do C.Civil e 357, n.º 2, e 510, n.º 5, do C.Pr.C.).

Segundo Lebre de Freitas (Anotação ao artigo 351), não são incompatíveis com a penhora *"os direitos reais de gozo que a subsequente venda não extingue".*

Por exemplo, o usufruto registado antes do registo da penhora (artigo 824, n.º 2, do C.Civil). Tal afirmação está correcta, se mantida na sua exacta formulação. Ou seja, não é incompatível, em si, tal "direito" de usufruto. Todavia, se no âmbito concreto da realização da penhora se pretende uma entrega efectiva do bem com desalojamento do usufrutuário – então, já quer a posse (jus possessionis), quer o direito de uso e fruição (jus possidendi) do usufrutuário, serão incompativeis com a penhora – nesse concreto âmbito da penhora e nessa perspectiva.

Também, quanto ás afirmações de Lebre de Freitas (citada anotação ao artigo 351) de que na execução para entrega de coisa certa que se baseie em direito real, a mera posse de terceiro, não é incompatível com a apreensão; e, que no caso de despejo, a devolução da coisa arrendada já só é incompatível com direito real de gozo que implique a sua usufruição – há que fixar essas afirmações, no que (supomos) é o seu exacto campo

Defesa da Posse 449

hipotético: e, aqui, perfeitamente exactas. Ou seja, é assim "se" o exequente é legitimo titular (segundo a ordem jurídica, considerada do seu conjunto) do direito respectivo que executa e no âmbito em que o executa. É que apesar de o exequente dispor de título executivo, não quer dizer que necessárimente seja titular, jurídico- real, do direito exequendo e na extensão em que o executa. E, face a terceiro, mesmo que o título seja sentença (artigos 57, 671 e 674 do C.Pr.Civil).

Assim, por exemplo, A. pode ter obtido sentença de despejo contra B, e ter promovido a sua execução.

Todavia, pode suceder que o verdadeiro (jurídico-real) arrendatário seja C.. Então, este pode embargar (A. dos Reis, Proc. Esp., I, 1955, 416).

Noutro exemplo, A. pode ter comprado uma jóia a B. E, A pode estar a executá-lo, para entrega da jóia comprada. E, quer porque obteve sentença condenatória para a sua entrega, quer porque se serviu de documento assinado por B, com declaração da obrigação da sua entrega em certo prazo.

Todavia, B. pode ter furtado, há menos de um ano, essas jóias a C. que era das mesmas "possuidor" (artigos 1267, n.º 1, d)). Então C. pode defender a sua (mera) posse por embargos (artigos 1277 e 1285). E nem A. é titular de direito incompatível que possa contra-alegar (artigos 892 e 1278 do C.Civil e 357, n.º 2, e 510, n.º 5, do C.Pr.Civil).

E, como já supra referido, "a posse" é agnóstica, não tem que ser causal: e, como posse, é defensável, mesmo que se ilida a presunção da titularidade do direito. (Supra, 185).

Inclusivé, entre os direitos que o embargado pode invocar está o de *impugnação pauliana* da aquisição do embargante, nos pressupostos dos artigos 610 e sgts do C.Civil. Neste sentido, A. dos Reis, (Proc. Espec., I, 1955, págs. 450 e sgts); Ac. R. Lour.Marques, de 1-5-53 (Bol. 41, 287); Acs. da R.P. de 20-01-80 (Col.Jur, 1980, 1.º, 10) e de 9-7-91 (cit.Col. 1991, 4.º, 235).

Puderá parecer que a tal invocação se opõem os artigos 821, n.º 2, do C.Pr.Civil e 818, segunda parte, do C.Civil (vide, Augusta F.Palma, o. cit., 118). Todavia, destinando-se o primeiro dos referidos preceitos a estabelecer o respeito pelo princípio do contraditório, este será respeitado porque o embargante pode responder ao pedido de reconhecimento do direito de impugnação formulado pelo embargado. E, quanto ao segundo dos preceitos, precisamente, a impugnação é formulada pelo embargado ao peticionar o reconhecimento do direito. E, peticionado dentro das razões genéricas porque se permite ao ofensor da posse invocar, em reconvenção, que o faz, mas legitimamente (fecit, sed jure fecit), enxertando o

450 *Posse e Usucapião*

pedido do reconhecimento do "direito". Razões essas que são, a celeridade e economia processuais e a justiça prevalente de quem tem direito face a quem tem tão só mera posse.

E, assim, invocada a impugnação pauliana pelo embargado, se esta vier a ser julgada procedente, então a diligência ordenada realizar-se-á (artigo 818). Ou, a suspensão da realizada, levantar-se-á.

E, sendo invocável a impugnação pauliana, então também o Juiz pode rejeitar os embargos, ao abrigo do artigo 354 do C.Pr.Civil, se, a quando da respectiva decisão, entender que não há probabilidade séria da existência do direito invocado pelo embargante, por se lhe revelarem indícios sérios da probabilidade de o embargante se encontrar numa sujeição de impugnação pauliana, Mas, com os pressupostos prováveis dos artigos 610 e sgts do C.Civil. Não sendo suficientes os meros pressupostos do anterior artigo 1041 do C.Pr.Civil (revogado, na reforma de 1995).

Também o embargado pode levantar a questão da *simulação* do negócio em que se baseia a posse (ou o direito) do embargante (cit. A. Reis, I, págs. 450 e sgts; cit. Ac. Rel Lour. Marques e Ac. S.T.J. de 29-04-949, in Rev.L.Jur. 82.º, 222).

Aliás, se o embargante invocar a sua posse ofendida, então, o embargado ao invocar a simulação (absoluta; ou dum negócio dissimulado que não crie posse), nem sequer sai do âmbito possessório. Está, tão só, então, a contestar que o embargante tenha posse (cit. A. dos Reis).

E, se o embargante invoca o "direito", o embargante está, tão só, a contestar que ele exista – certo que a simulação conduz á nulidade, segundo o artigo 240 n.º 2, do C.Civil (cit. A. dos Reis e cits. Acordãos).

E, pode o embargante contestar o pedido de reconhecimento do direito, peticionado pelo embargado, com base em que o negócio jurídico que está na base dele é simulado? Decidiram que sim, e bem, os Acs. do S.T.J. de 23-02-951 e 13-05-952 (Bol. n.º 23, p. 241 e Rev.L.Jur 84.º, p. 217 e cit. Bol. n.º 31, p. 354). Certo que se existe simulação o direito invocado é nulo e o embargante limita-se a invocar uma excepção face ao pedido enxertado pelo embargado (artigo 487 do C.Pr.Civil). E num procedimento que, nessa fase, aliás até segue os termos do processo comum (artigo 357, n.º 1, do C.Pr.Civil). Daí que também se possa embargar com o fundamento, desde logo adiantado, de que o direito a cuja satisfação se decretou a diligência ofensiva da posse assenta num negócio simulado.

O processo de embargos não é, na sua função decisória/defenitiva, processo especial, mas processo comum; dado o disposto no artigo 357 do C.Pr.Civil (Contra, Ac.R.P., de 20-10-81, BMJ, 310.º, 336). A especiali-

Defesa da Posse   451

dade está tão só na "cumulação" duma fase inicial, com carácter de procedimento cautelar.

E, de qualquer modo, ainda que se considere processo especial, ele existe precisamente para defesa da posse, ofendida e ofendida em modo substantivamente ilegítimo (na unidade do sistema jurídico). Pelo que, o embargante, na dita hipótese, ao lançar mão do processo de embargos para defesa do seu interesse possessório,legalmente protegido (artigos 1 e 2 do C. Proc. Civil), está a lançar mão desse processo, com os pressupostos da sua aplicabilidade (defenidos no artigo 351 do cit.código e no artigo 1278 do C.Civil).

Assim, a posse ou direito incompativel com a diligência a que se refere o artigo 351, deve ser entendida no sentido amplo: de direito ou interesse legitimamente protegido e no âmbito da extensão normativa respectiva (artigos 20 da Constituição e 483 do C.Civil).

Um desses interesses será, por exemplo, o do cônjuge á casa de morada de família – dentro do âmbito normativo da extensão da sua protecção; como a seguir, em tema de legitimidade, se desenvolverá.

189. **A própria Lei impõe, por vezes,no desenvolvimento dos processos executivos, especiais normativos cautelares de defesa preventiva da posse (ou do direito) dum terceiro.**

Por exemplo, na execução para entrega de coisa certa, se há terceiros arrendatários ou detentores do imóvel a detenção é respeitada (artigo 930, n.° 3, do C. Pr. C.). Bem como, na entrega efectiva dos bens ao seu comprador no processo executivo (artigo 901). E, também, na execução do mandado de despejo, no condicionalismo do artigo 60 do R.A.U..

Também na execução do despejo, esta pode ser suspensa por doença aguda, de pessoa que se encontre no imóvel arrendado para habitação (artigo 61 do RAU). Bem como, nas execuções por quantia certa ou para entrega de coisa certa, se a penhora for na casa de habitação onde reside habitualmente o executado ou se a coisa a entregar for a casa de habitação principal do executado (artigos 840, n.° 4 e 930-A do C.Pr.C.), e afim de proteger a pessoa, com doença aguda que se encontre no imóvel.

A razão de ser dos referidos artigos 901 e 930, n.° 3, do C.Pr. Civil e do artigo 60 do RAU, é fácil de entender.

Os referidos terceiros "detentores" da coisa, não são executados, nem quanto a a eles, em princípio, se estende o caso julgado (ou o titulo executivo) a que se está a dar execução. E quanto ao adquirente do bem no processo executivo, ele apenas está a adquirir o "direito" (a titularidade da relação jurídica) na extensão do artigo 824 do C.Civil, e não a

452 *Posse e Usucapião*

relação empírica de domínio de facto em que a coisa se encontre (causalmente, ou não).

Então, o Tribunal não procederia "correctamente", dentro da unidade do sistema jurídico, se procedesse, no âmbito dos referidos processos judiciais, a uma expulsão do dominio de facto desses terceiros sobre a referida coisa (artigos 1,2 e 3 do C.Proc. Civil). Deve, tão só, limitar-se a notificá-los para que respeitem e reconheçam "o direito" do exequente (artigo 930, n.° 3); ou, a apreciar sumáriamente a situação do prédio a despejar (artigo 60, n.° 5 do RAU).

E, caberá ao exequente ou, ao adquirente na venda judicial, se pretende fazer valer o seu direito á entrega efectiva, recorrer, por sua vez, a juizo, num processo autónomo e com contraditório desses terceiros (artigos 1, 2 e 3 do C.Pr.Civil).

Doutro modo, em princípio, os referidos terceiros detentores poderão embargar desde que invoquem posse, ou direito, ofendidos com a diligência judicial perpetrada. E, quer porque foi o funcionário que a cometeu; quer porque foi o Juiz que a ordenou, mas "sumáriamente". E, se, de motu próprio, por sua própria força e autoridade, o exequente ou o adquirente os expulsa – também os terceiros poderão contra eles instaurar acções possessórias.

Todavia, quer no caso de embargos, quer no de acções possessórias, poderão o exequente ou adquirente levantar na contestação a questão de que é titular de direito incompatível com a manutenção de tal detenção. E, provando-o, já, então, os embargos ou a acção possessória deverão ser julgados improcedentes (artigos 1278 do C.Civil e 357.°, n.° 2, e 510, n.° 5, do C.Pr.Civil).

Devendo realçar-se que **o adquirente do bem num processo executivo para pagamento de coisa certa** beneficia de vantagens face ao comprador num negócio privado de compra e venda.

Desde logo, a venda judicial não é nula, apesar de a coisa não pertencer ao executado (artigos 892 e sgts do C.Civil). Pois, a venda só ficará sem efeito, se a coisa não pertencia ao executado e foi reivindicada pelo dono (artigo 909, n.° 1, d), do C.Pr.Civil). Consequentemente, o embargante, ou o autor da acção possessória, não poderá alegar a "ilegalidade" da actuação ofensiva de tal comprador, com base em que ele não adquiriu o direito pela compra judicial, porque o executado não o detinha e o titular do direito (o dono) é um outro. E, pelo contrário, tal comprador judicial, é que poderá contestar que assim actua, mas legitimamente (como sendo dono): fecit, sed jure fecit.

Por sua vez, a coisa vendida em execução judicial é livre dos direitos referidos no artigo 824 do C.Civil (artigo 888 do C.Pr.Civil).

Defesa da Posse 453

190. Em termos de **legitimidade, o executado** deixou de a ter para embargos de terceiro. Pois, pelo actual artigo 351 só a posse ou direito, "de que seja titular quem não é parte na causa" é defensável por aquele meio. Ao executado, todavia, cabe-lhe o meio da "oposição mediante embargos", nos termos dos artigos 812 e seguintes do C. de Proc. Civil.

Quanto á legitimidade **passiva,** também o artigo 357 determina que o são "as partes primitivas", do procedimento judicial em que se ordena a diligência de apreensão ou entrega de bens. E partes essas que se mantenham, à data da dedução dos embargos.

Quanto á legitimidade **activa** valem aqui os príncipios supra desenvolvidos (n.°s 163, 166, 169 e 170) quanto á legitimidade, em geral, nas acções possessórias.

191. **Quanto á legitimidade dos cônjuges**, há que desenvolver o que dispõe o artigo 352.°, ao permitir ao cônjuge não executado a defesa dos seus bens próprios ou comuns, "indevidamente" atingidos pela diligência judicial ofensiva da posse ou direito.

Ora, deve considerar-se, como "interesse legitimamente protegido" – para além da penhora do bem próprio do cônjuge não demandado, e cuja defesa cabe nos princípios gerais (vide supra, n.° 187) – *a penhora de bens comuns*: **a)** quando o executado tenha bens próprios (ou bens que com eles respondem: artigo 1696,2, do C.C.), não estando assim verificado o condicionalismo em que actua a responsabilidade subsidiária (artigo 1696,1, do C.Civil); **b),** quando não tenha sido requerida a citação do cônjuge (artigo 825,1, do C.Pr.C.); **c),**e, quando, sendo a dívida comum e havendo título executivo contra ambos os cônjuges, apenas um tiver sido demandado (Lebre de Freitas, anot. artigo 352).

Quanto ao último caso, idem A.R.P., de 28-5-92 (C.J., 1992, 3.°, 299).

Todavia, põe-se a questão de não se ter respeitado a regra da legitimidade dos cônjuges na acção, de que procede a execução, e determinada no artigo 28/A do C.Pr.C., nomeadamente quanto á **casa de morada de família**.

A casa de morada de família é um interesse legalmente protegido em vários preceitos legais, (por exemplo, artigo 1682-A), e, de certo modo (e com determinados âmbitos de extensão) na linha do direito constitucional á habitação e á protecção da família (artigos 65 e 67). E, nessa linha, desde logo está o cit. artigo 28/A.

Suponha-se, assim, que o senhorio propõe acção de resolução do arrendamento, da casa de morada de familia, mas só contra o marido, porque é ele o arrendatário (e o arrendamento para habitação não se comunica ao cônjuge, artigo 83 do RAU).

454   *Posse e Usucapião*

Obviamente que em tal acção haveria ilegitimidade passiva (citado artigo 28/A). Mas, não obstante, suponha-se que foi proferida sentença de despejo e a mesma está em execução.

Ora, não se pode deixar de reconhecer legitimidade ao outro cônjuge para embargar o despejo – tendo em conta os preceitos gerais do art. 351 ("qualquer direito") e do art. 26 do C.Pr.Civil (vide supra, 187).

Objectar-se-á que o artigo 352 não contempla tal situação (porque o bem, é bem próprio do outro cônjuge). Todavia, se não contempla, também não exclui. Pois, tal artigo não diz que o cônjuge "só" tem legitimidade nos casos que aí refere.

Assim, se o preceito não inclui, nem exclui; – então valerão os ditos preceitos gerais, de per si, (Supra, 187).

Reconhecem legitimidade para embargar ao cônjuge, "não accionado na acção de despejo", os Acs. do S.T.J., de 28 de Janeiro, 17 de Junho e 14 de Outubro, todos de 1997 (respectivamente, C.J., ano V, II, 64 e 130 e ano V, III).

Bem como, os Acs. da R.L., de 14-11-80, (C.J., 1980, 5.°, 10); de 13-11-81 (cit. Col., 1981, 5ª, 137); de 20-10-87 (BMJ, 370.°, p. 605). E, o Ac. da R.P., de 5-7-88 (BMJ, 379.°, 643).

Igualmente, Pais de Souza, Cardona Ferreira e Lemos Jorge, Arr. Urbano, p. 202.

Todavia, o Ac.S.T.J., de 6-3-86 (BMJ., 355.°, 346), negou tal legitimidade.

E, também numa execução por dívida, consequente a uma condenação numa acção movida tão só contra um dos cônjuges em que seja penhorada a casa de família, ainda que bem próprio desse cônjuge, pode o outro embargar. (Ac. S.T.J., 31-10-91, BMJ, 410.°, 795).

Na verdade, o artigo 28/A inclui as acções que tenham por objecto, *"directa ou indirectamente"*, a casa de morada de família. Tal expressão tem um manifesto sentido extensivo. Ora, ao condenar-se o cônjuge ao pagamento da dívida acontece que, desde logo, indirectamente embora, se atinje a casa de morada de família que seja seu bem próprio: certo que tal bem passa, desde logo, ipso legis, a responder pela satisfação desse débito (artigos 601 e 817 do C.Civil). (Contra tal opinião, está Augusta F. Palma, Embargos, nota 237, p. 109; citando Lopes do Rego).

Por idênticas razões (art. 1682/A, n.° 1, b) do C.Civil e 28/A, n.° 3, do Cód. de Proc.Civil), poderá o cônjuge não demandado numa acção de despejo de estabelecimento comercial, ainda que bem próprio do outro, embargar a consequente execução de despejo (Ac.R.Ev., 27-10-83, BMJ, 332.°, 522).

Defesa da Posse 455

E, mutatis mutandis, relativamente a uma execução para entrega de coisa certa. Por exemplo, se o cônjuge aliena (sendo seu bem próprio) a casa de morada de família ou o estabelecimento comercial – sem consentimento do outro e se ainda não caducou o direito de anulação (artigo 1687).

Todavia, já será exorbitante que se considere o uso da casa de morada de família, como um "direito de uso e habitação" do cônjuge não demandado, em que só a nua-propriedade se possa penhorar (como entendeu o Ac.do S.T.J., de 1996, in BMJ, 465.°, 498).

192. A dedução, por apenso, de embargos repressivos, oferecendo-se logo qualquer meio de prova, está sujeita **ao prazo de caducidade de 30 dias**, mas nunca depois dos respectivos bens terem sido judicialmente vendidos ou adjudicados (artigos 303, 304 e 353 do C.Pr.Civil).

Se são preventivos, não há prazo específico, bastando que se balizem depois de já ordenada a diligência mas antes de realizada (artigo 359; Ac.R.P., de 4-5-82, BMJ, 317.°, 296).

Embora o artigo 353 apenas explicite o acto ofensivo "do direito", é óbvio que inclui a posse (artigo 351).

O referido prazo de 30 dias, é de caducidade e de conhecimento oficioso (artigo 333, do C.Civil).

Certo que, segundo o artigo 144, n.° 2, do C.Pr.Civil., é prazo judicial.

E o decurso do prazo judicial peremptório, extingue o direito de praticar o acto (artigo 145, n.° 3).

Como, por exemplo, o prazo de contestar, interpor recurso, ou alegar.

É que a matéria em causa não é a relação substantiva em litígio: mas a relação processual, a disciplina do "processo judicial". Onde convergem interesses públicos, nomeadamente a celeridade processual e a sua racionalidade: como matéria, "essa", excluida da disponibilidade das partes.

A tal prazo, na sua contagem, é também aplicável o disposto no artigo 144, n.°s 1 a 3, do Cód. de Processo Civil.

Assim, também, se o embargante não alega que só teve conhecimento da "ofensa" em momento posterior ao da sua realização (ofensiva), e se já passaram mais de 30 dias sobre tal realização ofensiva, deve o Tribunal oficiosamente considerar intempestiva a dedução (Acs. do S.T.J. de 13-07-88, BMJ, 379.°, 561 e da R.P. de 28-4-87,CJ, 1987, II, 236. Contra, o A. da R.C. de 7-3-89, cit. C.J., 1989, II, 38).

O referido prazo de 30 dias do artigo 353, quanto "ao conhecimento" do embargante, *é o conhecimento efectivo*. Ou seja, não se confunde com o conceito de posse/esbulho "ocultos": "poder ser" conhecida pelos inte-

456 *Posse e Usucapião*

ressados (artigo 1262, 1267, n.° 2 e 1282). Igualmente, Guerra da Mota (Manual da Acção Possessória, 1.°, 85).

E, tratando-se de incapaz, o conhecimento relevante será o do representante (A. dos Reis, Proc. Esp., I, 1955, 435).

Ainda que deva o embargante alegar o momento do conhecimento, todavia não lhe cabe o ónus de tal provar. Pois, factos constitutivos do direito de embargar, são a posse e a sua ofensa ilegítima (artigo 342 do C.Civil). Já a caducidade do direito de acção, é facto extintivo; cabendo, pois, provar-se "a intempestividade" (não a tempestividade) e a cargo do demandado (artigos 342, n.° 2 e 343, n.° 2, do C.Civil). Assim decidiram, os Acs. do S.T.J., de 13-07-88 (BMJ, 379.°, 561) e de 5-3-91 (A.J., 17.°, 16) e o Ac.da R.P., de 7-7-88 (cit. B. 379.°, 643).

O artigo 353 fala *na diligência "efectuada" e no "conhecimento da ofensa"*, expressões que há que interpretar em harmonia com o artigo 351. Também aqui, como nos embargos de obra nova, tais factos são, por via de regra, complexos. Tem que se atender, por um lado, á "realização" da diligência ou ao "âmbito" concreto de certo modo de realização, e, por outro, á determinação se tal realização, ou seu modo, constitui "ofensa" e em que extensão. Conforme supra referido (n.° 176). E só quando se "realiza" uma "concreta ofensa" – é que, "quanto a ela", e sua extensão, se pode falar "na sua" "efectuação", na sua "ofensa" e no seu "conhecimento". E, se a ofensa mais se vem a desenvolver, e mais ofensiva se torna – quanto a este mais, também, repressivamente, dele só se puderá falar quando realizado.

E, pode suceder que certa realização da diligência ainda não seja concreta ofensa, ou só o seja parcialmente e em certo âmbito, mas denuncie a probabilidade dum desenvolvimento futuro de "outro "âmbito": e este, em si, se vier a realizar-se, já puderá vir a ser ofensivo (ou mais ofensivo).

Então, puderá o ameaçado deduzir embargos preventivos quanto ao eventual desenvolvimento futuro "desse âmbito" ofensivo ou "mais ofensivo". De acordo com os princípios gerais da relatividade e proporcionalidade.

E, não haverá desrespeito pelo artigo 359. Pois que, não se está a "prevenir" o "já realizado". Mas a prevenir "o mais" que se ilaciona possa vir a ocorrer.

193. Vários casos particulares merecem destaque.

Por exemplo, nos casos de *contratos de alienação com reserva de propriedade* (vide infra, 197) *até ao cumprimento total ou parcial das obrigações*, entretanto, todavia, a coisa pode ser entregue ao adquirente

Defesa da Posse 457

(artigos 409, 934 e 304, n.º 3, do C.Civil). Nos casos tipo, o alienante continuará possuidor, á imagem do direito de propriedade, exercendo-se o corpus através do adquirente (A. dos Reis, Proc. Esp., 1995, I, 419 e Ac. S.T.J., de 24-6-82, BMJ, 318.º, 394 e R.P., de 6-10-83, CJ, VIII, n.º 4, 251).

E, o adquirente será possuidor, á imagem de comodatário, até ao cumprimento da obrigação que determina a alienação para si da propriedade: e, após esse evento, será possuidor, á imagem do direito de propriedade (Teoria da causa. V. supra, n.º 90 e infra, n.º 197). Assim, por exemplo, penhorada a coisa numa execução movida contra o adquirente e antes da verificação do cumprimento em causa da respectiva obrigação, poderá o vendedor embargar.

O Ac. da R.P. de 13-12-80 (BMJ, 382.º, 532), negou tal possibilidade com o fundamento de que o vendedor não tem posse efectiva. Todavia, já supra se contestou tal argumento (n.º 185) e aí se citaram Acordãos em contrário (e que se referem, até, ao contrato de alienação com reserva de propriedade).

Como igualmente, poderá o vendedor embargar numa execução para entrega de coisa certa movida contra o comprador. Quanto ao comprador, antes da verificação do dito cumprimento, nos casos-tipo, a sua posição é a de comodatário (vide infra, n.º 197, sobre contratos atípicos).

Há que ter em conta, todavia, os princípios gerais do "registo" e da sua afloração no artigo 409, n.º 2, do C.Civil.

Quanto *ao comodato*, o comodatário detem "posse limitada", podendo usar dos meios facultados ao possuidor nos artigos 1276 e seguintes do C.Civil, mesmo contra o comodante. Tal posse tem como pressuposto a existência (autónoma) do direito, que não se presume nem pode adquirir-se por usucapião. Todavia, tal direito tem apenas eficácia obrigacional, inter-partes; prevalecendo o mais antigo em data (artigos 406, n.º 2 e 407).

Assim, numa execução por dívida contra o comodante (vendedor com reserva de propriedade, nos casos-tipo) em que seja penhorado o bem, o comodatário não pode embargar mesmo que tenha que efectivamente entregar o bem (arts. 831, 838, n.º 3, 840 e 848 do C.Pr.Civil). (V. Ac. R.C., 1-3-94, C.Jur., 1994, 2.º, 8; Teixeira de Souza, ROA, 1991, p. 78; Castro Mendes, Dir. Proc. Civil, III, 363; Em sentido diverso, Menezes Cordeiro, Dir. Reais, II, 1002). Todavia, se se tratar de casa de habitação onde residia habitualmente, beneficiará, o comodatário por analogia, do disposto nos artigos 840, n.º 4, e 930-A do C.Pr.Civil (aplicando-se o disposto no artigo 61 do RAU).

Se se tratar de execução para entrega de coisa certa, por exemplo, movida contra o comodante, pelos ditos princípios dos citados artigos 406,

458 *Posse e Usucapião*

n.º 2 e 407, também, o comodatário não poderia embargar. Todavia, se a entrega for de imóvel já, pelo disposto no artigo 930, n.º 3, tal entrega deve limitar-se a ser simbólica. Pelo que o comodatário, em princípio, poderá embargar, se se pretende realizar com efectividade a desocupação, por si, do imóvel.

No entanto, o exequente se, por exemplo, for proprietário pode peticionar o reconhecimento desse seu direito, e os embargos serão improcedentes (artigo 1311).

Se se tratar de efectivação dum mandado de despejo, o comodatário pode embargar se se encontrar na situação prevista no artigo 61 do RAU.

Bem como, se o comodato (mesmo sem título) é, todavia, eficaz face ao ex-senhorio/exequente; e, se não foram acautelados os respectivos direitos do comodatário, ao abrigo do artigo 60 do RAU; ou, se o Juiz não decidiu a manutenção da suspensão da execução do despejo.

Todavia, o ex-senhorio exequente pode contestar, peticionando o reconhecimento da legalidade do despejo decretado e da consequente caducidade do comodato e, assim, devendo improceder os embargos se tal provar (vide Ac. R.L. de 3-12-87, Col. Jur. 1987, 5.º, 134 e Ac. R.P. de 18-10-88, BMJ, 380.º, 537).

No entanto, o comodatário já poderá embargar, por exemplo, a penhora efectiva numa execução movida contra um terceiro que não é o comodante e mais alegando que o proprietário do bem é o seu comodante.

Ainda que se trate de simulação.

Pois que, então, tal penhora ofende, por um lado, a sua posse e, por outro o exequente não pode contestar que assim actua em conformidade com a ordem jurídica (fecit, sed jure fecit). Pois que, só os bens do devedor garantem o cumprimento das suas obrigações (artigos 601, 817 e 818 do C.Civil). E, igualmente, o comodatário poderá embargar execução de mandato de despejo se mais alega, por exemplo, que o exequente não é o verdadeiro proprietário do prédio. Nesse caso, a posse será ofendida e "ilegitimamente".

Quanto ao **arrendamento** há que ter em conta que segundo o artigo 1057 do C.Civil o adquirente do direito com base no qual foi celebrado o contrato sucede nos direitos e obrigações do locador, sem prejuízo das regras do registo.

É o princípio de que *emptio non tollit locatum*.

Já existente no antigo direito (dec. 5411 e lei n.º 1062, de 4-9-924. V. Manuel Rodrigues, Rev.L.Jur. 57 (1924), p. 194).

Por sua vez, se o arrendamento não está sujeito a registo também é oponível ao adquirente em alienação judicial (artigo 824 do C.Civil). Se

Defesa da Posse 459

está sujeito a registo e este não foi, todavia, efectuado, só será oponível pelo prazo por que o arrendamento poderia ser feito sem sujeição a registo (Vaz Serra, Realização coactiva da prestação; contra, no sentido da sua caducidade, ao abrigo do cit. art. 824, Oliveira Ascensão, R.O.A., 1985, p. 350). O Ac. do S.T.J. de 3-12-98 (BMJ, 482.°, 219), pronunciou-se no sentido de que o artigo 1057 do C.Civil não se aplica na alienação judicial. O que entendemos que não é defensável e não cabe no artigo 824, n.° 2, do C.Civil.

Henrique Mesquita (Obrigações reais e ónus reais, p. 141), defende que o artigo 1057 deverá interpretar-se restrictivamente no sentido de que só será oponível ao adquirente que tenha a possibilidade de conhecer a sua existência, nomeadamente após a entrega do bem ao arrendatário (como sucede no direito alemão).

Assim sendo, o arrendatário pode deduzir embargos de terceiro contra a penhora do bem, "se" na extensão desta se ofende "realmente" a sua posse; ou seja se se pretende (ou se efectiva) o seu desalojamento (A. dos Reis, Proc. Esp., I, 145; Castro Mendes, Dir. Proc. Civil, III, 364 e Lebre de Freitas, Acção Exec., 1997, p. 229, n.° 19). Aliás o artigo 841 do C.Pr. Civil é um afloramento da protecção do arrendatário; que, antes de mais, deve ser nomeado fiel depositário. Mas se o não for, também só se o depositário pretender dar (ou der) á penhora a extensão antes referida haverá "realmente" ofensa da posse. (vide supra, sobre ofensa (real) da posse).

Igualmente o arrendatário poderá embargar uma execução para entrega de coisa certa, "se" se pretende a entrega efectiva, com seu desalojamento.

Pretensão essa que aliás contrariaria, até, o princípio da entrega simbólica, do artigo 930, n.° 3, do C. Pr. Civil.

E, igualmente pode o arrendatário embargar a execução dum despejo que corra contra um pseudo-arrendatário, ou que corra a favor dum exequente simulado (A. dos Reis, Proc. Esp. I, 416 e Ac.R.C. de 20-12-1988, BMJ, 382.°, 540). E, em que não tenham sido procedentes as cautelas do artigo 60 do RAU, por seu não acatamento pelo funcionário ou por despacho do Juiz; ou, porque o arrendatário não tinha título do arrendamento e, como tal, não se lhe aplicaria, de per si, o regime previsto em tal preceito.

Realce-se que não é argumento dizer-se que como o arrendamento se manterá mesmo que o bem penhorado venha a ser judicialmente vendido (artigos 824 e 1057 do C.Civil), então os embargos deverão ser sempre improcedentes.

É que os embargos não se dirigem a uma ofensa abstrata do direito do arrendatário. Mas antes, e quando, se verificar, – e porque se verifica, uma "ofensa real da sua posse" (do domínio de facto da coisa): com o seu desalojamento real, nessa concreta extensão da penhora. Vide, supra, sobre tal requesito da "ofensa" (real) da "posse".

Quanto ao **subarrendamento,** o seu regime para além do previsto explícitamente nos artigos 44 a 46 do RAU, deve ser integrado pelo regime do arrendamento. Assim, também nele existe a defesa das acções possessórias (artigo 1037).

Mas a sua posse só é relevante no pressuposto da existência do direito, e na respectiva extensão.

Assim, por um lado, o subarrendamento tem que ser legítimo e invocável (artigos 44 e 60 do RAU e 1038, g) e 1049 do C.Civil) e, por outro, há que ter-se em conta que o subarrendamento caduca com a extinção, por qualquer causa, do arrendamento (artigo 45 do RAU).

Mas sendo legítimo e eficaz, e não tendo caducado, o subarrendatário pode embargar nos mesmos termos, *mutatis mutandis*, antes referidos para o arrendatário (Acs. da R.L. de 27-5-82, Col. Jur., 1982, 3.º, 110; de 3-12-87, cit. Col., 1987, 5.º, 134 e de 19-10-89, BMJ, 390.º 454; e Ac. da R.P. de 18-10-88, BMJ, 380.º, 537; A. dos Reis, Proc. Esp., I. 417).

E, o subarrendatário pode mesmo embargar um mandato de despejo em que não seja parte executada. Todavia, o ex-senhorio exequente poderá contestar e pedir o reconhecimento da licitude do despejo, ou seja da causa invocada contra o arrendatário e a consequente caducidade do subarrendamento (artigo 45 do RAU); e, provando-o, os embargos deverão ser julgados improcedentes (cit. Ac. R.P., de 18-10-88). O que não é mais de que a aplicação da regra geral da invocabilidade pelo embargado da titularidade do direito (artigos 357, n.º 2, e 510, n.º 5, do C.Pr.Civil e 1278 do C.Civil; Vide supra). Salvo que a acção de despejo também tenha sido instaurada contra o subarrendatário, e este tenha sido também condenado,e, todavia, o autor não tinha requerido mandado de despejo contra o subarrendatário: pois que, então, o embargado não puderá levantar a questão da titularidade do direito. (A. dos Reis, Proc. Esp., I, 418). Só lhe restará instaurar execução autónoma requerendo mandado de despejo, contra o próprio subarrendatário. (Supra, n.º 187, in fine).

Nos arrendamentos para habitação podem residir no prédio além do arrendatário, *todos os que vivam com ele em economia comum e um máximo de três hospedes, salvo cláusulas em contrário (artigo 76 do RAU).* Qual a situação "possessória" dos referidos residentes? Se se trata de hóspedes, estamos perante um contrato atípico, com uma componente de subarrendamento. Quanto aos outros, igualmente, se pagam retribuição. Se não pagam, existe um componente de comodato. Todavia, é um componente de comodato que se insere na extensão normativa dum arrendamento do bem.

Assim, no seu núcleo essencial, os referidos residentes, quanto ao respectivo domínio de facto do bem, estão numa relação á imagem dum subarrendamento ou dum comodato (mas, quanto a este, inserido na extensão normativa dum arrendamento).

Consequentemente deve caber-lhes a defesa da posse que, em princípio cabe ao arrendatário (artigo 1037), mas tendo em conta a sua adaptação á natureza daqueles componentes. Assim, a sua posse é limitada.

Ou seja, pressupõe o exercício do direito dentro do âmbito pressuposto pelo artigo 76 do RAU e na dependência (da existência e extensão) do respectivo contrato de arrendamento (artigo 45 do RAU).

Dentro desses pressupostos os referidos residentes poderão embargar uma penhora, uma entrega de coisa certa ou um despejo que "realmente" ofenda a respectiva legítima posse (artigos 841 e 930 do C.Pr.Civil e 60 e 61, do RAU, mutatis mutandis). E, na medida em que as situações de tais residentes se enquadre num arrendamento existente, também a respectiva posição é oponível a terceiros, como oponibilidade da extensão normativa do próprio arrendamento (artigo 1057 do C.Civil).

Mas, óbviamente, como no caso já referido do subarrendamento, também o embargado poderá, na contestação, levantar a questão da titularidade do seu direito; justificando, por exemplo, que foi legítima a decretada sentença do despejo e, como tal, tendo sido extinto o arrendamento caducou também a faculdade de uso dos referidos residentes: e, como tal, devendo improceder os embargos.

Bem como, pode, desde logo, o Juiz, face aos elementos dos autos, que para o antes referido conduzam, rejeitar os embargos; dada, então a não probabilidade séria da existência do direito invocado pelos ditos residentes.

Daí, no seu resultado, estar certo que se rejeitem os embargos de empregada doméstica, ou de familiares do inquilino uma vez transitada a sentença que decretou o despejo (Acs. da R.L., de 6-11-81, Col.Jur., 1981, 5ª, 122; de 7-4-1988, cit. Col., 1988, 2.º, 133 e de 15-11-90, C.Jur., 5.º, 117).

Há que realçar, todavia, quanto ao cônjuge o seu interesse legalmente protegido á casa de morada de família – conforme supra já se desenvolveu.

194. O titular dum *direito de retenção*, sobre coisa móvel ou imóvel, goza, em princípio, de acções possessórias; por se lhe aplicar o regime do penhor (artigos 758, 759, n.º 3, e 670, a), do C.Civil; vide, Antunes Varela, Rev. L.Jur. 124.º, 3812, p. 352 e Pires de Lima e A. Varela, anotação ao artigo 1251).

Todavia tal posse é "limitada". Isto é, pressupõe a existência do direito e é protegida na respectiva extensão normativa deste (na extensão da sua causa e função). Desde logo o direito de retenção é uma "garantia especial" do cumprimento de obrigações (Capit. VI, titulo I, Livro II, do C.Civil). Podendo o titular do direito de retenção sobre imóvel, enquanto não entregar a coisa retida, fazê-la executar, nos mesmos termos em que o pode fazer o credor hipotecário, e sendo pago com preferência em relação aos demais credores do devedor, inclusivé o hipotecário, e ainda que a hipoteca tenha registo anterior (artigo 759). E se o direito de retenção incide sobre coisa móvel, vencida a obrigação, tem o titular a faculdade de promover a sua venda (artigos 758 e 675); bem como antecipadamente, se existir receio fundado de que a coisa se perca ou deteriore (artigo 674).

E, sendo pago com preferência sobre os demais credores (artigo 666.°).

E, sendo, assim, a causa e função do direito de retenção garantir especialmente o cumprimento duma obrigação, bem se compreende que quanto á extensão da relação de domínio de facto sobre a coisa, a lei determine que o titular do direito de retenção esteja impedido de "usar" da coisa, sem consentimento do autor da garantia excepto se o uso for indispensável à conservação da coisa e, pelo contrário, esteja "obrigado" a guardar e administrar a coisa como um proprietário diligente, respondendo pela sua existência e conservação (artigos 758, 759, n.° 3, e 671).

Consequentemente, a posse no direito de retenção, não o é á imagem dum direito real de gozo.

Mas tão só, á imagem dum especial direito de garantia – e, no pressuposto e extensão da causa e função desse especial direito real de garantia (posse causal). Pelo que "a posse" do respectivo titular, enquanto domínio de facto, não pode conceder ao titular mais direitos do que as faculdades contidas no respectivo "direito de retenção", como direito real especial de garantia de cumprimento de obrigações.

Assim, o titular dum direito de retenção (ou o credor pignoratício) não podem embargar a penhora do bem efectuada numa execução movida contra o proprietário do mesmo, por dívida deste. Ainda que haja "ofensa" real (e portanto, ofensa da posse) da situação de apoderamento da coisa pelo titular do direito de retenção. Porque lhe faltará o requesito da ofensa "ilegitima". Pois que o credor, na respectiva execução contra o seu devedor, também tem o património desse devedor como garantia geral do seu crédito (artigos 601 e 817 do C.Civil e 831 do C.Pr.Civil). E, como tal, ainda que haja, em si, ofensa da posse, todavia o dito credor pode contrapor: fecit, sed jure fecit.

Defesa da Posse 463

E, em tal caso, o que se nos depara é uma colisão de direitos da mesma espécie – pelo que se deve encontrar uma solução em que devam os respectivos titulares ceder na medida do necessário para que todos os referidos direitos produzam igualmente o seu efeito, sem maior detrimento para qualquer das partes. (art. 335)

Ora, como não faz qualquer sentido que o titular do direito de retenção possa paralizar a realização coactiva do crédito do exequente sobre o património do seu devedor – então, a solução está, tão só, em vir o titular do direito de retenção reclamar na execução o seu respectivo crédito e a sua devida graduação e, assim dar satisfação (sem detrimento) ao seu direito de garantia, com correlativa satisfação (sem detrimento) do credor exequente (artigos 864 b) e 865 do C.Pr.Civil). E, se não estiver munido de título executivo, podendo requerer que a graduação dos créditos, relativamente á respectiva coisa abrangida pela garantia, aguarde que obtenha na acção própria sentença exequível (artigo 869, do C.Pr.Civil).

Assim, o titular do direito de retenção não pode embargar a dita penhora, se os respectivos bens são garantia patrimonial da satisfação do credor exequente – na medida em que, mesmo que haja, eventualmente, ofensa da sua posse, todavia, esta ofensa não é ilegitima. Pois, o credor penhorou, mas "legitimamente" (fecit, sed jure fecit) – dados os citados artigos 335, n.° 1, 601 e 817 do C.Civil; 831, 864, 1, b) e 865 do C.Pr.Civil. E, em geral, os artigos 1278 do C.Civil e 357, n.° 2 e 510, n.° 5, do C.Pr.Civil.

Pelo que, em tal hipótese, se forem deduzidos embargos devem os mesmos ser liminarmente rejeitados, por consubstanciarem um pedido manifestamente improcedente (artigos 234-A e 354 do C.Pr. Civil). Ou seja, no caso, ocorre mais do que mera falta de interesse processual em agir.

É claro que nem sequer haverá ofensa da posse – se, eventualmente, o titular do direito de retenção for nomeado fiel depositário; ou, se o fiel depositário mantiver a coisa na detenção daquele.

Por sua vez, também o titular do direito de retenção não tem pretensão protegida a ser nomado fiel depositário, como a tem o arrendatário (artigo 841 do C.Pr.Civil). E, precisamente, porque o seu direito (e a posse respectiva) é, não á imagem dum direito de gozo, mas tão só em causa e função de garantia especial do seu crédito. E, esta funcionalidade, pode ser perfeitamente desempenhada – em cautela sua e do exequente – por um (outro) depositário judicial.

Com a venda judicial, também o direito de retenção se extinguirá, dado o artigo 824 do C.Civil (Ac. R.C., de 22-02-99, BMJ. 484.°, 446).

Questionável, é se tal direito se transfere para o produto da venda dos respectivos bens, se o titular não reclamou o crédito na execução ou se o direito foi constituido após a penhora (vide, pela positiva, Lebre de Freitas, A Acção Executiva, 1993, 278. Contra, Castro Mendes, Dir.Proc.Civil, III, 465 e Anselmo de Castro, A Acção Executiva, 3ª ed., 1977, 228).

Pode suceder que a execução em causa termine sem os bens serem vendidos; por exemplo, porque o devedor pagou ao exequente e os credores reclamantes não requereram o prosseguimento dos autos. Nesse caso, o direito de retenção não deve considerar-se extinto. Certo que a entrega da coisa penhorada ao depositário judicial, não é equiparável a uma entrega voluntária para efeitos dos artigos 677 e 761 do C.Civil (Augusta F. Palma, o. cit., 94). Consequentemente, ao levantar a penhora, deve o Juiz ordenar a devolução da posse do bem ao titular do direito de retenção e não a sua entrega ao executado. Não o fazendo, ou havendo ameaça de o não fazer – pode o titular do direito de retenção embargar.

Conforme resulta do antes explanado, o titular do direito de retenção não pode embargar a penhora do bem, "se" ele é também, simultâneamente garantia patrimonial do crédito exequendo. Mas, óbviamente que já pode embargar se tal não sucede. Por exemplo, se numa execução de A. contra B. se penhora o bem "retido" e, todavia, este não pertence a B. nem "responde" pelas suas dívidas.

Pois que, então, havendo ofensa real da posse – o exequente já não pode contrapor que tal ofensa é legítima: fecit, sed jure fecit.

Já se a ofensa da posse tem lugar numa execução para entrega de coisa certa, ou na execução dum mandado de despejo, o titular do direito de retenção tem o direito de embargar (idem, Augusta P.Ferreira, o. cit., 97).

Na verdade, como direito real, o titular goza do direito de "retenção"; ou seja, deter e continuar detendo (artigo 754). Podendo promover a venda da coisa e usar de acções possessórias, ainda que seja contra o próprio dono (artigos 758, 759 n.º 3, 670, a) e 675 do C.Civil).

Aliás, na execução para entrega de coisa certa, e no intuito de acautelar interesses protegidos de detentores, a entrega é feita simbólicamente; sendo estes tão só notificados para que reconheçam e respeitem os direitos do exequente (artigo 930 do C.Pr.Civil).

Quanto a benfeitorias há que ter em conta a restrição do artigo 929, n.º 3, do C.Pr.Civil.

Se, todavia, os referidos preceitos cautelares não forem respeitados, ou houver ameaça de não virem a ser, pode o titular do direito de retenção deduzir embargos (repressiva ou preventivamente).

Defesa da Posse 465

Não admitiram embargos de terceiro á penhora por parte do credor pinhoratício, ou do titular do direito de retenção, os Acs. do S.T.J. de 18-02-966, BMJ, 154.°, 322 (com anot. de Vaz Serra, Rev.L.Jur. 99.°, 255); de 23-1-996, C.J., 1.°, 70 e de 25-11-999, C.J., STJ, 1999, III, 118.

Todavia, admitiu embargos no contrato-promessa, com tradição da coisa, e na base do consequente direito de retenção o Ac.R.L., de 21-11-91, C.Jur., 1991, 5.°, 135. Quanto ao âmbito dos créditos, no contrato-promessa, garantidos pelo direito de retenção, vide Ac. S.T.J., de 23-1-96, C.J., do STJ, 1996, 1.°, 71.

195. *O contrato-promessa pode ter eficácia de execução específica.* Ou seja, conceder á outra parte a obtenção de sentença que produza os efeitos da declaração negocial do faltoso (artigo 830). Será uma sentença condenatória, mas com a especificidade de por si só, executivamente, suprir a declaração negocial do faltoso (Antunes Varela, M. Bezerra e S. Nora, Man. Proc. Civil., p. 17; Calvão da Silva, Sinal e Contrato-promessa, 110).

Há que distinguir, para efeitos da questão de embargos, se o contrato tem mera eficácia obrigacional ou se tem eficácia real (art. 413 do C.Civil). No último caso, o direito creditório á execução específica é oponível a terceiros adquirentes, se o contrato está inscrito no registo, ou se o terceiro está de má-fé (Henrique Mesquita, Obrigações Reais e Ónus reais, 235 e Pessoa Jorge, Dir. das Obrigações, 1975, 201) Já no primeiro caso, o contrato é, tão só eficaz inter-partes, embora com prevalência do mais antigo (artigos 406 e 407).

Também será relevante, para a questão em apreço, equacionar se o promissário já instaurou acção judicial peticionando a execução especifica e, ainda, se tal acção está ou não registada.

Se o contrato tem eficácia real, e está inscrito no registo, a penhora não ofenderá liminarmente o dito direito á execução específica, se é feita num âmbito que explícitamente respeite tal preexistente ónus. Mas mesmo que explícitamente o não respeite, também a penhora, em última análise, não ofende "aquele direito". Certo que ele remanescerá oponível ao próprio adquirente do bem na respectiva execução (artigo 824 do C.Civil. No mesmo sentido, Lebre de Freitas, A Acção Executiva, 1993, 268 e Castro Mendes, Dir. Proc. Civil, III, 458).

O mesmo se passando numa execução de entrega de coisa certa (ou execução dum despejo).

Se o contrato tem eficácia real, mas não está inscrito no registo, então a penhora, numa execução por dívidas já ofenderá o direito á execução específica (artigo 824 do C.Civil). Nesse caso, o promissário poderá

466 *Posse e Usucapião*

(e deverá), embargar. E devem ser os embargos julgados procedentes, se o penhorante está de má fé (se tem conhecimento do contrato).

Ou, ainda que o não esteja, se se entender, como bem deciciu o Assento 3/99, de 18 de Maio, (D.R. de 10-7-99), que o penhorante não é terceiro, para efeitos do artigo 5.º, n.º 4, do C. de Reg. Predial (Vide Oliveira Ascensão, Reais 4ª ed, 365).

Se o contrato não está inscrito no registo, e se se trata de execução para entrega de coisa certa, já, embora se ofenda "aquele direito", todavia, tal ofensa não será ilegítima (salvo que o exequente estivesse de má-fé, ao tempo da obtenção do título executivo). E, consequentemente, os embargos deverão ser liminarmente indeferidos (citado artigo 5, do C. Reg. Pred.). Diferente já será, todavia, se os embargos se fundarem em direito de retenção. Salvo se o exequente for adquirente em alienação judicial (artigo 824).

Se o contrato tem eficácia meramente obrigacional, e se o promissário não instaurou acção judicial para a sua execução específica, então a penhora não ofenderá ilegítimamente "aquele direito" (artigo 406 do C.Civil); e, portanto, com base nele não puderá embargar.

Como não poderá face a uma execução para entrega de coisa certa. Salvo que a nomeação á penhora, ou a manutenção da mesma, possa configurar um abuso de direito (como infra de desenvolverá).

Se, todavia, o promissário instaurou acção judicial e a registou préviamente á penhora, já poderá embargar procedentemente (Ac.S.T.J., de 11-3-99, C.Jur., VII, T. I, 139). Sobre o registo de tais acções, vide Acs. da R.L., de 28-06-94, C.J., 1994, e de 23-2-95, cit. Col., 1995, 1.º, 133.º e Miguel Mesquita, Apreensão de bens, 1998, 135.

O entendimento comum é o de que são ineficazes perante o autor da acção, todas as transmissões da coisa "registadas" após o registo da acção (Galvão Teles, O Direito, 124.º, 495.º; Ascensão Oliveira, ROA, 1992, 202 e Calvão da Silva, Sinal e Contrato Promessa, 123). Almeida Costa (R.L.J., 127.º, 215), defende, todavia, que só são ineficazes as transmissões "realizadas", posteriormente ao registo da acção (artigo 271, do C. Pr. Civil).

E, o mesmo de decidirá se, embora não registada a acção, todavia, o penhorante está de má-fé (ou seja, tem conhecimento da referida acção).

É certo que o registo da acção não muda a natureza meramente obrigacional do crédito do promissário. Todavia, a eficácia da pendência da acção registada contra terceiros residirá na aplicação do principio de que a parte que tem razão não deve ser prejudicada com a inevitável demora do processo e, assim, a eficácia da sentença deve, em principio, retroagir á

Defesa da Posse 467

data da propositura da acção (vide Manuel Andrade, Lições de Proc. Civil, II, 1956, 373).

Recebidos os embargos, ope legis, o respectivo despacho deve determinar a suspensão dos termos do processo executivo (artigo 356).

Mas, quanto ao processo dos embargos, em si, a referida acção judicial de execução específica passa a ser uma causa prejudicial.

Neste prisma, oficiosamente ou a requerimento das partes, pode o Tribunal ordenar a suspensão do procedimento dos embargos, ao abrigo do artigo 279 do C.Pr.Civil (cit. Ac. S.T.J., de 11-3-99).

E se o não fizer? Então, o comprador, ou adjudicatário, da respectiva venda judicial que na execução se venha a processar: – se o registo da acção prejudicial é anterior ao da penhora, – sofrerá a eficácia do que se vier a decidir na respectiva acção (artigo 271 do C.Pr.Civil e 824 do C.Civil).

Também se pode argumentar que na hipótese antes referida (preexistência de acção em que se peticiona a execução especifica e registo da mesma, prévio á penhora), a penhora, a final, não ofenderá o direito á execução específica – na medida em que, como referido, a decisão favorável que na acção se venha a proferir será oponivel ao exequente e ao comprador judicial. E, nessa consideração, então, não caberá embargar, porque, a final, a penhora é inócua (não ofende o referido direito).

Também o promissário poderá embargar a entrega, numa execução para entrega de coisa certa, se tem acção judicial pendente para execução específica – salvo que se trate de executar sentença proferida em acção registada (de boa-fé) antes do registo da acção para execução específica.

O promissário, além do (mero) direito á execução específica e de eventual direito de retenção (se houve tradição da coisa), **pode, também, encontrar-se numa situação possessória**. E, nomeadamente quer numa posse de comodatário, ou de arrendatário, quer numa posse á imagem (objectiva e subjectiva) de (como sendo, empíricamente) proprietário. Como infra se desenvolverá (n.º 198).

Então, levanta-se a questão se, com base "nessa posse", pode o promissário embargar.

A resposta dependerá do enquadramento dessa relação possessória no âmbito (da respectiva cedência) do básico contrato promessa.

Se o contrato tem eficácia real, se se encontra registado e se do registo consta o respectivo acordo de cedência da posse – então a posse, se em substância for ofendida, será ofendida e ilegítimamente nas mesmas hipóteses (antes referidas) em que ao promissário seja lícito, no campo dos princípios, invocar (eficazmente) o contrato perante o exequente. O mesmo se passando, se o contrato promessa tem mera eficácia obrigacional, mas preexiste a pendência da acção judicial para a sua execução específica e, no caso, no campo dos princípios, seja lícito ao promissário invocar (eficazmente) perante o exequente o direito á execução específica.

Fora desses casos, a eventual posse do promissário não tem mais valor do que a posse em geral para ser fundamento de embargos. E, então, embora possa ocorrer ofensa factual com a penhora ou a entrega, todavia não será ofensa "ilegítima". Porquanto, o exequente pode contrapor que o faz, mas legitimamente (fecit, sed jure fecit): levantando a questão da titularidade do direito. Salvo que ao promissário tenha sido cedido o bem por arrendamento. Neste caso, a posse como tal (arrendatária) já terá o valor, para efeitos de embargo, como supra referido (n.º 193).

E, precisamente, também como em geral, já a posse do promissário será fundamento de embargos se, todavia, o exequente não é titular do direito. Por exemplo, se numa execução de A. contra B. é penhorado o bem, objecto do contrato-promessa, "mas" tal bem não é pertença do património do executado (penhora), ou do património do exequente para entrega de coisa certa: e, na realidade jurídica, é pertença do património do promitente-vendedor (e cedente da posse ao promissário).

A posse do promissário também será fundamento de acções possessórias contra o promitente alienante, se este por sua própria força e autoridade a atinje ou pretende atingir. Ou se, em acção judicial, peticiona a devolução efectiva da coisa ao promissário. Pois que, se, no caso, a posse for á imagem do comodato – o promissário pode usar de acções possessórias contra o próprio comodante (artigo 1133, n.º 2); como pode exigir-lhe o cumprimento pontual do "acordo de comodato", inserido, em contrato misto de promessa e comodato (artigos 405, 406 e 1133, n.º 1).

E, se a posse for á imagem (objectiva e subjectiva) de proprietário (como sendo, empíricamente, dono) – mutatis mutandis, pode o promissário defender a sua posse, se esta foi "cedida" pelo promitente. Pois que, então, a respectiva "cedência" representa, por sua vez, um acordo de vontade, "atipico" ou "inonimado", e vinculativo; reunido, assim, num contrato, cumulativamente, com a promessa de alienação (artigos 405 e 406 do C.Civil).

Pelo que se a posse é ofendida, o ofensor não pode contrapor que a ofende legitimamente (com base na titularidade dum direito incompatível).

No sentido referido, Acs. do S.T.J., de 21-11-85 (BMJ, 351, 332) e de 2-11-89 (Rev.L.Jur., 128.º, n.º 3853, 104).

Óbviamente, que se o promissário não cumpriu (em incumprimento defenitivo) as suas obrigações contratuais ou se o contrato for globalmente anulado ou resolvido – então já a ofensa da posse pelo promitente alienante não será de considerar ilegítima. Por se dever entender que as referidas "cedências" de posse, o foram, determinantemente, na base circunstancial da preexistência do contrato e do seu pontual cumprimento.

196. O artigo 334 do C.Civil determina, em geral, que o exercício dum direito pode ser ilegítimo – por exceder manifestamente os limites impostos pela boa-fé, pelos bons costumes ou pelo fim social ou económico desse direito (**abuso de direito).**

A priori, o direito de nomear bens á penhora não se vê porque deva ser excluido desse princípio geral.

O Homem, vivendo em sociedade, deve ter em conta uma "Relação Jurídica Fundamental" (Larenz; vide H. Hoerster, P. Ger. do Cód. Civ. Port., 153). Ou seja, tem liberdade e direitos reconhecidos. Mas deve reconhecer igual "dignidade" de cada um dos outros. E, como tal, deve conduzir-se pela Boa-Fé, Confiança e Justiça Comutativa.

E, aqueles princípios podem justificar "agora", no momento da sua apreciação, determinado resultado (Vaz Serra/M.Andrade, a propósito do erro sobre a base negocial, Rev. L.J., 113.°, 316).

E, do ponto de vista do intérprete e aplicador da Lei, como bem observa Clóvis Beviláquia, "o direito não organiza quadros para dentro deles meter a vida; esta é que oferece os dados para as construções jurídicas".

Ora, dentro dos referidos princípios gerais da razoabilidade do direito, analisemos a seguinte hipótese. A. numa execução por dívida contra B., penhora um prédio deste. Todavia B. tinha celebrado com C. promessa de venda desse prédio, com eficácia de execução específica. Todavia, tal promessa é de mera eficácia obrigacional e C. também não instaurou, ainda, acção judicial para a sua execução específica. Então, de acordo com os princípios, a nomeação á penhora é legitima e esse direito de nomeação à penhora é incompatível com a prevalência do direito creditório de C. á execução específica. Como tal, embora havendo ofensa desse direito, mas devendo ele ceder perante o direito de A. de executar o património do seu devedor (ou seja não sendo aquele direito incompatível com a penhora), então, C. não poderá embargar. Mas suponha-se, no entanto, que o devedor B., executado, tem outros bens, susceptíveis de serem penhorados e que garantem eficazmente o direito exequendo de A.

Ora, parece curial (razoável e justo) que C. possa invocar que a penhora se deva realizar nesses outros bens. Já que darão plena satisfação ao direito do exequente; mas, em que, assim, simultâneamente, se salvaguarda a boa-fé, confiança e justiça comutativa na defesa e realização do seu direito á execução específica do dito bem. E, assim, C. já puderá embargar.

Na medida em que está a invocar que a (eventual) pretensão – nesse condicionalismo – por parte do exequente de manter a penhora, "agora", será "ilegitima" (por abuso de direito). E, "sendo ilegítima" – já a penhora não é incompatível com a salvaguarda do direito (ofendido) de C. E, pelo contrário, será o direito de C. (á execução específica) que – nesta hipótese especial – será incompatível com a penhora: porque, in casu, esta é que passará, "agora", a ser ilegítima (por abuso do direito).

CAPÍTULO XV
Negócios híbridos, atípicos e inonimados
Contrato-promessa

197. Dentro dos limites da lei, as partes têm a faculdade de fixar livremente o conteúdo dos contratos, celebrar contratos diferentes dos previstos ou incluir nestes as cláusulas que lhes aprouver, podendo ainda reunir no mesmo contrato regras de dois ou mais negócios (artigo 405 do C.Civil). É o princípio da autonomia negocial. Ou seja, de, por vontade própria (auto), as partes poderem fixar a *lex privata* duma sua relação jurídica (nomos; objecto em sentido estricto).

E, se a declaração negocial é insuficiente quanto á explicitação de aspectos relevantes da lex privata criada para a relação respectiva, tal omissão será integrada por um regime supletivo (artigo 239). Mas, também, por vezes, a lei é omissa, em certos aspectos, quanto a negócios que prevê. Por exemplo, quanto ao sub-arrendamento ou quanto á cessão de exploração de estabelecimentos comerciais (artigos 44 a 46 e 111 do RAU). E, a parte omissa poderá, então, em certos aspectos, ser integrada pelo regime previsto para outros negócios. Por exemplo, o regime do sub-arrendamento poder ser integrado pelo regime do arrendamento.

Põe-se então a *questão*, em tema de posse, de se decidir *se os preceitos legais em que se concede posse-limitada, como*, por exemplo, ao *locatário*, (artigo 1037, n.º 2) ou ao *comodatário* (artigo 1133, n.º 2) – *se podem "estender" a outros negócios jurídicos em que haja um componente parcial daqueles* e de modo a que o seu regime omisso, possa ser parcialmente "integrado" pelo regime legal (quanto á posse) previsto para a locação ou para o comodato.

Neste aspecto, subscreve-se integralmente a solução de *Menezes Cordeiro* (A Posse, 2ª, 78): "Em termos puramente dogmáticos... A pessoa que, nos moldes do direito incaracterístico, detenha, temporariamente o controlo material duma coisa corpórea, uma de duas: ou paga por ele, ou dispõe dessa vantagem gratuitamente. No primeiro caso, há um elemento de locação, que justifica as acções possessórias, por via do artigo 1037.º/2; no segundo, há um factor de comodato, que conduz á mesma solução através do artigo 1133.º/2".

Em sentido idêntico, *Henrique Mesquita* (Rev.L.Jur. 125.°, 283, nota 1).

E, nem se trata de contrariar o princípio da excepcionalidade das referidas posses-limitadas. Pois, apenas, o que sucede, é a aplicação extensiva desses preceitos, por integração, no preenchimento dum regime omisso de tais tipos de negócios.

Óbviamente, que tais posses serão limitadas. Isto é, pressupõem a existência do direito e na respectiva extensão normativa.

Assim, por extensão do artigo 1037, n.° 2 (arrendatário), serão possuidores o subarrendatário (vide Acordãos, citados supra, n.° 193); os hóspedes, no âmbito dum arrendamento para habitação; o cessionário de cessão onerosa de exploração de estabelecimento.

E, igualmente, o titular dum direito de guardar, onerosamente, um veículo num lugar de garagem (contra, Ac.R.P., de 24-07-80, C.J. V, n.° 4, 206); ou dum direito retribuido a um lugar, num parque de campismo (contra, Ac.R.E., de 4-11-93, C.J., XVIII,4,299); a ocupação retribuida num centro comercial (contra Ac.S.T.J., 23-6-81, BMJ, 308, (1981), 237); os jazigos (vide supra, n.° 50).

Por extensão do artigo 1033 n.° 2 (comodatário), serão possuidores o simples caseiro ou a empregada doméstica quanto aos cómodos cedidos para sua habitação (contra, Ac. S.T.J., 28-7-87, BMJ, 369, 546); os que podem viver, em economia comum com o arrendatário para habitação (supra, n.° 193).

No contrato de compra e venda com reserva de propriedade até ao pagamento integral do preço, se houver cedência da disponibilidade fáctica da coisa, deve entender-se, por conduzir ao maior equilíbrio das prestações (artigo 237), que a mesma é feita no circunstancialismo básico da reserva de propriedade. Ou seja, de que a cedência do domínio de facto sobre a coisa, só o será , para o cessionário, á imagem do direito de propriedade, "se e quando" ele pague a totalidade do preço. E, entretanto, que tal cedência é temporária; ou seja, com obrigação do comissário restituir o dominio de facto "se e quando" tal não suceder (isto é, á imagem do comodato).

Na verdade, não se pode deixar de entender que a partir do momento "se e quando", em que o comprador pague o preço, a coisa já lhe pertence. Consequentemente, pelo título, (teoria da causa) não se pode deixar de entender que a partir desse momento, normativamente, "se e quando" acontecer, o vendedor não pode continuar a ter *animus* de que o dominio de facto que exerça o comprador, cessionário do domínio de facto, o é em nome daquele e possuindo aquele (como sendo dono) por intermédio do terceiro comprador (artigo 1264).

Negócios hídridos, atípicos e inonimados – Contrato-promessa 473

Assim, até ao pagamento do preço que determina a transferência da propriedade, o vendedor é possuidor, á imagem do direito de propriedade, através do domínio de facto exercido pelo comprador (vide Acordãos, cits. supra, n.° 193). E, nesse domínio de factos, o comprador é possuidor, mas á imagem de comodatário (contra Ac.R.P., de 19-05-81, CJ, VI, n.° 3, 127 e Ac. da R.L. de 16-4-85, CJ,X, n.° 2, 127). Trata-se, pois, dum caso de causa múltipla e sucessiva (supra, n.° 193).

Quanto aos contratos em que, por exemplo, se vende uma mata, ou uma partida de árvores, pelo menos a partir do começo da operação, quanto ás árvores já abatidas (artigos 204, n.° 1, c) e 408 do C.Civil), o operador é seu proprietário, mas quanto ás a abater deve considerar-se já possuidor (Ac.R. P., de 12-04-83, B.M.J., 326.°, 526). O mesmo se devendo entender quanto ao contrato de exploração de areia (contra, A.R.C., de 21-04-81, C.J., VI. n.° 2, 37; por entender este Acordão que a situação se analisa numa venda de materiais, presentes e futuros e não num arrendamento). Na verdade, nos referidos contratos, as árvores ou a areia só serão propriedade do operador, em termos de relação jurídica verdadeira, a partir da separação.

Todavia, se é cedida a disponibilidade factual empírica sobre a mata ou o areal, deve entender-se que o é para o operador, "nesse mero domínio factual", e nesse mero âmbito de poder empírico factual, proceder ao derrube das árvores, ou á recolha da areia, em seu proveito exclusivo e "como de facto, sendo dono" (apezar de o não ser).

O que é da essência da posse: ser agnóstica e não causal.

A que é, pois, indiferente o juizo intelectivo de se saber que se não tem o direito: como o ladrão, o não tem. Ou, a que é indiferente que a relação factual de dominio não corresponda á "existência" da relação jurídica verdadeira, a cuja imagem subjectiva e objectiva se actua.

O que é essencial, é que "*a actuação*" empírica, o poder de facto "em si", (o começar de facto a operação de cortar, em poder empírico, as árvores da mata ou extrair areia do areal) "*corresponde*" (em termos de modo de exercício, e não de existência) "ao exercício" do direito de propriedade; ou seja, ao modo como, de facto, empíricamente pode "actuar" um proprietário da mata ou do areal (artigos 1251 e 1305).

198. **O contrato-promessa**, é a convenção pela qual, dentro da liberdade da autonomia negocial, alguém se obriga a celebrar certo contrato (artigos 405 e 410). Dentro dos efeitos típicos de tal contrato, só por si, não cabe, pois, qualquer alteração á relação estancial de domínio de facto dos respectivos sujeitos com a coisa, prometida vender.

Mas, se a coisa, objecto do contrato, no âmbito circunstâncial básico de tal contrato, todavia, ingressa, passa a estar, na esfera de influência do poder empírico do promissário, necessariamente se levantará a questão da qualificação de tal detenção material. E, nomeadamente, se consubstanciará, ou não, uma relação possessória. E, quer, uma relação possessória, á imagem, subjectiva e objectiva, por exemplo, do direito de propriedade prometido alienar. Quer á imagem, subjectiva e objectiva, dum direito de crédito susceptível de posse limitada (por exemplo, comodato, arrendamento; ou, direito atípico, a que, por extensão integrativa, se apliquem os preceitos possessórios daqueles negócios nonimados).

Em termos de método, de correcta aplicação das regras do raciocínio analítico, a questão, e a sua solução, dependem "prioritáriamente" da aplicação ao particular caso dos princípios do instituto possessório. *Ou seja, é "a partir" do regime normativo da "posse" que a questão deve ser equacionada e solucionada.*

Nomeadamente, quanto ao promitente, se ele **"perde"** a posse de que era titular, mas por aplicação dos princípios possessórios do artigo 1267. E, quanto ao promissário, se ele a *adquire*, por aplicação dos princípios do artigo 1263.

Na verdade, como bem realça Menezes Cordeiro (BMJ, 306, 27/59 e A. Posse, 2ª ed., 76), o contrato promessa, por si só, nos seus efeitos típicos negociais (lex privata), não é causal de transmissão de nenhum direito real, nem de constituição dum direito de goso (comodato, arrendamento); e, também não é causal, de per si (e como seu efeito típico) da entrega material da coisa. Se, embora no seu circunstancialismo básico, o promissário estende a sua *esfera de poder empírico* à coisa, tal terá *como causa imediata um outro* **quid.**

Na verdade, há que realçar que existem *tradições típicas e tradições atípicas* (Menezes Cordeiro, A Posse, 2ª ed., 107, supra, n.º 102).

As primeiras ocorrem nos termos dum contrato translativo (do direito a cuja imagem se possui).

As segundas, verificam-se á margem (paralelamente e na sua base) de contratos que, em princípio, não têm escopo translativo.

Assim, como realça o cit. <u>Menezes Cordeiro</u> (A Posse, 2ª ed., 77) – "<u>tudo depende da vontade das partes</u>: haverá, pois, que interpretar o acordo relativo á *traditio* usando, para isso e se necessário, todos os demais elementos coadjuvantes". Ou, como se expressa <u>Calvão da Silva</u> (Sinal e Contrato-Promessa, 1988, p. 160) – tudo dependerá do *animus* que acompanhe o *corpus.* "Se o promitente-comprador teve *animus possidendi* – o que não é de excluir *a priori* – será possuidor, <u>o que pode acontecer</u>

Negócios hídridos, atípicos e inonimados – Contrato-promessa   475

derivadamente, nos termos da al. b), do art. 1263 (…) ou, originariamente, nos termos da alin. a), do art. 1263 (…). Se o promitente-comprador tiver *animus detinendi*, exercendo, por ex., o *corpus* em nome de outrem, por acto de tolerância do promitente vendedor (art. 1253.º, aln³s. c) e b) será detentor ou possuidor precário".

E, certo que, se há cedência/tradição, e se apura o seu sentido específico – conforme á vontade das partes, como antes realçado então o *animus* será o correspondente, segundo *a teoria da causa* (supra, 21 e 90).

E se não é apurável, *in casu*, esse sentido especifico, então o detentor da coisa beneficia da presunção de que é possuidor com *animus sibi habendi*, por força do art. 1252, 2 (V. supra, 88 a 92). E, assim, Vaz Serra ao realçar que "o promitente-comprador, que toma conta do prédio e nele pratica actos correspondentes ao exercício do direito de propriedade, sem que o faça por mera tolerância do promitente-vendedor, não procede com intenção de agir em nome do promitente vendedor, mas com a de agir em seu próprio nome … passando a conduzir-se como a coisa fosse sua, julga-se já proprietário da coisa, embora a não tenha comprado, pois considera segura a futura conclusão do contrato de compra e venda prometido, donde resulta que, ao praticar na coisa actos possessórios, o faz com *animus* de exercer em seu nome o direito de propriedade" (in R.L.J., 109.º, págs. 347/348, em anot. ao Ac. S.T.J., de 25-02-86).

Ou seja, só há que falar em tolerância ou detenção em nome do promitente vendedor – e, nesse caso, exigindo-se inversão do título – se, previamente se apurou, pela positiva, que, *in casu*, é esse o especifico *animus* do promitente-comprador. E específico *animus* esse que não resulta, de per si, do senhorio empírico do promissário se inserir no circunstancialismo dum contrato-promessa. Pois este, de per si, não é causa imediata (típica) de qualquer detenção, de qualquer corpus ou animus, de qualquer senhorio empírico do promissário sobre a coisa.

E, mesmo que se trate, duma **traditio**, por vontade do promitente (artigo 1263, b)) a mesma insere-se (relativamente ao contrato-promessa, em si) num segundo acordo, (genéricamente admitido pelo artigo 405).

Assim, a priori, não existe qualquer obstáculo, conceitual ou pragmático, na admissão de que o promissário se encontre numa situa-ção de posse sobre a coisa. Tudo dependerá de, a partir e na perspectiva do instituto possessório, ter, ou não, adquirido a posse segundo a aplicação dos princípios do artigo 1263 e, quanto ao promitente, de a ter perdido, ou não, segundo a aplicação dos princípios do artigo 1267.

Realçando-se, no entanto, que a posse, enquanto tal, não é mais do que um senhorio de facto, com os efeitos dos artigos 1268 e seguintes. E

476   *Posse e Usucapião*

que quanto á posse, embora á imagem objectiva e subjectiva dum direito real, não é da sua essência que, cumulativamente, exista a relação jurídica verdadeira, a cuja imagem se possui. E que, nesse âmbito, a posse é agnóstica, cautelar e provisória: cedendo, pois, perante **o jus possidendi**, a titularidade do direito por terceiro (artigo 1278). V. Supra, n.° 152.

Assim, desde logo, o promissário que se encontre na detenção da coisa, embora, por exemplo, por um acto de mera tolerância do promitente (ou por um acordo explícito de comodato ou locação), nada impede que, todavia, adquira a posse da coisa, em senhorio de facto, á imagem subjectiva e objectiva do direito de propriedade, "se" ocorre **inversão do título de posse**, segundo o artigo 1265 (Ac.S.T.J., de 3-3-98, Vida Judiciária, n.° 24, Abril 99, 58).

Como nada impede, que o promissário por sua *conduta unilateral e usurpatória* se apodere de facto da coisa e, **esbulhando o promitente do domínio de facto da mesma,** adquira a posse pela "práctica" reiterada, com publicidade, dos actos materiais "correspondentes" ao exercício" do direito e com o animus de assim actuar como sendo de facto (empiricamente) dono e com tal presunção a seu favor, á face do art. 1252.° (Supra, n.°s 88 a 92); apezar de, na realidade jurídica, não ter o direito (artigo 1263, a)).

Suponha-se, quanto ás duas hipóteses referidas, que um promissário da venda duma fracção que já pagou, por antecipação, uma parte considerável do preço, se depara com um prolongado atraso na ultimação da obra, ou até com a sua paralisação, por parte do promitente-construtor, incumpridor, dos prazos acordados. E que, perante essa situação, decide o promissário acabar ele, por sua conta e risco, a respectiva obra; muda as fechaduras; ocupa a fracção, aí passando a viver ou aí instala um estabelecimento; ou arrenda a terceiro a fracção, que a ocupa; paga a siza.

Óbviamente, que perante tal situação de facto, o promissário, se já detinha a fracção, ainda que por mera tolerância, adquiriu, então, a posse por inversão do título: se se verificam os pressupostos do artigo 1265 (vide supra). E, se antes não detinha a coisa, adquiriu a posse por tal apropriação (unilateral, usurpatória e original – artigo 1263, a)).

Aliás, não se podendo esquecer – sob pena de desaplicação da lei e das regras do raciocínio analítico – que, em tema de qualificação do domínio empírico (de senhorio estancial de facto sobre uma coisa), se presume, segundo o artigo 1252, n.° 2, a posse (o animus, ou o exercício "pessoal") naquele que exerce o poder de facto: ou seja, naquele que "actua" (em exercício material empírico) por "forma" que "corresponda" ao "exercício" (ou seja, ao modo fáctico como, igualmente pode actuar) um titular

Negócios híbridos, atípicos e inonimados – Contrato-promessa 477

do direito real (artigo 1251). E, para se destronar a presunção (artigos 344 e 349) não basta por em dúvida, que se fique na dúvida (artigo 346); será preciso, provar o contrário (artigos 350, n.º 2). V. supra, n.ºs 88 a 92.

E, no âmbito do circunstancial e básico contrato promessa, **a coisa também pode passar da esfera do poder empírico do promitente para a esfera do senhorio de facto do promissário, derivadamente, por vontade de um e outro: ou seja, por um "acto acrescido", de cedência/ /tradição, (artigos 1263, b) e 1267, n.º 1, c).**

De acordo com o conteúdo específico e típico, por exemplo, do contrato promessa de compra e venda, dele só resulta a obrigação das partes de, respectivamente, outorgarem o contrato definitivo da compra e venda. E, a quando da outorga de tal contrato-definitivo, é que, por sua vez e por força dele, se transmitirá a propriedade da coisa, surgirá a obrigação do comprador de pagar o preço e a obrigação do vendedor de entregar a coisa (artigo 879).

Todavia, nada impede, que no circunstâncialismo básico daquele contrato, o promitente exija e o promissário aceite antecipar dinheiro por conta do preço; nem, num reverso, que o promissário exija, e o promitente aceite, uma antecipação de entrega material da coisa.

Então, tal entrega material da coisa acontecerá com base "nesse (aditado) acordo" das partes, como sua causa imediata, que, dentro da liberdade e autonomia negocial, acresce á vontade típica e específica do contrato- -promessa, sendo este, tão só, seu elemento circunstancial básico ou causa remota (artigo 405): e quer esses acordos sejam celebrados cumulativamente, quer o acordo de cedência seja celebrado posteriormente.

Nessa hipótese, a entrega da coisa, e o seu recebimento pelo promissário, assenta na vontade do promitente, representa uma "cedência", uma traditio e uma acceptio – que, em princípio, são a causa imediata da aquisição da posse pelo promissário (artigo 1263, b): e como mero acto de vontade (vide supra, parte geral). Bem como, são causa imediata da perda da posse pelo promitente (artigo 1267, 1, *c*)).

E, no caso, o acordo até pode ser explícito. Por exemplo, perante negociações em que ao promissário da compra de uma fracção para habitação, só convenha pagar o preço espaçado por alguns anos, mas queira, desde já, passar a habitar a fracção – pode o promitente propor, e aquele aceitar, que, paralelamente, se celebre um contrato de arrendamento.

Então, será óbvio que com a tradição/aceitação da fracção o promissário adquire a posse (artigo 1263, b)). Embora, nesse caso, *á imagem de arrendatário*, com posse-limitada, na extensão que a lei lhe dá relevância (1037, n.º 2).

E, na hipótese referida, pode, por exemplo, o promitente propor, e o promissário, aceitar, que passe a ocupar a fracção, mas explícitamente ficando clausulado que a deve restituir, por exemplo, ao fim de 4 anos ou logo que aquele o exija e que só pode usar da coisa como comodatário.

Obviamente que, então o promissário será possuidor, mas *á imagem do comodatário*, e no âmbito em que a lei a tal posse dá relevância (artigo 1133, n.° 2).

Mas, também nada exclui que as partes estejam de acordo que, desde já, e antes da celebração do contrato prometido, a coisa passe para o domínio de facto do promissário, para ele, em termos embora de mero senhorio de facto, usar da coisa como sendo (empíricamente) dono: *á imagem, no seu exercício, como sendo proprietário.*

E, se o promissário passa a ter a coisa no seu domínio factual empírico, exercendo sobre ele senhorio de facto, em modo de actuação que, empíricamente, na sua perspectiva factual, corresponde a equivalente exercício factíco de quem de modo idêntico actua quando é titular do direito – ele se presumirá possuidor (com animus, a título pessoal), segundo os artigos 1251 e 1252, n.° 2. V. supra, n.°s 88 a 92.

Esse acto voluntário de tradição/aceitação é natural que se insira num acordo negocial. E, também pode suceder que esse acordo negocial na sua extensão normativa revele, afinal, um animus negocial, normativo e vinculativo que, uma vez apreendido, não seja o de querer o transmitente perder a posse, nem seja o de passar o promissário, em conexão com a coisa, a proceder como sendo dono (ainda que em mero âmbito de domínio ou senhorio de facto). E, assim, se ponha em causa a presunção do artigo 1252, n.° 2. Mas, é necessário prova do contrário, não basta a dúvida (artigo 350).

Mas, o sentido do verdadeiro animus que impregne o referido acordo de tradição/aceitação, e, nomeadamente, concluir se ele é prova do contrário dum presumido animus, como sendo dono – é mera questão de determinar qual o respectivo e concreto sentido negocial normativo de tal acordo. Ou seja, é mera questão de interpretação/integração da respectiva vontade das partes, segundo os artigos 236 e sgts. Ou seja, **"tudo depende da vontade das partes: haverá, pois, que interpretar o acordo relativo à traditio usando, para isso e se necessário, todos os demais elementos coadjuvantes" (Menezes Cordeiro, A Posse, 2.°, 77).** *Mas, se, a final não se lograr determinar uma vontade contrária á da presunção do citado artigo 1252, n.° 2 – essa presunção permanecerá.*

Dentro da liberdade e autonomia negocial, cabe ás partes, dentro dos limites da lei, criar, por si e como queiram (auto), a lex privata; ou seja o

Negócios hídridos, atípicos e inonimados – Contrato-promessa 479

regime jurídico das suas relações entre si ou com as coisas, (nomos, objecto em sentido estricto).

Pode, por exemplo, o promissário pagar logo, ao celebrar o contrato, o preço todo; mas, a escritura notarial da compra da fracção não se poder também logo realizar. Porque, por hipótese um dos outorgantes está na eminência duma partida para o estrangeiro; ou, porque a fracção ainda não está registada em nome do vendedor. Ou, até, porque ao promissário não convem realizar já a escritura; a fim de contornar um eventual direito de preferência, ou evitar eventuais penhoras de seus credores, ou, até, para protelar o pagamento da siza. Como pode, até, não se realizar logo a escritura definitiva por excesso de confiança, comodismo, ou deixar correr.

Ora, nas hipóteses postas, *as partes são perfeitamente livres de determinar* no texto do contrato-promessa, ou em acordo paralelo posterior, por exemplo, *que "desde já, a fracção é entrega ao promissário, o qual a pode usar como bem entenda e como dela sendo dono"*. É óbvio que, neste caso, não só não se elidirá a referida presunção; como até, a cedência da posse é explícitamente corroborada. E, como tal, o promitente perdeu a posse e o promissário adquiriu-a, e á imagem objectiva e subjectiva de proprietário (artigos 1263, b) e 1267, n.º 1 c)).

Nem poderá o intérprete querer ser "mais papista que o Papa"; e, querer repudiar uma vontade soberana das partes, comunicada claramente, em termos do sentido comum da linguagem usada (artigos 236 e sgts e 405). Se existir eventual desvio entre a vontade declarada e a realidade, só caberá ao lesado invocar e provar o respectivo vício e nos demais pressupostos legais.

E, como se está no domínio da soberania negocial das partes, estas são livres de criar os efeitos que pretendam. E, assim, também, como nada impede, por exemplo, que o promitente só queira entregar a coisa a quando da realização do contrato-definitivo, apezar de já antes ter recebido a totalidade do preço: também, não impede que, por sua vontade, ele ceda a posse, como sendo dono, ao promissário, apezar deste não ter entregue sequer um tostão por conta do preço.

E, a vontade não tem que ser expressa ou explícitamente declarada. Pode deduzir-se de factos que, com toda a probabilidade, a revelem (artigo 217). Assim, suponha-se que na pendência do contrato-promessa de uma fracção para comércio, *o promitente a toma de arrendamento ao promissário*, outorgando-se o respectivo contrato e a quem passa a pagar uma renda. É, então, óbvio que o promitente, apezar da detenção da coisa, colocando-se "como arrendatário", nesse âmbito, perdeu o animus dum "senhorio de facto", "como, factualmente, sendo dono" (artigo 1253, c)). Bem como, quem adquire o corpus, por intermédio daquele, "como senhorio", e nesse âmbito, é o promissário (artigo 1252, n.° 1). E com um animus, pela causa do dito arrendamento e figurando nele como "senhorio", como sendo, de facto, dono. Na verdade, o promitente, embora usando da coisa, pelo contrato de arrrendamento, fá-lo contra o pagamento de uma renda, reconhecendo o outro como senhorio e aceitando que o uso o é como arrendatário; e não, por sua própria e unilateral vontade, auto-suficiente, de modo pleno e exclusivo (como é próprio do dono, artigos 1305 e 1253, c)).

E, pelo contrário, quem de facto – por intermédio daquele – "como senhorio", empíricamente, actua como (de facto) sendo dono, é o promissário (artigos 1251 e 1252).

Similarmente, mutatis mutandis, se passará, se, com autorização ou conhecimento do promitente, *o promissário arrenda a terceiro a fracção*, e dele passa a receber a renda.

Nos exemplos referidos a interpretação do sentido normativo do acordo negocial das partes, dados os respectivos termos da respectiva declaração/comunicação, explícita ou tácita, não levantará dificuldades quanto á determinação do animus que se consubstancia no acto de vontade da tradição/aceitação.

Mas, *as partes podem ser parcas quanto á declaração negocial* que produzem e o mesmo podendo suceder quanto á existência de condutas tácitas.

Suponha-se, *por exemplo*, que *apenas se declara* no contrato, ou posteriormente, que, *desde hoje, a fracção é entregue ao promissário* – ou algo, semelhantemente, pouco explícito.

Desde logo, é de pressupor que essa entrega, essa vontade de cedência tem o contrato promessa por circunstancialismo básico, por sua causa próxima. Assim, perante essa declaração duvidosa, inserida no âmbito dum contrato oneroso, deve valer o prevalecimento do sentido normativo que conduzir ao maior equilibrio das prestações (artigo 237, segunda parte).

Então, se a essa altura da referida cedência *o promissário já pagou a totalidade do preço*, o sentido que deve "prevalecer" é o de que a entrega da coisa o é, em termos de facto, equivalente á entrega que ocorre quando se realiza a compra e venda (artigo 879). Ou seja, que a coisa já entra na esfera do domínio empírico do sujeito, como (de facto) já sendo dono. Na verdade, na compra e venda, em termos de justiça comutativa, ou de equilibrio das prestações, e de proporcionalidade, ao recebimento do preço por parte do transferente corresponde o recebimento da coisa por parte do adquirente; e, vice-versa.

Ora, se o promitente já recebeu a totalidade do preço, então, o produto que o consubstancia passou para o senhorio de facto daquele, como sendo dono. Então, se deve ter relevância um sentido que melhor contribua para o equilíbrio das prestações, também o recebimento da coisa pelo promissário, deve corresponder á entrada dela no domínio de facto do promissário, como sendo dono. É uma concretização dos princípios da justiça comutativa e da proporcionalidade: do ut des; do ut facias. E, adequado á norma do citado artigo 237.

Mas, se na altura da cedência, o promissário ainda não pagou a totalidade do preço, já não corresponderá "ao melhor" equilíbrio das prestações que ele se considere num domínio de facto sobre a coisa como sendo dono, quando o promitente, quanto ao preço (ou parte dele) apenas dispõe dum direito de crédito. Aqui, o maior equilíbrio já será considerar, igualmente, que o senhorio de facto sobre a coisa o é, tão só, á imagem dum direito de crédito sobre ela: o comodato. Ou seja, que o promissário detem a coisa, não a título definitivo (ou perpétuo), mas sim no pressuposto do cumprimento, pelo seu lado, das obrigações de contrato-promessa (nomeadamente, do pagamento das prestações) e da não extinção daquele contrato. E, resolvendo-se o direito de detenção (o comodato), se ocorrer incumprimento definitivo ou se vier a extinguir-se o contrato.

Por sua vez, se nos ditos casos de declaração duvidosa, o critério da apreensão da vontade normativa, é o da prevalência do sentido que conduza ao maior equilíbrio das prestações – então, pela aplicação desse critério, também deve entender-se que *cedida a coisa, na pendência do contrato promessa e em momento em que ainda não está paga a totalidade do preço*, a cedência, normativamente, o é, primeiro, a título de comodato enquanto esse circunstâncialismo se mantem. Mas que passará a cedência, como sendo (de facto) dono, "se e quando", ocorrer o pagamento da totalidade do preço. Sendo, então, tal cedência, nesse enquadramento, uma causa múltipla e sucessiva. Como sucede na compra com reserva de propriedade, até ao pagamento integral do preço, na perspectiva do comprador (vide supra, n.° 193).

Assim, no âmbito dum contrato-promessa, o promissário pode ser possuidor. E possuidor, á imagem de proprietário; ou, de comodatário ou arrendatário. Como será possuidor, se, por haver tradição da coisa, tem direito de retenção (artigos 755, n.° 1, f), 758, 759, n.° 3 e 670, a). Como pode ser um mero detentor, por tolerância do promitente.

Como pode também, mesmo sem ser possuidor, ser titular do direito á execução específica (artigo 830). V. supra, n.° 195.

E ser, ou não, possuidor – depende, tão só, de ter ou não adquirido a posse, na aplicação dos princípios próprios deste instituto. Como antes realçado e especificado.

E, também sendo certo que se o contrato promessa não é causa imediata para o promissário, detentor da coisa, ser considerado, de per si, seu "possuidor": também, idênticamente e pelas mesmas razões, o não é para ser considerado, de per si, "mero detentor".

Pois, tudo depende de considerar-se, *in casu*, se se verificam, ou não, os modos porque, segundo a lei e o normativismo possessório, se adquire ou se perde a posse – segundo as suas regras específicas.

E sendo certo que, se o promissário estiver na detenção da coisa, tem a seu favor a presunção – até prova em contrário – de ser possuidor com animus sibi habendi (Supra n.ºs 88 a 92).

Pelo que se incorrerá no vício da petição de princípio – se se considerar, sem mais, o promissário (detentor) da coisa), mero possuidor em nome alheio e, como tal, exigir-se uma prévia "inversão do título" para que os actos de exercício do direito sejam relevantes como "actos de posse".

E, também, há que realçar que o referido indício de o promissário ter pago, ou não, uma parte considerável do preço – apenas funciona como elemento circunstancial de integração duma "cedência" (tradição/aceitação), quando a mesma é, quanto ao seu alcance, duvidosa ou pouco explícita.

Outra questão é determinar qual o âmbito da relevância de tais posses. Nomeadamente, para o uso de acções possessórias ou de embargos de terceiro (se a posse é ofendida por diligência ordenada judicialmente). A solução depende, então, só da aplicação dos príncipios gerais.

Quanto á relevância das referidas situações possessórias, face a uma sua *ofensa por diligência ordenada judicialmente*, já, supra, no respectivo capítulo dos embargos de terceiro se desenvolveu qual é a relevância do direito de retenção (e da respectiva posse), bem como da posse do comodatário, ou do arrendatário ou da posse á imagem do direito de propriedade (supra, n.ºs 187, 193 e 194).

E, se as ditas posses do promissário são *ofendidas, ou ameaçadas, de esbulho ou turbação por conduta extra judicial de terceiros* – concerteza que o promissário puderá usar de acções possessórias e deverá ser restituido ou mantido enquanto não for convencido na questão da titularidade do direito legitimador do terceiro; nos termos gerais do artigo 1278 do C.Civil e 510, n.º 5, do C.Pr. Civil.

E, se a ofensa, ou ameaça de ofensa, provem de conduta do próprio promitente?

Se a posse do promissário tem por causa o direito de retenção, ou uma situação (não extinta) de comodatário ou de arrendatário, então, na

Negócios hídridos, atípicos e inonimados – Contrato-promessa 483

extensão normativa dos referidos direitos, o comodatário pode defender tais posses, em acção possessória mesmo contra o próprio promitente (artigos 670, a), 1037, n.º 2 e 1.133, n.º 2).

Se a posse do promissário, o é á imagem do direito de propriedade, como sendo dono, e a aquisição da posse teve *por base uma cedência* por vontade daquele (ou seja, não foi adquirida por inversão do título ou por modo unilateral e usurpativo), *também o promissário a pode, em princípio, defender contra o promitente.* Na verdade, é de pressupor que o referido acordo de cedência, ocorrido no âmbito do circunstancialismo básico do contrato promessa, consubstancia vontades negociais,e, como tal, vinculativas. Embora no pressuposto do futuro cumprimento pelo promissário das suas obrigações derivadas do contrato base (o contrato-promessa) e da não extinção futura do mesmo. Assim, *tal cedência consubstanciará um paralelo acordo*, de natureza atípica e obrigacional, *genéricamente admitido pelo artigo 405, e, como tal, vinculativo* (Menezes Cordeiro, A Posse, 2ª, 76; Acs do S.T.J., de 2-11-85, BMJ, 351, 332 e de 2-11-89, Rev.L.J., 128, 3853, 104; e Ac. R.C., de 8-10-83, C.J., VII, T. 5.º, 36). V. supra, 197.

E, assim sendo, embora, num primeiro momento, pareça, que o promitente pode invocar a questão da titularidade do direito de propriedade, e a prevalência deste sobre a posse (artigo 1278), todavia o promissário pode alegar que tal é uma visão insuficiente da situação. Certo que esse direito está limitado pela obrigação vinculativa assumida pelo promitente, no dito acordo paralelo, de permitir o uso da coisa (artigo 406). Bem como, sempre remanesceria o abuso do direito, de venire contra factum proprium (artigo 334). Salvo que o promitente alegue, ainda, que esse acordo se resolveu pelo dito incumprimento das obrigações do promissário, ou por uma extinção ou resolução do contrato de promessa em causa.

199. **Na doutrina e na Jurisprudência** é maioritária a qualificação da situação, em princípio, como possessória, quando a coisa, objecto do contrato promessa, ingressa, por tradição, no domínio empírico do promissário, nos modos antes desenvolvidos.

Assim Menezes Cordeiro (BMJ, 306.º, 27; A Posse, 2ª, 76), Calvão da Silva (Sinal e Contrato Promessa, 112), Vaz Serra (Rev.L.J., 109.º, 347 e 114.º, 20) e Ana Prata (contrato Promessa, 832). E, alguns autores, antes repudiantes, evoluiram no sentido da admissão da posse. Assim, Henrique Mesquita, do repúdio (Direitos Reais, p. 80), passou á admissão genérica (Rev.L.Jr. 125.º, 183, nota 1). E, Pires de Lima e A.Varela (Cód. Civil Anotado, II, 2ª ed., 6 e, o último, Rev.L.Jur., 124.º, p. 348), admitem a posse, em determinadas hipóteses:

484 *Posse e Usucapião*

"Suponha-se, p. ex., que havendo sido já paga a totalidade do preço ou que, não tendo as partes o propósito de realizar o contrato definitivo (a fim de v.g., evitar o pagamento da siza ou precludir o exercício de um direito de preferência), a coisa é entregue ao promitente-comprador **como se sua fosse já.**

...Tais actos não são realizados em nome do promitente vendedor, mas sim **em nome próprio**, com a intenção de exercer sobre a coisa um verdadeiro direito real".

Igualmente na Jurisprudência, a favor da admissibilidade da posse temos os Acs. do S.T.J., por exemplo, de 18-11-82 (BMJ, 321.°, 387); de 4-12-86 (cit. B., 342.°, 347); de 16-5-89 (cit. B., 387.°, 579); de 21-2-91 (cit. B. 404.°, 465); de 19-11-96 (cit. B. 463.°, 457); de 3-3-98 (Vida Jud., 24.°, 1999, 58); de 11-3-99 (cit. B. 485.°, 405.

São, todavia, contra tal admissibilidade, p. ex., os Acs. do S.T.J., de 29-1-80 (cit. B., 293.°, 341); de 23-01-96 (C.Jur., 1996, T. I, 70); e de 6-3-97 (cit. B., 465.°, 570).

Os argumentos que, dum modo geral, se aduzem contra a admisão da posse são, na sua essência, os três seguintes (vide, in citado Ac. do S.T.J. de 23-01-96):

Os promissários sabem melhor do que ninguém, não podem ignorar, que na ocupação não estão a agir como titulares de um direito real, pois a coisa continua a ser propriedade do promitente alienante. Bem como, de acordo com a teoria da causa, do contrato promessa tão só resulta a obrigação de celebrar o contrato prometido. E, por último, os poderes que o promitente-comprador exerce de facto sobre a coisa, sabendo que ela ainda não foi comprada, não são os correspondentes ao direito do proprietário adquirente, mas os correspondentes ao direito de crédito do promitente-adquirente.

Ora, tais argumentos, se tivermos na devida conta a essência do instituto da posse, não são causais da solução (final) de repúdio da posse, e (tal solução) é uma inferência ilógica que vai para além das premissas.

Na verdade, quanto ao primeiro argumento (o saber o promissário que não é dono), também o ladrão o sabe melhor do que ninguém; como o sabe o esbulhador violento, usurpativo e de má fé; ou, o comprador de facto de um bem que esteja consciente de que a forma, legalmente devida, não foi cumprida.

É que, em tema de posse, o saber (ou não) diz respeito a juizos intelectivos que apenas conduzem a um mero atributo (qualificativo) da posse (substância): ser de boa ou de má fé. Já o **animus,** é do foro dos juizos volitivos: da razão que determina o exercício do (mero) senhorio empírico,

Negócios hídridos, atípicos e inonimados – Contrato-promessa 485

e como tal, da conexão estancial e factual do sujeito com a coisa (vide supra, parte geral).

E, quanto ao dito argumento da teoria da causa, não é o contrato promessa, em si e por si, que é fundamento imediato do (eventual) senhorio de facto do promissário sobre a coisa (como supra referido, n.° 198).

A causa desse senhorio, ou está numa inversão do título; ou, num acto unilateral e usurpatório; ou num acordo acrescido e paralelo de tradição/aceitação. E, nomeadamente quanto a este, será pela "sua" interpretação que se determinará o **animus**, normativo e concreto, da consequente relação de senhorio de facto. Mas, sendo certo que se não se lograr tal determinação, então se manterá a presunção do artigo 1251, n.° 2.

Quanto aos poderes de facto que o possuidor exerça, quanto ao **corpus,** apenas se exige que de facto, no respectivo exercício, se "actue" em modo que "corresponda", comparativamente, á actuação empírica equivalente á que pode desenvolver (em exercício de facto) "um" titular do direito real de gozo (artigo 1251): independentemente de, no caso, co-existir, ou não, na realidade jurídica, a verdadeira titularidade do direito. A posse é agnóstica.

E o ser a posse causal (corresponder á titularidade do direito real de gozo, a cuja imagem se possui) ou ser posse formal, em mero tema possessório, nem acrescenta, nem diminui. Vide supra, n.° 70.

Salvo quanto á posse-limitada que pressuponha a existência do direito de crédito ou de garantia sobre a coisa (por exemplo, como no arrendamento, comodato, penhor, etc).

E, *quanto ao último dos referidos três argumentos, também,* nem os poderes, quanto ao eventual senhorio de facto do promissário, que ele exerça sobre a coisa – são "os correspondentes ao direito de crédito do promitente adquirente perante o promitente alienante". Pois estes poderes, são tão só, pelo contrato-promessa, o de obrigacionalmente exigir a celebração do definitivo contrato-prometido.

Os poderes em causa, serão, sim, os que empiricamente exerça o promissário sobre a coisa e que "no seu exercício" sejam correspondentes aos que exerce o titular dum direito de propriedade ou de outro direito real (artigo 1251).

Aliás que os três tipos de argumentos não são essenciais e causais, é revelado implícitamente, embora em contradição intrínsica, pelos seus próprios defensores. Quando admitem, por exemplo, que já possa haver posse se o promissário pagou a totalidade do preço; ou, se só se protela a realização do contrato-definitivo, v.g., para evitar pagar siza ou precludir um direito de preferência.

486   *Posse e Usucapião*

Pois, também nesses casos remanesceria ainda a invocabilidade – embora, para nós, infecunda – dos, antes e por eles, aduzidos e referidos mesmíssimos argumentos! O que, ineludívelmente, também no campo da devida coerência intrínseca aos princípios (que se defendam), demonstra, a final, a falácia, dogmática-sistemática, de tais objecções.

No **Ac. S.T.J. de 21-02-2006**, **Urbano Dias** (C.J. – STJ – XIV, T. I, p. 89) – considerou-se que os *promissários compradores duma Quinta,* adquiriram a posse, com *animus sibi habendi* – quando, tendo havido um acordo (paralelo) ao contrato-promessa em que foi convencionada a tradição da mesma para os promissários, estes nela instalaram uma Estalagem e abriram ruas e sempre a administraram e exploraram, comportando-se como se proprietários fossem. E, segundo o Acórdão, *a causa da aquisição da posse foi a "inversão do título"*, prevista no art. 1263, d). Ora, aplaudindo a decisão de que, no caso, os promissários adquiriram a posse, todavia a "causa", salvo o devido respeito, entendo que foi a da al. b), do cit. art. 1263 (tradição material ou simbólica da coisa, efectuada pelo anterior possuidor). Na verdade, (como referido supra n.° 198), o contrato-promessa, de per si, não é "causa" imediata de criação da posse, nem da detenção. Consequentemente, a "teoria da causa" não se pode reportar ao contrato-promessa, em si – que das (hipotéticas) posse ou detenção, não é causa imediata.

Assim, pois, se o promissário está num senhorio de facto com a coisa não se pode, *a priori*, ter que o aceitar como de mera detenção, em nome alheio, e, como tal exigir-se uma "inversão do título da posse". Seria assumir o vício lógico da petição de princípio.

Ora, no caso do citado Acórdão tendo havido o referido acordo (paralelo) da tradição – a aquisição da posse teve por causa a referida alínea b), do art. 1263. E, se, porventura, da interpretação de tal acordo paralelo não se pudesse concluir que a tradição da coisa o foi para que o *accipiens* passasse, de facto, a usar da coisa, como sendo dono – então, o promissário beneficiaria de presunção (ao desenvolver o referido senhorio de facto) de actuar como possuidor e com *animus sibi habendi* ao abrigo do art. 1252 (V. supra, 86 a 92).

No **Ac. S. T. J., de 12-10-2004**, **Alves Velho** (C.J. – STJ – XII, T. III, 50) – decidiu-se que não há tradição de posse para o promitente comprador, se o <u>promitente vendedor que se assumiu como proprietário</u> do prédio, <u>todavia era mero co-herdeiro</u> da herança a que pertencia tal prédio. E, fundamentando-se em que se a transmissão prometida seria invalida por se tratar de coisa alheia, do mesmo vício há-de padecer também a convenção de tradição. Ora, salvo o devido respeito, por um lado, a aquisição da posse, por tradição, não pressupõe a validade substancial da mesma, e, nomeadamente, porque o *tradens* seja titular do direito (art. 1259; v. supra, 99). E, por outro lado, no caso duma tal tradição efectuada por um co--herdeiro, o que, *rectius*, se verifica é a aquisição "por inversão do título" (art. 1263, d)), no modo de "oposição implícita do detentor" ou de *"usucapio libertatis"* (supra, n.°s 114 e 118).

No Ac. S.T.J., de 23-05-2006, Azevedo Ramos, Silva Salazar e Afonso Correia (C.J. – STJ – Ano XIV, T. II, Abril/Julho/2006, p. 57), considerou-se possuidor, e com posse prescricional, o promitente-comprador, emigrante, que se encontra no gozo dum apartamento que lhe foi entregue pelo promitente vendedor, mostrando-se já paga a totalidade do preço e de que desfruta em vários períodos do ano, estabelecendo aí a sua residência em Portugal, pagando os impostos e o condomínio, e tendo-lhe o apartamento sido entregue pelo promitente vendedor, há cerca de 20 anos, "como se seu fosse já" e sendo nesse espírito que o desfruta.

O acordão do S.T.J., de 17-04-2007, Alves Velho, Moreira Camilo e Urbano Dias (C.J. – Acs. S.T.J. – n.° 200, XV, T II/2007, p. 37 e sgts), decidiu que a eventual posse do promitente– adquirente não emerge do contrato-promessa, alheia que é ao respectivo objecto, mas de um outro acordo negocial e da efectiva entrega do bem – pelo que não, é, assim possível qualificar "dogmaticamente" "como mera posse precária" "ou como verdadeira posse", a detenção exercida pelo promitente comprador. Havendo de ser o acordo de tradição e as circunstâncias relativas ao elemento subjectivo a determinar a qualificação da detenção.

Todavia, o Tribunal entendeu que no caso submetido a recurso não se logrou provar o conteúdo do "acordo de tradição" – "ficando assim por demonstrar que, com a tradição ... se pretendeu mais que constituir um direito pessoal de gozo ...".

E, assim, ocorrendo (mera) detenção em nome doutrem (o promitente--vendedor), exigia-se inversão do título de posse.

Já que – segundo o douto Acórdão – "a presunção admitida no n.° 2 do art. 1252.°, 2, do Cód. Civil não é, neste caso, invocável, pois que não subsiste qualquer dúvida sobre a causa em que assentou, no início, a ocupação do imóvel – a promessa de venda pelo proprietário."

Ora, neste aspecto, todavia, e discordando-se da douta tese do Acórdão, não se vê razão para que o promitente-comprador não goze da presunção do art. 1252, 2, "como qualquer outro detentor". Certo que, como o próprio Acórdão começa por admitir, a causa da posse não é o contrato--promessa – e face a este, tão só, não é, assim, possível qualificar dogmati-

488 *Posse e Usucapião*

camente como mera posse precária ou como verdadeira posse, a detenção exercida pelo promitente comprador.

Mas então, se, por um lado, não é possível precisar o conteúdo concreto e específico do acordo de tradição e se, por outro, pelo contrato promessa, *a se*, não é possível qualificar dogmaticamente como mera posse precária ou como verdadeira posse, a detenção do promitente-comprador – então, – também não se pode assumir (*sob pena de vício lógico da petição de princípio e ainda de contradição intrínseca com princípios antes afirmados*) nem que se pretendeu constituir (apenas) um direito pessoal de gozo e que cabe ao detentor demonstrar que "com a tradição ... se pretendeu mais que constituir um direito pessoal de gozo," quando a tradição é inconclusiva quanto ao seu conteúdo; nem que, então, a presunção admitida no n.º 2 do art. 1252.º, do Cód. Civil "não é, neste caso, invocável, pois que não subsiste qualquer dúvida sobre a causa em que assentou, no inicio, a ocupação do imóvel – a promessa de venda pelo proprietário": quando antes se assumiram como princípios válidos, quer que a ocupação não "emerge" do contrato promessa; quer, que nem é possível qualificar dogmaticamente como "posse precária ou como "verdadeira posse", a detenção do promitente comprador!

Assim, sob pena do referido vício de petição de princípio e sob pena da referida *contraditio in adjectu*, ou seja contradição com princípios antes afirmados – não se vê porque não deva gozar o promitente-comprador com *corpus* possessório da presunção do n.º 2 do art. 1.252.º (de que possui com *animus sibi habendi*) que, como julgado no <u>Assento de 14-05-1996</u> (B.M.J.-457, 1996, p. 55), e pela sua razão de ser, goza qualquer detentor cujo concreto e específico conteúdo duma tradição preexistente não tenha sido apurado.

Como, até, expressamente aludem <u>os arts. 2230 e 1141</u>, respectivamente, dos <u>códigos civis espanhol e italiano</u>. V. supa, 88 a 92.

No caso tratado pelo Acórdão em apreciação – e segundo o que no mesmo se realça, apenas se provou que a promitente vendedora, cerca de 2 meses após a celebração do contrato-promessa entregou as chaves do andar aos promitentes-compradores, autorizando-os a ocupar o prédio, até ao presente, como casa de morada de família. Mas, realça o dito Acórdão, nada alegaram os recorrentes sobre os termos e conteúdo da autorização de ocupação, nada se sabendo sobre o acordo de tradição, nem sobre o *animus* que acompanhou o *corpus* – e seguramente "que se não está em presença de elementos que, como ... designadamente o pagamento de uma parte significativa do preço do bem prometido vender, entrega definitiva, inscrição matricial e pagamento dos decorrentes impostos, aponte para uma posse u*ti dominus*. Nada se mostra, neste contexto, sendo certo que cabia ... demonstrar que a autorização de ocupação se tenha traduzido em mais que um acto destinado a proporcionar um direito pessoal de gozo".

Ou seja, é de concluir que, se se tivessem provado tais indícios, então, já, eventualmente poderia o Tribunal ter admitido a existência da posse.

TÍTULO II
Usucapião

CAPÍTULO I
Usucapião

SECÇÃO I
Pressupostos gerais

200. Segundo o artigo 1287 do Código Civil, a **posse** do direito de propriedade ou de outros direitos reais de gozo, **mantida por certo lapso de tempo, faculta** ao possuidor a **aquisição do direito** a cujo exercício corresponde a sua actuação: é o que se chama usucapião. **Aquisição** (capio), **pelo senhorio de facto** (usu).

Tal artigo, está integrado no capítulo VI, do Titulo I, do Livro III, sobre o direito das coisas: "título" esse cuja epígrafe é "Da Posse". Assim, "a posse", como primeiro pressuposto do usucapião, é, por princípio, a realidade jurídica substantiva tal como já predefinida nos capítulos antecedentes, desse título I. Nomeadamente, no seu corpus e no seu animus (em biunivocidade); nos seus caracteres; no seu modo de aquisição e perda e com as presunções aí estabelecidas.

Os pressupostos imediatos do usucapião, a que se refere o artigo 1287, são três: *"a posse"; "mantida por certo lapso de tempo"* e uma posse *á imagem do "direito de propriedade ou de outros direitos reais"*. Todavia, há que acrescentar um quarto pressuposto do usucapião, resultante do seu conteúdo normativo e da sua razão de ser. Qual seja, o de que *"ao titular do direito que vai ser aniquilado (ou restringido parcialmente) pelo direito originado por usucapião-lhe possa ser imputável a inércia de não ter reivindicado a restituição da coisa ao possuidor"* (**dormientibus non sucurrit jus).** O que não ocorrerá, se o titular do direito não está em condições, de facto ou de direito, de poder agir (actioni non natae non praescribitur).

Na verdade, se o usucapião faculta ao possuidor (não titular do direito) a aquisição do direito, tal importará que o titular do direito (não pos-

492 · *Posse e Usucapião*

suidor) ficará com o seu direito aniquilado (artigo 1313), ou restringido pelo direito menor, adquirido pelo possuidor.

Daí que tenha que haver uma justificação razoável para tal prejuízo do titular do direito; bem como, através do regime do usucapião e da sua razão de ser, se deva aquilatar até onde, razoávelmente, possa ir tal prejuizo.

Ora, desde logo, segundo os artigos 1297 e 1300, n.° 1, a posse oculta não conduz a usucapião. E, a posse é oculta, quando se exerce de modo a não poder ser conhecida pelos interessados (artigo 1262). Ou seja, se a posse não se exerce de modo a poder ser conhecida do titular do direito – tal posse, mantenha o tempo que mantiver, não prejudicará o titular do direito: pois que, e é esta a justificação, não lhe pode ser imputável, então, a inércia de contra ela não reagir. E, o mesmo ocorre se a posse foi obtida com violência, e enquanto a violência se mantiver (artigos 1261, 1297 e 1300, n.° 1).

E, por essa mesma razão se justifica que se suspenda ou interrompa a valência da posse (para efeitos de usucapião) nos mesmos casos (com as necessárias adaptações) em que se suspende ou interrompe a prescrição extintiva (artigos 1292, 318 a 327). Nomeadamente, suspendendo-se durante o tempo em que o titular do direito sobre a coisa estiver impedido de fazer valer esse direito contra o possuidor, por motivo de força maior, no decurso dos últimos três meses do prazo prescricional ou se o titular não tiver exercido o seu direito á restituição da coisa em consequência de dolo do possuidor, no decurso dos últimos três meses (artigo 321). Ou, interrompendo-se a posse prescricional pelo reconhecimento (expresso ou tácito) do direito do terceiro sobre a coisa, efectuado pelo possuidor perante aquele respectivo titular (artigo 325).

Assim, as referidas disposições do regime do usucapião serão entendíveis como afloração do princípio geral de que se não existe uma inércia imputável ao titular do direito não bastará a posse, para o possuidor adquirir o direito e o titular o perder (ou o ver restringido, por um adquirido direito menor).

Nesse caso, não se poderá dizer na perspectiva do titular do direito que ele "dormiu" (dormientibus non sucurrit jus). E, actioni non natae non praescribitur (vide, Hugo Natoli, o. cit., págs. 50, 149, 248, 258 e 302 e Planiol, Ripert e Picard, o. cit., págs. 704 a 706 e 714).

E, também essa solução é razoável face á equiponderação, por um lado, dos interesses do titular do direito, e, por outro, dos interesses do possuidor – pelo menos enquanto que se trata dum primeiro possuidor e a coisa não ingressou no tráfego jurídico.

Pois, neste primeiro campo da posse, enquanto que a coisa possuida

Negócios hídridos, atípicos e inonimados – Contrato-promessa   493

não entrar no tráfego jurídico, os interesses da certeza jurídica, da protecção da boa-fé e da confiança, face ao primeiro possuidor não serão bastantes para justificar que ele, unilateralmente e por tal, adquira o direito e se despreze, na consideração do reverso, face ao titular do direito, que este o perca: se a inércia deste não lhe é imputável.

As razões que estão na base do usucapião, todavia, já poderão ter valor acrescido se o bem entra no tráfego e face a uma segunda posse adquirida (por cedência) por um terceiro de boa-fé. E, aqui, já esse valor acrescido poderá (eventualmente) permitir o sacrifício do titular do direito.

Como é o que acontece na hipótese do artigo 1300, n.º 2 (se o móvel possuido passar a terceiro de boa-fé e tiverem passado quatro anos desde a constituição da "sua posse", se esta for titulada, ou sete, na falta de título). Ou, nas hipóteses abrangidas pelo normativismo dos artigos 291 e 435 do código civil ou do n.º 2 do artigo 17 do código do registo predial.

201. Em princípio, uma vez verificados os referidos quatro pressupostos, o possuidor tem a faculdade de invocar a aquisição, por usucapião, do direito, a cuja imagem possui. Como dizia a velha doutrina do direito comum: ubi habet locum possessio habet locum praescriptio, quia illa est causa hujus (Trobat, Tractatus, p. 24 e 31).

A usucapião já era admitida no direito romano: usucapio est adjectio domini per continuationem possessionis temporis lege (Modestino, 3.D. 41,3).

Ainda que só o direito de propriedade se podia adquirir por usucapião: usufructus usucapi non potest (Papiniano, parágrafo 5-44,D. 41,3).

E, de inicio, a usucapião limitava-se aos cidadãos da Cidade de Roma. E, o direito adquiria-se pelo dominio de facto dos fundos durante dois anos, e de outras coisas durante um ano. Com o estender do Império, e por influência do antigo direito grego, foi introduzida a praescriptio longi temporis (vinte anos).

Usucapião, etimologicamente, significa, precisamente, uma aquisição (capio) pela posse (usu).

SECÇÃO II
Função Social

202. E, como se justifica que só porque se possui, por certo tempo, se adquira o direito e que o titular do direito veja o seu direito aniquilado ou restringido pelo direito menor assim adquirido?

Os jusnaturalistas encontravam o fundamento do usucapião, ainda, na vontade do titular do direito: ocorreria um presumido abandono da coisa pelo titular do direito. Assim, Wolf (Jus Naturae, cap. VII, parte 3ª): Dominii adquisitio ex derelectione rei presunta dicitur usucapio.

A justificação mais comum e coerente da introdução do usucapião, é uma razão de interesse público. Já Gaio dizia **"bono publico usucapio introducta est."** (1.D.41,3).

E tal interesse público está em assegurar, no tráfego das coisas, quer a certeza da existência dos direitos reais de gozo sobre elas e de quem é o seu titular, quer em proteger o valor da publicidade/confiança que nesse tráfego lhe é aduzido pela posse, quer em fornecer, através do usucapião, um meio de prova seguro, de fácil utilização e consentâneo com a confiança, quanto á existência do direito e á sua titularidade.

Na verdade, uma incerteza sobre a existência dos direitos reais de gozo sobre as coisas, e da sua titularidade, naturalmente, levaria um potencial comprador a retrair-se. E, uma dúvida de tal género, multiplicada pelo número de todos os possíveis aspirantes a compradores, traduzir-se-ia num notável freio á circulação de bens e, como tal, á expansão da produção e ao desenvolvimento económico (Francesco Galgano, o. cit., p. 157). E, também o mero meio duma prova derivada, conduziria a que não bastasse que se provasse que se adquirira dum anterior titular. Porque quanto a este o mesmo se deveria provar... E, assim, sucessivamente, se deveria retroceder a séculos e séculos atrás (a chamada prova diabólica).

E, assim, por tais razões de interesse público é introduzido o usucapião, como meio de aquisição do direito de propriedade ou de outros direitos reais de gozo, a cuja imagem se possui.

E, consequentemente, a posse, por certo tempo defenido na lei, consubstanciará esse meio de prova adequado e que, também, satisfaz a publicidade-confiança que lhe é agregada. E, por outro, o interesse do titular do direito só será sacrificado, com ponderada razoabilidade, se, cumulativamente, a inércia na não reivindicação da coisa lhe é imputável: **dormientibus non sucurrit jus.**

O usucapião, pois, não visa satisfazer um interesse individual do possuidor, mas o dito interesse público. E, o seu campo de aplicação, em principio, só se justificaria, pois, se preexistisse tráfico da coisa, e, portanto, face ao possuidor derivado. Já não face ao possuidor originário, unilateral e usurpatório (como o ladrão). Todavia, por efeito reflexo ou irradiante da categoria criada – acaba, também, indirectamente, por beneficiar individualmente o primeiro possuidor.

Embora, em contrapartida, se preexiste tráfico, e face a um segundo possuidor, derivado, o prato da balança se possa inclinar mais na protecção da boa-fé deste e possa sair prejudicado o interesse do titular do direito apezar de não lhe ser imputável a inércia. Como ocorre no âmbito de aplicação dos já referidos artigos 1300, n.º 2, 291 e 435 do Cód. Civil e 17, n.º 2 do Cód. de Registo Predial.

CAPÍTULO II
Extensão do Usucapião

SECÇÃO I
Princípios gerais

203. Conforme referido (n.º 200), *são quatro os pressupostos do usucapião*: A posse; com a antiguidade estabelecida por lei; uma posse á imagem do direito de propriedade ou de outros direitos reais de gozo; e, uma inércia do titular do direito quanto á não reivindicação da coisa que lhe seja imputável.

Pelo que se esses pressupostos se verificam, sem mais, deve, ocorrer usucapião. Se não se verificam, não poderá ocorrer.

Todavia, esse quadro de princípio, por um lado, é restringido e, por outro, é alargado.

Assim, quanto ao primeiro aspecto restritivo *não podem adquirir-se por usucapião: as servidões prediais não aparentes, nem os direitos de uso e habitação* (artigos 1293, 1548 e 1484).

E, todavia, as servidões prediais não aparentes podem ser objecto de posse e, até, de defesa possessória (artigo 1280); bem como, podem exercer--se de modo público, ou seja de modo a poderem ser conhecidas pelo titular do prédio serviente (artigo 1262): nomeadamente, se se fundam em título provindo do proprietário serviente. A razão da exclusão legislativa quanto ás ditas servidões estará numa protecção, e fomentadora, das relações de boa vizinhança. A exclusão dos direitos de uso e habitação, é uma determinação legislativa: mas cuja fundamentação é difícil de encontrar.

Quanto ao alargamento do usucapião, este *estende-se aos direitos de propriedade industrial* (artigo 1303, n.º 2), *mas não aos direitos de autor* (por força do artigo 55, do Dec.L. 63/85, de 14 de Março). E, conforme a esses domínios se estenda a posse (e supra, n.º 43, se desenvolveu).

Também, se *estende ás quotas ou partes do capital social de sociedades comerciais, ou civis sob forma comercial*, no âmbito em que são passíveis de posse (arts. 94 e 82, n.º 2, do Cód. do Notariado; e, conforme supra, n.º 43, se desenvolveu).

Igualmente, o usucapião *se pode estender ás coisas pertencentes ao Estado ou a quaisquer outras pessoas colectivas públicas (artigo 1304)*.

Havendo, todavia, que distinguir se se trata de (coisas) do domínio privado ou do domínio público. Ou, ainda, de coisas do Estado que, embora não públicas, pertencem ao "domínio privado indisponível", como os prédios expropriados na reforma agrária (Lei 77/77, de 29 de Setembro, art. 40).

Quanto ás *coisas do domínio privado* não só as Pessoas Colectivas Públicas podem exercer posse sobre elas e beneficiar de usucapião, apesar de pertencerem a privados, como, ao contrário, sobre as coisas do domínio privado dessas Pessoas também os particulares podem exercer posse e beneficiar de usucapião.

Tão só, no último caso, se a coisa é do domínio privado do Estado, os prazos da antiguidade da posse serão acrescidos de 50%, de acordo com o artigo 1.º da Lei 54, de 16-7-1913: "as prescrições contra a Fazenda Nacional só se completam desde que, além dos prazos actualmente em vigor, tenha decorrido mais metade dos mesmos prazos". Disposição esta mantida em vigor pelo artigo 1304. Se bem que, quer de razoabilidade discutível, quer de constitucionalidade duvidosa, face ao princípio da igualdade.

Quanto ás coisas do *dominio privado do Estado,* mas legalmente indisponível, não são objecto de posse pelos particulares, nem é possível o usucapião, visto serem coisas fora do comércio (artigo 202).

Quanto ao *domínio público*, nada obsta a que coisas do domínio privado sejam, nos termos gerais, apossadas á imagem da propriedade pública e, por usucapião, seja, consequentemente, invocável a aquisição do domínio público (supra, n.ºs 49, 54 a 56). E, além dos princípios gerais, assumindo, neste campo, uma particular eficácia quer a integração por "dicatio ad patriam" (supra, n.º 57), quer a "posse imemorial" (supra, n.ºs 59 e sgts).

Já quanto à posse e usucapião, por e a benefício de particulares, sobre coisas do domínio público, por si e por princípio, não são legalmente possíveis, dado o artigo 202 do código civil.

Todavia, quanto ao domínio público artificial, a inalienabilidade, o estar fora do comércio, é uma consequência da "afectação da coisa á utilidade pública", através da conduta da administração.

Mas, assim como tal afectação não tem que ser necessariamente realizada por um acto formal e solene (**publicatio**), podendo ser tácita, também a "desafectação" pode resultar, igualmente, dum acto tácito, remissível á interpretação dos factos. E, se o bem é desafectado, então, ele ingressará no domínio privado e, nesta sua qualificação, já é passível de posse e usucapião (supra, n.º 48).

Extensão do Usucapião 499

Então, põe-se a questão de se concluir, se face a certa coisa de que se apoderou um particular, fazendo-a ingressar no seu domínio de facto, e que assim se mantém durante longos anos, perante essa situação se poderá deduzir na perspectiva da Administração uma desafectação tácita do dominio público artificial (E. Garcia de Enterria, Dos Estudios sobre la Usucapion, 3ª ed., Civitas, 1998).

E, se se concluir pela desafectação, então não haverá qualquer obstáculo à posse e usucapião. Pois que, então, a coisa, como tal, já pertencerá ao domínio privado da Pessoa Colectiva.

E, se a posse é imemorial ou centenária (supra, n.ºs 60 e 61), então, a inércia da Administração, e a não reclamação dos cidadãos, não serão indíces despiciendos como concludentes duma desafectação tácita.

A exclusão da posse e do usucapião por particulares sobre coisas integrantes do domínio público, é no direito português, de per si e imediatamente, clara: face ao artigo 202.

Não é, todavia, questão pacífica na Doutrina e Direito comparado.

No direito romano, a *vetusta* ou posse imemorial teve como função estender a posse e o usucapião precisamente ás coisas do domínio público; bem como, o seu desenvolvimento, no direito comum, na "posse centenária" (Supra, n.ºs 60 e 61).

No direito inglês, a posse e o usucapião de coisas do domínio público são possíveis, com um prazo alargado de 60 anos.

E, o citado autor Garcia de Enterria, defende também que, pelo menos lege ferenda, essa extensão deveria fazer-se, ainda que com adopção de prazos mais longos.

Quanto a *baldios,* podem as coisas do domínio privado ingressar nessa categoria por posse a essa imagem e consequente usucapião.

Já, ao contrário, os terrenos baldios não são passíveis de posse ou usucapião a favor da propriedade privada (supra, n.º 51).

A **compropriedade,** a **comunhão hereditária**, e a **propriedade horizontal** também são passíveis de posse e usucapião.

Desde logo, a compropriedade e a propriedade horizontal vêm reguladas nos capítulos V e VI, do Título II (do Livro III), do Código Civil, cuja epígrafe é "Do direito de propriedade". E no capítulo II, da aquisição da propriedade, o artigo 1316 determina que "o direito de propriedade adquire-se ... por usucapião". E, até, específicamente, em afloração desse princípio, o artigo 1291 se refere á aquisição da compropriedade por usucapião e, igualmente, o artigo 1417 á "constituição" por usucapião da propriedade horizontal.

E, sendo certo que já por princípio do instituto da posse, esta é o poder que se manifesta quando alguém actua por forma correspondente ao exercício "do direito de propriedade" ou "de outro direito real" (artigo 1251). E, por principio do instituto do usucapião, a posse do direito de propriedade ou de outros direitos reais de gozo mantida por certo lapso de tempo, faculta ao possuidor, a aquisição do direito (artigo 1287).

O que está, também, de acordo com a razão de ser quer da posse, quer do usucapião. (Vide supra n.ºs 26 e 202).

Ou seja, *ubi habet locum possessio habet locum praescriptio, quia illa est causa hujus* (Trobat, Tractatus, p. 24 e 31): *usucapio est adjectio domini per continutionem temporis lege* (Modestino, 3.D. 41,3).

Por sua vez a posse é agnóstica: *possideo, quia possideo*. Ainda que não se tenha o direito, nem se tenha título e até contra um título do terceiro.

Existe posse, porque o titular se "apodera" da coisa: se senta, como dono (potis sedere). Porque da situação de senhorio de facto, se "intende" (Orlando de Carvalho) essa relação jurídica: "se bem que não a relação jurídica verdadeira, se não aquela que aparece e se estima como situação de direito" (Ennecerus-Kipp-Wolff).

E mesmo que a posse seja derivada, basta para se adquirir posse a cedência-tradição, como mero acto de vontade. Isto é, mesmo que esse "mero acto de vontade" se consubstancie num negócio jurídico, abstractamente idóneo á transmissão do domínio, não só a eventual nulidade substantiva dele não macula a posse, como até a beneficiará como posse titulada (art. 1259).

E a aquisição por usucapião é originária. A sua fonte, a sua génese é a posse. É esta que faz gerar o direito: com título, sem título ou, até, contra um título de terceiro. E não só a eventual nulidade substantiva do título negocial (em que se integre a cedência) não macula a posse prescricional, como até a pode beneficiar, se o título está registado (artigos 1294 e 1298).

Assim, nada obsta a que se constitua a propriedade horizontal na base duma posse de um edíficio, á imagem desse direito. E, o título, lato senso, do então direito adquirido, ou seja da "constituição" da propriedade horizontal, será a respectiva posse: tanto prescrito, quanto possuido. E será a respectiva posse que especificará as respectivas fracções (e seus elementos componentes) e as partes comuns: como título, lato senso, gerador da aquisição por usucapião dos respectivos direitos.

Aliás, o citado artigo 1417 expressamente refere "a constituição" da propriedade horizontal. E, não apenas a mera aquisição da titularidade de direitos (duma propriedade horizontal já antes constituida).

E, consequentemente, face a uma propriedade horizontal já antes constituida, também nada obsta, por exemplo, a que por extensão da posse

Extensão do Usucapião

a um terreno de terceiro, como sendo parte comum, se adquira por usucapião o condomínio desse terreno como parte comum do edificio. E, o mesmo se dizendo face a uma extensão da posse, como sendo parte comum, a uma fracção dum condómino (ou a parte dos seus elementos componentes). Bem como, ao invés, nada obsta a que uma parte comum passe a ser possuida por um condómino como sendo fracção própria; desde que haja inversão do título da posse ou usucapio libertatis (vide supra, n.° 118). Pois, onde cabe o mais (constituir, de raiz), caberá o menos (estender ou modificar, o já constituido). Bem como, estender ou modificar ainda é "constituir". E, também, as razões justificativas da assunção daquela solução, são igualmente presentes e justificativas nas duas outras hipóteses (estender ou modificar).

O único limite está tão só no âmbito do objecto essencial da propriedade horizontal, definido no artigo 1415 do Código Civil.

Certo que não se pode possuir á imagem dum direito que não tenha cabimento na categoria legal; como, também, não é concebível a aquisição dum direito fora dos elementos essenciais da categoria legal.

Já, por sua vez, a falta de licenciamento administrativo será indiferente no campo do direito civil e quanto á existência duma posse (agnóstica) e á aquisição por usucapião do correspondente "direito de propriedade", a cuja imagem se possui.

Também quem se apodere dum terreno e nele construa um edifício, se tem posse mantida pelo tempo necessário adquirirá o direito de propriedade sobre o imóvel urbano, apesar de ausência de licenciamento administrativo.

A falta de licenciamento não interfere, no domínio do direito civil, com a existência da posse e a aquisição por usucapião do direito de propriedade. Essa falta será mera questão da posterior e autónoma relação administrativa, entre o particular, todavia "possuidor e proprietário", e a Administração. Vide infra, n.° 216.

Pois, a posse é agnóstica e a aquisição do direito, com base nela, é originária, tendo tão só a posse por causa genética ou geradora. E a posse, é posse boa para usucapião mesmo sem título, ou com título substancialmente nulo (artigos 1259 e 1296). Isto é, a nulidade (substancial ou formal) do título, ou até a falta de título, não maculam a posse, como posse boa para usucapião: apenas podem interferir com o tempo exigivel para a posse ser posse prescricional. E neste campo, nem sequer maculando a posse. Mas até, e ao invés, melhorando-a se o título está registado (artigos 1294 e 1298). Possideo, quia possideo: ubi habet locum possessio habet locum praescriptio, quia illa est causa hujus. Dadas as razões de ser quer

502   *Posse e Usucapião*

da posse, quer do usucapião. Usucapião, quer dizer: aquisição (capio), pelo apoderamento possessório (usu).

Já, se a parte invoca como causa do seu direito um título negocial, aí tal título poderá ser nulo se infringe a alínea a), do n.º 2, do artigo 1418 (vide Assento, do S.T.J., de 10-05-89).

Mas se invoca a posse e o usucapião, a questão tem território e sede própria e, aqui, a solução já será a referida.

Segundo o art. 1419.º do C. Civil, sem prejuízo do disposto no art. 1422-A, o título constitutivo da propriedade horizontal pode ser modificado por escritura pública, havendo acordo de todos os condóminos.

Daqui infere **Aragão Seia** (Propriedade horizontal, 17) que a posse e usucapião não são relevantes para alargar – ou, no reverso, restringir – partes comuns, fracções autónomas ou partes destas. E, no mesmo sentido **Ac. S.T.J., Revista 443/06.2, de 14-09-06.**

Todavia, desde logo o objecto do art. 1419 é, a "modificação do título constitutivo". E, no caso de usucapião, não existe, *rectius*, modificação desse "título" – o que sucede é que, mantendo-se aquele título, acresce uma modificação da propriedade horizontal por usucapião. Ou seja, a propriedade horizontal, *in casu*, passará a ter o seu objecto definido pelo título (negociado) e pela usucapião (adquirida). Por sua vez, não existe qualquer motivo razoável para que as categorias jurídicas da posse e usucapião, acolhidas pelo Código Civil, como categorias jurídicas válidas, sejam afastadas e sejam irrelevantes no campo do desenvolvimento do "direito real do gozo" que é a propriedade horizontal. E sendo certo, aliás, que a razão de ser das ditas categorias jurídicas não é sequer, de modo imediato e causal, o interesse privado do possuidor, mas sim razões de interesse e ordem pública.

Comparemos as seguintes hipóteses. Num primeiro caso, A. proprietário dum prédio urbano, constituído por edifício e um logradouro de cerca de 100 m2, estende a sua posse a um terreno dum vizinho e aumenta o logradouro em 300 m2. Num segundo caso, os condóminos do Edifício B., também constituído por um edifício e um logradouro de cerca de 100 m2, segundo o título constitutivo, estendem a sua posse a um terreno dum vizinho e aumentam o logradouro em 300 m2. Então, questiona-se – porque é que o proprietário A. poderá invocar posse e usucapião, se preenchidos os respectivos requisitos, para alargar o referido logradouro, como objecto do seu direito de propriedade, e já o mesmo não poderão fazer os referidos condóminos do Edifício B?

E, a norma do art. 1419 tem por objecto a modificação do "titulo constitutivo" que tenha por base a autonomia negocial da vontade dos

Extensão do Usucapião 503

condóminos, exigindo que tal vontade negocial seja de todos e exarada em escritura pública. Mas não abrange a relevância da posse e usucapião para alargar – ou, no reverso, restringir – partes comuns, fracções autónomas ou partes destas. Nem diz que o regime da propriedade horizontal, instituída pelo título constitutivo – que até pode ser a usucapião – "só" pode ser alterado por escritura pública e com o acordo de todos os sócios.

Por último, se o legislador tivesse querido excluir o usucapião como causa de adquirir direitos na propriedade horizontal constituída seria curial que o tivesse expressado no art. 1293, onde elencou, precisamente, as exclusões que quis, acrescentando-lhe mais uma alínea. Bem como, se imporia que o art. 1419.º, então se expressasse, dizendo que "o título constitutivo ... só pode ser modificado ...".

Assim, nem da letra da lei, nem do seu espírito, nem da unidade do sistema jurídico, nem de considerações de razoabilidade legislativa (art. 9.º) se deve inferir que o art. 1419.º estabelece uma exclusão da posse e usucapião como fonte de direitos em modificação de propriedade horizontal constituída.

O Ac. R.G., de 21-06-2006, Silva Rato, (S. Jur., TLV, n.º 307, Julho/ /Setembro/2006, p. 548), admitiu que "nada impede" a aquisição por usucapião, numa propriedade horizontal, de servidões de passagem de cada uma das fracções, onerando outras, para atingir a via pública, e em modificação do título.

Igualmente, no sentido da relevância da posse e usucapião, sem limitação apenas á constituição da propriedade horizontal, **Moitinho de Almeida**, Propried. Horizontal, 2ª ed., 56 e **Abílio Neto** (Man. da Propriedade Horizontal, 3ª ed., p. 115).

E, o **Ac. R. C., de 09-05-2006, de Cura Mariano, Cardoso Albuquerque e Garcia Calejo** (C.J., 191, Ano XXXI, T. III, Maio/Julho/2006, p. 11), identicamente, defende que é possível a aquisição por usucapião de parte de uma fracção autónoma (á custa de outra), de prédio em propriedade horizontal, apezar da sua procedência implicar modificação do título constitutivo (fora dos condicionalismos exigidos pelo art. 1419.º), "desde que podendo a propriedade horizontal ser constituída por usucapião (1417.º, 1, do C. C.) nada obsta a que possa ser modificada por usucapião".

SECÇÃO II
Desenvolvimento dos Pressupostos gerais

SUBSECÇÃO I
"Posse mantida"

204. *A posse,* é o primeiro pressuposto do usucapião (artigo 1287). E "a posse", é a realidade jurídica substantiva predefenida nos capítulos I a III, do mesmo título (da posse) em que, na sistemática do código civil, se insere o capítulo VI, do usucapião.

A posse, pois, mesmo para efeitos de usucapião, em princípio, e salvo restrições ou extensões legais, subsequentes, existe ou não – conforme nos artigos 1251 a 1267 se define no seu corpus e animus (em biunivocidade, na sua aquisição e perda, nos seus elementos qualificativos e com as suas presunções). E, se "existe", e como aí se define, tanto bastará para estar preenchido o primeiro pressuposto do usucapião.

Neste sentido, e atendendo tão só a este primeiro pressuposto – ubi habet locum possessio habet locum praespriptio (Trobat).

Assim, o usucapião aproveita, em termos de *capacidade de gozo*, a todos os que podem adquirir o direito a cuja imagem se possui (artigos 67, 160 e 1289, n.° 1). Em termos de *capacidade de exercício*, é relevante a posse exercida pelos que têm uso da razão (artigos 1266 e 1289, n.° 2). E, naturalmente, a exercida por intermédio das pessoas que legalmente os representem, quer os representados tenham ou não o uso da razão (artigos 1252, n.° 1 e 1289, n.° 2. Vide supra, n.°s 74, 75, 76 e 77).

E, se não existe posse – não pode haver usucapião.

Assim, *os detentores ou possuidores precários*, não sendo possuidores em nome próprio (artigo 1253), ainda que possam possuir em nome de outrem (possuidor mediato ou indirecto) não podem adquirir por usucapião esse direito que possuiem em nome alheio (artigo 1290): "esse direito" quem o pode adquirir é o terceiro que por intermédio deles é possuidor, mediato ou indirecto (artigo 1252, n.° 1). Vide, Supra, n.°s 72 e 73.

É o que sucede com o arrendatário, relativamente ao direito de propriedade; ou, com o usufrutuário, relativamente á nua propriedade. Salvo que tenha ocorrido inversão do título da posse, e a partir daí (artigo 1290): porque então o detentor passou a possuidor. O usufrutuário, por exemplo, o que pode adquirir é o direito de usufruto, porque na posse, á imagem desse direito – ele é possuidor imediato e em nome próprio. Situação que

Extensão do Usucapião 505

seria similar quanto ao arrendatário, só que o arrendamento não lhe concede um direito real (artigo 1287): salvo para quem tal defenda.

Também a posse tem por objecto coisas *corpóreas e singulares*. Assim, não se podem adquirir por usucapião direitos sobre universalidades de facto (um rebanho), ou de direito (herança, estabelecimento comercial). Nem pela detenção dum direito, ou dum estatuto jurídico, se pode adquirir por usucapião o respectivo direito (por exemplo, ser-se "credor", "herdeiro" ou "gerente"). (Vide supra, n.ºs 40 a 47). Embora, por extensão legislativa possam ser objecto de posse e de usucapião da propriedade industrial as coisas incorpóreas objecto desse direito; bem como as quotas ou partes do capital social de sociedades comerciais, ou civis sob forma comercial (supra, n.º 43).

Mas, se existe posse, conforme predefinida nos artigos 1251 a 1267, *ela é boa para usucapião;* ou seja, é posse prescricional (na perspectiva do primeiro pressuposto) – *salvo que a lei a exclua* pelas suas específicas características (como sucede quanto à posse oculta ou violenta, dentro do âmbito dos artigos 1297 e 1300).

Óbviamente que se a posse se perdeu (artigo 1267), antes de completar o prazo de antiguidade definido por lei para conduzir a usucapião (segundo pressuposto) – tal posse deixa de ser boa para usucapião: cessada a causa, cessa o efeito. Se nova posse surgir, só esta será relevante e só a partir do seu início se contará o tempo de posse.

Assim, é posse prescricional tanto a *posse efectiva como a jurídica* (supra n.ºs 69 a 185); como, *a posse causal ou formal* (supra, n.º 70); ou a *directa ou imediata, como a indirecta ou mediata* (supra, n.º 71).

É claro que a *posse relevante* é a que exista na extensão (biunívoca) do *seu corpus e do seu animus*. Por exemplo, se A. apenas passa por terreno alheio para atingir a via pública, ou por esse terreno conduz águas – a posse, em biunivocidade de corpus e animus, é tão só á imagem dum direito de servidão: pelo que, então, tão só esse direito se pode adquirir por usucapião (artigo 1287). Sobre a extensão do corpus e do animus, vide supra n.ºs 77 a 87 e 90.

Há também, que atender ás *presunções*, nomeadamente dos artigos 1252, n.º 2 (vide supra, n.º 88), 1254, 1257, n.º 2 e 1260, n.º 2.

Posse prescricional, é, também, tanto a *posse efectiva, como a posse que se mantem* (porque exista a possibilidade de a continuar, artigo 1257). Conforme supra, n.ºs 139 e 140, se desenvolveu. Aliás, o primeiro pressuposto do usucapião é, expressamente, o da existência duma "posse mantida" (por certo lapso de tempo). E, posse mantida, e por certo lapso de tempo, é, no normativismo dogmático e sistemático do respectivo Título I

506   *Posse e Usucapião*

(Da Posse), em que se insere o capítulo do usucapião, segundo o artigo 1257, n.º 1, uma posse que se adquiriu e a que não sobreveio uma causa de extinção (Menezes Cordeiro, Dir. Reais, 475).

SUBSECÇÃO II
Posse, à imagem do direito de propriedade ou de outros direitos reais de gozo

205. A posse, como senhorio de facto, relevante, tem que o ser á imagem do exercício dum direito duradouro sobre uma coisa, corpórea e singular (na biuniovocidade dum certo corpus e animus).

Todavia, a posse só é meio de aquisição do direito a cuja imagem esse domínio se exerce, em princípio, quanto ao direito de propriedade ou de outros direitos reais do gozo. Salvo as restrições ou extensões estabelecidas na lei.

Quanto ás restrições, são excluidas as servidões não aparentes e os direitos de uso e habitação (artigo 1293).

Quanto à extensão, são susceptíveis de aquisição por usucapião, também, os direitos referidos supra no n.º 203. Ou seja, os direitos de propriedade industrial, (não os direitos de autor), a titularidade de quotas ou partes do capital social de sociedades comerciais, ou civis sob forma comercial, o domínio público, o domínio de baldios.

Quanto aos direitos reais de gozo, podem adquirir-se, genéricamente todos (o que vem a ser reiterado quanto á propriedade horizontal, artigo 1417, n.º 1; ao usufruto, artigo 1440; á compropriedade, artigo 1291; ao direito de superfície, artigo 1528.º; ás servidões prediais, artigo 1547, n.º 1).

E, pelo dito princípio, são excluidos da aquisição por usucapião os direitos de crédito sobre coisas, ainda que duradouros (por exemplo, locação; salvo para quem defenda a sua natureza de direito real).

Bem como, são excluidos os direitos reais de garantia (por exemplo, penhor ou hipoteca).

E, também estão excluidos os direitos reais de aquisição (como, direito de preferência ou de execução específica). Estes, nem são direitos reais de gozo, nem (na sua essência) consubstanciam um domínio de facto, como, também, se esgotam ao serem exercitados.

SUBSECÇÃO III
Imputabilidade da inércia ao titular do direito
que se aniquila ou restringe

206. Conforme se defendeu supra (n.°s 200 e 201), são pressupostos do usucapião para além duma "posse mantida", á imagem do direito de propriedade ou de outros direitos reais de gozo e por certo lapso de tempo – que a inércia do titular do direito que se se aniquila (ou restringe) com a invocação do usucapião lhe seja também imputável.

Ora, essa imputabilidade da inércia, desde logo, naturalmente não ocorre se a **posse** é constituida com **violência** ou tomada **ocultamente**, se não a partir do momento em que cesse a violência ou a posse se torne pública (artigos 1297 e 1300).

Determinar-se quando a posse é violenta (artigo 1261, n.° 2), ou é oculta (artigo 1262), ou, se esses caracteres são iniciais ou podem ser supervenientes ou se são caracteres absolutos ou relativos – em princípio, são temas exornantes do regime predefinido pelo legislador nos anteriores capítulos sobre a posse, e que o capítulo VI, do usucapião, absorve. Daí que se remeta para os desenvolvimentos constantes supra nos n.°s 143 e 144.

De específico do instituto do usucapião, temos a positiva afirmação da norma do artigo 1297 de que a posse começará a contar para efeitos de usucapião desde que cesse a violência ou a posse se torne pública (aliás similarmente ao artigo 1282, para efeitos de caducidade das acções possessórias).

Bem como, para efeitos de usucapião nos móveis, também temos de específico a norma do *artigo 1300, n.° 2*.

Segundo este preceito, se a coisa possuida "passar a terceiro" "de boa-fé" antes da cessação da violência ou da publicidade da posse, pode o interessado adquirir direitos sobre ela passados quatro anos desde "a constituição da sua posse", se esta for titulada, ou sete, na falta de título. Pretende-se proteger a boa-fé e confiança no tráfego, sobrepondo-as aos interesses do titular do direito.

O citado preceito pressupõe uma posse derivada do terceiro, não se aplicando a uma posse originária, unilateral e usurpatória ou obtida por inversão do titulo da posse. O terceiro tem que ter uma posse de boa-fé, á luz do artigo 1260 (vide supra, n.° 142).

E, nomeadamente não estará de boa-fé se conhecia ao cederem-lhe a posse que a posse do causante estava sob violência; ou, se ele mesmo passou a comparticipar nessa violência contra o titular do direito ou se usou

508 *Posse e Usucapião*

de violência contra o cedente (artigo 1260, n.º 3). Quanto à característica da posse do cedente ser oculta, o terceiro beneficia da protecção do disposto no n.º 2 do artigo 1300, mesmo que a "sua posse" continue a ser oculta: e, igualmente, quanto á continuação da violência, se está de boa-fé, ou seja se a não conhece (no momento da aquisição), nem nela participa e "a sua posse" é, por sua vez, não violenta (vide, Pires de Lima e A.Varela, anot. ao citado artigo).

Pois, doutro modo, tal preceito não teria interesse, nem campo de aplicação. Já que se a posse do terceiro for pública, e de boa-fé, então ele poderá invocar o usucapião passados apenas três anos desde a sua constituição, se for titulada, ou apenas seis, na falta de título (artigo 1299).

Se o direito em causa sobre a coisa móvel estiver sujeito a registo há que conciliar o disposto no artigo 1298 com o artigo 1300. Assim, se existe título de aquisição, registo deste e boa-fé, todavia, se a posse estava sob violência ou era (e permanece oculta) só é invocável o usucapião passados quatro anos desde a constituição da posse do terceiro. Não havendo registo, e quer haja título ou não, se o terceiro estava de boa-fé ao constituir a sua posse, o usucapião só é invocável passados dez anos sobre a constituição: se o terceiro estava de má-fé, só passados dez anos a contar da cessação da violência ou o do momento a que a sua posse passou a ser pública.

Por último, o terceiro de boa-fé para beneficiar da protecção do n.º 2 do artigo 1300, só pode invocar "a sua posse". Ou seja, o terceiro possuidor não pode invocar a acessão na posse do cedente (artigo 1256). Bem como, o preceito não se aplica no caso de sucessão (artigo 1255), visto que, aqui, não há que proteger a boa fé e confiança "no tráfico jurídico", nem a coisa "passou a terceiro", apenas, o herdeiro "continua" a posse (sob violência ou oculta) do de cujus.

207. Dado o artigo 1292, são aplicáveis ao usucapião, com as necessárias adaptações, as disposições relativas à *suspensão e interrupção* da prescrição extintiva.

Assim, **suspende-se**, não contando para efeitos de usucapião, o lapso de tempo entretanto decorrido, da posse que se enquadre, na relação com o titular do direito, nos casos (com as necessárias adaptações) referidos nos artigos 318 a 322. Assim, nomeadamente, e nos requesitos específicos nesses artigos definidos: entre cônjuges; no exercício do poder paternal, tutela e curatela; na administração de bens por outrem, por força da lei ou por determinação judicial ou de terceiro; entre as pessoas colectivas e os respectivos administradores; enquanto o possuidor for usufrutuário dos bens

Extensão do Usucapião 509

(salvo inversão do título da posse); contra militares em serviço (ou pessoas adstrictas, por motivo de serviço às forças militares), durante o tempo de guerra ou mobilização; contra menores, interditos ou inabilitados; contra a herança. E, aqui, há que realçar que também se suspende o tempo da posse, em que o titular do direito sobre a coisa possuida estiver impedido de fazer valer o seu direito, por motivo de força maior, no decurso dos últimos três meses do prazo ou se, mutatis mutandis, o titular do direito não o tiver exercico em consequência de dolo do possuidor (artigo 321).

E, o lapso do tempo da posse **interrompe-se,** ou seja não conta o tempo decorrido anteriormente e começa a correr novo prazo a partir do acto interruptivo (sem prejuízo do disposto nos n.°s 1 e 3 do artigo 327), se a posse se enquadra, na relação com o titular do direito sobre a coisa, nos casos interruptivos, com as necessárias adaptações, dos artigos 323 a 325. E, assim, e nas condições específicas referidas em tais artigos, a posse prescricional interrompe-se com a citação ou notificação judicial de qualquer acto que exprima, directa ou indirectamente, a intenção de o titular do direito o exercer; ou, por qualquer outro meio judicial pelo qual se dê conhecimento do acto ao possuidor; ou, com o compromisso arbitral. Devendo realçar-se que a posse prescricional é, também, interrompida pelo reconhecimento (expresso ou tácito, e neste caso inequívoco) do direito, efectuado pelo possuidor perante o respectivo titular (artigo 325).

Para efeitos do artigo 325, o reconhecimento em causa é um reconhecimento positivo do direito de domínio de quem o alega; não bastando o reconhecimento da falta de direito do possuidor ou o reconhecimento de que o direito pertence a um terceiro (Lacruz Berdejo, o. cit., p. 206).

O reconhecimento tácito tem que ser "inequívoco", não bastando que "com toda a probabilidade" se infira (artigo 217).

E, o reconhecimento tácito também, caso a caso, só é relevante desde que "se possa considerar o reconhecimento como feito *perante o credor*" (Pires Lima e A.Varela, anot. ao artigo 325).

Para o reconhecimento eficaz, o possuidor tem que ter capacidade de exercício de direitos, não bastando a capacidade menor para ser-se possuidor (artigo 1266), (cit. Lacruz Berdejo).

Paralelamente, á questão do reconhecimento do direito, nos pressupostos do artigo 325.°, e interruptivo do decurso do prazo prescricional, levanta-se a questão duma perda do animus de se possuir como sendo dono e de então se deixar de ser "possuidor", perdendo-se a posse, por falta desse elemento biunívoco (cit. Lacruz Berdejo). Nesse caso, então, do que se tratará é de se perder a posse, mantendo-se uma mera detenção (artigo 1253, a). E, que já não será boa para usucapião, se não a partir

510 *Posse e Usucapião*

duma ulterior inversão (artigo 1290). E, como mera perda da posse, é situação que já não estará sujeita aos requisitos específicos do artigo 325.

Como é óbvio, só poderá ocorrer suspensão ou interrupção do prazo (prescricional) da posse se, quando ocorrem os respectivos factos, o respectivo prazo prescricional ainda está em curso. Já não, se já antes se completara o respectivo prazo prescricional. Pois que, se ele se completara, já, então, nascera (efeito), com base nessa posse (causa) a faculdade, como "adquirida" no património do possuidor, de invocação da aquisição do direito (artigos 1287 e 1288).

208. Se o cedente da posse consegue a *anulação do negócio, ou do acto jurídico, em que a cedência da posse se integra* – a posse do accipens é posse invocável para a aquisição do direito por usucapião?

É óbvio que se a citação do possuidor para a acção de anulação ocorre em momento em que ainda decorria o prazo da posse prescricional, a posse, para efeitos de usucapião, interrompe-se (artigos 1292 e 323). E, também, perante a anulação, o possuidor não puderá juntar á sua posse, por acessão, a posse do tradens (Supra, n.ºs 135 e 136).

Mas, ainda que a posse própria do possuidor já beneficie dum prazo prescricional suficiente, também tal posse não será, sem mais, boa para, no conflito entre ele e o titular do direito á restituição, ser invocável a título de aquisição do direito por usucapião. Pois que, nesse caso, a manutenção da situação possessória, a inércia do "titular do direito" perante ela, não lhe pode ser imputável – se não a partir do momento em que ele estava em condições de peticionar a declaração de anulação (actioni non natae non praescribitur). E, só essa posse posterior, será posse prescricional.

E, pelas razões já referidas supra, nos n.ºs 136, 200 e 202.

Se, entretanto, a coisa possuida passou á posse de terceiro de boa fé, aqui já a situação do terceiro possuidor beneficiará na medida em que o proteja o normativismo dos artigos 291, 435 e 1300, n.º 2, do código civil ou do artigo 17 do código de registo predial (quanto a este vide supra, n.º 138 e quanto ao artigo 1300, n.º 2, supra n.º 206).

Quanto á eficácia do artigo 5, n.º 1, do código de registo predial, vide supra n.º 137.

209. Também *se a posse é á imagem dum direito real resolúvel* (artigo 1307) – por exemplo, usufruto ou aquisição do direito num negócio sob condição resolutiva – enquanto que se mantiver a pendência da verificação da resolução, a respectiva posse não é posse prescricional para, com base nela, se invocar a aquisição do "direito pleno" por usucapião.

Salvo, óbviamente, que tenha havido inversão do título de posse.

Extensão do Usucapião 511

E, não só pelas razões, mutatis mutandis, referidas supra da não imputabilidade duma inércia ao titular do direito (n.°s 136, 200, 202 e 208), como, ainda, por razões acrescidas, exornantes, quer em tema possessório quer em tema de usucapião, da essência de tal posse.

Como supra, no n.° 23, já se desenvolveu.

Aliás, quanto a posse á imagem de usufruto, a defendida solução até aflora na adaptação do artigo 318, alinea f), á suspensão da posse prescricional: o prazo prescricional não começa nem corre quanto ao nu-proprietário enquanto o possuidor for possuidor, á imagem do usufruto.

Óbviamente que o possuidor á imagem do direito resolúvel o que pode é adquirir "esse direito", como tal e no seu regime jurídico, pela respectiva posse prescricional.

SUBSECÇÃO IV
Prazo (de duração) da posse Prescricional

210. A posse tem que manter-se por certo lapso de tempo, que especificamente se determina nos artigos 1294 a 1300, para com base nela se puder invocar o usucapião (artigo 1287). *A posse tem que ter certa idade.* O que seja "a posse", é a realidade substantiva, como tal definida, prévia e autónomamente, no instituto da posse (supra, n.° 204). A sua idade, começa a contar-se quando se "inicia" "a posse", e terá tantos anos quantos decorreram enquanto não morra; ou seja, enquanto não se perca a posse (artigo 1267): nomeadamente, a posse "mantém-se", enquanto durar a possibilidade de a continuar (artigo 1257; supra, n.° 204). E, quando a posse se inicia, é questão cuja solução se encontrará no instituto da posse.

E, realçando-se que se a aquisição da posse é num modo originário, pode haver uma situação de pre-posse, que, com a consolidação, se integra, ab initio, na posse.

Se a posse se perdeu antes de completar o prazo para haver lugar a usucapião, o possuidor se, porventura, vier a obter uma posse nova, não pode juntar a essa posse aquela que perdeu. Pois, nesse caso, não haverá lugar nem a sucessão, nem a acessão (artigos 1255 e 1256).

No entanto, pode fazer-se a invocação da aquisição do direito por usucapião, se a respectiva posse durou o tempo necessário, mesmo que entretanto se tenha perdido (infra, n.° 213).

Quanto á acessão e sucessão na posse, vide infra n.° 212.

Quanto ao cômputo da idade da posse, há que ter em conta os efeitos da *interrupção ou da suspensão* (artigo 1292); bem como o início da

512 *Posse e Usucapião*

capacidade para adquirir (artigo 1289); já supra desenvolvidos (n.°s 207 e 204). E, também, que não conta o período de tempo em que a posse se mantém sobre *violência ou oculta* (artigos 1297 e 1300, n.° 1) e com a excepção da hipótese do n.° 2, do artigo 1300 (supra, n.° 206).

Á contagem dos prazos relativos á usucapião, são aplicáveis as regras do artigo 279, por força do artigo 296.

211. Quanto á **idade da posse**, a lei distingue entre os imóveis e os móveis.

Para os imóveis, os prazos da posse prescricional são:

– *De 5 anos*, a contar da data do registo, quando haja registo da mera posse, esta seja de boa-fé, e a posse continue após o registo os referidos 5 anos (artigo 1295, n.° 1, al. a)).

– *De 10 anos,* a contar da data do registo, quando haja registo da mera posse, esta seja de má-fé e a posse continue os ditos 10 anos após o registo (artigo 1295, n.° 1, al, b)). Ou, quando haja titulo de aquisição e registo deste e a posse seja de boa-fé, mas então contados os 10 anos a partir da data do registo (artigo 1294, al. a)).

Quando se fala, em contar a posse da data do registo, todavia de nada valerá tão só o registo se não existir, cumulativamente, "posse" (idem, Pires de Lima e A.Varela, anot. ao artigo 1294).

– *De 15 anos,* a contar do seu início, quando a posse seja de boa-fé: quer haja título, mas não registado, nem esteja registada a mera posse (artigo 1296); quer não haja sequer título (idem, Menezes Cordeiro, Reais, p. 473).

E, igualmente, 15 anos, mas a contar da data do registo, se há título registado e a posse é de má-fé (1294, al. b)).

– *De 20 anos*, a contar do seu início, se a posse é de má fé, e não há título, ou não há o seu registo, nem o de mera posse (artigo 1296).

Quanto aos móveis, os prazos da posse prescricional diferenciam-se se estão, ou não, sujeitos a registo.

Para os sujeitos a registo,
– *De 2 anos*, quando haja título registado e a posse seja de boa-fé (artigo 1298, al. a)).

Negócios hídridos, atípicos e inonimados – Contrato-promessa 513

– *De 4 anos*, quando haja título registado, e a posse seja de má-fé (artigo 1298, al a)).
– *De 10 anos,* quando não haja título, ou o título não esteja registado; independentemente, da boa ou má fé (artigo 1298, b)).
Para os móveis não sujeitos a registo,
– *De 3 anos*, quando a posse seja titulada e de boa fé (artigo 1299).
– *De 6 anos*, quando a posse seja não titulada, ainda que de boa-fé; ou titulada, mas de má fé; ou sem título e de má fé (artigo 1299).

E, havendo, ainda, os prazos especiais da aquisição por usucapião por um possuidor-accipiens, de boa-fé, de uma coisa, face a uma posse sob violência ou ocultação, ao abrigo do artigo 1300, n.º 2.

Neste caso, tal possuidor adquire o direito, passados quatro anos desde a constituição da "sua" posse, se esta é titulada, ou sete, na falta de título. Sobre este preceito, vide supra n.º 206.

Não prevê a lei para os móveis a *eficácia do registo da mera posse*, como prevê para os imóveis (artigo 1295). Mas não se vê porque não admiti-la por aplicação analógica (Menezes Cordeiro, Reais, nota 1047, p. 474).

E, nessa linha, equivalentemente á ponderação dos imóveis, bastaria que por decisão registral se reconhecesse uma posse pacífica e pública por tempo não inferior a dois anos e meio. E, havendo registo, bastando, a contar deste, um ano de posse se o possuidor está de boa-fé, ou três anos e dois meses, se estiver de má-fé.

CAPÍTULO III
Sucessão e Acessão na Posse
(em tema de usucapião)

212. O artigo 1287 refere a faculdade do possuidor adquirir o direito a cujo exercício corresponde "a sua actuação"; ou seja, refere-se, em primeira linha, á "posse própria".

O que não invalida que não se questione a possibilidade de invocação duma posse anterior, com base na sucessão ou acessão na posse (artigos 1255 e 1256).

Todavia, o possuidor actual só poderá juntar " a sua posse", à posse do antecessor, por acessão, e para efeitos de completar o tempo necessário que lhe faculte a aquisição do direito respectivo por usucapião – se, "na relação de conflito com o antecessor, proprietário-possuidor", ou na relação de conflito com um subsequente (legítimo) adquirente do "direito" deste, entre as duas posses existir o vínculo jurídico capaz de permitir a acessão e se esse vínculo for juridicamente válido e eficaz, no âmbito desse conflito e na perspectiva da transmissão válida para o possuidor do respectivo "direito".

Conforme supra, no n.° 136, já se desenvolveu.

Quanto aos artigos 5 e 17 do código de registo predial, vide, também supra n.ºs 137 e 138.

CAPÍTULO IV
Relevância do Usucapião

SECÇÃO I
Invocação da usucapião

213. A posse prescricional *"faculta"* ao possuidor a aquisição "do direito", a cujo exercício corresponde a sua actuação (artigo 1287).

Desde logo, a aquisição não é automática (como no direito italiano). Carece de ser "invocada" (artigo 1288). E, invocada, judicial ou extrajudicialmente, por aquele a quem aproveita, pelo seu representante, ou, tratando-se de incapaz, pelo Ministério Público (artigos 303 e 1292). Bem como, pode ser, também subsidiáriamente, invocada pelos credores ou por terceiros com legitimo interesse (artigos 305 e 1292).

Tratou-se de dar satisfação a razões de ordem moral do beneficiário e sobre as quais, em princípio, só a consciência de cada um deverá decidir.

Também não se pode renunciar á invocação, expressa ou tácitamente, se não depois de decorrido o prazo prescricional (artigos 1292 e 302). E, quanto á forma, se a constituição ou a alienação do direito respectivo a adquirir, estiver sujeita a determinada forma, também o estará a referida renúncia.

A invocação da aquisição do direito por usucapião pode fazer-se, se a respectiva posse durou o tempo necessário, mesmo que, depois, se tenha perdido tal posse. Aliás, se a aquisição do direito fosse automática, a questão nem se punha. E a perda da posse, por um lado, apenas faz perder o senhorio de facto e, por outro, não é acto interruptivo, para efeitos do artigo 326. E, a faculdade de invocar a aquisição do direito não prescreve. Apenas, se, entretanto, se criou outra posse prescricional a favor de terceiro, e este invocar a aquisição do direito por usucapião, então, a invocação do primeiro será irrelevante, porque a aquisição originária do direito do último possuidor aniquila a do anterior (artigo 1313).

Se a posse se perdeu antes de completar o prazo para haver lugar a usucapião, o possuidor se, porventura, vier a obter uma posse nova, não

518　　　*Posse e Usucapião*

pode juntar a essa posse aquela que perdeu. Pois, nesse caso, não haverá lugar nem a sucessão, nem a acessão (artigos 1255 e 1256).

SECÇÃO II
Aquisição originária e conteúdo do direito adquirido

214. "O direito" que se adquire é originário, "novo" neste sentido. Pois, a sua causa é a posse. E, é nesta que o direito adquirido se "origina". E a sua aquisição reporta-se ao início da posse (artigo 1288).

Quando esta se inicia, é questão a resolver pelo instituto da posse.

Assim, o direito adquirido pelo possuidor, não é o direito anterior do titular não possuidor. Este direito, aniquila-se (se o direito constituido é idêntico, artigo 1313); ou, restringe-se (se o direito adquirido é um jus in re aliena).

Consequentemente, ao direito adquirido por usucapião não serão oponíveis vícios do direito anterior.

Todavia, o que se adquire é "o direito" sobre uma coisa, a cujo exercício corresponde a posse (artigo 1287): não "imediatamente" um conteúdo concreto dum direito (Hugo Natoli, o. cit., 342).

O princípio de tantum praescriptum quantum possessum, refere-se ao "direito", a cuja imagem se possuia.

Assim, se a posse é exercida á imagem dum direito de servidão de passagem – o que se adquire é o direito de servidão de passagem. Se a posse é exercida, (nomeadamente, segundo o animus do título), á imagem do direito resolúvel de usufruto – o que se adquire é o direito de usufruto; ou se a posse é exercida, (nomeadamente, segundo o animus do título), à imagem do direito de propriedade sob condição resolutiva (artigos 207 a 277 e 1307) – o que se adquire é esse direito de propriedade resolúvel (sob condição resolutiva). Vide supra, n.° 209.

Ou, se a posse é a imagem dum direito de servidão de passagem (porque só se passa) – o direito que se adquire é o direito de passagem (Hugo Natoli, o. cit., p. 248 e A.Varela e Pires de Lima, anot. 6., ao artigo 1263).

Consequentemente, para se saber qual o "direito" que se adquire e sobre que coisa, levanta-se uma questão prévia: qual o conteúdo do corpus e do animus (biunívocos) da posse respectiva, qual a coisa apoderada e a que imagem de "direito" (abstractamente considerado) se posui. Essa questão prévia será o instituto da posse que a resolverá.

215. Mas, por sua vez, a posse exerce-se sobre uma coisa concreta. Consequentemente "o direito" (abstractamente considerado) que se adquire, é sobre a coisa concreta possuida.

Então, adquirindo-se "o direito" sobre a coisa concreta possuida, *o conteúdo do direito adquirido será aquele* que resultar, por um lado, do conteúdo normativo desse direito na ordem jurídica e, por outro, da sua aplicação á coisa possuida, conforme esta, concreta e específicamente, se enquadra na ordem jurídica existente. E, pois, como aí, sujeita ás (eventuais) restrições, ónus, encargos ou direitos que – segundo a ordem jurídica – de per si, existam e sejam oponíveis ao proprietário da coisa.

Assim, por exemplo, se A. se apodera dum terreno, como sendo dono, e nele construir um edifício, pelo decurso do tempo prescricional, pode adquirir o direito de propriedade sobre essa coisa imóvel. Todavia, apesar dessa aquisição originária do direito de propriedade, no conteúdo concreto do mesmo sobre essa coisa, estará sujeito, por exemplo, á limitação de não poder abrir janelas a menos de metro e meio do prédio vizinho (artigo 1360). E, para tal possuidor obter esse (outro) direito (de servidão), terá que existir uma outra posse: a posse respectiva, á imagem desse direito de servidão.

Ou seja, a mera posse, "como sendo dono" – só conduz á aquisição do direito de propriedade "sobre determinada coisa".

Idênticamente, se A. se apodera duma fracção dum edifício, em propriedade horizontal, o que pode adquirir por usucapião é o respectivo direito de propriedade horizontal, inserido no respectivo condomínio em que a coisa possuida se encontre. Como, se A. possui um lote de terreno, integrado num "loteamento", o que pode adquirir é o direito de propriedade sobre esse terreno, mas submetido ás respectivas e aprovadas regras do respectivo loteamento, se elas preexistem.

Ou, se A. possui e adquire por usucapião o direito de propriedade sobre um prédio, mas integrado num Plano de Urbanização da Autarquia, ou num Plano de Pormenor; ou na Reserva Agrícola ou Ecológica.

Ou, se A. possui um prédio urbano, mas que está arrendado, por exemplo, para habitação, então a aquisição, por usucapião, do direito de propriedade não extinguirá (só por si) os direitos do arrendatário (artigo 1057, em interpretação extensiva).

Em contrapartida, se o conteúdo do direito adquirido é aquele que resultar, por um lado, do conteúdo normativo desse direito na ordem jurídica e, por outro, da sua aplicação á coisa, conforme esta concreta e especificamente se enquadrava na ordem jurídica – então também, por exemplo, o adquirente, por usucapião, do direito de propriedade sobre uma coisa encabeçará os direitos que á coisa lhe sejam inerentes; por exemplo, servidões (artigos 1543 a 1546). Mas a aquisição, por usucapião, do direito de propriedade sobre uma coisa, só por si, já não se estende á aquisição de direitos sobre pertenças (artigo 210), carecendo-se, quanto a elas, duma posse própria, ainda que cumulada com aquela (Ennecerus, Kipp e Wolff, o. cit., 418).

Consequentemente, se A. possui um imóvel, como sendo dono (á imagem do direito de propriedade), o que, por essa posse, só por si, pode adquirir é "o direito de propriedade" correspondente a essa posse (artigo 1287).

Mas a aquisição desse direito apenas aniquila o direito de propriedade do titular não possuidor (artigo 1313). Ou seja, o adquirir-se, por tal posse e com origem nela, por usucapião, o "direito de propriedade", sobre "tal coisa" – por si só não aniquila os direitos reais menores (usufruto, servidões, etc) ou os direitos reais de garantia (hipoteca, penhor, penhora) a que a coisa, na ordem jurídica, concretamente estava submetida e que, segundo a ordem jurídica sejam restrições, direitos, onus ou encargos de per si oponíveis ao proprietário.

E, quer esses direitos tenham sido constituidos pelo anterior titular do direito de propriedade antes do início da posse prescricional, quer no seu decurso: se, todavia, foram constituidos antes de decorrido o prazo prescricional.

Daí que já os romanos defendiam que a aquisição do direito de propriedade por usucapião, não extingue o usufruto: non peremit usum fructum ... usucapio proprietatis (Gaio, 5.17.D. 7.1) (vide supra, n.° 117).

Pois, o que se verifica é o facto de a posse, que veio dar lugar á usucapião, ser exercida sobre uma coisa onerada já (segundo a ordem jurídica) com a existente restrição: daí que o direito se constitua com a oneração em causa (vide, Menezes Cordeiro, Reais, p. 477).

E, é claro que se os terceiros exercem posse, prescricional, simultânea e concorrentemente, com a posse prescricional que conduz, por usucapião, á aquisição do direito de propriedade – então, é óbvio, que a invocação de usucapião face ao direito de propriedade não pode, de modo algum, conduzir á obstrução da aquisição dos referidos direitos de terceiros,se, também estes, pelo seu lado podem invocar a seu favor uma posse prescricional desses direitos[1].

Há, no entanto, que entender os princípios antes referidos com a eventual cumulação, no caso, da usucapio libertatis, que no número seguinte se realçará.

---

[1] Aí, originar-se-á uma uma comunhão de direitos.

SECÇÃO III
Usucapio libertatis

216. Todavia, pode dizer-se que "se a coisa foi possuida como livre de quaisquer direitos ou encargos que sobre ela incidiam, ela adquirir-se--á nessas precisas condições, isto é, livre dos direitos ou encargos. É o que se chama a *usucapio libertatis"* (Pires de Lima e A. Varela, anot. 6, artigo 1287).

E, também já no direito romano Paulo realçava que se tenho contigo uma "servidão de não-edificar mais alto", todavia extingue-se a servidão se edifiquei mais alto, e com o decurso do tempo: per statum tempus altius aedificatum habuero, sublata erit servibus.

No entanto, nesses casos (de usucapio libertatis) não se trata tão só da existência duma posse, á imagem do direito de propriedade e que, "só por si", apenas conduzia á aquisição "desse direito" (sem aniquilamento, pois, de eventuais direitos de terceiros, ou encargos, que sobre a coisa incidissem e limitativos daquele direito de propriedade). (Supra, n.º 215).

Para se dar "ainda" o aniquilamento desses direitos de terceiros existentes sobre a coisa, será necessário que exista uma "outra" posse: uma posse liberadora. E, tal outra posse, será uma posse autónoma (no seu corpus e animus; e nos seus caracteres), relativamente à posse, à imagem do direito de propriedade que conduz á aquisição deste direito. E, nem por essa outra posse se poderá dar a extinção daqueles direitos que não pressupõem um domínio de facto (por exemplo, a hipoteca).

Mas, por tal posse *(usus),* e pelo decurso do tempo, também se pode vir a adquirir *(capio),* a plenitude do conteúdo exercitável do direito de propriedade sobre a coisa, ou seja a liberdade da coisa possuida (*libertatis*): daí falar-se em *usucapio libertatis.*

E, adquirida a plenitude do conteúdo exercitável do direito, então, como consequência, "aniquilando-se" os direitos ou encargos, a favor de terceiros, que constrangiam o direito de propriedade. Certo que não é concebível, dogmática e praticamente, a simultaneidade de direitos sobre a mesma coisa de conteúdo idêntico e plenamente exercitáveis.

Pressuposto da aquisição da plenitude do conteúdo exercitável do direito de propriedade sobre a coisa (e, do consequente aniquilamento dos direitos ou encargos preexistentes e daquele direito limitadores), será pois uma especial "posse liberadora" – com a delimitação, extensão e relevância já desenvolvida supra, nos n.ºs 117 e 118.

Pela usucapio libertatis não se adquire um direito menor – antes, extingue-se o direito menor onerador. Mas também não se pode dizer que a usucapio libertatis é tão só causa de extinção do direito menor e que o direito maior, extinto o direito menor, retoma a sua plenitude, mas isso como mera consequência da sua elasticidade (Oliveira Ascensão, o. cit., p. 295 e 325).

Na verdade, a usucapio libertatis não é uma realidade endógena ao direito menor. O que realmente se passa é que existe um domínio de facto, um senhorio de uma coisa, "uma posse que corresponde á plenitude do exercício do direito, de modo contraditório e incompatível com o exercício do direito menor".

E, então, e com o tempo, a partir dessa realidade fáctica, o que se adquirirá é uma situação jurídica a ela correspondente. Ou seja, adquire--se, no plano jurídico, a plenitude do conteúdo exercitável do respectivo direito de propriedade sobre a coisa.

Ou seja, porque de certo modo (pleno) se exercita o direito, adquire--se, na esfera jurídica, a plenitude do direito. A causa da aquisição é uma posse, exercida pelo titular do direito maior. A posse (facto), é a causa, (a génese e originária) da adquirida (na esfera jurídica) plenitude do conteúdo do direito.

Então, tal causa é exógena ao direito menor. E, não será porque o direito menor se extingue, que o direito maior em consequência, por elasticidade, se expandirá. Mas antes, será porque o direito maior ganha na esfera jurídica a plenitude do seu conteúdo exercitável – e por uma causa própria, a posse – que, em consequência, o direito menor se aniquila. Como, idênticamente, é porque se adquire, por uma posse, o direito maior sobre uma coisa que, em consequência, se aniquila um idêntico e preexistente direito de terceiro sobre a mesma coisa.

Assim, a essência do fenómeno na usucapio libertatis está "numa posse", por certo tempo, "do titular do direito maior" que conduz á aquisição na esfera jurídica da "plenitude do conteúdo exercitável" "do direito", conforme ao conteúdo que, em termos fácticos, na dita posse se consubstanciava. E, "adquirida" essa plenitude do direito, com a consequência do aniquilamento do direito menor que antes limitava o direito maior.

É, pois, um fenómeno essencialmente possessório (usu) do direito maior. Como, em termos de aquisição (capio) da plenitude do conteúdo exercitável do direito é, na essência, pois, uma aquisição por usucapião (usucapio) dessa plenitude exercitável do direito maior.

Em que, aliás, a razão de ser deste instituto está igualmente abrangente.

Na verdade ao tráfico das coisas é importante a certeza, e uma prova fácil, da existência do direito e de quem é o seu titular. Mas, igualmente, é ainda importante, a certeza, e uma prova fácil, de se o direito existente se pode desenvolver na plenitude do seu conteúdo ou se, pelo contrário, está "limitado" por direitos ou encargos que aquele direito restringem.

Assim, a figura da usucapio libertatis enquadra-se, e não é mais do que um seu desenvolvimento específico, nos institutos (genéricos) da posse e do usucapião. Pelo que o seu acolhimento pelo legislador, positivamente, nos artigos 1569, n.º 1, alínea c) e 1574, quanto ás servidões, não é mais do que um afloramento particular de princípios. E, cujas razões justificativas militam, igualmente, face a quaisquer outros direitos ou encargos limitadores do direito de propriedade sobre a coisa, como supra, nos n.ºs 117 e 118 se desenvolveu. Assim, quanto **a servidões, usufruto, uso e habitação, penhor, penhora, e compropriedade, condomínio ou comunhão hereditária. Ou, inclusivé, direitos de crédito (por exemplo, de locação).** Ou seja, face a "quaisquer direitos ou encargos que sobre a coisa incidiam" (Pires de Lima e A. Varela, anot. artigo 1287). Aliás, se até se aniquilam os direitos reais menores, tanto mais os direitos de crédito que sejam oponíveis ao possuidor-titular do direito.

O que não se aniquilarão serão os direitos limitadores que não consubstanciam, nem pressupõem um domínio de facto sobre a coisa (como a hipoteca).

E, como a aquisição da liberdade do prédio é originária (gerada na posse), não lhe são oponíveis vícios ou excepções que antes seriam oponíveis ao mero direito de propriedade sobre a coisa – ainda que registados. E, certo também que a aquisição pela usucapio libertatis é **relevante independentemente (e, até contra) o registo predial.**

Como supra desenvolvido (n.ºs 117 e 118) a posse liberadora é autónoma face à posse, à imagem do direito de propriedade. Ainda que, naturalmente, não se possa adquirir a plenitude do conteúdo exercitável do direito, se não se fôr simultâneamente titular (ainda que por posse e usucapião) do próprio direito sobre a coisa.

A aquisição da liberdade do direito pode ser absoluta ou relativa. E, relativa quer quanto á extensão da coisa quer quanto ao conteúdo do direito.

Assim, o proprietário A. do prédio urbano, limitado por um usufruto de B. – pode obter, por usucapio libertatis, a plenitude do conteúdo do direito, e, em consequência conseguir a extinção do usufruto sobre a coisa. Mas, a posse e a usucapio libertatis respectiva pode, apenas, incidir tão só quanto a uma parte do prédio: por exemplo, o quintal. Ou, face a um prédio onerado com duas servidões de passagem, a posse e a usucapio libertatis respectiva pode, por exemplo, respeitar tão só a uma das ditas servidões.

E, também a posse e a usucapio libertatis podem corresponder tão só a uma parte do conteúdo exercitável do direito.

Suponha-se que A. proprietário do terreno Y, de que B. é usufrutuário, passa a exercer uma passagem sobre esse terreno – como sendo titular do direito de passar – em proveito de um outro seu prédio, e para estabelecer a comunicação deste com uma via pública. Não se poderá, aí, equacionar a aquisição dum direito de servidão, uma vez que os prédios, dominante e serviente, são do mesmo dono. E, o passar A. pelo prédio Y, sendo ele dono desse prédio, corresponderá, antes, ao exercício do conteúdo próprio do seu direito de propriedade (artigo 1305).

Então, o que pode compreender-se é que A., por uma posse específica (liberadora) e por usucapio libertatis, venha a adquirir a plenitude do conteúdo exercitável do seu direito de propriedade (artigo 1305), nessa extensão relativa da faculdade de passar por direito próprio e, consequentemente, nessa mesma extensão relativa se aniquilou o direito do usufruto de gozar temporária e plenamente a coisa alheia (artigo 1439): e, como tal, de a tal passagem se poder opor.

E, cabendo realçar, a propósito, e para reforço dessa solução, a perspicaz postura de Clóvis Beviláqua: "O direito não organiza quadros para dentro deles meter a vida; esta é que oferece os dados para as construções jurídicas".

E, mutatis mutandis, será de solucionar o caso – através da relevância duma usucapio libertatis – se, por exemplo, por uma específica posse liberadora, o proprietário do prédio Y, arrendado a B., se apodera em domínio de facto (como sendo titular pleno do direito) duma parte da coisa arrendada, por exemplo, o quintal do prédio, ou se em parte do mesmo se apodera duma passagem.

Nessas hipóteses, se preexistir posse liberadora e a correspondente usucapio libertatis – então os direitos específicos do arrendatário, correspondente e relativamente, se estinguirão na extensão das áreas possuidas e das faculdades libertadas a favor do direito de propriedade do proprietário.

Aliás, nas referidas hipóteses, no âmbito do arrendamento, também por outra via, e chamando á colação princípios do instituto do negócio jurídico, se poderá chegar a solução idêntica. Eventualmente, caso a caso, configurando uma oposição actual e tardia do arrendatário, como um *venire contra factum proprium (abuso de direito)*. Ou, da conformação reiterada com a situação, se ilacionando uma *aceitação tácita*, (artigo 217), por parte do arrendatário, duma redução (resolução) da área objecto do arrendamento (caso de posse do quintal): ou, duma redução parcial do conteúdo dos seus direitos (caso da posse da passagem).

CAPÍTULO V
Usucapião e Leis de Ordenamento
do Território

217. Conforme desenvolvido supra (n.º 215), quanto ao direito que se adquire por usucapião, e a cuja imagem se possui, o seu conteúdo será aquele que resultar, por um lado, do próprio conteúdo normativo desse direito na ordem jurídica e, por outro, da sua aplicação à coisa possuída, conforme esta, concreta e específicamente, se enquadra na ordem jurídica existente.

Assim, por exemplo, se se adquire por usucapião o direito de propriedade sobre um terreno, esse direito de propriedade, adquirido embora, origináriamente, com base na posse, estará, todavia, submetido ás regras específicas, eventualmente existentes, dum loteamento, dum Plano de Urbanização camarário, dum Plano de Pormenor ou dum PDM que abranjam esse terreno. Como, igualmente, estará submetido ás regras específicas da Reserva Agrícola ou duma Reserva Ecológica, em cujas áreas o terreno se enquadre.

Mas, pode ocorrer uma situação diferente.

A., por exemplo, pode passar a possuir uma área de terreno que, objectivamente, se destaca dum prédio. Ou, pode passar a possuir uma certa área que, na ponderação com outras que terceiros também passam a possuir, objectivamente configurem um loteamento dum prédio primitivo. Quid juris? A solução dependerá da análise da situação quer numa perspectiva da posse, quer numa perspectiva do usucapião.

Em tema de posse, esta traduz-se num senhorio de facto, á imagem dum direito, mas independentemente deste existir ou não. A posse é agnóstica (supra, n.º 70 e n.º 203, in fine, quanto à propriedade horizontal). E, mesmo que se adquira derivadamente, por tradição material ou simbólica da coisa, em tema de posse, basta a mera vontade de cedência do tradens – sem que tal tenha que configurar um negócio jurídico (supra, n.º 99).

E, o fundamento da posse, são razões de interesse público (de paz pública, de continuidade. Supra, n.º 26).

Então, se uma área de terreno entra na esfera do poder empírico dum sujeito, manifestando-se como sendo dono, ou seja, se ele assim dela se "apodera" (origináriamente ou por vontade do *tradens*) – existe "posse" (*potis sedere*): *possideo, quia possideo.*

A eventual ilicitude ou imoralidade de tal "apoderamento" serão irrelevantes, pois, *a posse é agnóstica* (vide Manuel Rodrigues, o. cit., 262). E, até, apesar da ilicitude ou imoralidade do título, a posse será beneficiada, com a característica de "titulada" (artigo 1259): e mesmo para efeitos de posse prescricional, se o título está registado (artigos 1294 e 1298). Isto é, em tema de posse ou de usucapião, *a eventual ilicitude substantiva do título não macula: ao invés, até beneficia.*

Mas, será essa posse uma posse boa para, pelo decurso do tempo, poder conduzir á aquisição do direito, a cuja imagem se possui, por usucapião?

A resposta é, igualmente, afirmativa.

Pois, desde logo a aquisição do direito por usucapião é "originária", ou seja tem a sua "causa" na "posse": e, no caso, existe a posse (a causa).

E, por sua vez, a razão da usucapião é dar satisfação ao interesse público da certeza da existência dos direitos reais sobre as coisas e da respectiva titularidade e de a conseguir através da respectiva prova – "pela posse". E, no caso, do que se trata é de invocar uma "posse" para, através dela, como causa, se provar a existência do direito, a cuja imagem se possui e a respectiva titularidade.

E, também, no caso, o direito que se adquire sobre a coisa (tanto prescrito, quanto possuido), não é um direito sobre uma coisa que, na sua autonomia de coisa possuida (causa do usucapião), seja sobre uma coisa que estivesse sujeita (segundo a ordem jurídica) a restrições, ónus ou encargos. Pois que, no caso em hipótese, em tema de (eventuais) regras existentes e vigentes de loteamento – não existe nenhum ordenamento aprovado e vigente que a englobe. E, em tema de destaque, na perspectiva da posse, o que existe é tão só um domínio de facto (um *potis sedere*) unilateral ou derivado, que se exerce sobre uma coisa, em termos de posse definida e autonomizada pelas fronteiras de facto, do próprio senhorio de facto.

E, em tema de usucapião é tão só uma aquisição do direito, á imagem do que se possui. E, *uma aquisição originária, genética e endógena baseada tão só nessa causa (posse).* Não se pode, pois, dizer que pela invocação da aquisição do direito (usucapião) se realize um destaque ou um loteamento: já que a coisa é possuida como autónoma e é "essa posse dessa coisa possuída, como autónoma", que é "causa" do usucapião.

Ou seja, a situação tem que ser analisada na perspectiva da posse (pois é esta que estamos a indagar "se existe"). E, como tal, dentro do instituto da posse: dos seus princípios, do seu conteúdo normativo e sistemático e da sua razão de ser. E, então, só temos que indagar se a coisa foi "apoderada", se quanto a ela existe um titular, sentado como sendo dono (potis sedere). E, agnósticamente. Isto é, ainda que não tendo o direito: mas bastando a aparência dum senhorio da relação jurídica, "se bem não a relação jurídica verdadeira, mas aquela que aparece e se estima como situação de direito" (Ennecerus-Kipp-Wolff). E nessa perspectiva de mero senhorio de facto (com título ou sem título; e, quanto a este ainda que substancialmente nulo) – existirá posse, se "esse senhorio" existe. E, se existe, e, por exemplo, á imagem do direito de propriedade – existirá posse, de "certo titular", "como sendo dono" (ainda que na realidade jurídica o não seja) e sobre "a coisa" possuida. E, se "como sendo dono", da "coisa" sobre que se estende tal posse, á imagem do direito de propriedade, então como sendo essa coisa (no exemplo em análise) "prédio rústico", sujeito a esse "domínio", sujeito a esse direito de propriedade (artigos 1259, 1302 e 204, n.º 2).

E, perante tal posse será óbvio que o seu titular a possa invocar para os efeitos possessorios que a ela andam consequentemente ligados (artigo 1268 e seguintes).

E, nem é legítimo ou curial distinguir entre posse "justa ou injusta", consoante exista, ou não, justa causa possessionis (Hugo Napoli, o. cit., 128. Vide, supra, n.º 70).

E, igualmente, o titular dessa posse poderá invocá-la, se ela se mantem pelo tempo necessário, para, com base nela, adquirir o direito, por usucapião (artigo 1287).

E, se o titular invoca certa posse, com certo tempo suficiente, para, por usucapião adquirir o direito – tal aquisição é originária. Isto é, tem por causa, por génese, tão só essa posse: é esta, tão só, por si que origina, que gera a aquisição do direito. Vide supra, n.º 214.

Ou seja, pelo instituto da posse, pelos seus princípios dogmáticos, pela sua razão de ser (supra, n.ºs 200 e 202) – *o titular da posse que invoca o usucapião só tem que se preocupar com essa posse que invoca.*

O que históricamente esteja para trás dessa posse que invoque é indiferente: e quer conheça, quer desconheça essa anterior história. Mesmo que seja posse derivada, a (eventual) nulidade substancial do título é indiferente. Não macula a posse, nem o usucapião: até, ao invés, a pode mas é beneficiar, se o título está registado (artigos 1294 e 1298).

Assim, perante a posse que seja a invocada para efeitos de usucapião, só há que verificar se ela "existe" e se tem, ela, o lapso de tempo suficiente para o usucapião, do direito a cuja imagem se possui e "sobre a coisa, tal como é objecto da posse" (artigos 1251, 1287, 1302 e 204, n.º 2).

528 Posse e Usucapião

Já o que está para trás "dessa posse" que se invoque, *a "história" anterior "dessa coisa" possuida, ou dos direitos sobre essa coisa – são, tudo, questões indiferentes.* Nomeadamente, será indiferente se "essa coisa", agora assim possuida – já assim existia, como tal, antes dessa posse, há 10, 100 ou 1.000 anos!

O que interessa, é que "nessa posse", a coisa assim hoje existe: e que essa posse, tenha certo lapso de tempo.

E, assim, tanto prescrito, quanto possuido (agnósticamente).

Consequentemente, de acordo com os institutos da posse e do usucapião (seus princípios, seus normativismos e respectivas razões de ser e funções) – a posse e a aquisição do direito por usucapião, são originárias, agnósticas e bastam-se com certo senhorio de facto, tal como é, por certo lapso de tempo. E, assim óbviamente sendo – não fará qualquer sentido falar-se relevantemente (em tema de posse ou de usucapião) em destaques, ou loteamentos como circunstâncias ponderáveis em que nasça, se desenvolva e se consolide a posse ou o usucapião. E, até, a eventualidade da nulidade substancial do seu título, não só não macula a posse, como, até, pode beneficiar a situação (artigos 2259, 1294 e 1298).

Se a coisa possuída vai entrar no tráfego, o terceiro só tem que se ater á situação actual, de per si, da coisa possuida, em si, autónomamente. E tal como, "em senhorio de facto, de tal prédio autónomo", está, assim, agora, tal coisa a ser possuida e pelo lapso de tempo necessário. Não tem que conhecer mais. Essa história será indiferente; e nomeadamente, se (como é agora), já o era há 10, 100 ou 1.000 anos atrás (vide supra, 202). Ou seja, se é coisa-autónoma (pelo respectivo senhorio de facto) tão só agora: ou se já o era antes, relativamente à posse que se invoque. Ou, quando é que históricamente (antes de tal posse) foi destacada ou se originou numa repartição em lotes: se há 100 ou 1.000 anos!

E, se é assim face a terceiro se a coisa vai entrar no tráfego, *igualmente o é mesmo quanto ao primeiro possuidor.* Visto que, por reflexo, este beneficia igualmente dos mesmos princípios e normativismo da posse e do usucapião. **Ou seja, não é o interesse individual do possuidor que é protegido, este, reflexamente, só ganha por defesa do interesse público.**

Dir-se-á que com as soluções defendidas sai prejudicado o interesse público que as ditas leis de destaque e de loteamento visam satisfazer, quanto a um correcto ordenamento do território.

Todavia, também doutro modo, sairá prejudicado o interesse público que é razão de ser quer da posse, quer do usucapião. E, se o interesse público do ordenamento do território não foi, eventualmente, satisfeito, tal, *também, ocorrerá porque a Administração dormiu: e dormientibus non sucurrit jus. E, o eventual interesse público*, porventura realmente existente, *também a Administração, normalmente, o poderá ainda satisfazer*, pelo menos parcialmente, apezar da aquisição do direito por usucapião. Bastará que edite, por exemplo, um Plano de Urbanização ou de Pormenor que abranja a respectiva área. E, se tal lhe trouxer custos acrescidos, a sibi imputat, por ter deixado correr.

Aliás, e a favor da tese defendida, a *Lei 9/95, de 2 de Setembro*, sobre a reconversão de áreas urbanas de génese ilegal, constitui um juízo de valor legal que implicitamente tem como pressuposto, dogmático e pragmático, a assunção, de princípio, pelo legislador, do valor, valência e protecção dos criados senhorios de facto (posse) e das (eventuais) aquisições do direito com base neles (usucapião).

Sobre usucapião de áreas inferiores á unidade de cultura, vide A.R.P., de 9-1-95, C.J. XX, I, 189.

Todavia, se o possuidor do terreno que objectivamente possa, no plano jurídico, consubstanciar um destaque ou um loteamento, ou outras similares infracções a leis do ordenamento do território, pode com base nessa posse invocar a aquisição do direito por usucapião, nessa solução o que se está *a ter em conta é a "posse própria" desse possuidor, ou de possuidores seguintes a quem ela seja cedida.*

Ou seja, tal possuidor *já não* poderá, para tal fim, *invocar, em acessão*, em caso de posse derivada, a *posse do cedente que ocasionou o (objectivo) destaque ou loteamento.* Pois que, entre essas duas posses sucessivas já não existirá vínculo jurídico válido que possa legitimar a junção, em acessão, dessas duas posses para efeitos de usucapião (supra, n.° 211). E, não existe tal imprescindível vínculo jurídico válido porque, no caso, o negócio (ou acto) juridico de tal cedência é nulo, enquanto desrespeitador das leis de ordenamento do território.

217.1. No douto Acórdão da Relação de Lisboa, de 30-04-02, decidiu-se que a posse consequente a clandestinas operações de loteamento, de fraccionamento de prédios rústicos ou de destaque não permite a invocação da aquisição do direito de propriedade por usucapião (C. jur., XXVII (2002), T. II, págs. 126 e seguintes). Salvo que, quanto ao destaque, se reunam, no caso, os pressupostos factuais dos n.°s 4 e 5 do art. 6.° do Dec. Lei 177/2001.

Os argumentos aduzidos da referida tese, são, essencialmente, dois. O primeiro, de que "se se proíbe o resultado, também se proíbem os meios indirectos de lá chegar" (Menezes Cordeiro). O segundo, de que carecendo o usucapião de invocação, e sendo esta um acto jurídico dependente da manifestação de vontade, esse acto jurídico (a invocação) estará ferido de nulidade e não poderá, pois, ter por efeito a aquisição da propriedade (arts. 294.° e 295.° do C. Civil), se a posse que se invoca (porque assente num clandestino loteamento, fraccionamento de prédios rústicos ou destaque) contraria as respectivas disposições legais imperativas que disciplinam tais operações.

Ora, quanto ao referido primeiro argumento, ele provaria de mais. Pois, então, também o "ladrão" que furta ou rouba coisa móvel, não poderia invocar a aquisição do direito por usucapião. Pois também aí se infringem leis imperativas, ordinárias e até constitucionais (do reconhecimento e valor do direito de propriedade), e tal conduta é, até, socialmente tão-grave que é tipificada como "crime" (e não como mera contra-ordenação, como quanto à infracção das leis sobre o ordenamento do território).

O segundo argumento, salvo o devido respeito, encerra uma petição de princípio: e que é, precisamente, a questão a resolver. Ou seja, a invocação do usucapião, com base nessa posse que se alega, e que se manteve, por certo tempo, *é uma invocação "lícita" ou é uma invocação "ilícita" (e como tal ferida de nulidade)*?

217.2 A resposta só pode ser encontrada *quer a partir dos conceitos "normativos"* da posse e do usucapião, *tal como resultem do direito constituído, quer* na respectiva *inserção* desses institutos na *unidade do sistema jurídico*.

Ora, desde logo, a posse é uma "situação de facto", que se adquire ou se perde nos termos dos arts. 1263.° e 1267.° do C. Civil; e que é agnóstica, relativamente à situação jurídica verdadeira do respectivo bem possuído: "possuo, porque possuo". Daí, por exemplo, que até usurpativamente se possa passar a possuir (como o ladrão). Como se pode passar a possuir, por "tradição material da coisa, efectuada pelo anterior possuidor", e, para tanto, bastando a mera aquiescência de vontade do *tradens*. Isto é, sendo defectível (para efeitos de posse) que para além dessa mera aquiescência de vontade (psicológica) se prove, ainda, que se insere num negócio jurídico. E pela razão simples de que, na posse, não se está a cuidar de adquirir "o direito", a situação jurídica à imagem da qual se possui: mas, tão só, se está a cuidar se "se adquire o mero senhorio de facto". V. supra, 24.

Daí, também, que se o possuidor adquiriu o senhorio de facto por tradição material do anterior possuidor, todavia, embora essa tradição surja, por hipótese, inserida num negócio jurídico, não só a invalidade-substancial deste não macula a posse, como até, ao invés, a vem a beneficiar: passando tal posse a ser majorada com "justo título" (art. 1259.°). Tal disposição do direito constituído só é entendível, precisamente, no sentido de que a posse é agnóstica: porque lhe é indiferente, como posse, a situação jurídica verdadeira do bem a cuja imagem se possui, ou a titularidade jurídica verdadeira desse bem.

E também a característica da boa-fé na posse, assumida como mero estado de espírito psíquico – independentemente, pois, de qualquer avaliação moral – se entende, e é sinal, porque a posse é agnóstica e é mero senhorio empírico.

E o instituto da posse, como realidade de facto (empírica e agnóstica) existe por razões de interesse público – de que o titular individual apenas beneficia por reflexo; como igualmente, sucede quanto ao usucapião. V. supra, 28 e 202.

Assim, não se pode dizer, face ao direito constituído, que "a posse", adquirida ao abrigo do art. 1263.º do C. Civil, *possa ser ilícita ou nula, justa ou injusta*, ou que contrarie disposições legais de carácter imperativo, a ordem pública ou os bons costumes. Como posse, *é apenas um senhorio de facto: e o possuidor possui, porque possui (possideo, quia possideo).*

Tais eventuais juízos qualificativos, ou a não assunção da posse como senhorio de facto agnóstico, seriam, pois, no plano do direito constituído, uma violação do "dever de obediência à lei" (art. 8.º do C. Civil). Ou seja à "norma" (que é mais do que a lei ou o direito – Antunes Varela). Pois, consubstanciariam, a final, uma violação do "conteúdo normativo" da posse, tal como manifestamente resulta das disposições dos arts. 1251.º a 1267.º do C. Civil, e maxime (como seu afloramento) dos arts. 1259.º, 1260.º e 1263.º.

Por sua vez, o art. 1287.º faculta ao possuidor, mantido por certo lapso de tempo, a *invocaçao da aquisição, por usucapião*, do direito de propriedade ou de outros direitos reais de gozo, a cujo exercício corresponde a sua actuação.

A posse referida é, manifestamente, aquele senhorio de facto agnóstico que nos capítulos anteriores do respectivo titulo I, do Livro III, do Código Civil, foi normativamente densificado como posse. E essa aquisição do direito por usucapião é "introduzida por razões de interesse público" (Gaio); de que, por reflexo, beneficiará o titular individual da respectiva posse.

E essa razão de interesse público é, específica e precisamente, conferir "à posse" "mantida por certo lapso de tempo", "de. per si e auto-suficientemente", o valor substantivo de prova do direito (possuído) e de quem é o seu titular. E, se só há que se indagar da posse e da sua invocação, auto-suficientemente, então se esta é agnóstica (no direito consti-

532 *Posse e Usucapião*

tuído) necessariamente o é "a sua invocação", como causa e para aquisição do direito, a cuja imagem se possui (o usucapião).

E a "causa" do usucapião é, precisamente e tão só, a posse *(quia illa est causa hujus* – Trobat).

E o direito que se adquire é "originário": não é o direito anterior da relação jurídica verdadeira. Este tão só se extingue (art. 1313.° do Cód. Civil).

E se a posse, por hipótese, beneficia de "justo título" e se este está registado, até a faculdade de invocar o usucapião sai beneficiada em termos de duração da posse (arts. 1294.° e 1298.°). Ainda que o título seja substancialmente nulo. Isto é, ainda que em relação à relação jurídica verdadeira existam violações da ordem pública, dos bons costumes ou de leis imperativas.

Consequentemente, é da essência normativa do usucapião, à face do direito constituído, que tal instituto – como a posse, que o origina – é agnóstico. Como resulta do art. 1287.° do Código Civil; da razão de ser e função do interesse público da sua introdução; e dos referidos arts. 1294.° e 1298.° que doutro modo seriam ininteligíveis.

Consequentemente, face ao direito constituído, seria violar o conteúdo normativo do usucapião, a sua norma, ajuizar-se sequer que a sua invocação (ao abrigo dos arts. 1287.° e seguintes), ou da posse que a causa, possa ser ilícita ou nula, justa ou injusta, ou que contrarie disposições legais de carácter imperativo, a ordem pública ou os bons costumes.

Pelo contrário, essa invocação é lícita, se se baseia num "senhorio de facto" tal como o densificam os respectivos preceitos legais sobre a posse (arts. 1251.° a 1267.°) e se é mantido pelo lapso de tempo exigido, e com as demais características, densificadas nos preceitos legais do usucapião (arts. 1287.° e seguintes).

Por último há que inserir os referidos conceitos normativos de posse e usucapião na unidade do sistema jurídico; como, pelo seu lado, também há que inserir as referidas disposições legais sobre o ordenamento do território nessa mesma unidade; de modo harmónico e respeitando os respectivos juízos de valor legais. Assim, as disposições legais sobre o ordenamento do território e de licenciamento administrativo de obras, situam-se, *rectius*, quer no plano duma relação administrativa do titular dos bens com a Administração; quer no plano da situação "jurídica" dos bens, segundo o direito civil. Naquele primeiro plano o titular dos bens está sujeito às suas regras: inclusive, se as infringe sujeitando-se a eventuais contra-ordenações ou até à sua demolição. No segundo plano, o titular do direito de propriedade não pode (com infracção dessas leis) criar parcelas com um direito de propriedade autónomo sobre elas, nem alienar esse direito. Sendo nulos, em termos da situação jurídica verdadeira dos respectivos bens, "esses actos jurídicos" ou "esses negócios jurídicos".

Mas, já estaremos noutro campo, num terceiro plano, se apenas cuidamos da relação estancial de facto das coisas com certo sujeito, da mera relação empírica dum senhorio de facto. E, aí, se nesse plano da realidade empírica, apenas questionamos se se adquire "posse", "como senhorio de facto", sobre uma parcela de terreno. Ou, se cuidamos de avaliar, nesse plano da realidade empírica, se "tal posse", mantida por certo tempo, se "invoca em termos de usucapião"; ou seja, tão só como causa (empírica) e para o fim específico de aquisição do direito (originário), a cujo exercício corresponde "essa actuação".

É certo que pela relevância da posse e do usucapião pode prejudicar-se o interesse público dum correcto ordenamento do território. Mas, como referiu Ihering a propósito da razão que avançou para a justificação do instituto da posse – "É uma desvantagem, mas a solução tem de apreciar-se em globo, pela comparação de vantagens e desvantagens, e não pela consideração simples de que estas existem. Estas são na vida o preço daquelas... Também a chuva rega tanto as plantas que precisam, como as que dela não necessitam".

E a posse que possa ser invocada para usucapião terá que ter uma idade adulta, será a posse mantida por 15, 20 ou mais anos: e a posse vê-se. Ora, se à Administração cabe ajuizar dum correcto ordenamento do território, também lhe cabe intervir preventivamente; e para tanto teve muitos anos para actuar. E sempre lhe caberá ainda, a final, alguma intervenção com planos de urbanização ou de pormenor. E se há custos, *a sibi imputat: dormientibus non sucurrit jus.*

217.3. **Por outro lado a solução contrária conduzirá, na sua lógica, à manutenção duma ficção jurídica**. Pois se a posse não é boa para usucapião, então a situação jurídica verdadeira manter-se-á por 30, 50 ou 100 anos... Ou seja, o titular primitivo do direito, ou os seus descendentes, ainda que passados sejam 30, 50, 100 ou mais anos – sempre poderão vir a Tribunal reivindicar "o seu" terreno! Tal solução poderá ser "jurídica"; mas *o cidadão comum, o senso comum, não a entenderá.*

Naturalmente, a "realidade" das coisas impõe solução diversa.

Nem o racionalismo do Código Civil Alemão de 1-1-1900 resistiu à força dos factos. Na verdade, no sistema alemão, relativamente aos bens sujeitos a registo, o valor substantivo deste baniu o usucapião; ou seja, a possibilidade de se invocar a posse para a aquisição do direito relativamente a bens sujeitos a registo. Pois bem, a "Lei para a modernização do

Direito das Obrigações", publicada recentemente, a 29-11-2001, introduziu a norma de que a pretensão de reivindicação da propriedade "prescreve" em 30 anos. Ou seja, cessou a imprescritibilidade do domínio: a valência dos conceitos jurídicos sucumbiu, pois, à força das realidades sociais.

Por sua vez, no (nosso) direito constituído para que a posse do direito de propriedade mantida por certo lapso de tempo "não" faculte ao possuidor a aquisição do direito por usucapião, *será necessário* que exista *uma regra excepcional: é preciso que exista*, no direito constituído, *uma (excepcional) "disposição em contrário"* (art. 1287.° do C. Civil).

E disposição em contrário, será aquela que estabeleça, precisamente, que certa e determinada posse não conduz a usucapião.

Como é o caso dos arts. 1293.° e 1297 ° do C. Civil, excluindo do usucapião as servidões prediais não aparentes e os direitos de uso e habitação, bem como a posse violenta e oculta. E, como é o caso do art. 55.° do Código do Direito de Autor (Lei n.° 45/85, de 17 de Setembro), ao determinar que o "direito de autor não pode adquirir-se por usucapião". Ou, como é o caso do art. 4.° da Lei dos Baldios (L. n.° 68/93, de 4 de Setembro), excluindo o "apossamento" dos baldios e permitindo a "pretensão de restituição da posse" do baldio.

Ora, nos diplomas legais sobre loteamentos, destaques ou fraccionamento de prédios rústicos, não existe tal disposição em contrário: ou seja, disposição que, "no plano do senhorio de facto", da realidade empírica, exclua a sua existência ou a sua relevância perante os preceitos legais e normativos (do direito constituído) da posse ou do usucapião.

217.4. Assim, a questão só se pode levantar de *iure constituendo.* E seria razoável determinar-se a exclusão? Dadas as "razões" de ser, causa e função dos referidos institutos; dada a ponderação do seu "interesse público" na unidade, razoabilidade e harmonia do sistema jurídico e dada a "premência" duma existente e mantida (por décadas) realidade social sobre a ínvia manutenção dum artificialismo (de mero racionalismo) da situação jurídica – a resposta só pode ser negativa.

Aliás a referida sucumbência da experiência racionalista do direito alemão, face à premência das efectivas realidades sociais, não deixará lugar a muitas dúvidas. E, também, quando, por idênticas razões mesmo face a coisas do domínio público artificial se questiona a exclusão pelo direito constituído da sua posse e usucapião por particulares.

Enfim, como salienta Clóvis Beviláquia "o direito não organiza quadros para dentro deles meter a vida; esta é que oferece os dados para as construções jurídicas".

O Ac. T. R. C., de 27-05-2003, Hélder Roque, Távora Vítor e Nunes Ribeiro (C.J. XXVIII, T. III, Maio/Julho, 2003, p. 20) tratou dum caso em que relativamente a um prédio rústico que ficara em comum, no inventário por morte dos pais, os dois co-herdeiros, posteriormente, por partilha verbal criaram, no terreno, duas fracções delimitadas e, cada um, as passou a possuir como sendo dono, pelo lapso de tempo necessário á aquisição por usucapião.

E, no douto Acórdão, foi decidido que a dita partilha, embora nula (por falta de forma), e como tal não constituindo justo título de posse (art. 1259), todavia "tem o condão de inverter o título de posse, passando cada herdeiro a ter uma posse exclusiva sobre cada parte da herança, ao contrário do que acontece com a situação de posse pretérita á aludida partilha, por forma a viabilizar a usucapião. Assim sendo, os factos demonstrados sustentam a aquisição originária da propriedade, com base na usucapião, atento o preceituado pelo art. 1294, a), do CC, com a consequente autonomização predial da fracção em causa, razão pela qual se extinguiu a situação de compropriedade. Efectivamente é o direito possuído, ou seja, no caso concreto, a fracção determinada como propriedade plena e não outro ... que pode ser adquirido por usucapião porquanto quem possui como proprietário é a propriedade que adquire ... É que o direito de propriedade adquirido por usucapião determina, como consequência lógica a extinção do direito do anterior proprietário cuja existência se mostra incompatível com a vida do primeiro. De facto, a base de toda a nossa ordem jurídica imobiliária não está no registo, mas na usucapião ... como bem resulta do estipulado no art. 7.º do C. Reg. Predial".

O Ac. S. T. J., de 27-06-2006, Alves Velho, Moreira Camilo e Urbano Dias, (C.J. – STJ – XIV, T. II, Abril/Julho/2006, p. 133), decidiu um caso em que um prédio rústico, com área de 7.700 m2, foi, de facto, em 1983, por mero acordo verbal, dividido em duas parcelas, passando cada uma das parcelas a ser possuídas, com *animus sibi habendi*, respectivamente, por cada um dos outorgantes.

O Acórdão decidiu, que embora tal divisão fosse ferida das nulidades, de vicio de forma e de desrespeito das normas de fraccionamento de prédios rústicos (arts. 89, a), do C. Not. e 1376 e 1379 do C. Civil), todavia, tal não impedia a valência da posse e usucapião que se lhe seguiram. Pois, lê-se em tal Acórdão, "acontece que apesar de concurso de tais invalidades, o sistema jurídico admite que, atendendo a interesses de natureza social e económica, que tem por relevantes, certas situações de facto obtenham tutela jurídica e possam dar lugar ao reconhecimento de direitos. É o que sucede, designadamente, com a tutela da posse ...

fundada na defesa da paz pública, no valor económico da exploração dos bens e nas dificuldades da prova do direito de propriedade. Quando se prolongue por certos períodos de tempo mais longos, a mesma lei reconhece essa posse duradoura como forma de aquisição do direito de propriedade – arts. 1316.° e 1287.° do C. Civil. ... A usucapião, tal como a ocupação e a acessão, é uma forma de aquisição originária do direito de propriedade. Por isso, "o novo titular recebe o seu direito independentemente do direito do titular antigo". Em consequência, "não lhe podem ser opostas as excepções de que seria passível o direito daquele titular" (Oliveira Ascensão, Dir. Civil, Reais, 5ª ed., 300) E o que passa a relevar e obter tutela jurídica é a realidade substancial sobre a qual incide a situação de posse. Concorrendo, aferidos pelas características desta, os requisitos da usucapião, os vícios anteriores não afectam o novo direito, que decorre apenas dessa posse, em cujo início de exercício corta todos os laços com eventuais direitos e vícios, incluindo de transmissão, anteriormente existentes.

Daí que, pode concluir-se, porque a usucapião se funda directa e imediatamente na posse, cujo conteúdo define o do direito adquirido, com absoluta independência relativamente aos direitos que antes dessa aquisição tenham incidido sobre a coisa, aquela invalidade formal, que afastou quaisquer direitos de aquisição derivada, e a ilegalidade do fraccionamento ..., careçam de qualquer potencialidade ou idoneidade para interferir na operância da invocada forma de aquisição da parcela ... (no mesmo sentido o Ac. deste S.T.J., de 19-10-2004, Proc. 04ª2988, I.T.I.J.)."

CAPÍTULO VI
Usucapião e enriquecimento sem causa

218. Se com base na posse, por certo tempo, o possuidor com base em usucapião adquire o direito, originário, sobre a coisa, por exemplo o direito de propriedade – então, ocorre que pelo dado do possuidor a coisa ingressa no seu património, como sua, e pelo lado do anterior titular do direito, a mesma coisa lhe deixa de pertencer.

Isto é, o possuidor enriquece o seu património e com o custo, do lado do anterior titular do direito, do equivalente empobrecimento do património deste.

E, então, é curial que se questione se não existe um enriquecimento (do possuidor) á custa de outrem (o titular do direito) e sem causa.

Segundo Ennecerus-Kipp-Wolf (o. cit., p. 413), a resposta depende, de se a aquisição da posse, em que se baseia o usucapião, por sua vez, se realizou ou não com causa.

Por exemplo, haverá causa se a posse á derivada, se assenta na cedência voluntária do titular do direito. Mas, já não haverá causa se a posse assenta num acto unilateral e usurpatório do possuidor.

E, segundo os referidos autores, se a posse, em que se baseia o usucapião, não teve causa – então o titular do direito terá contra o possuidor que adquira o direito por usucapião uma acção de restituição, com base em enriquecimento sem causa (locupletamento à custa alheia), ao abrigo do parágrafo 812 do B.G.B..

Todavia, o Código Civil Português, sob o título "enriquecimento sem causa", estabelece no artigo 473 que aquele que, sem causa justificativa, enriquecer á custa de outrem é obrigado a restituir aquilo com que injustamente se locupletou.

A questão estará, pois, no nosso ordenamento jurídico, em valorar-se se o "usucapião" é, ou não, uma "causa justificativa".

Ora, de acordo com a função social e os pressupostos da posse que estão na base da invocabilidade do usucapião (supra, n.°s 200 a 202) – a aquisição do direito tem essa "causa justificativa", na valoração da unidade do sistema jurídico, se aqueles pressupostos gerais se verificam.

538 *Posse e Usucapião*

Assim, o enriquecimento do possuidor com base em usucapião, embora no reverso consubstancie um empobrecimento do titular do direito, é um enriquecimento que, no ordenamento jurídico, tem "a causa justificativa": O interesse público, no tráfico das coisas, de haver um meio de prova adequado da existência do direito e de quem é o seu titular; e ser tal meio adequado de prova, a posse prescricional.

E, assim, mesmo que a posse, com base na qual, por usucapião, se adquira o direito, "ela", em si, não tenha causa justificativa (do enriquecimento) – todavia o enriquecimento obtido por usucapião não é sem causa justificativa.

Todavia, **a questão remanesce na hipótese particular da aquisição do direito sobre móveis**, se o usucapião se verifica ao abrigo do artigo 1300, n.º 2, do código civil. Pois, aqui, a causa justificativa do usucapião (protecção acrescida da boa-fé do segundo possuidor) só justifica "o seu enriquecimento". Vide supra, n.º 206. Então, se aquele que possui a coisa sob violência ou ocultamente cedeu onerosamente a coisa ao segundo possuidor de boa-fé – a posse deste, ao abrigo do citado n.º 2 do artigo 1300, "justifica" a aquisição do direito sobre a coisa, por usucapião e o seu enriquecimento.

Mas, em nada esse n.º 2 do artigo 1300 "justifica" que quanto ao possuidor cedente este enriqueça o seu património com a contra-partida que recebeu do segundo possuidor pela cedência da posse: por exemplo, um preço, por tal cedência, a título de venda.

Ou seja, na hipótese do n.º 2 do artigo 1300, o segundo possuidor adquire o direito, por usucapião, com causa justificativa e o anterior titular do direito perde a coisa e sem acção de restituição, contra ele, com base em locupletamento sem causa justificativa.

Todavia, ao anterior titular do direito caber-lhe-á acção de restituição por enriquecimento sem causa contra o primeiro possuidor-cedente. E, para haver deste a restituição do contra-valor que ele recebeu pela cedência.

BIBLIOGRAFIA

A. Menezes Cordeiro, Dir. Reais, 1979 e A Posse (Perspectivas dogmáticas actuais), 2ª ed., 1999

A. Pereira da Costa, Servidões Administrativas, 1992

A.S. Abrantes Geraldes, Temas da Reforma do C.Pr.Civil

Augusta F. Palma, Embargos de Terceiro, 2001

Correia das Neves, Caminhos Públicos, 1964

Dias Ferreira, Cód. Civil Port., II, 1871

Dias Marques, Prescrição Aquisitiva, 1960

E. Garcia de Enterria, Dos Estudios s/ usucapion em derecho administrativo, 2ª ed., 1998

Ennecerus-Kipp-Wolff, Trat. Der. Civil, III, 2ª ed., 1951 (trad. espanhola)

Francesco Galgano, Dir. Privato, 10ª ed, 1999

Henrique Mesquita, Direitos Reais, 1967

J. M. Busto Lago, Álvarez Lata e F. Peña López, Acciones de Protección de la Posesión.

João Carlos Gralheiro, Rev.Ord.Advogados, 59, Dez/99

J. Oliveira Ascensão, Reais, 4ª ed., 1983

Lacruz Berdecho, Elem. Der. Civil, III, 1ª, 3ª ed., 1991

Lebre de Freitas, Cód. de Proc. Civil Anotado

Luis Orione Neto, Posse e Usucapião, 2ª ed., 1999

Luis Pinto Coelho, Bol.Min.Justiça, 88.°, Julho/1959

Manuel Rodrigues, A Posse, 2ª ed., 1940

Moitinho de Almeida, Restituição de Posse, 3ª ed., 1986

Mário Rotondi, Inst. Der Privado, 1953 (Trad.espanhola)

Orlando de Carvalho (Rev.L. Jurisp., Anos 122,123 e 124)

Pires de Lima e Antunes Varela, Cód. Civil Anotado

Planiol-Ripert-Picard, Trait. Prat. Dr. Civ. Français, T III, 2ª ed., 1952

Rodolf von Ihering, La Possession, 2ª ed. 1926 (tradução espanhola)

Ugo Natoli, II Possesso, 1992, 2ª ed.

ÍNDICE

TÍTULO I
POSSE

CAPÍTULO I – *Introdução e evolução histórica* 5
CAPÍTULO II – *Concepção objectiva e subjectiva da posse* 13
   Secção I – Teorias 13
   Secção II – No Código Civil de 1966 23
     Subsecção I – Extensão da posse, na vertente dos direitos, a cuja imagem se
       pode possuir 23
     Subsecção II – Extensão da posse, na vertente do juízo volitivo do detentor
       (corpus e animus) 30
CAPÍTULO III – *Categoria possessória e efeitos possessórios* 47
   Secção I – Princípios gerais 47
   Secção II – Posse de direitos resolúveis (usufruto-condição) 51
   Secção III – Síntese 55
CAPÍTULO IV – *Função social da posse* 61
CAPÍTULO V – *Facto ou Direito* 69
CAPÍTULO VI – *Objecto da posse* 77
   Secção I – Evolução histórica 77
   Secção II – Código Civil Português 79
     Subsecção I – Coisas. E não, direitos 79
     Subsecção II – Coisas corpóreas e coisas incorpóreas. Coisas objecto de Di-
       reitos de Autor e Propriedade Industrial. Quotas ou partes do
       capital social de sociedades comerciais ou civis sob a forma
       comercial 81
     Subsecção III – Coisas singulares. Universalidades (de facto e de direito) . . 87
      Divisão I – Universalidades de facto 87
      Divisão II – Herança 89
      Divisão III – Estabelecimento Comercial 89
     Subsecção IV – Bens do domínio público 94
      Divisão I – Parte geral 94
      Divisão II – Bens concessionados (cemitérios) 100
      Divisão III – Baldios 102
      Divisão IV – Caminhos, Largos e Praças Públicas 103
      Subdivisão I – Introdução 103
      Subdivisão II – Os caminhos públicos, como categoria de bens do domínio
       público 104

542 *Posse e Usucapião*

Subdivisão III – Integração (na categoria de caminhos públicos) pelo específico apoderamento da Pessoa Colectiva 106

Subdivisão IV – Integração por **dicatio ad patriam** 112

Subdivisão V – Integração no domínio público tão só por posse imemorial . 122

Subdivisão VI – Utilidade pública relevante (Indiferente) 128

Subdivisão VII – Síntese 133

Subsecção V – Contratos de fornecimento. Água, gás, electricidade, energia térmica, telefones 135

CAPÍTULO VII – *Classificações da posse* 139
 – Posse efectiva e posse jurídica
 – Posse causal e posse formal
 – Posse directa e posse indirecta
 – Posse em nome próprio e posse em nome alheio

CAPÍTULO VIII – *Aquisição da posse* 147

Secção I – Capacidade de gozo e de exercício 147

Secção II – Corpus 150

Secção III – Animus 164

Secção IV – Modos de aquisição da posse do artigo 1263 do Código Civil ... 180

Subsecção I – Carácter exemplificativo do artigo 1263 180

Subsecção II – Prática reiterada, com publicidade 180

Subsecção III – Tradição da coisa 189

Subsecção IV – Constituto possessório 198

Subsecção V – Inversão do título da Posse 206

Divisão I – Pressupostos gerais 206

Divisão II – Casos que não preenchem os pressupostos gerais 210

Divisão III – Inversão, por oposição explícita do detentor 212

Divisão IV – Inversão, por oposição implícita do detentor 218

Divisão V – Inversão, por acto de terceiro 221

Subsecção VI – Usucapio libertatis 227

Divisão I – Posse liberadora (usucapio libertatis) 227

Divisão II – Posse liberadora (usucapio libertatis) na composse (compropriedade, condomínio e herança) 234

Subsecção VII – Divisão e partilha 239

CAPÍTULO IX – *Perda da Posse* 247

Secção I – O artigo 1267 do Código Civil não é taxativo 247

Secção II – Abandono 251

Secção III – Perda, destruição material ou coisa posta fora do comércio 253

Secção IV – Cedência 254

Secção V – Posse de outrem 255

CAPÍTULO X – *Junção de Posses* 259

Secção I – Sucessão na Posse 259

Secção II – Acessão na Posse 264

Subsecção I – Acessão, para efeitos possessórios 264

Subsecção II – Acessão, para efeitos de usucapião 271

Subsecção III – Acessão e aquisição tabular 277

Divisão I – Artigo 5.º do Código de Registo Predial 277

Índice

543

Divisão II – Artigo 17.° do Código de Registo Predial 292
CAPÍTULO XI – *Posse efectiva e possibilidade de a continuar* 295
Secção I – Em tema possessório 295
Secção II – Em tema de usucapião 300
CAPÍTULO XII – *Caracteres da Posse* 307
Secção I – Titulada e não titulada 307
Secção II – De Boa Fé e Má Fé 310
Secção III – Pacífica e Violenta 315
Secção IV – Pública e Oculta 321
CAPÍTULO XIII – *Efeitos da Posse* 327
Secção I – Posse vale título 327
Secção II – Presunção da titularidade do direito 330
Secção III – Perda ou deterioração da coisa e Frutos 340
Secção IV – Encargos – Benfeitorias – Acessão 343
CAPÍTULO XIV – *Defesa da Posse* 351
Secção I – Introdução 351
Secção II – A questão da titularidade do direito 354
Secção III – Perturbação (acção de manutenção). Esbulho (acção de restituição) 362
Secção IV – Indemnização do prejuízo sofrido pela turbação ou esbulho 377
Secção V – Legitimidade Processual 387
Subsecção I – Entre particulares 387
Subsecção II – Pessoas Colectivas Públicas e bens do Domínio Público . . . 397
Secção VI – Caducidade das acções de restituição e manutenção. Prescrição da
indemnização 403
Secção VII – Procedimentos Cautelares 414
Subsecção I – Parte Geral 414
Subsecção II – Restituição Provisória de Posse, face a um "esbulho violento" 416
Subsecção III – Embargo de Obra Nova 429
Secção VIII – Embargos de Terceiro 435
CAPÍTULO XV – *Negócios híbridos, atípicos e inonimados. Contrato-promessa* . . . 471

TÍTULO II
USUCAPIÃO

CAPÍTULO I – *Usucapião* 491
Secção I – Pressupostos gerais 491
Secção II – Função Social 493
CAPÍTULO II – *Extensão do Usucapião* 497
Secção I – Princípios gerais 497
Secção II – Desenvolvimento dos Pressupostos gerais 504
Subsecção I – "Posse mantida" 504
Subsecção II – Posse, à imagem do direito de propriedade ou de outros direi-
tos reais de gozo 506
Subsecção III – Imputabilidade da inércia ao titular do direito que se aniquila
ou restringe 507

Subsecção IV – Prazo (de duração) da posse Prescricional 511
CAPÍTULO III – *Sucessão e Acessão na Posse (em tema de usucapião)* 515
CAPÍTULO IV – *Relevância do Usucapião* 517
    Secção I – Invocação da usucapião 517
    Secção II – Aquisição originária e conteúdo do direito adquirido 518
    Secção III – Usucapio libertatis 521
CAPÍTULO V – *Usucapião e Leis de Ordenamento do Território* 525
CAPÍTULO VI – *Usucapião e enriquecimento sem causa* 537

Bibliografia 539